美国教育史研究丛书

张斌贤　主编

教育与美国社会改革

(1890—1920)

张斌贤 等 著

EDUCATION
AND THE SOCIAL REFORM
IN
AMERICA
1890-1920

河北大学出版社
·保定·

出 版 人：朱文富
选题策划：何　东
责任编辑：李　达
助理编辑：李天雪
装帧设计：赵　谦　王占梅
责任校对：陈浩苏
责任印制：常　凯

图书在版编目（CIP）数据

教育与美国社会改革 ：1890—1920 / 张斌贤等著
. -- 保定 ：河北大学出版社，2022.1
(美国教育史研究丛书)
ISBN 978-7-5666-1945-7

Ⅰ. ①教… Ⅱ. ①张… Ⅲ. ①教育史－研究－美国－1980–1920 Ⅳ. ① G571.29

中国版本图书馆 CIP 数据核字（2021）第 243375 号

JIAOYU YU MEIGUO SHEHUI GAIGE
1890-1920

出版发行：河北大学出版社
地址：河北省保定市七一东路2666号　邮编：071000
电话：0312-5073003　0312-5073029
网址：www.hbdxcbs.com
邮箱：hbdxcbs818@163.com
印　　刷：保定市正大印刷有限公司
幅面尺寸：170 mm × 240 mm
字　　数：737 千字
印　　张：54.75
版　　次：2022年1月第1版
印　　次：2022年1月第1次印刷
书　　号：ISBN 978-7-5666-1945-7
定　　价：198.00 元

总　序

每当为团队成果草拟总序的时候，总是既兴奋又忐忑。兴奋是因为眼见近几年的耕耘即将迎来收获，忐忑则是由于这些收获的果子还有待学界进行“质检”。

1998 年 12 月至 1999 年 10 月，我曾作为富布赖特研究学者在哈佛大学教育研究生院访学。访学期间，我花了很多时间思考今后的学术工作，并确定以美国教育史作为今后长期稳定的研究方向。转眼之间已历二十余载。

二十多年来，我和我的同事、历届外国教育史专业方向的硕士研究生和博士研究生所组成的外国教育史团队一直致力于美国教育史的学习、研究和教学，其目的既为弥补以往外国教育史学科研究之不足，同时也在于通过这块“试验田”，探索更新外国教育史研究的方法、路径。

这二十多年的学术工作历程大致可以划分为两个阶段。2000 年至 2008 年为第一阶段。“京师高等教育论丛”（8 种，北京师范大学出版社，2008 年）反映了这个阶段的主要工作成果。在这个阶段，因为是初步涉猎美国教育史领域，无论是对美国教育史本身，还是对国内外研究状况，都缺乏足够和充分的了解，因此基本上是沿用过去比较熟悉的“套路”，大多选择国内学界涉及较少、较为宏大的主题开展研究，如李子江的《学术自由在美国的变迁与发展》、和震的《美国大学自治制度的形成与发展》、黄宇红的《知识演化进程中的美国大学》，等等。客观地说，在当时国内美国教育史研究基础还相对薄弱的情况下，这些研究还是很有价值的。2009 年至今为第二阶段。经过数年的积累和反思，我逐渐意识到，要想进一步深化美国教育史研究，要想真正形成一些具有新意的研究成果，必须要改变已有的研究方式，尤其是要自觉地摆脱教育学科沿袭已久对“宏大叙事”的选题偏好和以追求系统性和完整性为目的的“教科书”式的研究路径，变以往“大题小做”或“大题大做”为“小题大做”。这也就意味着要进一步聚焦主题、提炼问题，真正开展针对问题的研究。从 2009 年前后开始，无论是我还是我的学生，都尽量避免触及时间范围较大或边界不易确定的“宏大”选题，而选择更加具体、更为专门的专题开展研究。2015 年前后出版的“美国教育变革研究丛书”（11 种，浙江教育出版社）是这种转变的初步尝试。陈瑶的《美国教育学科构建的开端》、康绍芳的《美国教育学界精英群体的兴起》、李朝阳的《美国城市学校制度的建构》、祝贺的《美国公共学校种族隔离的终结》及马文琴的《美国学校公民教育的转向》等著作，都针对某一个具体和专门的主题，并努力将研究主题聚焦在一个较小的时间范围内，以求对主题进行深度剖析。

在前期工作的基础上，近几年来，我们团队更加注重以下几个方面的工作。第一，进一步“压缩”选题，不断聚焦研究主题。第二，进一步强调文献综述的意义，更为自觉地把即将开展的研究建于前人相关的研究基础之上。第三，进一步注重吸收和借鉴相关学科的理论和方法，在教育与其他社会活动的“交汇”处寻找研究问题。呈现在读者面前的“美国教育史研究丛书”所收录的 10 种著作实际上反映了上述三个方面的工作。崔高鹏的《〈1862 年美国赠地学院法案〉研究》、高玲的《学校变革与美国教师职业演化》、吴婵的《美国公立中学与大学关系的变迁（1870—1918）》、杜光强的《全国教育协会与美国中学课程革新》、李曙光的《教育测量与美国学校变革》、曹春平的《美国传统教育观念的变革》是第一方面的工作成果。陈露茜的《意识形态冲突与美国公共教育》和王凤玉的《研究型大学的崛起与科研体制》是第二方面的工作成果。第三方面的工作成果则是张斌贤的《教育与美国社会改革（1890—1920）》和祝贺的《教育与美国儿童福利改善》。

在未来的岁月里，北京师范大学外国教育史教学科研团队还将继续开展美国教育史研究，更加自觉和系统地借鉴相关学科的理论和方法，不仅在研究主题的选择上求新，而且在研究方法和路径上“求变”。希望通过我们持续不断的努力，促进美国教育史研究乃至外国教育史学科的不断自我革新，同时也希望得到教育学界同人的大力支持。

从书出版之际，首先要感谢河北大学出版社社长朱文富教授。朱社长从事外国教育史（尤其是日本教育史）教学研究多年，深知基础学科研究对教育学科建设的意义，也更加理解此类图书出版的价值，对丛书出版给予了大力支持。我们还要感谢河北大学出版社的各位编辑，他们的辛勤劳动为本书增色不少。

张斌贤

2021 年 3 月 21 日

目　录

导　　言

本书力求在占有较为充分的一手史料和相关研究文献的基础上，努力借鉴社会学相关理论，吸收美国史、经济史、社会史、妇女史、儿童史、黑人史、移民史、工人史、法律史等领域的研究成果，探讨1890—1920年美国教育在推动解决诸如移民归化、城市犯罪、贫民境遇恶化等社会问题，促进社会改革过程中所做出的努力及其结果，分析工业化—城市化背景下教育与美国社会改革之间的互动关系，从一个特定的视角重新审视1890—1920年美国教育的历史演变，丰富和拓展美国教育史研究，进而深化对教育与社会变迁关系的认识。

一、研究缘由

在美国历史上，1890—1920年是一个非常关键和重要的历史时期。在短短一代人的时间内，美国的政治、经济、社会和文化都发生了翻天覆地的变化。在这个时期，由于科学技术在生产领域的广泛应用，美国基本实现了工业化，并且取代德国成为世界第一经济大国。在这个时期，城市化进程不断加速，到1920年基本实现城市化，美国由此从一个乡村-农业国家向城市-工业国家转变，美国历史演变的社会基础和条件发生了根本性的变化。也正是在这个时期，由于1898年的美西战争和1917年美国加入第一次世界大战，美国从区域大国成为世界大国。

1890—1920 年同样是美国教育史上前所未有的剧烈变革时期。在这个时期，美国基本实现了普及义务教育，中等教育高速发展，6-3-3 学制基本形成，初级学院（后通常称作社区学院）这种新型的高等教育机构初见端倪，研究型大学快速兴起，文理学院加专业学院的美国大学模式逐步形成。与此同时，社会剧烈变化所产生的各种新的需要促使既有教育制度发生广泛和深刻的变革。在这个时期，相继出现了一系列旨在改革美国教育的社会运动。

时势造英雄。1890—1920 年也是一个人才辈出的时期，一大批著名的教育家如查尔斯·埃利奥特（Charles W. Eliot）、丹尼尔·吉尔曼（Daniel C. Gilman）、查尔斯·范·海斯（Charles Van Hise）、亨利·塔潘（Henry P. Tappan）、弗朗西斯·帕克（Francis W. Parker）、斯坦利·霍尔（Granville Stanley Hall）、爱德华·桑代克（Edward L. Thorndike）、约翰·杜威（John Dewey）、威廉·克伯屈（William H. Kilpatrick）、威廉·巴格莱（William C. Bagley）、罗伯特·赫钦斯（Robert M. Hutchins）等或正当盛年，或崭露头角，都以各自的方式活跃在美国的教育舞台。他们的思想和实践为 20 世纪美国教育的发展奠定了重要的思想和制度基础。根据康绍芳的研究，1600—1997 年，美国历史上总共出现了 1972 位著名教育家，其中出生于 1826—1850 年、1851—1875 年和 1876—1900 年这三个时间段的著名教育家分别超过 300 人、500 人、400 人，三者合计超过 1200 人，约占总数的 60％。[①] 总体上，与其他任何历史时期相比，19 世纪末 20 世纪初是美国著名教育家人数最多、出现最为集中的时期，是教育学术活动最为活跃的时期。[②]

---

① 参见康绍芳《美国教育学界精英群体的兴起》，浙江教育出版社，2015，第 4—5 页。

② 参见康绍芳《美国教育学界精英群体的兴起》，浙江教育出版社，2015，第 7—9 页。

但是，与这个时期的重要性相比，国内教育学界的相关研究却形成了巨大的反差。以“美国教育”和“美国教育史”为检索词对CNKI数据库进行全文检索，近5年（2015年1月至2019年7月18日）关于美国教育的论文为5038篇（以“美国教育”为主题词搜索）；关于美国教育史的论文，以“美国教育史”为主题词检索结果为179篇，以“美国教育”并含“历史”为主题词检索结果为323篇，以“美国”并含“教育史”为主题词检索结果为271篇，以“美国”并含“教育历史”为主题词检索结果为157篇。其中，2015年为145篇，2016年为185篇，2017年为155篇，2018年为102篇，2019年为26篇。而直接或间接涉及1890—1920年这个时期的论文为71篇，仅占美国教育史研究成果的11.58%。

以上数据虽然难以非常精确地反映国内教育学界有关美国教育和美国教育史研究的现状，但至少可以从中窥见一斑。从已有成果看，国内教育学界有关美国教育和美国教育史的研究存在以下五个方面的主要问题（学术史梳理见本书附录）。

第一，研究成果虽然数量众多，但从时间维度看，已有研究成果的分布极不均衡。尽管美国教育发展的各个主要历史阶段大多有所涉及，但学者们关注的焦点主要集中在第二次世界大战之后，尤其是20世纪80年代之后，而少有关于殖民地时期和美国建国初期教育的研究，即便是对进步主义时期这个如此重要的历史阶段的涉猎也是非常有限的（虽然近年来有所增长）。

第二，从内容或主题的维度看，国内教育学界的研究涉猎广泛，如从学前教育到中小学教育，从本科教育到研究生教育，从特殊教育到职业技术教育，从课程到教学，从教师到学生，从教师教育到学校管理，从教育财政到教育政策，从教育思想到教育改革等，大凡美国教育所包含的各个层面、各个方面基本上都有不同程度的研究，但无论是教育史学科角度的研究，还是相关学科角度的研究，都囿于正规学校教育，大多陷于就学校而论学校、就教育而谈教育的窠臼。在这种情况下，关于美国教育的研究就成了美国学校教育的研究，研究的视角不可避免地受到很大的局限，而这又势必会影响到对学校教育的认识。

第三，尽管诸多成果通常都会注意到研究对象的历史脉络、社会背景和时代条件，但这样做无非是为了说明研究对象的出现或变化是社会变化的必然产物，是历史必然性的体现。根据这种认识，教育及其变化无非是社会自身变迁的自动的、必然的结果。在这种情况下，教育始终都处于消极、被动的状态，始终都在“等待”被社会力量推动、作用。教育唯一能做的就是对社会的作用做出社会所期待的反应。如果是这样，就不可能出现教育与社会的互动关系，也就不可能开展对教育与社会互动关系的研究。

第四，在已有研究成果中，无论是关于建国初期或进步主义时期的研究，还是关于当代问题的研究，研究者通常主要关注特定、具体的教育现象或教育问题，既缺乏对这种现象或这个问题在特定历史阶段中的各种关系的梳理，又忽视对其的历史演变的整体把握，这样，就难免造成“只见树木，不见森林”的结果。而且，由于缺乏历史感，缺乏从宏大的背景下把握问题，对特定教育现象或教育问题的认识就往往流于静止，失于表面。近 40 年来，国内教育学界在美国教育研究上投入了巨大的人力、智力和财力，但对美国教育的认识和理解究竟有多少实质性的进展呢？

第五，造成美国教育和美国教育史研究诸多问题的根本原因在于过于追求功利化和实用主义。近 40 年来，无论是因为美国教育本身的重要性，还是因为获取资料的便利，美国教育一直是国内教育学者特别关注的研究对象。从某种意义上甚至可以说，“美国教育”已经成为一个相对稳定、参与人员众多、涉及面广大的研究领域。这种状况在可以预见的未来仍将继续。国内学者之所以关注美国教育，尤其关注当代美国教育，是为给我国当前的教育改革和教育研究提供参照和借鉴。这本身无可厚非。问题的关键在于，如果研究的目的过于狭隘、过于直接乃至过于功利，就不可避免地会影响研究者的客观和独立的判断力，甚至有可能诱导研究者有意无意地简化研究过程，从而造成研究成果失去应有的学术水准。

二、研究问题

1890—1920年是美国经济高速发展、城市化进程不断推进、社会财富急剧增加的重要时期，但也正是在这个时期，由于社会的全面和剧烈的转型，美国社会存在和运行的基础发生了前所未有的重大变化，从而引发了一系列的社会文化冲突，社会体制、社会结构和价值观念出现了严重的危机，社会矛盾不断加剧，社会秩序受到冲击。所有这一切的具体表征就是大量社会问题的出现。

社会问题（social problem）是一个社会学概念。中外社会学家对这个概念的界定众说不一。例如乔恩·谢泼德（Jon Sheppard）和哈文·沃斯（Harwin Voss）认为："一个社会的大部分成员和社会上一部分有影响的人物认为不理想、不可取，因而需要社会给予关注并设法加以改善的那些社会情况即为社会问题。"① 这个界定与弗·斯卡皮蒂（Frank R. Scarpitti）的见解基本相同。② 而郑杭生则认为社会问题可以划分为广义的社会问题与狭义的社会问题。所谓广义的社会问题，是指一切与社会生活有关的问题。而狭义的社会问题则主要指社会的病态或失调现象。他指出，狭义的社会问题"指的是在社会运行过程

---

① 乔恩·谢泼德、哈文·沃斯：《美国社会问题》，乔寿宁等译，山西人民出版社，1987，第1—2页。

② 参见弗·斯卡皮蒂《美国社会问题》，刘泰星等译，中国社会科学出版社，1986，第2页。

中，由于存在某些使社会结构和社会环境失调的障碍因素，影响社会全体成员或者部分成员的共同生活，对社会正常秩序甚至社会运行安全构成一定威胁，需要动员社会力量进行干预的社会现象”[①]。雷洪的界定则是：“社会问题是在一定时期和一定范围内产生和客观存在的，影响（或妨碍）社会生活和社会机能，引起社会普遍关注并期望予以解决，目前需要且只有以社会力量才能解决的社会失调现象。”[②]

尽管社会学家关于社会问题界定的表述存在差异，但这些表述并没有本质的不同。总体上看，所谓社会问题，是指特定社会环境中存在的社会秩序的失调或冲突现象。这种现象的存在是为一定数量的社会成员所共同意识到的，并且是有可能加以克服或解决的。正如斯卡皮蒂所说：“一个公共问题被称为社会问题，必须具备两个基本条件：第一，大部分人必须认为是社会问题……第二，大部分人或者社会上一些重要成员必须相信这个问题可以通过社会行动加以解决。”[③]

从相关研究成果看，社会学家们通常关注的社会问题主要有不平等问题（包括贫困、种族和民族不平等、性别歧视等）、犯罪问题、教育问题、环境问题、贫困问题、老龄化问题等。[④] 虽然社会学家们主要关注当代的社会问题，但实际上，这些问题中的大部分早在 19 世纪末 20 世纪初的美国就以不同的方式出现了。1890—1920 年，在美国社会生活的各个方面、各个层面，普遍存在着大量突出的、尖锐的和严重的社会问题。这其中主要包括以下几个方面。

---

① 郑杭生：《社会学概论新修》，中国人民大学出版社，2003，第 358 页。

② 雷洪：《社会问题——社会学的一个中层理论》，社会科学文献出版社，1999，第 30 页。

③ 弗·斯卡皮蒂：《美国社会问题》，刘泰星等译，中国社会科学出版社，1986，第 2 页。

④ 参见斯坦利·艾岑、玛可辛·巴卡·金、凯利·艾岑·史密斯《美国社会问题（第 12 版）》，郑丽菁等译，电子工业出版社，2016；弗·斯卡皮蒂《美国社会问题》，刘泰星等译，中国社会科学出版社，1986。

第一，儿童生存状况日益恶化。经济的高速发展，导致劳动力严重不足。为满足用工的需要，同时为了降低生产成本，加之当时联邦和各州政府因受制于企业而延缓关于禁止童工的立法，因此，出现了大量童工。童工不仅收入低微，而且工作时间长，工作条件恶劣，童工的生命安全得不到保障。不仅如此，由于城市化引起的城市环境污染、犯罪猖獗、居住条件恶劣和医学落后等原因，儿童的夭亡率居高不下，各种疾病肆虐，儿童的生存状况令人担忧。

第二，青少年辍学率居高不下。南北战争结束后，各州先后开始加快义务教育的立法进程，接受义务教育的儿童人数节节攀升。卡拉马祖案判决后，中等教育得到迅速发展，接受中等教育的人数急速增加。与此同时，由于长期以来中学教育主要是为升入大学做准备，中学的课程设置受到大学入学考试和大学教育目标的直接制约。对绝大部分无望或无力升学的中学生而言，中学教育完全是一种难以受用的奢侈品。由此不可避免地出现学生大规模辍学的现象。另外，因为从未受过基本的职业技能训练，辍学的学生或是无法就业而流落街头，容易形成各种不良品行，甚至走向犯罪，对现有社会秩序造成冲击；或者只能低效就业，从事技术含量极低的工种，造成劳动力的严重浪费，进而削弱美国产品的国际竞争力。

第三，妇女遭受各种不平等待遇。19 世纪末 20 世纪初，经过工业革命的洗礼，美国女性基本摆脱传统女性的种种特征，以现代的女性形象登上历史的舞台。美国女性的各方面状况相比以前有了进步，但这种进步只是和过去相比。相对于男性，女性忍受着政治、经济、生活及教育中各种不平等的待遇。女性各方面的权利维护问题成为这个时代的主要问题之一，很快引起社会各界的关注。

第四，贫民境遇恶化。19 世纪末，随着美国工业化和城市化进程的加速，大量人口涌进城市，城市人口急剧增长。由于城市人口的贫富差距不断扩大，出现了大量的贫民，他们大都居住在廉价的出租房内，形成了人口过度密集、卫生条件差、犯罪率高的贫民窟。贫民安置成为严重的社会问题。

第五，劳工权益受到侵害。19 世纪末，随着工业经济的快速发展，工厂雇佣的劳工规模不断扩大。劳工们被迫从事高强度的劳动，工作环境恶劣，收入微薄。劳工为争取自身权益，被迫举行罢工，劳资双方的矛盾和冲突日益加剧，特别是干草市场暴乱和普尔曼大罢工等暴力冲突之后，劳工问题成为一个全国范围内的问题。这一时期甚至可以称为美国的“劳工问题”时代。由于劳工问题涉及面广，很快就引起社会各界的普遍关注。

第六，种族隔离制度盛行。19 世纪末 20 世纪初，由于种族主义和种族歧视的盛行，种族隔离制度拓展到美国社会生活的方方面面。黑人的政治权利、经济权利、社会权利和教育权利依然没有任何保障，大多数黑人仍然处于被奴役的状态。

第七，移民浪潮的巨大冲击。19 世纪八九十年代，受美国国内旺盛的劳动力需求和欧洲政治、经济、宗教等方面因素的推动，美国又迎来了一次移民浪潮。与此前数次移民浪潮不同，此次移民浪潮不仅人数巨大、速度惊人，而且移民来源复杂、去向多样。这对正处于急剧动荡之中的美国社会造成了巨大的冲击，由此造成了诸多繁杂的社会问题。

第八，居高不下的城市犯罪率。由于城市管理缺乏经验、经营不善，加之城市管理者腐败成风，以及失业、贫困等原因，19 世纪末 20 世纪初，美国城市成为滋生各种犯罪的温床，犯罪率居高不下，城市处于急剧的动荡之中。

为解决大量尖锐复杂的社会问题，克服严峻的社会危机，从 19 世纪七八十年代起，美国各界有识之士或撰文揭露社会黑暗，引起公众关注；或大声疾呼，唤醒民众的改革意识；或成立组织，发起运动，推动立法，革除社会弊端，从而在美国全国兴起了一场声势浩大的社会改革运动，史称“进步主义运动”（The Progressive Movement，或译作进步运动）。进步主义运动不仅直接推动了全面的社会改革，而且深刻影响了20世纪美国历史的走向。1890—1920年因此被称作进步主义时期（The Progressive Era，或译作进步时代）。①

社会改革（social reform）也是社会学的一个重要概念。综合各种界定，所谓社会改革，是指对现存社会结构或体制进行的局部性变革，是定向性的社会变迁的形式。其特征有四个方面：其一，有明确的目标并为多数社会成员所认同；其二，只涉及具体的体制而不是根本制度的改变；其三，一般由政府自上而下地发动；其四，其步骤具有渐进性、局部性、累积性。② 虽然诸多学者都强调社会改革是由政府或政党发动的③，但也有学者认为社会改革的途径可能是自上而下，也可能自下而上地进行。④

作为一场广泛的社会改革运动，进步主义运动涉及社会生活多个重要领域和方面，并且动员了广泛的社会力量。从美国联邦政府到各州、地方政府，从工商企业到教会，从慈善团体、基金会到各种社会组织，从各级各类学校到各种社会机构，各种社会力量纷纷自发地加入解决不同社会问题的运动中，从政治、经济、社会、法律、文化、

---

① 关于“进步主义时期”起讫的确切时间，史学界有不同的见解，但通常确定为1890—1917年美国加入第一次世界大战之前。例如，莫里森等：《美利坚共和国的成长》（下卷），南开大学历史系美国史研究室译，天津人民出版社，1991，344—346页；埃里克·方纳：《给我自由！一部美国的历史》（下卷），王希译，商务印书馆，2010，第858页；史蒂文·迪纳：《非常时代：进步主义时期的美国人》，萧易译，上海人民出版社，2008，第9页。

② 参见夏征农、陈至立主编《大辞海（政治学·社会学卷）》，上海辞书出版社，2010，第388页。

③ 参见袁世全、冯涛主编《中国百科大辞典》，华夏出版社，1990，第277页；张光博主编《社会学词典》，人民出版社，1989，第301—302页。

④ 参见中国大百科全书总编辑委员会《社会学》编辑委员会、中国大百科全书出版社编辑部《中国大百科全书·社会学》，中国大百科全书出版社，1991，第289页。

宗教等方面推动美国社会的改革。这其中，作为一种重要的社会力量，教育发挥了独到的、无可替代的作用。

1890—1920 年，美国相继出现了大量的教育改革运动，例如手工训练运动、幼儿园运动、游乐场运动、工业教育运动、职业教育运动、职业咨询运动、儿童研究运动、学校调查运动、初级中学运动、城市学校运动、综合中学运动、教育效率运动、教育测量运动、标准化运动、进步主义教育运动等。这些教育改革运动不仅直接推动了美国教育的全面革新，促使教育更好地适应美国社会变革所引发的新的需要，而且在不同程度上有助于诸多社会问题的解决，促进社会改革，缓和社会矛盾和冲突，维护社会的正常秩序，为美国现代化进程的高速推进提供了重要的保障。

本书研究的主要问题是 1890—1920 年，在美国社会面临由移民浪潮、工业化和城市化所造成的一系列社会问题的历史关头，教育是如何作为一种能动的社会力量，与不同领域所开展的社会改革运动相互联系、相互促进，在解决一系列社会问题、推动社会改革的过程中发挥了特殊的作用？发挥了什么样的特殊作用？这些作用是如何发挥的？产生了哪些社会结果？

三、研究思路

本书编写的基本出发点是，第一，充分地占有文献史料，尤其是第一手史料，注重对一手史料的深度解读。与此同时，高度关注相关专题的既有研究成果，努力吸收借鉴前人的智慧，以便对相关研究的推进做出贡献。第二，尽可能广泛地借鉴社会学、历史学等相关学科的理论和方法，充分吸收美国思想史、经济史、社会史、法律史、儿童史、妇女史、劳工史、黑人史和移民史等学科领域的研究成果，以拓展认识问题的视野，深化对历史现象的理解。第三，从广义上理解教育的内涵和外延。1890—1920 年，在解决各种社会问题的过程中，各级各类正规学校教育无疑发挥了不可替代的作用，其中，公共学校在同化下一代移民方面具有举足轻重的关键地位。但是，就总体而言，无论是在贫民安置、移民同化方面，还是在提供职业训练和治理城市犯罪方面，正规学校之外的各种教育形式（教会、夜校、各种培训班、图书馆、宣传手册等）所发挥的作用事实上更为广泛、普遍，也更为关键。因此，本书所涉及的正是劳伦斯 · 克雷明（Lawrence A. Cremin）所说的“广义的”教育史。① 本书的研究实践表明，这种突破传统学校教育史研究的尝试不仅有助于拓展观察和认识教育史的视野，而且有利于探索新的研究范式。第四，将教育视为一种积极和能动的社会力量，努力探讨 1890—1920 年各种形式的教育活动在致力于解决各种社会问题、促进社会改革过程中所发挥的作用及其结果，从历史的视角思考教育与社会变迁之间的有机联系。

基于以上思考，作者首先借鉴社会学、美国史等相关学科的研究成果，从多方面梳理了 1890—1920 年美国存在的各种主要的社会问题，例如儿童问题（包括童工问题、儿童营养不良等）、妇女境遇、青少年学生辍学及低效率就业问题、贫民境遇恶化、劳资冲突、种族隔离制度下黑人的教育权问题、移民的文化认同问题、城市犯罪问题等。在此基础上，作者借鉴美国史、美国经济史、美国社会史、美国法律史、美国儿童史、美国妇女史、美国劳工史、美国黑人史和美国移民史等学科领域的研究成果，分析 1890—1920 年美国社会各界在解决这些问题的过程中所采取的法律、政治、经济、文化、社会等方面的对策和举措，进而挖掘各种形式的教育在这些过程中所发挥的作用及发挥作用的方式和结果，探讨教育在解决不同社会问题、促进社会改革中的

---

① 参见劳伦斯 · A. 克雷明《美国教育史：殖民地时期的历程（1607—1783）》（第 1 卷），周玉军等译，北京师范大学出版社，2002，第 5 页。

能动作用。

为了从多方面探讨各种形式的教育在1890—1920年解决美国各种社会问题的过程中所发挥的作用，本书既关注各级各类正规学校教育，同时也把视角转向以往教育史研究较少涉及的各种非正规的教育形式和教育机构，从“社会中心”到贫民安置所，从夜校到感化院，大凡与社会问题解决相关的教育方面的尝试和努力，大多有所涉及。

在研究社会各界通过多种教育形式致力于解决各种社会问题的同时，本书之研究着力从历史和“当代”两个方面挖掘这些实践的思想根源，试图厘清产生这一系列实践背后的思想、观念和信念及其来源。为此，本书通过梳理托马斯·杰斐逊（Thomas Jefferson）等美国建国先贤以及贺拉斯·曼（Horace Mann）等“美国公共教育之父”的相关教育思想，挖掘美国教育思想的传统。在此基础上，进一步探讨了约翰·杜威等活跃于这个时期的著名教育家、社会学家等人的思想及其对当时的影响。从思想史角度进行的挖掘，目的在于分析一系列教育改革运动背后的深层次原因，以进一步明确这样一些重要的问题，即1890—1920年，为什么会有这么多来自不同区域、阶层、职业、专业、教派和种族的人士自发地、义无反顾地投身到各种社会改革和教育改革运动之中？为什么美国社会各界有识之士努力借助教育的途径致力于各种社会问题的解决？这种共同的思想意识是如何形成的？如此等等。

四、研究结论

根据现有研究，初步形成如下几点结论。

第一，1890—1920年，在美国社会各界致力于解决各种错综复杂的社会问题的过程中，各级各类学校和各种形式的教育因素和力量发挥了无可替代的重要作用。无论是在改善儿童福利、实现儿童观更新方面，还是在推动职业技术教育发展、帮助青少年有效就业方面；无论是在提高劳工自身素养、保障劳工权益方面，还是在改变贫民境遇、促进移民同化方面，以及在唤醒黑人的权利意识、治理城市犯罪等方面，学校和教育都在不同方面、以不同的方式，发挥了独特、积极的作用。教育与来自政治、法律、经济、社会、宗教和慈善等方面的因素结合在一起，共同缓和、化解了尖锐的社会矛盾和冲突，使各种社会问题得到了不同程度的解决，从而促进了社会改革，稳定了社会秩序，为美国经济社会发展奠定了坚实的基础。在美国历史上，1890—1920 年是一个非常罕见和独特的时期，在一个非常短暂的时期内，大量社会问题集中出现，而且如此复杂和尖锐，现有社会秩序面临着前所未有的巨大冲击。在美国教育史上，这个时期同样是“独一无二”的。在一代人的时间里，教育爆发出如此强大的活力和创造力，对解决社会问题和推动社会改革产生了如此巨大的作用力。

第二，通过研究可以发现，学校和教育之所以能够在 1890—1920 年的社会改革中发挥如此巨大的实际作用，有那些杰出人物如简・亚当斯（Jane Addams）、约翰・杜威、布克・华盛顿（Booker Taliaferro Washington）等的巨大贡献，但更重要的是，各种教育运动发挥了关键作用。[①] 通过广泛的社会动员，这些目的不同、途径各异的教育运动，不仅使各种社会问题和教育问题受到更大范围的关注，而且为解决这些问题赢得了丰富的社会资源。

由于这些教育运动大多是自发形成的，不同的教育运动具有不同的出发点，有各自期望解决的问题和达到的目的。在一定意义上甚至可以说，不同的教育运动反映了不同利益群体的不同需要。然而，不同群体的需要往往存在着差异乃至冲突，因此，各种教育运动之间不

---

① 关于教育运动与 1890—1920 年美国教育变革关系的讨论，可参见张斌贤等《社会运动与 19 世纪末、20 世纪前期美国公共教育变革》，《教育研究》2017 年第 2 期。

可避免地出现相互竞争，甚至同一个运动内部也会出现因思想主张的不同而产生分歧和矛盾。1890—1920 年，这种现象是普遍存在的，例如职业教育运动与进步主义教育运动之间，标准化运动与进步主义教育运动之间，以及进步主义教育运动内部，如此等等。但是，如果深入梳理 1890—1920 年各种教育运动的历史，可以清晰地看到，不同运动之间存在的差异以及因差异引发的竞争，对于竞争各方虽然有着不同程度的消极影响，但就总体而言，竞争所产生的积极作用是更为主要的。正因为各种教育运动能够并行不悖、相互影响、互相促进，才构成了 1890—1920 年波澜壮阔的教育改革的宏大场景，才使得教育能够在解决诸多复杂的社会问题中发挥如此关键的作用。

第三，1890—1920 年，之所以有如此众多的社会各界人士积极投身到各种形式的教育工作，希望通过各种形式的教育解决特定的社会问题，有利益的因素（例如工商业界对职业教育的推动），但更为主要的原因则是一种普遍的共识乃至坚定的信念，即对教育有助于改善人性、提高人的知识水平和道德素养，从而促进社会改革和进步这种源自启蒙运动的思想观念的认同和坚守。

从历史的角度看，在西方，注重通过教育改善人性、促进社会改革和进步，具有悠久的思想传统。早在古希腊，苏格拉底（Socrates）、柏拉图（Plato）和亚里士多德（Aristotle）等人就从不同角度探讨了教育如何促进人的灵魂改善，从而促进城邦的团结和稳定。到 18 世纪启蒙运动时期，这种思想得到了进一步系统阐述。启蒙思想家诸如约翰·洛克（John Locke）、伏尔泰（Voltaire）、孟德斯鸠（Montesquieu）等都曾有相关的论述。不仅如此，“对于启蒙哲人而言，教育不仅是一种理论，也不只是寄托了一份希望，教育更是一种经验，事实上，教育在他们作为启蒙哲人的经验中占据了核心地位”①。

乔治·华盛顿（George Washington）、约翰·亚当斯（John Adams）、托马斯·杰佛逊等美国的建国先贤深受启蒙思想的影响，在为独立建国殚精竭虑的同时，他们都清楚地意识到知识传播、思想启蒙和教育在建立、巩固共和国的过程中所能发挥的无可替代的作用，并且为此付出了艰辛的努力。19世纪前期，贺拉斯·曼、亨利·巴纳德（Henry Barnard）等人之所以大力推动公共学校的建立和教育的普及，也正是在于对民众的启蒙。在一定意义上，这种源自古典时代、经启蒙运动发扬光大的思想传统对1890—1920年美国教育的变迁依然发挥着强有力的影响作用。

第四，从1890—1920年各种教育运动对解决不同社会问题所发挥的积极作用来看，教育并非如通常所认为的那样仅仅是社会变化的消极结果，在一定的条件下，教育是有可能发挥其推动社会改革的能动作用的。

关于教育与社会的关系和教育的社会功能一直是教育学理论的重要问题。在两种目前使用范围较广的教育学教科书中，关于教育的社会功能分别做了如下表述：“教育被社会发展所制约，但教育也能动地反作用于社会，具有推动社会发展的功能。教育的社会功能主要有两种：教育的社会变迁功能与教育的社会流动功能。”② “教育通过开发人的潜能，提高人的素质，引导人的社会化，影响人的社会实践，能够推动社会的发展与变革，这就是教育的社会变迁功能。教育的社会变迁功能表现在社会生活的各个领域。”③ 另一种教科书的表述为，教育的社会功能主要包括教育的经济功能、教育的政治功能、教育的生态

① 彼得·盖伊：《启蒙时代》（下），王皖强译，上海人民出版社，2016，第461—462页。

② 王道俊、郭文安主编《教育学（第7版）》，人民教育出版社，2016，第55页。

③ 王道俊、郭文安主编《教育学（第7版）》，人民教育出版社，2016，第55页。

功能、教育的文化功能①，它“是教育对社会稳定、运行和发展所产生的影响”②。通过本书之研究可以发现，教育的社会变迁功能实际上远远超出了现行教育学教科书所表述的内容，教育是完全有可能直接推动一些社会问题的解决，完全有可能在改善弱势群体境遇、消除贫苦、提高经济生活水平、遏制犯罪、缓和对立群体之间的冲突、同化不同种群、形成文化认同等方面，发挥不可替代的重要作用。

第五，对于教育史研究而言，如何摆脱因袭多年的以正规学校教育演变为主要研究对象的局限，是推进学科不断发展的关键所在。要在这个重要方面取得突破，需要做的不是四处寻觅以往较少涉猎或无人涉猎的主题、内容或领域，而是要树立一种新的教育史观，以对教育史有更为广阔的理解，拓宽视野，转换视角，从不同历史时期和不同地区教育存在和变化的真实形态出发，系统考察不同形式的教育在特定时间和空间条件下的实际状况、价值观念、运行方式及与社会其他机构之间的关系。如果仍然拘泥于传统的教育史观，将教育史等同于学校教育史，既无法全面考察 1890—1920 年美国各种形式的教育机构、教育因素和教育手段及其对美国社会改革的促进作用，也难以真正深入理解这个时期美国教育的独特性。

更为重要的是，在传统的教育史研究“范式”中，尽管在表面上从未忽视教育之外的社会因素对教育演变的影响作用，而且往往是将教育的演变视为社会因素作用的结果，但事实上，在具体研究的过程中，“教育”与“社会”往往是脱节的，二者之间的关系也是静止的、抽象的，甚至是割裂的。只有当我们超越对教育的狭隘理解，只有当我们将教育本身看作是一种积极的、能动的社会力量，才有可能真正

① 参见全国十二所重点师范大学联合编写《教育学基础（第 3 版）》，教育科学出版社，2014，第 56—63 页。

② 全国十二所重点师范大学联合编写：《教育学基础（第 3 版）》，教育科学出版社，2014，第 33 页。

挖掘教育与社会改革、社会进步的有机联系。

五、存在的不足

近 20 年来，北京师范大学外国教育史团队一直致力于美国教育史研究，先后培养了 30 多名博士研究生，承担并完成了多项全国教育科学规划和教育部人文社科规划项目，发表了数以百计的论文，组织编写或翻译了数套大型丛书，如“京师高等教育论丛”（8 种，北京师范大学出版社 2008 年）、“美国教育变革研究丛书”（11 种，浙江教育出版社 2015—2016 年）、《美国高等教育史》（3 卷，教育科学出版社 2019 年）等。虽然已经具有一定的前期研究基础，但是由于受传统教育史学科影响至深，与国内教育史学界的诸多同仁一样，团队既往的研究工作主要囿于教育（特别是正规学校教育）内部，主要探讨教育系统自身的问题，不可避免地存在着就学校而论学校、就教育而论教育的弊端。即使在相关研究中涉及社会、经济、政治和文化等因素，也主要是作为学校和教育变革的背景，而非从教育与社会相互作用的角度考察教育现象。由于这种“惯性”的作用，本书虽然力图突破以往的研究“范式”，但毕竟是初步尝试，因此不可避免地存在着一些不足和缺憾，这些都有待在今后的研究工作中进一步弥补。

本书主要存在以下五点问题。

第一，由于作者们在社会学、历史学等相关学科的学术训练不足，对相关学科概念和理论（例如社会问题、社会改革、社会运动等）的理解存在着表面化和片面化的缺陷，因此直接制约着在研究工作中有效地运用相关概念或理论解释历史现象和历史过程。

第二，虽然力求充分占有一手历史文献，但在部分专题的研究中，一手历史文献的搜集、整理尤其是对一手史料的深度挖掘还存在进一步努力的空间。另一方面，对既有相关研究成果（特别是其他相关学科的研究成果）的梳理仍有待进一步充实，以便更为深入和完整地呈现相关专题研究的已有状况，从而更为清晰地梳理本书之研究与既有研究成果之间的逻辑关系。

第三，虽然在主观上希望尽可能广泛和深入地探讨 1890—1920 年不同教育形式在推进解决社会问题、促进社会改革过程中的作用，但是由于时间关系和课题组成员人力不足，导致诸如博物馆、公共图书馆、廉价杂志、各种宣传手册及不同教派和慈善团体的活动，在促进移民同化、改善儿童福利、提高青少年职业技能、扩大黑人教育机会及治理城市犯罪等方面作用的探讨不足。

第四，微观研究不足。虽然教育与社会改革是一个宏大的主题，但如果能从宏观视角着眼，深入更为具体的专题研究，尤其是通过案例研究，挖掘细节，则不仅有助于使历史叙事更为生动，而且更有利于真正客观地呈现历史的过程。

第五，由于本书是多人合作共同完成的研究成果，因此在文字表述等方面存在着前后不一致等方面的问题。尽管主编前后花费近两年时间进行统稿，数次提出修改意见和建议，要求作者们对各章书稿进行修改，但仍难以完全避免各种各样的问题。所有这些问题都有待在今后的工作中加以解决。

第一章　教育与儿童福利的改善

1890—1920 年，一场致力于改善儿童处境和命运的改革运动——儿童福利运动（Child Welfare Movement）在美国各地展开。这场运动关注与儿童权益乃至命运直接相关的健康问题、贫困问题、童工问题、青少年犯罪问题等。由于这场运动的广泛影响，儿童作为一个特殊群体的独特性和重要性日益受到重视，人们对儿童的认识发生了重要转变，儿童的境遇得到了很大的改善，儿童的养育和教育方式出现了显著的变化。

儿童福利运动得以开展，一方面受到了新的儿童观念的影响。在这个时期，人们逐渐意识到儿童与成人有着根本的区别，儿童应当是纯真无邪的，应与外界不良影响隔离开来，而且儿童极具可塑性，社会应该为其创造积极健康、丰富有序、有益身心发展的各种环境。另一方面，随着工业化、城市化的推进，人们越来越强烈地意识到贫困、疾病、饥饿、犯罪、道德败坏等各种社会问题对儿童的身心造成了伤害，只有通过彻底的改革才能改变儿童的命运。由此，各宗教和慈善团体，基金会，全国与地方性协会，母亲俱乐部（Mothers' Club），医学与教育专业人士，以及联邦、州及各级地方政府等或单独行动，或联合“作战”，通过立法、建立专门机构与设施、开展儿童和青春期研究、改革学校课程与设施等，为改善儿童境遇做出了多方面努力，并取得了显著的成效。

儿童福利运动并不是一场单一的社会运动，而是由许多不同的社会运动汇聚而成的，从不同方面致力于改善儿童整体生活状态的社会潮流。本章主要考察 1890—1920 年社会各界和教育工作者是如何通过学校内外的各种努力，共同推进儿童福利事业发展的。第一节反映这个时期儿童的生存状态和儿童观念的变化，以此分析儿童福利运动的社会和文化基础。第二节探讨学校之外的儿童福利改革是如何开展的，主要关注儿童的健康问题、身心发展问题、童工问题。第三节讨论教育领域的儿童福利改革的开展情况，重点探讨学龄儿童的强制入学、学校的医疗与卫生服务、学校午餐计划及学校社会功能的拓展等。

第一节　儿童的生存状态与新儿童观的形成

19 世纪末 20 世纪初，城市化、工业化的推进与大量移民的涌入给美国人的生活带来了巨大挑战，处在剧烈的社会变迁中的儿童①与他们的父母一道面临着严峻的生存考验。营养不良、糟糕的卫生条件、童工雇佣、少年犯罪、贫穷等问题使大批儿童处于恶劣的生存状态，疾病、死亡、缺乏安全感裹挟着这个“被遗忘的群体”，但也正是在这个时期，新的儿童观念开始形成，儿童的独特性和童年的珍贵性受到前所未有的关注。新的儿童观的兴起与儿童生存状态之间的反差最终引发了 19 世纪末 20 世纪初的一场旨在全面改善儿童福利的社会运动，公

---

① “儿童”在这一时期所指涉的年龄范围较广，常常指所有未成年的孩子，不过未成年人在当时并没有严格的界定，童工立法可视为这个问题的法律依据。各州童工法律普遍将 14 岁视为保护童工的年龄界限，但也有激进的儿童福利者主张 18 岁甚至 20 岁以下都属于儿童的范围，应受到童工法的保护。斯坦利·霍尔所著《青春期》的出版，一些大学中的儿童研究机构（Child Study Institute）的成立，以及几大基金会所推动的一系列对于青春期孩子的研究（如米德的人类学研究）等使得美国人对于青春期这一独特的成长阶段越来越重视，人们越来越倾向于将“幼儿”（younger children）和“大孩子”（older children）分开讨论。尤其到了 20 世纪二三十年代，“青春期”无论从生理、心理还是文化意义上都在学术界与大众文化中受到了前所未有的关注。

众开始关心儿童的命运。正如雅各布·里斯（Jacob A. Riis）所言，“如今人们已经深刻认识到，拯救儿童是解决城市穷困问题的关键”①。

一、日益恶化的儿童生存状态

19世纪后期，移民的大量涌入、资本的无序增长、贫困的蔓延、城市犯罪的盛行使城市在繁华之余也成为滋生疾病、腐败与堕落的温床。在这种境况下，很大一部分工人阶级、移民与少数族裔的子女处于不利境地，他们对未来生活的恐惧与希望全部交织在工业化与城市化的进程中，生活于他们而言，是艰难和困苦的。

首当其冲的是儿童的健康问题。有研究者对纽约市的一家收容所进行了追踪调查。研究发现，1868—1871年收容所的231名弃婴中有17人被父母认领，19人被领养，其余的195人全部死亡。② 这种高死亡率一直持续到20世纪初。1900年前后，纽约市的儿童死亡率比全国平均水平高出24%，有20%的儿童在5岁之前夭折。③ 城市儿童的死亡率居高不下在很大程度上源于城市恶劣的卫生环境。1903年，美国教育专员的报告中收录了一份游戏场运动（Playground Movement）发起人之一的亨利·柯蒂斯（Henry Curtis）④ 的报告。亨利·柯蒂斯指

---

① Jacob A. Riis, *How the Other Half Lives: Studies Among the Tenements of New York* (New York: Charles Scribner's Sons, 1890), p. 185.

② See Richard A. Meckel, *Save the Babies: American Public Health Reform and the Prevention of Infant Mortality, 1850-1929* (Ann Arbor: University of Michigan Press, 1988), p. 31.

③ See Julia Guarneri, "Changing Strategies for Child Welfare, Enduring Beliefs About Childhood: The Fresh Air Fund, 1877-1926," *The Journal of the Gilded Age and Progressive Era* 11, No. 1(2012): 27-70.

④ 亨利·柯蒂斯是斯坦利·霍尔的学生，1898年在克拉克大学取得儿童心理学博士学位。在20世纪早期，他是推动全美游戏场协会（The Playground Association of America）成立及美国游戏场运动的重要人物之一。

出：“也许很少有人充分意识到在我们大城市中儿童的生活已经变得多么不自然……我们的城市未能为孩子们的玩乐提供任何条件，也没有努力为他们保持一个自然的环境。”① 在城市中，孩子们只能在街上玩耍，而城市街道存在着巨大的卫生隐患：“狭窄的街道在太阳酷热的照射下就像火炉一样。由于交通堵塞，清洁工人打扫起来也有困难，这些街道不可能保持洁净，于是每吹起一阵风就扬起一大片沙尘，据分析这些沙尘 95%都是马粪，它们就这样跑进了孩子们的眼睛和肺里……”② 除了对身体健康的影响，在街上游荡对孩子们的智力和道德都十分不利，还可能阻碍城市交通和引发安全问题。

除了环境卫生，营养不良也成为影响儿童健康的重要因素之一。由于母亲在怀孕期间依旧要从事繁重的体力劳动，恶劣的工作环境加上营养不够，导致很多儿童天生就体弱多病和营养不良。即使能够幸存，儿童也常常因贫困而食不果腹。食物不足和营养不良导致儿童身体发育不良，蛋白质、脂肪和碳水化合物摄入不足，微量元素缺失，抵抗力下降，极易感染一些疾病（如肺结核）。再加上贫穷导致的无力求医，以及公共医护资源短缺等因素，多数儿童在积贫积弱中挣扎。

在健康隐患之余，工业社会给美国儿童生活带来的另一个巨大挑战是童工问题。多数贫困儿童很早便辍学谋生以减轻家庭负担，他们或到工厂做工，或到街头卖报、摆摊，他们构成了童工的主体。到 20 世纪初，雇佣童工已经成为美国社会的一种普遍现象。截至 1900 年，

---

① Henry Curtis,“Vacation Schools, Playgrounds, and Settlements,”in *Report of the Commissioner of Education for the Year 1903* (Washington, D. C.: Government Printing Office, 1905), p. 2.

② Henry Curtis,“Vacation Schools, Playgrounds, and Settlements,”in *Report of the Commissioner of Education for the Year 1903* (Washington, D. C.: Government Printing Office, 1905), p. 2.

美国童工总数达到 1 750 178 人。[1] 到 1910 年，这一数字增至 200 万左右，约占全国儿童总数的 18.4%。[2] 总体来看，这一时期的童工群体有以下特点：第一，年龄普遍偏小。绝大多数童工不到 15 岁，有些甚至还不满 10 岁。据统计，在 1900 年的 175 万童工中，13 岁及以下占 45%。在南部以棉纺织为主的州（亚拉巴马州、佐治亚州、南卡莱罗纳州），在被雇佣的 83 000 名劳工中，近 30%都在 10—15 岁，其中还有很多年龄在 6—9 岁。[3] 第二，分布广泛。从南部的棉花加工厂到北部的玻璃制造厂，从隔绝的煤矿区到城市的雪茄盒加工厂，随处都是衣衫褴褛、沉默寡言的儿童，他们几乎覆盖了美国生产和制造业的各个领域。第三，儿童所从事的多是工时最长、作业环境最差、技术水平最低，同时也是报酬最低的工作。[4] 童工通常一天工作 10 个小时，有的甚至工作 11—12 个小时，上夜班更是一种常态，但童工的工资却比成年工人低很多。在亚拉巴马州，一般劳工平均每天赚 85 美分，而童工一天只赚 30 美分，甚至还有些儿童只赚 1.25 美分—15 美分。[5] 造成这种局面的原因，一方面在于儿童的知识水平和工作能力有限，只能从事薪资最低、技术要求最低的工种；另一方面在于工厂主的唯利是图，他们认为相比于成人，儿童更听话，抱怨更少，能以最低的成

---

① 这里的童工指 10—15 岁参加工作的儿童。在这 1 750 178 名童工中，约 60.7%在农业领域工作，约 16.2%在制造业、机械领域，约 15.9%在家政服务领域，约 6.9%在贸易和交通领域，约 0.2%在专业服务领域。See Scott Nearing, *The Solution of the Child Labor Problem* (New York: Moffat, Yard and Company, 1911), p. 20.

② See Vincent Augustine McQuade, *The American Catholic Attitude on Child Labor Since 1891* (Washington, D. C.: Catholic University of America, 1938), p. 9.

③ See William J. Cooper, *The American South*, Vol. Ⅱ (Lanham, Maryland: Rowman & Littlefield Publishers, 1991), p. 591.

④ See Hugh D. Hindman, *Child Labor: An American History* (Armonk, New York: M. E. Sharpe, 2002), p. 97.

⑤ See William J. Cooper, *The American South*, Vol. Ⅱ (Lanham, Maryland: Rowman & Littlefield Publishers, 1991), p. 497.

本获得最高的利润。因而，经常可以在矿区最深处、污染最严重、操作最机械的工段看到大批没有任何安全防护措施、随时面临伤病和死亡的儿童。第四，童工家庭多较为贫困，其主要来源是移民和中下层劳工子弟。作为家庭的重要经济来源，他们中的很多人从小就跟着父母进入工厂，为将来成为更有效率的成年劳工做准备。

恶劣的工作环境和沉重的工作负担给儿童的身心发展带来了极大的损伤。比如，在地下矿井中连续作业的童工需要随时警惕矿井崩塌的风险，或操作不慎导致的划伤、割伤，甚至骨折、残疾；在玻璃厂工作的童工需时刻警惕高温作业中的烧伤、灼烫，以及灰尘和烟气引发的支气管病、肺炎等；在机器制造业作业的童工更需要保持高度警惕，严防操作不慎或机器故障导致的卷入器械或伤残、骨折。工厂主并不会因为作业环境和生存状态的恶劣而给予童工更多的照顾或更高的工资。相反，如前文所述，受知识水平和工作能力所限，童工往往从事的是最低端、最危险的工作，拿的是最低薪。事实上，作为社会最底层，童工几乎被埋没在了工厂和城市中最阴暗的角落，成了所谓"被遗忘的群体"。

除了童工，工业化和城市化的不断推进还带来了大批"问题"儿童或青少年。由于心智不成熟、缺乏教养、无知和贫穷，很多孤儿、弃儿和辍学儿童游荡在街道、工厂周围，他们偷盗、斗殴、抢劫、强奸、拉帮结派、早孕，在败坏社会风气、危及社会稳定的同时对自身的智力和道德都产生了十分不利的影响。据统计，1897 年全美有 1700 名儿童因犯罪被送进了成人监狱①，另外还有许多"问题"儿童游离在犯罪的边缘，成为社会不安定因素。

童工和"问题"儿童的生活异常艰辛，学校中的儿童也并不幸运。

---

① See Steven Mintz, *Huck's Raft: A History of American Childhood* (Cambridge: Harvard University Press, 2004), pp. 176-177.

1891年，教育领域的“黑幕揭发者”约瑟夫·赖斯（Joseph M. Rice）在《论坛》杂志发表《学校有必要成为儿童生活的阴影吗?》（“Need School Be a Blight to Child-Life?”）一文，呼吁教育者应当保证学生的童年是快乐的，而不是用机械的方法强迫小孩们每天从事数小时的“苦工”，在应当快乐的年岁里经受辛劳与不幸。[1] 约瑟夫·赖斯批判初等学校已经被中学的古典和现代科目所束缚，在教学上强调记忆、诵读，这种教育已经脱离了现实生活，更脱离了儿童的本性。加之体罚盛行，儿童并没有在学校中享受到童年的乐趣，反而过着枯燥乏味、困苦难耐的生活。

二、新儿童观的形成

雅各布·里斯曾在《另一半人如何生活：对纽约贫民区的研究》（*How the Other Half Lives: Studies Among the Tenements of New York*）中谈到这一时期儿童的悲惨境遇：“有如此多的儿童生活在这些拥挤不堪的地方，这一问题令人震惊……”[2] 之所以震惊，是因为儿童的生存状况与当时新兴的儿童观念完全背道而驰。从19世纪开始，美国社会的儿童观念已经发生了深刻变化，之前原罪论取向下的儿童生来有罪、应该加以抑制和惩戒的观念正在逐渐被一种儿童神圣、纯洁的观念所取代。

在17世纪的英属北美殖民地，较为典型的儿童观是“福音派的加尔文主义”（Evangelical Calvinism）观点。受原罪论的影响，儿童被认为生来就是有罪的，应当让其在充满敬畏与纪律的氛围中实现救赎。

---

① See J. M. Rice, “Need School Be a Blight to Child-Life?,” *The Forum* 12(1891): 529-535.

② Jacob A. Riis, *How the Other Half Lives: Studies Among the Tenements of New York* (New York: Charles Scribner's Sons, 1890), p. 180.

同时，清教徒认为儿童需要尽早做好迎接成人世界挑战的准备，因而需要更多地对儿童施以严苛的训诫。到了18世纪，一种对待儿童的较为温和的态度逐渐占据上风，人们在家庭中强调“爱与责任”胜过“爱与敬畏”。与加尔文式的观点将儿童视为天生堕落的存在不同，后者将儿童视为天真无邪却容易堕落的个体，认为对儿童的养育应注重理性、节制与人类意志的自由。①

到了19世纪，成人对儿童及儿童期的态度又发生了变化，而且这种变化是极其深刻的，对现代儿童观的形成产生了重要影响。随着社会和家庭结构的变化，19世纪时美国中产阶级及以上家庭的平均子女数量逐渐减少，同时，由于当时社会对母亲形象的崇尚，人们特别是女性在每个孩子身上投入的时间与精力都有所增加。根据国外学者的研究，1800年以前，人们通常用夭折的孩子的名字来给下一个孩子命名，19世纪之后，这种做法大大减少，并且中间名（middle name）的使用在1850年之后变得十分普遍②，这种趋势反映了美国家庭对儿童独特性的意识逐步增强。到1850年，大部分中产阶级相信儿童是独特、宝贵的财富，婴儿期与儿童期是人生中极为重要的阶段。③ 此外，劳动力结构的变化也改变了儿童在家庭经济事务中的位置，儿童不再被视为家庭中的劳动力和经济来源之一。著名的历史社会学研究《给无价的孩子定价：变迁中的儿童社会价值》（*Pricing the Priceless Child: The Changing Social Value of Children*）就聚焦于19世纪末到20世

---

① See Constance B. Schulz, "Children and Childhood in the Eighteenth Century," in *American Childhood: A Research Guide and Historical Handbook*, eds. Joseph M. Hawes and N. Ray Hiner(Westport, Conn.: Greenwood Press, 1986), pp. 62-63.

② See Constance B. Schulz, "Children and Childhood in the Eighteenth Century," in *American Childhood: A Research Guide and Historical Handbook*, eds. Joseph M. Hawes and N. Ray Hiner(Westport, Conn.: Greenwood Press, 1986), p. 169.

③ See Priscilla F. Clement, *Growing Pains: Children in the Industrial Age, 1850-1890*(New York: Twayne Publishers, 1997), p. 38.

纪初美国儿童社会价值的演变。维维安娜·泽利译（Viviana A. Zelizer）指出，在这期间，儿童逐渐被视为“经济上无用但情感上无价”（economically useless but emotionally priceless）[①] 的存在，这也说明了人们关于儿童及儿童期的价值观的重要转变。

另外，浪漫主义（Romanticism）思潮在美国哲学、艺术与宗教中的兴起也为19世纪新儿童观的形成提供了丰富的思想资源。浪漫主义对于启蒙理性的反思，对于情感经验的看重，对于宗教预定论的冲击，对于自然的崇拜，以及对于个体可完善性（perfectibility）的信仰等[②]促成了宗教与文化中有关儿童天性看法的变化——由早先的原罪论取向逐渐转变为对儿童神圣性的认识，儿童被认为是纯洁、自发（spontaneous）的存在，而且具有最丰富的情感表现力。此外，一些直接涉及儿童的经典作品在美国的传播对新儿童观的兴起也产生了广泛的影响，譬如约翰·洛克在《教育漫话》中强调儿童的可塑性（malleability），否认原罪论的儿童天性说，让·雅克·卢梭（Jean Jacques Rousseall）在《爱弥尔》等著作中指出，儿童尚未被社会风气败坏，应当保护儿童天性，鼓励儿童表达内在自我。这些观点都在美国拥有广泛的受众。至此，儿童开始以一种浪漫的形象出现于诗歌、小说等文学作品中，儿童期也被认为是人生中纯真美好时光的象征。儿童在成人眼里越来越被浪漫化和情感化，这表现为一种现代的“儿童崇拜”（cult of child）。[③]

浪漫主义的儿童观念同时也促进了美国社会儿童养育模式的变化。

---

① Viviana A. Zelizer, *Pricing the Priceless Child : The Changing Social Value of Children* (New York: Basic Books, 1985), p. 3.

② See John L. Thomas, “Romantic Reform in America, 1815-1865,” *American Quarterly* 17, No. 4(1965): 656-681.

③ See N. Ray Hiner, “Children in American History,” in *Rethinking the History of American Education*, eds. William J. Reese and John L. Rury(New York: Palgrave Macmillan, 2008), pp. 161-185.

人们意识到儿童本身是天真、脆弱且易受腐化的，因而应该将他们与成人世界的残酷现实隔离开来，以保护儿童的纯真。由此，一系列专门为儿童设计的活动或场所也在19世纪逐渐出现，如公共学校、孤儿所、儿童医院等，以保护儿童免受外界侵蚀。在有条件的家庭中，儿童期得到了延长，对儿童的教养得到了强化，学校教育的时间也大大增加，这些变化都与这种守护儿童期的意识相关。①

需要注意的是，由于经济条件、家庭结构、种族与宗教观念等的不同，美国社会中浪漫主义儿童观念及新的养育模式的兴起与美国儿童生活的实际变化并不完全对应。浪漫化的新儿童观主要寓于中产与上层阶级的文化中，同时也存在于相关的儿童教养手册及其他出版物中，在社会改革者与教育者中间广泛传播。而在更为贫困的家庭中，在尚未被解放的黑奴中间，儿童的童年远非浪漫且受到庇护的时光。因此，由于阶层、种族、宗教、地区的不同，美国儿童的真实童年经历存在极大的多元性。前文所讨论的儿童恶劣的生存状态是多数中下层阶级子弟的命运，他们的悲惨境遇引起了受新儿童观影响的中上层阶级城市改革者们的关注，这些改革者们开始将改善儿童的命运视为整个城市改革与社会进步的关键所在。他们认为："最关心儿童的城市也将是最伟大的城市。"②

除了浪漫主义儿童观，到19世纪末，一种重新发现儿童身心现实的科学化观念也逐渐发展起来。这一时期，偏重抽象思辨的理性心理学逐渐衰落，从新兴的心理学、生理学角度来探寻儿童本质的科学主

---

① See Steven Mintz, *Huck's Raft: A History of American Childhood* (Cambridge: Harvard University Press, 2004), p. 77.

② New York Child Welfare Committee, *Handbook of the New York Child Welfare Exhibit* (New York: Blanchard Press, 1911), p. 12; The Department of Social Investigation, "Chicago School of Civics and Philanthropy," *The Child in the City: A Series of Papers Presented at the Conferences Held During the Chicago Child Welfare Exhibit* (Chicago: Manz Engraving Company, 1912), p. 2.

义潮流逐渐占据上风，继而儿童知识走向专业化，儿童研究运动的兴起，为人们从科学的角度认识儿童提供了土壤。

首先，科学潮流的兴起与达尔文的《物种起源》有着莫大的关系，该著作的出现从根本上改变了 19 世纪末的认知模式。“达尔文的著作所展示的变化、适应、发展、生存等思想，减轻了对于固定而可知的真理的信仰”，这种真理观的变化“颠覆了原先通过直觉洞察事物深层逻辑而获取知识的手段，转而朝向一种对于科学观察的笃信”①。正如约翰·杜威所言：“《物种起源》把手伸向了那绝对永恒的神圣方舟，将已被规定为恒定的、完美的形式视作生成性的、可消逝的，由此引入了一种思维模式，最终注定使知识的逻辑发生变革，随后则是思考道德、政治和宗教方式的变革。”② 具体到进化论对人们关于儿童乃至整个人类群体的认识的影响来看，以往观念中人类的抽象本质受到了经验证据的拷问，人类这一种群的诸多特性与其说是上帝赋予的，不如说是在进化的过程中逐渐生成的。在这种观念的冲突与转变过程中，人们关于儿童的认识也在发生转变，一些走在科学知识发展前沿的人们开始强调对于儿童身心发展规律的探究，并且主张以此作为开展幼儿教育的依据。

其次，南北战争之后美国各个领域的专业化潮流也逐渐兴起。这一时期赴德国等地留学的新一代美国知识分子归来，加之美国研究型大学的兴起与本土研究生教育的开启，为科学研究和专业知识的发展提供了条件。其中，儿科医生是较早对儿童进行科学研究的群体。1860 年，德裔医生亚伯拉罕·雅各比（Abraham Jacobi）在纽约开办了全美第一所诊治儿童疾病的诊所，他被认为是美国儿科的创始人。

---

① Evelyn Weber, *Ideas Influencing Early Childhood Education: A Theoretical Analysis* (New York: Teachers College Press, 1984), p. 47.

② John Dewey, *The Influence of Darwin on Philosophy, and Other Essays in Contemporary Thought* (New York: Peter Smith, 1951), pp. 1-2.

儿童医护行业在南北战争之后的20年间迅速迈向专业化，到1880年时，全美约有700名专门的儿科医生。[①] 同年，雅各比医生在美国医学协会（American Medical Association）中组建了儿科分部（Pediatric Section）。4年之后，第一份英文版的、专门针对儿童医护问题的期刊《儿科档案》(*Archives of Pediatrics*) 问世，新的美国儿科学会（American Pediatric Society）也在这一年成立，由雅各比医生出任首届主席。[②]

再次，由于细菌学和化学等学科的发展，儿童病理知识和治疗办法也得到了更新，逐渐专业化的儿科医生们成为"科学育儿"（scientific child-rearing）的专家，他们通过期刊、小册子等提供了大量相关的"科学"建议。在19世纪末20世纪初，最受家长们欢迎的儿科问题专家莫过于路德·霍尔特（Luther E. Holt），他是哥伦比亚大学内外科医学院（College of Physicians and Surgeons of Columbia University）的教授，与雅各比医生也有着密切的合作。1894年，路德·霍尔特出版了《儿童养护：供母亲、保育员使用的问答手册》（*The Care and Feeding of Children: A Catechism for the Use of Mothers and Children's Nurse*)。手册以问答的形式提供了大量有关儿童的科学和实用知识，到1915年，这本手册经过不断修改、扩充，已经出版到了第7版，同时还带动了一系列跟风之作的出版。[③]

最后，在教育领域，儿童研究运动也在19世纪后半叶风靡一时。对于儿童的科学研究与调查源于欧洲。1869年10月，柏林教育学协会

---

① See Steven Mintz, *Huck's Raft: A History of American Childhood* (Cambridge: Harvard University Press, 2004), p. 188.

② See Robert Bremner, *Children and Youth in America: A Documentary History*, Vol. 2 (Cambridge: Harvard University Press, 1971), p. 811.

③ See Joseph M. Hawes and N. Ray Hiner (eds.), *American Childhood: A Research Guide and Historical Handbook* (Wesport, Connecticut: Greenwood Press, 1986).

(The Pedagogical Society of Berlin) 对 84 所学校的校长进行调查，希望了解当年 9 月进入一年级的儿童曾经见过并能够说出多少种动植物。[①] 这是较早开展的儿童研究。1880 年 9 月，刚从德国留学归来的斯坦利·霍尔对波士顿的公共学校进行了类似的调查，并于 1883 年发表了调查结果——《儿童心理的内容》（"The Content of the Children's Minds"）[②]，这一调查被视为美国儿童研究运动的开端。在研究中，通过向几百位即将进入小学的儿童提问，斯坦利·霍尔发现，对于那些人们假定入学儿童应当知晓的事物，很大一部分儿童展现出令人震惊的无知。在这种情况下，小学本要教给儿童的学科知识对他们而言只是一种死记硬背的内容。[③] 这在很大程度上揭示了以往教师和其他成年人对儿童心理状态的无知，以及在教育领域对儿童进行科学研究的必要性。基于此，以斯坦利·霍尔为代表的科学研究者和教育者们开始试图从不同侧面了解儿童身心活动的状态与原则。通过各种会议讨论，专门期刊、协会等的宣传，儿童研究逐渐成为美国教育界乃至学术界的一大潮流。除此之外，全美各地还建立了各种儿童研究的民间组织，在教师协会、母亲俱乐部中，人们以极大的热情汇报与交流各自的"科学"发现。另外，随着 19 世纪末心理学、生理学等学科的专业化发展，一批研究者运用新兴学科的方法对儿童的生理机制、心理现象等进行探究，发布了一系列被视为儿童身心发展科学规律的成果。斯坦利·霍尔和他在克拉克大学的同事还将 19 世纪末兴起的有助于揭示儿童本质的科学研究称为"儿童学"(Paidology)，而且人类学、病理学、

---

① See G. Stanley Hall, "The Contents of the Children's Minds," *The Princeton Review* 11(1883): 249-272.

② See G. Stanley Hall, "The Contents of the Children's Minds," *The Princeton Review* 11(1883): 249-272. 斯坦利·霍尔在 1893 年又将 10 年前的这篇文章扩充，出版了《即将入学儿童的心理内容》(*The Contents of Children's Minds on Entering School*）一书。

③ See G. Stanley Hall, *The Contents of Children's Minds on Entering School* (New York & Chicago: E. L. Kellogg & Co., 1893), p. 26.

神经学、心理学等都被视为儿童学所参考的学科。[①] 通过各种期刊与儿童研究者的讲演，上述领域的研究成果进入教育界，构成了这一时期推崇儿童研究的教育者们乐于参考的科学依据，他们以此为基础开始重新审视以往对于儿童身心现象的认识，以及教学活动中对待儿童的方式。

第二节　儿童福利运动中的社会努力

1911 年，纽约和芝加哥分别举办了大型的儿童福利展览（Child Welfare Exhibit），两场展览的布局、内容十分相似："家庭"展区展出了模范家庭应为儿童提供的合宜的膳食、服饰、清洁卫生的环境，"健康"展区提供了预防失明、肺结核，保护牙齿的措施，"教育"展区呈现了公共学校中儿童学习、活动的场景。此外，还有游戏场[②]、博物馆、图书馆等城市中专门为儿童活动提供的场所，以及为解决童工问题而做出的立法努力，为解决青少年犯罪问题而广泛设立的青少年法庭等，几乎囊括了儿童从出生到成年之前生活中的所有事项。[③] 这两场展览呈现了当时社会改革活动最为兴盛的两大都市从各方面改善儿童生活的努力。

---

① See Oscar Chrisman,"Child-Study, A New Department of Education,"*The Forum* 16(1894):728-736.

② 通常所说的"操场"或"运动场"有很强的体育运动指向，不容易反映出进步时代人们推崇这类场所的初衷，即出于对游戏与儿童身心发展关系的认识，以及意识到城市未能给儿童玩乐提供有益的空间，而大力推动专门的游戏场的建设。因此在本文中将 Playground 统一翻译为游戏场。

③ See Currie D. Breckinridge,"'The Child in the Midst': The New York-Chicago Child Welfare Exhibit,"*The American Journal of Nursing* 11, No. 10(1911):814-820; New York Child Welfare Committee, *Handbook of the New York Child Welfare Exhibit* (New York: Blanchard Press, 1911).

事实上，从 19 世纪后期起，美国工人阶级、移民与少数族裔的儿童所处的不利境地就开始受到关注。早期的一些社会慈善团体曾发起“拯救儿童”的活动，比较有代表性的救助活动包括建立孤儿所、主日学校，以及为有需要的儿童提供膳食、住宿及基本的教育服务等。早期的儿童救助活动与针对贫民、移民群体的社会慈善事业基本重合。到了 19 世纪末，美国的各种报纸、杂志，以及政府和民间组织发布的调查报告等共同揭示了与儿童生活相关的种种社会弊病，整个社会开始形成一种危机感，更加强化了整个社会拯救、保护儿童的意识，各类群体开始关注儿童的命运。在进步主义时期，对特定阶层儿童的关注逐渐放大到了处于童年期的全体儿童，人们在继续帮助处于不利境地的儿童（如童工、犯罪少年等）的同时，还主张全社会关注与守护所有儿童，并且通过立法与政府规约来保卫“童年的权利”，强调儿童群体作为未来的公民对国家和社会的重要意义。同时，进步主义时期关于儿童的科学研究的专业化，关于社会贫困、卫生等问题调查研究的专门化，使这一时期的儿童福利改革不仅目的明确，而且在解决策略上更有针对性，还有效调动了公共与民间的各种力量。正如史学家史蒂芬·明茨（Steven Mintz）所言，进步主义时代是美国儿童福利史上的一个分水岭。在此期间，“根据专业化原则、科学知识指导与理性的管理，进步主义时代的儿童救助者们极大拓展了国家及受过专业训练的专家们在儿童健康、教育与福利事业中的角色”①。这一时期，各种慈善团体、宗教组织、妇女组织及联邦和州政府等都参与到儿童福利事业中，通过积极的公共卫生措施降低婴儿死亡率，为城市儿童建立游戏场，举办儿童福利展览，建立青少年法庭，为童工立法，规定童工的工作时长和工作环境等，为儿童的身心健康和拯救儿童积极

---

① Steven Mintz, *Huck's Raft: A History of American Childhood* (Cambridge: Harvard University Press, 2004), p. 172.

作为。

一、儿童健康与公共卫生、活动场所的改善

前文已经提到，19 世纪后期美国婴儿及儿童的死亡率是很高的，弃婴、孤儿很是常见。据统计，直到 1895 年，美国仍有高达 18%的儿童在 5 岁之前就死亡，相当于每 6 个儿童中就有 1 个儿童活不到 5 岁。① 即使是在多数富裕家庭，五六个孩子中夭折一两个也是常事，而在那些贫苦的家庭，儿童死亡率就更高了。② 到了 19 世纪末 20 世纪初，5 岁以下儿童的死亡率依旧保持在 20%左右，他们多死于肠胃病、呼吸道疾病及传染病。③

儿童的高死亡率作为一个社会问题得到认真对待是在 19 世纪 50 年代。最初，人们将其归因于城市的拥挤和恶劣的生活环境。到了 19 世纪 70 年代，儿科医生将高死亡率归结为儿童的饮食，认为儿童饮用了劣质的或掺假的牛奶，因而造成各种疾病。从 1885 年到 1915 年，在儿科医生、生理学家等群体的推动下，有关牛奶对儿童身体健康的益处的文章在各专业和大众杂志中大量涌现。科学界人士一方面大力推崇牛奶的价值，一方面大量披露一些地区所供应的牛奶在卫生、纯度等问题上的恶劣状况。于是，许多地区采取各种对策来解决纯净牛奶的供应问题。④ 1893 年，南森·施特劳斯（Nathan Straus）建立了美国

---

① See Steven Mintz, *Huck's Raft: A History of American Childhood* (Cambridge: Harvard University Press, 2004), p. 172.

② See Steven Mintz, *Huck's Raft: A History of American Childhood* (Cambridge: Harvard University Press, 2004), p. 134.

③ See Steven Mintz, *Huck's Raft: A History of American Childhood* (Cambridge: Harvard University Press, 2004), p. 176.

④ See Robert Bremner, *Children and Youth in America: A Documentary History*, Vol. 2. (Cambridge: Harvard University Press, 1971), pp. 811-812.

第一个纯净无添加的牛奶供应站，使纽约市兰德尔斯岛孤儿院的儿童死亡率降低了 50%。1908 年，芝加哥成为世界上第一座要求在城市牛奶的供应中使用巴氏杀菌法的城市。[①] 除此之外，人们呼吁实行认证制度，给符合卫生标准的奶制品贴上认证标志。后来，随着市政改革运动的展开，许多城市纷纷成立了由政府管辖和监控的供奶站，一些城市的供奶站还专门向公共学校系统输送安全、卫生的牛奶。[②]

除了饮食卫生，社会福利改革者们还试图通过其他方式抵制城市中的各种顽疾和威胁，改善儿童的健康状况。早在 1877 年，意识到城市中各种危险因素对儿童生活可能造成的影响，纽约市的“新鲜空气基金”（Fresh Air Fund）就开始资助该市贫苦租户的孩子们到郊区度过两周的暑假生活，使儿童与城市中不洁的空气和贫民区不良的道德状况隔离开来。[③] 1900 年以后，随着大范围的社会调查越来越普遍，城市儿童中存在的营养不良、身体缺陷等问题被更多地揭示出来[④]，越来越多的医生和社会福利改革者意识到，降低婴幼儿死亡率的唯一办法是，母亲必须适当了解相关的卫生与营养知识。之后牛奶供应站在提供纯净卫生的牛奶的同时，也开始提供一些儿童的医疗咨询和保育服务。与此同时，家访护士（visiting nurse）将一些保健和养育知识带到儿童的家庭中，共同为婴幼儿的健康问题做出努力。1908 年，纽约市

---

① See Steven Mintz, *Huck's Raft: A History of American Childhood* (Cambridge: Harvard University Press, 2004), p. 176.

② See Robert Bremner, *Children and Youth in America: A Documentary History*, Vol. 2 (Cambridge: Harvard University Press, 1971), pp. 811-812.

③ See Julia Guarneri, "Changing Strategies for Child Welfare, Enduring Beliefs About Childhood: The Fresh Air Fund, 1877-1926," *The Journal of the Gilded Age and Progressive Era* 11, No. 1 (2012): 27-70.

④ See New York Committee on Physical Welfare of School Children, "Physical Welfare of School Children: An Examination of the Home Conditions of 1400 New York School Children Found by School Physicians to Have Physical Defects," *Publications of the American Statistical Association* 10, No. 78 (1907): 271-316。

卫生部设立了全国第一个儿童卫生分部，为城市中工人阶级聚居地的母亲们提供儿童教育和健康养护行为指导。① 1909 年，在儿童福利改革者们推动下举办的第一届白宫儿童事务会议（White House Conference on Children）的主要议题也是儿童的健康问题。② 截至 1910 年代，社会安置所（settlement houses）、健康儿童门诊（well-baby clinics）、儿童周活动（baby week campaigns）、家访护士等相继出现，以帮助母亲们更好地养育婴幼儿。③

通过积极的公共卫生措施，城市儿童的健康状况得到了前所未有的关注。甚至有研究者认为，这个时期儿童福利改革最大的成就在于降低了美国婴幼儿的死亡率和患病率。据统计，在专业化原则和科学知识指导下的公共卫生改革使美国婴幼儿的死亡率降低了 50％以上。④

在关注儿童的生理健康的同时，儿童福利运动还延伸到了对儿童健康生活方式的追求和探索。在五光十色的现代生活图景逐渐展开之际，城市中新兴的娱乐场所也开始分散儿童与青少年的注意力。看电影（当时习惯叫 moving pictures）是当时最便宜的消遣方式，有人估计在 1910 年每天有 50 万儿童观看电影。⑤ 由于当时并不存在对观众年龄的限制，故不断有人抱怨一些电影的内容根本不适合儿童观看。除了电影院，当时另一个时兴的娱乐场所是舞厅（dance hall），它吸引了大

---

① See Kriste Lindenmeyer, *A Right to Childhood : The U. S. Children's Bureau and Child Welfare ,1912-1946*(Urbana-Champaign: University of Illinois Press,1997), p. 13.

② See Joseph M. Hawes and N. Ray Hiner(eds.), *American Childhood : A Research Guide and Historical Handbook*(Westport,Connecticut: Greenwood Press,1986), p. 416.

③ See Steven Mintz, *Huck's Raft : A History of American Childhood*(Cambridge: Harvard University Press,2004), p. 176.

④ See Steven Mintz, *Huck's Raft : A History of American Childhood*(Cambridge: Harvard University Press,2004), p. 172.

⑤ See Faith E. Smith,"Changing Conditions of Child Life," *Bulletin of the American Library Association* 7, No. 4(1913): 184-188.

批工人阶级的少男少女在夜间前来跳舞取乐。然而，在很多成年人尤其是女性社会改革者看来，舞厅象征着羞耻与堕落，是社会的黑暗面，亟待整顿，他们认为这些少男少女们需要更为纯真的、正派的娱乐活动。除以上外，人们也意识到当时儿童的生存环境中存在其他问题，比如儿童游戏空间的萎缩，以及缺乏对儿童与青少年的娱乐方式的指导等，这些都不利于儿童和青少年的身心健康。由此，一股为儿童创造各种专门的、洁净有趣且富于教育意义的活动场地的热潮在美国掀起，除了混迹于城市大街小巷中的露天电影院与歌舞厅，城市儿童与青少年的生活中出现了游戏场、儿童博物馆、图书室等许多新的去处。

游戏场可谓当时最热门的公共设施，这种活动场所可以追溯到 19 世纪早期德国户外运动场的兴建。1886 年，波士顿最早建起了沙场（sand garden）以供城市居民进行户外运动。一开始这些场地的主要功能是锻炼身体，尤其强调男孩们的户外操练，而小镇或乡村本身就有足够的空地来从事这些活动，城中的富人自家也有庭院，因此这类场地建得并不多。到后来，人们开始相信游戏场对所有儿童来说都具有重要的社会、个体与教育功能，是培养整全的人的重要手段。① 1895 年，简·亚当斯所在的赫尔会所（Hull House）拆除了几幢房子，建起示范游戏场（model playground），整个游戏场占地约 1 英亩②，其中有沙堆、积木、旋转秋千等，还包括室内体育馆和户外游戏区域等。③ 到了 19 世纪末，全美范围内的游戏场运动开展起来，许多城市纷纷成立了游戏场协会。在亨利·柯蒂斯等人的推动下，全美游戏场协会也

---

① See Joe L. Frost, *A History of Children's Play and Play Environment: Toward a Contemporary Child-Saving Movement* (London: Routledge, 2010), pp. 94-95.

② 1 英亩=40.468 6 公亩=4 046.86 平方米，本书中涉及的非法定计量单位为原文献载用，下文再出现时不予换算。

③ See Joe L. Frost, *A History of Children's Play and Play Environment: Toward a Contemporary Child-Saving Movement* (London: Routledge, 2010), p. 70.

于1906年在华盛顿成立，包括简·亚当斯在内的许多社会改革者都参与了该组织的宣传工作。① 据统计，游戏场协会刚成立时，全美有41个城市拥有游戏场，而到了1924年，已有771个城市管理着总计5006个游戏场。②

此外，为了提供更适合儿童而又富于教育意义的校外活动场所，城市中还出现了儿童博物馆，或是在公共图书馆、博物馆中专门开辟的儿童活动区域。1899年12月16日，布鲁克林儿童博物馆正式开放，它被认为是世界上第一个儿童博物馆。随后，在波士顿、底特律、印第安纳波利斯等地，儿童博物馆也纷纷出现。这些博物馆所展出的内容一般综合了自然史、现代工艺与历史事物等，以一种更适于儿童理解能力和好奇心的方式呈现出来，儿童可以亲身参与部分活动，体验具体的自然现象或是历史场景。③ 在图书馆方面，从19世纪末起，美国的公共图书馆开始为儿童设立专门的图书区域，1895年出现了第一个为儿童专设的阅览室④，进入20世纪后，这一趋势迅速在大西洋两岸蔓延开来。早期的儿童阅览室一般模仿成人阅览室的布局，到1910年左右，专门的儿童图书馆员们更强调所谓"进步的教育理论"，认为儿童与成人之间、不同发展阶段的儿童之间有着根本区别。因此到后来，儿童阅览室不再试图创造秩序，而采用非正式的摆设方式，如用适应儿童身材的环形桌凳取代排列成方块状的长条桌椅，还有带壁炉的"讲故事时间"壁龛（story-hour alcove），使图书馆员能够像母亲一

---

① See Joe L. Frost, *A History of Children's Play and Play Environment: Toward a Contemporary Child-Saving Movement* (London: Routledge, 2010), p. 70.

② See Joe L. Frost, *A History of Children's Play and Play Environment: Toward a Contemporary Child-Saving Movement* (London: Routledge, 2010), pp. 107-108.

③ See Thomas J. Schlereth, "The Material Culture of Childhood: Problems and Potential in Historical Explanation," *Material Culture Reviewv* 21(1985): 1-14.

④ See Mary N. Maack, "Children's Libraries," in *Encyclopedia of Children and Childhood in History and Society*, Vol. 1, ed. Paula S. Fass (New York: Macmillan, 2004), p. 177.

样给围坐在其脚边的孩子们讲故事。①

伴随着各种儿童福利改革运动的开展，根据儿童的身心需求、游戏天性等营造的特殊场所，使美国儿童周遭的环境呈现出前所未有的丰富性。从这些活动空间与物质材料的变化中，可以窥见当时的儿童观念与教育、社会改革的互动。在关注儿童身心健康问题的同时，社会福利改革者们也注意到，对多数中下层阶级儿童身心造成损害的最根本原因在于他们的命运还未发生根本改变，多数中下层阶级儿童已经在工业化的进程中沦为城市中最沉默的群体——童工。因此，改善童工的生活和工作条件、提升童工的地位成为进步主义时期儿童福利改革者们的重要工作。

二、儿童命运与拯救童工

19 世纪下半叶的工业革命从根本上改变了美国的经济和社会结构。机械化大生产在将美国带向工业化和城市化轨道的同时，也从根本上改变了家庭作为道德、文化、教育和生活中心的地位。之前在家庭中长大的儿童，此时随着父母外出到工厂工作而得到另外的安置——进入工厂。对中下层阶级的家长而言，儿童进入工厂不仅可以使其处于成人的看管之下，远离无所事事和犯罪行为，还可以学习工业知识和技能，为将来进入工厂做准备。② 更为重要的是，作为家庭成员之一，儿童也可以为家庭收入贡献微薄之力。因而，儿童在工业化和城市化的冲击下发生了身份和意义的转换，即从一种家庭式的作坊学徒转变为劳工（童工）进入自由市场，提前为工人身份做准备。到 20 世纪初

① See Mary N. Maack, "Children's Libraries," in *Encyclopedia of Children and Childhood in History and Society*, Vol. 1, ed. Paula S. Fass (New York: Macmillan, 2004), p. 192.

② See Hugh D. Hindman, *Child Labor: An American History* (Armonk, New York: M. E. Sharpe, 2002), p. 43.

期，雇佣童工已经成为一种普遍的社会现象，而且童工对其所应遵守的秩序和纪律原则熟稔于心。这种秩序和纪律被儿童简单地理解为乱跑或不听话就要受罚，不按规则操作就会被扣工资，完不成工作就没有酬劳，破坏机器就会被辞退等。在这种思想的暗示下，童工大多过着悲惨而隐忍的生活。

从 19 世纪后期开始，一些组织和个人已经意识到童工问题及其有可能引发的社会问题，并试图对该现象进行揭露和抵制。劳动骑士团（Knights of Labor）自 1869 年成立起就将解决童工问题作为其重要工作之一，并于 19 世纪 80 年代将第一部劳工法引入南方。1886 年更名为美国劳工联合会（American Federation of Labor，简称劳联）的贸易与劳工联盟（Federation of Organized Trades and Labor）在创办之初就试图改善劳工的工作环境和生活水平，童工作为劳工的一部分也被列在保护范围之内。成立于 1890 年的妇女俱乐部（General Federation of Women's Club）一开始也注意到了童工问题的严重性，其为贫民窟的儿童建立幼儿园，发放生活补助。除此之外，一些宗教团体也走出教会，筹办各种慈善机构，开办神学讨论班，传播福音，教授伦理学知识。最著名的宗教团体“救世军”（Salvation Army）还曾深入贫民窟集中区，创办医院和救济所，组织儿童俱乐部，对儿童进行道德和精神指导。

一些社会慈善者也试图安置童工或贫民儿童，如简·亚当斯于 1889 年在芝加哥创办赫尔会所，莉莲·沃德（Lillian Wald）于 1895 年在纽约创办亨利街会所（Henry Street Settlement），罗伯特·伍德（Robert A. Woods）在波士顿创办“南端之家”（South End House）等。这些会所会教授童工或贫民儿童读、写、算，组织儿童参与社会救助运动，帮助贫民儿童走出困境。从赫尔会所走出来的社会活动家茱莉亚·拉斯洛普（Julia Lathrop）后来促使伊利诺伊州政府于 1903 年颁布了《童工法》。1912 年，茱莉亚·拉斯洛普又担任联邦儿童局

(U. S. Children's Bureau) 第一任局长。另一位社会活动家劳伦斯·凯利 (Flovence Kelley) 也来自赫尔会所，她在担任全国消费者联盟 (National Consumers League) 秘书长期间，通过限制血汗工厂和发放家庭津贴改善妇女和儿童的工作条件和生活状态，并且最终促成 1911 年伊利诺伊州父母基金法案的制定。劳伦斯·凯利还曾担任州童工状况调查委员会专员，加入全国童工委员会 (National Child Labor Commttee)，为童工立法做出重要贡献。

还有些进步人士自 19 世纪后期起通过出版著作唤起公众对童工问题的关注。1872 年查尔斯·布雷斯 (Charles L. Brace) 的《纽约的危险阶层和他们二十年的工作》(*The Dangerous Class of New York and Twenty Years' Work Among Them*) 问世，旨在揭露美国童工问题和工厂体制的真实面目。随后，雅格布·里斯的《另一半人如何生活：对纽约贫民区的研究》(*How the Other Half Lives : Studies Among the Tenements of New York*)、《穷人的孩子》(*The Children of the Poor*)，约翰·斯帕戈 (John Spargo) 的《儿童的痛苦呼喊》(*The Bitter Cry of the Children*) 等也相继出版①，旨在揭露纽约童工立法中刻意回避相关问题的情况，以及穷人子弟恶劣的生存环境，以引起社会的普遍关注和讨论。

著名的社会学家和摄影家路易斯·海因 (Lewis Wickes Hines) 自 1901 年开始试图用客观真实的照片来诊断和揭示美国在工业化进程中出现的各种弊病。他到南部和东部各州调查工厂、农场、矿区中童工群体的生活状态，最终拍摄了 7000 多张童工照片，真实记录了美国劳

① See Charles Loring Brace, *The Dangerous Class of New York and Twenty Years' Work Among Them* (New York: Wynkoop & Hallenbeck, 1872); Jacob Riis, *How the Other Half Lives : Studies Among the Tenements of New York* (New York: Charles Scribner's Sons, 1890); Jacob Riis, *The Children of the Poor* (New York: Charles Scribner's Sons, 1892); John Spargo, *The Bitter Cry of the Children* (New York: The MacMillan Company, 1906).

工雇佣中对儿童特殊性的忽视，一时间激起了公众对童工问题的普遍关注。公众意识到，一个群体正在被忽视和践踏，应该行动起来拯救这些可怜的生命。需要注意的是，公众最初对童工的抵制更多地源于他们对儿童悲惨境遇的同情，以及由此引发的对工厂主的愤怒，还没有上升到将儿童作为一个特殊群体或未来公民进行特殊保护和对待的层面。之后随着 20 世纪初期对儿童福利相关问题的持续关注，以及由此展开的儿童和青少年研究，公众才逐渐意识到雇佣工业的罪恶已经威胁到“国家最宝贵的财富”，即它的儿童，保护童工基本权利与福利才成为儿童福利运动的中心主题。①

20 世纪初，当整个社会逐渐意识到雇佣童工已经对儿童身心造成了严重伤害，解决童工问题迫在眉睫时，全国童工委员会于 1904 年 4 月 15 日成立。它是一个试图在全美范围内联合各州童工组织改善童工生存状态的非营利性组织。该委员会从一开始便受到慈善团体、进步主义人士、民间组织的热情拥护，作为社会的精英人士，这些改革者们对童工问题的认识要比普通公众更深刻，他们意识到抵制童工不仅仅是为了儿童，更是为了这个国家，他们出于“怜悯、同情，以及一种爱国主义情感。他们认为，对儿童而言，劳工是一种欺骗；对工业而言，是一种谬论；对社会而言，是一种威胁。童工意味着无知和文盲群体的扩大，意味着薪资等级的降低，以及由此引发的生活水平的下降和永无止境的贫困，成人失业率和犯罪率的提升，家庭的瓦解，最终导致种族的堕落”②。正如全国童工委员会主席菲利克斯·阿德勒（Felix Adler）所言：“我们在进行一场‘圣战’，一场旨在儿童福利和

① 参见约翰·法比安·维特《事故共和国：残疾的工人、贫穷的寡妇与美国法的重构》，田雷译，上海三联书店，2013，第 3 页。

② Walter I. Trattner, *Crusade for the Children: A History of the National Child Labor Committee and Child Labor Reform in America* (Chicago: Quadrangle Books, 1970), p. 12.

文明稳定存续的战争。”[①] 由此，这些最早发起和参与全国童工委员会的改革者已经将童工雇佣（或儿童问题）与国家存续联系起来，比起普通公众出于同情和怜悯的诉求，他们则更深刻、更严肃。

全国童工委员会负责调查童工问题的本质及其在美国的发展程度，以引起公众对该问题的关注。同时，委员会试图帮助联邦、州和地方立法，以禁止儿童进入不适合他们的工作领域，扩大儿童接受初等教育和充分发育身体的机会，满足其作为未来公民和有效劳工的需求。委员会秘书塞缪尔·琳赛（Samuel McCune Lindsay）、亚历山大·麦克尔威（Alexander J. Mckelway）和欧文·拉夫乔伊（Owen R. Lovejoy）等通过对宾夕法尼亚州的无烟煤矿井、玻璃制造厂和南部的棉纺织厂的调查后意识到，只有针对童工问题进行立法才能对其进行遏制，甚至需要将立法权从州和地方层面扩展至联邦层面。

在宾夕法尼亚州，委员会敦促该州修订童工法，要求工厂记录儿童的年龄档案、教育背景，并且公布雇佣标准，相关斗争一直持续到1909年，委员会才最终协助宾夕法尼亚州出台了新童工法。1911年，最低准入年龄为16岁的规定才推广至烟煤矿井。在新泽西州、印第安纳州、宾夕法尼亚州和西弗吉尼亚州的玻璃厂，委员会经过艰苦的斗争终于协助制定了最低工作年龄及夜班制度，禁止16岁以下儿童在特殊领域开展夜间工作。相比于矿井和玻璃厂，全国童工委员会对南部各州棉纺织厂的调查更为步履维艰，原因在于南部棉纺织厂比矿井和玻璃厂更需要童工。南方雇主一般拥有自己的庄园，在这里，工厂主雇佣童工且控制着他们的生活起居，而且南部各州的政治局势在一定程度上也由大工厂主控制，他们作为民主党的喉舌控制了多数选民。在这种意义上，南方各州的法律就是这些大工厂主的法律，这事实上

---

① Walter I. Trattner, *Crusade for the Children: A History of the National Child Labor Committee and Child Labor Reform in America* (Chicago: Quadrangle Books, 1970), p. 12.

加大了南方各州通过童工法的难度。工厂主多认为雇佣童工理所应当，正是他们养活了童工及其整个家庭，使无数个无以为继的家庭能够继续生存。①

北卡罗来纳州的立法斗争最先开始。1905 年，亚历山大·麦克尔威为该州起草的童工法案进入立法程序，法案要求将女孩和文盲儿童进入工厂的最低工作年龄从 12 岁提升到 14 岁，同时禁止 14 岁以下儿童夜间作业。该法案得到了北卡罗来纳州部分参议员的支持，最终却由于南方工厂主的抵制和抗议而功亏一篑。类似的案例还有很多，这在很大程度上表明全国童工委员会的工作进展并不顺利。委员会最大的阻碍来自工厂主和童工家庭的抵制，前者主要基于利益考量，担心童工立法会失去大量劳动力，增加雇佣成本，减少利润；后者主要基于家庭经济的考量，担心儿童一旦被禁止工作，家庭经济就无以为继。虽然步履维艰，但全国童工委员会最终还是达成了它的目标，引起了公众对童工问题的关注，使越来越多的人意识到雇佣童工的罪恶，并且开始对儿童的身心健康、文化程度予以重视，同时开始反思雇佣童工与人道主义的背离，以及可能造成的种族堕落问题。以上这些在很大程度上引起了政策制定者的注意，他们感受到一种公共情感——集体愤怒感的升温。

20 世纪初，当通过立法保护儿童的呼声逐渐高涨时，新的儿童观也正在形成并广为人知。公众开始认为，儿童作为合众国的未来，理应得到社会的关注与保护，而立法作为最具强制力的保障措施，有从根源上解决童工问题的可能性。至此，童工立法在各州轰轰烈烈地开展起来，并在 1905—1910 年形成一股州童工立法高潮。据统计，这段时期有 38 个州及哥伦比亚特区通过了童工法，其中仅 1908—1909 年，

---

① See Jill L. Haunold, "Idle Hands Are the Devil's Workshop: A History of American Child Labor and Compulsory Education: Emancipation or Reconstituted Oppression?," *Counterpoints* 209(2002): 95-103.

就有 17 个州颁布或修订了既存的童工法。自 1910 年起，肯塔基州、弗吉尼亚州、马里兰州、新泽西州、罗得岛及马萨诸塞州等相继对各自的童工法进行了修订和完善，纽约州、俄亥俄州也紧随其后。①

1886 年，作为工业发展速度最快、移民最多、雇佣童工最普遍的州之一，纽约州通过了《纽约州童工法》（*New York State Child Labor Law*），成为第一个强制执行童工法的州。② 1896 年纽约州又对该法进行修订。1900 年，纽约州又要求 12—14 岁儿童在被雇佣前必须接受 80 天的入学教育。1905 年，纽约州又将进入工厂的最低工作年龄规定为 16 岁。1906 年，新的童工法又要求 16 岁以下童工每天工作不得超过 8 小时。

1872 年，伊利诺伊州就通过法律规定 14 岁以下儿童及妇女不允许进入任何矿井工作。1877 年，通过一项专门针对童工的法律，伊利诺伊州禁止雇佣 14 岁以下儿童从事某些高危工作。到 1893 年又通过《工厂监督法案》（*State Factory Inspection Bill of 1893*）来加强童工法的强制执行力。1903 年，伊利诺伊州要求 16 岁以下儿童每天工作不得超过 8 小时，每周不得超过 48 小时，并且要求 14 岁以下儿童必须在学校接受至少 110 天的教育。

1900 年，马萨诸塞州、康涅狄格州规定，童工的最低雇佣年龄为 14 岁。马萨诸塞州还要求 18 岁以下儿童每天工作不得超过 10 小时，每周不得超过 58 小时。1904 年，马萨诸塞州还设立工厂监督员，负责监察工厂的卫生状况及童工雇佣情况。之后 1906 年、1908 年马萨诸塞州明令禁止雇佣精神不健全或患有气管炎、心脏病等的 14—16 岁儿童，而且工厂在雇佣劳工时需要劳工出示身体健康证明。

---

① See Owen R. Lovejoy, “Will Trade Training Solve the Child-Labor Problem?,” *The North American Review* 191, No. 655(1910): 775.

② See Frederica Perera, “Child Labor Reform in the Early Progressive Era, 1870-1900,” *American Journal and Public Health* 104, No. 10(2014): 1863.

缅因州和罗得岛在20世纪初的童工立法中将12岁作为儿童的最低工作年龄，之后1910年提升到14岁。1900年，缅因州、罗得岛和康涅狄格州规定，16岁以下童工每天工作不得超过10小时，每周不超过60小时。新罕布什尔州于1901年通过了禁止雇佣14岁以下儿童的童工法，同时要求16岁以下儿童在工作时出示工作证明、教育凭证。

1907年前后，又有一些州重新修订或调整了儿童的最低雇佣年龄。如弗吉尼亚州、肯塔基州、田纳西州、路易斯安那州、阿肯色州、俄克拉何马州等都将14岁作为儿童进入工厂的最低年龄要求。另外，其他各州也相继通过了类似或更高标准的童工法。

总体而言，各州在通过立法保护童工时主要集中关注以下几点：第一，普遍限制儿童的最低工作年龄。多数州将14岁作为分界线，14岁以下儿童不得进入任何工作领域。第二，限制儿童的工时。多数州要求儿童每天工作不超过8小时，一周工作不超过48小时，还有些州禁止儿童上夜班。第三，提升儿童进入工厂的准入标准。随着对童工的限制越来越严苛，一些州开始要求儿童在求职时出示雇佣凭证、出生凭证、教育凭证及身体健康凭证等。第四，强制入学。第五，限制儿童的工作领域。多数州禁止儿童进行高危作业或从事不适宜儿童的职业。第六，限制街头童工及在剧院、公共展览中雇佣童工。各州1915年之后开始转向对街头及公共场所雇佣童工的限制。多数州禁止12岁以下儿童（女童为14岁以下或16岁以下）在街头工作，而且对夜间的街头童工进行限制。一些州还对允许街头童工的城市标准进行限制，如特拉华州1915年童工法中规定，只有人口超过20 000人的城市才允许雇佣街头童工，男童14岁以下，女童16岁以下不得在街头工作。① 第七，规定儿童的最低工资。1912年马萨诸塞州首先通过了最低

---

① See Helen L. Sumner and Ella A. Merritt, *Child Labor Legislation in the United States* (Washington, D. C.: Government Printing Office, 1915), p. 386.

工资法，1913 年又有 8 个州效仿，到 1919 年共有 13 个州及哥伦比亚特区规定了童工的最低工资标准。①

需要指出的是，虽然一些州（尤其是北方各州）在 1890 年代之前就通过了许多童工法，但这些法令的强制性和执行力是很有限的。一方面在于它们设定的目标或标准太低。如 1898 年之前，除了纽约州、宾夕法尼亚州、密歇根州、伊利诺伊州和印第安纳州将儿童最低工作年龄定为 14 岁之外，其他许多州允许雇佣 12 岁及以下儿童，这其实是在降低童工法的有效性。另一方面，这些法律多只对该做什么和不该做什么做出一般性要求，并没有设立专门的监督机构来落实法律的执行情况。再者，法令较少考虑到取缔童工对童工家庭的影响。对多数拮据的家庭而言，童工立法带来的不是解脱，而是忧虑和怨恨。因而，1860—1893 年各州的童工数量不降反升。进入 20 世纪，在进步主义思潮的推动下，童工问题受到更多关注，通过立法解决童工问题才进入一个新阶段，各州提高童工准入标准，加强对法律的监督和强制执行力度，同时为童工家庭提供一定的补助和津贴。之后，才出现前文所提及的各州重新制定或修订童工法的高潮。

在全国童工委员会关注公共情感和地方立法的同时，通过联邦政府来解决童工问题的提议被一再提出。1909 年，第一次白宫儿童会议召开，就儿童福利及童工问题进行讨论。之后每 10 年都召开一次白宫会议，在联邦层面探讨有关儿童的所有事宜。② 事实证明，通过联邦立法来解决童工问题比召开白宫会议要困难得多，因为关于联邦政府能否介入童工问题其实并没有在全国童工委员会内部达成一致意见，并且最终导致了委员会的分裂和衰落。1906 年，艾伯特·贝弗里奇

---

① 参见杨明玉《美国童工法发展述论》，《法治与社会》2015 年第 3 期。

② 1909 年白宫会议主要探讨未独立儿童（dependent children）的照料问题，1919 年白宫会议集中探讨儿童福利标准问题，1930 年白宫会议主要关注儿童健康和儿童保护问题，1940 年白宫会议主要关注儿童与民主问题。

（Albert Beveridge）提出禁止那些雇佣童工的工厂的产品进行州际贸易，这是通过联邦立法解决童工问题的第一次尝试，最终导致全国童工委员会内部一些温和南部派的辞职。因为当时南北方之间的经济竞争正激烈上演，各种矛盾已激化，联邦的介入会让童工问题更为棘手的南方认为北方插手了南方事务，遏制了南方工业发展，这样会违背改革的初衷，削弱改革的动力。最终，西奥多·罗斯福（Theodore Roosevelt）总统并没有签字同意，但罗斯福对另外两个提议给予了支持：第一，联邦对童工问题进行大规模调查；第二，成立联邦儿童局。1910—1913 年，联邦劳工局（Bureau of Labor）共发布了 9 卷本的调查报告，公布童工的相关数据和问题。同时，联邦儿童局也于 1912 年成立，旨在调查并报告与儿童福利和生活相关的所有事宜。[①]

1914 年，一部与贝弗里奇法案类似的《帕尔默-欧文议案》（*Palmer-Owen Bill*）被提上议程，该法案除了对雇佣童工的工厂生产的产品施行州际贸易禁令之外，还提出儿童进入工厂的最低年龄限制为 14 岁，以及对 14—16 岁儿童实行 8 小时工作制的要求，但该议案最终以失败告终。1916 年，又一部童工法案《欧文-基廷法》（*Owen-Keating Act*）出台。与之前不同，这部堪称“美国 1933 年之前最重要的、意义最深远的经济社会法”[②] 最终由国会通过，于 1916 年 9 月 1 日由托马斯·伍德罗·威尔逊（Thomas Woodrow Wilson）总统签字同意，成为第一部联邦童工法律。该法禁止任何工厂雇佣 14 岁以下童工，禁止矿区雇佣 16 岁以下童工，禁止 14—16 岁童工在晚 7 点至早 6 点工作，禁止童工白天工作 8 小时以上，以及禁止童工每周工作 6 天以上的工厂生产的产品用于州际贸易。仅仅过了不到两年时间，1918 年 6

---

① See Kriste Lindenmeyer, *A Right to Childhood: The U. S. Children's Bureau and Child Welfare 1912-1946* (Champaign: University of Illinois Press, 1997), p. 23.

② Arthur S. Link and William B. Catton, *American Epoch: A History of the United States Since the 1890s* (New York: Alfred A. Knopf, 1963), p. 71.

月 3 日，最高法院以国会无权干预各州生产领域的事务为由宣布《欧文-基廷法》违宪，还未开始全面实施的联邦童工法案夭折，但其中一些条款，如对儿童进入工厂最低年龄为 14 岁的限制、8 小时工作制等在短短的不到两年的时间里已经被一些州的劳工法令吸收，纳入各州童工法修订案中，这也是该法案对美国最大的影响。

在此之后，国会以美国宪法第十六条修正案为依据，于 1919 年通过了《童工税法》（*Child Labor Tax Law*），该法规定，雇佣 14 岁以下或 14—16 岁童工每日工作超过 8 小时，以及每周工作 6 天，晚 7 点至早 6 点工作的工厂除正常依法纳税外，每年对其加收 10%的收益税。1922 年，该法也被判违宪。但该法案是在实施 3 年后才被判违宪，其基本精神已经在很大程度上渗透进各州的立法中。1924 年，联邦转而计划了另一项限制童工的宪法修正案，授权国会限制、管理、禁止 18 岁以下劳工的雇佣，但最终并没有获得多数州的支持。反对者们给出的理由是，童工问题已经没有 20 世纪初期那么突出，要通过联邦立法完全消灭童工是不现实的，而且各州已经在童工立法中取得了明显成效，这种立法权应继续由各州保留。

此后，各种努力依旧在继续，直到大萧条时期，通过联邦立法干预童工问题才再次被提上日程。1933 年通过的《全国工业复兴法》（*National Industrial Recovery Act*）专门提出了滥用童工问题，以及对全行业最低入职年龄的要求。两年之后，该法再次被最高法院宣布无效。之后，联邦开始致力于另一份法案的出台，《公平劳工标准法》（*The Fair Labor Standards Act*）于 1938 年通过国会投票，富兰克林·罗斯福（Franklin Delano Roosevelt）总统亲自签署通过。该法在很大程度上沿袭了《全国工业复兴法》的基本内容，又增加了最低工资标准、最高工时限制等，因而也被称为《联邦工资和工时法》（*Federal Wage and Hour Law*），同时该法第一次对童工进行了法律上的界定，而且规定在州际贸易中禁止使用16岁以下童工。[1]

至此，美国终于通过了第一部真正意义上的童工法。可见，通过联邦立法限制童工其实受到诸多阻碍，因为它僭越了各州在雇佣劳工和管理生产中的权力。只有在大萧条的特殊时期，联邦政府干预经济成为多数人的共识时，包括童工在内的劳工权利才能越过各州被统一规定和管理。但无论如何，通过进步主义时期各委员会、宗教和慈善组织、妇女组织，以及联邦和州政府的努力，童工问题已经得到有效抑制，从20世纪10年代起，童工数量开始逐渐下降。据统计，1910—1930年，10—15岁童工减少了61.8%。[2] 1933年7—12月，又有15万16—18岁童工离开工厂或其他危险职业，而且这一数字还在继续增长。到20世纪30年代末40年代初，关于童工的讨论已基本平息，童工运动逐渐淡出公众视野。除此之外，童工的工作和生活环境也得到改善，8小时工作制的推广、禁止高危作业的限制、工作凭证的检查等，都为童工境遇的改变提供了一些保障。当童工问题逐渐平息时，儿童的命运在某种程度上得到了改变。

在轰轰烈烈的各种福利改革中，各种社会努力反映了当时人们将儿童与社会紧密相连，通过消除社会弊病落实儿童福利，通过改善儿童生活推动社会改革和进步的意识。宗教组织、慈善团体、妇女俱乐部（Women's Club）、社会福利改革者、全国及地方协会，以及各级政府成为这场运动的主要参与者，甚至是主导者，其努力在很大程度上将儿童彻底凸显了出来，将儿童与城市改革、儿童与社会进步的休戚相关性彻底凸显了出来，儿童的命运成为焦点，“儿童的福利就意味着

---

① See Anthonette A. Rodriguez, "Federal Child Labor Policies in America, 1912-2002" (PhD diss., Howard University, 2002).

② See U. S. Department of Commerce, *Historical Statistics of the United States, Colonial Time to 1970* (Washington, D. C.: Bureau of the Census, U. S. Department of Commerce, 1997), p. 134.

城市的福利”[1]。除了关注社会福利改革，这些慈善组织、社会团体也格外关注学龄儿童的教育问题，通过学校教育改变儿童的处境和命运成为进步主义时期社会福利改革的又一个重要组成部分。

第三节 儿童福利运动中的教育努力

在某种程度上可以说，进步主义时期美国学校许多方面的变革活动是内嵌于更大范围的儿童福利运动中的：一方面，这一时段学校的改革举措常常是由社会福利改革者与学校人士共同推动的；另一方面，学校功能的扩展使其在社会变革中扮演着全新的角色。正如学者索尔·科恩（Sol Cohen）所说，在这一时期，“学校远远超出此前正规的、智性的培养旨趣，活跃在儿童福利与社会改革进程中的几乎所有方面，学校作为儿童福利中心，作为社会或社区中心，以及作为工业训练机构的观念由此形成”[2]。这一时期，通过学校教育促进儿童福利改革的举措主要包括为儿童强制入学立法、改善学校的医疗与卫生服务、推行学校午餐计划、拓展学校社会功能等。

一、童工与强制入学立法

在各州和地方试图通过立法解决童工的不合理雇佣问题时，强制

---

① New York Child Welfare Committee, *Handbook of the New York Child Welfare Exhibit*(New York: Blanchard Press, 1911), p. 12; The Department of Social Investigation, Chicago School of Civics and Philanthropy, *The Child in the City: A Series of Papers Presented at the Conferences Held During the Chicago Child Welfare Exhibit*(Chicago: Manz Engraving Company, 1912), p. 2.

② Sol Cohen(ed.), *Education in the United States: A Documentary History*, Vol. 4 (Westport, Connecticut: Greenwood Press, Inc., 1974), p. preface Ⅴ.

入学法（Compulsory Attendance Laws）作为童工法的最好补充而备受青睐。强制入学法之所以备受青睐的原因在于：首先，将儿童投入学校，就意味着他们无法进入工厂，可以有效地抑制童工增长；其次，若儿童在学校能够有所收获，将来可以更好地进入工业社会；再次，强制入学可以预防儿童犯罪，“规训他们的心灵，使他们适应那些超过当前欲望所能满足的预期的状态”①；最后，强制入学能在一定程度上启发和激励儿童重新思考自身的价值和意义，避免北卡罗来纳州的悲剧，“对教育的遗忘使该州付出了沉痛的代价”。“1890 年，北卡罗来纳州 26%的白人没有读写能力，这意味着这些人完全被遗忘……最糟糕的是，这种静止的社会状况表明，文盲化已经成为一代又一代人的传统，被遗忘的人满足于这种状态。”② 有研究表明，其实像北卡罗来纳州一样的情况已经在很多州出现，而强制入学成为抑制这种悲剧继续发酵的药剂。

美国很早就有通过法令强制儿童入学的传统。1642 年，马萨诸塞海湾殖民地颁布法令，要求所有儿童都要学会阅读。1647 年，马萨诸塞州又颁布《老骗子撒旦法》（*The Old Deluder Satan Act*），要求凡超过 50 户居民的城镇需聘任一名教师教授读写，凡超过 100 户居民的城镇则需建立一所文法学校，并且对拒不执行法令的城镇处以罚款，直到其履行职责。但需要明确的是，殖民地时期强制入学的目的主要是通过教授读写使儿童更好地理解宗教原则和地方法律，而不是知识的掌握和能力的提升，更不是阻止儿童劳作务工。早期的强制法令也不会强制父母送儿童进入学校，因为在早期，儿童的养育主要还是家庭和教会的职责，而非政府的权利。

① D. R. Johns, “Child Labor: Foe to the School, Feeder to the Penitentiary,” *Journal of Education* 66, No. 10(1907): 259.

② William J. Cooper, *The American South*, Vol. Ⅱ (New York: McGraw-Hill, 1990), p. 582.

事实上，美国真正意义上的第一部强制入学法在 19 世纪才获得通过。19 世纪，随着工业化和城市化进程的加快、公共学校运动的推进，马萨诸塞州成为第一个对儿童入学做出强制性规定的州。1852 年，马萨诸塞州颁布法令，要求父母送孩子（8—14 岁）到城市或城镇的公共学校接受“至少 12 周的教育，如果学校是长期开放的，则其中 6 周必须是连续性的”①。除了规定最低入学时限，该法令还对城市或城镇的学校委员会工作进行了规定，要求学校委员会调查儿童的入学情况，对违背法令者放弃入学的原因进行核实和审查，对那些无故逃学者处以罚款。② 这部法令被公认为是美国第一部强制入学法，然而法令颁布后并未得到切实执行，也并未在全美掀起强制入学的热潮。直到 19 世纪后期，在马萨诸塞州强制入学法颁布十几年后，哥伦比亚特区才于 1864 年通过强制入学法，佛蒙特州于 1867 年通过强制入学法。③ 之后，伴随着工业化和城市化进程的持续推进，到 19 世纪末 20 世纪初，各州通过法令限制儿童进入工厂、强制儿童入学的事业才逐渐开展起来。美国教育专员（U. S. Commissioner of Education）在 1888—1889 年的报告中对强制入学法充满期待，坚信它将成为一种全美范围内的法定准则。

> 强制教育原则正在稳步发展，前期的一些经验一直在各地付诸实践。自 1886 年起，已有超过 13 个州和地区颁布或修订完善了它们的强制入学法。30 多年的论争和讨论正在使一些反对的声音

---

① “Massachusetts Compulsory Attendance States from 1852-1913,”accessed June 19, 2018, http://www.mhla.org/information/massdocuments/mglhistory.htm.

② See “Massachusetts Compulsory Attendance States from 1852-1913,”accessed June 19, 2018, http://www.mhla.org/information/massdocuments/mglhistory.htm.

③ See Michael S. Katz, *A History of Compulsory Education Laws* (Bloomington, Indiana: Phi Delta Kappa Educational Foundation, 1976), p. 17.

归于沉寂，公众的情感正在向通过法律要求所有父母为其儿童提供最少的学校教育的方向发展。这种趋势是显而易见的。[①]

据调查，截至1890年，全美已有27个州和地区通过或修订了强制入学法，到1900年，又有新墨西哥州（1891）、宾夕法尼亚州（1895）、肯塔基州（1896）、印第安纳州（1897）、西弗吉尼亚州（1897）、亚利桑那州（1899）6个州颁布了强制入学法。南部各州的立法进程因遭遇抵制而举步维艰，在进度上明显慢于其他各州，但立法的努力从未停止过。在田纳西州于1905年通过了强制入学法后，北卡罗来纳州（1907）、弗吉尼亚州（1908）、阿肯色州（1909）、路易斯安那州（1910）、亚拉巴马州（1915）、南卡罗来纳州（1915）、佐治亚州（1916）等也相继颁布了强制入学法。到1918年，最后一个州——密西西比州也通过了强制儿童进入学校的法令。[②] 至此，美国各州都颁布了自己的强制入学法。

虽然各州相继颁布了强制入学法，但不同的州在儿童的入学年龄、学习时间、免于入学的规定上各不相同。比如在强制入学年龄的规定上，各州基本上在7—16岁浮动，一些州要求8—14岁儿童必须进入学校接受教育，另一些州要求学生强制入学年龄为7—14岁，还有一些州要求学生强制入学年龄为7—15岁或者8—16岁。一些州要求儿童至少在学校接受6个月的教育，而有些州则要求儿童接受3个月或甚至更少的教育，有些州也会要求儿童接受一段时间的连续性教育。在免于入学的规定方面，一些州会对身体不太好或心理有障碍的儿童网开一面，还有些州会对家庭极其贫困者酌情减免要求。在内华达州，连续无故

---

① U. S. Bureau of Education, *Report of the Commissioner of Education for the Year 1888-1889* (Washington, D. C.: Government Printing Office, 1891), p. 475.

② 密西西比州是美国最后一个颁布强制入学法的州，也是第一个废除该法令的州。1956年，密西西比州废除了该州的强制入学法。

逃学 4 个月也被认为是可以容忍的，而在康涅狄格州和西弗吉尼亚州，无故旷课 1 周就会被认定为“逃学”，需要接受相应的惩戒。①

除了各州之间的差异之外，各州自身的立法努力也并不是一劳永逸的，很多州通过了不止一次的童工法和强制入学法，而且每次都会在之前的基础上进行修订和完善，表 1-3-1 以纽约州为例，展现了该州在立法方面所做的持续性努力。

表 1-3-1 纽约州强制教育法和童工法发展轨迹②

年份	法案或事由	主要内容
1886	《1886 年童工法》 (*Child Labor Law of 1886*)	禁止 13 岁以下儿童进入任何工业领域 对违法者处以罚金
1889	《1889 年童工法》 (*Child Labor Law of 1889*)	将禁止儿童进入工业领域的最低年限从 13 岁提升至 14 岁 不得雇佣 16 岁以下儿童，除非他能掌握基本的读写技能
1894	《1894 年强制教育法》 (*Compulsory Education Law of 1894*)	要求 8—12 岁儿童接受全日制教育 要求 12—14 岁儿童接受全日制教育，但若他们曾在一年中连续入学 80 天，则允许他们进入工作领域 14 岁以上儿童不要求进入学校接受教育
1903	《报童与街头摆卖法》 (*Newsboy and Street Trade Law*)	禁止在上课时间和夜间雇佣报童，或让儿童在街头摆卖
1903	《1903 年强制教育法》 (*Compulsory Education Law of 1903*)	将强制教育年龄从 14 岁提升至 16 岁 将儿童能够被合法雇佣的年龄从 12 岁提升至 14 岁。只有小学毕业才可被合法雇佣，14 岁才可辍学。已完成 5A 段学业但未小学毕业的儿童需要接受每周 6 小时、一年 16 周的夜校学习，直到年满 16 岁 健康委员会和教育委员会需协调好

① See Michael S. Katz, *A History of Compulsory Education Laws* (Bloomington, Indiana: Phi Delta Kappa Educational Foundation, 1976), p. 18.

② Moses Stambler, "The Effect of Compulsory Education and Child Labor Laws on High School Attendance in New York City, 1898-1917," *History of Education Quarterly* 8, No. 2(1968): 190-191.

续表

年份	法案或事由	主要内容
1903	《劳工法》(*Child Labor Laws*)	只有在儿童递交的材料能够证明他已年满 14 岁，并且在 14 岁之前曾接受过至少 130 天的教育，健康委员会才可为其发放工作凭证（working certificate） 为了工作而隐瞒真实年龄将受到罚款处罚
1909	《1909 年强制教育法》(*Compulsory Education Law of 1909*)	儿童入学年龄从 7 岁提升至 8 岁 14—16 岁未接受过初等教育的儿童可以通过上 16 周（每周 8 小时）的夜间贸易学校来达到入学要求
1909	《雇佣凭证法》(*Employment Certificate Law*)	有限的雇佣凭证颁发给那些在过去 12 个月中已在走读制学校完成 5B 段学业，并且至少出勤 130 天的儿童
1913	《雇佣凭证法》	将获得雇佣凭证的学业要求从 5B 提升至 6B
1914	入学局（Bureau of Attendance）成立	协调并提升强制教育法的有效性
1917	《强制入学法》和《工作凭证法》(*Work Certificate Laws*)	对那些在找工作者变更最低教育要求 之前接受过业余学校教育，获得工作凭证的 14 岁儿童，今后需完成小学阶段的全部教育才能获得工作凭证。15 岁和 16 岁儿童依旧可以拿到工作凭证

由表 1-3-1 可以看出，从 1886 年到 1917 年，纽约州的强制入学标准越来越高，年龄限制越来越严苛，要求接受的教育年限越来越长，而且监督执行的举措越来越完备。当然，纽约州只是整个美国的一个缩影，其他各州在通过强制入学解决童工问题的过程中都付出了长久努力。康涅狄格州作为起步较早的州之一，也曾分别于 1886 年、1893 年、1895 年、1911 年、1913 年、1915 年、1917 年通过相应的童工法、强制入学法、逃学法来解决童工问题。威斯康星州也是如此，1877 年通过《童工法》禁止 12 岁以下儿童进入工厂；1879 年《强制入学法》要求所有 7—15 岁儿童每年在公共学校接受 12 周教育；1885 年《强制入学法》任命工厂督查监督劳工的合法雇佣问题；1889 年《强制入学

法》将儿童最低工作年龄提升至 13 岁；1891 年《强制入学法》又将这一年限提升至 14 岁；1903 年威斯康星州再次立法要求 7—14 岁及 14—16 岁非长期童工接受一整个学年的教育，并且指派劝学员（truant officer）、工厂督查员监督该法的执行情况等。之后 1906 年、1911 年、1913 年又进一步完善相关法令。

1898 年，马萨诸塞州修订了强制入学和逃学法令，要求：第一，儿童在校学习的最短期限从 6 个月延长至 8 个月；第二，将之前 8—14 岁儿童每年强制入学 30 周改为 7—14 岁儿童需在学校开学期间按时出勤；第三，授权劝学员在儿童旷课 5 天或 10 个半天时可直接控诉其父母；第四，儿童被工厂、作坊、贸易公司雇佣的最低年龄限制从 13 岁变为 14 岁；第五，所有 16 岁以下儿童需要出示雇佣凭证；第六，在公共学校开学期间，14 岁以下儿童不得在任何领域工作赚钱；第七，儿童的年龄凭证和上学凭证应被仔细保管。[①] 1905 年，该州教育委员会秘书乔治・马丁（George H. Martin）建议：其一，通过适当的州立法为所有 14 岁以下儿童提供至少 36 周的初等教育；其二，这种教育应该包括各种形式的工业训练；其三，在上学期间，不允许儿童外出工作赚钱，因为这会对儿童的健康和品行造成损害；其四，即使考虑到家庭的贫困，也不能在禁止外出工作方面有任何豁免和例外；其五，为了将强制入学和禁止雇佣法令付诸实施，应派专员去监督执行，若地方在该问题上松懈怠惰，则派州官员去监督执行。[②]

在通过强制入学限制童工的同时，一些州还试图通过调查来统计强制入学法的实施情况，表 1-3-2 为 1888—1889 年康涅狄格州对 1886 年强制入学法实施情况的调查结果。通过对该结果的分析，康涅狄格

---

① See Forest Chester Ensign, *Compulsory School Attendance and Child Labor* (Iowa City, Iowa: The Athens Press, 1921), pp. 71-72.

② See George H. Martin, "Child Labor and Compulsory Education," *The Journal of Education* 62(1905): 131.

州提出了进一步的修订计划，对儿童进入工厂的年龄，以及年龄凭证、教育凭证的重要性进行了重新界定。

表 1-3-2 康涅狄格州 1886 年强制入学法实施情况调查表①

项目	数量
走访城镇（个）	52
调查案例（例）	1976
走访家庭（个）	1329
因合法理由未上学人数（人）	937
没有衣服	112
由于身体或心理疾病	204
合法工作	621
因非法理由未上学人数（人）	598
对学校教育缺乏重视	533
非法工作	65
上学人数（人）	601
改革学校或工业学校儿童人数	16
救济所儿童人数	14

由以上可以看出，进步主义时期各州为解决童工问题做出了持续性努力，这种持续性一方面证明了改革者和立法者对解决童工问题的决心和信念，另一方面也反映出地方及公众在接受和遵守相关法律方面的无力。这种无力实际上揭示了 19 世纪末之前美国强制入学运动的命运，即在此之前的多数强制入学法令其实多沦为“一纸空文”，没有

① Forest Chester Ensign, *Compulsory School Attendance and Child Labor* (Iowa City, Iowa: The Athens Press, 1921), p. 103.

在实践中得到很好的执行，甚至被忽视和随意践踏。尽管各州通过各种努力来完善和修订强制入学法，但大批儿童依旧游离在学校之外。以威斯康星州为例，尽管从 19 世纪 70 年代开始就通过各种立法强制儿童接受教育，但到 1890 年，该州依旧有 31 993 名 7—13 岁儿童游离在校门之外，占了该州该年龄段儿童总数的 11%，到 1895 年，该比例降低至 6%，但依旧有 17 500 名适龄儿童未进入学校接受教育。①

强制入学法在早期未得到落实的原因是多方面的，来自童工父母的欺瞒和抵抗、法令本身的约束力有限、强制执行机制的缺乏、公共学校校舍和设施的不完备等都是阻碍因素。1888—1889 年美国教育委员会报告枚举了全美各州强制入学法的失败案例。在新泽西州，因为多数地方没有充足的学校和教室来容纳大批童工而使 1875 年强制入学法及 1885 年修订版归于沉寂；在加利福尼亚州，强制入学法（1874 年）被束之高阁，一方面是由于没有充足的校舍，另一方面是因为童工父母或监护人的漠不关心和玩忽职守；在堪萨斯州，70%的地方督学报告说强制入学法并未得到有效执行的原因在于，当地公众对邻里之间违背法令的情况熟视无睹，不愿意协助当局监督法令的执行。还有一些西部的乡村地区则因距离学校较远而无法落实入学。② 福里德曼·布茨（R. Freeman Butts）将 20 世纪之前对法令的抵制和忽视归结为公众并没有真正从思想上接纳强制入学政策。③ 此时公众依旧不能接受将儿童的管理和控制权让渡出来，他们普遍认为，儿童是否入学或进入工厂，是家庭（或父母）的选择，童工法和强制入学法在某种程

---

① See Forest Chester Ensign, *Compulsory School Attendance and Child Labor* (Iowa City, Iowa: The Athens Press, 1921), p. 214.

② See U. S. Bureau of Education, *Report of the Commissioner of Education for the Year 1888-1889* (Washington, D. C.: Government Printing Office, 1891).

③ See R. F. Butts, *Public Education in the United States* (New York: Holt, Rinehart and Winston, 1978).

度上侵犯了家庭对儿童的控制权和决定权。

直到 20 世纪初，各州都致力于童工问题的解决，在潜移默化中形成了一种竞争关系，而且一些全国性组织定期公布各州的工作进展，给各州形成了一些压力。当公众意识到工厂已经对儿童身心造成了严重伤害，需要重新思考儿童的处境并妥善安置儿童时，学校成为公众的首选。更重要的是，一些州为童工家庭提供与童工工作收入相当的津贴，以解除童工家庭的后顾之忧。另外，进步主义时期美国一些改革者口中的民主实验确实需要公众接受一定程度的教育，消除移民及其后代身上的“不民主特质”，使其成为真正的美国公民。最终，作为取缔童工的“最好途径”①，强制入学或被纳入童工法中，或与其他法令一起，成为各州抵制童工运动的最重要措施。在某种程度上可以说，从 19 世纪末 20 世纪初开始，强制入学法开始有了强制执行的机制。这种执行机制不再仅仅是法令条文上规定学生进入学校接受一定时段的教育，而是制定一整套相互交织的法令体系或网络，不仅要求强制入学，还雇佣劝学员，赋予其法定职责，同时颁布《雇佣凭证法》《工作凭证法》，将接受教育作为进入工作领域的必备前提。另外，成立劝学局，协助强制入学法的实施等。从前文表 1-3-1 也可以看出，纽约州从 19 世纪末开始为强制入学做出的各种努力，当强制入学与其他法令和规定结合起来共同推进时，童工入学便有了实践的土壤。

随着公众儿童观和教育观的逐渐改变，人们认为儿童应该有比现在更好的生活和未来，20 世纪初成了美国各州童工立法的高潮期，也是各州入学率迅速提升、童工率迅速下降的时期。1870 年，仅有不足 5%的人遵守强制入学法；到了 1910 年，有超过 72%的人自觉遵守强

① See B. Kauffman, "The Child Labor Amendment Debate of the 1920s," *The Journal of Libertarian Studies* 10, No. 2(1992): 139-169.

制入学法。[①] 截至 1920 年，85%以上的适龄儿童进入学校学习，而那些在“绝对强制入学年龄段”（absolute compulsory age）的学龄儿童中，有 90.6%按规定进入学校学习。[②] 纽约州作为较早进行童工斗争的州，取得了显著成效。据统计，从 1898 年至 1918 年，仅纽约市的小学登记入学人数就从 388 860 人增至 729 992 人，毕业人数从 9695 人增至 1916 年的 48 690 人，而且中学登记入学人数也从 9373 人增至 63 699 人。[③] 到 1910 年，尽管仍需要靠工资度日，但宾夕法尼亚州的一些劳工家庭已经开始让年幼儿童进入学校，由年长儿童外出工作贴补家庭开支。到 1915 年，宾夕法尼亚州官方统计数字显示，超过 90%的 10—14 岁儿童已经入学[④]，而且宾夕法尼亚州已经建立起一套完整的继续教育学校体系，要求所有持雇佣凭证的儿童继续接受教育。[⑤] 1910—1920 年，该州出现另一个明显趋势，即越来越多的已婚妇女外出工作，而儿童几乎都被送进了学校。[⑥] 南卡罗来纳州也发生了同样的变化，在童工的斗争中，棉花厂主意识到一群有知识的、受过教育的劳工能为生

---

① See Owen R. Lovejoy, "The Function of Education in Abolishing Child Labor," *The Annuals of the American Academy of Political and Social Science* 32(1908):82.

② See Michael S. Katz, *A History of Compulsory Education Laws* (Bloomington, Indiana: Phi Delta Kappa Educational Foundation, 1976), p. 22.

③ See Moses Stambler, "The Effect of Compulsory Education and Child Labor Laws on High School Attendance in New York City, 1898-1917," *History of Education Quarterly* 8, No. 2(1968):192.

④ See Bonnie Bonnie Stepenoff, "Child Labor in Pennsylvania's Silk Mills: Protest and Change, 1900-1910," *Pennsylvania History: A Journal of Mid-Atlantic Studies* 59, No. 2 (1992):101-121.

⑤ See Forest Chester Ensign, *Compulsory School Attendance and Child Labor* (Iowa City, Iowa: The Athens Press, 1921), p. 230.

⑥ See Bonnie Bonnie Stepenoff, "Child Labor in Pennsylvania's Silk Mills: Protest and Change, 1900-1910," *Pennsylvania History: A Journal of Mid-Atlantic Studies* 59, No. 2 (1992):101-121.

产带来的益处远远大于没有任何知识和技能的儿童，他们需要更高水平的劳工来与新英格兰地区，甚至英国的棉花厂竞争，因此他们转而支持强制入学法，这在很大程度上推进了公共教育在所有阶层中的发展，促进了入学率的上升。① 由此，改革运动不仅发生在立法领域，发生在众议院和参议院，更发生在公众，尤其是工厂主和劳工的内心。虽然这两个群体的动机有天壤之别，但从抵制和抗拒童工法到自愿支持儿童入学，总归在实际上促成了童工问题的解决。

需要补充的是，在执行强制入学法时，并不会对学生进入何种类型的学校做强制要求。实施教育的学校不仅指日间的公共学校，还包括夜校、雇主开办的学校、贸易培训学校、继续教育学校、业余学校等。作为工业化时代的产物，后者在解决劳工教育问题中同样发挥了重要作用，而且童工越多、移民越多、走读制学校越多的城市越倾向于创办这类学校。例如，截至 1900 年，在美国的 145 个大城市中，仅夜校就开办了 845 所，招收学生 203 000 人。② 这一举措有效降低了广大劳工接受教育的成本，使其可以在不放弃工作的前提下接受教育，同时工厂主也不会因此而失去劳动力。因而，尽管经常被批判教学设施简陋，学生和教师疲惫不堪、不按时出勤，教育时间被压缩等，但这些教育类型还是得到了雇主、儿童、劳工家庭的支持，而且在一定程度上超过了对强制入学法的支持程度。

二、教育与儿童的身心健康

前文已经提到，在降低婴幼儿的死亡率和患病率方面，各慈善和

① See Lewis W. Parker,"Compulsory Education, the Solution of Child Labor Problem," *The Annals of the American Academy of Political and Social Science* 32(1908):48.

② See Linda K. Carter,"Evening Schools and Child Labor in the United States, 1870-1910,"*The Journal of Economic History* 70, No. 2(2010):458.

妇女组织、社会团体、社会福利人士等付出了巨大的努力。在科学知识和专业化原则的指导下，其将一种儿童的身心健康事关城市改革与社会进步的观念渗透至整个社会，儿童的健康问题已经得到应有的重视，相关举措也已经取得成效。但这种成效的取得，不仅仅是社会努力就能达成的，事实上教育方面的努力也不可小觑。在儿童相对集中的地方——学校也逐渐参与进来时，这个时期的儿童福利运动便具有更深厚的力量，通过改善学校的医疗与卫生服务，推行学校午餐计划，学龄儿童的健康问题触及城市改革与社会进步的根基。

（一）学校医疗与卫生服务

随着全美各地限制雇佣童工与强制入学法案的出台，以及移民子女的大规模入学，美国的公共学校入学率在 19 世纪末 20 世纪初迎来极速增长，学生来源也呈现出前所未有的多样化特征。尤其在城市地区，骤增的入学人口汇集在拥挤的校舍中，学校成为呼吸道疾病和传染性疾病的高发之地。在这种情况下，许多城市公共学校被视为预防流行疾病的重要阵地，学校进而也参与到针对儿童的公共卫生和医疗改革中。当儿童救助与公共卫生改革的触角逐渐延伸到学校，与儿童健康相关的医疗服务、体格检查、营养监控等陆续成为学校服务的组成部分。与此同时，教育界对于身体发育与学业水平关系，以及儿童作为有机体的认识逐渐加深，学龄儿童的身心健康越来越成为教育领域所关注的重要问题。

从 19 世纪中后期开始，由于美国公共学校的快速发展，各地校舍兴建的速度已经很难赶上入学率的增加，大部分学校的教室都拥挤不堪。当时流行的“毒气理论”（miasmatic theory）认为，从泥土、废品与腐烂物中放出的有毒气体是导致疾病的主要原因，而拥挤憋闷的环境极易致病。尤其在北方地区，冬季严寒时节，教室中用炉灶集中供暖，窗户紧闭，空气更不流通。因此，19 世纪的公共学校管理者、家长、公共卫生部门等对于提升校舍的通风状况与空气质量十分执着。

通风是 19 世纪后半叶学校卫生工作的焦点，各地公共教育系统试图通过募资兴建校舍、设立学校卫生检查员（sanitation inspector）、制定校舍通风指导性规范等改善学校的通风状况。到了 19 世纪末期，许多州也通过了有关学校通风情况的法定标准，并配备专门的检查人员对此进行规范。①

然而，通风问题只是当时学龄儿童所面临的健康威胁之一，在整个 19 世纪乃至 20 世纪上半叶，医疗界与教育界都在与大规模的流行病与传染病做斗争。除了致力于降低婴儿死亡率，进步主义时期前后儿童救助与公共卫生改革的一大关注点在于学龄儿童的疾病预防、控制与教育。城市地区传染病的频繁爆发也敦促着欧美国家医学研究和疾病预防的快速发展。关于疾病发生的“细菌理论”（germ theory）逐渐取代此前的毒气理论。同时，人们逐渐意识到一些细菌性疾病患者在康复之后鲜有再次感染同类疾病的可能性，也就是说，人体能够在应对细菌感染的过程中自动产生抗体。由此，医学界开始研制人工抗体，也就是疫苗，这一发现在很大程度上降低了一些细菌性传染病的死亡率，尤其以天花的防治最为见效。

一些东部地区很早就开始考虑颁布强制性的疫苗注射法案，并试图通过绑定接种与公共学校入学要求来在儿童中间普及疫苗注射。早在 1827 年，波士顿就要求所有申请进入公共学校的儿童必须出示疫苗注射证明，1855 年，马萨诸塞州也颁布了面向全州的强制入学接种疫苗法。然而，这些法律的真正落实情况却不尽如人意，当时的公共学校为了吸引更多的适龄学生入学，极少因疫苗注射证明缺位而拒招新生。直到 19 世纪八九十年代全国性的天花病爆发，许多学校委员会才

① See John Duffy,“School Buildings and the Health of American School Children in the Nineteenth Century,”in *Healing and History : Essays for George Rosen*, ed. Charles E. Rosengerg(Dawson:Science History Publications,1979),pp. 161-178.

开始严肃地对待疫苗接种要求。[①] 除了天花，当时的流行性传染病还包括白喉（diphtheria）、猩红热（scarlet fever）、麻疹（measles）、百日咳（whooping cough）、流行性腮腺炎（mumps）等。以当时的医疗水准来看，儿童感染这些疾病后的死亡率很高。早先，在传染病爆发时，公共学校一般采取停课措施来避免疾病在学生中间传播，但这种做法被视为效率低下且有碍正常教学工作，因而逐渐被隔离患病儿童的措施所取代。[②] 由此，在学校中筛查疑似患病儿童并进行隔离，成为重要的传染病预防工作。

波士顿的公共学校于 1894 年开始对学生进行日常医疗检查。这一年，波士顿的白喉传染速度非常快，当地的医疗权威塞缪尔·德金（Samuel H. Durgin）提议应该在公共学校进行日常疾病预防和筛查，以控制传染病的传播范围。到了 1901 年，波士顿有 50 名学校医疗检查员负责当地 250 多所校舍，每人需对 5 所学校的 2000 多名儿童的健康状况进行筛查。一旦发现某个学生有传染病，检查员将建议学生立即回家进行隔离，其书本将被送去消毒或销毁，课桌椅也将用强力清洁剂清洗，以防止疾病在学校传播。[③]

1902 年，纽约市开始尝试在学校医疗检查员的基础上增设“学校护士”（school nurse），这一做法也借鉴了同一时期英国伦敦的举措。纽约市从 1897 年起设立学校医疗检查员岗位，以控制传染性疾病传播，但医疗检查员更多的是为学生中的疑似病例进行诊断，建议让染病学生回家隔离，并不能有效地治疗病症。在学校护士的推动者、亨利街

---

① See John Duffy, “Early Days of the School Health Movement,” *Conspectus of History* 1, No. 7(1981): 51-52.

② See John Duffy, “Early Days of the School Health Movement,” *Conspectus of History* 1, No. 7(1981): 54.

③ See Edward M. Greene, “Medical Inspection,” *Journal of Education* 54, No. 15 (1901): 247-248.

会所创始人莉莲·沃德女士看来，这种办法的缺陷明显，许多学生只因一些轻微的感染便被学校隔离，不能上学，一方面延误了治疗，另一方面也耽误了学业。于是，莉莲·沃德女士说服了纽约市卫生部和教育委员会，从1902年10月开始，每月从亨利街会所派一名受过专业训练的护士义务到公共学校辅助医疗卫生工作，该市学校护士的实验由此开始。[①] 在短暂尝试后，纽约市卫生部门决定聘请12名学校护士负责48所学校。据统计，在学校护士实验开始后，被打发回家进行隔离的学生数量骤降。1902年9月，在未聘用学校护士之前有10 567名学生被要求隔离，而到了1903年9月，只有1101名学生被隔离。[②]

学校医疗检查员和学校护士的日常工作一般是这样的：医疗检查员每天早上10点前到其管辖的学校对所有疑似病例进行检查，做出进一步诊断。在此之后，该检查员到其管辖的其中一所学校对全体学生进行常规医疗检查，查看每个学生的眼、喉、四肢等部位，把疑似有问题的学生带到办公室进行详细检查。检查员把所有病历和治疗建议交给学校护士，由后者进行简单的治疗。如果需要让学生回家隔离，护士会上门给孩子家长解释原因并示范护理方法。对于那些更为复杂的病例，护士负责告知家长去哪里问诊。[③] 人们认为，有了学校护士的帮助，一些因为轻微症状而被隔离的学生能更有效地得到诊治，更快地回到学校学习，从而减少因缺席而浪费学习时间的情况。同时，一些因病被打发回家却没能得到进一步护理的学生也能在学校护士的指

---

① See L. L. Dock, "School-Nurse Experiment in New York," *The American Journal of Nursing* 3, No. 2(1902): 108-110.

② See Lina L. Rogers, "Some Phases of School Nursing," *The American Journal of Nursing* 8, No. 12(1902): 967.

③ See Lillian D. Wald, "Medical Inspection of Public Schools," *The Annals of the American Academy of Political and Social Science* 25(1905): 88-96.

导下尽快康复。[①] 目睹纽约市学校护士实验的成功，简·亚当斯也呼吁芝加哥设立类似岗位。在简·亚当斯看来，有了学校护士，学校医疗检查变得更加可靠，其性质也悄然发生着转变："医疗检查将儿童请出学校，而学校护士则让儿童回到学校。"[②]

在学校医疗人员设立伊始，医疗检查员和学校护士的主要工作任务在于预防与控制传染病。到后来，其职权范围又由传染病筛查扩大到了学生的常规体检（physical examination）及常规的健康教育等。将体检引入公共学校的举措一方面得益于19世纪末20世纪初有关儿童生理知识的研究进展，以及教育界有关身心健康对教育影响的共识；另一方面也是人们针对当时学校调查中反映出来的学生视力、听力普遍低下的情况而采取的应对措施。从20世纪早期起，一些城市学校系统逐渐开始使用学生体检报告卡片来记录常规体检的结果，并且在必要时出示给家长或医生参考。一般的体检项目包括身高、体重、视力、听力、心肺功能、耳喉、色感等，有些地方还将牙科检查纳入体检范围。[③] 体检结果也印证了当时学生在视力、听力、口腔等方面普遍存在的问题。例如，在马萨诸塞州的强制体检中，22.3%的学龄儿童存在视力低下问题，6.3%存在听力障碍。[④] 人们还意识到，一些通常被认为是智力低下而导致学生学业困难的，实际上有很大一部分困难是源于视力与听力问题或营养不良等生理健康问题而非智力因素。面对许多学龄儿童的视力问题，部分城市采取了补贴措施，为学生免费或低

---

① See S. W. Newmayer,"The Trained Nurse in the Public Schools,as a Factor in the Education of the Children,"*The American Journal of Nursing* 7,No. 3(1906):185-191.

② Jane Addams,"The Visiting Nurse and the Public Schools,"*The American Journal of Nursing* 8,No. 11(1908):918-920.

③ See Luther Halsey Gulick and Leonard P. Ayres,*Medical Inspection of School Children*(New York:Charities Publication Committee,1908),pp. 82-103.

④ See Thomas F. Harrington,"Medical Inspection,"*The Journal of Education* 11,No. 67(1908):290.

价提供眼镜。早在 1901 年，克利夫兰市便向那些无力购买眼镜的学生分发了 400 副免费眼镜。其他一些城市的眼科医生也主动提出以不到 1 美元的价格向学生提供配镜服务。①

从 20 世纪 10 年代起，学校牙科诊所与牙科保健专家开始在较大规模的公共学校系统中出现，这一新发展也反映了公共卫生改革者对学校寄予的厚望。19 世纪末，口腔医学领域在龋齿的病理学研究方面取得了重大进展，口腔卫生与人体整体健康状况的密切联系开始受到关注。人们认为，口腔中分泌的唾液加上腐烂的食物颗粒混合产生的酸类在齿菌斑的覆盖下堆积于牙齿周围，会逐渐破坏牙齿的表面与牙床。因此，保护牙齿的关键在于保持口腔清洁。不仅如此，当时医学界逐渐意识到口腔健康与整个身体健康状况的密切联系。这个时期的牙科从业者们开始大力推广口腔卫生常识，儿童尤其成为重要的科普对象，因为龋齿的不可逆性使得早期预防成为重中之重。也正是由于学校中儿童人口的集中，学校成了口腔卫生推广者们关注的重要场所。② 1908 年，纽约儿童救助协会（New York Children's Aid Society）在其主持的 3 所工业学校中开设学校牙科诊所，以唤起大众对学校牙科诊所的兴趣。1909 年，全美牙科协会（National Dental Association）的口腔卫生委员会主席 W. B. 埃伯索尔（W. B. Ebersole）在其家乡克利夫兰市开始了学校牙科治疗的实验。他在当地一所学校中进行了牙科筛查，挑选出 40 名口腔健康状况相对差的学生进行治疗。最终，有 27 名学生参与了长达 14 个月的治疗实验，埃伯索尔向每个孩子传授刷牙的正确方法和频率，并在学校护士的辅助下监督孩子们培养正确的咀嚼方式。起初这 27 名学生中有一半人留级至少一年，另一半人留级两年以上。

---

① See Luther Halsey Gulick and Leonard P. Ayres, *Medical Inspection of School Children*(New York:Charities Publication Committee,1908),p. 148.

② See Steven L. Schlossman,JoAnne Brown and Michael Sedlak,*The Public School in American Dentistry*(Santa Monica,CA:The Rand Corporation,1986),pp. 5-6.

据悉，在实验结束时，这些曾经的“后进生”不仅在口腔健康方面，而且在学业上有了长足的进步。①

埃伯索尔在克利夫兰的实验受到了赞赏，但也被批评者指出其受众范围过小，对进驻学校的牙医的工作强度的要求又高，因此难成规模。1913年，艾尔弗雷德·方斯（Alfred Fones）在康涅狄格州的布里奇波特开办了全美第一所牙科保健专家（dental hygienists）培训学校，主要培养服务于公共学校的牙科保健专家，学生以女性为主。同时，作为当地学校委员会的成员，方斯利用职务之便，于1914年说服本地公共学校系统聘用10名牙科保健学校的毕业生，对学校儿童的牙齿健康状况进行日常检查与预防性治疗，并向较低年级的学生传授牙齿保洁方法。5年后，方斯报告了实验成果。他将实验伊始未接受过任何保健干预的五年级学生数据作为对照组，与之相比，那些从一年级开始，享受了5年牙齿保健专家看护的学生的蛀牙率减少了约66.7%，留级率也减少了50%。同时，这些实验组学生在白喉、麻疹、猩红热等疾病的患病率上也有明显降低。②

另一个在20世纪初大受欢迎的学校医疗实验计划是为预防儿童结核病（tuberculosis）而设立的“露天学校”（open-air school）。这一实验最早于1904年8月在德国柏林郊区的松叶林中进行，为期3个月。1908年冬，罗得岛州首府普罗维登斯从公立小学中挑选出十几名学生，在位于城东高地的一座旧学校的二楼开始了露天学校实验。这些孩子们的年龄在6—13岁，此前在学校中呈现出营养不良、贫血、病态或学业水平低下等特征，并被学校医疗检查员诊断为易患结核病的高危群体。在这所露天学校中，人们将教室的南墙拆除，代之以整面墙的窗

① See Steven L. Schlossman, JoAnne Brown and Michael Sedlak, *The Public School in American Dentistry* (Santa Monica, CA: The Rand Corporation, 1986), pp. 9-11.

② See Alfred Fones, "Report of Five Years of Mouth Hygiene in the Public Schools of Bridgeport, Connecticut," *Dental Cosmos* 61, No. 7 (1919): 607-618.

户，而且在大多数时候让窗户保持开放状态，保证新鲜空气的流通。学生们身着羊毛衫、高筒靴，戴着手套、帽子，还包裹着保暖的“坐袋”（sitting-out bag）。学校课程与普通公共学校相仿，但课业负担要轻得多，课间休息时间也比较长，并且会不时安排学生做伸展运动或歌唱。晨间与午间，学校会提供热汤、鸡蛋、牛奶或布丁，每周还有医生和护士来检查学生的身体状况。普罗维登斯的这项实验很快便被许多美国城市效仿，到 1920 年，全美有超过 150 个城市设立了露天学校或露天班级，有将近 1 万名儿童参与其中。露天学校的流行离不开各地防治结核病公益组织的出资支持。人们认为给予儿童“双倍的空气，双倍的食物，而课业减半”[①] 将大大有利于结核病的预防。[②]

随着学校医疗检查与常规体检在各大城市的开展，美国一些州的立法机构开始考虑将公共学校医疗检查与体格检查写入法律。如康涅狄格州 1899 年立法规定须对公共学校学生进行视力检查。[③] 1903 年，新泽西州的一项法案也授权学校委员会聘请医生来担任学校医疗检查员，但这一规定并不是强制性的。[④] 1906 年，马萨诸塞州通过一项强制医疗检查法案，规定所有地区的公共学校必须聘请校医对学生的健康状况进行检查和治疗。[⑤] 在没有明确学校医疗检查立法的州，一般学校

---

① Leonard Ayres,"Open-Air School,"in *Proceedings and Addresses of the National Education Association ,1910*(Chicago:National Education Association,1911),p. 902.

② See Richard A. Meckel,*Classrooms and Clinics :Urban Schools and the Protection and Promotion of Child Health ,1870-1930*(New Brunswick:Rutgers University Press,2013),pp. 105-107.

③ See General Assembly of the State of Connecticut,"Eyesight Testing Legislation in Connecticut,1899,"in *Children and Youth in America :A Documentary History*,Vol. 2,ed. Robert H. Bremner(Cambridge:Harvard University Press,1971),p. 912.

④ See Luther Halsey Gulick and Leonard P. Ayres,*Medical Inspection of School Children*(New York:Charities Publication Committee,1908),p. 25.

⑤ See Trustees of Boston University,"Medical Inspection in Massachusetts,"*The Journal of Education* 64,No. 14(1906):393.

医疗检查所依据的是当地公共卫生法中对卫生部门控制传染病和保障公众健康的职权规定，但是立法的缺失、卫生部门和教育部门权责模糊的状况还是给一些地区学校医疗检查及常规体检工作的开展造成了一定障碍。因为这两个部门的主要关怀对象并不一样，前者主要关注的是传染病防治与公共卫生安全，后者则更多地关注教育中儿童身心发展的生理条件与环境因素。尤其当学校卫生举措所关注的问题已经远远超出传染病防控，一些地区的督学及学校委员会极力呼吁将学校医疗卫生工作划入教育部门管辖。① 为此，部分公共学校系统开始增设"学校卫生"（School Hygiene）部门，以统筹规划所有涉及学校卫生与学生健康的工作。

与此同时，一些教育界人士开始讨论如何将学校卫生纳入更全面的教育过程中，使其成为学校教育的有机组成部分。例如，在哥伦比亚大学教师学院的托马斯·伍德（Thomas D. Wood）教授看来，学校医疗检查只是学校卫生的一个方面，是疾病预防和控制的手段，但是学校卫生应该考虑有关学生身体健康、学校环境、教育教学等方方面面的因素。他建议从四个方面来开展学校卫生工作：第一，有关学生生理特征的研究与测量。学校应对学生的个人病史、基本身体指标（如身高、体重等）、视力与听力，以及其他身体机能的特征有所了解和掌握，这是理解学生智力和学习能力的必要条件。第二，从健康的角度评估整个学校环境，不仅包括对校舍建筑的照明和通风，教学器材、书本等的考量，还包括如何安排教学工作以利于学生健康，如课时、休息时间、各种活动的安排等。第三，从学校卫生的角度来说，体育应作为学校教学中的一个重要组成部分，同时使身体锻炼与其他教学工作有机组合。第四，在教学中应向学生传授有关个人身体健康

① See Luther Halsey Gulick and Leonard P. Ayres, *Medical Inspection of School Children* (New York: Charities Publication Committee, 1908), pp. 159-184.

与卫生的相关知识。①

在这个时期，学校卫生工作的确也是从这些方面着手，一步步渗透到教育实践中的。例如，这一时期有关卫生知识、疾病预防和健康习惯培养等方面的教育开始进入学校课程与活动中。1915 年，由 25 000 名中学生组成的少年清道队（juvenile street cleaning league）佩戴着写有"我们为清洁的街道而来"口号的徽章，有组织地在纽约市的大街小巷捡拾垃圾，观察并报告街道上的问题，如垃圾箱满溢、局部街道脏乱、街道指示牌遗失、动物尸体横于道中、马路牙子损坏、消防通道堵塞等。学校希望借此唤起学生们的清洁意识和公共服务精神。②

另外，从健康角度重新审视学校的课业时，人们担心"学习过度"（overstudy）可能会损害儿童的身心发展。一些医生的诊断为这一观点提供了有力证明，如一位在纽约布鲁克林从业的医生指出："我碰到的许多脊柱侧弯（lateral curvature of the spine）的病例都是源于学生们背了太重的书本。"③《女性家庭杂志》（*Ladies' Home Journal*）的主编爱德华·博克（Edward Bok）是这一时期主张废除家庭作业的代表性人物，他认为家庭作业对儿童的心理与生理健康产生了严重威胁，是"整个（教育）系统中最野蛮的部分"④。在反对过度学习、呼吁废除家庭作业方面，加利福尼亚州开风气之先，当地的妇女组织尤其关

---

① See Thomas D. Wood,"School Hygiene in Its Bearing on Child Life,"*The Journal of Education* 58,No. 3(1903):71.

② See Steven Mintz, *Huck's Raft : A History of American Childhood* (Cambridge: Harvard University Press,2004), p. 176.

③ Brian Gill and Steven Schlossman,"'A Sin Against Childhood': Progressive Education and the Crusade to Abolish Homework, 1897-1941,"*American Journal of Education* 105, No. 1(1996):39.

④ Edward Bok,"A National Crime at the Feet of American Parents,"*Ladies' Home Journal* 17,No. 2(1900):16.

注学校中的“减负”问题，提倡各地教育部门限制学校给学生布置家庭作业。在这些组织的努力下，1900 年旧金山学校委员会采取措施，废除公共学校一年级至四年级的家庭作业，并规定五年级至七年级的家庭作业量用时不得超过 1 小时。1901 年，加州修改了教育立法，规定在该州的公共学校中，高中每周的背诵任务不得超过 20 小时；所有初等学校不得向 15 岁以下的学生布置任何家庭作业。①

随着生理与心理测量科学的发展，多种对学龄儿童身体检查与智力测验的手段也被运用于教育领域。1914 年，美国联邦教育局在其公报中刊登了心理学家博德·鲍德温（Bird Baldwin）的研究——《身体发育与学业进步：一项实验教育学研究》。博德·鲍德温收集了芝加哥大学实验学校、弗朗西斯·帕克学校，以及哥伦比亚大学教育学院的附属实验学校——贺拉斯·曼学校的学生的身高、体重、肺活量数据。根据这些数据，博德·鲍德温利用人体测量学（anthropometry）方法勾勒出不同年龄段儿童身体发育的趋势，以及个体在这些指标上的差异与学业进步情况的关联。② 一战后，智力测验及其他心理测验量表也逐渐被引入教育界。了解儿童身心发展的主要特征，根据学生的身心差异来组织教学工作逐渐成为教育界人士的共识。

（二）学校午餐计划

在 19 世纪末 20 世纪初的美国，人们在关于贫困问题的讨论中常常将焦点放在儿童身上。美国社会活动家罗伯特·亨特（Robert Hunter）在其 1904 年出版的《贫困》（*Poverty*）一书中指出：“贫困令所有深受其害的人蒙受屈辱，压迫着儿童生活的贫困问题尤其残酷且非自然，

---

① See Brian Gill and Steven Schlossman, "'A Sin Against Childhood': Progressive Education and the Crusade to Abolish Homework, 1897-1941," *American Journal of Education* 105, No. 1(1996): 36-37.

② See Bird Thomas Baldwin, "Physical Growth and School Progress: A Study in Experimental Education," *Bulletin of US Bureau of Education* 581, No. 10(1914).

因为它否定了儿童的生长、发展与力量，它剥夺了儿童的当下并诅咒着人类的未来。”① 罗伯特·亨特认为，贫困使得儿童缺乏游戏与学习的有益环境，甚至许多儿童由于贫困而无法饱腹上学。据他估计，当时纽约市中小学生中有 6 万到 7 万儿童是饿着肚子去上学的。②《贫困》一书是当时美国较早的社会调查类出版物，罗伯特·亨特关于儿童进餐情况的这一估计引起了人们的警觉，被广为引用的同时也引来争议，掀起了各地调查学龄儿童进餐情况的潮流。约翰·斯帕戈在其 1906 年出版的小册子《营养不良的学龄儿童》（*Underfed School Children : The Problem and the Remedy*）中认为，纽约市的情况可能比罗伯特·亨特估计的更糟。他调查了 16 所学校中的 12 800 名儿童，其中 7.71% 的儿童空腹上学，还有 15.32%的儿童只吃了少量的面包和茶或咖啡。约翰·斯帕戈同时对纽约、布法罗、费城和芝加哥的 40 746 名儿童进行了调查，发现至少有 34.65%的儿童在上学前未进早餐或只吃了少量食物。③ 当时的各种调查报告中关于学龄儿童空腹上学的结论向人们揭示了城市中贫困问题的普遍性及危害。

19 世纪末 20 世纪初营养学、流行病理论的发展与学校健康调查进一步将儿童的进食问题与疾病、卫生和学业后进等一系列问题联系起来。自 19 世纪 80 年代以来，欧美化学家们逐渐认同食物中包含三种不同的介质——蛋白质、脂肪与碳水化合物，并且以卡路里为单位来衡量食物给身体带来的能量。到了 19 世纪末，化学家们开始研究除了上述三种介质外，能够促进身体健康发展的物质，并称之为维生素（vitamins）。到了 20 世纪初，人们逐渐区分了维生素 A、维生素 B、维

① Robert Hunter, *Poverty* (New York: The Macmillan Company, 1904), pp. 190-191.

② See Robert Hunter, *Poverty* (New York: The Macmillan Company, 1904), p. 216.

③ See John Spargo, *Underfed School Children : The Problem and the Remedy* (Chicago: Charles J. Kerr & Company, 1906), p. 9.

生素 C，维生素理论的出现迅速改革了营养学领域。[①] 在此期间，美国化学家和营养科学家韦尔伯·阿特沃特（Wilbur Olin Atwater）提出了营养替代理论，认为鸡蛋、大豆等食物能够提供肉类所提供的同等能量，这样一来，一些便宜的食物同样有益于健康。[②] 这一理论间接解决了后来学校供餐的经济问题，在许多学校午餐的食谱里，大豆常常作为肉类的替代品而广泛出现在各色餐食中，既节省了开支，又能提供符合人体所需的养分。

当时流行病学的发展也逐渐将疾病与饮食问题联系在一起。例如，人们认为贫困儿童更容易染上肺结核和淋巴腺结核等疾病，而进食不足和营养不良是造成儿童结核病的重要因素。同时，骨骼、肌肉活动与食材所提供的动力有着直接关系，空腹上学的儿童面临着供血不足、注意力不集中等问题，这些是造成学业后进的重要原因。[③] 因此，儿童空腹上学会影响他们的身体健康，营养不良的状态将波及学校教学的成效。另外，在学校未提供餐食的情况下，许多城市学校周边街道的流动商贩经营着为学生提供口粮的生意。有调查指出，这些商贩提供的食物既不营养也不安全，因为许多商贩住在拥挤的出租房里，而他们的餐车停靠在下水道与腐烂的食物周边。由于儿童普遍喜爱甜食，他们可能将为数不多的零用钱用于买棒棒糖、冰淇淋等食物，这并不符合儿童健康成长的营养需求。[④] 也就是说，看似微小的儿童进食问题实际上反映了贫困问题、公共卫生问题与教育问题等的交织，也吸引

---

① See Susan Levine, *School Lunch Politics : The Surprising History of America's Favorite Welfare Program*(Princeton:Princeton University Press,2008),pp. 23-24.

② See Susan Levine, *School Lunch Politics : The Surprising History of America's Favorite Welfare Program*(Princeton:Princeton University Press,2008),p. 24.

③ See John Spargo,*Underfed School Children : The Problem and the Remedy*(Chicago: Charles J. Kerr & Company,1906),p. 10.

④ See Caroline Hunt,*The Daily Meals of School Children*(Washington,D. C. :Government Printing Office,1909),p. 13.

了许多社会慈善组织、志愿团体与教育界人士参与到推广学校供餐的活动中来。

在学校供餐的历史上，欧洲一些国家始终走在美国前头。在美国当时推崇学校供餐的各种报告与出版物中，人们也常常援引欧洲各国的案例来说服美国学校采取类似举措。① 在法国，学校供餐的历史可追溯到 1849 年的巴黎。当时，巴黎第二区的国家护卫队向市政府反映，他们当年的经费尚有结余，希望将这笔资金用于帮助贫困儿童上学，当地为贫困儿童开办学校食堂的实践由此开始。② 自 1882 年起，法国在全国范围内推行了将部分教育经费用于开办学校食堂（cantines scolaire）的政策。在 19 世纪下半叶的英国，各种慈善团体和个人也陆续开始资助学校供餐。英国议会于 1906 年通过了《1906 年教育（供餐）法》[*Education (Provision of Meals) Act of 1906*]，要求各地向因进食不足而无法充分利用教育资源的小学生们提供餐食，从而为学校供餐提供了政策保障。同一时期，荷兰和瑞士也通过了类似政策。在德国、丹麦等地，教育界、医疗界和社会工作等多方面人士也在争取通过类似的全国性法案。③ 根据 1905 年英国教育委员会（English Board of Education）所做的调查，在欧洲大陆和美洲 30 个国家的 38 个城市中，除了美国参与调查的 3 个城市（纽约、芝加哥和费城）外，其他城市皆有专门负责学校供餐的组织，而且绝大多数受到来自市政经

---

① 例如约翰·斯帕戈的小册子中便有“How Foreign Municipalities Feed Their School Children”这一部分，他介绍了欧洲各国学校供餐的经验。

② See Louisw Stevens Bryant, *School Feeding: Its History and Practice at Home and Abroad* (Philadelphia & London: J. B. Lippincott Company, 1913), p. 15.

③ See Louise Stevens Bryant, "School Feeding in Europe," *The Journal of Home Economics* 2, No. 2 (1910): 149-150.

费的全部或部分资助。[①]

与欧洲国家相比，早期美国学校供餐的实践零星存在于一些城市学校中，主要由本地的慈善机构尤其是妇女组织推动。据记载，艾伦·理查德（Ellen S. Richards）女士于 1894 年开始在波士顿中学提供的午餐是美国较早的学校供餐计划之一。在一次对波士顿公共学校卫生状况的调查中，艾伦·理查德发现中学的保洁人员在向学生们兜售食物，而这些食物营养价值很低。于是她说服波士顿教育委员会，由她主持的新英格兰厨房（New England Kitchen）来负责在波士顿 9 所中学里实施科学午餐计划，只向学生收取几美分的费用。在此过程中，学校只负责燃料和清洁工的工资，其他诸如采购和器材费用皆由新英格兰厨房负责。该午餐项目在波士顿成功运营了 13 年，自 1907 年起，波士顿的妇女教育与工业联合会（Women's Educational and Industrial Union）代替新英格兰厨房接手学校午餐工作。[②] 艾伦·理查德于 1870 年毕业于瓦萨学院，毕业后她本想从事化学研究，但是当时欧美国家研究生院的化学专业大多不接收女性，她最终只得以“特殊学生”的身份进入麻省理工学院学习化学，可学校依然不允许她在实验室中工作。艾伦·理查德只好在丈夫等人的经济支持下建立了自己的实验室，并致力于“家庭科学”（domestic sciences）研究，尤其关注营养与食品科学。[③] 在当时的美国，像艾伦·理查德一样来自中产阶级及以上背景，并且受过大学教育的妇女或多或少都遭遇过类似的职业困境，以

---

① See English Board of Education, *Feeding of School Children in Continental and American Cities: Statement of Information Collected by the Board of Education and the Foreign Office Regarding Methods Adopted in Great Continental and American Cities for Dealing with Underfed Children*(London: Eyre and Spottiswoode, 1906), pp. 32-33.

② See Mary H. Morgan, "Boston High School Lunches," *The Journal of Home Economic* 2, No. 2(1910): 181-182.

③ See Susan Levine, *School Lunch Politics: The Surprising History of America's Favorite Welfare Program*(Princeton: Princeton University Press, 2008), p. 27.

及她们自身在困境中的求变，许多人最终选择将注意力放在家政学（Home Economics）或社会工作（Social Work）等领域。这些领域一方面符合当时社会观念中对女性职业的期待；另一方面能让这些受过高等教育的女性找到施展才华的空间，可谓性别不平等条件下协调个体与社会的一种折中之选。同样地，儿童福利事业也被当时的舆论视为女性从事的行当，人们认为妇女天生所具备的母性与关爱品质使她们特别适合这一领域。也正因如此，在这个时期的各种儿童福利运动中，来自家政学和社会工作等领域的女性专家起到重要作用。这些专家活跃于各种全国性与本地的妇女团体中，推动着学校供餐、体检、童工立法等儿童福利事业的发展。

在城市中学与前文所述的“露天学校”中，学校供餐率先发展起来，但经费来源主要还是私人渠道。到了 20 世纪初，部分城市的公共学校系统逐渐开始考虑并尝试将学校午餐纳入财政预算，但这一举措引来许多争议。反对者们认为，提供免费午餐可能使贫困儿童和家庭承受消极的标签，有损尊严，也容易使贫困人口过于依附政府，丧失独立性，造成其赤贫化（pauperization）。同时，儿童进食不足与营养不良是更加普遍的贫困问题的一部分，学校提供午餐与否并非其症结所在，学校供餐可谓隔靴搔痒，无助于根治贫困这一社会问题。另外，饮食涉及私人习惯、移民文化乃至宗教信仰问题，学校统一供餐是否僭越了私人选择？又能否协调多元的需求？再者，公共学校的经费来自税收，应专门用于教育支出，将学校经费用于供餐似乎超出了教育范畴。在许多保守派人士看来，使用公共经费来资助学校午餐更是有在美国推行社会主义的嫌疑。① 不仅如此，在当时的美国鲜有关于学校供餐方面的法律和政策依据。许多州的法律对公共教育经费的使用范

---

① See John Spargo, *Underfed School Children: The Problem and the Remedy* (Chicago: Charles J. Kerr & Company, 1906), pp. 11-12.

围有不同程度的限制，将教育经费用于学校午餐并没有充分的法律依据。虽然一些州法律规定公共教育经费可用于修缮校舍，因而可延伸到学校餐厅的修建上，但由学校提供免费或低价食物这一举措的合法性依然受到质疑，许多地区的学校委员会也由此在为学校午餐拨款方面踌躇不前。①

在许多学校午餐支持者的设想中，学校供餐这一举措并不仅仅是针对贫困问题的社会救济，简短的用餐时间具有多方面的功能，尤其具有重要的教育功能。首先，学生们在享用一顿精心搭配的午餐的过程中，通过食物获取了促进身体健康的必要养分，有利于在校学习。对于本身无力负担食物的学生及其家庭，免费午餐无疑对其提供了救济。其次，从食材的选择与搭配，学生餐桌礼仪和卫生习惯的要求，进餐时学生之间的交谈，到学校餐厅的布置等都被看作是潜移默化的教学过程，可以使学生习得良好的个人和社交习惯。最后，面对当时的移民潮及移民文化与本土文化的冲突，一些人更是寄希望于学校午餐，希望移民儿童能够将从学校中获得的营养知识与美国的食品文化带回家，从而逐渐带动整个移民社区的转变。因此，学校午餐本身也被部分改革者赋予文化传播乃至美国化（Americanization）的功能。此外，进步主义时期职业教育被逐步纳入学校课程，在此过程中一些学校还将学校午餐的烹调与学校的职业教育课程相结合，把一部分烹饪任务交给正在学习厨艺的学生们。支持者们认为此举不仅可以减少学校供餐开支，还符合“从做中学”的目的。②

一方面，由于人们对学校供餐的公共性和教育功能并未形成统一

---

① See Richard A. Meckel, *Classrooms and Clinics: Urban Schools and the Protection and Promotion of Child Health, 1870-1930* (New Brunswick: Rutgers University Press, 2013), pp. 116-118.

② See Florence Keller Shirley, "Educative Values in the School Lunch," *The Journal of Home Economics* 24, No. 7 (1932): 602-605.

意见；另一方面，由于缺乏相关法律和政策依据，在20世纪初的美国，由公共财政支持的学校午餐计划的出现普遍晚于欧洲国家，而且各地在学校供餐服务的范围（服务全体学生还是部分贫困儿童）、经费来源、管辖机构和监管方式、学校午餐收费与否、午餐菜单组成，以及配套的营养健康教育等方面存在着很大的差异。

纽约市公共教育系统的督学威廉·麦克斯威尔（William Maxwell）是政府资助学校供餐的坚定拥护者，但在很长一段时间里，纽约市的学校委员会却反对为学校供餐提供经费支持。1908年，威廉·麦克斯威尔批准在纽约市第五十一公共学校中实行试验性的学校午餐服务。学校委员会认为学校午餐经费不属于教育性支出，这一项目的经费主要来自当地的慈善捐赠。每份午餐学校仅向学生收取几美分的费用，家庭极为贫困的孩子可以从老师那里申请获得免费的午餐券。这一午餐服务获得了极大的成功，据统计，在1908—1909学年，该校提供了超过19 000份午餐。① 1909年，第五十一公共学校午餐项目的主管创立了纽约学校午餐委员会（New York School Lunch Committee），该委员会致力于向全市学校推广午餐计划，同时监测学龄儿童的身体健康状况，并向一些阶层的母亲提供有关儿童养育方面的指导。② 同年，学校午餐委员会又将第二十一公共学校纳入学校午餐计划。两所学校皆位于纽约市下东区新移民集中且贫困问题突出的地区，两所学校在供餐时皆考虑到了犹太裔和意大利移民的饮食需求，雇用了相应的移民厨师。到1912年，共有八所公共学校参与这一项目，而且学校午餐委员会还在接收多所学校的参与申请。纽约市学校委员会依然拒绝将学校午餐纳入公共教育预算，来自私人和志愿团体的慈善捐赠持续资助

---

① See Mabel Hyde Kittredge,"Experiments with School Lunches in New York City," *Journal of Home Economics* 2,No. 2(1910):177.

② See Andrew Luis,"Eating to Learn,Learning to Eat:School Meals and Nutrition Policy in the United States,1900-1946"(PhD diss. ,University of Wisconsin-Madison,2011).

着该市学校午餐项目的扩大。直到一战后，学校委员会才从学校午餐委员会那里接管了学校午餐项目，但在其管理下，大部分学校午餐项目改由特许承包商经营，更多地成为私人的营利性产业，而且出于经济考虑，此前兼顾营养健康及移民子女饮食偏好和宗教信仰的学校午餐菜品逐渐被单调、廉价的食物所取代。①

在同一时期的芝加哥市，教育委员会对学校午餐的态度更加积极。1908 年，芝加哥公共学校的督学威廉 · 博蒂内（William L. Bodine）和儿童研究与教学调研部门（Department of Child Study and Pedagogic Investigation）的 D. P. 麦克米兰（D. P. MacMillan）合作对芝加哥市的儿童进食情况做了抽样调查。在调查报告中，他们估计全市 30 万公共学校学生中大约有 5000 人常年遭受饥饿之苦，15 000 人无法保证一日三餐，而超过 30 000 人虽享用三餐但食量却远远不足。与此同时，调查显示，越是低年级的儿童，进食不足的情况越为普遍，这主要是由于在当时的公共学校中许多贫困家庭的子女较早离开学校谋求生计，年级越往上学生的家境普遍越好。② 因此，这一发现也揭示了在初等学校中实现供餐服务的紧迫性。芝加哥初等学校中的"一美分午餐"（Penny Lunch）计划也成为这一时期学校供餐试验中的一个范例。同时，在解决学校供餐合法性问题上，芝加哥的学校委员会与妇女俱乐部紧密合作，进行了创新性的尝试，有效避开了可能面临的法律权限质疑。1909 年，芝加哥妇女俱乐部新设了芝加哥学校推广委员会（Chicago School Extension Committee），致力于与学校委员会、公共学校及社区领袖合作，改善芝加哥公共学校尤其是初等学校的状况。同年，艾拉 · 扬（Ella Flagg Young）女士成为芝加哥公共学校督学。在

---

① See Andrew Luis, "Eating to Learn, Learning to Eat: School Meals and Nutrition Policy in the United States, 1900-1946"(PhD diss., University of Wisconsin-Madison, 2011).

② See Caroline Hunt, "The Daily Meals of School Children," *U. S. Bureau of Education Bulletin*, No. 3(1909): 46-47.

她任期内，芝加哥公共学校的社会服务功能得到极大的扩展。1911 年，在艾拉·扬的要求下，芝加哥学校推广委员会与学校委员会开始在 3 所公立小学中合作主持“一美分午餐”计划，学校委员会批准使用公共教育经费来支付学校餐厅工作人员的工资和相关设备的费用，学校推广委员会则负责设计菜单、采购食物、烹饪，以及支付监管人员的工资。所谓“一美分午餐”的收费并不一定是一美分。在学校推广委员会设计的菜单上，一份标准“一美分午餐”约含 300 卡路里的热量。而根据当时的营养标准，6—12 岁儿童每日需要 1650—1800 卡路里，因此，一份“一美分午餐”实际上被视为半份或三分之一份午餐。在实际操作中，学生可能需要为他们的午餐支付两美分到三美分。① “一美分午餐”在芝加哥公共学校中颇受欢迎，此后几年，参与该计划的学校不断增加，到 1917 年，已有 26 所公立小学参与其中。②

与城市地区相比，进步主义时期美国的农村学校由于位置分散且规模较小，虽然当时的农村学校合并与标准化运动进行得如火如荼，但是在很长一段时间里一间教室学校（one-room school）仍在农村地区占据很大比重，许多地区并不具备在一所学校中设立食堂集中供应午餐的条件。与此同时，许多调查显示农村地区儿童进食状况也存在诸多问题，农村学校学生的营养不良、体重不达标等比重并不比城市地区低。由于农村地区基本不存在在学校周边售卖食物的商贩，学生也少有零花钱，大部分孩子选择一大早将午餐打包带去学校，到中午时饭菜已经凉透，只能吃冷餐。在当时的农村地区，大部分学生在农忙时节需要参与劳作，因此寒冷的农闲时节才是农村学生集中上学的时间，在这种情况下吃冰冷的食物对孩子们的健康危害更大。针对这一

① See Andrew Luis, “Eating to Learn, Learning to Eat: School Meals and Nutrition Policy in the United States, 1900-1946” (PhD diss., University of Wisconsin-Madison, 2011).

② See Andrew Luis, “Eating to Learn, Learning to Eat: School Meals and Nutrition Policy in the United States, 1900-1946” (PhD diss., University of Wisconsin-Madison, 2011).

情况，一些农村学校开始引入为学生加热午餐的设备，还有一些学校提供诸如热牛奶、热可可等辅食。① 因此，为学校添置加热饭菜的锅灶成为这一时期农村地区学校午餐改革的核心举措。

当美国决定参与第一次世界大战时，儿童的营养健康问题再次成为社会关注的焦点。据统计，在300万申请参军的年轻人中，有近30%的人由于健康问题被拒。在最为普遍的健康问题中，体重不达标排在第五位。② 许多医疗工作者认为，儿童期长期营养不良是体重不达标的直接原因。因此，在美国参战后，为儿童提供充足的营养迫在眉睫，这一议题也被提升到关系国家利益的高度。在一战之后，全美城市和农村地区提供学校午餐的公共学校越来越多。在20世纪30年代美国经济大萧条时期，许多地方性的公共学校系统已无力提供学校午餐服务。美国联邦政府在1932年和1933年通过重建金融委员会（Reconstruction Finance Corporation）为密苏里州西南部一些城镇的学校午餐工作人员给予财政补贴，这是较早的联邦资助学校午餐行为。罗斯福新政时期，考虑到大量城乡失业人口及其子女的温饱问题，以及当时市场萎缩导致农业产品滞销的情况，从1933年开始，美国政府通过联邦紧急救济署（Federal Emergency Relief Administration）和市政工作署（Civil Works Administration），将政府补贴雇佣学校午餐工作人员的政策扩大到39个州，尤其以聘请妇女为主。同时在1935年调整农业法案，出台政策向农业部拨款，在尽量保持农产品价格的前提下，联邦政府向农民购买滞销的农产品，并捐赠给学校用以提供学校午餐。这样一来，失业、营养不良与农产品滞销等问题都通过联邦资助学校午餐得到一定程度的解决。1946年，国会正式通过《全国学校

① See Louisw Stevens Bryant, *School Feeding: Its History and Practice at Home and Abroad* (Philadelphia & London: J. B. Lippincott Company, 1913), pp. 177-178.

② See Frank R. Keefer, "Causes of Army Rejections: What Health Officers Can Do to Remedy Conditions," *American Journal of Public Health* 10, No. 3 (1920): 37.

午餐法》（*National School Lunch Act*），进一步巩固了新政时期由联邦支持的学校午餐项目。[①] 不过，这种做法也为20世纪中后期学校午餐发展过程中的矛盾埋下了隐患。因为在学校午餐项目中，兼顾农业振兴与学生营养是理想状态，而在实际操作中许多地区以牺牲午餐质量与学生的营养需求为代价来换取对农产品市场和价格的保护。从某种程度上来说，学校午餐极易成为为过剩的农业产量买单的项目[②]，但无论如何，在19世纪末20世纪初发展起来的学校供餐服务还是为解决儿童贫困与营养问题提供了可行的策略。

三、学校社会功能的拓展

1899年，约翰·杜威在关于"学校与社会进步"的主题演讲中追溯了工业化所造成的社会变迁，回顾了在工业社会之前，家庭在整个社会关系中所占据的核心地位。他说："我们在座的各位只需回溯一两代，至多三代，便可发现一个不同的时代，在那时，家庭几乎是各式各样工业劳作所开展和凝聚的中心。"[③] 无论是制衣、照明还是家具的制造，"从农场中原材料的生产到最终的产物投入使用，所有这些程序都围绕着家庭展开。不仅如此，几乎每个家庭成员都参与到这些工作中来。对于儿童们来说，随着其力气的增长与能力的提升，他们将逐渐了解这些生产过程的奥秘"[④]。在这种环境下，家庭生产对于儿童

---

① See Susan Levine, *School Lunch Politics : The Surprising History of America's Favorite Welfare Program*(Princeton: Princeton University Press, 2008), p. 2.

② See Andrew Luis, "Eating to Learn, Learning to Eat: School Meals and Nutrition Policy in the United States, 1900-1946"(PhD diss. , University of Wisconsin-Madison, 2011).

③ John Dewey, *The School and Society* (Chicago: The University of Chicago Press, 1900), p. 22.

④ John Dewey, *The School and Society* (Chicago: The University of Chicago Press, 1900), p. 23.

“管教与个性塑造的因素”尤其不可忽视，如“关于条理与勤奋习惯的培养，关于责任意识的培养，以及认识到个人存活在世须做些什么和须生产些什么的义务”①。总之，家庭作坊里的纺织、锯木、谷物收播、炼制铜铁等劳作，都是具有教育性的活动。

当时间来到约翰·杜威演讲所处的19世纪90年代，在美国工业化与城市化急速推进的世纪之交，工业时代以前的家庭所具有的社会化功能正在快速萎缩，或被其他社会机构所取代。尤其在城市生活中，生产、消费乃至子女的教育逐渐脱离以家庭为中心的模式，更多地在家庭之外的工厂、商店、学校等地展开。虽然家庭是养育儿童的主要场所，但随着公共教育的蓬勃发展，并且逐步形成从幼儿园到中学乃至大学的步步链接，以及反童工立法与强制入学立法的逐步落实，学校成为越来越多美国儿童成长过程中的一大重要机构。家庭、学校与社会关系的变迁，使得家长、教育者与儿童福利改革者们纷纷反思现代社会中家庭与学校在儿童养育功能中的角色与边界，以及如何利用更为有效的家校联系来改善儿童养育方式，甚至通过学校教育与家长教育来弥补家庭环境与家庭教育的不足。在此过程中，改革者们常常把儿童养育视为关系到社会发展、公民教育与国家利益的公共事务，强调家长（尤其是母亲）、教师与社会工作者们的通力合作。

（一）科学养育与家长教育

从19世纪末开始，许多地方性的家长组织纷纷成立，这些组织的成员通常以中产阶级女性为主。当时的美国家庭在规模、功能等方面的结构性变化，以及婴儿出生率的降低为许多中产与上层阶级妇女提供了更多的闲暇时光，她们广泛参与到母亲俱乐部、儿童研究团体与妇女组织中，成为儿童福利运动的重要推动力量。一些女性既将儿童

---

① John Dewey, *The School and Society* (Chicago: The University of Chicago Press, 1900), pp. 23-24.

福利事业视为自己作为母亲的本分，同时也将其与更广泛的女性争取公民权利及社会进步结合起来。在一些欧美福利国家政策的研究中，学者们将19世纪末20世纪初妇女结社并投身于与女性或母亲角色息息相关的社会改革活动称为一种“母性主义政治”（maternal politics）①，这既是妇女团体对自身公民角色与义务的认识，也是一种追求政治和社会平等的策略。通过儿童福利改革、教育改革、移民安置等活动，她们一方面为相关群体谋求福利，另一方面也在为女性群体本身争取独立、平等的社会地位和更为广阔的政治活动空间。在她们看来，妻子与母亲的角色与更大范围内的公民身份是相辅相成的，她们的“小家”与美国社会之“大家”也是共生共荣的。因此，许多进步主义时期的妇女组织也自称“市政管家”（municipal housekeeper），积极参与各项社会改革活动。

妇女组织与母亲俱乐部等志愿协会对于母性-公民身份的认同使妇女自然而然地将目光转向儿童福利与教育改革领域。在成立之初，许多组织便将家庭与学校在儿童养育方面的合作视为工作要点。这些组织认为，理想的学校应当是理想的家庭的扩展，家庭向学校的过渡、学校教育的展开都应是自然而然、其乐融融、充满温馨的。这些组织希望将家庭中的美好特质投向学校，这样一来，学校教育将不再死板、孤立，而学校将比以往更加“像家”（homelike）。为此，许多家长还热衷于把学校布置得更贴近家庭环境，比如向学校捐赠装饰画、挂毯，新修休闲室、浴室等，以期把学校变为一个更大规模的家庭。此外，这些志愿协会也广泛参与到其他儿童福利运动与学校改革中。在很多地区的公共学校中，手工训练与家政课程的增加、学校午餐服务与医疗检查的开展，甚至是公立幼儿园的增设，常常得益于家长组织与妇

① See Theda Skocpol, *Protecting Soldiers and Mothers: The Political Origins of Social Policy in the United States* (Cambridge, Mass.: Belknap Press of Harvard University Press, 1992).

女团体的呼声。①

在19世纪90年代儿童研究运动盛极一时之际，许多母亲俱乐部与妇女组织对参与儿童研究也有着极大的热情。美国的“儿童研究之父”斯坦利·霍尔于1883年出版《儿童的心理内容》（*The Contents of Children's Minds*），掀起了当时科学界与普通民众对儿童身心状况进行调查研究的热潮。由于他主要采用问卷法，通过向儿童、家长、教师等提问来搜集有关儿童在不同发展阶段特征的数据，全美各地有许多家长和教师被此举吸引，开始组建“儿童研究俱乐部”，分享儿童研究所得，向儿童研究专家提供问卷调查结果，共同学习新的研究发现等。从某种程度来说，儿童研究运动可谓新科学影响下的一次“科学养育”（scientific motherhood）与家长教育运动。由于参与儿童研究要求家长们更加系统地观察他们的孩子在行为和言语上的特征，家长们不仅更多地了解了自己的孩子，也为更加系统的儿童研究提供了原始材料。②当时影响较大的组织美国儿童研究协会（Child Study Association of America）便是由3名家长于1888年在纽约市创立的。当年，伦理文化协会（Society of Ethical Culture）的创始人菲利克斯·阿德勒受到幼儿园运动与儿童研究的影响，鼓励其妻子海伦·阿德勒（Helen Adler）及其他两位伦理文化协会女性成员共同组建了名为“儿童天性研究母亲会”（The Mothers' Society to Study Child Nature）的组织，1890年该组织重新命名为“儿童天性研究协会”（Society for the Study of Child Nature）。除了对当时的幼儿园相关文献、古典教育名著、儿童研究新进出版物等进行学习，资助心理学家还为成员开设儿童养育讲座等，该协会也逐渐将目光投向学校改革，还曾组织专门的委员会调

---

① See William J. Reese, "Between Home and School: Organized Parents, Clubwomen, and Urban Education in the Progressive Era," *The School Review* 87, No. 1(1978): 10.

② See Steven L. Schlossman, "Before Home Start: Notes Toward a History of Parent Education in America, 1897-1929," *Harvard Educational Review* 46, No. 3(1976): 441-442.

查本地公共学校的卫生状况，并且资助为贫困儿童开办的职业学校。①

1897 年，全国母亲联合会（National Congress of Mothers）成立。该协会的创始人之一爱丽斯·贝内（Alice Birney）女士是三个孩子的母亲，她对斯坦利·霍尔与弗里德里希·福禄培尔（Friedrich Wilhelm August Froöbel）的著作有着浓厚的兴趣，她说服慈善家菲比·赫斯特（Phoebe Apperson Hearst）女士共同举办了全国母亲联合会的第一次会议，该会议吸引了近 2000 名女性参会。在会议组织者看来，社会问题与社会改革都起源于家庭，作为母亲的女性在社会改革中承担着重要的角色，如果能够向全国的母亲及未来的母亲传播有关科学养育的知识，那么儿童、家庭乃至社会的福利将得到极大提升。② 因此，该协会大力支持家政学运动，支持以儿童研究俱乐部的形式进行家长教育。不仅如此，由于推崇妇女在整个社会环境改造中的作用，全国母亲协会在 20 世纪初也投身其他与儿童和家庭相关的社会福利改革中，比如母亲抚恤金（mothers' pensions）政策、青少年法庭的建立、童工立法等。③ 1908 年，全国母亲联合会更名为全国母亲联合会及家长-教师协会（National Congress of Mothers and Parent-Teacher Associations），更多地强调家长与教师的合作，为儿童营造良好的家庭、学校与社区环境。到 1915 年，该组织的成员达到了 6 万人。1924 年，该组织再次更名为全国家长教师联合会（National Congress of Parents and Teachers）。1926 年，美国南部一些州的家长教师联合会共同组成了全国有色家长教师联合会（National Congress of Colored Parents and Teachers）。直

---

① See Julia Grant, *Raising Baby by the Book : The Education of American Mothers* (New Heaven: Yale University Press, 1998), pp. 48-49.

② See Julia Grant, *Raising Baby by the Book : The Education of American Mothers* (New Heaven: Yale University Press, 1998), pp. 54-56.

③ See Julia Grant, *Raising Baby by the Book : The Education of American Mothers* (New Heaven: Yale University Press, 1998), p. 58

到 1970 年，这两大全国性组织才合并成了后来的全美家长教师联合会（National Parent Teacher Association），至今依然对美国教育政策与学校运营产生着重要影响。①

前述两个影响较大的全国性家长组织或家长-教师联合会在成立之初便都自发地开展与儿童养育相关的家长教育工作，尤其以儿童研究俱乐部为特色，但这些自发的儿童研究活动也为不少心理学专家所诟病。一些专业人士批评斯坦利·霍尔的儿童研究方法及数据收集的不可靠性，同时认为大部分家长属于心理科学的门外汉，这些人参与儿童研究甚至提供原始数据，并不符合科学研究的标准，此举既无益于科学发展，也使得家长、教师们在日常养育和教学工作中操持着晦涩的行话，一知半解之余，并无益于儿童成长。威廉·詹姆斯（William James）便是这种观点的代表之一。② 在 20 世纪头 20 年，随着心理学研究的迅速专业化，家长群体与儿童身心相关的科学知识生产日渐脱离，从儿童研究的参与者逐渐变为科学养育知识的消费者。在此过程中，致力于向家长和教师们传播“科学养育”和儿童身心发展规律的各种通俗读物广受欢迎。诸如儿科专家路德·霍尔特的《儿童养护：供母亲、保育员使用的问答手册》等书籍不断再版，成为连接专业知识与大众的桥梁。

进步主义时期，家长教育的推动者大多为白人，出身中产阶级家庭且信奉新教。他们对移民及贫困家庭的儿童养育方式持批判态度，认为许多家长在科学养育方面是无知且不负责任的，因此，家长教育的对象是那些在养育儿童方式方法上需要被改造的父母。这种家长教育更多的是对他者的一种矫正，而非前述儿童研究俱乐部母亲们的自

---

① See Steven L. Schlossman, "Before Home Start: Notes Toward a History of Parent Education in America, 1897-1929," *Harvard Educational Review* 46, No. 3(1976): 436-467.

② See William James, *Talks to Teachers on Psychology: And to Students on Some of Life's Ideals*(New York: Henry Holt & Co., 1899).

发学习。正如劳伦斯·克雷明所言，在20世纪早期，“进步主义者在谈论家庭的首要地位时，对家庭教育所持的观点自相矛盾。一方面，他们把家庭看作儿童早期智力、道德和身体发育的最重要的育儿所，母亲是这一发展过程的中心人物；另一方面，他们并不真正信任母亲，认为母亲们常通过无知、忽视或守旧的方式养育儿童，不能胜任她们的义务”①。因此，他们一方面通过各种手段培训家长，试图矫正家长们的养育行为；另一方面强调学校对家庭教育的补充，以及学校对家庭教育失误的纠正作用。

这类以矫正家长言行为目的的家长教育的首要对象是城市中的工人阶级移民家庭。19世纪末20世纪初，大量来自东南欧国家的移民涌入美国，这些移民与早期的欧洲移民相比，更加贫困，而且多数不会英语，宗教信仰也以天主教为主。这些新移民家庭由于经济条件限制只能定居在城市中最为拥挤、破败的街区，大部分移民母亲需外出工作。在这些家庭中，由于受农业社会家庭经济模式的影响，家中的小孩被要求尽早工作养家，许多家庭并不愿遵守当时出台的强制入学法，让孩子在学校停留足够时间。在许多城市开展的社会调查中，移民街区都被标记为青少年犯罪、儿童营养不良、流行病或传染病的高发区。面对这些社会问题，许多社会改革者认为对移民母亲的教育迫在眉睫，通过家长教育及学校对移民家庭的干预，他们期待这些移民家庭能够更好地融入美国文化。因此，家长教育与当时的美国化运动、消除童工运动、防治青少年犯罪、学校社会功能的拓展等多种形式的社会改革都联系在一起。

一战前后，美国联邦和州政府意识到家长教育的紧迫性，也开始拨款支持不同形式的家长教育项目。在1914年的《史密斯-利弗法》

---

① 劳伦斯·A.克雷明：《美国教育史：城市化时期的历程（1876—1980）》（第3卷），朱旭东等译，北京师范大学出版社，2002，第322—323页。

(*Smith-Lever Act*) 中，联邦政府向农业部门拨款用于支持开办全国2000多家“郡县家庭示范机构”(County Home Demonstration Agents)。在1917年的《史密斯-休斯法》(*Smith-Hughes Act*) 中，女生学习如何持家 (homemaking) 被列为重要的职业教育目标，家政学也成为受到联邦职业教育法案支持的职业教育课程。1918年，美国公共卫生服务机构也开始资助与健康相关的家长教育项目。在部分州，家长教育也成为州教育部门的新增职能。例如，在1920年代的母亲抚恤金立法中，许多地方的政策补充规定所有领取这项政府补贴的母亲必须参加相应的家长教育课程。1925年，加利福尼亚州的公共教育部新增了家长教育分部，1927年加州大学的儿童福利中心成立，这两个部门由同一个主管负责，兼顾家长教育与儿童研究。① 由此，家长教育的目标与内容实际上已经渗透到中学的职业课程，大学的家政学专业、成人教育、农业进修培训等方面。

（二）家访教师成为家校连接的纽带

除了家长教育项目，改革者们也试图通过公共学校来对不尽如人意的家庭进行直接干预。从20世纪初开始，一些城市的公共学校中新添了“家访教师”(visiting teacher) 一职。家访教师不承担常规教学任务，专门走访部分学生的生活环境。人们认为，当学校中汇聚了来自多个种族、多种阶层的子女时，了解学生的家庭与社会背景成为更好地对待学生个体的前提。通过家访教师可以了解学生生活与玩乐的环境，更加熟悉儿童个体，及时发现家校关系中的不利因素，从而进一步调整学校工作，预防青少年犯罪。② 实际上，家访教师并不是公共学校内部的一个创举，走访社区邻里从19世纪末起就是社会安置所工作

---

① See Julia Grant, *Raising Baby by the Book: The Education of American Mothers* (New Heaven: Yale University Press, 1998), p. 120.

② See Jane F. Culbert, "The Visiting Teacher," *Annals of the American Academy of Political and Social Science* 98, No. 1(1921): 81-89.

者们的日常工作。[①] 20 世纪初，家访教师延续了此前社会安置所工作者们为个人与社区生活建立联系纽带的传统，这也正反映出这一时期学校所承担的社会功能的极大拓展。

从 1906 年开始，纽约市、波士顿市和哈特福德市的公共学校系统分别设立家访教师一职。纽约市最早的两位家访教师分别来自当地的两个社会安置所——哈特利会所（Hartley House）与格林威治会所（Greenwich House）。为推广家访工作，她们与其他热心人士专门在当地的私人慈善团体——公共教育协会（Public Education Association）下设“家访教师委员会”（Visiting Teacher Committee），统一聘用家访教师，服务于当地公共学校。后来，纽约市学校委员会正式将家访教师纳入公共学校系统。1906 年，在波士顿的妇女教育协会（Woman's Education Association）与社会安置所共同推动下，该市的公共学校也开始聘用家访教师。在哈特福德，设立家访教师一职则主要源于当地心理学实验室主管的建议，他认为家访教师能够辅助其开展针对“问题学生”的工作。[②] 其后，包括洛杉矶、奥克兰、旧金山、芝加哥、明尼阿波利斯等在内的中部、西部城市也逐渐开始在公共学校系统中增设家访教师一职。在一些城市，家访教师与学校中的其他职位重叠，如考勤员（attendance officer）、学校护士、特殊班级的课后辅导老师、职业教育助理等，还有一些城市的家访教师由常规教师兼任。[③]

---

① See Gaylord S. White, "The Social Settlement After Twenty-Five Years," *The Harvard Theological Review* 4, No. 1(1911): 47-70.

② See National Association of Visiting Teachers and Home and School Visitors, *The Visiting Teacher in the United States: A Survey by the National Association of Visiting Teachers and Home and School Teachers* (New York: Public Education Association, 1921), p. 10.

③ See Sophia C. Gleim, "The Visiting Teacher," *US Bureau of Education Bulletin*, No. 10(1921): 6.

1919年，家访教师与社会工作者们成立了一个全国性组织——全国家访教师与家校访问者协会（The National Association of Visiting Teachers and Home and School Visitors），后改名为“全国家访教师协会”（National Association of Visiting Teachers）。该组织计划通过不同力量的合作与信息交换来为家庭、学校、社会中的“整个儿童”（the whole child）提供更好的环境与更具针对性的个体或学校调整方案。到1921年，全美共有15个州的21个城市学校系统拥有家访教师队伍。其中，加利福尼亚州是唯一将设置家访教师一职写入法条的州，该州法条规定，公共学校每日平均出勤500人可聘请一位家访教师。同时，该州规定这些家访教师应取得法定工作资格，须符合的条件包括具有教学和社会工作经验，身体健康，能在移民人口聚居地区使用相应外语工作，以及其他有关个人品性与工作能力的要求。[①] 在一些农业地区，也存在职责包括家访的公务人员，如北卡罗来纳州设立的“巡回教师”（perambulant）一职。[②]

家访教师是进步主义时期的社会改革者通过学校推动儿童福利事业发展的典型案例。正如较早在纽约市从事家访教师工作的哈里特·约翰逊（Harriet Johnson）女士所言：“家访教师的工作……是作为儿童福利机构的公共学校在这方面功能上的自然延伸，从而使这样大型的市政机构仍能满足儿童的社会需要。”[③] 也正因为学校社会功能的延伸，一般的教师缺乏额外精力与专业知识来全面了解每个学生的吃、穿、住、行，更无力根据这些信息对教学进行相应的调整，以满足学

---

① See Sophia C. Gleim, "The Visiting Teacher," *US Bureau of Education Bulletin*, No. 10(1921): 12.

② See Sophia C. Gleim, "The Visiting Teacher," *US Bureau of Education Bulletin*, No. 10(1921): 8.

③ Harriet Johnson, *The Visiting Teacher in New York City: Public Education Association of the City of New York* (New York: Public Education Association of the City of New York, 1916), p. 1.

生的个性化发展。在实际工作中，家访教师所针对的主要是一些学业水平低、行为举止怪异、迟到或旷课的被认为对学校“适应不良”（maladjusted）的学生。一般而言，每位家访教师负责一所或几所学校，在这些学校中，常规教师们将一些“问题学生”的情况反映给家访教师，由家访教师对学生的家庭环境、社区环境及学生的自身特点进行调查，进而向学校或家长提出相应的建议和措施。这些措施可能是为学生调整所在的班级或者年级，减少其常规课业，增加有益于身心健康的游戏机会，也可能是建议家长对居住环境进行调整等。同时，家访教师们对这些学生的情况进行追踪，直到问题基本解决，她们方结束跟进。由于这些“问题学生”的情况千差万别，家访教师的工作策略也不断调整。总之，在家访教师们看来，了解“整个儿童”——其兴趣爱好，其在学校、家庭、游戏时的活动与周遭环境等，是她们工作的要点。[①] 家访教师不仅联结学校和家庭，促进家校合作，还同各种与青少年活动和儿童福利相关机构保持联系，如社区娱乐中心、青少年法庭、童子军、精神科诊所、教会社团等。

1923年，纽约市的私人慈善机构——联邦基金会（Commonwealth Fund Program）设立了预防青少年犯罪项目基金，专门资助心理与精神科学研究，并力图增加学校中家访教师的数量。该基金每年向30个试点地区提供30万经费，持续资助3年，主要用于聘用心理学家、精神科医生、相关研究者及家访教师。这些经费足以支付家访教师三分之二的工资，其余三分之一由当地教育部门提供。[②] 这些资金为全美家访教师队伍的扩大提供了经济支持。同时，受此影响，家访教师的工

---

① See Harriet Johnson, *The Visiting Teacher in New York City: Public Education Association of the City of New York* (New York: Public Education Association of the City of New York, 1916), p. 66.

② See Anne Meis Knupfer, "The Arm of the School that Extends into the Home: The Visiting Teacher Movement, 1906-1940," *Teachers College Record* 100, No. 3(1999): 627-655.

作越来越偏重于防治青少年犯罪，并倾向于运用心理健康理论与行为科学来解释青少年犯罪的成因。随着社会工作与社区服务领域专业化的不断加深，以及学校各种社会服务分工的不断细化，到20世纪中期，原先的家访教师大多被专门的社工所取代。1945年，全国家访教师协会更名为全国学校社工协会（National Association of School Social Workers），并于1955年与其他6个全国性社工协会合并，组成了全国社工协会（National Association of Social Workers）。至此，这个时期家访教师工作中对家校联系共同促进儿童发展的强调，以及对社会工作与教学工作共通性的意识均告一段落。但在社会关系发生巨变的年代，将家访教师作为联系家庭与学校的纽带这种应对方式仍体现了这个时期学校变革与社会变迁的密切关系。

（三）学校课程与活动场所的扩充

在进步主义时期的许多社会改革者看来，当时的一些美国家庭和社区存在诸多问题，无法为儿童提供有益的生长环境，而随着娱乐方式的更新与娱乐场所的多样化，缺少家长关照的儿童们可以接触到社会上各种各样的娱乐方式。尤其对城市儿童来说，他们可以把时间花在电影院、舞厅、百货商场甚至是马路上的嬉戏。前文已经提到，据统计1910年全国每天有50万儿童到影院看电影①，然而当时美国并不存在电影分级制度，儿童可以接触到各种没有下限的内容。舞厅更是吸引了大批工人阶级的少男少女在夜间前来跳舞取乐，而这被看作是堕落和羞耻的。

面对五光十色的现代生活，社会与教育改革者们喜忧参半。如何引导儿童及青少年更好地利用课余时间，从事有利于其身心健康的娱乐活动，是这一时期许多儿童福利改革者与教育者们共同关注的问题。

---

① See Faith E. Smith, "Changing Conditions of Child Life," *Bulletin of the American Library Association* 7(1913): 184-188.

在这个时期，美国掀起了为儿童创造各种专门的、洁净有趣且富于教育意义的活动场地的热潮，前文讲到城市儿童的生活中出现了游戏场、儿童博物馆、图书室等许多新的去处。除此之外，在许多人看来，学校是补充家庭管教不足，对复杂的社会环境进行筛选与控制的最佳场所。如弗朗西斯·帕克学校的领导者弗洛拉·库克（Flora J. Cooke）女士认为："我们城市中的许多家庭无法为孩子形成责任感提供充足的基础。我们相信学校应当成为一个社会单元的模型，在其中，孩子快乐而健全地生活……学校应当一方面与家庭联结，另一方面与社会联结，以使儿童向公民的发展成为一个连续的生长过程。"① 这样一来，学校便被推到了这种整体环境的核心。在这一时期，人们试图在学校中添设各种活动场所，以为其提供丰富而又健康的娱乐选择，并且寓教于乐，延长儿童在校时间，从而将儿童与成人社会隔离开来。诸如学校花园（school garden）、学校游戏场（操场）、学校图书馆等新增的活动场所，以及与之相对应的课程与课外活动，成为这一时期通过教育手段来充实儿童生活并解决社会矛盾的典型案例。

学校场所中新出现的一个重要设施是"学校花园"。在 19 世纪早期，一些欧洲国家就开始在学校中专门建设花园或苗圃用以辅助学生进行自然学科的学习。1879 年，贺拉斯·曼的夫人玛丽·曼（Mary Tyler Peabody Mann）将一本在德国流传甚广的有关学校花园的小册子译为英文出版，作为工业教育的实例进行推广。② 1890 年，马萨诸塞州一所学校的校长亨利·克拉普（Henry L. Clapp）到欧洲考察学校花

① Flora J. Cooke, "Colonel Francis W. Parker as Interpreted Through the Work of the Francis W. Parker School," *The Elementary School Teacher* 12, No. 9(1912): 397-420.

② See Erasmus Schwab, *The School Garden. Being a Practical Contribution to Education*, trans. Mrs. Horace Mann(New York: M. L. Holbrook, 1879).

园。回国后，亨利·克拉普在他的学校修建了一个花园。[1] 此后 30 年间，学校花园在美国学校花园协会（The School Garden Association of America）等组织的推动下在各地广泛建立起来。根据当时人的估算，1906 年全美有超过 75 000 个学校花园，几年之后联邦教育局新设了家庭与学校园艺分部（Division of Home and School Gardening），到了 1916 年，该部门的报告显示在美国各城市中已有超过一半的学校建立了学校花园。[2] 学校花园也不再局限于仅供学生观察自然，它还融入了不同群体的多种目的，比如提供实用的农业训练，促进学生们感受自然之美，通过劳动与合作培养友爱、勤奋等公民道德，以及践行“从做中学”的教育理念等。一些提供新教育的学校将花园充分利用起来，通过带领学生从事园艺来学习数学、语言、写作、绘画等。

前文提到进步主义时期城市中游戏场的出现对儿童身心健康的益处，其实除了城市或社区中的游戏场之外，19 世纪末许多学校也开始建设游戏场，并且将有组织的游戏纳入课程计划中。例如在纽约市的公共学校系统中，幼儿园、图书馆、工业劳动与体育部门都利用游戏场来进行教学活动。[3] 到了 20 世纪初，操场已经成为每所学校的标配。与此同时，还有为教师准备的组织儿童游戏活动的指导手册，详细列出了适合 30 名、60 名或 100 名以上的儿童进行的上百种游戏形式。[4]

建设游戏场的风潮反映了当时人们对儿童游戏活动的态度。与早

---

① See Sally G. Kohlstedt, "'A Better Crop of Boys and Girls': The School Gardening Movement, 1890-1920," *History of Education Quarterly* 48, No. 1(2008): 58-93.

② See Sally G. Kohlstedt, "'A Better Crop of Boys and Girls': The School Gardening Movement, 1890-1920," *History of Education Quarterly* 48, No. 1(2008): 58-93.

③ See Henry Curtis, "Vacation Schools, Playgrounds, and Settlements," in *Report of the Commissioner of Education for the Year 1903* (Washington, D. C.: Government Printing Office, 1905), p. 20.

④ See Jessie H. Bancroft, *Games for the Playground, Home, School and Gymnasium* (New York: Macmillan Company, 1911).

期清教徒们压抑儿童玩乐相反，在现代儿童观念中，儿童的游戏和休闲，以及在此过程中的快乐状态，不仅被认为是符合儿童天性的，同时也是富有教育意义的。正如当时克拉克大学的人类学教授亚里山大·张伯伦（Alexander F. Chamberlain）所言："儿童期的游戏关乎所有：情绪、感觉、行为、思想、想象、言谈。所有因素在其微妙的、塑造性的影响下开始形成，而且这份明朗的游戏情怀在成人那里也从未遗失，它在科学、艺术、文学中彰显，使人们乐于生活。"① 与此同时，改革者们对于娱乐活动的引导与规约也被认为是必要而紧迫的。在人们的想象中，儿童游戏所提供的乐趣应当是纯真、自然、美好的，而不应该掺杂成人世界中隐秘的欲望与无节制的享乐。因此，无论学校管理者还是市政改革者针对合宜的游戏场所而发出的呼吁，总是结合了"纯真的欢娱"（innocent pleasure）与"有指导的玩乐"（supervised play）双重修辞。

在 19 世纪美国中学发展的初期，学校图书馆便应运而生。早期学校图书馆更多的是作为教学的辅助，为教师与学生提供相关参考资料。而到了 19 世纪末 20 世纪初，学校图书馆的功能不再仅限于知识传播，这与儿童福利改革者们对儿童课外休闲娱乐生活的关注，以及教育者们对儿童学习方式、阅读习惯与品味的培养相关。当时公共图书馆运动的蓬勃发展和图书馆从业人士的迅速专业化也促成了这一时代学校图书馆的新一轮发展高潮。在各地中小学，学校图书馆逐渐成为公共学校的标准配置之一。与看电影、跳舞、在街上嬉戏相比，阅读因被视为健康向上的儿童休闲方式而受到推崇。然而，儿童们的实际阅读习惯仍然令教育者们担忧。在 1896 年科罗拉多大学教育系开展的一项阅读偏好调查中，研究者们发现，该州受访的 2000 名学生中有 95%的

---

① Alexander F. Chamberlain, *The Child: A Study in the Evolution of Man* (New York: The Walter Scott Publishing Co., LTD, 1902), p. 27.

男生偏好探险类小说，75%的女生偏好爱情小说。[①] 布法罗州立师范学校（State Normal School of Buffalo，N. Y.）的研究者在 1897 年做了类似调查，发现在 719 份有效问卷（其中有 213 名男生和 506 名女生）中，女生们很早就有了“对于爱情小说与沉溺的情感的需求”，而男生们偏好探险与动作类故事，男生到稍大一点也对爱情故事有很大需求。[②] 这些研究发现更使得教育者们担心起青少年读者们的品味。他们认为学龄儿童应更大范围地涉猎对其知识与品德发展有益的图书。于是，许多教育者与图书馆业人士企图通过编撰专门针对学生的书单来控制儿童阅读的质量，形塑其阅读品味。在 19 世纪 90 年代，美国图书馆协会的出版分会（The Publishing Section of American Library Association）颁布了数份儿童阅读的书单。全国教育协会（National Education Association）的图书馆分部（The Library Department of the National Educational Association）也聘请了专门的委员会，于 1898 年颁布了“适于公共学校不同年级学生阅读与参考的书单”。考虑到不同地区公共学校的条件，该委员会还特意准备了两份书单，一份给学校图书馆资源较为困乏的农村地区学校，一份给配有学校图书馆的学校使用。

另外，进步主义教育改革者们对现代教育与阅读关系的新理解也赋予了学校图书馆新的功能。例如，在约翰·杜威所构想的新型学校中，学校图书馆坐落于整个教学楼一层的中心位置（如图 1-3-1），代表着“能够启发实践活动的所有思想资源的集合”。在其构想中，学生们

---

① See Royal W. Bullock, "Some Observations on Children's Reading," in *Journal of Proceedings and Addresses of Thirty-Sixth Annual Meeting*, ed. National Educational Association(Chicago: The University of Chicago Press, 1897), p. 1020.

② See Susan Chase, "Choice of Reading for the Early Adolescent Years," in *Journal of Proceedings and Addresses of Thirty-Sixth Annual Meeting*, ed. National Educational Association(Chicago: The University of Chicago Press, 1897), p. 1012.

能够将从图书馆获得的信息带入实践活动中，同时对于实践中的问题，他们能运用图书馆资源来解答。图书馆是理论与实践形成有机结合的场所，是实验学习法（laboratory learning）的关键所在。[①]

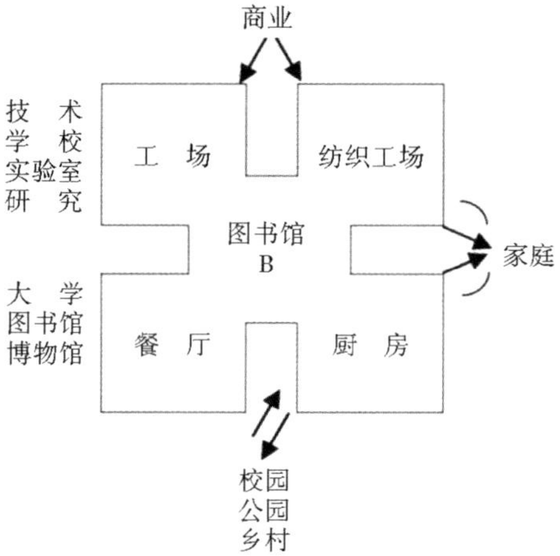

图 1-3-1　约翰·杜威构想的新学校布局图[②]

约翰·杜威对学校图书馆的期望与其对学校作为“雏形社会”（embryonic society）的理念相关。在他看来，在现代社会家庭的教化功能萎缩的背景下，学校教育应更多地与生活的方方面面相连，应承担更多的社会功能，学校应在儿童生活中建构一个“雏形社会”。[③]“雏形社会”的理念概括了进步主义教育中有关学校社会功能拓展的认识。许多进步主义教育实验的主旨便是将学校变为“社会中心”，让学校联

---

① See John Dewey, *The School and Society* (Chicago: The University of Chicago Press, 1900), p. 94.

② 约翰·杜威：《学校与社会·明日之学校》，赵祥麟、任中印、吴志宏译，人民教育出版社，2004，第 60 页。

③ See John Dewey, *The School and Society* (Chicago: The University of Chicago Press, 1900), p. 32.

结家庭、社区与职业发展，让学生们通过学校课程与活动成为合格的公民。在此过程中，包括学校课程的重组、职业课程的添加等都反映了人们对学校与社会关系认识的新趋势。

虽然整个进步主义教育改革包罗万象，充满了改革目标与方向的多样性，但是许多进步主义教育实验都围绕着儿童健康的生长、兴趣的培养、创造力的开发、公民意识与社会责任的陶冶等目的展开。同时，在参与学校与课程改革的进步主义教育人士中，许多人都有儿童福利运动的参与经验，或出于为儿童谋求福利的目的来改革教育。从这个角度看，进步主义教育运动与儿童福利运动存在很大的重合。

结　语

1900 年，瑞典的爱伦·凯（Ellen Key）女士出版了《儿童的世纪》（*The Century of the Child*）一书，讨论新世纪儿童应当享有的权利与福利，该书迅速在许多地区成为畅销读物，“儿童的世纪”也成为美国这个时期众多儿童福利改革者们的常用措辞。例如，斯坦利·霍尔在 1912 年曾这样评价同时期的儿童福利运动：“近来，成百上千致力于为儿童谋求幸福与利益的机构纷纷成立，早先在这个国家已经淡化、形式化或遗失了的对于儿童期的兴趣重新形成，这种为儿童而奋斗的兴趣复兴如此繁盛，一些热心人士甚至希望把这个世纪称为儿童的世纪。”① 确实，在这个“儿童的世纪”开端，儿童成为美国教育与社会改革中倍受关注的群体，儿童期成为人们眼中既圣洁又蕴含着未来世界曙光的时段。在这个时期，人们将儿童福利视为与民族振兴息息相关的事业。例如，一些改革者将消除童工视为与半个世纪前解放黑奴

① G. Stanley Hall, “Social Phases of Psychology,” *American Journal of Sociology* 18, No. 5(1913): 613-621.

运动有着同等意义的运动，而大西洋两岸的学校午餐推崇者皆言“面包之后，方有教育”（After Bread，Education）。

19世纪末20世纪初，教育手段与学校改革在儿童福利运动中起到了至关重要的作用，可以说，大部分儿童福利改革都涉及儿童及其监护人的教育问题，而通过改善学校来促进儿童福利改革受到各种社会改革人士的广泛青睐。那么，为什么教育手段，尤其是公共学校在美国儿童福利改革中具有这样的吸引力呢？在很大程度上，这是由于儿童恰好是公共教育的主要对象，而这一时期入学率的快速增长与儿童在校时间的延长使学校逐渐成为儿童生活中与家庭同等重要的机构，学校改革也自然被视为儿童福利运动的重要组成部分。

与此同时，美国独特的政治与社会改革传统使学校成为连接民间力量与公共政策的桥梁，在一定程度上把学校变为半公共的福利机构。例如，著名美国教育史与社会福利史学者迈克尔·卡茨（Michael Katz）便提出，公共学校在20世纪社会改革中扮演着“半公共的福利国家”（semi-welfare state）的角色。[①] 相比于欧洲一些国家的政府从20世纪早期起在社会救济与补偿措施中所扮演的强有力角色，进步主义时期的美国在面对社会贫困、儿童健康与童工问题、社会不公平等问题时，其极大程度地依赖私人慈善事业与民间团体的作用，直到罗斯福新政时期美国联邦政府才开始大范围介入社会保障领域。这其中的原因非常复杂，包括美国个人主义与地方主义传统的影响、民间志愿组织与宗教结社传统的作用、美国劳工运动的力量较弱、南北地区经济发展与社会结构的差异等因素。[②] 在整个进步主义时期，致力于提

---

① See Miriam Cohen, “Reconsidering Schools and the American Welfare State,” *History of Education Quarterly* 45, No. 4(2005): 511-537; Michael Katz, “Public Education as Welfare,” *Dissent*, No. 3(2010): 52-56.

② See Jill Quadagno, “Theories of the Welfare State,” *Annual Review of Sociology* 13 (1987): 109-128.

供社会救济与福利的政府机构甚少。比如，在儿童福利领域，联邦儿童局的建立已经是 20 世纪第二个十年的事，而且儿童局更多地只是搜集整理与传播儿童福利信息，在具体的改革活动中并没有决策权力，也缺乏必要的财政投入。另外，美国的公共学校系统从 19 世纪中期以来便不断扩张与完善，在进步主义时期，各州的教育部门逐渐实现了对城乡地区各级各类学校的整合与集中管理。这样一来，公共学校实际上成为遍布全美且经费来源较为稳定的公共机构。在这种背景下，立足于公共学校的改革恰好能够满足不同社会团体的多元诉求，而且这些改革又能够以教育经费的形式间接获得公共财政的支持，还可避免政府直接介入社会福利管控，因而在新的形势下仍然符合个人主义、地方自治与志愿主义的传统。因此，从美国的政治体制与观念来看，通过教育手段与学校改革来推动儿童福利的发展，既缓和了一些人对于国家权力集中的焦虑，又使得公共教育经费的投入与学校相应改革措施的落实为儿童福利事业做出了切实的贡献。

需要指出的是，教育与学校改革在为儿童福利事业添砖加瓦的同时，也面临许多挑战，存在很多局限。因此，进步主义时期教育与儿童福利运动的进程也充满着复杂性。在进步主义时代轰轰烈烈的教育改革与儿童福利运动过程中，由于改革活动更多地集中在大型城市，在地区分布上也有差异，部分儿童的生活始终被笼罩在阴霾之下，与学校中一系列为儿童的身心健康而新设置的医疗服务、课外活动、课程等无缘，如许多非裔美国儿童、印第安裔儿童与亚裔移民子女等。正如学者特蕾西·斯特弗斯（Tracy Steffes）所言："通过学校来解决社会问题的承诺常常忽视了这一事实：学校实际上在解决这些问题方面能力不足。并且，与学校提供平等的教育机会的承诺相反，学校恰恰可能深化这些不平等。”[①] 从 1890 年到 1930 年，美国公共学校在深化改革社会不平等方面几乎与各种“进步主义”改革的势力齐头并进，其中最为突出的例子便是学校中的种族隔离。在这一时期，美国社会因种族、经济等因素而形成的等级分化不断加深。1896 年，通过普莱西诉弗格森案（Plessy v. Ferguson），联邦最高法院判定所有公共设施中的“隔离但平等”合宪，南部的少数族裔面临着法定的隔离与泛滥的私刑。对于许多非裔美国儿童而言，学校教育尤其是初等教育虽然在逐渐普及，但种族隔离与歧视造成这些学校在校舍条件、师资配置、入学时长等方面均无法与白人学校相比。为了能够让儿童在这些种族隔离的学校享受各种学校医疗、营养服务与丰富的课程和课外活动，许多非裔美国人组成的志愿团体及家长组织需要付出更加艰辛的努力，而且由于经费短缺，这些儿童福利运动常常落空。[②] 北部许多州虽然早已在法律上禁止公共学校中的种族隔离，但在实践中，通过居住隔离与其他手段，学校中的种族隔离也逐渐成为事实。[③] 在西海岸，许多亚裔移民子女无法享受正常的美国公民权，进入普通公共学校，只能在种族隔离的学校上学，虽然华裔移民不断通过法律诉讼等手段挑战这些政策，但反中国劳工与限制亚洲移民的潮流使得这些挑战收效甚微。[④] 因此，面对社会上普遍存在的针对不同种族的等级观念，以及法律与事实上的隔离，学校在改变少数族裔儿童的生存状态方面能够做的并不多，而且由于学校中的种族隔离与不平等，不同身份背景的儿

---

① Tracy L. Steffes, *School, Society, and State: A New Education to Govern Modern America, 1890-1940* (Chicago: The University of Chicago Press, 2012), p. 8.

② See James D. Anderson, *The Education of Blacks in the South, 1860-1935* (Chapel Hill: University of North Carolina Press, 1988).

③ See Davison M. Douglas, *Jim Crow Moves North: The Battle Over Northern School Segregation, 1865-1954* (New York: Cambridge University Press, 2005).

④ See Mae Ngai, *The Lucky Ones: One Family and the Extraordinary Invention of Chinese America* (Princeton: Princeton University Press, 2012), pp. 53-68.

童通过学校能够享受到的福利也拉开了差距。由于学校是整个社会结构的一个组成部分，在社会存在各种结构性的不平等的情况下，通过学校来推动儿童福利运动，能够波及的范围实际上受到很大的限制。

此外，在这个时期，许多儿童福利运动中所推崇的具体措施反映了改革者们对于如何改造社会问题制造者的观念，这其中的许多价值取向看似普世，实则可能充满了在阶层、种族与性别方面的特定想象与负面预设，这些是值得进一步反思的。例如，在家长教育运动中，当人们以“科学”“卫生”和“社会福利”的名义指责生活在贫民窟中的母亲无知、懒惰、对子女的养育失当时，他们也将造成其贫困的制度性因素（如工厂主的剥削、种族隔离导致的少数族裔工作与教育机会受限、移民在语言上的弱势等），造成移民家长对公共教育不信任的原因（如公共学校清教传统与移民家庭文化和宗教信仰的不相容），以及这些家庭中闲暇和文化资本的缺位等因素置之不顾。从这个角度看，这一时期的家长教育在很大程度上是在移民与贫困人口中间强行移植白人中产阶级价值的行为，既罔顾文化差异，又忽视了造成社会问题的结构性原因，因而受到了来自移民家庭等方面的抗拒或抵制。又如，这个时期职业课程的设置，一方面体现了改革者更好地连接学校与社会，以帮助儿童与青少年更有准备地进入劳动力市场。将职业技能训练融入学校课程，也体现了学校社会功能的拓展。另一方面，职业教育改革将学生分配到不同类型的教育轨道，尤其是对男女学生不同的学习内容的分配，又固化了当时的性别结构与劳动力市场的性别差异。刚刚取得了投票权与参政机会的妇女团体大力推动家政学进入学校课程计划，尤其希望家政学能够在新移民的女儿们身上达到美国化的作用，由此培养能够带领整个移民家庭适应美国生活的未来母亲。然而，当女童的未来职业被圈定在与经营家庭相关的工作，并且在职业课程中学习相应的内容时，她们的社会地位与职业发展也被预先框定了。①

总之，在这个时期，美国儿童生活与学习的世界的确发生了巨大的变化，一系列与儿童相关的新政策与场所、教学与养育模式等，通过教育与儿童福利变革应运而生。诸如强制入学、疫苗接种、学校供餐、学生体检、学校操场与图书馆等一些当时的新鲜事物已然成为现代学校生活与儿童世界中习以为常的存在。当然，在这个时期，人们对一些涉及个体的成长与培育的根本问题远未达成共识。例如，如何在儿童本身的健康快乐生长与社会投射在儿童身上的希冀之间寻找平衡点？如何在关注所有儿童的福利同时为处于弱势地位的儿童提供必要补偿与特殊关注？如何厘清家庭、学校乃至政府介入儿童生活的权责边界？现代儿童福利事业发展的同时也蕴生了种种商机，如何处理不同儿童产业在营利与保障儿童福利之间的张力？在此后的岁月，人们仍在不断澄清、反思与进一步探索这些问题。

参考文献

一、中文文献

［1］克雷明. 美国教育史：城市化时期的历程 1876-1980（第 3 卷）［M］. 朱旭东，王保星，张驰，等译. 北京：北京师范大学出版社，2002.

［2］维特. 事故共和国：残疾的工人、贫穷的寡妇与美国法的重构［M］. 田雷，译. 上海：上海三联书店，2013.

［3］杨明玉. 美国童工法发展述论［J］. 法治与社会，2015（3）：278-281.

① See Gwendolyn Mink, *The Wages of Motherhood: Inequality in the Welfare State, 1917-1942* (Ithaca & London: Cornell University Press, 1995), pp. 77-96.

二、外文文献

（一）期刊论文

[1] ADAM J. The visiting nurse and the public schools[J]. The American Journal of Nursing,1908,8(11):918-920.

[2] BRECKINRIDGE C D. "The child in the midst":the New York-Chicago child welfare exhibit[J]. The American Journal of Nursing, 1911,11(10):814-820.

[3] BRYANT L S. School feeding in Europe[J]. The Journal of Home Economics,1910,2(2):149-150.

[4] CARTER L K. Evening schools and child labor in the United States,1870-1910[J]. The Journal of Economic History,2010(2):458-462.

[5] CHRISMSN O. Child-study,a new department of education[J]. The Forum,1894,16:728-736.

[6] COHEN M. Reconsidering schools and the American welfare state[J]. History of Education Quarterly,2005,45(4):511-537.

[7] COOKE F J. Colonel Francis W. Rarker as interpreted through the work of the Francis W. Parker School[J]. The Elementary School Teacher,1912,12(9):397-420.

[8] DOCK L L. School-nurse experiment in New York[J]. The American Journal of Nursing,1902,3(2):108-110.

[9] DUFFY J. Early days of the school health movement[J]. Conspectus of History,1981,1(7):46-61.

[10] FONES A. Report of five years of mouth hygiene in the public schools of bridgeport,connecticut[J]. Dental Cosmos,1919,61(7):607-618.

[11] GUARNERI J. Changing strategies for child welfare,enduring

beliefs about childhood:the fresh air fund,1877-1926[J]. The Journal of the Gilded Age and Progressive Era,2012,11(1):27-70.

[12] HALL G S. Social phases of psychology[J]. American Journal of Sociology,1913,18(5):613-621.

[13] HALL G S. The contents of the children's minds[J]. The Princeton Review,1883,11:249-272.

[14] HAUNOLD J L. Idle hands are the devil's workshop:a history of American child labor and compulsory education; emancipation or reconstituted oppression? [J]. Counterpoints,2002,209:95-103.

[15] KATZ M. Public education as welfare[J]. Dissent,2010,3:52-56.

[16] KNUPFER A M. The arm of the school that extends into the home: the visiting teacher movement, 1906-1940[J]. Teachers College Record,1999,100(3):627-655.

[17] Kohlstedt S G. "A better crop of boys and girls": the school gardening movement, 1890-1920[J]. History of Education Quarterly, 2008,48(1):58-93.

[18] MERGEN B. The discovery of children's play[J]. American Quarterly,1975,27(4):399-420.

[19] NEWMAYER S W. The trained nurse in the public schools,as a factor in the education of the children[J]. The American Journal of Nursing,1906,7(3):185-191.

[20] REESE W J. Between home and school: organized parents, clubwomen,and urban education in the progressive era[J]. The School Review,1978,87(1):3-28.

[21] SCHLOSSMAN S L. Before home start:notes toward a history of parent education in America,1897-1929[J]. Harvard Educational Review, 1976,46(3):436-367.

[22] STAMBLER M. The effect of compulsory education and child labor laws on high school attendance in New York City, 1898-1917[J]. History of Education Quarterly, 1968, 8(2): 190-191.

[23] THOMAS J L. Romantic reform in America, 1815-1865[J]. American Quarterly, 1965, 17(4): 656-681.

(二)专著

[1] ANDERSON J D. The education of blacks in the south, 1860-1935[M]. Chapel Hill: University of North Carolina Press, 1988.

[2] BANCROFT J H. Games for the playground, home, school and gymnasium[M]. New York: Macmillan Company, 1911.

[3] BRACE C L. The dangerous class of New York and twenty years' work among them[M]. New York: Wynkoop & Hallenbeck, 1872.

[4] BREMNER R. Children and youth in America: a documentary history[M]. Vol. 2. Cambridge: Harvard University Press, 1971.

[5] BUTTS R F. Public education in the United States[M]. New York: Holt, Rinehart and Winston, 1978.

[6] CLEMENT P F. Growing pains: children in the industrial age, 1850-1890[M]. New York: Twayne Publishers, 1997.

[7] DEWEY J. The school and society[M]. Chicago: The University of Chicago Press, 1900.

[8] DEWEY J. The influence of Darwin on philosophy, and other essays in contemporary thought[M]. New York: Peter Smith, 1951.

[9] DOUGLAS D M. Jim Crow Moves North: the battle over northern school segregation, 1865-1954[M]. New York: Cambridge University Press, 2005.

[10] ENSIGN F C. Compulsory school attendance and child labor [M]. Iowa City, Iowa: The Athens Press, 1921.

[11] FASS P S. Encyclopedia of children and childhood in history and society[M]. Vol. 1. New York：Macmillan，2004.

[12] FOREST J L. A history of children's play and play environment：toward a contemporary child-saving movement[M]. London：Routledge，2010.

[13] GRANT J. Raising baby by the book：the education of American mothers[M]. New Heaven：Yale University Press，1998.

[14] GULICK L H，AYRES L P. Medical inspection of school children[M]. New York：Charities Publication Committee，1908.

[15] HALL G S. The contents of children's minds on entering school[M]. New York & Chicago：E. L. Kellogg & Co. ，1893.

[16] HAWES J M，HINER N R. American childhood：a research guide and historical handbook[M]. Wesport，Connecticut：Greenwood Press，1986.

[17] HINDMAN H D. Child labor：an American history[M]. Armonk，New York：M. E. Sharpe，2002.

[18] HUNTER R. Poverty[M]. New York：The Macmillan Company，1904.

[19] HARRIET J. The visiting teacher in New York City[M]. New York：Public Education Association of the City of New York，1916.

[20] KATZ M S. A history of compulsory education laws[M]. Bloomington，Indiana：Phi Delta Kappa Educational Foundation，1976.

[21] LEVINE S. School lunch politics：the surprising history of America's favorite welfare program[M]. Princeton：Princeton University Press，2008.

[22] LINDENMEYER K. A right to childhood：the U. S. Children's Bureau and child welfare，1912-1946[M]. Urbana-Champaign：University

of Illinois Press,1997.

[23] LINK A S,CATTON W B. American epoch:a history of the United States since the 1890s[M]. New York:Alfred A. Knopf,1963.

[24] LOUISW S B. School feeding:its history and practice at home and abroad[M]. Philadelphia & London:J. B. Lippincott Company,1913.

[25] MCQUADE V A. The American catholic attitude on child labor since 1891[M]. Washington,D. C. :Catholic University of America,1938.

[26] MECKEL R A. Classrooms and clinics:urban schools and the protection and promotion of child health, 1870-1930[M]. New Brunswick: Rutgers University Press,2013.

[27] MECKEL R A. Save the babies:American public health reform and the prevention of infant mortality, 1850-1929 [M]. Ann Arbor: University of MichiganPress,1988.

[28] MINK G. The wages of motherhood:inequality in the welfare state,1917-1942[M]. Ithaca & London:Cornell University Press,1995.

[29] MINTZ S. Huck's raft:a history of American childhood[M]. Cambridge:Harvard University Press,2004.

[30] NEARING S. The solution of the child labor problem[M]. New York:Moffat,Yard and Company,1911.

[31] REESE W J,RURY J L. Rethinking the history of American education[M]. New York:Palgrave Macmillan,2008.

[32] RIIS J. How the other half lives:studies among the tenements of New York[M]. New York:Charles Scribner's Sons,1890.

[33] RIIS J. The children of the poor[M]. New York:Charles Scribner's Sons,1892.

[34] ROSENGERG C E. Healing and history:essays for George Rosen [M]. Dawson:Science History Publications,1979.

[35] SCHLISSMAN S, BROWB J, SEDLAK M. The public school in American dentistry[M]. Santa Monica, CA: The Rand Corporation, 1986.

[36] SPARGO J. The bitter cry of the children[M]. New York: The MacMillan Company, 1906.

[37] SPARGO J. Underfed school children: the problem and the remedy [M]. Chicago: Charles J. Kerr & Company, 1906.

[38] STEFFES T L. School, society, and state: a new education to govern modern America, 1890-1940 [M]. Chicago: The University of Chicago Press, 2012.

[39] SUMNER H L, MERRITT E A. Child labor legislation in the United States [M]. Washington, D. C. : Government Printing Office, 1915.

[40] TRATTNER W I. Crusade for the children: a history of the National Child Labor Committee and child labor reform in America[M]. Chicago: Quadrangle Books, 1970.

[41] WEBER E. Ideas influencing early childhood education: a theoretical analysis[M]. New York: Teachers College Press, 1984.

[42] ZELIZER V A. Pricing the priceless child: the changing social value of children[M]. New York: Basic Books, 1985.

第二章　教育与青少年有效就业能力的提升

在19世纪末20世纪初的美国，由于自身家庭贫困及公共学校教育本身存在的问题等多方面原因，大批青少年辍学。这些辍学的青少年有的混迹于街道无所事事，很快沾染上各种不良习气，甚至沦为罪犯。[①] 即便是勉强就业的青少年，也常常因为缺乏必要的职业技能训练，只能从事技术含量低、薪酬低的工种，从而造成劳动力的浪费，甚至加剧社会的贫困化。在此背景下，美国各界从自身的利益和需要出发，相继发起了职业教育运动和职业指导运动。职业教育运动的主要目的是通过加强职业技术教育和培训、提高青少年的职业技能，以促进就业和提高就业水平，而职业指导运动则是为青少年更好地就业提供必要的咨询和指导。

本章通过呈现19世纪末20世纪初美国青少年辍学和就业情况，重点研究19世纪末20世纪初兴起的职业教育运动和职业指导运动，以探讨这个时期美国社会各界在提高青少年职业技能、实现有效就业上所付出的努力。

---

① 关于这个时期青少年犯罪情况的讨论，可见本书第八章。

第一节 工业化与青少年就业、教育问题的凸显

19世纪末20世纪初，美国中等教育入学人数急剧增加。此时的中等教育仍然延续着以大学预备教育为主要目的、以普通教育学科为主要课程的办学传统。学生需求的变化与公共学校教育变革的滞后性，一并导致了学生大量辍学。这些青少年或无所事事，或从事一些低端工作，与美国如火如荼进行的工业生产、城市发展形成极大的反差。反过来，工业化的完成和工业生产的转型对技能型工人的需求与日俱增，而这些辍学的青少年因缺乏必要的职业培训或生产技能很难满足这一诉求。学校教育、工业经济与青少年就业的关系不断上升至有关美国工业生产、社会繁荣，甚至是国际竞争的重大地位。传统的教育模式因受到青少年辍学、就业等问题的挑战而不断受到质疑。

一、青少年辍学及其有效就业的挑战

据全国制造商协会（National Association of Manufacturers）调查发现，1905年，全美公共学校中有80%的学生在入读中学前辍学，97%的学生在中学毕业前辍学。在全国注册入学的16 255 093名学生中，仅有165 000名学生接受中学教育，仅有1%的人接受高等教育。[①]

1906年，马萨诸塞州工业和技术教育委员会对本州的公共学校开展专门调查并发布报告，指出该州有25 000名14—16岁的学生辍学，或工作或闲荡。由于缺乏职业训练，这些辍学的学生在这“被浪费的两年”中或从事收入低微的工作，或无所事事。报告将其归因为学校毫无

---

① See Committee on Industrial Education,“Report on Industrial Education”(Proceedings of the Tenth Annual Convention of the National Association of Manufacturers of the United State of America, held at Atlanta, Ga., May 16-18, 1905), p. 142.

吸引力，现存的学校制度未能向 14 岁的孩子提供具有持续性的学校教育。① 这份报告使得公共学校的学生辍学问题引起广泛关注，成为之后诸多教育改革的动因。② 随后，教育、商业等各界也不断关注辍学问题。

1908 年，拉塞尔塞奇基金会（Russell Sage Foundation）统计研究部主任伦纳德·埃尔斯（Leonard Ayres）对 58 个城市的调查亦在一定程度上印证了这一事实：辍学生从 13 岁时明显增多，占总学生数的 13%，14 岁辍学的学生占总学生数的 42%，15 岁辍学的占总学生数的 71%，16 岁辍学的则占总学生数的近 86%。③ 他认为造成学校辍学率高的主要原因是，学校的课程设置超出了大多数学生的接受能力，从而使他们感到沮丧和羞辱。

1912 年，全国制造商协会也披露了公共学校辍学问题的严重性：肯塔基州和田纳西州有 60%的孩子在三年级结束前辍学；克利夫兰有 50%的孩子在五年级辍学，60%的孩子在六年级辍学；密尔沃基（Milwaukee）有 34%的孩子在六年级结束前辍学，43%的孩子在七年级结束前辍学，49%的孩子在八年级毕业；圣路易斯有 72%的孩子在六年级结束前辍学。从全国层面上说，仅有三分之一的学生完成八年制初等学校的学习；有五分之一的孩子进入中学学习，三十分之一完成中学学习。④

---

① See Commission on Industrial and Technical Education, *Report of the Massachusetts Commission on Industrial and Technical Education* (New York: Teachers College, Columbia University, 1906), pp. 25-31.

② See Herbert M. Kliebard, *The Struggle for the American Curriculum, 1893-1958* (New York: Routledge Falmer, 2004), p. 87.

③ See Leonard M. Ayres, *Laggards in Our Schools: A Study of Retardation and Elimination in City School Systems* (New York: Russell Sage Foundation, 1909), p. 28.

④ See Committee on Industrial Education, "Industrial Education" (Proceedings of the Seventeenth Annual Convention of the National Association of Manufacturers of the United State of America, held at New York City, May 20-22, 1912), p. 152.

辍学问题引发众人去重新审视美国的公共学校，反思其教育的合理性。事实上，早在 19 世纪后期，手工训练运动的重要领军人物卡尔文·伍德沃德（Calvin Milton Woodward）、约翰·朗克尔（John Daniel Runkle）就曾对美国公共学校教育存在的弊端提出批评。卡尔文·伍德沃德指出："公共学校迷恋过时的绅士文化，忽视对生活的适应，忽视向学生提供谋生的手段。"① 而约翰·朗克尔则指出："公共教育应该在多方面与现实生活接轨，为儿童未来的幸福生活做好准备。"②

19 世纪 90 年代，以约瑟夫·赖斯为代表的黑幕揭发者则将矛头对准了公共学校，通过对 36 个城市的公共学校调查发现，学校中充满党派对学校的控制；学校教育低效，充满死记硬背和机械训练；教师素质低下，学生辍学问题严重。③ 1898 年，全国制造商协会第二任会长西奥多·塞奇（Theodore Search）也在该会的年会上指出，公共学校牢固地坚持古典和自由学科的学习是可取的，但对于美国庞大的世俗利益集团而言，不考虑企业和商业的明显需要是不公平的。该会发言人 S. 帕克斯·卡德曼（S. Parkes Cadman）则认为，向孩子们教授人文学科是重要的，教他们开挖沟渠、犁耕田地、操作车床也是重要的。④ 然而，事实证明，由于青少年在学校中并未接受过职前培训，往往只能从事薪酬低、技术含量低或没有晋升前途的工作。1906 年的《马萨诸塞州工业和技术教育委员报告》调查结果显示，14—16 岁的孩子大部

---

① Calvin Milton Woodward, *The Manual Training School* (Boston: D. C. Heath & Co., Publishers, 1887), pp. 243-245.

② Marvin Lazerson and W. Norton Grubb, *American Education and Vocationalism: A Documentary History, 1870-1970* (New York: Teachers College Press, Teachers College, Columbia University, 1974), pp. 59-60.

③ See J. M. Rice, *The Public School-System of the United States* (New York: The Century Co., 1893), pp. 92-120.

④ 参见 S. 亚历山大·里帕《自由社会中的教育：美国历程》，於荣译，安徽教育出版社，2010，第 142 页。

分都在纺织业就业，而很少从事制鞋业、机械业等需要较高技能的行业。[①]

教育界也意识到公共学校发展的滞后性问题。1908 年，纽约州学校督学安德鲁·德雷珀（Andrew S. Darper）指出："我们的初等学校不面向工业进行培训，仅以升入中学为目的，然后通向学院、大学或专业学校，具有很大的排外性。"[②] 1910 年，北卡罗来纳州的学校总督学詹姆斯·乔伊纳（James Joyner）也指出："中等教育仅仅以进入大学为目的……90％的美国人都依赖工业生存，仅有 5％的人接受过高等教育（学院或大学）。美国人需要的是一个面向工业大众，为了人民的公共教育。"[③] 同样，马萨诸塞州教育专员戴维·斯内登（David Snedden）也指出，长期以来，公共学校只考虑了一小部分要上大学的学生，而忽视了大部分偏向实用型学生的兴趣。学校书本理论知识学习更适合那些擅长抽象思维的、以升学为目的的少数学生，而大多数具有"具体思维和动手能力强的孩子"却未得到理会。如果让所有 14—16 岁的男女学生都从事理论学习，是难以想象的。这使得美国公共学校制度不民主且没有效率。[④] 哈佛大学原校长查尔斯·埃利奥特批

① See Commission on Industrial and Technical Education, *Report of the Massachusetts Commission on Industrial and Technical Education* (New York: Teachers College, Columbia University, 1906), p. 44.

② Andrew S. Draper, "The Adaptation of the Schools to Industry and Efficiency" (National Education Association, Journal of Proceedings and Addresses of the Forty-Sixth Annual Meeting held at Cleveland, Ohio, June 29-July 3, 1908), p. 70.

③ James Joyner, "Some Dominant Tendencies in American Education" (National Education Association of the United States, Journal of the Proceedings and Addresses of the Forty-Eighth Annual Meeting, held at Boston, Massachusetts, July2-8, 1910), pp. 78-80.

④ See David Snedden, "Report of Committee on the Place of Industries in Public Education: Intermediate Industrial Schools" (National Education Association of the United States, Journal of the Proceedings and Addresses of the Forty-Eighth Annual Meeting, held at Boston, Massachusetts, July2-8, 1910), p. 782.

评公共学校只顾及5%的儿童，而忽略了95%的儿童的兴趣。

可以看出，美国各界已经逐渐认识到公共学校的培养模式与社会发展的需求呈现出巨大的矛盾，使得青少年难以有效就业，造成国家资源的浪费。1910年，纽约教育部门的行业学校分部主管（Division of Trade-Schools，New York State Education Department）亚瑟·迪安（Althur D. Dean）通过对比研究分析了美国工人与德国工人在受教育水平上的差距。他指出，美国学生大多数在15岁之前辍学，其进入工作领域后大都不再接受学校教育，而德国学生则在17—18岁离开学校进入工作岗位，并且接受继续教育。二者形成极大的反差。[①]

针对公共学校存在的弊端，甚至有人认为："被遣送到一些少年管教所的违法儿童，实际上有更好的机会成为一名熟练工人，并且比公共学校里那些没有犯法的普通学生挣更高的工资。"[②] 伊利诺伊州农业学院（Illinois Farmer's Institution）院长弗兰克·霍尔（Frank H. Hall）在1909年全国教育协会的会议上尖锐指出，宁可培养出发展不平衡而有用的人，也不要求培养表面上发展均衡但实际无用的人。[③] 1914年，威斯康星州工业教育董事会也指责道，学生们在公共学校"除了学了一些读、写、算之外，什么也没有学到，而学到的多数内容很快就被忘掉了"[④]。

---

① See Arthur D. Dean, *The Worker and the State: A Study of Education for Industrial Workers* (New York: The Century Co., 1910), p. 119.

② S. 亚历山大·里帕：《自由社会中的教育：美国历程》，於荣译，安徽教育出版社，2010，第142页。

③ See Frank H. Hall, "The Ethical Value of Vocational Instruction in Secondary Schools" (National Education Association of the United States, Journal of Proceedings and Addresses of the Forth-Seventh Annual Meeting, held at Denver, Colorado, July 3-9, 1909), pp. 492-494.

④ Board of Industrial Education for the State of Wisconsin, "Report on Industrial Education" (Proceedings of the Nineteenth Annual Convention of the National Association of Manufacturers of the United States of America, held at New York City, May 19 and 20, 1914), pp. 99-100.

报纸杂志上培训在职工人的舆论，政治人物对德国职业教育制度及世界竞争地位的渴望，雇主对提高工人生产效率的呼吁，青少年在提高技能、薪资上的诉求，教育者寄予教育改良社会的愿望等，均要求教育变革。作为特殊的国家财富，青少年的辍学与就业是美国公共学校迫切需要应对的重大问题。作为大多数人接受教育的重要途径，公共学校如何发挥其能动性可谓至关重要。美国社会各界亦是纷纷另辟蹊径，以期缓解社会发展带来的冲击，以及解决青少年辍学、就业这一兼具教育性和社会性的问题。

二、工业化与劳动力市场的需求

由于工业化的快速推进，机器工厂生产成为美国工业的主要生产方式，对技能娴熟的工匠、技工或手艺人的需求与日俱增。查尔斯·普罗泽（Charles A. Prosser）与查尔斯·艾伦（Charles R. Allen）曾对传统产业与现代大工业对从业人员的职业技能的不同要求进行了对比（见表 2-1-1）。

表 2-1-1　生产方式变化对职业技能要求等的对比①

类别	过去	现在
技能和知识的基础	传统、习俗	科学、发明的发展
职位类别	综合性、标准化	专门性、多样化
职位数量	少	许多
工具和器械类别	简单、统一	复杂、多样化
工具和器械变化	少、缓慢	多、频繁

① Charles A. Prosser and Charles R. Allen, *Vocational Education in a Democracy* (New York: The Century Company, 1925), pp. 29-31.

续表 1

类别	过去	现在
旧技能的使用	保留	废弃、由新的代替
旧技术知识的使用	保存、推崇	废弃、由新的发现和发明取代
新技能的使用	很少需要	持续需要
新技术知识的使用	稀少、缓慢发现、应用	持续快速的发展、应用
技能和技术知识的类别	简单、静止不变	复杂、迅速变化
技能和知识的变化	少、缓慢	多、快速
所使用的技能和知识数量	种类少、程度低	种类多、程度高
职位变化	可忽略	多、频繁
快速传播技能和知识的需求	无	持续、常常急迫
传播技能和知识的途径	人对人	多但仅有学校一条途径
使工人适应工作的需求	仅需一次	多次需要
使工人再调整适应工作的需求	少或无	多次需要
工人总数	少	上百万
职业群体数量	少	许多
职业群体的多样性	少	广泛
工人的空间分布	小范围	大范围
沟通交流的快速方式	无	多、有效
技能和知识的广泛传播	无相关需求或可能性	最为广泛的需求和具有最大的可能性
旧学徒制是否有效	运行中的均有效	除几条生产线外均无效
减少训练新工人所需时间	被认为是没必要、不可取	持续努力做
临时学习方式的使用	仅在生产水平低的社会中相当成功	在现代条件下失败
训练方式	闲散的	快速
有组织培训的需求	有，仅在学徒制中实现	有，逐渐提高共识

续表 2

类别	过去	现在
综合性行业培训	有，但针对旧有的行业	大多数职业均无
工人的专业化	无	多
对工人在青少年时进行一劳永逸的培训	有效	对大多数职位无效
在生活中逐渐增加对工人的培训	无	对大多数职位需要
所需学徒制的类别	传统学徒制	新型学徒制
工人从一个职位向其他职位的转换	少	多
行业或工业分析的必要性	简单的标准化行业无相关需求	必要（作为决定培训需求的依据）
职位分析的必要性	综合性标准化行业的职位无相关需要	必要（所有具有培训需求的职位均需要）
青少年培训的必要性	必要，使其适应某个具体的行业	必要，使其适应持续变化的职位
成年人培训的必要性	否（很少需要再调整适应）	必要（需不断调整再适应）
入职前需要的培训	无	有一些，但对大众问题无对策
使用学校来培训	无	逐渐增加
针对青少年的业余推广课	不需要、不存在	逐渐需要、缓慢增长
针对成年人再调整的夜校	不需要、不存在	逐渐需要但严重不足
通过职位或行业给予的培训	全部性	非常不充分
学校所起到的功能	无	补充职位的培训机构角色
学校提供的最佳培训	无	相关技术知识和智能的运用

从表 2-1-1 可以看出，这一时期的美国生产环境发生了巨大变化，进而引起了社会对职业教育需求的变化。科学技术不断地改变生产中

所需的知识、技能，工作岗位的专门化也使得各项工作所使用的工具更为复杂化、多样化。这些变化都对工人提出了更高的要求，从业者需要不断地储备新的知识技能，以应对生产发展的持续变化。因此，传统生产中基于经验积累的技能培训方式难以再适应新时代的生产发展，一劳永逸的职业培训也就不复存在。这不仅要求青少年接受持续的培训，就业后仍需不断培训，以不断地适应、再适应生产环境和职业的发展变化。由于这个原因，传统学徒制及手工训练运动所极力倡导的带有心智训练性质的手工训练已远远不能满足社会的需求。同时，随着义务教育年限的延长，以及学生在校学习时间的不断增加，学校逐渐取代家庭和社区成为儿童、青少年社会化的主要途径。学校不断地被赋予各种社会职能，其中也包括对儿童和青少年开展必要的职业技术技能培训，使其做好充分的职业准备，在离校后进入更好的职业岗位。在美国教育史上，系统的职业技能训练第一次被当作学校（特别是中学）的重要职能，而且成为关乎美国工业发展、社会稳定及国际竞争等具有国家战略意义的重要事务。

此外，青少年的职业技能训练之所以引起社会各界广泛关注的又一个重要原因是，随着美国经济的高速发展，对劳动力的需求日益旺盛。青少年已然成为美国劳动力市场中一支不可忽视的生力军，在劳动力市场中占据不小的比例（见表 2-1-2）。

仔细分析青少年从事的职业就会发现，他们大都就职于低端行业的岗位，工作既不稳定，薪水又低，而且鲜有晋职加薪的可能性。这在很大程度上源于他们大都是因家境贫寒而辍学或对学校教育不感兴趣而学业不良的青少年，他们很少接受过关于工业生产方面的知识、技能的培训。如何使他们在进入劳工市场前，学到符合当时工业生产需求的知识、技能，成为美国公共学校教育亟须解决的问题。进入 20 世纪后，这个问题的重要性日益凸显，引发社会的广泛关注。

表 2-1-2 劳动力市场中青少年数量统计表① （单位：千人）

年	总人口	劳工数量（占总人口比例）	14—19 岁男性劳工数量	14—19 岁女性劳工数量	14—19 岁劳工数量（占劳工比例）
1890	41799	21833 (52.23%)	1997	984	2981 (13.65%)
1900	51438	27640 (53.73%)	2834	1179	4013 (14.52%)
1920	74144	40282 (54.33%)	2947	1785	4732 (11.75%)

第二节 职业培训与青少年职业技能提升和就业情况改善

相较于公共学校而言，各类社会教育机构对美国的工业化发展具有更强的敏感性。早在 19 世纪七八十年代，来自工商业、农业、机械等领域的组织团体就开始尝试创办形形色色的职业培训机构，以培训面临就业人员或已经就业人员，从而提高其职业技能。

19 世纪末发起的手工训练运动是尝试在学校系统内部向学生传授手工技能的首次大规模性尝试。1879 年，华盛顿大学在圣路易斯市建立了美国历史上第一所手工训练学校——圣路易斯手工训练学校（St. Louis Manual Training School）。卡尔文·伍德沃德任校长，他开发出一套兼授普通文化知识和进行工业技艺教学的课程体系。此后，各类手工训练学校在美国相继落成。1884 年，芝加哥开办了美国第一所独立的手工训练学校，巴尔的摩学校董事会（Baltimore School Board）开办了美国历史上第一所公立手工训练学校，托莱多（Toledo）市政府创办了第一所招收女学生的手工训练学校，等等。到 1890 年，美国教育局（United States Bureau of Education）调查发现，全美共有数以千

① United States Bureau of the Census, *Historical Statistics of the United States, Colonial Times to 1957* (Washington, D. C. : Government Printing Office, 1960), pp. 70-71.

计的学生在遍布美国15个州、36个城市中的手工训练学校学习。[①]

然而，卡尔文·伍德沃德、约翰·郎克尔等曾引以为傲、具有通识性的手工训练，很快便被专门进行特定职业技能训练的行业学校所取代。手工训练的通识性特征使其得以顺利进入公共学校系统，受到公共学校和私立学校的认可。但它的“非职业性”特征很难满足美国工业社会生产发展的需求，因此进入20世纪后就迅速衰落。取而代之的是1906年起在全美爆发的职业教育运动，其以推动工业社会发展所需的、针对初等学校和工程学院之间（即14—18岁教育层次）的工业教育（后拓展为范围更广的职业教育）发展为直接目的。

1905年成立的马萨诸塞州工业和技术教育委员会虽然本意在推进区域性工业教育发展，但其影响远远超出了该州的范围。根据其调查发现，是否接受过培训对孩子的薪资的影响也比较大。以低端技能机器操作为例，在未接受过培训的女孩中，13%的女孩每周收入在3美元以下，59%的女孩每周收入在5美元以下；而在接受过短期培训的女孩中，每周收入3美元和5美元以下的女孩则分别占比0%、36%。接受过车间训练、在14岁时从事非技术工作的男孩与接受过技术学校训练的男孩在工资和就业机会上也存在明显差异。接受车间培训的男孩在14—18岁可以获得薪水，但在薪酬增长上明显低于接受技术学校培训的男孩，后者在18岁进入工作领域时便可以获得每周10美元的收入，高于前者同龄人所得的7—8美元；22岁时，二者的薪水差距继续扩大，前者收入11美元，后者可以获得20美元；至25岁时，二者分别获得12美元、30美元，薪资差距进一步扩大。[②] 接受过技术学校培训

---

① See Lawrence A. Cremin, *The Transformation of the School: Progressivism in American Education, 1876-1957*(New York: Vintage Books, 1964), pp. 32-33.

② See Commission on Industrial and Technical Education, *Report of the Massachusetts Commission on Industrial and Technical Education*(New York: Teachers College, Columbia University, 1906), pp. 64, 82-84.

的男孩进步得更快、更稳定，而且大多数人发展成了工业领袖、监督员或领班，这在很大程度上证明了技术教育在提升青少年职业技能和就业机会上的价值。

1906 年 11 月 16 日，全国工业教育促进会（National Society for the Promotion of Industrial Education，以下简称“工促会”）成立，标志着美国社会各界对工业教育的关注从区域性向全国性的转变。作为职业教育运动的平台，工促会通过前期的交流信息、发布调查报告的形式，成功地推动了不同利益团体积极地参与到工业教育讨论中来，进而推动了“职业教育运动大联盟”① 的形成。这些团体之间并不存在基本的共识，而且经常具有冲突性的目标，它们仅仅是为单一的职业教育问题而结成临时性的联盟②，但它们对职业教育的关注在很大程度上使得在全国范围内有效地解决青少年职业培训问题成为可能。

① 全国金属贸易协会（National Metal Trades Association）、全国制造商协会、美国劳工联合会、全国工业教育促进会、全国儿童工委员会（National Child Labor Committee）、全国狱工委员会（National Committee on Prison Labor）、全国劳工立法协会（American Association for Labor Legislation）、全国教育协会及其督学部门（National Education Association and Its Department of Superintendence）、美国婴儿死亡预防与研究协会（American Society for the Prevention and Study of Infant Mortality）、南部商会（Southern Commercial Congress）、南部教育协会（Southern Educational Association）、女子俱乐部总联合（General Federation of Women's Clubs）、美国纺织工人联合（United Textile Workers of America）、美国权益平等协会（American Society of Equity）、美国第一个全国性农民组织——全国农民协进会（National Farmers' Grange）、全国农场主联合会（National Farmers' Congress）、国际农场妇女大会（International Congress of Farm Women）、美国铸造工协会（American Foundrymen's Association）、全国家政学协会（National Domestic Science Association）、全国农业教育委员会（National Committee on Agricultural Education）、美国教育与合作农场主联合（American Education and Cooperative Farmers' Union）等几十个全国性组织前后都表达过对职业教育的关注。See Layton S. Hawkins, Charles A. Prosser and John C. Wright, *Development of Vocational Education* (Chicago: American Technological Society, 1951), p. 51.

② See E. Fones-Wolf, "The Politics for Vocationalism: Coalitions and Industrial Education in the Progressive Era," *Historian*, No. 1(1983): 39.

在以工促会为平台的职业教育运动中，职业教育得以在不断的调查、宣传、交流中得到全国的关注，并在各地不断地展开。至1910年，全国针对青少年开办的职业教育机构业已形形色色，各有所重。这些机构主要有八类：第一类，中等工业学校、行业预备学校或职业学校，为孩子和家长提供指导和教学，以便其在2—3年后就业；第二类，技术日校；第三类，行业日校，让小学生为某个职业的实际工作做准备；第四类，学徒学校；第五类，夜校；第六类，业余学校；第七类，有色人种行业学校；第八类，函授学校。①

一、技术日校

技术日校（又叫技术学校，Technical Schools，Day Courses）课程的开展主要是让学生熟悉商业生产环节的科学和数学原则，从而使其成为熟练工人、机械大师等。这类学校是中等教育级别，主要学习理论和实践两方面知识，不以获取高级职位为目的。表2-2-1展示了私人资助的技术学校的相关信息。

表2-2-1　私人资助的技术学校（免费）

成立年份	学校及学制	学生对象	开设内容	注册学生数（1909—1910学年）	管理机构及预算
1828	俄亥俄机械教育机构（The Ohio Mechanics' Institute，Ohio）②	具有文法学校文凭	机械、建筑、应用科学、工艺和设计	213人入学，45人毕业	建筑价值150万美元，当年预算4.5万美元

① 第一类学校主要由公共经费资助开办；第二类至第五类学校则存在公、私资助开办两种类型，其中公共资助开办的学校部分将和第一类于本章第四节进行讨论；第六类至第八类学校数量较少，将不予单独列表描述。

② 俄亥俄教育机构包含5个分支：暑期学校；普通日校，即技术中学；夜校；周六专门课；毕业生课。文中主要述及技术中学情况。

续表 1

成立年份	学校及学制	学生对象	开设内容	注册学生数（1909—1910 学年）	管理机构及预算
1883	希伯来技术学校（The Hebrew Technical Institute，New York）	完成公共学校 7B 年级且达到 13 岁	英语、数学、历史等学术课，刻木、模型制造等车间工作，电力、机械作图等专项工作	365 人，105 人毕业	建筑价值 12.5 万美元，设备费 1.5 万美元，当年运行费 5 万美元
1893	布里斯电力学校（The Bliss Electrical School，Washingtong，D. C.）（学费、食宿费每年 500 美元）	接受过中学教育	电力工程方面的理论和实践知识	112 人入学，110 人毕业	建筑设备费 4 万美元
1895	加利福尼亚机械艺术学校（The California School of Mechanical Arts，California）	具有文法学校文凭	主要开设与机器相关的课程，涉及自由绘画、机械作图；针对女生开设家政，补充开设英语、数学、科学、历史等	400 人入学，62 人毕业	建筑价值 16.5 万美元，设备费 3.5 万美元，当年预算为 2.6 万美元
1896	刘易斯学院（Lewis Institute，Illinois）	完成文法学校学习	机械、数学、家政和生物科学、历史和经济、语言和文学	50 人	获赠 100 万美元，每年学费收入 8 万美元，建筑费 52.5 万美元，设备费 19.6 万美元，当年预算 14.5 万美元
1900	卡耐基技术学校（The Carnegie Technical Schools，Pennsylvania）①	—	主要学习机械和建筑方面的课程，涉及数学、英语、机械作图、理论和实践课	学徒和熟练工人：265 人入学	卡耐基捐赠 500 万美元

① 卡耐基技术学校包含 4 个学校：应用科学学校、学徒和熟练工学校、应用设计学校、玛格丽特莫里森卡耐基学校。

续表 2

成立年份	学校及学制	学生对象	开设内容	注册学生数（1909—1910 学年）	管理机构及预算
1907	女子实践艺术中学（The High School of Practical Arts for Girls, Massachusetts）	具有文法学校文凭	家政、缝纫、女装、女帽，辅之以英语、历史、数学、科学等	371 人入学	当年预算 3.75 万美元

除上述学校外，还有 4 所私人出资开办的技术学校，分别是主要专业包括机械设计、应用型电力、化学的普拉特教育机构（Pratt Institute，1887 年于纽约州创建）；培养舰船制造人才的韦伯造船学校（Webb's Academy for Shipbuilders，1894 年于纽约州创建）；德雷赛尔艺术、科学与工业教育机构（The Drexel Institute of Art，Science and Industry，宾夕法尼亚州，1892 年捐赠 300 万美元建立）；费城纺织学校（The Philadelphia Textile School，1884 年于宾夕法尼亚州创建）。

以希伯来技术学校为例，该校通过与毕业生保持密切的联系，发现毕业生职业发展的前景良好。如在 1908 年联系的 780 名毕业生中，大部分的毕业生都从事着在校期间受训的技能型行业，10%的毕业生发展为领班和主管（见表 2-2-2）。而在离开学校 10 年或 10 年以上的毕业生中，晋升为领班、监督员、经理或业主的人则占 42%，其平均收入增长为每周 60 美元。

表 2-2-2　780 名受询毕业生职业分布

职业	比例（%）
木模和模型制作师	4
机械师	7
仪器制造师和普通机械师	9

续表

职业	比例（%）
电气工作	16
制图员	17
建筑师	4
制造商	1
领班和主管	10
工程学校的老师和学生	5
文员职位	19
报告缺失的	8

据希伯来技术学校埃德加·巴尼（Edgar S. Barney）校长汇报，学校新老毕业生每周收入的范围是 6 美元—50 美元，每年周薪增加 2 美元。相较于 14 岁便辍学从事非技术型工作、平均每周工资 12 美元—15 美元的工人而言，接受过培训的孩子更具有发展潜力，收入也可以得到较为稳定的增长。在表 2-2-1 所述学校中接受教育的学生不仅学习知识，还进行实践生产。他们生产的很多产品都具有良好的销售价值，但学校并不面向市场出售，而是把一部分产品分给学生，另一部分产品用于学校的运行发展。在先后从希伯来技术学校毕业的学生中，有 76％的学生直接从事所学行业。在工作收入和晋升上，于 1909 年毕业的学生在离开学校 7 个月后平均每周有 6.75 美元的收入；早期毕业的学生中有 42％的学生发展晋升为工头、主管、经理或业主，平均每周收入高达 60 美元。①

① See National Society for the Promotion of the Industrial Education, *Bulletin No. 11: A Descriptive List of Trade and Industrial Schools in the United States* (New York: National Society for the Promotion of the Industrial Education, 1910), pp. 63-65.

二、行业日校

行业日校（又叫行业学校，Trade Schools，Day Courses）分为短期行业课程和长期行业课程两种，长期课程开展的教学体量较大，甚至会对毕业后的工艺予以分类指导。如纽约行业学校并没有关注到英语、数学、科学的教学，而威廉姆森免费机械行业学校（The Williamson Free School of Mechanical Trades）则对这些学科给予大量的关注。这类学校的主要目的是使学生为行业领域的具体实际工作做准备，毕业生进入行业领域的状况则取决于其年龄、能力和适合性。

在行业学校的开办上，公共资助和私人开办的行业学校可谓平分秋色。只不过，私人自发资助开办行业学校的行为要比公共资助开办学校的举措早半个多世纪。许多私人资助的学校虽由私人捐赠开办或管理，但和公共出资的学校一样大都是免费的，或仅需交纳少许费用。

由于劳工组织对行业学校多有非议，担心行业学校只会培养顺从雇主的工人，所以很多私人资助的学校为了避免不必要的矛盾，甚至说明自己与雇主协会或行会之间并无多大联系，只是与一些行业的雇主有亲密的关系而已。

这些行业学校受到了普遍的欢迎。其中，普拉特学院科技学校（The School of Science and Technology of Pratt Institute）开办行业培训的时间较早，在开设日课之外，还辅以开设夜课。1887—1909 年，共有 68 695 名学生在此接受过培训；1908—1909 学年，有 2131 人注册学习了该校的日课，有 1618 人注册学习了该校的夜课。表 2-2-3 展示了私人资助开办的行业学校的相关信息。

表 2-2-3 私人资助开办的行业学校①

成立年份	学校及学制	学生对象	开设内容	注册学生数（1909—1910 学年）	管理机构及预算
1848 年	吉拉德学院（Girard College，Pennsylvania）	6—9 岁男孩（免费接受教育至 16—19 岁毕业）	先开展手工训练，再进行学术教学和一门行业教学（机械工具、木工、机械绘图、电力、锻造）	1650 人入学，13 人毕业	设备费约 20 万美元
1878 年招生	米勒学校（The Miller School，Virginia）	12—16 岁（接受 4—8 年教育）	普通学校科目；低年级开设绘画、手工训练，高年级开设农业、车间工作等	—	每年捐赠收入 7.3 万美元
1880 年	纽约行业学校（The New York Trade School，New York）	17—25 岁且会读写	实践性课程：砌砖、粉刷、木工、装檐	1908—1909 学年，720 人入学（日课和夜课），218 人毕业	当年预算约 4.2 万美元，建筑设备费约 32.7 万美元
1887 年	希伯来女子技术学校（The Hebrew Technical School for Girls，New York）	商业课：文法学校毕业生；手工课：一般是文法学校毕业生	缝纫、女帽、女装等，打字、速记、记账等	422 人（商业课 312 人、手工课 110 人），103 人毕业	建筑设备费 40 万美元，当年预算 3.2 万美元
1887 年	普拉特学院科技学校（New York）	18 岁	机械建造、木工	38 人毕业	建筑设备费 150 万美元，当年预算 3.9 万美元

① National Society for the Promotion of the Industrial Education, *Bulletin No. 11: A Descriptive List of Trade and Industrial Schools in the United States* (New York: National Society for the Promotion of the Industrial Education, 1910): 33-51.

续表 1

成立年份	学校及学制	学生对象	开设内容	注册学生数（1909—1910 学年）	管理机构及预算
1888 年	威廉姆森免费机械行业学校（Pennsylvania）	16—18 岁的男孩，本州出生的优先，并且通过读写算、美国史、作文等学术测试	砌砖、木工、机械、模型制造、固定发动机操作工，辅之以读写算、文法、几何、化学、讲卫生、基础声乐、蒸汽机理论等	234 人，51 人毕业	建筑设备费 52.5 万美元，当年预算约 11.2 万美元
1891 年	赫希男爵行业学校（The Baron de Hirsch Trade School，New York）	16 岁以上且适合学习一门行业的犹太人	电工、木工、机械、粉刷等	303 人，256 人毕业	学校设备费 15 万美元，当年运行费约 3.9 万美元
1900 年	维尔摩丁男子工艺学校（The Wilmerding School of Industrial Arts for Boys，California）	具有文法学校文凭	建筑行业（木工、细木工、电力、建筑绘画等）	265 人，15 名四年制学生毕业，35 名获得证书	运行费用 2.6 万美元
1902 年	帕特森丝织学校（The Paterson Silk Textile Institute，New Jersey）	16—30 岁	绕线、经纱、织机调节、搓线、设计	156 人，109 人毕业	设备费 0.8 万美元；1909—1910 年花费 0.7 万美元
1902 年	曼哈顿女子行业学校（The Manhattan Trade School for Girls，New York）（免费）	完成公共学校 5A 年级的课程；日课学生应为 14—17 岁，并且 16 岁以下的还应出具学校工作说明	女装、机械操作、女帽、裱糊，辅之以相关的艺术和学术课程	157 人	建筑设备费 18.6 万美元，1909 年 6 月 30 日前预算为 14 万美元、资助学生 1 万美元

续表 2

成立年份	学校及学制	学生对象	开设内容	注册学生数（1909—1910 学年）	管理机构及预算
1904 年	维诺纳技术学校（The Winona Technical Institute，Indiana）	16 岁且在中学学习一年（特殊安排除外）	医药、制造业化学、印刷、电力、建筑行业、铸造工作等	350 人，150 人毕业	建筑设备费 100 万美元，1909—1910 年预算为 6 万美元
1906 年	纽约电力行业学校（The New York Electrical Trade School，New York）	15—45 岁，125 美元学费	运用到门铃、电话、电报、信号器上的电磁学，电源布线等	169 人	设备费 3 万美元
1907 年	小戴维兰肯机械行业学校（The David Ranken，Jr.，School of Mechanical Trades，Missouri）	15 岁且完成 7 年级公共学校学习或具备同等学力	木工、模型制造、砌砖、绘色等，补充学习数学、应用科学、建筑学等	90 人	小戴维·兰肯捐赠 100 万美元，1910 年又投入 300 万美元用于扩大学校，1909—1910 年预算为 2.5 万美元

从上述学校中接受过行业培训的学生可以很好地进入工作领域并成为熟练工人。如威廉姆森免费机械行业学校自开办以来至 1910 年，一共走出了 726 名毕业生，所开展的砌砖、木工、机械、模型制造、固定发动机操作工这 5 种培训的毕业生数量分别为 170 人、150 人、198 人、139 人、69 人。学校 95％的毕业生直接走上各个行业的工作岗位，

并获得熟练工人工资的 60%—100%。[①] 以 1910 年 3 月毕业的 51 名学生（其中 1 人信息缺失）为例，毕业 6 个月后从事的行业状况如下：12 名砖瓦匠，13 名木工，4 名蒸汽和电气工程师，11 名机械师，10 名样板师，这些学生每周的平均工资为 16.6 美元。当他们毕业 18 个月以后，这 50 名学生每周的平均工资是 18.05 美元。[②] 在该校 21 年的办学史上，90%的毕业生从事着学校所训练的行业，约 20%的毕业生已晋升为领班、监督员、经理、承包商和董事。[③] 该校毕业生通常受雇于制造商和承包商，他们被雇佣仅仅因为他们是非常令人向往和有利可图的雇员，并且他们很快就成为他们所工作的车间里的最高等级的熟练工。以砌砖业为例，该行业需要较高的技术和耐力，该校毕业生经常从事这一行业，而且通常在从业后便获得最高工资。

类似地，赫希男爵行业学校的毕业生，经过大约五个半月的短期行业课程培训，其每周平均收入便能从 5.39 美元提高到 7.54 美元，通常两年到三年就能达到熟练工人的标准。维尔摩丁男子工艺学校的学生在完成四年的课程学习后便被视为熟练工。[④] 在维尔摩丁男子工艺学

---

① See National Society for the Promotion of the Industrial Education, *Bulletin No. 11: A Descriptive List of Trade and Industrial Schools in the United States* (New York: National Society for the Promotion of the Industrial Education, 1910), p. 45.

② See Carroll G. Pearse, "Should Trade Schools for Youth Above Sixteen Years of Age Be Provided at Public Expense?" (National Society for the Promotion of the Industrial Education, Bulletin No. 15: Proceedings, Fifth Annual Meeting, Cincinnati, Ohio, November 2-4, 1911), p. 215.

③ See Harry S. Bitting, "Should Industrial and Trade Schools Make a Commercial Product for the Market? What Shall They Make, and How Shall They Make It?" (National Society for the Promotion of the Industrial Education, Bulletin No. 16: Proceedings, Sixth Annual Meeting, Philadelphia, December 5-7, 1912), p. 211.

④ See United States Bureau of Education, *Bulletin 1913, No. 19: German Industrial Education and Its Lessons for the United States* (Washington, D. C.: Government Printing Office, 1913), p. 40.

校的毕业生中，有一半的人以熟练工人的身份进入就业领域，另一半的人则获得两年至三年的学分凭证。① 曼哈顿女子行业学校的毕业生们在踏入行业领域后的工资和发展空间也都在不断地攀升。学生修读了大约一年的课程后，每周能赚取 3 美元—8 美元，工作两年到四年后，每周能赚 4 美元—12 美元，少数女装、女帽、机器操作等工人甚至可以获得高达每周 25 美元的薪资，或拥有自己的企业。②

还有很多专门行业学校成为行业学校的重要组成部分，如沃尔瑟姆钟表制造学校（The Waltham Horological School，1870 年建于马萨诸塞州沃尔瑟姆）、布拉德利理工学院钟表制造系（The Horological Department of Bradley Polytechnic Institute，1897 年建于伊利诺伊州皮奥里亚）等制表学校，科因全国行业学校（Coyne National Trade School，1902 年建于伊利诺伊州芝加哥）等建筑行业学校。

三、学徒学校

学徒学校（Apprenticeship Schools）实际上是一所工厂学校，其出发点是满足制造业自身发展的需要（见表 2-2-4），也即工厂面向那些具有提升自我理论水平、实践能力的工人，在自身内部车间或在车间生产期间开展教学的尝试。因此，学徒学校大都是对学徒申请人进行挑选并免费教学，甚至向学徒支付一定的报酬。诸如纽约中央线学徒系统、通用电力公司学徒学校（The Apprentice School of the General

---

① See National Society for the Promotion of the Industrial Education, *Bulletin No. 11: A Descriptive List of Trade and Industrial Schools in the United States* (New York: National Society for the Promotion of the Industrial Education, 1910), p. 35.

② See National Society for the Promotion of the Industrial Education, *Bulletin No. 11: A Descriptive List of Trade and Industrial Schools in the United States* (New York: National Society for the Promotion of the Industrial Education, 1910), p. 49.

Electric Company，1902 年建于马萨诸塞州）、湖边印刷厂学徒学校（The School for Apprentices of the Lakeside Press，1908 年建于伊利诺伊州）、索尔维工艺公司学徒学校（The Solvay Process Co.'s Apprentice School，1909 年建于纽约州）、西屋电力与制造公司（The Westinghouse Electric and Manufacturing Company，1909 年建于宾夕法尼亚州）等均是如此。对学徒工人来说，学徒学校不仅可以提升其技术水平和工作能力，还有利于其晋升到更高的职位。

表 2-2-4　学徒学校

成立年份	学校及学制	学生对象	开设内容	注册学生数（1909—1910 学年）
1875 年	R. 霍出版社学徒学校（R. Hoe Publishing House apprentice school，New York）（四年制）	有意愿进入该项工作、提升自我的学徒	英语、数学、手绘和几何、机械作图等	—
1892 年	美国钢铁线材公司作图学校（The Drawing School of the American Steel and Wire Company，Massachusetts）	公司雇员	作图	20 人
1906 年	纽约中央铁路公司学徒制（The Apprentice System of the New York Central Lines，New York，etc.）	接受过公共学校教育且身体健康	作图、车间数学和机械	583 人入学
1907 年	霍河造船公司学徒系统（The Fore River Shipbuilding Co.'s Apprentice System，Massachusetts）	15—17 岁	造船业的各个分支领域：铸铁、铸铜、机械	45 人
1907 年	路的罗纺织学校（The Ludlow Textile School，Massachusetts）	接受至文法学校六年级教育	英语、车间数学、算术、美国史等，照看机械或操作机械	28 人

续表

成立年份	学校及学制	学生对象	开设内容	注册学生数（1909—1910 学年）
1908 年	耶鲁汤制造公司学徒学校（The Yale and Towne Manufacturing Co.'s Apprentice School，Connecticut）	入学测试	学习所选行业的各个方面，辅之以数学、基础几何、机械学等	55 人入学

1875 年由 R. 霍出版社创办的学徒学校是美国第一所企业职工学校（corporation school）。学生一旦录取，就必须到校学习。学生的学习情况会反馈给家长；新学期开始前，负责学生工作的教师还会向工头询问他们在车间工作的具体情况，如果表现良好的话则回校上课，若表现欠佳则继续在车间工作，直到工头认可为止。毕业时，总体表现较好的学生还会被颁发奖品。从一定程度上看，这所学徒学校很好地反映出大型公司完全有能力通过自身去培养所需工人。

类似地，1900 年北方联合（1892—1998 年）① 在马萨诸塞州创办的夜校北方联合印刷学校（The School of Printing of the North End Union），由大师印刷厂（Master Printers）的监管委员会管理，印刷厂资助开办。学校对学徒进行基础性的行业训练，不以培养熟练工人为目的；学校每年征收的 100 美元的印刷培训费常常会由印刷厂主出资。经过一年培训后，学生将被确保在为雇主的工作中获得每周 9 美元的报酬；在前 18 个月中，每半年过后，其每周薪资都会增加 1 美元；随后 3 个半年中，每周薪资分别为 14 美元、16 美元、18 美元，即每半年后每周薪资增加 2 美元。北方联合印刷学校的学徒 5 年内的收入为 2800

① 北方联合由一神论仁慈兄弟会教会创办，致力于通过教育、健康和工作培训来提升居住在波士顿的意大利裔美国人生活水平，所提供的服务中涉及大范围的青少年项目。

美元。除去第一年100美元的学费，净收入比同期一个没有接受过行业培训的普通学徒多出420美元。[1]

1913年，诸如美国电话电报公司（American Telephone & Telegraph）、卡内基钢铁公司（Carnegie Steel）等大型企业联合创办了全国企业职工学校协会（National Association of Corporation Schools）[2]，对销售、行政工作和制造技术等行业培训给予关注强调。协会较为细致地把制造性培训分为三种类型：第一种，特殊培训，针对大学毕业生和技能娴熟的技工，以通往管理性职位；第二种，非熟练工人课程，以提高其技能水平；第三种，行业学徒项目，学习与工作相关的基本科目和通识教育。[3] 这些大公司在职业培训上并不指望联邦政府"有所为"，也不担心联邦的"有为"会造成何种负面后果。即便是后来《史密斯-休斯法》颁布后，该协会也乐观地认为该立法只不过是为其提供更为训练有素的孩子罢了。

相较而言，以全国制造者协会为代表的中型企业公司组织并不能像大企业、大公司那样轻松地投资开办工业学校。其还需要处理不同意见的成员、劳工、大企业，以及工业教育与普通教育之间的关系等多方面的问题。全国制造商协会曾表示支持学徒学校，并将其作为一

---

① See United States Bureau of Education, *Bulletin 1913, No. 19: German Industrial Education and Its Lessons for the United States* (Washington, D. C.: Government Printing Office, 1913), p. 40.

② 全国企业职工学校协会的其他成员还有美国机车公司（American Locomotive）、凯迪拉克汽车公司（Cadillac Motor Car）、联邦爱迪生公司（Commonwealth Edison）等。该协会于1923年更名为美国管理协会（The American Management Association），是一个培训和咨询组织，为商务、政府机构和个体提供教育、管理发展等多元服务。作为一个非营利性机构，协会为其会员提供关于交流、领导、市场营销、销售、人力资源、金融和会计等的商务课程。See http://www.referenceforbusiness.com/index.html; http://www.amanet.org/2014/6/23.

③ See Thomas E. Donnelley, "Some Problems in Apprentice Schools" (Proceedings of the First Annual Meeting of the National Association of Corporation School, 1913), p. 131.

种与劳工组织对抗的途径，认为接受工厂培训的工人比工会人员更忠诚，可以有效避免罢工。而以美国劳工联合会为代表的劳工组织则在1907年的年会决议上明确指出，那些私立的或由工商业主开办的中等职业学校无非是抵制工会运动的武器。① 劳工组织明确表明支持公共出资、管理的职业培训学校。所以，在工会势力较强的地区，公共学校主要承担着面向青少年开办预备行业课或预备职业课程的任务，以及面向走入工作岗位的工人开设业余提升课程或补习学校的任务。在一些工会势力较弱的地方，则会有行业日校和业余课程开办。

四、夜校

夜校主要面向已经进入工作领域的青少年。② 与日校相比，夜校的学生较少，更加注重提升学生的工作技能。部分夜校开设科学、数学和技术课程，部分夜校更为注重开展车间实践课程。表 2-2-5 显示了私人资助开设技术课程的夜校的相关信息。

表 2-2-5　私人资助开设技术课程的夜校

成立年份	学校及学制	学生对象	开设内容	注册学生数（1909—1910 学年）
1820 年	机械学院（The Mechanics' Institute, New York）（免费）	已工作的男性	38 种教学科目，涉及机械作图、建筑设计、数学、科学等	2303 人入学，142 人毕业

① See American Federation Labor, *Report of the Proceedings of the Twenty-Seven Annual Convention of the American Federation Labor* (Washington, D. C.: The National Tribune Company, 1907), p. 173.

② 面向 18 岁以上工人的夜校，本章将不予讨论。

续表

成立年份	学校及学制	学生对象	开设内容	注册学生数（1909—1910 学年）
1824 年	富兰克林学院夜校（The Franklin Institute Night School，Pennsylvania）	16 岁及以上男性	作图、机械设计、造船	173 人入学，20 人毕业
1852 年	斯普林加登学院（The Spring Garden Institute，Pennsylvania）	—	电力、木工、制铁	803 人入学
1854 年	弗吉尼亚机械学院（The Virginia Mechanics' Institute，New York）	15 岁以上	数学、科学、作图与设计、语言、机械操作、艺术、商业、工程	572 名学生入学
1859 年	库伯科学艺术促进联合（Cooper Union for the Advancement of Science and Art，New York）（免费）①	—	机械作图、建筑作图、民用工程学等	2816 人入学，168 人毕业
1885 年	技术学校（The Technical School，New Jersey）（免费）	至少 16 岁	根据纽瓦克市的工业需要开设课程——制铁业	365 人入学，7 人毕业
1902 年	卡西诺技术夜校（The Casino Technical Night School，Pennsylvania）	无限制，10 美元/学期	算术、机械作图、物理、几何、电力等	250 入学，25 人毕业

除上述夜校外，很多行业日校会同时开设夜校课程，如刘易斯学院（学费为 1 门课 1 学期 5 美元）、普拉特教育机构科技学院（课程教学费用 15 美元半年、数学课 10 美元半年）、俄亥俄机械学院（课程教学费用 20 美元 1 年，附加车间课 15 美元 1 年）、德雷赛尔学院（课程

① 库伯科学艺术促进联合包含通用科学学院、电力工程学院、化学学院、机械作图学院、艺术学院 5 所学院。

教学总费用为 17 美元）、费城纺织学校（课程教学费用 15 美元 1 年）等。这些学校大都由私人管理，即便是根据新泽西 1881 年颁布的法案创办的技术学校（纽瓦克）接受州和城市拨款资助，其仍由私人管理。

美国的基督教青年会（Young Men's Christian Associations）也在全国各地创办了大量的夜校，提供不同类型的行业教育。其开设的课程涉及机械作图、建筑作图、自由作图、设计、物理、化学、电力等工业技术科目和模型、车间操作、工具制造等机器或建筑行业科目。据粗略统计，基督教青年会在加利福尼亚州、肯塔基州、马萨诸塞州、罗得岛州等几十个州的 60 多个地方创办了夜校，招收的学生总数过万。表 2-2-6 展示了私人资助开设车间实践课程的夜校的相关情况。

表 2-2-6 私人资助开设车间实践课程的夜校

成立年份	学校及学制	学生对象	开设内容	注册学生数（1909—1910 学年）	管理机构及预算
1890 年	圣乔治行业夜校（The St. George's Evening Trade School, New York）	10—25 岁男孩	木工、机械作图、应用型设计、电力等	300 人入学，11 人完成学习	—
1893 年	希伯来教育协会（The Hebrew Education Society, Pennsylvania）	14 岁	造烟、电报、裁衣、女帽、机械作图等	250 人入学	—
1900 年	马萨诸塞州慈善机械协会行业学校（The Massachusetts Charitable Mechanic Association Trade School, Massachusetts）	—	针对建筑行业的补充性教学，涉及木工、细木工、砌砖、机械作图等	164 人入学，14 人毕业	—
1909 年	儿童援助协会第 63 街行业夜校（The 63d Street Evening Trade School of the Children's Aid Society, New York）	会读写，14 岁	烹饪、女装制造、女帽、木工、缝纫、编织篮等	100 人入学，30 人毕业	—

续表

成立年份	学校及学制	学生对象	开设内容	注册学生数（1909—1910学年）	管理机构及预算
1909年	五点意大利人行业学校（The Five Points Italian Trade School，New York）	会读写，14岁	缝纫工作等	500人注册学习，200人毕业	儿童援助协会资助成立

与注重技术培训的夜校不同，圣乔治行业夜校等更加强调实践方面的培训。在私人资助的夜校开设实践课程方面，除表2-2-6中的学校外还有上文提及的纽约电力行业学校，纽约行业学校，曼哈顿女子行业学校，希伯来技术教育机构，小戴维兰肯机械行业学校，普拉特教育机构科技学院，德雷赛尔艺术、科学和工业教育机构等。

这些夜校和业余学校、补习学校等教育机构都为青少年学习职业知识、技能提供了很好的帮助。与夜校类似，业余学校的学生多为车间工人，仅有部分时间接受科学、技术方面的教育，从而补充车间实践，推动其更有效地工作。马萨诸塞州的比佛利工业学校（The Beverly Industrial School）、俄亥俄州的辛辛那提补习学校（The Cincinnati Continuation School）和马萨诸塞州的菲奇堡业余学校方案（The Part Time Plan）均是较为典型的业余学校。

比佛利工业学校面向比佛利本地居民开放，只要是14岁以上、通过初等学校六年级学习的学龄男孩均可免费入学。学校开展自由教育和制鞋业设备两方面教学：书本学习在普通的学校里进行，车间实践工作则在联合制鞋机器公司的厂房安排专门场地进行，可以同时容纳25人学习。每组25人，两组轮换在车间和教室里学习。公司提供原材料，并且购买学生们完成的产品。产品的一半价钱支付给学生，另一部分支付给公司用于运行车间费用。

1909 年成立的辛辛那提补习学校则仅仅针对车间普通学徒提供诸如读、写、算、机械作图、机械图纸理解、公民素质等理论知识的教学，学校由辛辛那提市教育委员会管理，并且由公共学校资金资助（每年每人 15 美元）。学校在创办第一学年就有 250 人注册入学。

菲奇堡业余学校方案面向中学生开放，学生将一半时间用于学校学习，一半时间用于车间的带薪工作。通过这种方式促使学生获得在工业领域工作所需的理论知识，同时获得实践工作的经验和薪资报酬。学校由菲奇堡教育委员会管理，并由公共出资开办。第一年，学生在普通学校里学习，接下来的三年则是不同学生小组轮换在车间和学校学习。第一年车间工作的薪资是每小时 10 美分，第二年是每小时 11 美分，第三年是每小时 12.5 美分（三年共计获得 552.75 美元收入）。[①]

此外，函授学校亦是一种补充学习行业基础技术知识的途径。如美国函授学校（American School of Correspondence，1897 年于伊利诺伊州创建）是一所自营学校，针对建筑、电力、机械、蒸汽、纺织等多个方面开展教学，每一门课程收取 10 美元—120 美元的学费。学习时长由学生自己决定，但必须在 5 年内完成。[②] 诸如国际印刷联合印刷课程（International Typographical Union Course in Printing，1908 年于伊利诺伊州创建）、国际函授学校（International Correspondence School，1889 年于宾夕法尼亚州创建）等通过函授开展职业培训。

针对有色人种的行业学校也在这一时期得以开办。学校授课在很大程度上来说是文化课，辅之以行业培训，以期印第安人和黑人能经

---

① See National Society for the Promotion of the Industrial Education, *Bulletin No. 11: A Descriptive List of Trade and Industrial Schools in the United States* (New York: National Society for the Promotion of the Industrial Education, 1910), pp. 111-115.

② See National Society for the Promotion of the Industrial Education, *Bulletin No. 11: A Descriptive List of Trade and Industrial Schools in the United States* (New York: National Society for the Promotion of the Industrial Education, 1910), p. 124.

济独立，并且树立自尊心。其中较为典型的是塔斯基吉师范与工业学院（The Tuskegee Normal and Industrial Institute，1881 年于亚拉巴马州创建），面向 14 岁以上的青少年。

这一时期的许多进步主义教育家也纷纷通过学校实验培养学生的动手能力，通过“做中学”的方式来帮助学生学习知识的同时，赋予知识工具性价值。虽然诸如杜威学校、葛雷制等这些实验学校并不以就业为直接目的，但其培养学生工业精神、工业智慧的尝试，亦是通过教育来应对青少年辍学、就业问题的尝试。这些实验学校与上述形形色色的职业学校，一并使得青少年得以在工业化的美国拥有更加有利的机会去选择自己擅长或适合的职业，从而成为美国的有效公民。然而，与整个美国广泛存在的需求相比，这些零散的职业学校可谓杯水车薪，只能在一定程度上缓解青少年就业问题。

第三节　职业指导与青少年的有效就业

伴随着职业教育运动的开展、社会对青少年的关注与日俱增，越来越多的人认识到 14—16 岁的青少年在不具备相关工作知识的条件下离开学校、踏入职场这一问题的严重性。以弗兰克·帕森斯（Frank Parsons）等人为代表的领导人物推动开展的职业指导运动便以择业为主要关注点，目标群体是这群即将踏上工作岗位的青少年。如何帮助这些年轻人合理地择业，使其收获成功的人生是职业教育运动的重要目标。为了使学生走出校门时可以明智地选择职业、从事自己更为适合的职业岗位，以及顺利地应对现实生活，有必要对在校学生进行职业洞见、职业目的等方面的专门指导。

一、波士顿职业局与职业指导的起步

19世纪末，美国便已出现与指导、咨询相关的服务，其目的是深入贯彻义务教育且为学生进入劳动力市场进行指导，从而使其成为社会上一名有效的生产者。早在1881年，莱桑德·理查兹（Lysander Salmon Richards）便在《职业指导：一种使人确定自己最为适合的天职的新职业》中将职业指导视为一种新兴的职业，并倡导通过它来提供职业帮助。[①] 但莱桑德·理查兹的倡导最终只是纸上谈兵，未得到落实。随后，旧金山、纽约、大急流城（Grand Rapids）等地也以不同形式探索开展职业指导。其中，1908年1月建立的波士顿职业局（Boston Vocation Bureau）则是探索并落实职业指导的典型性代表机构，它是在弗兰克·帕森斯等人的努力下创建的。

作为当时极力推动社会、政治改革的领军性人物，弗兰克·帕森斯积极推动发起了职业指导运动，以期从全国层面对择业开展有效的指导。他联合保利娜·肖（Pauline Agassiz Shaw）与社会工作者迈耶·布卢姆菲尔德（Meyer Bloomfield）等人合力推动建立了波士顿职业局，波士顿职业局隶属于市民服务所（Civic Service House）。市民服务所是保利娜·肖于1901年创办的，用以向移民和穷人提供接受教育的机会，帮助他们找到工作。时任市民服务所负责人的迈耶·布卢姆菲尔德成功说服弗兰克·帕森斯负责建立波士顿教育局，向年轻人提供职业指导。

波士顿职业局的座右铭是“启明、交流信息、激发灵感、合作”

① See Lysander Salmon Richards, *Vocophy: The New Profession, a System Enabling a Person to Name the Calling or Vocation One is Best Suited to Follow* (Marlboro, Mass.: Pratt Brothers, Printers, 1881).

(Light, Information, Inspiration, Cooperation)。[①] 它的主要工作任务是向人们传授职业选择的重要性，从而提升人们的生活水平，创造更好的生活、家庭和社区，使人们脱离贫穷的怪圈。在《选择一门职业》中，弗兰克·帕森斯清晰地指出，除了择偶以外，没有比选择一门职业更为重要的事情了。对年轻人来说，明智地选择毕生职业并且充分发挥出自身的能力水平至关重要。因此，弗兰克·帕森斯将职业指导界定为“通过专业的咨询指导来帮助年轻人择业，使其顺利地做好准备，从学校进入工作领域”[②]。

如何根据每个人的能力、喜好、优缺点等因素来合理、科学地择业是职业指导所面临的重大难题。这种源于“个体和环境相适应”（fit between individual and environment）的职业指导理念为帕森斯赢得了“第一个运用科学方式开展职业指导的咨询师”的头衔。为了更好地向青少年提供咨询，他提出“三步走”模式：第一步，理解你自己的喜好、能力、理想、优缺点；第二步，了解不同工作的成功标准和条件、优缺点、回报、机遇和发展前景；第三步，理性地分析上述两个因素的关系。[③] 该模式在职业局得到了贯彻执行。

经过几个月的努力，职业局的工作走上正轨，开始对青少年进行职业指导。弗兰克·帕森斯与同事拉尔夫·艾伯森（Ralph Albertson）及助理、顾问等人先访谈了80位15—39岁的人，以初步了解职业顾问需要面临的问题。在受访人员中，有两位称参与该访谈是其人生中经历的最为重要的事情。对于帕森斯等人来说，这无疑是对职业指导的

---

① See Frank Parsons, *Choosing a Vocation* (Boston: Houghton Mifflin Company, 1909), p. 92.

② Frank Parsons, *Choosing a Vocation* (Boston: Houghton Mifflin Company, 1909), pp. 3-4.

③ See Frank Parsons, *Choosing a Vocation* (Boston: Houghton Mifflin Company, 1909), p. 5.

积极回应。帕森斯亦对职业局的工作予以肯定，指出职业指导虽然刚刚开始，但在不断发展壮大的过程中，职业局落成几个星期后便取得了成效。同时，他也指出职业局工作人员必须认识到，只有将职业指导纳入公共学校系统才能最大限度、最为充分地覆盖到每个领域。职业指导顾问要像医学、法律行业的从业者一样受到严格的训练，并且配备科学的设备来考察孩子的感官、能力、德、智、体方面的状况。①

为了更好地对14—16岁青少年进行职业指导，弗兰克·帕森斯还列出了一系列青少年就业的领域及各个职业所需的知识清单。此举与几年后埃德温·库利（Edwin G. Cooley）发表的见解可谓不谋而合。埃德温·库利在考察德国职业教育后报告指出，应当对青少年的职业进行详细调查，认清不同工作岗位所需的品质、智力、道德和身体状况，需要做哪些准备，面临的风险，以及具备的发展与提升机会。学校的教师和其他工作人员应帮助青少年选择合适的工作，这就要求他们不仅要了解社会上职业的整体发展情况，还要特别了解学生德、智、体方面的发展特点。埃德温·库利还建议美国各地应像波士顿、英国的爱丁堡或德国的诸多城市一样设立职业局，并且联合教师、教育委员会、劳工组织等公共团体组织开展职业教育和职业指导。②

继弗兰克·帕森斯之后，拉尔夫·艾伯森、迈耶·布卢姆菲尔德等人不断努力，尝试通过波士顿职业局推动该市公共学校建立起职业指导制度。这对接下来在全国范围内发展职业教育和职业指导起到模范性作用。此外，波士顿职业局联合波士顿家庭与学校协会（Boston Home and School Association）、女子行业教育联合（Girls' Trade Education League）及女性城市联合（Women's Municipal League）等

① See John M. Brewer, *History of Vocational Guidance: Origins and Early Development* (New York: Harper & Brothers, 1942), pp. 303-308.

② See Edwin G. Cooley, "The Need for Vocational Schools," *Educational Review* 44, (Dec. 1912): 446.

组织，共同努力出版了关于职业的手册，提供职业培训的机会，并且推动许多学校进行调整。至 1910 年，有 7 个城市开展职业指导，诸如纽约、波士顿这样的大城市已将职业指导置于重要地位。①

二、全国职业指导协会与职业指导的发展壮大

随着职业教育运动和职业指导运动的开展，经由戴维·斯内登建议，波士顿职业局在迈耶·布卢姆菲尔德（1909 年 9 月担任负责人）的领导下，联合波士顿商会（Boston Chamber of Commerce），赞助举办了第一届全国职业指导大会（First National Conference on Vocational Guidance，1910 年 11 月 15—16 日）。② 来自全国 45 个城市的 300 多位商人、教育人士等代表齐聚波士顿，参与大会。③ 同一时间，以推动职业教育为目的的工促会亦在波士顿召开年会，保罗·汉纳斯（Paul H. Hanus）、戴维·斯内登和查尔斯·普罗泽等职业教育运动的领军人物也前来参加职业指导大会，使得全国职业指导大会和工促会拥有许多共同的会员。

在这次职业指导大会上，如何将职业指导融入学校制度内部成为最重要的讨论主题。美国有太多 14—16 岁的青少年在未接受任何指导、准备，在无知的状态下离开学校，进入职场。职业教育运动所关注的职业培训与职业指导运动所关注的职业指导是一致的，二者在公共学校制度内部开展职业教育和职业指导亦是不谋而合的。

---

① See Department of Commerce and Labor, "Chapter XV : Vocational Guidance," *25th Annual Report*, (1910) : 411-497.

② 1985 年，全国职业指导大会更名为全国职业发展协会（National Career Development Association），它是世界上运行最久的卓越的职业发展协会。

③ See Paul H. Hanus, "Vocational Guidance and Public Education," *The School Review* 19, No. 1(1911) : 51.

1912年10月23—26日，第二届全国职业指导大会则在职业指导发展得卓有成效的纽约市举行，由教师学院资助。此次大会仍将在公共学校制度内部开展职业指导作为最重要的讨论主题。与此同时，大会还商议成立一个委员会，由来自芝加哥大学的弗兰克·莱维特（Frank M. Leavitt）教授担任主席，负责领导调查创办一个全国性职业指导组织的可行性，以帮助众多14—16岁青少年解决职业培训、就业问题。调查建立全国性职业指导组织的行动在次年举办的大会上得到了落实。1913年10月21—24日，第三届全国职业指导大会与工促会协力共同举办，并且正式成立全国职业指导协会（National Vocational Guidance Association），选出会长、副会长、秘书、财长、执行委员会成员。来自26个州、华盛顿哥伦比亚特区、波多黎各，以及加拿大安大略省等地的274人齐聚密歇根州的大急流城，参加大会。①

在此次成立全国职业指导协会的大会上，弗兰克·莱维特开宗明义，指出组建协会的必要性有三：第一，新式的工业经济需要一批更好、更有效的雇员；第二，教育制度需要纳入职业指导，以帮助学生择业；第三，社会发展要求对青少年进行指导。② 诸如纽约市全国童工委员会（National Child Labor Committee, New York）秘书长欧文·拉夫乔伊、拉塞尔塞奇基金会的教育负责人伦纳德·艾尔斯（Leonard P. Ayres）、辛辛那提公共学校童工部门（Child Labor Division, Cincinnati Public Schools）负责人海伦·伍利（Helen T. Woolley），以及此时担任波士顿职业局负责人的迈耶·布卢姆菲尔德等来自不同领

① See John M. Brewer, *History of Vocational Guidance: Origins and Early Development* (New York: Harper & Brothers, 1942), p. 144.

② See Frank M. Leavitt, "Prefatory Statement," in *Bulletin 1914, No. 14: Vocational Guidance, Papers Presented at the Organization Meeting of the Vocational Guidance Association, Grand Rapids, Michigan, October 21-24, 1913*, ed. United States Bureau of Education (Washington, D. C.: Government Printing Office, 1914), pp. 5-6.

域的领军人物都对职业指导发表了演讲。[①] 与前两次大会相同的是，此次大会中未接受职业准备的 14—16 岁青少年仍是关注的主要群体，在全国范围内将职业指导纳入公共学校制度之中依旧是重中之重。与此同时，消除童工、教导学生区分“职业”（vocation）与“一份工作”（job）、号召将职业元素融入学校课程之中、以职业指导作为推广民主的途径等均成为大会讨论的主题。此外，对职业咨询人员进行专业培训、开发心理测试、增加教育投入、缩小班级规模等亦成为与会人员关注的话题。大会结束之时，密歇根州大急流城的职业负责人杰西·戴维斯（Jesse Buttrick Davis）在圆桌讨论会议上分享了大急流城中学系统（Grand Rapids High School Public System）通过英语作文来开展职业指导的经验，并且杰西·戴维斯被誉为“公共学校系统开展职业指导的第一人”[②]。可以说，杰西·戴维斯的分享给这次大会画上了圆满的句号。

从创建到 1920 年，全国职业指导协会主要通过年度会议和先后发行《职业指导通讯》（*Vocational Guidance-News Letter*）、《职业指导简报》（*Vocational Guidance Bulletin*）等来宣传和推广职业指导信息。在全国职业指导协会的推动下，职业指导的理念不断得到推广和实践，在全美诸多公共学校中生根发芽。在具体操作实践中，学校往往借助上述各个机构的调查信息材料来开展职业指导，采用职业访谈、职业小册子、英语和公民素质课等方式来推广面向不同行业的职业生涯课，

---

① 此次大会发言在次年的《美国教育署简报》的第 14 期上刊登。See United States Bureau of Education, *Bulletin 1914, No. 14: Vocational Guidance, Papers Presented at the Organization Meeting of the Vocational Guidance Association, Grand Rapids, Michigan, October 21-24, 1913* (Washington, D. C.: Government Printing Office, 1914).

② Mark Pope, "Jesse Buttrick Davis (1871-1955): Pioneer of Vocational Guidance in the Schools," *The Career Development Quarterly: Special Section: The 100th Anniversary of Vocational Guidance* 57, No. 3 (2009): 257.

即基于职业数据信息对课程内容材料进行调整。至 1918 年，波士顿的每所学校都设有职业咨询顾问，而其他城市也运用志愿服务机构、慈善机构、实习课、英语课等形式开展职业指导。①

作为第三届职业指导大会的联合举办成员，工促会也不断关注职业指导问题，引导不同利益团体对职业指导予以关注，并且阐明职业指导与它长期推动开展的职业教育之间的异同——职业指导主要源于职业教育的开展，但职业指导并不隶属于职业教育，即职业指导具有独立性。工促会会长威廉·雷德菲尔德（William C. Reolfield）在 1913 年的年会上，对“职业教育和职业指导”这一主题亦进行了详细说明。他指出，职业教育与职业指导和而不同，后者是指向前者的。职业指导引导男孩们进入职业教育并获得成功，是通向职业教育道路的指路灯，同时也是协会为了更好地推动工业教育发展的一种尝试。②

1913 年，查尔斯·普罗泽也专门论述了职业指导的必要性。他指出，鉴于所有 14 岁的孩子都要面临选择工作或上学的问题，而初等学校的高年级科目学习并不能解决这一问题，所以需要系统的指导。对儿童开展有效的职业指导或培训，并且结合职业教育促进“有效雇佣”，可以避免工作效率低、工资低、工作不稳定、材料浪费和产出低等问题。作为国家最宝贵的财富，坐在课堂里、具有实践性和建设性的孩子将成为工业的从业者和领导者，社会各界应该确保每个孩子能

---

① See W. Carson Ryan, Jr. , *United States Bureau of Education , Bulletin 1918, No. 24: Vocational Guidance and the Public Schools* (Washington, D. C. : Government Printing Office, 1919), p. 99.

② See William C. Redfield, "What Vocational Education and Vocational Guidance Mean to the Future of the Country" (National Society for the Promotion of the Industrial Education, Bulletin No. 18: Proceedings of Seventh Annual Meeting, Grand Rapids, Michigan, October 23-25, 1913), pp. 94-95.

更好地胜任工作，从而使他们更有成就感，增加自信。①

在这个过程中，诸多关于青少年就业的调查得以展开。至1914年4月，分布在40个城市的约100所公共中学受到调查，为各地的职业教育局有效开展职业指导奠定了基础。职业局、咨询委员会及实验性职业课程或常规性职业课程等纷纷联合起来开展职业指导工作，在很大程度上确保了职业指导运动的成效。如费城设置新官员来担任职业教育、职业指导的负责人，明尼阿波利斯设立"入学与职业指导"部门。② 诸如布鲁克林、纽约、加利福尼亚等许多城市纷纷设立职业指导协会或职业局，邀请教师、教育委员会、劳工组织及其他公共团体组织加入，共同推动职业指导的发展。

职业指导在其他全国性组织中也得到了不断的关注和讨论。全国教育协会通过成立职业教育与职业指导委员会（Committee on Vocational Education and Vocational Guidance）对职业指导予以支持。1915年，全国公司学校协会（National Association of Corporation Schools）亦在会议上投入了大量时间汇报职业指导委员会的综合性报告。全国就业管理人会议（National Employment Managers' Conference）作为职业指导运动的延伸发展，强调讨论了工业领域中职业指导中出现的新问题。此外，联邦政府、州政府及私人基金会等许多机构都纷纷开展众多关于行业状况的调查，发行职业教育信息的宣传册等，通过丰富的职业信息、职业指导使得学生踏出校门时能够更轻松地进入当地工业领域的工作岗位。

职业指导与职业教育相辅相成，有效地推动了14—16岁青少年的

---

① See Charles A. Prosser, "Practical Arts and Vocational Guidance," *Manual Training Magazine*, No. 3(1913): 209-222.

② See W. Carson Ryan, Jr., *United States Bureau of Education, Bulletin 1918, No. 24: Vocational Guidance and the Public Schools* (Washington, D. C.: Government Printing Office, 1919), p. 26.

就业。一方面，职业指导可以很好地激发学生找到职业兴趣，指导其选择更加适合自己的职业；另一方面，通过使学生有效就业，还可以实现人力资源的优化配置，进而促进国家的繁荣发展，即开展职业指导在优化学生就业、优化人力资源、增进社会福祉上起到了重大作用。

第四节　职业教育立法与青少年职业教育制度的确立

长期以来，美国公共学校提供自由教育，学习与俗世生计不直接相关的文化传统、艺术等。家庭、作坊等则承担与职业相关的教育培训任务。[①] 相较于美国工业化、城市化的迅猛开展，公共学校教育所作出的回应则在很大程度上具有滞后性。与社会上各类职业培训机构相比，公共学校在开设职业准备课程或行业培训上行动较为缓慢。直到 1908 年，全美只有几所学校佯称面向 90%的男孩和女孩开设工作准备课程。

随着大量移民子女、农村儿童或工人子弟涌入就业市场，如何帮助他们有效地从学校进入职场成为亟须解决的社会问题。社会各界开办的形形色色的职业教育机构，很难满足普遍存在的职业教育诉求；温和的修修补补并不能化解公共学校的传统文化教育与当时亟须开展工业教育任务之间的巨大矛盾。公共学校教育变革迫在眉睫，如何从制度上保障青少年的职业发展成为这一时期诸多利益群体密切关注的问题。

一、各地公共职业教育的开展与青少年公共职业教育制度的确立

1906 年，为了解决众多青少年辍学、就业的问题，马萨诸塞州工

---

① See David Snedden, *The Problem of Vocational Education* (Boston: Houghton Mifflin, 1910), pp. 3-9

业与教育委员会在对该州进行全面的调查后不仅揭示了该州存在的诸多工业教育问题，还建议并促成该州建立全美首个公立职业教育制度。随后许多州纷纷效仿，尝试在州立法前任命成立委员会以开展职业教育进行调查、报告等服务，如康涅狄格州（1903—1907 年）、新泽西州（1908—1909 年）、马里兰州（1908—1910 年）、缅因州（1909—1910 年）、密歇根州（1909—1910 年）、威斯康星州（1909—1911 年）、印第安纳州（1911—1913 年）和伊利诺伊州（1911—1913 年）。马萨诸塞州、康涅狄格州、新泽西州、威斯康星州、印第安纳州这 5 个州发布的调查报告也直接促进了各州职业教育制度的建立。从地理分布上看，这几个积极主动开展职业教育调查立法的州都属于密西西比河以东、梅森-狄克森线（Mason-Dixon Line）① 以北的几个工业州。诸如纽约州和俄亥俄州等没有进行职业教育调查—发布报告—立法这一发展流程，也建立起较为完善的职业教育制度。

根据工促会的调查发现，截止到 1910 年 11 月，全美 48 个州已有约 60%的州（29 个）通过立法规定开展某种类型或多种类型的“实践活动”，20%的州规定开展技术中学，37%的州规定开展手工训练，23%的州规定开展家政学，39%的州规定开展农业培训，23%的州规定开展工业和行业培训，6%的州规定开展所有的实践活动（见表 2-4-1）。

在对实践活动进行立法的 29 个州中，有 25 个州是在 1900 年后立法的，这在很大程度上体现出各州对实践培训立法的重视。恰如工促会所述，“没有哪个需求大量经费和涉及课程与方法全面变化的教育运动会像实践训练和职业培训的要求那样，获得如此迅速的立法认可”②。

---

① “梅森-狄克森线”是美国宾夕法尼亚州和马里兰州的分界线，也是南北战争前美国的南北区域分界线。

② National Society for the Promotion of the Industrial Education, *Bulletin No. 12: Legislation upon Industrial Education in the United States* (New York: National Society for the Promotion of the Industrial Education, 1910), p. 25.

表 2-4-1 各州对实践培训进行立法的数量统计① （单位：个）

对实践活动进行立法的州	规定开展技术中学的州	规定开展手工训练的州	规定开展家政学的州	规定开展农业培训的州	规定开展工业和行业培训的州	规定开展所有实践活动的州
29	10	18	11	19	11	3

不过，从各州对职业教育进行立法资助的情况来看，全国的立法情况并不乐观：全国仅有33%的州对某种或多种类型的“实践活动”进行了资助，19%的州对手工训练进行了资助，2%的州对技术中学进行了资助，23%的州对家政学进行了资助，27%的州对农业培训进行了资助，17%的州对工业和行业培训进行了资助，4%的州对所有的实践活动进行了资助（见表 2-4-2）。

表 2-4-2 各州对实践培训进行立法资助的数量统计 （单位：个）

对实践活动的某种类型或多种类型进行资助的州	对手工训练进行资助的州	对技术中学进行资助的州	对家政学进行资助的州	对农业培训进行资助的州	对工业和行业培训进行资助的州	对所有实践活动进行资助的州
16	9	1	11	13	8	2

19 世纪末以来，公共出资开办的技术学校不断涌现。1895 年，素来是美国教育领军者的马萨诸塞州立法规定，在具有 45 万（或以上）个纱锭的城市中，每 20 名市民就可以联合起来建立一所纺织学校，开展纺织及分支工业方面的理论、实践教学。表 2-4-3 也可以在一定程度上反映出公共出资开办的技术学校大多位于马萨诸塞州，这与其在

① National Society for the Promotion of the Industrial Education, *Bulletin No. 12: Legislation upon Industrial Education in the United States*(New York: National Society for the Promotion of the Industrial Education, 1910), pp. 24-25.

1895年颁布立法规定不无关系。

表 2-4-3　公共资助开办的技术学校（免费）①

成立年份	学校及学制	学生对象	开设内容	注册学生数（1909—1910学年）	管理机构及预算
1894年	罗伊斯安娜州工业学院（The Louisiana Industrial Institute，Louisiana）（免费）	男生达16岁、女生达15岁，中学毕业或通过入学考试	家政、机械、工艺和音乐等方面的课程	607人入学，41人毕业	建筑费35万美元，当年使用经营5.1万美元
1897年	洛厄尔纺织学校（The Lowell Textile School，Massachusetts）（当地居民100美元，外州150美元，外国人300美元）	中学文凭或同等学力	制棉、制毛、纺织设计、染色等	185人入学	建筑费3.6万美元，设备费22万美元，当年预算5.9万美元
1898年	布拉德福德菲纺织学校（The Bradford Durfee Textile School，Massachusetts）（市民免费）	16岁，通过英语、算术测试或中学毕业	对没有工作经验的学生进行初级培训；对已参加工作的学生开展原理知识方面的教学，如染色、设计、化学、绘画、编织等	38人入学，7人毕业	建筑费12万美元，设备费7.5万美元，当年预算2.5万美元
1899年	新贝德福纺织学校（The New Bedford Textile School，Massachusetts）（市民免费，本州外市的每年50美元，外州的每年150美元）	至少16岁，具备中学文凭或通过算术、英语和商业地理方面的测试	制棉、设计、化学和染色、编织	43人入学，7人毕业	建筑设备费18.5万美元，当年预算约2.5万美元

① National Society for the Promotion of the Industrial Education, *Bulletin No. 11: A Descriptive List of Trade and Industrial Schools in the United States* (New York: National Society for the Promotion of the Industrial Education, 1910), pp. 52-59.

续表

成立年份	学校及学制	学生对象	开设内容	注册学生数（1909—1910 学年）	管理机构及预算
1908 年	技术中学（The Technical High School，Ohio）	具备文法学校文凭	车工、细木工、模型制造、铸造、锻造，女生学习的课程还包含英语、数学、基础科学、家政等	1103 人入学	建筑费 45 万美元，设备费 5 万美元

上述学校主要针对中等教育层次的学生，意在使学生熟悉生产过程中所蕴含的科学原理、数学原理，使学生得以不断发展成为工头、熟练技师和监工等。与此同时，许多技术夜校亦在马萨诸塞州和纽约州得到推广，由公共资助开办（见表 2-4-4）。

相较而言，虽然公共技术学校比私立技术学校开办的时间晚，但二者主要集中于 19 世纪 90 年代建立；二者培训内容都涉及家政、机械、纺织等。公立技术学校多为全天性的，更关注技术方面的教学、公民素质的培养；私立技术学校涵盖的培训范围更广。

表 2-4-4 公共资助开设技术课的夜校（免费）

成立年份	学校及学制	学生对象	开设内容	注册学生数（1909—1910 学年）	管理机构及预算
1848 年（1908 年重组）	（波士顿）工业夜校（The Evening Industrial School，Massachusetts）	15 岁且通过初等学校科目考试	作图、工业数学、估算、建筑、建筑绘图、电力、木工、女帽、女装、烹饪等	1269 人入学，164 人毕业	州教育委员会和波士顿学校委员会，当年预算约 1.03 万美元

续表

成立年份	学校及学制	学生对象	开设内容	注册学生数（1909—1910学年）	管理机构及预算
1872年	公共行业夜校（The Public Evening Trade School，Massachusetts）	15岁且具有完成工作的能力	机械作图、建筑作图、手绘、建模	—	洛厄尔学校委员会指导管理，当年运行费3000美元
1908年	斯泰弗森特行业夜校（Stuyvesant Evening Trade School，New York）	已进入行业领域工作的男子	机械作图、基础化学、几何、电力、应用物理等12种技术工作	750人入学	纽约市教育委员会管理，当年运行费1.85万美元
1908年	皮茨菲尔德工业夜校（The Evening Industrial School，Massachusetts）	已就业的男孩和成年男子	木工、车间数学、机械作图	46人入学	学监管理

与技术学校比较而言，公共出资开办的夜校起步较早，但开办数量较少，与私立夜校形成较大反差。在这一点上，公共资助的行业学校可谓后起之秀，虽然起步晚，但是开办数量较为可观。

从表2-4-5可以看出，以密尔沃基男子行业学校为代表的公共行业学校与私立行业学校对受训学生的就业、薪资收入、职业发展都是大有裨益的。以密尔沃基男子行业学校为例，截至1910年4月，共有34人毕业，分别为12名制版师、12名机械师和10名水管工。其中3人担任绘图员，1人在淡季时在铸造厂做管道工，1人继续在行业学校深造，1人进入大学，1人跟父亲做生意，1人刚毕业，其他26人均从事受训行业。这26人平均每周的薪水为20.81美元，具体行业分布为：制版工人每周17.41美元，机械师每周17.89美元，水管工每周29.43

美元，他们进入所在行业的平均时间为18个月。密尔沃基女子行业学校里仅修完部分女帽课程还没毕业的女生都十分抢手，她们在商店和批发商店里的工资比同年龄女性多出50%—100%。①

表2-4-5　公共资助的行业学校（免费）②

成立年份	学校及学制	学生对象	开设内容	注册学生数（1909—1910学年）	管理机构、预算、设备开支
1905年	纽约女子行业学校（New York Trade School for Girls', New York）（40周）	面向初等学校毕业后要工作的人员（未就业的人员免费；已就业的人员支付3美元，接受为期8周的课程或16节课）	—	女装225人，烹饪150人，缝纫125人，女帽130人	—
1906年	费城行业学校（The Philadelphia Trades School, Pennsylvania）（三年制）	完成文法学校学习或未完成八年级学习的15岁及15岁以上的孩子	理论和实践教学：机械绘图、建筑设计、木工等，工业史、文学、物理、化学、经济学等	1908—1909年注册225人（毕业24人）	费城公共教育委员会管理，1908—1909年预算约1.3万美元

① See Carroll G. Pearse, "Should Trade Schools for Youth Above Sixteen Years of Age Be Provided at Public Expense?" (National Society for the Promotion of the Industrial Education, Bulletin No. 15: Proceedings, Fifth Annual Meeting, Cincinnati, Ohio, November 2-4, 1911), p. 215.

② National Society for the Promotion of the Industrial Education, *Bulletin No. 11: A Descriptive List of Trade and Industrial Schools in the United States* (New York: National Society for the Promotion of the Industrial Education, 1910), pp. 23-33.

续表 1

成立年份	学校及学制	学生对象	开设内容	注册学生数（1909—1910 学年）	管理机构、预算、设备开支
1906 年	密尔沃基男子行业学校（The Milwaukee School of Trades for Boys，Wisconsin）	16 岁，可以读写英语、简单计算	模型制造、工作制造、木工、制图、车间数学等	118 人，19 人毕业	1910 年预算 3.1 万美元
1908 年	波特兰行业学校（The Portland School of Trades，Oregon）（三年制）	不小于 14 岁，最好完成文法学校学习或同等学力	机器车间实践、电力、模型制造、木工、建筑设计、英语、数学、科学	138 人	设备费 2.5 万美元
1909 年（1910 年 6 月开学）	州立行业学校（The State Trade School，Connecticut）（两年制）	具备算术和英语知识的 14 岁孩子；已工作的 14 岁以下的孩子	机械师行业、工具制造、模具制造、机械绘图、车间英语、数学、行业交易方法等，晚间课程	25 人	州教育委员会管理，设备开支 1.1 万—1.2 万美元
1909 年	扬克斯行业学校（The Yonkers Trade School，New York）后更名为桑德斯行业学校（Saunders' School of Trades）（两年制）	具有文法学校的文凭或有接受学校开展的工作的能力	一半用于绘画、造铁、传输、制造家具、缝纫、烹饪等实践课程；另一半用于英语、数学、历史、公民素质等通识课程	30 人	欧文·桑德斯（Ervin Saunders）资助 50 万美元，设备开支 1.5 万美元
1909 年	女子行业学校（The Girls' Trade School，Massachusetts）前身是波士顿女子行业学校（Boston Trade School for Girls）	14 岁，会读写英语且略懂手工缝纫	每天 5.5 个小时用于学习女帽、女装、服装机器操作等行业知识，补充学习拼写、商务英语、着色学习设计、卫生等	356 人，118 人毕业	波士顿市学校董事会和州委员会联合资助管理

续表 2

成立年份	学校及学制	学生对象	开设内容	注册学生数（1909—1910 学年）	管理机构、预算、设备开支
1909 年	密尔沃基女子行业学校（Milwaukee School of Trades for Girls', Wisconsin）	14 岁，会拼读英语且会基础计算	女装、女帽，烹饪、料理家务、工业史、英语、车间数学等	142 人	预算 1.5 万美元
1910 年	伍斯特行业学校（The Worcester Trade School, Massachusetts）（四年制）	14 岁，具有操作机械方面的能力或天赋	机械、模型制造、细木工	80 人	市政议会的董事会管理，预算 1.5 万美元，建筑设备开支 12 万美元

通过各州各地区的不断努力，公共资助行业学校发展迅速，数量上很快便可以与私立行业学校相当。诸如威斯康星与康涅狄格等州先后颁布了行业学校的相关法令，以规范该类学校的发展。1898 年，威斯康星州规定，用市政税收来资助开办行业学校。日课上，20 岁以下的本地居民免费，非本地居民每个月交 15 美元；夜课上，本地居民与非本地居民都交 4 美元。康涅狄格州则于 1909 年规定，资助该州每两个乡镇则建立一所行业学校，开展行业艺术、实践方面的教学。

为了更好地利用资源，上述许多行业日校还会同时开设夜校课程，如布拉德福德菲纺织学校、洛厄尔纺织学校、新贝德福纺织学校、克利夫兰的技术中学（俄亥俄州）等，还有一些公共资助的夜校仅仅开展车间实践课程（见表 2-4-6）。

表 2-4-6　公共资助开设车间实践课程的夜校（免费）

成立年份	学校及学制	学生对象	开设内容	注册学生数（1909—1910 学年）
1905 年	剑桥工业夜校（The Cambridge Evening Industrial School，Massachusetts）	15 岁	机器工具、节气作图、建筑作图	250 人入学，15 人获得证书
1905 年	长岛市行业夜校中学（The Long Island City Evening High and Trade School，New York）	已就业人群	车间机器操作、机械作图、高级女装制造、女帽等	1149 人入学
1908 年	纽约女子夜校中学（The New York Evening High School for Women，New York）	接受过 6 年初等学校教育	商业课、职业课、工业艺术、专门课	200 人入学

除上述 3 所夜校外，公共资助开设的车间实践课程的夜校还有马萨诸塞州的夜校（1908 年）、新贝德福工业学校（The New Bedford Industrial School）夜课（1909 年）、斯普林菲尔德行业夜校（1908 年）及费城行业学校等。这些学校与私人开设的夜校一道，提升了青少年的职业知识技能。

与上述强调实践课程的夜校不同，中等工业（Intermediate Industrial）学校、行业预备（Preparatory Trade）学校或职业学校（Vocational Schools）在开展实践操作外，更加注重基本知识的学习。这类学校通过向学生提供基本知识的教学，从而使学生更有优势地进入各行各业。这类学校的课程由两部分组成：书本知识和车间实践，二者按同等比例开展。其中，书本知识内容涉及范围广，如英语、实用数学、工业史、化学等；车间实践主要是围绕预备性质的行业开展。通过学习这两方面内容，学生得以在学成后进入技能型行业领域，或基于通识性、科学知识背景进入工厂做学徒，进而迅速得到提升。这类学校大都由公共资金资助开办，由当地教育委员会或州教育委员会管理，基本上免费向学生开放，向学生提供 2—3 年的教学指导（见表 2-4-7）。

表 2-4-7　中等工业学校、行业预备学校或职业学校相关情况统计表①

成立年份	学校及学制	学生对象	开设内容	注册学生数（1909—1910 学年）
1906 年	哥伦布中等工业学校（The Secondary Industrial School of Columbus，Georgia）	14 岁，达到文法学校七年级的水平	两大类，包括机械艺术和纺织艺术；涉及一定的家政方面科目	100 人，有 26 个毕业生
1909 年	新贝德福工业学校（Massachusetts）	14—18 岁白天工作的孩子，会读、写、说英语	家政、机械艺术	75 人（均为男生）
1909 年	劳伦斯工业学校（The Lawrence Industrial School，Massachusetts）	14 岁以上，完成 6 年公共学校课程	男孩：纺织艺术和机械艺术。女孩：家政和夜课	约 400 人
1909 年	牛顿市独立工业学校（The Newton Independent Industrial School，Massachusetts）	14 岁	几种具体的行业工作（细木工、金属板工、制造模型、机械等）	51 人
1909 年	奥尔巴尼职业学校（The Albany Vocational School，New York）	14 岁，完成六年级课程的 12 岁孩子	男孩：细木工、机械绘画等。女孩：烹饪、女工、女帽等	89 人
1909 年	格洛弗斯维尔高中（Gloversville High School，New York）	—	作为日常高中和文法学校就读的学生的选修学校	—

① National Society for the Promotion of the Industrial Education, *Bulletin No. 11: A Descriptive List of Trade and Industrial Schools in the United States* (New York: National Society for the Promotion of the Industrial Education, 1910), pp. 8-23.

续表

成立年份	学校及学制	学生对象	开设内容	注册学生数（1909—1910 学年）
1909 年	哈德逊工业学校（The Hudson Industrial School，New York）	完成 6 年初等学校课程的孩子	男孩：细木工。女孩：家政	46 人
1909 年	纽约市男子职业学校（The New York City Vocational School for Boys，New York）（两年制）	14 岁及以上	木工、房屋建造、细木工、机械操作、绘图等	252 人
1908 年	罗切斯特工厂学校（The Rochester Factory School，New York）	14 岁，完成六年级课程	提供进入工业领域的预备性教学——细木、电力等	104 人
1909 年	罗切斯特车间学校（The Rochester Shop School，New York）	14 岁左右，完成五年级课程	细木工	41 人
1910 年	家政科学校（The School of Domestic Science，New York）	14 岁左右的女孩，完成六年级课程	女装裁制、女帽制作、烹饪	22 人
1909 年	工业学校（The Industrial School，New York）	14 岁，完成六年级课程	机械绘图、细木工	42 人

上述学校开设的书本科目学习在很大程度上与公共学校七年级至九年级课程相对应，从而在一定程度上弥补了学生们因辍学导致的知识缺乏问题，以增长其从事工作、解决未来生活问题的智慧。这从 1906 年成立的哥伦布中等工业学校可见一斑，该校在成立时便明确指出，其目的是使男孩、女孩做好准备，以明智、有效地服务社会，在商务领域或较为重要的工业领域中具备良好的谋生能力。该校属于公共学校系统的一部分，免费向哥伦布市的居民开放，非本地居民每年收费 30 美元。有关该校的课程安排可见表 2-4-8。

表 2-4-8　哥伦布中等工业学校课程（学术和工业课）安排①

第一年		第二年		第三年	
课程	课时/周	课程	课时/周	课程	课时/周
英语语法	5	英语写作	5	英语古典文学	4
算术	5	代数和几何	5	立体几何和三角学	5
初等物理	5	初等化学	5	高级物理和化学	5
美国史	5	公民素质、西欧史	5	西欧史、经济学	5
自由绘画	1	—		—	
工业课	30	工业课	30	工业课	30

注：每课时为 45 分钟。

从表 2-4-8 可见，哥伦布中等工业学校主要针对机械艺术和纺织艺术两方面开设课程。具体来看，机械艺术的前 6 个月是在木工车间工作，时间上由钳工和木工机械操作平分，涉及木工和细木工，旋木和模型制造，浇筑、锻造机械车间实践，自由绘画和机械制图；纺织艺术是为了培养学生深入掌握从棉花到设计精良的布匹整个过程的实践知识。因此，3 年的纺织课程是层层递进并深化的（见表 2-4-9）。

每个学生毕业之前都会被要求在办公室、车间、工厂这些真实的生产环境中开展工作，学生们在学校车间中生产的商品也都具有商业价值。

① National Society for the Promotion of the Industrial Education, *Bulletin No. 11: A Descriptive List of Trade and Industrial Schools in the United States* (New York: National Society for the Promotion of the Industrial Education, 1910), p. 9.

表 2-4-9 纺织课程课时安排①

第一年		第二年		第三年	
内容	课时	内容	课时	内容	课时
设计	4	设计	4	设计	4
编织	4	编织	8	布匹分析	4
梳棉和纺线	8	梳棉和纺线	4	编织	5
				梳棉和纺线	5
				染色	4

通过上述各类职业培训机构的发展状况可见，各州、地区因为经济发展状况不同，在开展职业教育的积极性上也大不相同。地方物质资源等条件的有限性也在很大程度上限制了职业学校的开展，难以满足青少年就业的普遍需求，职业教育运动联盟逐渐诉诸联邦立法资助，以保障职业教育的开展。

二、《史密斯-休斯法》与青少年公共职业教育制度的确立

从 19 世纪后期起，美国国会便先后颁布了资助兴建农业和工学院的 1862 年《莫雷尔法案》（*Morrill Act*）、资助建立农业试验站的 1887 年《哈奇法》（*Hatch Act*）等，但涉及包括工业教育在内的职业教育的议案一直命运多舛。1906 年颁布的《波拉德议案》（*Pollard Bill*）、1907 年资助中等农业学校和家政教学、机械艺术的《戴维斯议案》（*Davis Bill*）、1910 年的《多利佛-戴维斯议案》（*Dolliver-Davis Bill*）

① National Society for the Promotion of the Industrial Education, *Bulletin No. 11: A Descriptive List of Trade and Industrial Schools in the United States*（New York: National Society for the Promotion of the Industrial Education, 1910）, p. 10.

等先后被搁置或被否决。1911—1912年提倡资助公共中学、开设职业教育、拨款资助农业教育和教师培训等的《佩奇-威尔逊议案》虽然几近成功，却仍因博弈妥协而让位于内容相近、涉及农业推广工作的《史密斯-利弗议案》（*Smith-Lever Bill*）。不过，《史密斯-利弗法》的利益诉求者们因为在这次博弈中的掣肘使得全国援助职业教育委员会在1914年4月2日正式成立并开展工作，进而为《史密斯-休斯法》的通过奠定了基础。从全国援助职业教育委员会的成立到1915年12月《史密斯-休斯议案》（*Smith-Hughes Bill*）提交至国会，再到1917年2月《史密斯-休斯法》的颁布，前后历时近3年，借助工促会搭建的平台所开展的细致调查、讨论为法案的迅速有效实施奠定了基础。[①]

《史密斯-休斯法》是一项资助发展职业教育的法律，其目的是通过联邦与州的合作，推动农业、商业和工业领域中职业教育的开展。[②] 该法的主要内容包括四个方面：第一，联邦政府与各州合作，提供农业、工业、商业和家政教育等方面的师资培训，对职业教育师资培训机构给予资助。州职业教育委员会监督实施职业教育师资培训计划。职业学校和职业科目的任课教师、督学和教长应当达到州职业教育委员会的要求。第二，联邦政府拨款50万美元（1918年）至300万美元（1926年及以后）支付农业科教师、学监、负责人的工资和工业教育教师的工资；拨款50万美元（1918年）至100万美元（1921年及以后）培养工业和农业教育的教师；同时，各州接受联邦资助须提供1∶1的配套经费。第三，成立联邦职业教育委员会（Federal Board for

---

① 参见张斌贤、高玲《艰难历程：〈史密斯-休斯法〉的创制》，《华中师范大学学报（人文社会科学版）》2015年第2期。

② See National Society for the Promotion of the Industrial Education, *Bulletin No. 25: What Is the Smith-Hughes Bill Providing Federal Grants to Vocational Education? And What Must a State Do to Take Advantage of the Federal Vocational Education Law?* (New York: National Society for the Promotion of the Industrial Education, 1917), pp. 19-29.

Vocational Education），开展调查研究，对法律的实施和经费分配进行监督、调查等，利用这些研究结果帮助州政府开办职业学校和职业班，对学生进行农业、工业、商业和家政四个方面的训练。各州成立州职业教育委员会，负责分配各州的职业教育经费、制订职业教育计划并且监督本州职业教育计划的实施。第四，在公共中学开设职业科目，设置供学生选修的职业课程，把传统的专为升学准备的普通中学改为兼具升学和就业双重目的的综合中学。① 1918 年，全国教育协会通过 5 年的调查发布了《中等教育基本原则》（“The Cardinal Principles of Secondary Education”），提议在公共普通学校内部开展职业教育。可以说，这又从理念方面对职业教育在公共中等学校中地位的正当性进行了维护，使得那些对普通教育不擅长或不感兴趣的中学生可以自由地选择自己喜欢或适合的职业接受培训，进而为其顺利地进入工作岗位奠定基础。

截至 1917 年 12 月 31 日，全美 48 个州先后以州议会立法或州长批准的方式接受了《史密斯-休斯法》，并且提交了具体的实施方案。其中，39 个州以立法的形式接受，余下的 9 个州则以州长批准的方式接受该法（州长批准的有效期持续至下一个立法期开始后的 60 天）。联邦职业教育委员会核定批准了这些方案，并且向财政部长确认划拨 1917—1918 财年②的资金。在随后的 4 个月内，48 个州都开展了相关计划。③ 在第一个财年（1917—1918 年），联邦资助的职业学校数量为 1741 所，至第五个财年（1921—1922 年）时已达到 4945 所，几乎是第

---

① 参见张弛、高玲《美国职业教育〈史密斯-休斯法〉中译本》，《中国职业技术教育》2015 年第 30 期。

② 财年（fiscal year）或预算年，是指计算每年财务活动的时间段，每 12 个月为一个财年。《史密斯-休斯法》从 1917 年 7 月 1 日起生效，因此其财年是从当年的 7 月 1 日至来年的 6 月 30 日。

③ See Federal Board for Vocational Education, *Second Annual Report of the Federal Board for Vocational Education* (Washington, D. C. : Government Printing Office, 1918), p. 19.

一个财年的 3 倍。[①]

《史密斯-休斯法》在颁布后便收到褒贬不一的评价。有人认为它是解决青少年辍学、就业的良方，有人认为它只是成功地使为就业做准备成为美国中学的主要功能，使得为工作做准备成为教育的重大原则，使教育改革成为解决国家经济问题的重要方案。[②] 不管评价的立场如何，《史密斯-休斯法》都在很大程度上为青少年的职业培训进行了制度保障，不断改善了 20 世纪初众多青少年在未接受任何职业指导、对职业一无所知的状态下离开学校走上工作岗位的状况。

法案起草人查尔斯·普罗泽亦在《史密斯-休斯法》颁布后阐释道，该法的主要目的是帮助那些辍学的孩子习得公民智慧和职业智慧，使他们能够更好地利用时间和选择职业。[③]

《史密斯-休斯法》通过向各州拨款，鼓励学校开展更为实用的职业性岗位培训，避免较为狭窄的学术课程，从而推动了职业教育在各州的发展。[④] 通过立法，联邦与各州、地方的合作无疑保障了职业教育的开展。法案详细地规定了通过拨款对各州职业教育进行资助，很好地

---

① See Federal Board for Vocational Education, *Third Annual Report of the Federal Board for Vocational Education* (Washington, D. C. : Government Printing Office, 1919), p. 193; Federal Board for Vocational Education, *Fourth Annual Report of the Federal Board for Vocational Education* (Washington, D. C. : Government Printing Office, 1920), p. 190; Federal Board for Vocational Education, *Fifth Annual Report of the Federal Board for Vocational Education* (Washington, D. C. : Government Printing Office, 1921), p. 223; Federal Board for Vocational Education, *Sixth Annual Report of the Federal Board for Vocational Education* (Washington, D. C. : Government Printing Office, 1922), p. 239.

② See Harvey Kantor, *Learning to Earn : School , Work , and Vocational Reform in California , 1880-1930* (Madison: University of Wisconsin Press, 1988), pp. preface ⅳ, 168.

③ See Charles A. Prosser, "Vocational Education under the Smith-Hughes Act," *The Journal of Education* 88, No. 4(1918): 96.

④ See National Commission for Employment Policy, *The Federal Role in Vocational Education* (Washington, D. C. : The Commission, 1981), p. 7.

刺激、鼓励了各州职业教育的发展。这不仅达到了最初帮助辍学生习得职业技能、实现有效就业的目的，还减少了人力资源的浪费，满足了工厂对工人和熟练工人培训的需要，进而得以推动美国的繁荣发展、社会福利的提升及国际竞争地位的提高。

工业教育也在很大程度上完成了工促会成立后赋予其的任务：显著提高那些受训人员的工资水平；给美国在世界市场上一个合适的位置：使美国成为一个在建设、品味和成果方面与世界上其他进步国家旗鼓相当的商品出口国；使孩子们承担起当前那些由外国专家担任的职责并获得对应的薪酬；将当前浪费的材料转变为有价值的副产品；从地球上的物质元素中创造出新的价值，使国家资源日益丰富，人类福祉日益提升。①

结　语

职业教育和职业指导在应对青少年就业问题的同时，也在很大程度上变革着美国的教育和社会。一方面，职业教育、职业指导登上美国公共学校的大雅之堂，与自由教育“平分秋色”，成为自由教育之外的另一个选择。正如哈维·坎特（Harvey Kanter）所述，19 世纪末 20 世纪初的美国人将学校作为青少年工作培训场所的观念促使美国教育发生了一场重大变革。尽管不同的人对职业教育的目的和形式的认识不同，但在不威胁个人财产和阶级结构的前提下，恢复经济运行秩序的愿望将不同的职业改革者联结到一起，从而使为工作做准备成为美

---

① See National Society for the Promotion of the Industrial Education, *Bulletin No. 9: Proceedings*, *Second Annual Meeting*, *Atlanta*, *Georgia* (New York: National Society for the Promotion of the Industrial Education, 1909), p. 131.

国教育的主要功能。[①]

另一方面，公共教育、青少年就业和社会经济发展变革的关系愈发紧密。乔尔·斯普林（Joel Spring）曾指出，20世纪的教育最重要的一项目标，就是使学校成为人力资本开发的场所。使用公共资源开办的学校实施职业教育，并且强调对特定职业的培训，这标志着学校教育使命的重大变革。职业教育使人力资本的培训和发展成为教育体系内的重要组成部分，职业指导也成为学校适应学生需求及课程适应劳动力市场需求的机制。[②] 这种通过学校培养青少年工作能力、开发人力资本的理念使得学校与经济发展的关系更为紧密。人们越来越相信，与其让青少年离开学校、流入劳工市场迎接明显的危害，不如让学校训练青少年为工作做准备，根据他们的能力、兴趣以指导其走上工作岗位，并且满足经济发展的需求。通过开设课程、指导青少年明智地选择课程和职业，学校教育得以不断地帮助青少年有效就业、向社会输送各类人才；反过来，各类职业的人才需求又不断地要求学校开展适当的教育培训，以更好地推动社会经济的运转。

在美国随后的教育变革中，职业教育和职业指导不断占据更为重要的地位；联邦、各州对职业教育的资助亦在随后的职业教育立法中不断扩大，从而在更大范围上、更为有力地保障着青少年有效就业。与此同时，教育对社会、经济问题的反应也愈发及时、敏感。如随着商贸的发展，《乔治-狄恩法》（*George-Deen Act*，1936）规定联邦政府每年拨款约1400万美元资助农业、工业、贸易、家政教育的同时，还资助与市场经济相关的营销、服务等职业科目的教育；为了培训第二次世界大战的退伍军人，适应战后政治、经济形势和就业形势，国会

① See Harvey Kantor, "Work, Education, and Vocational Reform: The Ideological Origins of Vocational Education, 1890-1920," *American Journal of Education* 94, No. 4(1986): 401.

② 参见乔尔·斯普林《美国学校：教育传统与变革》，史静寰等译，人民教育出版社，2010，第323、342页。

又颁布了《乔治-巴登法》(*George-Barden Act*，1946)。事实上，除了这两项职业教育法，美国国会在1917年颁布《史密斯-休斯法》之后，又颁布了一系列职业教育法，如《乔治-里德法》（*George-Reed Act*，1929)、《乔治-埃尔泽法》(*George-Ellzey Act*，1934)、《国防职业教育法》（*Defense Training Act*，1940）、《职业教育法》（Vocational Education Act，1963)、《珀金斯法》[①] 等，美国不断地修订或制定着与时代发展相契合的职业教育法案。这些法律不仅保障了美国职业教育的发展，还在解决社会问题的同时，推动了美国社会的发展变革。

参考文献

一、中文文献

[1] 李剑鸣. 大转折的年代——美国进步主义运动研究［M]. 天津：天津教育出版社，1992.

[2] 里帕. 自由社会中的教育：美国历程（第8版）［M]. 於荣，译. 合肥：时代出版传媒股份有限公司，安徽教育出版社，2010.

[3] 斯普林. 美国学校：教育传统与变革［M]. 史静寰，姚运标，张宏，等译. 北京：人民教育出版社，2010.

[4] 张斌贤，高玲，等. 迎接工业化的挑战：美国职业教育运动研究［M]. 北京：教育科学出版社，2019.

[5] 张斌贤，高玲. 艰难历程：《史密斯-休斯法》的创制［J]. 华中师范大学学报（人文社会科学版)，2015（2)：158-170.

---

① 《珀金斯法》分别为：《卡尔·珀金斯职业教育法》(*Carl D. Perkins Vocational Education Act of 1984*,Perkins Ⅰ)、《卡尔·珀金斯职业与应用技术教育法》(*Carl D. Perkins Vocational and Applied Technology Education Act of 1990*,Perkins Ⅱ)、《卡尔·珀金斯职业技术教育法修正案》（*Carl D. Perkins Vocational-Technical Education Act Amendments of* 1998,Perkins Ⅲ）和《卡尔·珀金斯生涯与技术教育改良法》（*Carl D. Perkins Career and Technical Education Improvement Act of 2006*）。

［6］张斌贤，高玲．英雄与时势：普罗泽和美国职业教育制度的奠基［J］．西北师大学报（社会科学版），2014（6）：5-14.

［7］张弛，高玲．美国职业教育《史密斯-休斯法》中译本［J］．中国职业技术教育，2015（30）：89-92，97.

二、外文文献

（一）期刊论文

[1] BREWER J M. Vocational guidance in school and occupation [J]. The Annals of the American Academy of Political and Social Science, 1916,67(September):54-63.

[2] COOLEYE G. The need for vocational schools[J]. Educational Review,1912,44(December):433-450.

[3] HANUS P H. Vocational guidance and public education[J]. The School Review,1911,19(1):51-55.

[4] KANTOR H. Choosing a vocation:the origins and transformation of vocational guidance in California,1910-1930[J]. History of Education Quarterly,1986,26(3):351-375.

[5] KANTOR H. Work, education, and vocational reform: the ideological origins of vocational education,1890-1920[J]. American Journal of Education,1986,94(4):401-426.

[6] PROSSER C A. Vocational education under the Smith-Hughes Act[J]. The Journal of Education,1918,88(4):96.

[7] POPE M. Jesse Buttrick Davis(1871-1955):pioneer of vocational guidance in the schools[J]. The Career Development Quarterly:Special Section:The 100th Anniversary of Vocational Guidance,2009,57(3):248-258.

（二）专著

[1] AYRES L M. Laggards in our schools:a study of retardation and

elimination in city school systems[M]. New York: Russell Sage Foundation, 1909.

[2] BLOOMFIELD M. Readings in vocational guidance[M]. Boston: Ginn and Company, 1915.

[3] BLOOMFIELD M. Vocational guidance of youth[M]. Boston: Houghton Mifflin Company, 1911.

[4] BLOOMFIELD M. Youth, school, and vocation[M]. Boston: Houghton Mifflin Company, 1915.

[5] BREWER J M. History of vocational guidance: origins and early development[M]. New York: Harper & Brothers, 1942.

[6] CREMIN L A. The transformation of the school: progressivism in American education, 1876-1957[M]. New York: Vintage Books, 1964.

[7] DEAN A D. The worker and the state: a study of education for industrial workers[M]. New York: The Century Co., 1910.

[8] DEWEY J. The school and society [M]. 2nd ed. Chicago: University of Chicago Press, 1900.

[9] HAM C H. Manual training and industrial education up to 1870 [M]. Peoria, Illinois: The Manual Arts Press, 1886.

[10] HAWKINS L S, PROSSER C A, WRIGHT J C. Development of vocational education[M]. Chicago: American Technological Society, 1951.

[11] KANTOR H. Learning to earn: school, work, and vocational reform in California, 1880-1930[M]. Madison: University of Wisconsin Press, 1988.

[12] KLIEBARD H M. The struggle for the American curriculum, 1893-1958 [M]. New York: Routledge Falmer, 2004.

[13] LAZERSON M, GRUBB W N. American education and vocationalism: a documentary history, 1870-1970[M]. New York: Teachers

College Press，Teachers College，Columbia University，1974.

[14] PARSONS F. Choosing a vocation[M]. Boston：Houghton Mifflin Company，1909.

[15] PROSSER C A，ALLEN C R. Vocational education in a democracy [M]. New York：The Century Company，1925.

[16] RICE J M. The public school-system of the United States[M]. New York：The Century Co.，1893.

[17] RICHARDS L S. Vocophy：the new profession，a system enabling a person to name the calling or vocation one is best suited to follow[M]. Marlboro，Mass.：Pratt Brothers，Printers，1881.

[18] SNEDDEN D. The problem of vocational education[M]. Boston：Houghton Mifflin，1910.

[19] WILLIAM R S. Social reform and the origins of vocational guidance；historical account of the social and intellectual forces that produced and shaped the guidance idea in American education between 1890 and 1925 [M]. Washington，D. C.：National Vocational Guidance Association，1970.

[20] WIRTH A G. Education in the technological society[M]. Lanham，MD：University Press of America，1980.

[21] WIRTH A G. Productive work in industry and schools[M]. Lanham，MD：University Press of America，1983.

[22] WOODWARD C M. The manual training school[M]. Boston：D. C. Heath & Co.，Publishers，1887.

（三）报告和论文集、会议集

[1] American Federation Labor. Report of the proceedings of the twenty-seven annual convention of the American federation labor [R]. Washington，D. C.：The National Tribune Company，1907.

[2] Federal Board for Vocational Education. Fifth annual report of

the Federal Board for Vocational Education [R]. Washington, D. C. : Government Printing Office, 1921.

[3] Federal Board for Vocational Education. Fourth annual report of the Federal Board for Vocational Education [R]. Washington, D. C. : Government Printing Office, 1920.

[4] Federal Board for Vocational Education. Second annual report of the Federal Board for Vocational Education [R]. Washington, D. C. : Government Printing Office, 1918.

[5] Federal Board for Vocational Education. Sixth annual report of the Federal Board for Vocational Education [R]. Washington, D. C. : Government Printing Office, 1922.

[6] Federal Board for Vocational Education. Third annual report of the Federal Board for Vocational Education [R]. Washington, D. C. : Government Printing Office, 1919.

[7] National Society for the Promotion of the Industrial Education. Bulletin no. 11: a descriptive list of trade and industrial schools in the United States [R]. New York: National Society for the Promotion of the Industrial Education, 1910.

[8] National Society for the Promotion of the Industrial Education. Bulletin no. 12: legislation upon industrial education in the United States [R]. New York: National Society for the Promotion of the Industrial Education, 1910.

[9] National Society for the Promotion of the Industrial Education. Bulletin no. 25: what is the Smith-Hughes Bill providing federal grants to vocational education? And what must a state do to take advantage of the federal vocational education law? [R] New York: National Society for the Promotion of the Industrial Education, 1917.

[10] National Association of Manufacturers. Proceedings of the Seventeenth Annual Convention of the National Association of Manufacturers of the United States of America, held at New York City, May 20-22, 1912 [C]. New York: Secretary's Office, 1912.

[11] National Association of Manufacturers. Proceedings of the Nineteenth Annual Convention of the National Association of Manufacturers of the United States of America, held at New York City, May 19 and 20, 1914 [C]. New York: Secretary's Office, 1914.

[12] National Education Association. Journal of Proceedings and Addresses of the Forth-Sixth Annual Meeting, held at Cleveland, Ohio, June 29-July 3, 1908[C]. Chicago: The University of Chicago Press, 1908.

[13] National Education Association of the United States. Journal of Proceedings and Addresses of the Forty-Seventh Annual Meeting, held at Denver, Colorado, July 3-9, 1909 [C]. Chicago: The University of Chicago Press, 1909.

[14] National Education Association of the United States. Journal of Proceedings and Addresses of the Forty-Eighth Annual Meeting, held at Boston, Massachusetts, July 2-8, 1910[C]. Chicago: The University of Chicago Press, 1910.

[15] National Society for the Promotion of the Industrial Education. Bulletin No. 15: Proceedings, Fifth Annual Meeting, Cincinnati, Ohio, November 2-4, 1911[C]. New York: National Society for the Promotion of the Industrial Education, 1912

[16] National Society for the Promotion of the Industrial Education. Bulletin No. 16: Proceedings, Sixth Annual Meeting, Philadelphia, December 5-7, 1912 [C]. Peoria, Illinois: The Manual Arts Press, 1913.

[17] National Society for the Promotion of the Industrial Education.

Bulletin No. 18: Proceedings of Seventh Annual Meeting, Grand Rapids, Michigan, October 23-25, 1913 [C]. Peoria, Illinois: The Manual Arts Press, 1914.

[18] National Vocational Guidance Association. Proceedings of the National Vocational Guidance Association being the Fourth National Conference on Vocational Guidance held at Richmond, Virginia, Dec. 7-9, 1914 [C]. Grand Rapids, Mich.: Published by the Association, 1915.

[19] United States Bureau of Education. Bulletin 1914, No. 14: Vocational Guidance, Papers Presented at the Organization Meeting of the Vocational Guidance Association, Grand Rapids, Michigan, October 21-24, 1913 [C]. Washington, D. C.: Government Printing Office, 1914.

[20] United States Bureau of Education. Bulletin 1918, No. 24: Vocational Guidance and the Public Schools [R]. Washington, D. C.: Government Printing Office, 1919.

第三章　教育与女性权利维护

进步主义时期始于1890年，结束于1920年。在进步主义时期，随着城市化和工业化的加剧，美国出现了剧烈的社会和政治动荡，贫富差距迅速扩大，阶级划分带来了严重的社会问题。这一时期，美国女性走出“维多利亚时代”的家庭领域，进入职场，进入学校，参加社会改革，推动社会进步。所有这些事件使得进步主义时期成为美国妇女史上一个特别重要的时期。

当女性登上历史的舞台时，人们开始注意到女性，并关注女性的生存状况。本章主要考察1890—1920年美国女性的政治、经济、生活、教育的状况，以及社会各界和教育工作者为提高女性的政治地位、经济待遇、生活质量、教育水平而采取的努力。第一节主要介绍了美国女性在1890—1920年政治、经济、生活和教育中的状况。第二节主要介绍了社会各界为提高女性政治权利、经济待遇、生活质量而做出的努力，以及所取得的成就。第三节主要介绍了教育为提高女性各方面权利而做出的努力，以及所取得的成就。

第一节　1890—1920年美国女性生存状况

19世纪末20世纪初，经过工业革命的洗礼，美国女性基本摆脱传统女性的种种特征，以现代的女性形象出现在历史的舞台。美国女性的政治状况、经济状况、生活状况及教育状况相比以前有了进步，但这种进步只是和过去相比，相对于这个国家的男性来说，女性依然是“二等公民”，在政治方面，依然没有选举权；在经济方面，女性在就业市场遭受各种不平等的待遇；在生活方面，女性因为无权控制生育而饱受折磨，生存状况堪忧；在教育方面，面对女大学生人数的增加，保守派开始了激烈的反击。

一、政治方面：没有选举权

1890—1920 年，一个工业化、城市化和政治官僚化的现代美国形成了。随着工业化、城市化的发展，妇女的生活领域逐渐从家庭延伸至社会。在这个新的经济生产秩序里，劳动妇女通过自食其力的经济活动逐渐取得自我独立，中产阶级女性组成的各种协会、机构，通过一系列社会改革活动和社会慈善活动赢得主流社会的赞同和尊重。在整个 19 世纪，美国妇女的集体力量一直在增长，这种集体力量在大力推进政治改革和妇女参政的活动中达到了顶峰。[①]

然而，女性在政治生活中依然遭受很多不平等的待遇。在许多方面，19 世纪的美国妇女享有的权利与生活在古罗马时代的妇女一样少。传统社会对女性的控制权从父亲传给丈夫，没有丈夫的签名，已婚妇女就无法拥有财产或签订商业合同。妇女不能投票，她们也不能像男人一样接受教育。美国妇女像是这个国家的“二等公民”，几乎没有合法权利，更没有政治权利。

在 1890 年，美国的很多州依然存有“丈夫庇护”这条法律。在这种条文规定中，妻子只是丈夫的附属品，她用丈夫的姓，她的一切属于丈夫所有，包括她婚前的财产和婚后的经济收入，她不能支配自己

---

① 参见萨拉·M. 埃文斯《为自由而生——美国妇女历史》，杨俊峰译，辽宁人民出版社，1995，第 161 页。

的财产。虽然19世纪末各州的新法律给予妻子们支配自己继承所得的财产和收入的权利，但在当时46个州之中仍有14个州的妻子的收入属于丈夫所有。[①] 有些州，没有丈夫的许可，妻子不能与其合伙人经营买卖。在大多数州里，丈夫有权决定家庭居住的地点。在19世纪末20世纪初，有25%的州的丈夫还不允许妻子自己签订条约，有17个州里，已婚妇女仍然不能享有与其丈夫平等的地产权。

在37个州里，离婚女性没有孩子的抚养权，虽然在许多离婚案件的诉讼中，孩子是被判给母亲的，但这并不是因为女性拥有抚养权，而是因为公众普遍认为，相比父亲来说，母亲会更好地照顾孩子。[②]

在美国的每个州里，各种法律都歧视妇女，其中最严重的是选举法。在有些州里，妇女们可以参加当地的校董事会和市政议会的选举；在怀俄明、犹他、科罗拉多、爱达荷这4个州，妇女们可以参加州和联邦的选举。[③]

1886年，参议员亨利·布莱尔（Henry Blair）首次在国会提出《安东尼修正案》，规定合众国公民的选举权不得被联邦或任何一州以性别原因加以否定或剥夺。该修正案从1886年开始每年提交国会，但屡遭否决。[④]

虽然19世纪的女性在废奴运动、禁酒运动及安置贫民方面为美国社会做出了大量的贡献，她们参与了社会改革，登上了政治舞台，但依然没有获得与男性平等的法律地位，女性依然没有选举权。然而，选举权是维护个人权益最有效的手段。没有选举权，女性的各种诉求就无法通过正式渠道获得重视，她们便更难以在政治领域拥有话语权。

---

① 参见洛伊斯·班纳《现代美国妇女》，侯文蕙译，北京东方出版社，1987，第2页。

② 参见洛伊斯·班纳《现代美国妇女》，侯文蕙译，北京东方出版社，1987，第2页。

③ 参见洛伊斯·班纳《现代美国妇女》，侯文蕙译，北京东方出版社，1987，第2页。

④ 参见张友伦、肖军、张聪《美国社会的悖论》，中国社会科学出版社，1999，第342页。

当美国女性没有选举权时，她们是完全被排斥在州和联邦政府的政治进程之外的，她们作为一个社会群体很少被大家重视，其社会地位也是相当低的。

二、经济方面：就业市场的不平等待遇

1890 年，美国的工业产值首次超过农业产值，1900 年，美国成为世界上最富有的工业国。① 在美国经济加快发展的时代，美国城市功能日臻完善，新增了许多适合女性的就业岗位，女性将活动领域从家庭延伸至社会。很多女性是迫于生计不得不寻找工作，供养自己。有的女性不仅要养活自己，还要依靠微薄的工资去供养整个家庭。女性就业人口从 1870 年的 183.6 万猛增至 1920 年的 863.7 万，女性就业率也从 14.7% 攀升至 20.4%，由此形成了美国历史上第一次女性就业高潮。② 但与此同时，女性在就业中遇到了很多问题，如血汗工厂的恶劣环境；相比男性来说，女性工资更低，职业发展前景惨淡，缺少工会的保护。

进步主义时期血汗工厂的环境恶劣，工人容易罹患疾病甚至危及生命。在马萨诸塞州的劳伦斯的工厂里，女性患上了各种职业病，包括肺结核和肺炎。到 1911 年，劳伦斯纺织厂约 33%的女工工作 10 年就去世了，其中一半的工人还未到 25 岁。工作环境的恶劣导致了女工们的死亡，生产需求的持续增长，使女工们身心俱疲，也造成了各种各样的事故和疾病。③ 在进步主义时期，有超过 40%的女工在纺织厂和

① 参见杨生茂、陆镜生《美国史新编》，中国人民大学出版社，1990，第 229—230 页。

② 参见杨静《社会转型时期美国女性就业特征与影响（1890—1920）》，《史学集刊》2012 年第 4 期。

③ 参见杨馗《美国女性平等就业权司法保护的历史嬗变——以最高法院的相关案例为中心》，《东北师大学报（哲学社会科学版）》2017 年第 2 期。

服装贸易厂中劳作，而这些工厂里存在很多安全隐患，危及女工生命，其中最突出的案例就是三角衬衫厂大火事件。1911 年 3 月 25 日，三角衬衫厂起火，导致 146 人遇难，其中大多数是年轻女性。[①] 火灾发生后，地方检察官将工厂老板以过失杀人罪告上法院。1911 年 12 月 4 日，法院开庭。在法庭上，工厂老板承认，他曾多次封锁逃生通道，目的是防止工人盗窃衣服。三角工厂所在大楼的业主约瑟夫·阿什（Joseph Asch）坚持认为，他的大楼是防火的，并且符合所有的防火规定。因为无法证明工厂老板在起火时知道逃生通道的门是锁着的，法庭最后宣判老板无罪。[②] 纽约州由此成立了一个调查委员会，对纽约州工厂存在较多的 9 个城市进行大调查。结果令他们瞠目结舌，几乎所有工厂都存在安全隐患。

19 世纪 90 年代，社会对职业女性依然存在歧视。在妇女可以承担的工种中，其工资明显低于男性。女性工资低于男性工资的原因是，大多数工厂的女工都是年轻的未婚女性，往往是以临时工的身份出现，临时工的福利待遇明显低于正式工人。调查显示，在所有行业中，大部分工人阶层的妇女工资很低，且工资不足以提供其基本的生活保障。[③] 在对 7 个主要城市的百货商店和零售店的 1655 名女性的调查中，发现 30.8%的女性平均周收入低于 6 美元，66.2%的女性平均周收入低于 8 美元。一项对纽约、芝加哥和费城的百货公司和其他零售店的近 3.6 万名女员工的薪酬的调查研示，26.4%的女性每周薪酬低于 6 美

① See Nancy J. Barrett, "The Struggles of Women Industrial Workers to Improve Work Conditions in the Progressive Era," *Magazine of History* 13, No. 3(1999): 42-43.

② See Nancy J. Barrett, "The Struggles of Women Industrial Workers to Improve Work Conditions in the Progressive Era," *Magazine of History* 13, No. 3(1999): 42-43.

③ See U. S. Department of Labor, *Bureau of the Labor Statistics*, *Summary of the Report on Condition of Woman and Child Wage Earners in the United State* (Washington, D. C.: Government Printing Office, 1916), p. 22.

元，57.5%的女性每周薪酬低于8美元。①

在19世纪末20世纪初，工厂女工很少成为管理人员，白领女性也很少获得提升或担任行政职务，甚至在女性主导的职业中，她们也不能担任领导职务。以教师为例，女性教师享有的升职机会是极其有限的，极少数的女性能够跻身教育管理领域，大学教师和中小学学校的行政管理岗位仍由男性占据。在大学中女教授只占教师总数的7.9%，女性更多的是讲师。在商业领域中职业女性同样处于底层，银行经常雇佣女专家来应对女顾客，但她们基本上担任助理出纳员的职位，而这个职位在银行业中几乎成为女性的主要职位。②

尽管女性在职业中面对各种困境，但美国工会组织并不愿意吸纳女性成员。劳联于1886年成立，其主要任务是为劳工的权利组织罢工。当时劳联的成员几乎都是排外性很强的熟练技术工人。历史学家艾丽斯·哈里斯（Alice Kessler Harris）怀疑到1900年只有3%的工业女工是工会会员。③ 尽管1897—1904年，美国的工会会员人数为原来的4倍，但增加的大多数是白人、男性和熟练的工人。劳联根本没有兴趣来解决女工在工作中遇到的各种问题。劳联的章程中也提到，在工会成员中不允许性别歧视，大多数工会成员名义上也表示赞同，但是因为妇女和男人在不同的工业部门中做着不同的工作，所以工会领导人在划分哪些人是工会的技术工人时，总是轻易地把女工排斥在外，即使女工是技术熟练的工人。④ 妇女被排斥进入工会的其他原因是，对男

---

① See U. S. Department of Labor, *Bureau of the Labor Statistics*, *Summary of the Report on Condition of Woman and Child Wage Earners in the United State* (Washington, D. C.: Government Printing Office, 1916), p. 22.

② 参见周莉萍《美国妇女与妇女运动（1920—1939）》，中国社会科学出版社，2009，第145页。

③ See Alice Kessler Harris, *Out to Work: A History of Wage-Earning Women in the United State* (New York: Oxford University Press, 1982), p. 152.

④ 参见洛伊斯·班纳《现代美国妇女》，侯文蕙译，东方出版社，1987，第62页。

人来说，工会还是一个俱乐部，一个躲避家庭的安全岛，一个可以进行社会交往、逃避日常生活麻烦的地方。工会经常选择在酒吧聚会，这是一种传统的男子交朋会友的场所，加之工人的妻子们也反对其他女性与她们丈夫交往，所以她们认为劳联是纯属“男人”的机构。[①] 在这种情况下，女性几乎脱离了工会的保护，她们的就业权利、工资权利几乎得不到任何保障。

三、生活中的遭遇：无权控制生育的悲剧

一直以来，美国人的生育观念很大程度上受到宗教信仰的影响。自北美殖民地时代起，在天主教的信仰中，结婚实属“上帝的意愿”，世间男女理应彼此结为连理，婚后多生育子女。到了19世纪，人们所持观念依旧保守：女人的主要领域是家庭领域，女性的主要功能是繁衍和养育后代。19世纪末，随着西进运动接近尾声，“拓荒者肩负重担的时期已经过去了”[②]，妇女们希望控制生育，拥有更多的时间。19纪末20世纪初随着美国的工业化、城市化进程加快，女性进入就业领域，尤其希望能够避孕和控制生育，但在西方基督教的伦理思想中社会并不支持避孕和节育，而是把怀孕和生育视为女性的天职。为了防止出现美国总统西奥多·罗斯福及保守派们所谓的“种族自杀”情况，为了更好地控制中产阶级女性的节育行为，1873年美国国会通过了《科姆斯托克法》，该法禁止传播有关节育的信息，禁止通过邮件分发避孕药具，如有触犯，最多可判5年监禁或处以5000美元罚款。美国当时有24个州以这个法律为依据制定了自己的州法，禁止传播避孕知识和

① 参见洛伊斯·班纳《现代美国妇女》，侯文蕙译，北京东方出版社，1987，第63页。

② 转引自洛伊斯·班纳：《现代美国妇女》，侯文蕙译，北京东方出版社，1987，第15页。

节育用品。[①]

尽管有了法律的约束，妇女们还是希望国家能够节制生育。上层阶级妇女并没有受到《科姆斯托克法》的影响，许多人在节育很普遍的欧洲旅行时就已经知道了避孕的知识并且得到了避孕药具，但下层阶级的妇女就没有这么幸运，她们无法获得节育知识和节育措施，她们的家庭规模不断扩大，很难摆脱贫困。许多贫困家庭无力照顾孩子，导致婴儿的高死亡率。大部分劳动妇女一直生活在对怀孕的恐惧中，当她们发现自己怀孕了，她们便想出各种办法制造流产。有的从桌子上往下跳，有的在地板上打滚，有的喝催吐剂。[②] 有些怀孕的女性无奈之下，只好求助于所谓的民间堕胎高手，而这些人为她们提供的堕胎方法包括抬重物、爬树、洗热水澡、从高处跳下、摇晃等。20 世纪早期，纽约市下东区的犹太女性曾采取坐在一锅热气腾腾的炖洋葱上的方法堕胎，还有一些极端危险的方法，包括向孕妇小腹倒热水或热灰，让大蚂蚁咬噬孕妇等。[③]

四、教育中的境遇：保守派的反击

19 世纪末，随着男女合校大学的建立及女子学院的发展，女大学生的数量越来越多，1870 年已有 1.1 万名女大学生进入高等学校，占全体大学生总数的 21%；10 年后女大学生的数量已达到 4 万名，占全体大学生总数的 32%；1890—1910 年，高等学校的女生数量从 5.6 万

---

① See James Reed, *From Private Vice to Public Virtue : The Birth Control Movement and American Society Since 1830*(New York: Basic Books, 1978), p. 36.

② 参见盖尔·柯林斯《美国女人：玩偶　苦力　内助　英雄》，暴永宁、何开松、刘智宏译，东方出版社，2006，第 368 页。

③ See Linda Gordon, *The Moral Property of Women : A History of Birth Control Politics in America*(Champaign: University of Illinois Press, 2017), p. 17.

人发展到14万人，女生占大学生总数的40%。尽管进入大学的女性人数不断增加，但是几十年里，保守派人士从各个方面对女性接受高等教育进行的有力“反击”从未停止。

1873年时，哈佛大学医学院前教职员工、医生爱德华·克拉克（Edward H. Clarke）出版了《教育中的性别：给女孩一个公正的机会》，尽管这本书的标题可能会让人认为爱德华·克拉克提倡女性教育，但实际上他认为女性受教育的程度不应与男子相同，主要原因是教育对女性的健康有害。爱德华·克拉克非常确信，对年轻女性进行高等教育是非常危险的。他认为教育会损害女性生殖器官，而这被视为女性健康的基础。① 爱德华·克拉克从解剖学和生理学的角度详细描述了高等教育是如何危害女性健康的，书中充满了科学术语，而他又是内科医生，这无疑给他的书增添了一种权威的色彩。② 爱德华·克拉克对高等教育造成的女性身体伤害的生动描述，让广大读者感到震惊，以至于该书出版后的几十年里在社会上产生了巨大的影响。1873年，密歇根大学已经实行了3年的男女合校制教育。1873年之后，该校中几乎人人都读过《教育中的性别：给女孩一个公正的机会》，此书曾在该校一天之内售出200本。在整个19世纪末，州立法者和机构领导人就其机构是否向女性提供不受限制的教育方案展开了辩论。对那些已经接纳女性的机构来说，其减少了课程负担或禁止女性进入正规学位课程，这是为了证明对女学生的限制是正当的。威斯康星大学的校董解释说：“国家未来的母亲最好是健壮、精力充沛、健康的妇女，而不

① See Edward H. Clarke, *Sex in Education or, A Fair Chance for the Girls* (Boston: Houghton Mifflin, 1873), p. 123.

② See Tiffany Lee Tsang, "'A Fair Chance for the Girls': Discourse on Women's Health and Higher Education in Late Nineteenth Century America," *American Educational History Journal* 42, No. 2(2015): 4-6.

是因为过度学习而给后代带来疾病的病菌。”[①]

美国历史上第一代女大学生[②]出于各种原因，进入家庭生活的人数较少，作为一个社会群体，她们结婚率较低，晚婚率较高，生育率较低，这引起了保守派的警惕。保守派指责学校使男性女性化、引诱女性远离家庭生活，并且敦促教育工作者纠正这些错误。他们指责受过教育的第一代女大学生应该对维多利亚时代晚期的人口变化负有责任，正是她们导致结婚率下降、婴儿的出生率下降、青少年犯罪，以及新城市工业社会的其他真实或想象中的罪恶。19 世纪末 20 世纪初，哈佛大学校长查尔斯·埃利奥特、西奥多·罗斯福等人将这些变化称为“种族自杀”，并且警告说，“最优秀的阶层”不会自我复制，美国不久将被南欧和东欧移民及其众多后代所统治。[③] 他们认为，学校应该通过教导“新”女性更好地履行传统的家务和配偶职责，帮助解决社会问题。[④] 在美国中西部的一些大学里，由于女性人数已经超过男性人数，研究型大学认为这样会使大学教育“女性化”，降低大学的声誉。于是

---

① Tiffany Lee Tsang, "'A Fair Chance for the Girls': Discourse on Women's Health and Higher Education in Late Nineteenth Century America," *American Educational History Journal* 42, No. 2(2015): 4-6.

② 芭芭拉·所罗门（Barbara Solomon）所著的《与知识女性在一起：美国女子高等教育史》（*In the Company of Educated Women: A History of Women in Higer Education*）一书把 1880—1920 年美国受过教育的女大学生分为三代：第一代女大学生（1880—1890 年的女大学生），也被称为“先锋”一代，她们寻求知识，但仍然按照真正的女人的原则来定义自己；第二代女大学生（1890—1910 年的女大学生），在大众心目中，她们好像是没有任何威胁的“吉布森”女孩；第三代女大学生（1910—1920 年的女大学生），被称为现代女性，她们致力于各种进步主义的改革。

③ See Lynn D. Gordon, "The Gibson Girl Goes to College: Popular Culture and Woman's Higher Education in the Progressive Era, 1890-1920," *American Quarterly* 39, No. 2(1987): 215.

④ See Gail P. Kelly, *International Handbook of Women's Education: 23 the United States* (New York: Greenwood Press, 1989), p. 525.

新的研究型大学限制女性入学，或将她们分开或协调到女子大学。

第二节　促进女性地位提升的各种运动

为提升女性政治地位、解决女性经济方面的不平等待遇问题，以及解决女性生活中的困境，社会各界及各种社会组织都采取了一系列的措施。政治领域方面，全美妇女选举权协会（The National American Woman Suffrage Association）和全国妇女党（National Woman's Party）以不同的斗争形式为妇女获得选举权而努力；经济方面，妇女工会联盟（Women's Trade Union League）、美国劳工部妇女局及其他组织通过组织罢工、促进有利于妇女的立法等活动来提高女性经济地位；生活方面，玛格丽特·桑格（Margaret Sanger）从解放女性的角度提倡的节制生育运动深受女性同胞的支持，拯救了饱受生活摧残的众多女性，促进了女性的进一步觉醒。

一、政治领域的斗争和努力

（一）全美妇女选举权协会：以温和为主的斗争形式为妇女选举权而努力

1890 年，全美妇女选举权协会由苏珊·安东尼（Susan B. Anthony）和伊丽莎白·斯坦顿（Elizabeth Cady Stanton）领导的，主张通过修改联邦宪法的方式达到获得妇女选举权目的的全国妇女选举权协会（The National Woman Suffrage Association ）和由露西·斯通、朱莉娅·豪等人领导的主张首先争取各州修改宪法，然后迫使修改联邦宪法使妇女获得选举权的美国妇女选举权协会（The American Woman Suffrage Association）组建而成。新协会由伊丽莎白·斯坦顿任主席，全美妇女选举权协会成为妇女选举权运动的核心领导机构。全美妇女选举权协会从成立伊始迅速扩大，成员人数由 1893 年 1.3 万人增加到 1910 年的 7.5 万人。[①]

19 世纪末 20 世纪初，协会在卡里·凯特（Carrie Chanman Catt）、安娜·肖（Anna Howard Show）、克雷斯塔尔·伊斯塔曼（Crestal Estaman）、艾丽丝·保罗（Alice Paul）等新一代领导人的推动下，进入了一个全新的发展时期。首先，她们总结以往斗争经验，认为协会缺乏其他妇女组织、俱乐部和公众的支持，而广大妇女本身也对选举权毫不在意，于是她们改变策略，加强宣传，在卡里·凯特等人的领导下，通过演讲、宣传请愿、召集大会的形式，宣传美国妇女对历史的贡献。[②] 她们通过广泛宣传、游说，在州和地方建立了稳定的争取选举权俱乐部。在美国的大城市中，上层妇女加入进来，富裕阶层的捐款增加，活动经费大增；随着安置房运动的展开，全美妇女选举权协会与下层和少数族裔妇女的联系也在加强，一些保守的俱乐部也转而支持妇女选举权运动。至此，争取妇女选举权运动已经从 19 世纪只是少数妇女感兴趣的运动，发展成为一个有着广泛社会支持的、多数妇女认同的政治运动，协会有了广泛的群众基础。[③] 其次，协会通过和平游行的方式争取选举权。1916 年 6 月，全美妇女选举权协会在共和党全国代表大会举办地芝加哥举行了一次规模浩大的示威游行。1 万多名妇女冒着风雨向会议厅前进，《纽约时报》曾报道，当时目睹这种场面的许多政客都声称这是他们见过最有勇气的女性。[④] 最后，美国参加第

---

① See Nancy Woloch, *Women and the American Experience* (New York: Knopf, 1984), p. 336.

② 参见周莉萍《美国妇女与妇女运动（1920—1939）》，中国社会科学出版社，2009，第 50 页。

③ 参见周莉萍《美国妇女与妇女运动（1920—1939）》，中国社会科学出版社，2009，第 50 页。

④ 参见王姝苏《美国宪法第十九条修正案的历史考察及评析》，硕士学位论文，华东政法大学，2009，第 41 页。

一次世界大战后，全美妇女选举权协会以爱国主义为重，决定与政府合作，敦促妇女为美国赢得战争而努力。她们力图用自己的行为向人们证明：对于世界民主和自由事业，女性同男性相比负有同样的责任；而对国内存在的剥夺妇女选举权的不公正现象，她们将坚持不懈地斗争下去，直到胜利为止。[①]

（二）全国妇女党：以激烈的形式为妇女选举权而斗争

全国妇女党由国会联盟（Congressional Union）和妇女党合并而成。在合并为全国妇女党之前，国会联盟和妇女党为妇女选举权进行了激烈的斗争。国会联盟是 1913 年由艾丽丝·保罗和露西·伯恩斯（Lucy Burns）成立的，当时隶属于全美妇女选举权协会，联盟的唯一目标就是争取妇女选举权联邦宪法修正案的通过。参加过英国妇女争取选举权斗争的保罗担任联盟的主席[②]，她深谙妇女选举权运动的技巧，尤其推崇英国激进的潘克赫斯特女权主义，主张不惜一切代价争取妇女选举权。为推动妇女选举权联邦宪法修正案工作的进一步开展，国会联盟主要通过游行为妇女选举权进行斗争，其在伍德罗·威尔逊总统宣誓就职前一天组织了一次游行。1913 年 3 月 3 日，艾丽丝·保罗率领 5000 多名妇女走在街头，一直游行到白宫，声势浩大，引起了不少人的注意，但卡里·凯特等全美妇女选举权协会领导人对艾丽丝·保罗的这种暴力倾向并不赞同，于是双方在 1914 年分道扬镳。[③]

为争取妇女选举权，妇女党于 1916 年成立，由艾丽丝·保罗领导。妇女党采用了更为激进的斗争方式——包围白宫、组织纠察队员、质

---

① 参见王恩铭《20 世纪美国妇女研究》，上海外语教育出版社，2002，第 37 页。

② 参见王姝苏《美国宪法第十九条修正案的历史考察及评析》，硕士学位论文，华东政法大学，2009，第 44 页。

③ 参见周莉萍《美国妇女与妇女运动（1920—1939）》，中国社会科学出版社，2009，第 50 页。

问总统。[①] 1917 年 1 月 10 日，由艾丽丝·保罗等妇女党领袖组织的首批纠察队员包围了白宫，她们安静地站在那里，每人手中拿着一个小木板，上面写着："总统先生，你将为妇女选举权做点什么？为了自由，妇女还要等多久？"[②] 总统和白宫内的官员对这种争取妇女选举权的新颖工作方法感到很奇怪，他们也不知怎样处理这件事，所以在之后的 6 个月里，妇女党成员的行为一直未受到政府的制止。

1917 年 4 月 6 日，美国宣布参加第一次世界大战。1917 年后妇女党和国会联盟合并成为全国妇女党。

全国妇女党把争取妇女选举权和反对帝国主义战争结合起来，她们组织起纠察队并且布置在白宫周围，高举写着"威尔逊皇帝"和"民主应从家做起"字样的旗帜进行游行，揭露政府的伪善嘴脸。她们质问伍德罗·威尔逊当国内妇女不能享有民主的时候，这样的国家怎能在国外为民主而战。[③] 示威活动持续了几个月，引起了政府的恐慌。1917 年 8 月，政府开始逮捕全国妇女党成员，以危害治安罪让她们进入监狱，刑期从几天到 6 个星期，后来延长到 6 个月。在第六十五届国会的第一次会议期间，来自 26 个州的 218 名妇女被捕，97 名被投进监狱。[④] 监狱里的条件极其艰苦：牢房小而潮湿，食品里都是蛆虫。1918 年 10 月，艾丽丝·保罗与一起被捕的同伴开始绝食，以此来抗议监狱恶劣的条件和她们的非法被捕，监狱方面见状开始实行强迫喂食——用管子插进她们的喉咙，然后向胃里灌食物。这种方法太过残忍，以

---

① 参见张华《论美国妇女选举权运动》，硕士学位论文，广西师范大学，2004，第 37 页。

② 张华：《论美国妇女选举权运动》，硕士学位论文，广西师范大学，2004，第 37 页。

③ 参见盖尔·柯林斯《美国女人：玩偶　苦力　内助　英雄》，暴永宁、何开松、刘智宏译，东方出版社，2006，第 415 页。

④ 参见张华《论美国妇女选举权运动》，硕士学位论文，广西师范大学，2004，第 37 页。

至于许多妇女出来后揭露她们在狱中所受的非人待遇。民主党人开始担心他们在 1918 年 11 月的中期选举中会遭到报复，于是被迫放出全国妇女党成员。[①]

（三）宪法第十九条修正案的通过：妇女获得了选举权

全美妇女选举权协会和全国妇女党这两个组织以不同的方式为妇女选举权的获得进行斗争。全美妇女选举权协会以温和的姿态为女性争取选举权，全国妇女党则更为激进。虽然双方互不认同，甚至谴责对方的做法，但由于双方有共同的目标，所以在争取选举权的过程中也能相互呼应。应当说，如果不是温和派和激进派之间的竞争和互补，修正案或许还会推迟数年才能通过。[②]

1920 年 8 月 26 日清晨，美国国务卿发表正式声明，36 个州批准了宪法第十九条修正案，全国 2600 万成年妇女均获得选举权，争取选举权的斗争至此结束。这一修正案的主要内容是：第一项，合众国公民的选举权，不得因性别缘故而被合众国或任何一州加以否定和剥夺；第二项，国会有权以适当立法实施本条。[③] 在合众国政府建立 131 年之后，美国妇女的政治权利终于得到联邦宪法的承认。

虽然全美妇女选举权协会和全国妇女党为妇女获得选举权做出了巨大贡献，但妇女选举权的获得也与其他因素有关。美国参加第一次世界大战对妇女争取选举权的事业来说是一种催化剂。一战中，由于大量男性青年被调到前线，造成劳动力缺乏，大量妇女外出做工，她们或坚持在工厂工作，或志愿到前线参加医疗救护工作，或充当市政

---

① 参见张华《论美国妇女选举权运动》，硕士学位论文，广西师范大学，2004，第 37 页。

② See Anne Firor Scott and Andrew Mackay Scott, *One Half the People : The Fight for Woman Suffrage* (Urbana: University of Illinois Press, 1983), p. 41.

③ 参见王希《原则与妥协：美国宪法的精神与实践》，北京大学出版社，2000，第 310 页。

工人等，妇女出色的表现逐渐赢得了男性同胞的尊重，妇女的个人尊严和社会地位也得到极大提高。伍德罗·威尔逊认为，妇女的支持对赢得战争是至关重要的。[①] 女性在战争中的表现使立法机关确信，女性能够承担公共义务，这为选举权修正案的通过提供了最有利的证据。与此同时，美国国内强大的社会运动也对妇女获得选举权产生了促进作用。声势浩大的进步主义运动是 19 世纪末 20 世纪初推动美国各项运动的动力，妇女争取选举权的运动正好与进步主义运动同步进行，而且成为进步主义运动的一个组成部分。进步主义运动中浓厚的改革气氛和大量妇女的积极参与，为妇女选举权运动壮大声势，使美国政府的决策人不得不对妇女选举权认真考虑。[②]

（四）选举权对女性的意义

妇女选举权是进步主义时期的最大成就之一，它表明妇女能够团结起来，成为一种积极的变革力量，推动历史的进程。妇女选举权的宪法修正案生效后，美国各州针对本州的具体情况对法律进行了不同程度的修订，允许妇女拥有、继承和遗赠财产，对原来的离婚法也进行了相应的修改，以便保障妇女的经济和监护子女的权利，同时妇女在接受高等教育、获得就业的机会等方面的情况也得到了一定的改善。[③] 在 20 世纪 20 年代美国的政治舞台上，出现了两位女州长和一位女国会议员。她们分别是于 1924 年出任怀俄明州州长的内莉·罗斯（Nelly Rose）夫人、于 1925 年出任得克萨斯州州长的米里亚姆·费格森（Miriam Ferguson）夫人、于 1922 年进入美国参议院的丽贝卡·费

① See Nancy Woloch, *Women and the American Experience* (New York: Knopf, 1984), p. 253.

② 参见张友伦、肖军、张聪《美国社会的悖论》，中国社会科学出版社，1999，第 342 页。

③ 参见张友伦《美国通史——美国的独立与初步繁荣》（第 2 卷），北京人民出版社，2002，第 276 页。

尔顿（Rebecca Felton）夫人。尽管这三人担任公职的时间并不长，但她们开创了女性选举的先河，从而为20世纪20年代美国女性解放运动增添了重要的一笔。[①] 政治方面获得平等的同时，20世纪20年代的女性在经济上也获得了更多的机会，妇女所能从事的职业范围得到了很大的扩展。当时的妇女可以驾驶飞机、开出租车、架设电报线路，以及从事深水潜水员和高空作业建筑工的工作等。[②]

二、经济领域的斗争和努力

（一）妇女工会联盟

妇女工会联盟成立于美国劳工联合会1903年的波士顿会议期间，倡导者为玛丽·肯尼（Mary Kenney）和威廉·沃林（William Wallin）。玛格丽特·罗宾斯（Margaret Dreier Robins）在大部分时间任主席，妇女工会联盟是唯一一个致力于联合女工的全国性组织。妇女工会联盟的主要目标有两个，一个是鼓励女工联合，另一个是促进有利于女工的立法，如设定最低工资、工时法规及禁止妇女夜间工作等。[③] 妇女工会联盟拥有《生活与劳工》月刊，在纽约、芝加哥、圣路易斯等大城市有很大影响。工会联盟中的领袖和活动家有不少人是出身中上层的妇女改革家。她们充分认识到社会下层，特别是中下层妇女处境的艰难。妇女工会联盟遵循三管齐下的策略：组织、立法、教育，通过这三种策略支持就业中的妇女。组织是为了让妇女有集体意识，立法

---

① 参见张华《论美国妇女选举权运动》，硕士学位论文，广西师范大学，2004，第41页。

② 参见张华《论美国妇女选举权运动》，硕士学位论文，广西师范大学，2004，第41页。

③ 参见周莉萍《美国妇女与妇女运动（1920—1939）》，中国社会科学出版社，2009，第400页。

是为了让她们克服就业中的劣势，教育是她们学习技能的手段，只有具备了这些条件，妇女才可能获得更好的工作和更多的经济独立。[①] 妇女工会联盟培训了数百名妇女，支持了数千人的工会组织，并且积极参与解决了 1910 年代和 1920 年代的大部分劳工问题。[②]

19 世纪末 20 世纪初妇女工会联盟主要做了以下几个方面的工作。

第一，调查下层阶级，特别是劳动妇女的生活就业情况，以便为她们争取最高工资、最低工时法。在美国历史上，第一次作为资料收集者，并且第一次收集了大量关于女工的生活和工作条件数据的妇女改革家是海伦·坎贝尔（Helen Campbell）。[③] 1886 年，她在《纽约论坛报》上发表了《海尔顿夫人的收入》一文，后来又连续发表了类似的多篇文章，并且整理成集出版，名为《贫困之因：女工，其工作和生活》，对女工的困难处境予以披露。其结论是女工“工资之低，无法生活”。妇女工会联盟和纽约的拉塞尔塞奇基金会对女工工资、工时、工作条件、受雇时间进行过调查，后者于 1907 年出版了六卷本的《匹兹堡调查》。[④]

第二，组织工人进行罢工。妇女工会联盟分会纽约俱乐部领导人玛丽·德里尔（Mary Dreier）在 1909 年指出，通过保护性立法是必要的，但让妇女加入工会组织更重要，“因为我们知道实施劳工法律更大的力量是商业工会，而一个强大的工会能够要求更好的环境、更低的

---

① See Diane Kirkby, “The Wage-Earning and the State: The National Women's Trade Union League and Protective Labor Legislation, 1903-1923,” *Labor History* 28, No. 1(2007): 6.

② See Linda Eisenmann, *Historical Dictionary of Women's Education in the United States* (London: Greenwood Press, 1998), p. 487.

③ 参见张友伦、肖军、张聪《美国社会的悖论》，中国社会科学出版社，1999，第 354 页。

④ 参见张友伦、肖军、张聪《美国社会的悖论》，中国社会科学出版社，1999，第 354 页。

工时”①。正因为这种思想，1909—1910 年在女衬衫生产工厂工人罢工中，妇女工会联盟担任了重要角色。它吸纳了妇女成员，组织 1 万名工人参加游行，抗议逮捕和平纠察者，发动成百上千的志愿者在服装厂外示威。② 1911 年，纽约三角衬衫厂大火之后，妇女工会联盟及其纽约分会分别派遣义务人员和律师支援罢工，为被捕工人缴纳保释金、设立罢工基金等。

第三，妇女工会联盟在立法方面的贡献。1911 年三角衬衫厂发生了严重的火灾，显示工厂环境方面迫切需要改善，并且日益显示只有国家范围的立法才能实现彻底的改革，于是妇女工会联盟把精力投入到为制定与颁布严格的健康与安全法而寻求公众支持上。③ 联盟成员认为，国家在规范劳资关系方面可以发挥更大的作用，所以妇女工会联盟支持国家工业立法，联盟认为通过保护性立法，女工可以获得比试图与个别雇主讨价还价更大程度的公正。④ 妇女工会联盟试图通过立法赋予女性更大的发言权，以确定女性将从事的工作的性质，以及在何种条件下从事这项工作。妇女工会联盟提倡国家保护性立法的目的，是通过建立一个国家是劳动合同第三方的劳资关系体系来提高妇女的经济和政治地位，就业中的妇女特别支持这些保护性立法，因为这有利于保护她们的经济利益。在妇女工会联盟和其他组织的努力倡议下，1896—1923 年，美国有 26 个州颁布了法律，规定了在大多数制造业中

---

① Willian Henry Chafe, *The American Woman: Her Changing Social, Economic, and Political Roles, 1920-1970* (New York: Oxford University Press, 1972), p. 70.

② 参见周莉萍《美国妇女与妇女运动（1920—1939）》，中国社会科学出版社，2009，第 400 页。

③ 参见周莉萍《美国妇女与妇女运动（1920—1939）》，中国社会科学出版社，2009，第 401 页。

④ See Edith Abbott, *The Wage-Earning Woman and the State, a Reply to Miss Minnie Bronson* (Conn.: Research Publications, 1911), p. 8.

就业妇女的工作时间、工资、卫生和安全条件。①

第四，妇女工会联盟为女性工人创建了培训项目。各地的妇女工会联盟分支机构提供各种教育项目，为鼓励女性成为工会工人和组织者，提供了一系列关于会议程序、公开演讲的课程。妇女工会联盟最大的教育事业是1914年在芝加哥为女性创立培训学校，学校提供一年的培训学习，并且可以解决学生的住宿问题，学生在学校学习一系列课程和进行实地调查。在学业方面，学生学习劳动史、劳资关系、劳动立法、贸易协定和沟通技巧；在实地调查方面，学生关注与工会组织有关的行政问题。学生们从工会获得全额奖学金。尽管学校确实培训了相当数量的女性组织者，但没有取得长期的成功，主要是由于缺乏持续的资金等。几年内，全年课程减少到6个月。②

（二）美国劳工部妇女局

1918年，美国劳工部建立了工厂妇女服务局（The Women in Industry Service），由玛丽·克里克（Mary Van Kleeck）负责，玛丽·安德森（Mary Anderson）为副手。工厂妇女服务局主要对女工的工作状况进行调查，完善对女工的保护性立法和实现男女同工同酬。尽管工厂妇女服务局并没有在这几个方面取得成就，但其提出了“妇女就业推荐标准”，包括8小时工作日、48小时最大周工时、45分钟的用餐时间、在每个工作单位中间10分钟的休息时间，还有同工同酬、禁止在每天的22点到次日6点之间的工作等。1920年，玛丽·安德森担任

① See Diane Kirkby, “The Wage-Earning and the State: The National Women's Trade Union League and Protective Labor Legislation, 1903-1923,” *Labor History* 28, No. 1(2007): 7-9.

② See Linda Eisenmann, *Historical Dictionary of Women's Education in the United States* (London: Greenwood Press, 1998), p. 489.

妇女局局长。[1] 该局的主要任务是制定标准和政策，以促进有薪妇女的福利，改善她们的工作条件，提高其工作效率，并且增加她们的就业机会。

工厂妇女服务局成立后，其重点工作为对女性进行保护性立法。首先，调查妇女的工作时间。工厂妇女服务局对 2608 个工厂中 233 288 名女工的工作时间进行调查后指出，在最低法律标准存在的州中，大多数妇女工作超时，其中亚拉巴马州有 63%的女工、佐治亚州有 68%的女工一周工作时间超过 54 小时。[2]

其次，调查女性的夜间工作对其身体健康的影响。1920 年工厂妇女服务局对堪萨斯、艾奥瓦、新泽西、南卡罗来纳、佐治亚、亚拉巴马、密西西比、田纳西、弗吉尼亚、肯塔基等州的妇女夜间工作情况进行调查后发现，从事夜间工作对女性的健康有较大的损害，尤其是已婚妇女。她们总是筋疲力尽、面色苍白、眼窝深陷。[3]

工厂妇女服务局对妇女的工作环境、对其身体健康的威胁作了很多调查。如爱丽斯·汉密尔顿（Alice Hamilton）博士对橡胶工厂中使用的化学物品、面粉产品漂染中使用的溶剂进行调查，发现女工比男工更容易中毒，而这一点对其后代的毒害更是显而易见。[4]

1920 年为改善就业女性的处境，工厂妇女服务局对企业中同工不同酬、女工低工资情况展开调查。纽约工厂妇女服务局理事内莉·斯华兹（Nellie Swartz）以供求规律为例，指出许多妇女把工作视为婚前

① 参见周莉萍《美国妇女与妇女运动（1920—1939）》，中国社会科学出版社，2009，第 376 页。

② 参见周莉萍《美国妇女与妇女运动（1920—1939）》，中国社会科学出版社，2009，第 377 页。

③ 参见周莉萍《美国妇女与妇女运动（1920—1939）》，中国社会科学出版社，2009，第 377 页。

④ 参见周莉萍《美国妇女与妇女运动（1920—1939）》，中国社会科学出版社，2009，第 378 页。

暂时的过渡，社会上长期歧视妇女并反对妇女参加工作，男性对女性参与竞争表现出嫉妒与害怕，这三点是造成男女工资差异的主要原因。玛丽·安德森则指出，最有害和最持久的原因是“零用钱”理论，此理论认为妇女由男性供养，她们是为额外的收入而工作，但工厂妇女服务局经过调查后发现，多数家庭贫困的女工，其丈夫的收入很少，妇女也需要供养家庭，而此时女工工资又普遍偏低，往往入不敷出。①

虽然工厂妇女服务局的宗旨不是制定相关法律，但它对提高妇女的经济权益有重要作用。第一，它支持劳动立法，保障妇女拥有良好的工作条件和工作环境。第二，作为一个信息机构，它的作用是向决策机构和就业中的妇女传播信息。在整个 20 世纪，工厂妇女服务局协助制定了很多政策和计划，并且持续分析了妇女就业的长期趋势。

（三）其他工会组织

消费者同盟为提高女性经济地位做出了很多努力。消费者同盟建立于 1890 年，目的是通过消费者的抵制活动来改善商店女售货员的工作条件。在消费者同盟成员的共同努力下，在 1908 年马勒诉俄勒冈案中，联邦最高法院支持了妇女最长工时限制法。到 1914 年，全国有 27 个州通过了限制女工工时的法律。1917 年，39 个州的法律都限制了女性的工作时间。

国际女装工人工会为提高女性的经济地位，也做了很多的努力。1920 年代之前，国际女装工人工会曾经为改善工作条件举行过几次有影响的罢工，扩大了工会影响。1909 年 11 月 23 日，工厂工人们在国际女装工人工会的号召下进行罢工，反对血汗工厂的工作环境，到第二天晚上，已有 2.5 万名服装工人参加了罢工。由于大多数罢工者是妇女，她们悲惨的遭遇很快获得公众的同情，罢工最终取得胜利，雇主

---

① 参见周莉萍《美国妇女与妇女运动（1920—1939）》，中国社会科学出版社，2009，第 379 页。

规定一周工时 52 小时，限制了加班加时，并且采取措施把工作扩大到淡季。国际女装工厂工会的罢工显示了妇女在劳工运动中的潜力，也促进了工会的发展，国际女装工人工会从罢工前只有几百个成员的小工会，成长为成员超过 10 万人的庞大组织。1911 年纽约市三角衬衫厂失火，导致 146 名雇工死亡，该工会促使当局调查事故的原因，并且最终通过了新《工厂法》，改善了工人的工作条件，国际女装工人工会因此获得了更广泛的支持。①

三、社会生活方面的斗争和努力：玛格丽特·桑格的节制生育运动

节育运动（Birth Control Movement）可以看成是计划生育（Planned parenthood）的前身，美国的节育运动最早是由玛格丽特·桑格提出来的。她从女性解放的角度提倡节育，最主要、最直接的目的就是拯救痛苦中的千千万万女性。

玛格丽特·桑格的母亲是一位典型的贤妻良母，在她母亲短短的 40 年生命中共计怀孕 18 次，每一次的妊娠都损伤了她孱弱的身体。母亲的病逝对玛格丽特·桑格的触动很大，她决定要去拯救像她母亲一样命运悲惨的女性。当时的美国每年大约有 200 万人非法流产，许多妇女因此丧生，还有 2.5 万人死于分娩，另外一些妇女则因经受不了接连怀孕的痛苦，走上了自杀的道路。② 玛格丽特·桑格早年间的职业是护士，这也使她有很多机会观察到频繁怀孕、生育对妇女身体健康的危害，一些女性接受不正规堕胎手术所受到的身体摧残，以及当孩子过

① 参见周莉萍《美国妇女与妇女运动（1920—1939）》，中国社会科学出版社，2009，第 346 页。

② 参见张倩红《试论玛格丽特·桑格的节育理论及其对中国的影响》，《河南大学学报（社会科学版）》1992 年第 4 期。

多时母亲所承受的贫困的痛苦。为了拯救这些女性，玛格丽特·桑格把节育当成一项毕生使命去奔走呼告。

为此，她通过创办刊物、撰写小册子、成立诊所等方式，宣传节育知识，提倡女性权利。1912 年，玛格丽特·桑格在报纸上开辟专栏，宣传工人阶层家庭进行节育的益处，并且直白地探讨生理知识，例如如何预防性疾病等。玛格丽特·桑格提出，女性获得节育知识，支配自己的身体，是最为重要的权利。她认为，工人阶层的妇女如果无法获得节育知识，无法由自己决定是否为人母，那么就永远没有自由。妇女需要为之做饭、洗衣和操心的孩子越少，就有更多的闲暇时间阅读、思考和自我提高……女性的首要自由就是支配自己身体的权利。不论结婚与否，是否生育子女，都由女性自己决定，只要她乐意并觉得合适。所有这些权利都以节育方法为中心，每一个女性都有权获得这些知识。[①] 1916 年，玛格丽特·桑格在纽约布鲁克林创办了第一个节育诊所。次年，全国生育联盟也在纽约成立。玛格丽特·桑格在节育诊所工作的过程中甘愿冒着触犯法律的危险，也要宣传节育和堕胎技术，并且颇有成效，受到许多妇女的欢迎。20 世纪 20—30 年代，节育诊所在全美各地陆续出现。[②]

节育运动的发起也曾遭到社会的种种反对，美国甚至出台了《科姆斯托克法》来阻止“种族自杀”的现象，玛格丽特·桑格也因此多次被捕入狱。然而，玛格丽特·桑格的节育运动符合广大妇女的愿望。妇女节制生育首先改变了女性在家庭中的角色和地位。女性不再是单纯的生育工具和男人的附属财产，她们有独立的生活和工作。其次节制生育使得妇女获得了生育子女的主动权，生育的数量和时间得到了

---

① 参见曹鸿《道德与权利的博弈——美国科姆斯托克法的出台、实施和所引发的社会政治斗争》，《史学月刊》2013 年第 8 期。

② 参见张友伦、肖军、张聪《美国社会的悖论》，中国社会科学出版社，1999，第 362 页。

有效控制。之前，妇女只能作为生育的工具，生育的时间、是否生育都是由她们的丈夫来决定。节育运动的发展与推广，致使家庭中生育子女的数量下降，家庭规模开始缩小。数据显示，到了1850年，每个家庭平均有5.42个孩子，1890年为3.87个孩子，1900年为3.56个孩子，到1930年只有2.5个孩子。[①] 家庭中生育子女的数量减少了，家庭规模得到了有效控制，人均消费和经济水平就会有所提高，每个家庭的生活水平也有了较大的改善。[②]

玛格丽特·桑格在《节育主义》一书中，也提到了将工业妇女的节育和劳工运动结合起来，成为女权主义运动有力的一面旗帜。节育运动的发起，也是对女性性自由的一种解放，她们可以自主决定对自己身体的控制，拒绝不合理的性要求。此外，女性自主决定生育，也缓解了她们对妊娠事故的恐惧，使她们可以更坦然地享受女性的生活乐趣。节育运动促进了女性的进一步觉醒，使得女性从不断的怀孕和生育过程中解脱了出来，对于自己的生活有了选择的时间和精力，也滋生出女性对于闲暇、文化和家庭以外的大千世界的渴望。

第三节　教育领域为提升女性权利的努力

面对女性在政治、经济、教育、生育等方面的不平等待遇，教育领域并不是消极地适应这些变化，而是采取主动姿态，为提升女性各方面权利而努力。在初等教育方面，通过义务教育法的实施，女性普及了基础教育；通过公立中学运动，中学女学生人数不断增长，甚至一度超过男生人数，并且促进了女教师人数的增长。在高等教育方面，

---

① 参见张聪《十九世纪末二十世纪初美国中产阶级妇女走向社会的动因和问题》，《美国研究》1993年第3期。

② 参见刘晓娟《19世纪末20世纪初美国妇女节育研究》，硕士学位论文，上海大学，2014，第38页。

通过女子学院、男女合校的大学及附属于大学的女子分院的开办，女大学生的人数在进步主义时期达到了鼎盛，女生们通过在大学的学习和参与各种活动，创建了各种社团和俱乐部，并且积极倡导服务社会的观点及参与政治的理念。女大学生加强了相互间的联系，增长了见识，拓宽了视野，自我意识进一步觉醒。19世纪末20世纪初，大学纷纷向女性开放了研究生教育，女性在学术上取得了卓越的成绩。在职业教育方面，面对保守派的反击和女工血汗工厂的遭遇，教育学家及进步主义改革者提倡家政学、工业贸易教育和商业教育。学校通过不同种类的职业教育和职业培训，满足了不同层次女性的要求，提升了女性就业中的职业技能。

一、义务教育法的实施

南北战争后，政府的教育活动逐渐从国家层面转向州层面，这一时期，各州相继通过了义务教育法。到1890年，有27个州通过了义务教育法，至1918年，当时联邦内的48个州都通过了义务教育法。[①] 随着义务教育法的通过，入学人口不断增加，关于是否要在城市学校系统中实施混合性别教育一直是个颇有争议的话题。对那些乡村学校而言，由于学生数量有限，实现混合教育是可行的，但在城市，由于学校及学生数量众多，男女分校和分班问题就自然受到更多关注。在一些有着公共教育传统的东部城市，单一性别学校数量较多，不过并无成文规定要求其必须施行性别教育。实际上，根据公共学校的基本原则，是不允许施行“性别隔离”的。在其他一些城市，那些在平民学校运动中建立起来的学校，一般施行的是混合性别教育。在这类学校

① 参见韦恩·厄本、杰宁斯·瓦格纳《美国教育——一部历史档案》，周晟、谢爱磊译，中国人民大学出版社，2009，第238页。

中，男孩和女孩可以在同一个班级中学习同样的课程。19 世纪后半期，公众围绕是否实施混合性别教育的问题，争论之声不断，但是到了 19 世纪 90 年代，在整个国家的城市学校系统中，混合性别教育逐渐成为主流。① 义务教育法的施行，以及在教育系统中混合教育的实施，使美国女性普遍接受了基础教育。尽管各州的教学质量不一样，但能够接受基础教育的女性人数大大增加。

二、公立学校运动对女性教育的影响

19 世纪 30 年代，受社会和经济等因素巨变的影响，美国公共教育制度逐步建立起来。公共教育制度的建立得益于公立学校运动的开展，该运动是由被称为“美国公立学校之父”的贺拉斯·曼，以及其他有识之士推动的一项旨在依靠公共税收维持、由公共教育机构管理、面向所有公众的免费的义务教育运动。随着公立学校运动的深入开展，教育领导体制在各州逐渐建立起来，各州也制定了征收教育税的办法。②

公立学校运动在提升女性的教育权益方面起到多方面的作用。首先，美国公立学校运动的两位主要代表人物贺拉斯·曼及亨利·巴纳德，都是女子教育的积极倡导者。他们相信，女性的受教育程度可影响其后代的发展，因此他们认为，妇女应该和男性一样享有受教育的权利，而他们所设想的公立学校也是面向包括男孩和女孩在内的所有孩子。在这样的思想指导下，19 世纪早期的美国公立学校都是实行男女合校制教育，只是当时并没有出现男女合校制的说法，而是采用了“相同教育”的说法。在公立学校提供的普通教育中，男孩和女孩在同

① 参见韦恩·厄本、杰宁斯·瓦格纳《美国教育——一部历史档案》，周晟、谢爱磊译，中国人民大学出版社，2009，第 243 页。

② 参见李莹《美国女子高等教育的早期发展》，硕士学位论文，山东师范大学，2016，第 13 页。

一间教室中上课，课程大体一致，但还是有些课程存在男女差异。由于男女合校制在美国普通教育中已然成型，故19世纪70年代在各方的推动下，美国普通教育实施男女合校制完全合法化。[①] 很多家长因为公立学校的免费性质而愿意将女孩子送入学校学习。公立学校运动使女性进入学校，而且女学生人数不断增长。到1890年，注册的中学生中有57.6%是女生，中学毕业生中有64.8%是女生，女生人数均已超过男生人数。公立学校中的男女合校制的实施是有效的，办公室职位大致要求员工接受过高中教育，能够较好地掌握和运用英语。1870年，只有2000名女性从事办公室工作，仅占全体办公室文员的2%，而到1920年，女性占据了全部文员职位中的45%[②]，这使得办公室文员这一职业成为最受中产阶级女性欢迎的职业。其次，随着公立学校的不断扩张，教师紧缺成为公立学校运动面临的一大难题，运动的倡导者们普遍认识到培养女教师的重要性。"公立教育旗手"贺拉斯·曼曾多次于不同场合提出大力培养女教师的问题，并在《第七次教育年报》中加以强调，贺拉斯·曼从现实需要和女子的天性出发，详细论证了大量吸纳女教师的必要性与可行性。一方面，这刺激了女子学院、女子师范学校的规模扩大；另一方面，又督促这些机构不断提高教育质量和教学水平。[③] 女教师的人数从1870年开始就超过了男教师，在1912年，女教师已经占到总教师人数的72.8%。[④] 最后，由于19世纪美国公立学校的普遍发展，女性接受了较为普及的初等和中等教育，这为她们进一步接受高等教育奠定了基础。

---

① 参见高惠荣《美国女子高等教育史研究》，博士学位论文，华东师范大学，2007，第23页。

② 参见史蒂文·迪纳《非常时代：进步主义时期的美国人》，萧易译，上海人民出版社，2008，第147页。

③ 参见丁坤《美国女子高等教育史：1837—2000——女性主义视角》，博士学位论文，河北大学，2016，第20页。

④ 参见欧阳祖经《欧美女子教育》，商务印书馆，1926，第68页。

三、高等教育为提高女性权利做出的努力

高等教育并没有一个明晰的概念界定。若以中世纪大学的产生时间作为开端，那么高等教育发展至今已有800多年的历史，若以资产阶级革命后的德国哈勒大学成立时间为起点，则距今已有321年的历史。教育史学家们一般认为女子高等教育是以1837年美国俄亥俄州的奥柏林学院开始招收女学生为肇始①，这也表明教育中的性别不平等是一个较为普遍的趋势。女性追求教育权利平等的过程，必然困难种种，阻力重重，充满着艰辛。高等教育的发展和推广，帮助女性增长了见识，拓宽了视野，鼓舞了其将不可能变为可能的勇气。在美国女子高等教育的发展历程中，女性可以通过三种方式进入高等教育领域接受教育，分别为独立的女子学院、男女合校制大学及附属于大学的女子分院。

（一）女子学院为提高女性教育权利所做的努力

进步主义时期，美国日渐开明的社会风气和价值观的变化对女性生活产生了明显的影响，她们越发追求真正意义上的高等教育。许多女性纷纷走出家门，进入高等教育领域。女子学院由于性别单一，被人们认为是保持女性特质的最好场所，所以在人们思想转换的年代里，女子学院成为许多家长为女儿首选的高等教育场所。

1865年，瓦萨学院成立，1894年，韦尔斯利、布林·莫尔、拉德克利夫、巴纳德和史密斯学院开业，同年霍利克女子神学院转为学院。这些学院专门为女性开设，被称为“七姐妹学院”。这些学院率先向女性提供强有力的古典课程，取消了预科，建立了本科及其以上的大学

---

① See Linda Eisenmann, *Historical Dictionary of Women's Education in the United States* (London: Greenwood Press, 1998), p. 13.

教育，并且为大部分女性提供了教授职位。[①]

1865年，瓦萨学院的创办是美国女子学院发展的一个重要里程碑。该校在创办之初就采用男校的模式开设所有课程。瓦萨学院的创建者马修·瓦萨（Mathew Vassar）希望他的新学院像哈佛、耶鲁和普林斯顿大学一样卓越。[②] 与同时代的男子大学相同，瓦萨学院努力均衡传统文科课程与自然、社会科学、现代语言文学等课程的关系。在其公共课程中就能体现这一特点，公共课程包括哲学、数学与天文学、古代语言和现代语言课程等一些新学科。瓦萨学院对女生的身体训练非常严格，为保证大学女子比普通女子的身体更加健康，瓦萨学院特别重视体育课程。在课程学习方面，瓦萨学院还表现出对社会问题的关心，因为瓦萨学院师生始终坚持一种信念，即女生无论在任何方面都要与男生平等或者超过男生，受过大学教育的妇女对社会和整个女性群体负有特殊使命，因此她们对一些反映社会问题的课程尤为关注。[③]

韦尔斯利学院也渴望与任何男子学院平起平坐。[④] 韦尔斯利学院的创始人亨利·杜兰特（Henry Durant）认为，女性能够胜任男性课程，并且希望女性通过参与课程学习来证明。[⑤] 亨利·杜兰特认为，女性教育是一场更大规模的女性权利斗争中的一部分，这场斗争深植于人类

---

① See Linda Eisenmann, *Historical Dictionary of Women's Education in the United States*(London:Greenwood Press,1998),p. 13.

② 参见金莉《十九世纪美国女性高等教育的发展轨迹及性别定位》，《美国研究》1999年第4期。

③ 参见李捷《美国进步时代的女子高等教育》，硕士学位论文，河北大学，2001，第11页。

④ See Helen Lefkowitz Horowitz, *Alma Mater: Design and Experience in the Women's Colleges from Their Nineteenth-Century Beginnings to the 1930s*(New York, NY: Knopf, 1984), p. 67.

⑤ See Helen Lefkowitz Horowitz, *Alma Mater: Design and Experience in the Women's Colleges from Their Nineteenth-Century Beginnings to the 1930s*(New York, NY: Knopf, 1984), p. 69.

正义的伟大运动之中。亨利·杜兰特将韦尔斯利学院设想为“女性哈佛”，表明女性可以“摆脱并最终否认脆弱和装饰性的女性气质”①。韦尔斯利学院比其他女子学院迈出了更为重要的一步，学院拥有一位女校长，即年轻而富有魅力的爱丽丝·弗里曼（Alice Freeman）。此外，学院的教职员工完全由女性组成，董事会上有大量的女性代表。② 韦尔斯利学院向世界证明了女性可以管理自己的大学。③ 也许是因为在其他女子学院取得成功后开办的，1881 年成立的布林·莫尔学院有机会塑造自己独特的制度特征，成为女性智慧的贵族典范。④ 玛丽·托马斯（Mary Carey Thomas）给布林·莫尔学院留下了持久的印记，把严谨的学术精神塑造成为布林·莫尔学院的核心使命。⑤ 作为第一个拥有博士学位的女性，玛丽·托马斯希望学院培养学者，最好是未来的教授，而不仅仅是培养有教养的女性。她希望布林·莫尔学院的女生，能像英国的牛津和剑桥大学培养的男性一样出名和受人尊敬。玛丽·托马斯认为，女性受教育程度应该与男性相同，以此证明女性的心智能力与男性的心智能力是相等的。玛丽·托马斯拒绝为女性开设家政课程，并且试图教育女性具有独立的思想和人格、永远不屈服于传统观念等

---

① Patricia A. Palmieri,"There Was Fellowship: A Social Portrait of Academic Women at Wellesley College, 1895-1920," *History of Education Quarterly* 6, No. 23(1983): 195-207.

② See Patricia A. Palmieri, *In Adamless Eden: The Community of Women Faculty at Wellesley*(New Haven: Yale University Press. 1995), p. 89.

③ See Patricia A. Palmieri,"There Was Fellowship: A Social Portrait of Academic Women at Wellesley College, 1895-1920," *History of Education Quarterly* 6, No. 23(1983): 195-207.

④ See Wein and Roberta,"Women' s Colleges and Domesticity, 1875-1918," *History of Education Quarterly*, No. 14(1974): 32-43.

⑤ See Wein and Roberta,"Women' s Colleges and Domesticity, 1875-1918," *History of Education Quarterly*, No. 14(1974): 32-43.

特征。①

女子女院一方面几乎照搬了多数精英男子学院的经典课程，另一方面在招生标准上也向后者看齐。这些精英女子学院的课业水准高，其为年轻女子提供了高质量的博雅教育，竭力证明女性有能力接受与男性同等的教育，其对美国女子高等教育的发展有着至关重要的作用。这些学院允许学生成立自治社团、举办运动会、建立各类校内组织，而这些是原本只有男性才拥有的权利；学院为学生设置的课程还涉及社会学、经济学及其他社会问题研究；在校学生们还以历届毕业生和女教员为典范，积极探索除教师行业以外的各类适合女性的职业。1912 年在纽约城建立的女性职业所，就是东部的女子学院为学生们提供职业咨询与联合性服务的机构。此外，包括女性参政运动的社会改革、政治活动等，都成为该时期女子学院校园生活的重要组成部分。②这些精英女子学院被视为潜在的、激进的社会变革力量。

19 世纪末 20 世纪初是美国四年制女子学院发展最快的时期。1930 年，美国共有 81 所独立的四年制私立女子学院（不包括天主教学院），其中建于 1860 年之前的有 14 所，建于 1861—1880 年的有 15 所，建于 19 世纪最后 20 年的有 27 所，建于 1900—1920 年的有 20 所，建于 1921—1930 年的则只有 5 所。③ 女子学院良好的办学声誉吸引了更多父母将其女儿送入女子学院。以史密斯学院为例，1875 年创建之初，学校只有 14 名学生，到 1910 年时，已达 1635 人，进步时代末期，登记

---

① See Wein and Roberta, "Women' s Colleges and Domesticity, 1875-1918," *History of Education Quarterly*, No. 14(1974): 32-43.

② 参见李捷《美国进步时代的女子高等教育》，硕士学位论文，河北大学，2001，第 10 页。

③ See Mabel Newcomer, *A Century of Higher Education for American Women* (New York: Harper Press, 1959), p. 36.

人数已逾 2000 人。[①] 1890—1910 年，女子学院的入学率增长了 348%。[②]

女子学院的建立给美国女性提供了平等的接受高等教育的机会，学院的创立与发展在提升女性的受教育水平方面发挥着重要的作用。第一，实现了将高等教育环境引入女性教育之中。第二，确保了女性在所有学科领域中受教育的机会，包括那些传统上不欢迎女性的学科。第三，出现了各种妇女社团。第四，创造了发展女性之间深厚而持久友谊的场所和时间。[③] 第五，提升了女性的文化水平，扩宽了女性的视野。第六，宣扬了男女平等的思想，指出女性和男性具有同等的智力水平，女性也可以同男性一样通过自己的努力取得相应的成就，进一步促进了女性意识的觉醒。

（二）男女合校制大学为提高女性教育权利的努力

合校教育（Coeducation）是相对于单一性别教育（Single-Sex Education）而言的。由于历史和文化传统的原因，西方国家早年并不向女性开放正规学校教育，教育的性别隔离乃是一种常态，随着公立学校运动的推进，美国的初等和中等教育逐渐实现男女合校。不过，对高等教育而言，合校进程要艰难很多。南北战争前，美国社会普遍认为男女有别，将成年男女聚在一起进行教育会降低两性之间的神秘感，影响女性的魅力，甚至出现“道德问题”。虽然女子学院的巨大成功已经证明了女性拥有接受高等教育的潜力，但男校普遍认为招收女生会降低学校的教育质量，对学校声望产生消极影响，合校俨然被视

① 参见李捷《美国进步时代的女子高等教育》，硕士学位论文，河北大学，2001，第 18 页。

② See Ana M. Martinez Aleman and Kristen A. Renn, *Women in Higher Education: An Encyclopedia* (CA: ABC-CLIO, Inc., 2002), pp. 62-63.

③ See Hockenbery and Jennifer, *Taking Women Seriously: Lessons and Legacies for Educating the Majority*. (Washington, D. C.: American Council on Education, 1998), p. 74.

为降低学校声誉的行为，因而推行合校的大学寥寥无几，很多天资聪颖的女性被拒之门外。[①] 1837 年，美国奥柏林学院开始招收女生，这标志着美国大学男女合校制实施的开端。虽然奥柏林学院实施了男女合校制，但也是同校不同学，学院对男女同学实行课程、教学和教法上的性别隔离。奥柏林学院是仿照家庭体制创办的，一切事务男女有别，女教工的薪水甚至不到男教工的一半。女生更像是操持家务的女佣而不是追求知识的青年，她们常常被要求为男生洗衣做饭、打扫房间。南北战争后，由于战争期间男性生源减少，很多院校不得不暂时先招收女生，其中一些院校则因此成为合校大学。战后初期，百废待兴，各地往往无力为男女分别建立教育机构，很多在战争中遭到创伤的院校也急于通过扩大招生来缓解财务紧张的问题。奥柏林“家庭式”的合校模式也被广大院校所认可，正如该校宣传册上所写的那样：“这样的群体最开心，因为其严格遵守了自然状态，就像在家庭里，兄弟姐妹们互相帮助、互相约束。”[②] 然而，这样的合校理念并没有从根本上触动传统性别观念，女生依旧扮演从属性角色。1862 年《莫雷尔法案》的通过为男女合校提供了有效的助推力。[③]

在奥柏林学院首开兼收男女学生风气的几十年后，美国已有 97 所男女合校大学和学院。至 1880 年，美国有超过 30％的大学招收女学生，到了 1900 年，该比例上升为 71％。[④] 1875 年时，在男女合校环境下接受高等教育的女学生人数为 3044 名，到 1900 年这个数字猛增到

---

① 参见丁坤《美国女子高等教育史：1837—2000——女性主义视角》，博士学位论文，河北大学，2016，第 33 页。

② P. Sexton, *Women in Education* (Bloomington: Phi Delta Kappa Educational Foundation, 1976), p50.

③ 参见丁坤《美国女子高等教育史：1837—2000——女性主义视角》，博士学位论文，河北大学，2016，第 35 页。

④ See Thomas Wood, *A History of Women's Education*, Vol. Ⅱ (New York: The Science Press, 1989), p. 252.

19 959 名。但在同时期，就读于女子学院的女学生人数仅从 9572 名增加到 15 977 名。[①] 在 19 世纪 90 年代，一些东部院校也开始施行男女合校。1892—1893 年塔夫茨大学的校董们一致投票同意女生入学，布朗大学在 1890 年同意女生参加大学入学考试。[②]

虽然男女合校的学校数量逐渐增多，女性进入男女合校的人数也不断增长，甚至超过其在女子学院就读的人数，可男女依然分开学习，同校不同学，女性所学的课程具有明显的性别倾向。研究显示，1900 年代在男女合校里就学的女学生中，大部分女学生选择学习教育专业，另外一些女学生选择学习家政专业；大约四分之三的教育专业的学生，以及绝大多数的家政专业的学生都是女性。[③] 因此，当女子学院为女性提供与男子大学同样的教育模式时，许多男女合校的大学，特别是州立大学和学院却为女性设置了一些专门课程，课程设置直接导致课程被划分为男性化课程和女性化课程。女性化课程中家政课的比重日益增加，到 1910 年时家庭经济学已成为女性课程的主导，包括烹调、缝纫、家庭财政、卫生学及儿童文化。

在女性的参政权还没得到法律认可、政治经济地位低于男性的进步时代的社会环境中，性别歧视依然冲击着男女合校中女子教育的发展，并且出现了“回潮现象”——由于女子教育的迅速发展，使得一些学校惧怕女性文化占据主导，影响男性在行政、学术上的领导地位，而成为“女子大学”，所以在一些大学中每当女生人数接近男生人数时，学校就采取各种手段，限制女性入学。如 1900 年韦斯利安大学限

---

① See Thomas Wood, *A History of Women's Education*, Vol. Ⅱ (New York: The Science Press, 1989), p. 252.

② See Thomas Wood, *A History of Women's Education*, Vol. Ⅱ (New York: The Science Press, 1989), p. 252.

③ 参见金莉《十九世纪美国女性高等教育的发展轨迹及性别定位》，《美国研究》1999 年第 4 期。

制女性入学人数，以保证男性在“平等教育”中的优势地位，从1909年开始停止招收女生，并且一直持续到1972年，韦斯利安才重招女生。芝加哥大学同样如此，虽然也被称为男女合校的典范，但在1901年女生占登记人数的52%时，校方放弃了合校的理想，开始实行男女分治，一时间，学校出现了无论在班级还是集会，男女生永不碰面的现象。由于这种做法“劳师动众”，1907年芝加哥大学又恢复了男女合校，但女生在课程中只能学到简单的基本知识。①

虽然男女合校的环境对女性的课程设置存在局限性，后期男女合校中也出现了“回潮现象”，但是男女合校依然提高了女性的受教育水平。首先，男女合校中“女性学科”的设立，如家政学、教育学等可以吸引更多的女性进入高等院校，为促进女子高等教育的发展创造了更多的良机，而且对部分高素质的女性而言，这又是一个新契机——在合校中的女教员曾是收入微薄、地位低下的群体，正是由于这个学科的发展，她们才有机会晋升教授、系领导及训导长，或者成为学者。其次，在课外活动的发展上，合校中的女生们也表现得十分主动，在各种男性团体、组织及活动的排斥下，女生们自强不息，尤其是在女教员和女性领导的资助与鼓励下，她们创建了各种社团和俱乐部，举办了多种学术和娱乐活动。同时，她们做到与时代合拍，倡导服务社会的观点及参与政治的理念。女性团体和组织的创建加强了女生之间的凝聚力，她们不再像往日那样“闭关自守”，而是关注自己的地位，并且放眼社会，关心天下大事。芝加哥大学的女生则积极行动起来，利用课余时间从事慈善和社会改革活动。她们还提出运用自己在课堂上学到的知识来处理社会问题，从而成为一名“城市的主妇”和社会改革家。她们的观点吸引了许多女性参政主义者的目光，女性参政主

---

① 参见李捷《美国进步时代的女子高等教育》，硕士学位论文，河北大学，2001，第23页。

义者据此提出了女投票人应该以道德和改革来影响美国社会的新观点。[①]

（三）附属于大学的女子分院为提高女性教育权利的努力

美国有一些历史非常悠久的名校，即使男女合校在当时已经非常普遍，这些名校依然拒绝女性进入校园，但迫于时代的压力，要求美国高校实现男女合校的呼声已经成型，这些保守院校被迫做出妥协或采取折中的策略：既招收女生入学，又使她们独立于男校之外，成立附属的女子学校。几乎所有附属名校的女校都有自己的校名，学校的管理和经费来源基本和附属的大学无直接关联。此外，多数女校的教学楼不在附属大学的校园内。这些学校专为女性设立，在组织机构上附属于男性大学，一般称之为附属于大学的女子分院。在美国大学男女分院制办学模式的尝试中，创办于 1894 年，隶属于哈佛大学的拉德克利夫学院，以及创办于 1889 年，隶属于哥伦比亚大学的巴纳德学院等都是这方面的楷模。[②]

美国最早实施男女分院制的大学是历史最悠久，同时也是观念最传统的哈佛大学。1874 年，美国哈佛大学同意女生参加由哈佛大学命题的考试，哈佛大学的考试相当于建立了一个学术标准，但即使这些女生通过了考试，也并不会获得入学机会，原因是哈佛大学校长查尔斯·埃利奥特并不同意女性进入学校。[③] 在考试施行的 4 年后，从 1879 年开始，哈佛大学的一些教授们在校外为参加哈佛大学课程考试的女

① 参见李捷《美国进步时代的女子高等教育》，硕士学位论文，河北大学，2001，第 26 页。

② See Horowitz, *Alma Mater : Design and Experience in the Women's Colleges from Their Nineteenth-Century Beginnings to the 1930s* (New York: Alfred A. Knopf or Random House of Canada, 1984), p. 237.

③ See Thomas Wood, *A History of Women's Education*, Vol. Ⅱ (New York: The Science Press, 1989), p. 308.

生开设课程，在一些妇女组织的推动下，这些在校外开设的课程逐步成为“哈佛分院”的前身。[①] 1894 年，哈佛分院更名为拉德克利夫学院，这是为了纪念 1641 年第一位为哈佛大学赠送礼物的女性拉德克利夫。该学院颁发给女性的学位证书具备哈佛大学的同等水准，这对当时的美国女子高等教育来说可谓是一个重要的里程碑。[②] 根据新的章程，拉德克利夫学院可授予学位，自 1894 年起，申请学位的女性同哈佛大学男性一样，只要完成相应的学术工作就可以获得学位。除了授予学位外，还有大约 2000 名妇女在这段时间里接受了学校一门或多门课程的教育。1926—1927 年开学时，学院共有 727 名女学生，奖学金总额超过 5 万美元。[③]

1882 年，纽约成立了一个促进妇女高等教育协会，其主要目标是确保哥伦比亚大学录取女性，并且提高现有女子学校的教育水平。在促进妇女高等教育协会和巴纳德博士的努力下，1889 年，附属于哥伦比亚大学的巴纳德学院成立。为了促进高年级教学，并且保持与哥伦比亚大学相当的标准，巴纳德学院的教授由哥伦比亚大学的正式教师或经校长批准的其他人员组成；考试是在哥伦比亚大学的指导下进行，考试内容基本与大学课程相关；巴纳德学院的学生可以不受限制地进入哥伦比亚图书馆。前 3 年的教学在巴纳德学院进行，但在高年级，哥伦比亚大学的研究生课程是作为选修课向巴纳德女孩开放的。哥伦比亚大学董事会授权各学院向作为旁听生的年轻女性开放其课程，1889 年，开放哲学和政治学系；1897 年，纯科学系为女性学生开设了某些

---

① 参见高惠荣《美国女子高等教育史研究》，博士学位论文，华东师范大学，2007，第 34 页。

② See Horowitz, *Alma Mater : Design and Experience in the Women's Colleges from Their Nineteenth-Century Beginnings to the 1930s* (New York: Alfred A. Knopf or Random House of Canada, 1984), p. 237.

③ See Thomas Wood, *A History of Women's Education*, Vol. Ⅱ (New York: The Science Press, 1989), p. 310.

课程。巴纳德学院也为女性贡献了一些教授职位，这些职位受益于哥伦比亚大学教职员工的指导。虽然巴纳德学院入学人数增长缓慢，但其仍尽力保持较高的学术水平。从哥伦比亚大学学位首次授予女性至1926年，其共授予3229个学士学位。①

附属于大学的女子学院的创办和发展意味着传统大学开始认可女性应该接受高等教育的观念，并且向女性提供高等教育，这为美国女性进一步走入传统大学创造了可能。

四、研究生教育与女性

美国的研究生教育始于19世纪20年代，哈佛学院为已经获得学士学位的学生开设课程，支持其继续深造学习，成为美国研究生教育的开始。19世纪末，美国研究生阶段的教育在大学里已经非常普遍，1847年，耶鲁学院首次为学生授予博士学位；1853年，密歇根大学为研究生开设专门的课程，1859年，该校第一次授予两名学生硕士学位，这是美国学校为研究生设立的最早的研究生学位制度。1876年，约翰斯·霍普金斯大学的成立，标志着美国出现了第一所以培养研究生为主的大学，美国研究生教育开始形成。该校是在总结德国研究生培养模式的弊端的基础上，根据美国国情的实际需要，摒弃了德国研究生教育中单一的“师徒制”，实行“导师制”，使教学、科研、培育紧密结合。像早期的大学一样，女性依然被排除在研究生教育之外，然而随着女性大学生人数的逐渐增加，她们对研究生教育的需求也进一步增强。1880年，女性占大学生总数的32%；1910年，女性几乎占大学生总数的40%。10年后，女性占本科招生人数的47%，几乎相当于她

① See Thomas Wood, *A History of Women's Education*, Vol. Ⅱ (New York: The Science Press, 1989), p. 314.

们在人口中所占的比例。① 很多女性不只是希望能够成为教师、社会工作者，她们也希望能够成为学者或大学教授。因此，期望继续接受研究生教育的女性越来越多。

1885 年，布林·莫尔学院成为首批授予硕士学位的女子学院之一。该校研究生申请者将从事 3 年以上的研究工作，撰写一篇论文，能够阅读拉丁语、法语和德语，并且不会“完全不懂希腊语”，同时论文需要打印出来。截至 1900 年（含 1900 年），布林·莫尔学院已授予 44 个硕士学位和 18 个博士学位。由于布林·莫尔学院从一开始就追求卓越，所制定的标准相当于当时最高的标准，因此拥有该校最高学位的女性可在其他院校担任教师。可见布林·莫尔学院对女性研究生的教育做出了突出的贡献。②

宾夕法尼亚大学哲学系于 1882—1883 年开始授予哲学博士学位，1885 年，有两位女性和两位男性进入学校攻读学位。学位课程为期两年，候选人必须持有学士学位，并且就一些调查提交论文。学校 1888—1889 年招生目录显示，女性可以在与男性相同的条件下获得博士学位。③

1891 年，耶鲁大学蒂莫西·德怀特（Timothy Dwight）校长的报告阐述了哲学系的一个委员会所采取的行动，即在 1891—1892 学年之后，设置哲学博士学位，研究生教育应向所有学院和大学毕业生开放，不分性别。耶鲁大学相信，向在大学学习过的年轻女性开放研究生教

① See U. S. Department of Health, *Education , and Welfare , National Center for Education Statistics , Digest of Education Statistics* (Washington, D. C. : Government Printing Office, 1973), p. 75.

② See Thomas Wood, *A History of Women's Education*, Vol. Ⅱ (New York: The Science Press, 1989), p. 515.

③ See Thomas Wood, *A History of Women's Education*, Vol. Ⅱ (New York: The Science Press, 1989), p. 515.

育，将有助于高等教育事业的发展。大学应该成为促进女性发展而不是阻碍女性发展的因素。哈德利（Hadley）指出，这项举措的批准是承认女学生的存在，而过去女性攻读博士学位是非常偶然的，只有通过特殊安排才得以保障。哈德利认为，这一举措对女大学生来说是非常公平的。学校给予这些女生作为大学成员的官方认可，鼓励她们学习而不只是容忍她们，如果她们的学业符合标准，就授予她们哲学博士学位。1893 年，耶鲁大学共有 125 名研究生，其中有 22 名是女性。①

1891—1892 年，布朗大学采取行动，允许女性参加研究生课程。课程目录规定："对持有学士学位和特别许可证的女性，以及其他受过自由教育的女性，大学为研究生开设的所有教学课程，这些女性都可以参加，并且均以与男子相同的条件参加课程。"②

1894 年，哈佛大学的管理者同意"合格的女性"进入主要为毕业生设计的课程。然而，研究生部的第一批女生并没有成为哈佛学位的候选人，而是在哈佛学院院长和研究员的批准下获得了拉德克利夫学院的硕士学位。1921 年，哈佛大学教育研究生院开学时，女性在与男性同等的条件下被录取为教育硕士和博士。③

1892 年，芝加哥大学为女性和男性提供了攻读学位的同等机会。玛丽昂·塔尔博特（Marion Talbot）博士在 1898 年给总统的报告中说，1892—1897 年，有 10 名女性获得了博士学位，11 名女性获得了硕士学位；1897—1898 年，9 人获得博士学位，5 人获得硕士学位。1892—1893 年，5 名女性在大学中担任教员；1897—1898 年，10 名女

---

① See Thomas Wood, *A History of Women's Education*, Vol. Ⅱ (New York: The Science Press, 1989), p. 515.

② Thomas Wood, *A History of Women's Education*, Vol. Ⅱ (New York: The Science Press, 1989), p. 335.

③ See Thomas Wood, *A History of Women's Education*, Vol. Ⅱ (New York: The Science Press, 1989), p. 336.

性在大学中任职。①

1907年，约翰斯·霍普金斯大学校长宣布招收女研究生，该校成为全国最后一所招收女性的研究生院。1907年4月1日，学术委员会首次建议招收女生，随后得到董事会的批准。学校的招生目录规定："在具有良好声誉的机构取得学士学位的女性可以被录取为本校的研究生。"②

根据发给教育专员的办公室报告，1900—1901年，经过42所院校的考核，授予312名男性和31名女性同样的学位。同年，艺术硕士学位授予1106名男性和295名女性。1909—1910年，博士学位授予了362名男性和44名女性，硕士学位授予了1172名男性和465名女性，科学硕士学位授予了278名男性和39名女性。下列机构可以授予女性博士学位：加利福尼亚大学、克拉克大学、威斯康星大学、伊利诺伊大学、密歇根大学、纽约大学、拉德克利夫学院、芝加哥大学、布林·莫尔学院、康奈尔大学、宾西法尼亚大学、哥伦比亚大学。③

1929年，巴纳德学院经济学家埃米莉·哈钦森（Emilie J. Hutchinson）研究了在1877—1924年获得博士学位的1025名女性。她指出，她们在研究领域表现出均衡发展的态势，三分之一的人从事文学、语言和艺术研究，三分之一的人从事社会科学研究，三分之一的人从事自然科学和数学研究。58％的博士从事教学工作，其中83.3％的博士在大专院校工作，另有10％的博士从事研究工作。这些女性也向埃米莉·哈钦森报告了她们在学术界遇到的职业隔离及偏见。此外，有75％的女

---

① See Thomas Wood, *A History of Women's Education*, Vol. Ⅱ (New York: The Science Press, 1989), p. 337.

② Thomas Wood, *A History of Women's Education*, Vol. Ⅱ (New York: The Science Press, 1989), p. 337.

③ See Thomas Wood, *A History of Women's Education*, Vol. Ⅱ (New York: The Science Press, 1989), p. 338.

性未婚，这一数字表明了从事学术事业所需的承诺。[①] 19世纪末20世纪初对受过教育的女性来说是至关重要的时代，在这一时期，女性在本科生、博士生和教员中所占比例较高。1930年底，32.5%的大学校长、教授和教师是女性；而在1930年后，经济大萧条、战争和经济复苏使女性在研究领域的进步受到严重阻碍。尽管女性在研究生教育中的绝对人数有所增加，但男性参加研究生教育的比例越大，女性获得显著进步的机会就越小。[②] 到了20世纪30年代末，尽管获得学士学位的女性比例仍在小幅上升，但获得博士学位的女性比例已经开始下降。[③] 玛丽昂·塔尔博特在谈到女性高级研究生工作的成果时指出，根据她在芝加哥大学所做的工作，从某些角度来看，虽然最后结果非常令人沮丧，但从研究生院对女性开放时间相对较短来看，女性在学术上已经取得了令人满意的成果。[④]

五、职业教育与女性

19世纪末20世纪初，面对很多女性在血汗工厂的遭遇，面对保守派人士对女性接受高等教育的反击，教育家及一些进步主义改革者在女性教育方面提出了不同的应对策略。有的教育家提倡女性应该继续回到女性领域，回归家庭。他们认为学校应该提供家政学的学习内容，家政学应该更加专业化，通过家政学的培训使女性回归家庭角色，具

---

① See Linda Eisenmann, *Historical Dictionary of Women's Education in the United States* (London: Greenwood Press, 1998), p. 179.

② See Linda Eisenmann, *Historical Dictionary of Women's Education in the United States* (London: Greenwood Press, 1998), p. 179.

③ See Patricia Albjerg Graham, "Expansion and Exclusion: A History of Women in American Higher Education," *Journal of Women in Culture and Society*, No. 3(1978): 766.

④ See Thomas Wood, *A History of Women's Education*, Vol. Ⅱ (New York: The Science Press, 1989), p. 340.

备家庭生活技能，这样才能保证家庭成员的生活质量，降低社会的离婚率。有的教育家及进步主义改革者看到大量工人阶级的女性为了供养自己、供养家庭已经走出家庭领域来到工厂或是办公室，这些女性通过就业获得了经济独立，但由于没有相应的职业技能，大部分女性都处于工作的最底层，而雇主们又不愿意花时间和金钱去培训女工。因此教育家和进步主义改革者提倡学校应对女性进行工业贸易教育和商业教育的培训。

（一）家政学

1. 家政学的起源与发展

1843 年，凯瑟琳·比彻（Catherine Beecher）的《家庭经济论》的出版标志着一个新的研究领域的出现，以及同妇女教育、家庭科学与艺术相关的新的课程的出现。① 凯瑟琳·比彻撰写了很多家庭指导手册，这些书教导妇女，虽然她们的工作可能很乏味，但非常重要。家庭主妇对家庭的健康和幸福有至关重要的作用，家庭指导手册将科学应用于家务管理，将家务管理描述为一个系统的过程，需要营养、卫生和化学等方面的专业知识。她认为做母亲其实也是需要科学管理的理念，以及相应的管理家务的技能。② 在家政运动中，凯瑟琳·比彻最主要的贡献在于她建立了一种观念，虽然在那个时代“男主外，女主内”，但她认为妇女在社会中的作用是非常独立和重要的，女性和男性应是平等的。真正意义上的家政学始于 19 世纪末 20 世纪初，家政学这门学科在 19 世纪末 20 世纪初的一系列普赖斯特湖会议（Lake Placid Conference）（1899—1908）中诞生，艾伦·理查德被选为 1899 年的第

---

① See Jane Bernard Powers, *The "Girl Question" in Education: Vocational Education for Young Women in the Progressive Era* (Bristol: The Falmer Pass, 1992), pp. 12-13.

② See Linda Eisenmann, *Historical Dictionary of Women's Education in the United States* (London: Greenwood Press, 1998), p. 204.

一届会议的主席。[①] 艾伦·理查德通常被认为是家政学学科的创始人。[②] 她是第一位从麻省理工学院拿到学士学位的女性，她希望通过家政学增加妇女在科学训练和职业发展中的机会，并且鼓励妇女走出家庭的"小圈子"，从而进入社会和政治领域。她将家政学视为一种社会活动或改革，通过科学方法将家政学专业化，让妇女掌握科学的方法，帮助她们在社会中争取更多的机会。这一时期的家政学者大多是像艾伦·理查德那样受过自然科学训练的女科学家，她们的工作就是将自然科学的研究成果应用于家庭生活当中，以提高人们的生活质量。[③] 在1908年的第十次会议中，家政学的命名被确定，会议上还成立了美国家政协会（American Home Economics Association）。1909年，美国家政协会和《家政学杂志》（*Journal of Home Economics*）诞生。通过一系列的会议，家政学学科逐渐被正式构建起来，家政协会也成为具有一定专业性的学术团体。[④] 1917年，美国联邦会议通过了加强职业教育的《史密斯-休斯法》，在之后的一系列法令的支持下，美国联邦和州政府为家政学教育的发展提供了长期专项资助。[⑤] 由于法案资助培训中小学的家政学教师，因此法案刺激了家政学学科在大学的发展，美国各州的赠地学院纷纷成立了家政学院系，主要培养各级各类的家政学教师。由于家政学传统上和私人家务有联系，因此，家政管理逐渐成为女性的主要职业。在20世纪初的美国大学中，家政学是少数聘用女教授的专业之一。家政学科从创立之始就以教育女性为主，尤其是在《史密斯-休斯法》颁布后，家政学科被打上了女性的标签。

---

① 参见陈朋《美国家政学学科的现代性价值分析》，《职教论坛》2015年第9期。

② 参见陈朋《家政学在美国》，《家庭服务》2015年第1期。

③ 参见陈朋《家政学在美国》，《家庭服务》2015年第1期。

④ 参见陈朋《美国家政学学科的现代性价值分析》，《职教论坛》2015年第9期。

⑤ See Jane Bernard Powers, *The "Girl Question" in Education: Vocational Education for Young Women in the Progressive Era* (Bristol: The Falmer Pass, 1992), pp. 51-53.

2. 关于家政学的学校类型及课程内容

从19世纪中期开始，美国就已经出现了一些家政学校和家政课程。家政课程包含了许多内容，当它被引入中小学时，烹饪课程和缝纫课程是其主体课程。大约在1854年，波士顿出现了缝纫教学的学校。1876年，朱丽叶·科尔森（Juliet Corson）在纽约市开办了一所烹饪学校，给厨师、家庭主妇及年轻的女孩上课。1877年，她通过"科学购买"和"烹调食物"课程，大力推广家政观念，并出版了5万本《工人家庭十五美分晚餐》的小册子。1888年，烹饪和缝纫成为正规学校中课程的一部分。1889—1890年，教育专员的报告表明，17个城市的公立学校中都有缝纫课，通常是从三年级到六年级，13个城市的学校中都有烹饪课程，一般在七年级和八年级，有时在高中。①

家政学也是女性在美国高等教育中开辟一席之地的一条途径。② 大多数男女合校的大学和女子学院都将家政学作为妇女课程的一部分，但东部一些最古老的私立女子学院回避了这一课程，因为在其管理者看来，这是女子高等教育的一种退步，这会使妇女重返厨房。然而到1900年，家政学已经在高等教育中占有一席之地。③

20世纪初美国家政协会领导人向国会施压，希望国会提供更多的资金给那些只要增加联邦资金就能拥有家政教育的赠地学院。④ 家政协会领导人的努力取得了成果，10年内，其赢得了两项重要的立法——1914年的《史密斯-利弗法》和1917年的《史密斯-休斯法》，拓宽了家

---

① See Thomas Wood, *A History of Women's Education*, Vol. Ⅱ (New York: The Science Press, 1989), pp. 58-63.

② See Lynn D. Gordon, *Gender and Higher Education in the Progressive Era* (New Haven, CT: Yale University Press, 1990), p. 25.

③ See Barbara Miller Solomon, *In the Company of Educated Women* (New Haven, Conn.: Yale University Press, 1985), p. 30.

④ See Wayne D. Rasmussen, *Taking the University to the People: Seventy-Five Years of Cooperative Extension* (Ames: Iowa State University Press, 1989), pp. 40-46.

政学传播信息的渠道。这些法律为赠地学院的家政学课程提供了支持，同时两所私立机构——哥伦比亚师范学院和芝加哥大学，开发了家政学的研究生课程，进一步扩大了妇女的学习机会。① 1917 年的《史密斯-休斯法》促进了高中和大学的家政教育并且诞生了一批训练有素的家庭示范代理人。

在史密斯休斯基金的帮助下，家政教育工作者建立了一个精心设计的课程结构，并且成功游说州教育部和当地学区设置了其监管职位。课程能够适应不同年龄、智力和职业目标的学生的需要，除了针对黑人、西班牙裔、农村妇女和辍学者的特别课程外，还有全日制、非全日制、继续教育及夜校几种类型。②

史密斯休斯基金资助的学校，有三类可供学生选择，第一类是全日制学校，学生可以选择四年全日制课程。当这些课程由《史密斯-休斯法》资助时，这一法案要求家政工作占据学生 50%的时间。③ 第二类学校是非全日制学校，其授课对象是在上班或在家中没有时间完成全日制教育的女孩和妇女，这些人无法参加一星期 5 天的课程。根据课程指南，这类课程是为了给予那些过早离开学校的年轻的妇女公民教育和职业培训。第三类学校是职业家政学校，又被称为夜校，旨在帮助家庭主妇提高工作效率。④ 夜校通常在下午举行，以适应家庭主妇的日程安排，通常包括短期的食物准备课程、缝纫课程和制作女帽课程。

---

① See Gillian Murphy, "The Fall and Rise of Home Economics Education: Newly Available Home Economics Archives at The Women's Library," *International Journal of Consumer Studies* 35, No. 5(2011): 595-599.

② See Jane Bernard Powers, *The "Girl Question" in Education: Vocational Education for Young Women in the Progressive Era* (Bristol: The Falmer Press, 1992), pp. 86-87.

③ See Jane Bernard Powers, *The "Girl Question" in Education: Vocational Education for Young Women in the Progressive Era* (Bristol: The Falmer Press, 1992), pp. 86-87.

④ See Jane Bernard Powers, *The "Girl Question" in Education: Vocational Education for Young Women in the Progressive Era* (Bristol: The Falmer Press, 1992), p. 86.

在夜校就读家政学课程的人数远远超过在日间学校就读的人数，夜校之所以成功，有三个原因。第一个原因是年龄大一点的学生（如家庭主妇）很高兴有机会与人交往。第二个原因是夜校主要教授缝纫、女帽和烹饪课程，能够为一些妇女提供机器与材料（如为家人缝制衣服的缝纫机和自己制作帽子的帽架和材料）。与日班相比，这些课程成功的第三个原因是，它们所需投入的时间和精力较少，而且是自愿的，而家政学在公立高中，白天的课程比晚上的课程需要更长的时间。①

教授家政学课程是家政学教育者需要研究的一个重要课题，家政理想被转化为学校的具体课程，这些课程包括家庭项目、在被称为小屋的模拟家庭中教授的家庭管理课程、儿童保育和儿童发展课程，这些课程是学科与家政学的整合。

3. 家政课程对女性的影响

首先，在进步主义时期，设置家政学校及课程，有助于提高女性的生活技能。② 同时，家政学也为女性就业打开了一扇大门，女性在获得家政学学位后，可以担任教授家政学的中学教师、城市社会工作者，甚至是大学教授。

其次，家政学满足了不同层次妇女的需求。墨西哥女性受益于得克萨斯州教授的家政学培训，瓦胡岛的夏威夷年轻妇女受益于家政学培训。③ 黑人女性也受益于家政学课程，北卡罗来纳州温斯顿-塞勒姆的黑人女性非常急切地想要学习家政学。当缝纫课程的学生已满，这些女性就报名烹饪和洗衣课，主要是因为学校董事会颁布法令，凡是

---

① See Jane Bernard Powers, *The "Girl Question" in Education: Vocational Education for Young Women in the Progressive Era* (Bristol: The Falmer Press, 1992), p. 96.

② See Thomas Wood, *A History of Women's Education*, Vol. Ⅱ (New York: The Science Press, 1989), p. 64.

③ See Jane Bernard Powers, *The "Girl Question" in Education: Vocational Education for Young Women in the Progressive Era* (Bristol: The Falmer Press, 1992), p. 88.

没有按规定时间修完做饭、缝纫和洗衣课程的女性都将被解雇。一些学校坚持让年轻的黑人妇女参加这些课程，认为她们学会这些知识和技能，将来会提高工作技能和家政服务能力。乡村妇女也从家政课程中受惠，基于乡村妇女每日的工作，学校也为她们提供了系统的家政学教育①，帮助她们采用更有效的家务管理方法。

尽管家政学领域已经有了一些建设性的贡献，但是反对的呼声却一直没有停止过。其主要的反对理由是：家政学主要是以培养未来的家庭主妇为目的。此外，家政学系的存在也在某种程度上阻碍了妇女在其他学科上的进步。因为很多在其他学科已经取得了高学历的妇女，在大学谋职时往往会被安排在家政系，无法进入她们所学的专业担任教师。②

（二）工业贸易教育与女性

1. 工业贸易教育兴起的原因

19 世纪末，越来越多的年轻女性进入工厂工作，由于她们很早离开学校，缺乏必要的技能训练和教育，导致她们在工厂劳动力中的地位最低。有 38％的女性在制造业、机械工业或商店工作③，大约有 75％的年轻女孩从事最不受欢迎的职业——工厂女工，她们的工资低于正常生活水平，工作不稳定，工作环境比较恶劣，由于没有任何技能，没有相应的职业教育的培训，她们永远无法得到晋升。《纽约时报》《调查》及《美国政治和社会科学院年鉴》等刊登了很多关于长时间工作、低工资和恶劣工作环境对女性劳动力健康影响的文章和研究

---

① See Jane Bernard Powers, *The "Girl Question" in Education: Vocational Education for Young Women in the Progressive Era* (Bristol: The Falmer Press, 1992), p. 91.

② 参见高惠荣《美国女子高等教育史研究》，博士学位论文，华东师范大学，2007，第 92 页。

③ See Elyce J. Rotella, *From Home to Office, U. S. Women at Work 1870-1930* (Ann Arbor: UMI Research Press, 1981), p. 25.

报告。[①] 中产阶级的女性和男性在高中或大学毕业后可以成为建筑师、农民、档案员或教师，而较早离开学校的年轻女性却只能在恶劣的工厂环境中工作。[②]

这些很早离开学校的年轻女性引起了进步主义改革者的注意，也正是这些女性的困境，使得进步主义改革者和教育工作者期望为女性进行工业贸易教育的设计与指导。简·亚当斯和玛格丽特·罗宾斯是进步时代杰出的改革者，她们代表着劳工组织活动家、社会科学研究人员和贸易学校的董事，她们是妇女工业贸易教育的倡导者。她们的注意力集中在女工遇到的实际问题上，并且提出解决办法，希望对年轻女性进行工业贸易培训。

记录年轻劳动妇女的状况和生活方式是进步主义改革者采用的一项重要战略，她们根据调查结果进行游说，希望能够改革。有些研究报告，如埃米莉·哈钦森对妇女工资的研究，黑泽尔·奥斯姆贝（Hazel Grant Orsmbee）的关于被雇佣的年轻女孩的研究报告，苏珊·金斯伯里（Susan Kingsbury）和梅·艾伦森（May Allison）的报告《一所女子贸易学校》，都提供了对年轻女性进行职业培训的最好证据。[③] 梅·艾伦森和苏珊·金斯伯里等研究人员对年轻女性的辍学率较高这一调查结果感到震惊，1912 年，伍斯特学校 60％的年轻女性在未

---

① See Jane Bernard Powers, *The "Girl Question" in Education : Vocational Education for Young Women in the Progressive Era* (Bristol: The Falmer Press, 1992), p. 29.

② See Kennedy, "Poverty, Respectability, and Ability to Work," *International Journal of Women's Studies*, No. 2(1979): 56.

③ See Women's Educational and Industrial Union, *A Trade School for Girls, a Preliminary Investigation in a Typical Manufacturing City, Worcester, Mass* (Washington, D. C.: Government Printing Office, 1913), p. 13.

成年时就辍学了。[①] 报告显示，16 岁以下的女性辍学而去工作的人数正在增加，她们大多从事非技术性的体力劳动。[②] 支持对年轻女性进行工业贸易培训的人们认为：第一，学校应该为女性未来的职业提供培训；第二，工业和贸易培训主要针对工人阶层的孩子，特别是那些被描述为“有运动头脑”或者“不爱读书”的孩子。[③]

为了给更多的年轻女性提供职业技能，改变她们在工作中的处境，进步主义改革者在 19 世纪末 20 世纪初建立了一些工业贸易学校。

2. 工业贸易学校

工业贸易学校是在公立学校的保护伞下为工人阶层的的青年提供特定的职业技能和职业培训。[④] 20 世纪初，在美国的一些大城市中出现了女子工业贸易学校，纽约、波士顿、密尔沃基等城市引领女子工业贸易学校的发展。[⑤]

（1）工业贸易学校的目的——培训女性从事有薪工作

20 世纪初，美国就曾对“为工资而工作的妇女是否有益于社会”这一问题展开激烈辩论。这场辩论涉及妇女对劳动力的贡献，以及她

---

① See Women's Educational and Industrial Union, *A Trade School for Girls, a Preliminary Investigation in a Typical Manufacturing City, Worcester, Mass* (Washington, D. C.: Government Printing Office, 1913), p. 13.

② See Women's Educational and Industrial Union, *A Trade School for Girls, a Preliminary Investigation in a Typical Manufacturing City, Worcester, Mass* (Washington, D. C.: Government Printing Office, 1913), p. 14.

③ See Jane Bernard Powers, *The "Girl Question" in Education: Vocational Education for Young Women in the Progressive Era* (Bristol: The Falmer Press, 1992), p. 28.

④ See Albert H. Leak, *The Vocational Education of Girls and Women* (New York: The Macmillan Company, 1920), p. 231.

⑤ See Susan Mack, "Gifts to Be Cultivated: Training in Dressmaking and Millinery, 1860-1920" (PhD diss., University of ST. Thomas ST. Paul, Minnesota, 2011).

们在社会中扮演的角色。训练妇女谋生对当时来说是有争议的[1]，培训妇女从事家务以外的工作与当时流行的习俗格格不入。以前的学校从来没有认识到女性除了做家庭主妇之外还能长期从事其他职业，工业贸易学校则代表着一种变革。学校通过工业贸易培训，教育女性经济独立，自我供养，而不必非要依靠婚姻来维持生存和生活。中产阶级认为这种观念充满了威胁和刺激，他们既希望尊重妇女的专业成就，又不愿意看到妇女在工厂和工业环境中工作。[2]

工业贸易学习的倡导者设立了工业贸易学校，他们鼓励年轻女孩进入学校，接受特定的行业培训，这样女孩们就可以从事技术工作，得到更多的工资。因为太多的年轻女孩很早就离开文法学校，在进入劳动力市场之前几乎没有任何技能，故工业贸易学校的倡导者选择把课程重点放在裁缝和制作女帽上。[3]

（2）工业贸易学校的学生

工业贸易学校的兴起源于改革者希望工人阶层的女孩得到更多的职业教育。所以，工业贸易学校中工人阶层的女性占绝大多数，学校在课程计划中明确以工人阶层的女性为授课目标。[4] 一般来说，第一代移民或第二代移民挤满了学校的教室。1914 年，曼哈顿商学院关于学生的记录显示，在学院 532 名学生中有 142 名是意大利人（27%）；波士顿商学院关于学生的记录显示，该学院几乎 63%的学生是外国移民

---

① See Jane Bernard Powers, *The "Girl Question" in Education : Vocational Education for Young Women in the Progressive Era* (Bristol: The Falmer Press, 1992), p. 30.

② See Jane Bernard Powers, *The "Girl Question" in Education : Vocational Education for Young Women in the Progressive Era* (Bristol: The Falmer Press, 1992), p. 29.

③ See John L. Rury, *Education and Women's Work : Female Schooling and the Division of Labor in Urban America , 1870-1930* (Albany: State University of New York Press, 1991), p. 153.

④ See Albert H. Leak, *The Vocational Education of Girls and Women* (New York: The Macmillan Company, 1920), p. 231.

的孩子。[1] 这些移民的孩子通常很年轻、贫困、身体状况不佳，家庭需要她们的收入。因此，工业贸易学校的目标是短时间内为她们提供基本职业技能。此外，在工业贸易学校的学生也可以互相比较不同的行业和工作环境，有更多的就业选择。[2]

（3）进步主义时期著名的工业贸易学校

曼哈顿女子贸易学校成立于 1902 年，是一家私立学校，1910 年被纽约市学校收购。根据这一时期的记载，它是美国最成功的女子贸易学校。这所学校的课程吸引了全世界的注意，是这一时期为女性设立的贸易学校的典型代表。玛丽・伍尔曼（Mary Schenck Woolman）夫人创办了曼哈顿女子贸易学校。[3] 伍尔曼是哥伦比亚师范学院的教员、纺织专家，作为一名教育工作者，伍尔曼认为教育培训是让女性摆脱贫困的最佳途径。她希望女性能够通过学校教育获得和男性一样的优势，从而使她们有能力进入劳动力市场，并且可以得到体面的工资。曼哈顿女子贸易学校招收文法学校的毕业生或是取得工作文件的学生。[4] 曼哈顿女子贸易学校为女性提供了不同于传统学校的教学方法，使女性为职业做好准备。学校教授制衣、制女帽、电动缝纫、烹饪、卫生、体育和一般学术等课程。此外，学校也提供与贸易相关的法律、法规课程。除了缝纫技术，女学生还要学习记账、花钱、买衣服、买

---

① See Jane Bernard Powers, *The "Girl Question" in Education: Vocational Education for Young Women in the Progressive Era* (Bristol: The Falmer Press, 1992), p. 28

② See Anna M. Cooley, *Domestic Art in Women's Education* (New York: Charles Scribner's Sons, 1911), p. 240.

③ See Jane Bernard Powers, *The "Girl Question" in Education: Vocational Education for Young Women in the Progressive Era* (Bristol: The Falmer Press, 1992), p. 104.

④ See Anna M. Cooley, *Domestic Art in Women's Education* (New York: Charles Scribner's Sons, 1911), p. 242.

食物、省钱。[1] 为了帮助学生提高她们的身体健康水平，学校教授她们适当的运动技能、卫生知识和饮食常识。到 1923 年，美甲和洗发被添加到学习课程中，美国的其他学校也纷纷效仿。这些课程在一年或两年内讲授完，每周 30 小时，持续 43 周。曼哈顿女子贸易学校成功吸引了很多年轻女性，尤其是第一代和第二代移民。例如，意大利的年轻女性之所以被贸易学校吸引，并且在那里取得了良好的成绩，是因为她们想学习在家务劳动中需要的技能——缝纫、制衣及针线活。[2] 对意大利女性来说，制衣是一种令人向往的职业，她们中的许多人曾在本国从事过制衣工作，她们相信这种工作比工厂的工作优越。1914 年，在曼哈顿女子贸易学校录取的 532 名学生中，意大利人占 27%，其中大多数意大利女性学习服装制作。

波士顿女子贸易学校仿照曼哈顿女子贸易学校而建立，两者有许多相似之处。波士顿女子贸易学校的课程为两年，完成两年学业后，女孩们正好可以在马萨诸塞州寻求工作。在波士顿女子贸易学校成立的 5 年内，学校成绩斐然。学校于 1904 年开学，当时有 15 名学生。到 1909 年，当城市管理者接管学校时，有将近 200 名学生在学校进行了正式注册。[3]

密尔沃基女子公学于 1910 年开办，学校为未上高中的 14 岁左右的女孩讲授服装制作和女帽制作。这所学校的教学目标是希望女孩在接受培训后能够提高工作技能，改善工作条件，提升收入水平。被录取的学生必须能用英语读写，并且能进行基本的数学运算。学校把培养

① See Albert H. Leak, *The Vocational Education of Girls and Women* (New York: The Macmillan Company, 1920), p. 173.

② See Women's Educational and Industrial Union, *Industrial Experience of Trade School Girls in Massachusetts* (Washington, D. C.: Government Printing Office, 1917), p. 7.

③ See May Allinson, Dressmaking as a Trade for Women in Massachusetts (Washington, D. C.: Superintendent of Document, 1916), p. 153.

女孩的性格作为目标之一。到 1915 年学校成立 5 周年时，有 400 名女孩登记在册。密尔沃基女子公学的裁缝课程，中学生从初级缝纫开始，在完成了所有的服装制作课程后，学生们以制作衣服作为期末考试。[①] 除了贸易课程，密尔沃基女子公学的所有女生都必须参加学术和家庭艺术课程。在家庭艺术方面，女孩们学习烹饪、服务和家务，这门课程的目的之一是让一个贸易工人成为一个更好的家庭主妇。

3. 对工业贸易教育的评价

第一，工业贸易教育提高了女性的就业技能。面对工人阶层的女孩在血汗工厂的遭遇，教育工作者们开办了工业贸易学校，为工人阶层的年轻女性提供职业培训。工业贸易学校试图模仿真实的工厂体验，一般只涉及两年的课程，短期内女孩们就能完成课程。学校的目标旨在塑造年轻女孩成为成功的工人。[②] 年轻女性通过工业贸易学校的培训获得相应技能，就能成为一名熟练的工厂女工，同时工业贸易学校也是一个可以互相交流信息的平台，年轻女性可以获取就业信息。此外，工业贸易学校的课程由于和家政学课程有重叠之处，故年轻女性通过课程学习也可以掌握家政学的内容。

第二，工业贸易教育不是非常成功，其受到很多因素的影响。首先，不管是工厂雇主还是工厂的男性都不希望女性出现在工厂，雇主们只是在找不到廉价劳动力时才会雇佣女工，一旦有更多的男性加入工厂，雇主们将不会雇佣女工。其次，由于有些工厂施行学徒制，大部分女性发现在工厂既能学习到技能，又不影响收入，这比在工业贸易学校花钱学习更为有利。有些通过工业贸易学校培训学习的学生发现，参加过学校培训的女工并没有比直接在工厂工作的女工得到更快

---

① See May Allinson, *Dressmaking as a Trade for Women in Massachusetts* (Washington, D. C. : Superintendent of Document, 1916), p. 153.

② See Susan Mack, "Gifts to Be Cultivated: Training in Dressmaking and Millinery, 1860-1920" (PhD diss., University of ST. Thomas ST. Paul, Minnesota, 2011).

的晋升。[①] 再次，年轻女性从事蓝领工作，普遍存在矛盾心理。很多工人阶层的父母希望自己的孩子能从事更好的工作，而不是在工厂工作，他们认为只有接受高中或大学教育，孩子才有机会提高自己的社会地位。[②] 最后，通过对纽约女帽店的研究发现，工业贸易学校存在其课程与工厂对工人的要求脱节这一问题。其原因是学校和工厂之间的联系很少[③]，学校的课程无法跟上行业内不断变化的节奏，女孩们即使接受了工业贸易学校的培训，在实际就业时也显示出准备不足的情况。

（三）商业教育与女性

商业教育是进步主义时期比较成功的职业教育，学生、家长、行政官员及职业教育者都大力支持商业教育。私立学校和商学院因社会需求的增长而扩大招生，随着新的工作模式的产生，工作场所需要一大群文书工作人员来监督或辅助已改变的生产系统。私立学校和公立学校调整课程，增加商业教育课程以满足工作场所的需要。

1. 商业教育兴起的原因——更多的女性希望进入办公室就业

19 世纪末，越来越多的女性希望进入办公室工作。办公室女职员的人数从 1870 年的不足 1000 人增加到 1910 年的 10 万人，到 1920 年增加到 100 万人。这些女性的主要职业包括速记员、打字员、簿记员、出纳、会计、办事员和私人秘书。按照当时的标准，她们的工资很高，1912 年波士顿上班族的平均月工资是 11 美元，而商店 60％的雇员的平均月工资是 8 美元。[④] 此外，在夜校学习更多技能后，年轻女性可以晋

---

① See Jane Bernard Powers, *The "Girl Question" in Education : Vocational Education for Young Women in the Progressive Era* (Bristol: The Falmer Pass, 1992), p. 104.

② See Jane Bernard Powers, *The "Girl Question" in Education : Vocational Education for Young Women in the Progressive Era* (Bristol: The Falmer Pass, 1992), p. 107.

③ See Mary Van Kleeck, *A Seasonal Industry a Study of the Millinery Trade in New York* (New York: Russell Sage Foundation, 1917), p. 158.

④ See Jane Bernard Powers, *The "Girl Question" in Education : Vocational Education for Young Women in the Progressive Era* (Bristol: The Falmer Pass, 1992), p. 39.

升职位。而除了工资高和可以晋升职位外，还有一些其他原因吸引着女性进入办公室领域就业。第一，在办公室工作，可以增加她们寻找到理想丈夫的机会。在进步主义时期，女性所从事的职业大多是以女性为主，比如家政和教师职业，而在办公室做秘书或当打字员可以接触到更多的男性，而且这些男性通常是人们眼中比较成功的男性，他们工资优厚，符合很多女性希望的择偶标准。第二，玛丽·史密斯（Mary Smith）和她同时代的许多人认为，办公室工作是对婚姻的良好训练，"如果美国的每个女性都在市中心的办公室工作一年或更长时间，那么她们会变成一个更好的妻子，因为她们拥有更好的理解能力和沟通能力"①。第三，办公室工作比较受人尊敬。在1915年举行的一个关于妇女和职业的系列讲座中，一位女性指出，社会上普遍认为在办公室工作的女孩比做推销工作的女孩强一点。②《职业教育》杂志的编辑戴维·斯内登指出，办公室职员比农民和贸易工人更受人尊敬，更不用说家仆和工厂工人了。③ 这种受人尊敬的地位形象与商业教育紧密相连，使其与蓝领阶层的职业区分开来。商业教育是中产阶级的白领职业，需要一定的文化素养，需要进行相关的培训。

2. 1890—1920年女性接受商业教育的状况

学校在促进妇女进入办公室方面发挥了重要作用，很多年轻女性想成为办公室职员，于是她们去学校接受各种培训。先是私立商学院招收女性，然后是公立学校招收女性。公立学校通过增加打字、速记、簿记及商业算术的课程和项目，吸引了很多的女性。年轻女性蜂拥而

① Jane Bernard Powers, *The "Girl Question" in Education: Vocational Education for Young Women in the Progressive Era* (Bristol: The Falmer Pass, 1992), p. 40.

② See Jane Bernard Powers, *The "Girl Question" in Education: Vocational Education for Young Women in the Progressive Era* (Bristol: The Falmer Pass, 1992), p. 41.

③ See David Sedden, *Vocational Education* (New York: The MacMillan Company, 1920), p. 192.

至参加商业课程，1893 年，美国共有 518 所商学院，共有学生 115 748 人，其中女学生 37 295 人。女学生学习课程情况为：399 人学习电报，6932 人学习英语课程，14 201 人学习秘书课程，11 893 人学习商业课程。[①] 1898—1899 年，公立高中的商业课程共有 38 134 门，其中有 18 737 门是专门为女性开设的。从这时起，公立高中似乎为女性大批量地进入办公室工作开辟了道路。1914 年，学习商业课程的学生有 56%是年轻女性，到 1924 年，这一比例上升到 67.2%。[②] 这些数据表明，越来越多的年轻女性渴望从事办公室工作。正如乔治·康茨（George Counts）在对新墨西哥、林肯、底特律和密歇根等社区的高中课程的调查中发现，商业教育受到女性的普遍欢迎。[③] 无论是城市女性还是乡村女性，都希望进入办公室工作，成为办公室的上班族。这些女性在公立高中主要学习打字、速记和簿记等商业教育课程。而公立高中会雇佣更多的教师，增加白天和晚上的课程，甚至在某些情况下建造更多的校区来容纳学习商业课程的学生。

商业教育也吸引了不同民族和社会阶层的学生，尽管学成后她们的就业机会较少。1914 年一项关于商业教育的研究表明，许多接受商业教育的学生都是移民的后代。例如，意大利妇女放弃了对文书工作的偏见，希望她们的女儿能够进入办公室工作，所以让她们的女儿到学校接受培训。得克萨斯州的拉丁美洲年轻女性参加商业课程，希望能够找到一份工作，尽管雇主，特别是一些拉丁美洲雇主，只喜欢雇佣皮肤白皙、讲英语的女性。在年轻的黑人妇女中，也有一小部分人

---

① See Thomas Wood, *A History of Women's Education*, Vol. Ⅱ (New York: The Science Press, 1989), p. 68.

② See Thomas Wood, *A History of Women's Education*, Vol. Ⅱ (New York: The Science Press, 1989), p. 69.

③ See George S. Counts, *The Senior High School Curriculum* (Chicago: The University of Chicago Press, 1926), pp. 93-95.

在学习打字和速记，尽管她们一直被排斥在办公室工作之外。1920 年，只有不到 1%的文书工作人员是黑人。[①]

3. 商业教育对女性的意义

相比家政学及工业贸易教育，商业教育在进步主义时期更为成功。保守派人士更愿意看到女性接受商业教育，因为他们认为办公室工作属于家庭领域的延伸，不管是秘书还是打字员、接线员、办公室文员等职业并没有超越保守派人士对女性的定位。同时，很多女性也更愿意选择商业教育，她们认为办公室的工作环境舒适，社会地位比较高。家长们也把商业教育作为提升女孩阶层的阶梯。商业教育为女性从事办公室工作奠定了基础，女性除了成为工厂女工、女教师外，有了更多的选择。通过课程培训，女性提升了技能，变得更加独立。

结　语

进步主义时期，在社会各界的努力下，女性获得了丰硕的成果。政治上，国会批准了宪法第十九条修正案，美国妇女获得了选举权；妇女选举权联邦宪法修正案生效后，美国各州针对本州的具体情况对法律进行了不同程度的修订，妇女拥有了继承和遗赠财产的权利；原来的离婚法也被做了相应的修改，保障了妇女的经济和监护子女的权利；女性受教育和就业方面的权利也得到了有效的保障。经济上，妇女工会联盟、美国劳工部妇女局及其他妇女组织为提高女性经济待遇，通过调查培训女工、组织罢工、制定保护性立法等策略改善了就业中女性的处境，提高了女性待遇。社会生活中，玛格丽特·桑格的节育运动符合广大妇女的愿望。妇女节制生育改变了女性在家庭中的角色

① See Joseph A. Hill, *Women in Gainful Occupations 1870-1920* (Washington, D. C.: United States Census Monograph Ⅸ, 1929), pp. 186-187.

和地位，女性不再是单纯的生育工具和男人的附属财产，她们拥有独立的生活和工作。在教育中，义务教育法的实施，为女性普及了基础教育；公立中学运动，使中学女学生人数不断增长，甚至一度超过男生人数。在高等教育方面，通过女子学院、男女合校的大学，以及附属于大学的女子分院的培养，女大学生人数在进步主义时期达到了鼎盛；通过在大学的学习和参与各种活动，女性加强了相互间的联系，增长了见识，拓宽了视野，自我意识进一步觉醒。研究生教育的开放，使女性在学术上取得了卓越的成绩。通过家政学、工业贸易教育和商业教育的培训，女性提升了职业技能。总之，进步主义时期，当女性登上历史的舞台时，人们关注女性，关注女性的政治、经济、教育的状况。通过各界的努力，女性获得了各方面的权利与发展。

参考文献

一、中文文献

［1］埃文斯．为自由而生：美国妇女历史［M］．杨俊峰，译．沈阳：辽宁人民出版社，1995.

［2］班纳．现代美国妇女［M］．侯文蕙，译．北京：东方出版社，1987.

［3］陈朋．美国家政学学科的现代性价值分析［J］．职教论坛，2015（9）：92-96.

［4］陈朋．家政学在美国［J］．家庭服务，2015（1）：53-55.

［5］丁坤．美国女子高等教育史：1837-2000——女性主义视角［D］．保定：河北大学，2016.

［6］迪纳．非常时代：进步主义时期的美国人［M］．萧易，译．上海：上海人民出版社，2008.

［7］厄本，瓦格纳．美国教育：一部历史档案［M］．周晟，谢爱磊，译．北京：中国人民大学出版社，2009.

［8］方纳．美国自由的故事［M］．王希，译．北京：商务印书馆，2003.

［9］高慧蓉．女权与教育：美国女子高等教育发展研究［M］．上海：上海三联书店，2010.

［10］高惠荣．美国女子高等教育史研究［D］．上海：华东师范大学，2007.

［11］高家韫．1848-1920 年美国妇女选举权运动研究［D］．呼和浩特：内蒙古大学，2008.

［12］金莉．十九世纪美国女性高等教育的发展轨迹及性别定位［J］．美国研究，1999（4）：63-85.

［13］柯林斯．美国女人：玩偶 苦力 内助 英雄［M］．暴永宁，何开松，刘智宏，译．北京：东方出版社，2006.

［14］李捷．美国进步时代的女子高等教育［D］．保定：河北大学，2001.

［15］刘晓娟．19 世纪末 20 世纪初美国妇女节育研究［D］．上海：上海大学，2014.

［16］李莹．美国女子高等教育的早期发展［D］．济南：山东师范大学，2016.

［17］穆勒．妇女的屈从地位［M］．汪溪，译．北京：商务印书馆，1995.

［18］秦亚克．一种最佳体制：美国城市教育史［M］．赵立玮，译．上海：人民出版社，2009.

［19］王恩铭．20 世纪美国妇女研究［M］．上海：上海外语教育出版社，2002.

［20］王妹苏．美国宪法第十九条修正案的历史考察及评析［D］．上海：华东政法大学，2009.

［21］王希．原则与妥协：美国宪法的精神与实践［M］．北京：北

京大学出版社，2000.

［22］杨静. 社会转型时期美国女性就业特征与影响（1890-1920）［J］. 史学集刊，2012（4）：114-120.

［23］杨馗. 美国女性平等就业权司法保护的历史嬗变：以最高法院的相关案例为中心［J］. 东北师大学报（哲学社会科学版），2017（2）：65-70.

［24］杨生茂，陆镜生. 美国史新编［M］. 北京：中国人民大学出版社，1990.

［25］张聪. 十九世纪末二十世纪初美国中产阶级妇女走向社会的动因和问题［J］. 美国研究，1993（3）：130-147.

［26］张华. 论美国妇女选举权运动［D］. 桂林：广西师范大学，2004.

［27］赵辉兵. 美国中产阶级白人妇女与进步运动［J］. 商丘师范学院学报，2012，28（2）：94-99.

［28］中华人民共和国全国妇女联合会. 马克思　恩格斯　列宁　斯大林论妇女［M］. 北京：人民出版社，1978.

［29］周莉萍. 美国妇女与妇女运动：1920-1939［M］. 北京：中国社会科学出版社，2009.

［30］张倩红. 试论玛格丽特·桑格的节育理论及其对中国的影响［J］. 河南大学学报（社会科学版），1992（4）：86-92.

［31］张友伦，肖军，张聪. 美国社会的悖论：民主、平等与性别、种族歧视［M］. 北京：中国社会科学出版社，1999.

二、外文文献

（一）期刊论文

［1］DIANE K. The Wage-earning and the state：the national 1999 women's trade union league and protective labor legislation，1903-1923［J］. Labor History，2007（15）：7-9.

[2] GILLIAN M. The fall and rise of home economics education: newly available home economics archives at the women's library[J]. International Journal of Consumer Studies,2011(35):595-599.

[3] LYNN D G. The gibson girl goes to college:popular culture and woman's higher education in the progressive era, 1890-1920[J]. American Quarterly,1987(39):211-230.

[4] NANCY J B. The struggles of women industrial workers to improve work conditions in the progressive era[J]. Magazine of History, 1999(13):42-43.

[5] PALMIERI P A. There was fellowship:a social portrait of academic women at Wellesley College,1895-1920[J]. History of Education Quarterly, 1983(23):195-207.

[6] PATRICIA A G. Expansion and exclusion:a history of women in American higher education[J]. Journal of Women in Culture and Society, 1978(3):766-768.

[7] TSANG T L. A fair chance for the girls:discourse on women's health and higher education in late nineteenth century America [J]. American Educational History Journal,2015(42):4-6.

[8] WEIN R. Women's colleges and domesticity, 1875-1918[J]. History of Education Quarterly,1974(14):32-43.

(二) 专著

[1] ANA M A, KRISTEN A R. Women in bigger education: an encyclopedia[M]. CA:ABC-CLIO,2002.

[2] ANNE F S, ANDREW M S. One half the people:the fight for woman suffrage[M]. Urbana:University of Illinois Press,1983.

[3] ANNA M C. Domestic art in women's education[M]. New York: Charles Scribner's Sons,1911.

[4] ALBERT H L. The vocational education of girls and women [M]. New York:The Macmillan company,1920.

[5] ALICE K H. Out to work:a history of wage-earning women in the United States[M]. New York:Oxford University Press,1982.

[6] BARBARA M W. We were there:the story of working women in America[M]. New York:Pantheon Books,1977.

[7] BARBARA M S. In the company of educated women:a history of women in higher education, New Haven[M]. CT: Yale University Press,1986.

[8] DAVID S. Vocational education[M]. New York: The MacMillan Company,1920.

[9] DOROTHY M B. Setting a course: American women in the 1920s[M]. Boston:Thayne of G. K. Hall,1987.

[10] EDWARD H C. Sex in education or,a fair chance for the girls [M]. Boston:Houghton Mifflin,1873.

[11] ELYCE J R. From home to office,U. S. women at work 1870-1930[M]. Ann Arbor:UMI Research Press,1981.

[12] EDITH A,SOPHONISBA P B. The wage-earning woman and the state,a reply to Miss Minnie Bronson[M]. Conn. :Research Publications, 1911.

[13] GAIL P K. International handbook of women's education: 23 the United States[M]. New York:Greenwood Press,1989.

[14] GEORGE S C. The senior high school curriculum[M]. Chicago: The University of Chicago Press,1926.

[15] HOROWITZ H L. Alma mater:design and experience in the women's colleges from their nineteenth-century beginnings to the 1930s [M]. New York,NY:Knopf,1984.

[16] JAMES R. From private vice to public virtue: the birth control movement and American society since 1830[M]. New York: Basic Books, 1978.

[17] JANE B P. The "girl question" in education: vocational education for young women in the progressive era[M]. Bristol: The Falmer Press, 1992.

[18] JOHN L R. Education and women' s work female schooling and the division of labor in urban America, 1870-1930[M]. Albany: State University of New York Press, 1991.

[19] JOSEPH A H. Women in gainful occupations 1870-1920[M]. Washington, D. C. : United States Census Monograph Ⅸ, 1929.

[20] LINDA E. Historical dictionary of women's education in the United States[M]. London: Greenwood Press, 1998.

[21] LINDA G. The moral property of women: a history of birth control politics in America[M]. Champaign: University of Illinois Press, 2017.

[22] LYNN D G. Gender and higher education in the progressive era, New Haven[M]. CT: Yale University Press, 1990.

[23] MABEL N. A century of higher education for American women [M]. New York: Harper Press, 1959.

[24] MAY A. The public schools and women in office service[M]. Boston: Women's Educational and Industrial Union, 1914.

[25] MAY A. Dressmaking as a trade for women in Massachusetts [M]. Washington, D. C. : Superintendent of Document, 1916.

[26] MARY V K. Working girls in evening school[M]. New York: Survey Associates Inc. , 1914.

[27] MARY V K. A seasonal industry a study of the millinery trade

in New York[M]. New York:Russell Sage Foundation,1917.

[28] MARGERY W D. Woman's place is at the typewriter,office work and office workers,1870-1930[M]. Philadelphia:Temple University Press,1983.

[29] NANCY W. Women and the American experience[M]. New York:Knopf,1984.

[30] PAUL H D. American apprenticeship and industrial education [M]. London:P. S. King,1921.

[31] SEXTON P. Women in education[M]. Bloomington:Phi Delta Kappa Educational Foundation,1976.

[32] ROBERT W. Women and work in America[M]. New York:Columbia University Press,1959.

[33] SUSAN W. Modern American women:a documentary history [M]. Chicago:Dorsey Press,1989.

[34] SUSAN M. Gifts to be cultivated:training in dressmaking and millinery,1860-1920[M]. Minnesota:University of ST. Thomas,2011.

[35] THOMAS W. A history of women's education [M]. Vol. Ⅱ. New York:The Science Press,1989.

[36] U. S. Department of Labor. Bureau of the labor statistics, summary of the report on condition of woman and child wage earners in the United State[M]. Washington,D. C. :Government Printing Office,1916.

[37] U. S. Department of Health. Education,and welfare,national center for education statistics,digest of education statistics,Washington [M]. Washington,D. C. :Government Printing Office,1973.

[38] WAYNE D R. Taking the university to the people:seventy-five years of cooperative extension[M]. Ames:Iowa State University Press,

1989.

[39] WILLIAN H C. The American woman: her changing social, economic, and political roles, 1920-1970[M]. New York: Oxford University Press, 1972.

[40] Women's Educational and Industrial Union. A trade school for girls, a preliminary investigation in a typical manufacturing city, Worcester, mass[M]. Washington, D. C. :Government Printing Office, 1913.

[41] Women's Educational and Industrial Union. Industrial experience of trade school girls in Massachusetts[M]. Washington, D. C. :Government Printing Office, 1917.

第四章　教育与贫民安置

19 世纪末，随着美国工业化和城市化进程的加速，大量人口在短时间内涌进城市，城市人口急剧增长，并且出现了大量的贫民。他们大都居住在廉价的出租房内，形成了人口过度密集、卫生条件差、犯罪率高的贫民窟。贫民安置成为严重的社会问题。针对贫民窟的状况，美国兴起了一场贫民安置运动。社会各界从就业、慈善、福利与教育等方面对贫民进行扶持。在就业方面，注重职业咨询与技能培训；在慈善活动方面，开展家访与建设公共浴池；在福利方面，关注贫困儿童与妇女的福利；在教育方面，通过制定贫民儿童教育立法、注重安置所教育、建立贫民犹太学校、设立图书馆学校与娱乐性组织等措施，向学生传授知识和技能，进行教育安置，以实现社会正义。

第一节　贫民安置的社会背景

随着美国经济、人口、科技、文化的变化，变革成为美国 19 世纪 90 年代的一个主题①，美国社会面貌因此发生重大改变。在城市发展的同时，也出现了生活成本上升、失业率升高、贫困人口增加、贫富差距增大、收入悬殊、贫民窟增多、社会治安不稳等城市问题，其中一

① 参见刘丹丹《纽约市政研究所与美国的财政改革》，硕士学位论文，山东师范大学，2014，第 1—66 页。

个较为凸显的社会问题就是产生了更多的贫民。

一、美国贫民的生活状况

19 世纪末 20 世纪初，科学与技术迅猛发展，许多发明和创造改变了美国人的日常生活、消费观念和方式，交通业的发展为农业与制造业拓展了新的发展空间和渠道，美国出现了汽车城、钢铁城及电影城等。随着经济的发展，美国在人口方面也发生了重大变化。从 19 世纪 90 年代开始，来自南欧和东欧的新移民蜂拥而至，填充了美国城市地区。例如，伊利诺伊州，1880—1890 年伊利诺伊州移民人口增长了 24.3％，1890—1900 年增长了 26％。① 又如纽约市，1910 年 40％的人口是外来移民。② 1908 年 12 月美国参议院移民委员会调查了 37 个城市的学生民族血统，调查发现共有 60 多个民族群体，纽约、芝加哥、波士顿、克利夫兰、旧金山的学生的父辈在国外出生的比例分别是 72％、67％、64％、60％、58％。③ 到 1910 年，有 13 345 000 个在国外出生的人生活在美国，几乎占美国总人口的七分之一。同时，大批来自乡村的黑人涌进城市。于是，在黑人和外来移民人口基数的推动下，美国城市人口急剧膨胀，到 1910 年，美国城镇人口占总人口的 45％以上。④

随着移民增多和城市化进程的加快，美国贫困人口逐渐增多。例

---

① See United States Census Office, *A Discussion of Increase of Population* (Suitland, Maryland: The Bureau of Census, 1903), p. 16.

② See The New Immigrants, "History of Poverty & Homeless in NYC," accessed July 28, 2015, http://povertyhistory.org/era/progressive#the-new-immigrants, 2015-07-28.

③ See David B. Tyack, *The One Best System: A History of American Urban Education* (Cambridge, Mass.: Harvard University Press, 1974), p. 230.

④ 参见杰拉尔德·冈德森《美国经济史新编》，杨宇光译，商务印书馆，1994，第 544 页。

如，1891 年，在艾奥瓦州，劳工局指出，艾奥瓦州的贫困线为 549.84 美元[①]，收入在这一贫困线以下的就属于贫困人口。1900 年，经济落后的南部人均收入仅相当于美国平均水平的 51.6%。[②] 1915 年，工业关系委员会考察了美国的情况后指出，三分之二的移民家庭生活在贫困中或在贫困线以下。

大体说来，美国贫民的生活状况表现为四个方面，第一，收入低下。由于贫困人群的文化所限，贫民外出工作，大多只能从事低技能的工作，工资也相对低。例如，1890 年，低技能工作人员每周的收入为 8.71 美元，相比而言，建筑行业人员每周收入为 17.493 3 美元。1920 年，低技能工作人员每周收入为 25.98 美元，而建筑行业人员每周收入为 46.077 6 美元（如表 4-1-1 所示）。从这些数据可以看出，技术类工作的周均工资均高于低技能工作的周均工资，有的行业的周均工资几乎为低技能工作的周均工资的两倍。第二，冬天取暖困难。贫民的工作除了工资低外，有些工作性质又受到天气的影响，使得冬天可能全家几个月都没有收入，因而导致大多数情况下，全家只能挤在一个屋子里取暖。[③] 第三，流动性很大。贫困人口由于房租问题频繁搬家，通常几个月内会在附近几个街区内搬迁数次。第四，医疗费用开支大。恶劣的生活环境，极易造成传染病的盛行，就医往往会成为贫困家庭的最大开销。例如，一个孩子患麻疹住院，需要 13 美元，而后随着其他疾病的发生，他的医疗费用也会随之增加。加之房租和日常饮食，冬天收入又减少，贫困家庭基本入不敷出。通常情况下，贫困

---

① 参见胡爱文《美国贫困线及其反贫困政策研究：1959—2010》，硕士学位论文，华东师范大学，2011。

② 参见梁茂信《战后美国城市贫困人口的特征分析》，《东北师大学报（哲学社会科学版）》2000 年第 1 期。

③ See Michael B. Katz, *Poverty and Policy in American History*(New York: Academic Press, 1983).

家庭无法承担肉类、牛奶等食品的费用，这为解决儿童营养问题带来一定的难度。① 贫民自身的生活和健康都无法保障，他们也无力为孩子提供教育、娱乐等条件。因此，大多数贫民的后代，依旧在重演父辈的生活方式。

表 4-1-1 1890—1920 年制造业、烟煤开采业、铁路行业、建筑行业、邮政员工和低技能工作周均工资② （单位：美元）

年	制造业	烟煤开采业	铁路行业	建筑行业	邮政员工	低技能工作
1920	40.3988	37.7888	34.14	46.0776	35.472	25.98
1919	32.6172	33.8316	27.66	34.3200	31.104	23.83
1918	28.4144	29.1713	26.40	30.1644	25.728	21.69
1917	23.7524	24.1032	18.84	27.7056	23.232	17.18
1916	22.2720	19.5564	16.62	26.1215	22.608	13.78
1915	21.3354	17.3892	15.78	25.4912	22.368	10.65
1914	21.3744	16.6668	15.36	25.3449	22.272	10.78
1913	21.1560	16.3056	15.12	25.0093	21.600	10.84
1912	20.5920	16.5120	14.79	24.4800	20.976	10.32
1911	20.4678	15.7380	14.49	23.8950	20.592	10.13
1910	20.1903	15.4284	14.07	23.5040	20.160	10.65
1909	19.7176	15.0672	13.59	23.2560	19.632	10.37
1908	19.5552	15.1188	13.47	23.0280	18.960	10.22
1907	20.1168	14.8608	13.35	22.7586	18.144	10.76

① See Michael B. Katz, *Poverty and Policy in American History* (New York: Academic Press, 1983).

② U. S. Department of Commerce, Bureau of the Census, *Historical Statistics of the United States, Colonial Times to 1957* (Washington, D. C.; U. S. Department of Commerce, Bureau of the Census, 1960).

续表

年	制造业	烟煤开采业	铁路行业	建筑行业	邮政员工	低技能工作
1906	19.6350	15.1188	12.84	22.0779	17.712	10.34
1905	19.3158	14.2416	12.45	20.9294	18.000	9.91
1904	19.1114	13.9836	12.36	20.4223	17.904	9.84
1903	19.1208	13.9374	12.12	20.1868	17.856	9.64
1902	18.7516	12.7612	11.73	19.2871	17.952	9.25
1901	18.3400	12.1044	11.49	18.5725	18.000	9.05
1900	18.0730	10.7304	11.43	18.0642	17.808	8.83
1899	17.9140	9.7495	11.37	17.6529	17.760	8.70
1898	17.6754	8.9760	11.31	17.2260	18.048	8.53
1897	17.6220	8.0280	11.25	17.2308	18.288	8.40
1896	17.6550	8.8200	11.22	17.1843	18.144	8.46
1895	17.4945	9.4800	11.22	17.1523	18.000	7.45
1894	17.4736	10.3600	11.25	17.1195	17.664	8.34
1893	17.8409	11.2800	11.37	17.4888	17.328	8.73
1892	17.9820	10.7400	11.46	17.6088	17.280	8.75
1891	17.7120	10.1400	11.27	17.3910	17.184	9.74
1890	17.6256	10.8000	11.38	17.4933	16.896	8.71

总之，美国城市化过程中的贫民不仅在收入和生活标准上低于贫困线，在语言、文化、心理等方面也处于弱势地位，其容貌、衣着质地、饰物等也表现出贫民的外在特征。聚居区“下层阶级”不仅在种族与阶层上处于从属地位，而且获得的机会也十分有限，受到的结构性限制也更大。美国贫民形成了自己的贫困语言、心理、生活观、亚文化，这是美国贫民形成的根基，也是美国贫民问题难以解决的症结

所在。

美国贫困人口分布呈现的特点有三点：第一，种族中贫困率分布不同，各族裔的年收入也不同。亚裔群体收入较高，黑人家庭收入最低。第二，农村贫困率高于城市。第三，贫困人群主要是儿童、老人、妇女、残疾者、单亲家庭成员、失业者、无工作能力者、女性户主家庭成员、福利依赖程度高者、非婚生育者、外国移民等。

二、美国贫民引起的社会问题

新移民大都居住在贫民区，许多大城市内部因移民的来源国、宗教信仰、语言、文化和生活方式的不同被单独划分为移民聚居区，久而久之这些聚居区形成了贫民窟。这种贫民聚集区的典型特点是种族和肤色多样、人口密集、基础设施差、卫生条件恶劣。贫民窟在纽约和芝加哥等城市较为集中，贫民窟的出现是工业化和城市化的产物，它是随着 19 世纪末移民潮的到来而形成的不同的族裔区。一战使得移民大减，人口密度随之变小，内城区的贫民窟居民逐步移到城市边缘地区和城郊，但南部黑人大量流入城市，填充了原来的贫民窟。之前的贫民窟不但还存在，这时又形成新的贫民窟。① 随着郊区化发展，许多白人迁离市中心，奔往郊区，造成美国城市中出现贫民迁入市中心、富人迁出市中心的现象。而市中心的空白区域继续由贫民和从南方迁往北方的黑人填充，出现了“内城区”，内城区成了教育质量低下、辍学率高、社会治安不稳定的地区。

随着美国贫困问题的加剧，许多城市开始出现房屋不足、排水设施短缺、水资源短缺及其他服务设施短缺的问题②，这使得贫民窟的生

---

① 参见刘绪贻《美国研究词典》，中国社会科学出版社，2002，第 713 页。

② See Michael B. Katz, *Poverty and Policy in American History* (New York: Academic Press, 1983).

活必需品匮乏、生活环境极不舒适。例如在城市化进程中，纽约的空间变得越来越狭窄，因此贫民居住地没有足够空间建造一排一排的居所，只能纵向发展，建造廉租公寓。这些廉租公寓大多是拥挤的、肮脏的旧公寓，阴暗潮湿、顶楼漏水、老鼠横行、空气不流通，每间房屋的空间狭小，有些房间甚至是商铺、厕所、马厩改造而来的。廉租公寓开始只注重高度，但没有关注地基的承重能力，10 层甚至 10 层以上的公寓增多①，造成了安全隐患。面对堪忧的廉租公寓卫生状况，美国政府对大城市的廉租公寓进行调查，结果发现，几乎所有的廉租公寓都有致病的细菌和病毒，例如白色酿脓葡萄球菌、发泡细球菌、偶发性口颊杆菌等。在纽约，居住在这种廉租公寓人口的死亡率是 17.5%，美国城市贫民窟开始成为疾病和传染病的重灾区。②

美国人被“新美国人”的生活条件——破旧的草房、可怕的拥挤、令人寒心的肮脏及异国的语言，吓得目瞪口呆。③ 例如，1890 年美国每套住宅的平均居住人数为 5.45 人，而纽约市高达 18.52 人。④ 由于贫民居住环境拥挤、卫生环境差，造成这一区域的疾病流行，又由于贫民语言不同、家庭贫困，贫困成为一种循环，这进一步加剧了贫民窟恶劣的状况。

贫民窟治安问题也十分突出，未受过教育的、放任自流的、无家可归的儿童，成群结队地充斥城市街道，导致青少年犯罪率的上升与儿童道德水平下滑，贫民窟成为案件的多发地带（如表 4-1-2 所示）。

---

① See Michael R. Montgomery, "Keeping the Tenants Down: Height Restrictions and Manhattan's Tenement House System, 1885-1930," *Cato Journal*, No. 3(2003): 495-509.

② See Michael B. Katz, *Poverty and Policy in American History* (New York: Academic Press, 1983).

③ 参见理查德·霍夫斯达特《改革时代——美国的新崛起》，俞敏洪等译，河北人民出版社，1989，第 148 页。

④ 参见黄涛《纽约市贫民区的治理历程与经验》，《城市发展研究》2015 年第 2 期，第 52 页。

贫民窟居民的生活状况也不容乐观，移民把生活水平降低到“猪圈式的生活”[①]。居住在波士顿北部的意大利移民迫于生计，经营非技术性行业的生意，收入微薄，造成持续贫困。所以，在进步主义者看来，贫民窟问题不仅仅是一个经济问题，更是一个道德问题。比如，在劳伦斯·维勒（Lawrence Veiller）看来，若贫民有了住房，则有利于培养其爱国心与公民责任感。[②]

表 4-1-2 1881—1905 年纽约州年均被指控人数及上升百分比[③]

年度	年均人数	增加比例
1881—1890	2900	—
1891—1900	3734	28.8%
1901—1905	4501	20.5%

公众也意识到贫民的安全、道德与健康是滋生各种社会问题的根源。[④] 贫困人群都在为生存努力，但由于贫民窟环境恶劣，故成为犯罪人员和酗酒人员的聚集地。[⑤] 雅各布·里斯认为，贫民窟对美国社会发展极为不利。[⑥] 贫民窟成为问题的所在，如何解决贫民问题成为美国社会改革者关注的社会问题。

---

① 理查德·霍夫斯达特：《改革时代——美国的新崛起》，俞敏洪等译，河北人民出版社，1989，第 150 页。

② See R. Lubove,"Lawrence Veiller and the New York State Tenement House Commission of 1900,"*The Mississippi Valley Historical Review*,No. 4(1961):659-677.

③ Philip Davis,*Immigration and Americanization : Selected Readings*(Boston:Ginn,1920),p. 312.

④ See A. von Hoffman,"High Expectation: The Past and Future of American Low-Income Housing Policy,"*Housing Policy Debate*,No. 3(1996):423-446.

⑤ See Jacob A. Riis,*The Battle with the Slum*(Overland Park:Digireads. com,2012).

⑥ See Jacob A. Riis,*The Battle with the Slum*(Overland Park:Digireads. com,2012).

第二节　社会各界的努力与贫民安置

在西方历史上，流浪乞讨不是普遍的社会问题，也没有普遍的济贫措施。贫困问题由各教区自行解决，政府不承担济贫任务。1350 年英国颁布第一个解决贫困的法律——《劳工法》，改变了人们对流浪乞讨的看法，乞讨不再被视为值得同情的行为。英国的一些人士认为，贫困是个体的失误或道德问题造成的，而不是社会造成的。这种贫困观念和济贫法影响到美国。[①] 19 世纪末 20 世纪初，伴随美国城市化发展，原有贫困人口不断增加，加上这一时期移民的涌入，更加剧了社会矛盾，产生了各种问题。为解决这些问题，社会各界提供不同的"场景"[②]，减少对社会底层的经济和政治排斥。

一、就业方面的扶持

为解决贫困移民就业问题，消除移民贫困，弗兰克·帕森斯在波士顿为年轻人建立安置所。进入安置所的多是刚刚失业或失业一段时间的人群，其建立的首要目的是帮助他们找到新工作，为移民提供职业咨询以解决就业问题。弗兰克·帕森斯的职业咨询是靠"逻辑、常

① 参见张千帆《从管制到自由——论美国贫困人口迁徙权的宪法演变》，《北大法律评论》2005 年第 2 期。

② "场景理论"（theory of scenes）：美国社会学者特里·克拉克（Terry Nichols Clark）指出，城市生活文化娱乐的设施的集合称为"城市场景"。这种场景招引各种群体前往工作与生活，显示了多种文化价值取向，产生了高能量的人力资本，进而成为推动区域发展的新动力。场景理论是以更新和改变城市场景来促使城市发展的理论。参见吴军《大城市发展的新行动战略：消费城市》，《学术界》2014 年第 2 期。

识、观察和数据收集”[①]。1908 年弗兰克·帕森斯在波士顿的公民服务屋设立职业局，弗兰克·帕森斯论述选择工作时，考虑的三要素是：自我的明确认识、了解不同工作所需的知识、理性认识自我与工作知识的关联。[②]

这一时期，在职业咨询中起重要作用的还有心理测验，咨询师运用心理测验来了解求职者的自我评价，心理测验使得职业咨询获得较高声望。职业咨询最为重要的是有法律支撑，1917 年《史密斯-休斯法》提出，中等教育需要职业培训，该法案用法律手段明确职业教育是公共教育的一部分，这为职业咨询提供了法律基础。1913 年国家职业指导协会（National Vocational Guidance Association）成立，标志着职业咨询制度正式形成。

为贫民提供技能培训是解决贫困的重要途径之一，一旦贫民掌握了技能，就能自立，可逐步改善生活。出于这个目的，1915 年芝加哥教育委员会开设服装裁剪与设计课程，设置女装、男装、童装的裁剪和设计课程，每门课程收取少量学费，最初为一门课 15 美元，之后为一门课 25 美元，而在正规学校学习服装裁剪与设计的费用为 125 美元。教育委员会开设的课程虽然收费少，但是教授的知识与正规学校相同。每门课程授课 3 个月左右，每一期至少有 25 名学生报名。到 1919 年，服装裁剪与设计课程的毕业生为 250 人。申请课程的学生大多是裁缝，他们认为需要进一步学习裁剪与设计课程，以便更好适应社会。学成之后，他们大多开办自己的店铺，在一定程度上解决了就业问题。

---

① R. F. Aubrey, “Historical Development of Guidance and Counseling and Implications for the Future,” *Personnel and Guidance Journal*, No. 55(1977): 290.

② See Frank Parsons, *Choosing a Vocation* (Boston: Houghton-Mifflin, 1909), p. 5.

二、慈善方面的扶持

（一）家访

美国最早的家访在19世纪末由慈善机构发起，慈善机构的志愿者进入城市贫民家庭，以期改变其不良的行为习惯。这一行动对城市贫困、阶级对立和社会分化产生了一定的冲击。[①] 历史学家保罗·博耶（P. Boyer）认为，这一时期的家访运动由一系列原因促成[②]，比如城市面临的贫困、贫富的严重分化等问题，解决这些问题的最好办法是缩小贫富差距。完成这一任务需要慈善机构的支持与协调，慈善机构提出一个比较适当的方式——家访。19世纪末，在大城市约有4000名中上层女性志愿者对贫民定期家访，为贫困家庭提供指导，教授贫民如何更好地生活，指导其道德和行为，以图改变贫民的生活状态。[③]

慈善机构认为，贫困由个人自甘堕落造成，因此通过志愿者友好的家访可以改变贫困者的行为习惯。经济援助和维持生存的工作都不是重要的，只需对贫困者道德说教就可达到目的。正是由于这一点，家访逐渐受到抨击。志愿者家访只是完成任务，志愿者也只是从贫困者家中获取想要的信息，但志愿者并未提供实质性的帮助，被访者还要配合来访者，表现出接受来访者建议的姿态[④]，这并不能真正解决贫困者的具体问题。志愿者逐渐意识到家访存在的问题，也体会到单纯

---

① See Heather B. Weiss,"Home Visits: Necessary but Not Sufficient," *The Future of Children*, No. 3(1993): 115.

② See P. Boyer, *Urban Masses and Moral Order in America*, *1800-1900* (Cambridge, MA: Harvard University Press, 1978).

③ See P. Boyer, *Urban Masses and Moral Order in America*, *1800-1900* (Cambridge, MA: Harvard University Press, 1978).

④ See P. Boyer, *Urban Masses and Moral Order in America*, *1800-1900* (Cambridge, MA: Harvard University Press, 1978).

的指导没有任何意义，他们开始为贫困者提供更多服务，例如帮助贫民找工作、寻找居住条件较好的房屋等。这些正是贫困者实际需要的。①

总之，在19世纪末20世纪初，虽然社会巨大变革使得志愿者的家访已不能胜任贫困问题的解决这一任务，家访逐步被安置所运动替代，但是家访在当时的积极作用是不容忽视的。家访是在城市化和工业化进程中进行的，这一时期美国没有完善的公共福利制度、健康保险和失业保险等保障措施，家访在一定程度上缓解了贫困的负面问题，也是美国解决贫困问题的一种有效尝试。②

（二）公共浴室

美国家庭浴室在19世纪中叶已出现，但家庭浴室对贫民来说，还是一种奢侈的设施，贫民窟的卫生状况堪忧。因此，贫民窟需要建设公共浴室，但公共浴室需极大的资金投入，以纽约市为例，每个公共浴室平均花费25 000美元—300 000美元。③ 虽然建设公共浴室花费极高，但由于是为贫民提供服务，出于道德和健康原因，建设公共浴室有一定的必要性。

首先，道德原因。美国人认为，干净整洁的外表有助于提高道德情操。如果外表干净整洁，就倾向于做出符合伦理道德的行为。波特主教在写给“纽约改善贫困协会”主席威廉·汉密尔顿（William Hamilton）的信中指出：“肮脏与道德沦丧之间的关系是显而易见的，如果儿童和成年人身体不清洁，他们不可能有好心情。无论是衣着还

---

① See M. Katz, *In the Shadow of the Poorhouse: A Social History of Welfare in America* (New York: Basic Books, 1986), p. 76.

② See Heather B. Weiss, "Home Visits: Necessary but Not Sufficient," *The Future of Children*, No. 3(1993): 115.

③ See W. P. Gerhard, *Modern Baths and Bath Houses* (New York: John Wiley and Sons, 1908), p. 107.

是身体不干净，都会对道德产生不良影响。”① 公共浴室的倡导者威廉·托尔曼（W. H. Tolman）认为，城市人口保持身体清洁是城市从野蛮走向文明的标志。② 纽约市卫生工程首席工程师威廉·格哈德（W. P. Gerhard）认为，让贫困人口保持身体清洁可减少犯罪，公共浴室为贫民窟的居民提供廉价的洗浴设施，可改善贫民窟的卫生环境，提高居民的道德水平，减少犯罪行为的发生③，让全民都能洗浴是维护城市安全和秩序的方法之一。

其次，健康原因。科学团体也是支持公共浴室的力量之一，医生对此尤为支持，医生不仅从道德层面分析浴室的必要性，更从健康角度论述浴室的必要性。“细菌致病论”在19世纪末开始大范围流行，人们意识到无论贫民还是富人，都有可能感染致命的细菌，且不卫生者更易被感染，贫民窟的穷人被认为是细菌的携带者。医生认为，通过洗浴保持身体清洁可减小患病概率，有延长寿命的功效。身体不洁净，可能导致皮肤病，皮肤上和衣服上的污垢会使人呼吸不畅。④ 为此，地方慈善机构、慈善家、市政府合资建立公共浴室⑤，城市官员、工程师、医生和牧师等改革家也大力推动公共浴室的建设，解决贫民的洗浴问题。

1891年8月17日，美国第一个公共浴室——“人民浴室”开门营

---

① New York Association for Improving the Condition of the Poor, *A Study on Public Baths* (New York: The Association, 1896), pp. 8-23.

② See W. H. Tolman, “Public Baths, or the Gospel of Cleanliness,” *Yale Review*, No. 6 (1897): 51-61.

③ See W. P. Gerhard, *On Bathing and Different Forms of Baths* (New York: William T. Comstock, 1895), pp. 5-24.

④ See W. P. Gerhard, *On Bathing and Different Forms of Baths* (New York: William T. Comstock, 1895), pp. 5-24.

⑤ See D. Glassberg, “The Design of Reform: The Public Bath Movement in America,” *Mid-America American Studies Association*, No. 20(1979): 5-21.

业，浴室位于纽约曼哈顿区，由威廉·汉密尔顿投资建设。人民浴室是一个两层建筑，有 23 个淋浴间和 3 个浴缸，每个淋浴间由两部分组成，一部分为更衣室，一部分为淋浴室。每次洗浴仅交纳 5 美分，浴室提供毛巾和香皂，冷热水均有。《纽约论坛报》编辑发文赞扬威廉·汉密尔顿为建立公共浴室的热心投资者，认为兴建公共浴室是善意之举，让公众成为公共浴室的受益者，其行为是高尚的。

公共浴室的支持者不仅主张在城市社区建立公共浴室，还主张在公共学校建立公共浴室。纽约市德威特·克林顿高中（Dewitt Clinton High School）的生物教师乔治·亨特（G. W. Hunter）鼓励在公共学校建设浴室，乔治·亨特也把身体清洁、道德和健康联系在一起。[①] 1900—1915 年，波士顿、巴尔的摩、芝加哥和纽约的大多数公共学校建立了公共浴室。纽约公共学校的校长们认为，学校浴室是培养学生品格、促进社会进步的有效方式，学生能把良好的卫生习惯带到家中。在道德层面，学生保持身体清洁，会更加自信，更倾向于遵守法律法规。[②] 通过改革者的努力，美国公共浴室从 1894 年的 6 个增长到 1904 年的 49 个，1904 年费城公共浴室使用率达到 400 万人次，纽约市公共浴室使用率达 500 万人次。公共浴室的建立改善了贫民的卫生与健康状况，同时也提高了他们的自信心，促使他们更好地融入社会生活。

三、福利方面的扶持

社会福音运动主张用基督教的伦理解决贫困、贫民窟、童工等社

---

① See G. W. Hunter, "The Methods, Content and Purpose of Biologic Science in the Secondary Schools of the United States," *School Sci Math*, No. 10(1910): 111.

② See Perry G. An, "Helping the Poor Emerge from 'Urban Barbarism to Civic Civilization': Public Bathhouses in America, 1890-1915," *Yale Journal of Biology and Medicine*, No. 77 (2004): 138.

会问题。在解决贫困问题中，福利是反贫困的常用手段。在美国，福利是从社会底层阶级开始覆盖的，而非从富人开始的，这体现的是“正福利”的原则。这种原则保证把福利分给了真正需要的人群，比如贫困儿童与妇女。进步主义者敦促政府对抗不公平的垄断行为，保护弱势群体的权益，反对任何形式的社会不公正。劳动立法要求规范妇女劳工问题，严禁儿童从事危险工作，调整工作时间与薪水，改善车间的卫生与安全条件。

（一）贫困儿童的福利

长期以来，美国对弱势群体的社会保护由私人慈善机构和宗教组织承担。进入 19 世纪，州和地方政府开始参与这一工作，例如 1840 年印第安纳实施救济穷盲人法、1848 年波士顿建立智力障碍儿童学校、1863 年马萨诸塞建立统一的施舍救济机构。到了 20 世纪初，联邦政府开始关注此项工作，把反贫困视为一项职责，采取相应的反贫困措施。1909 年在白宫召开关注贫困儿童的会议，1912 年联邦政府建立儿童局，这是美国福利制度形成的开端。这一时期伊利诺伊州反童工运动促进了社会福利制度的完善。① 例如 1893 年和 1903 年，伊利诺伊州通过童工法案，保护贫困儿童，为贫困儿童提供职业教育。20 世纪初还兴起拯救儿童运动，内容主要包括禁止使用童工、设立青少年法庭、将少年犯从成年人监狱分离出来、实施义务教育、提高儿童文化、改善公共卫生等。到 1921 年，国会通过《托纳法案》，授权联邦向各州提供儿童和妇女卫生与健康的援助。②

---

① 1935 年《社会保障法》建立养老保险与失业保险的社会保险制度，保障了贫民的法律地位。在《社会保障法》实施以后，美国的贫困率在 20 世纪 40 年代降到 27%，20 世纪 70 年代降到 10%，社会保障观念成为美国人信条的一部分。1947 年以后，贫困的白人家庭数量减少 27%，贫困的非白人家庭的数量减少 3%。参见刘建芳《美国的城市贫困与反贫困及其对我国的启示》，《甘肃社会科学》2005 年第 3 期。

② 参见刘建芳《美国的城市贫困与反贫困及其对我国的启示》，《甘肃社会科学》2005 年第 3 期。

儿童的福利还涉及饮食方面。由于贫困，移民工资大都用于生活必需品，牛奶起初并未成为移民的生活必需品，甚至有些移民把其看作奢侈品。为此，1914 年芝加哥妇女俱乐部和“芝加哥反暴利协会”，在移民聚居区开办牛奶站，以优惠价格为移民提供新鲜牛奶。牛奶站的牛奶以每夸脱[1] 11 美分卖给移民，这个价格比售奶处优惠 3 美分—4 美分，但在质量上并无任何差别。[2] 据牛奶站统计，1919 年仅 10 个月，牛奶站就售出 70 000 夸脱和 50 000 瓶牛奶。[3] 牛奶站的工作保障了移民儿童用优惠价格买到优质牛奶，增强了儿童体质。

（二）贫困妇女的福利

当时妇女开始走出家门从事工作，但女工普遍工作时间长、工资低。1890 年妇女俱乐部总联盟成立，1893 年伊利诺伊州制定强制性的法令，规定妇女工作日工作 8 小时。[4] 到 1900 年，产业劳工队伍中 17％是妇女，但是女工周工资只有 6 美元—8 美元，低于最低生活所需。相比而言，男性产业工人的平均工资是每年 597 美元，而女性每年却只有 314 美元。[5] 女性不但工资低，开始从事劳动的年龄也偏低。1909 年美国参议院的调查显示，在城市工厂的女工，大部分年龄在 20 岁以下（如表 4-2-1 所示）。所以，从 19 世纪末到 20 世纪 20 年代，劳动市场上的女性工人大都是年轻者或未婚者，绝大多数女性工人来自

---

① 1 夸脱＝1.136 5 升，本书中涉及的非法定计量单位为原文献载用，下文再出现时不予换算。

② See Philip Louis Seman, *Americanization Program in Education and Recreation* (Chicago: Nabu Press, 1920), p. 19.

③ See Philip Louis Seman, *Americanization Program in Education and Recreation* (Chicago: Nabu Press, 1920), p. 20.

④ 参见阿瑟·林克、威廉·卡顿《一九〇〇年以来的美国史》（上册），刘绪贻等译，中国社会科学出版社，1983，第 65—70 页。

⑤ 参见艾伦·布林克利《美国史》，邵旭东译，海南出版社，2009，第 514 页。

低收入家庭，受教育程度不高。① 出门工作的女性，大多为生活所迫，家庭急需多一份收入维持基本生活。以对纽约市的调查为例，大部分女性把自己的收入用于支付各种家庭消费，而非个人消费（如表 4-2-2 所示）。

表 4-2-1　1909 年主要城市的工厂 20 岁以下女性员工人数及比例②

城市	人数	占所有员工的比例
波士顿	489	50%
芝加哥	276	51%
圣保罗	133	61%
纽约	1550	70%
圣路易斯	232	63%

表 4-2-2　1909 年纽约市女性收入与投入家庭消费比例③

人员类型	年龄	调查总人数	反馈人数	收入贡献家庭比例		
				全部收入	部分收入	全部收入自己支配
零售和百货商店工作的员工	16 岁以下	26	26	96.2%	0%	3.8%
	16—17 岁	106	106	94.4%	2.8%	2.8%
	18—20 岁	120	120	90.8%	5%	4.2%
	21—24 岁	49	46	69.5%	24%	6.5%
	25 岁及以上	46	45	51.1%	46.7%	2.2%

① See Claudia Goldin, "The Quiet Revolution the Transformed Women's Employment, Education, and Family," *The American Economic Review*, No. 2(2006): 1-21.

② John Sharpless and John Rury, "The Political Economy of Women's Work: 1900-1920," *Social Science History*, No. 3(1980): 1-31.

③ John Sharpless and John Rury, "The Political Economy of Women's Work: 1900-1920," *Social Science History*, No. 3(1980): 1-31.

续表

人员类型	年龄	调查总人数	反馈人数	收入贡献家庭比例		
				全部收入	部分收入	全部收入自己支配
工厂、仓库和磨粉厂工作的员工	16岁以下	93	91	97.8%	2.2%	0%
	16—17岁	446	443	95.7%	3.8%	0.5%
	18—20岁	553	547	88.7%	10.8%	0.5%
	21—24岁	262	261	78.9%	19.6%	1.5%
	25岁及以上	196	190	76.3%	23.2%	0.5%

从上述数据可以看出，女性将绝大多数收入投入家庭支出这一项，且收入很难维持基本生活需求，因此各州开始关注女性最低工资。1911年马萨诸塞州成立了最低工资委员会（Minimum Wage Commission），马萨诸塞州这一做法，开创了美国设立最低工资委员会的先河。1913年，犹他州、俄勒冈州、华盛顿州、明尼苏达州、内布拉斯加州、威斯康星州、加利福尼亚州、科罗拉多州等8个州，也设立了最低工资委员会。1913年，这些州通过了最低工资标准的法案。例如，在犹他州，规定女性最低工资为每天1.25美元，加利福尼亚州规定女性最低工资必须能维持家庭基本生活，并得保证女性身体健康。最低工资委员会还规定了女性接受在职学习的补助，犹他州每天为18岁以下的女性职工提供75美分的补助，为成年女性和学徒每天提供90美分的补助。若违反了最低工资标准，各州也有惩罚措施。例如，马萨诸塞州和内布拉斯加州的惩罚措施是在报刊上公布雇佣者姓名，报刊拒绝刊登的话，可对报刊处以100美元的罚款。[①] 最低工资标准保障了女性的基本权利，为她们的家庭争取了更多收入，也为她们接受在

---

① See Glenn Newton Merry, *The Minimum Wage* (Ames: State University of Iowa, 1915), pp. 1-107.

职教育提供了保障，这在当时的环境下已属进步。

第三节　贫民安置的教育努力及成效

在贫困家庭，学龄儿童通常不能正常上学，甚至还要从事较低端的工作，贫民恶劣的居住环境、工作环境和教育环境引起了美国人的注意。为此，美国在教育领域为贫民教育提供保障，期望通过一系列的教育反贫困措施达到社会正义。①

一、贫民教育立法的努力

城市贫困问题促使有识之士和具有人道主义精神的慈善家将目光

① 从词源上看，“社会正义”（social justice）源于“正义”（justice）。从柏拉图时代开始，正义就被政治思想家视为一个良好的政治秩序所具有的一个基本属性。良好的社会最根本的一个标准就是正义。正义在当时是指相互独立的个体获得适当的或者适合于他们的地位与待遇，所以希腊思想家就把正义概括为“四大美德”之一。到了西欧中世纪，人们对正义的思考中的需求观念变得更加强烈了。虽然救济穷人的义务常常被看作是仁慈的本分，但一般认为拥有剩余物品的人，即物品超过了维持自己地位所需的人，有正义的义务去帮助那些需要帮助的人们。此时欧洲著名的学者、多明我会的僧侣托马斯·阿奎那（Thomas Aquinas）进一步指出，有极度需求的人有权利拿别人的财产来维持生存。可以看出，对正义的信仰反映出当时普遍的社会关系，而且对正义的信仰还促进了社会关系的形成。到了现代，正义的发展体现在“社会正义”思想的出现。社会正义思想包含了努力实现使社会分配的所有形式与正义的原则相一致。社会正义思想开始出现在19世纪早期的政治论证中，随后被广泛使用，它建立在两个假设之上：第一，要求每个人的社会地位和获得的物质报酬应该尽可能地与他们的功过相抵。这一思想还表现为“按能择职”和“机会均等”的要求。第二，应该根据每个人不同的需要来分配物品。它与平等思想密切相关。所以，在现代生活中，把社会正义界定为社会中财富、机会、权利的公正分配。社会正义赋予人民权利，并要求人民承担相应义务，使收获与付出相一致。教育、医疗、社会保险、劳动权利、机会均等、财富分配等都属于社会正义范畴。参见邓正来主编《布莱克维尔政治学百科全书》，中国政法大学出版社，1992，第382—383页。

转移到教育上，认为教育可减少贫困和预防犯罪，是救治城市问题的一副良药。[①] 在17世纪中期，英格兰较早出现了为贫困家庭儿童提供最低程度教育的慈善运动——主日学校运动。1780年出版商罗伯特·克雷斯（Robert Crease）把当地制钉厂的儿童聚集在一起，雇用4名主妇在星期天向这些贫困童工教授“阅读与教义问答”，后来，罗伯特·克雷斯的思想被传到美国。1793年纽约开办了一所贫民学校，普及世俗教育。1797年罗得岛州的波塔基特（Pawtucket）开设了一所工厂学校，招收贫困儿童与社会下层。[②] 1816年马里兰州用财产税资助贫困儿童学校。1820年新泽西州规定，准许各县征税，用于贫困儿童的教育。1821年达尔芬县和兰卡斯特县也得到州贫儿学校法的豁免，教育贫困儿童。1827年新罕布什尔州向贫困儿童提供免费的教科书。

各州贫民教育立法带来的影响是，贫民教育立法为扶持贫民教育提供了法律依据和基础，正如“贫困处境论”所说，治理贫困需要改善贫民的贫困处境，提高教育质量。在各州教育立法的基础上，贫民教育支出有所增加。随着学生人数和在校时间的增加，教师数量也在增加。例如，1890年教育总支出为1.41亿美元，到1900年，几乎增长了1倍，达到2.15亿美元，1930年达到23.17亿美元，使得1900—1930年教育支出增加了约10倍（见图4-3-1）。这在一定程度上提高了贫民的受教育程度。

---

① See Ellwood P. Cubberley, *Public Education in the United States: A Study and Interpretation of American Educational History* (Boston, New York, Chicago, Houghton Mifflin Company, 1919), pp. 107-120.

② See Ellwood P. Cubberley, *Public Education in the United States: A Study and Interpretation of American Educational History* (Boston, New York, Chicago, Houghton Mifflin Company, 1919), p. 84.

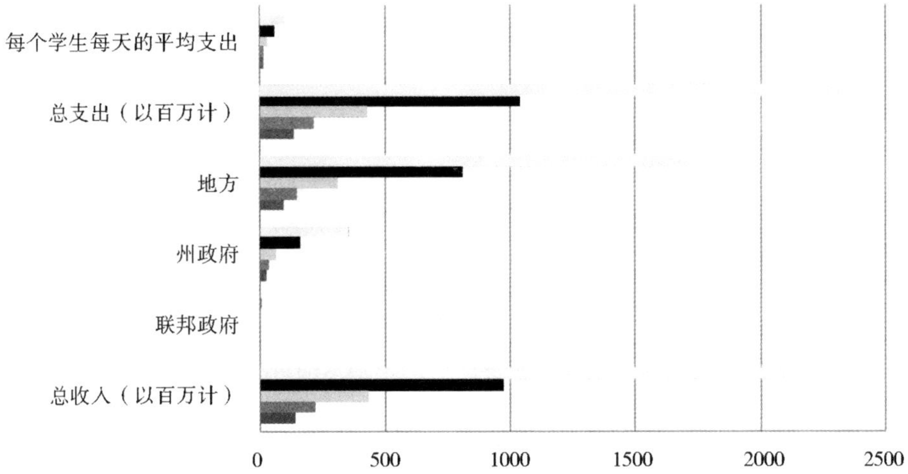

	总收入（以百万计）	联邦政府	州政府	地方	总支出（以百万计）	每个学生每天的平均支出
1930年	2089	7	354	1728	2317	108
■ 1920年	980	2	160	808	1036	64
1910年	433		65	312	426	33
1900年	220		38	149	215	20
1890年	143		26	97	141	17

图 4-3-1　1890—1930 年收入与支出①

二、安置所运动的教育努力

新教徒为推行主张，在城市贫困地区建立了社会服务机构，通过创办安置所来提高贫民子女的受教育程度，为贫民提供援助，以使不同人群在相互依存的社区和睦相处。作为解决城市贫民问题的最著名运动，安置所运动为匹兹堡与芝加哥等城市的贫民窟提供了一种新东

① U. S. Department of Education, National Center for Education Statistics, *120 Years of American Education* (Washington, D. C.: U. S. Government Printing Office, 1993).

西，即供人们“对所有公共问题进行讨论、辩论与共同行动的场所”①，激励人们“参加业余戏剧演出，学习各种艺术和工艺，形成邻里内的一个精神与文化中心”②。正如社会学家刘易斯所指，为了治理贫困，主要在于消除贫困文化，因为贫民在文化资本上处于弱势，减少了贫民的教育机会，在贫民窟中所形成的亚文化不仅影响孩子的一生，还会导致贫困文化的代际传递。③ 所以，在安置所运动中，中产阶级志愿者希望降低低收入邻居的贫困程度，并与其共享文化和知识。1897 年，美国有 76 家安置所，1900 年增加到 100 家，1911 年又建立了全国安置所联盟④，到 1913 年，美国共有 413 个安置所，较有影响力的是赫尔会所和海勒姆安置所（Hiram House）。

（一）赫尔会所的教育安置

美国赫尔会所的建立缘于简·亚当斯 1888 年的欧洲之旅，在伦敦，简·亚当斯第一次见到由于工业化所造成的贫困，并且参观了建立于 1884 年的汤因比会所（Toynbee Hall）⑤。汤因比会所建立的目的是缓解工业化和城市化带来的贫困。简·亚当斯看到牛津大学和剑桥大学的学生向工人传授知识，受到极大触动。回到美国后，简·亚当斯设想在芝加哥为贫困者建立安置所，随后与艾伦·斯塔尔（Ellen Gates Starr）共创了赫尔会所，向外来移民传授知识和技能，激励移民通过

---

① 刘易斯·芒福德：《城市发展史：起源、演变和前景》，宋俊岭等译，中国建筑工业出版社，2004，第 501 页。

② 刘易斯·芒福德：《城市发展史：起源、演变和前景》，宋俊岭等译，中国建筑工业出版社，2004，第 501 页。

③ 参见胡联《贫困的形成机理：一个分析框架的探讨》，《经济问题探索》2012 年第 2 期。

④ 参见邓超《美国进步主义时期的社会控制与社会主义运动的衰落》，《当代世界与社会主义》2009 年第 4 期。

⑤ 汤因比会所是安置所运动的滥觞，是为纪念剑桥历史学家阿诺德·汤因比（Arnold Toynbee）而建的。

自身的努力改变生活。[①] 赫尔会所后期开始对市、州和联邦立法提意见，通过走访市政官员，促使政府履行住房安全法。赫尔会所关注童工、妇女选举权、医保改革和移民政策等问题，其提出的一些建议是当今美国社会福利制度的雏形。赫尔会所认为，政府应担负起社会正义的责任。[②] 至今，安置所依然是以社区为中心的组织，提供早期教育、青少年干预及高级计划等一系列服务。贫民的福利、安置、公共服务成为社会安置运动中关注的重点问题，这充分体现了社会正义。

（二）海勒姆安置所的教育

海勒姆学院（Hiram College）基督教青年会的学生在研讨社会研究课程的过程中，认为现有的安置所取得了很大成就，克利夫兰也应该成立海勒姆安置所帮助贫民。因此，学生开始调查克利夫兰拥挤的贫困区，并且在随后的研讨中做出调查报告。通过学生的努力，1896年10月海勒姆安置所建立。海勒姆安置所对贫民儿童和家长提供多种帮助，其中手工训练、艺术教育和烹饪教育等最有特色。

1. 手工训练

1901年9月，海勒姆安置所手工训练部成立。在不耽误学生正常上课的前提下，每周一至周六晚上开展手工训练，教授贫困儿童技能。手工训练尽量减少花费，使材料变成有用又艺术的成品。随着手工训练的展开，越来越多的人加入安置所，帮助贫困儿童掌握技能。1905年课程分初级班和高级班，教授男孩制作铁制品和铜制品，使用工具与机械制图。通过海勒姆安置所的授课，大量贫困男孩掌握了实用的生存技能。

---

① See Charles F. Howlett, "Jane Addams and the Promotion of Peace and Social Justice Among the Masses," accessed April 8, 2015, http://www.tc.columbia.edu/centers/epe/pdf%20articles/janeaddamspeaceeducationforsocialjustice_23feb08.pdf.

② 参见龚蔚红《社会正义与政府责任》，《太平洋学报》2010年第3期。

2. 艺术教育

1898 年海勒姆安置所成立了艺术俱乐部，教授贫困男生绘画。为了锻炼男生手部肌肉力量、协调男生眼与脑的判断力、对男生进行艺术教育、培养男生的艺术能力，安置所还为男生提供了折纸和工艺品制作的课程，鼓励他们提出自己的设计方案，用工艺品表达自己的观点。兴趣相同的男生组成一组，共同设计工艺品，这也发展了男生之间的友谊，培养了男生的团结协作能力。男生可以出售或捐赠制作的工艺品，出售工艺品的收入，可以补充家庭开支，制作的工艺品还会在安置所展览。这给予了男生创造的机会，激发了他们的艺术才能，激励了他们不断从各方面提升自己，促进了安置所其他教育的开展。

3. 烹饪教育

海勒姆安置所发现，安置所中大量年轻女孩需要学习如何做家务。1901 年安置所在社会的资助下，雇佣一名兼职教师，开设下午和晚间烹饪课程，讲授一些简单实用、女孩能在家实际操作的烹饪技术。由于安置所中的女孩来自不同家庭，文化背景各不相同，因此她们所需要的烹饪课程也各不相同。海勒姆安置所尽量照顾到每位女孩的需求，并且根据需求安排课程。例如，教授女孩在家人生病时制作哪些食物，以及如何照顾病人。在这些课程中，女孩学会制作菜肴，同时学会承担照顾家庭的责任。在烹饪教育之余，安置所还教授女孩如何整理家务。通过安置所的烹饪课程，贫困儿童获得各自所需的技能，日常生活技能和工作技能得到提升，为儿童将来的工作打下基础，一定程度上解决了儿童和家长的生存问题。

总之，在美国，安置所是受英国治理城市贫困问题经验的启发而起，但它比英国的发展声势更为浩大。安置所运动发端于 19 世纪中期的伦敦，兴盛于 20 世纪 20 年代的美国。安置所通过接触贫民聚居地，了解贫民问题，在一定程度上找到了解决贫民问题的出路。安置所通过提供成人教育、图书馆、日托中心、俱乐部、医疗、基本技能等，尽快扶助贫民融入新环境，提高了所在社区的贫民福利，帮助解决了社会问题，推动了社会改革运动的进程[①]，启发了美国社区改良的实验。[②] 不过，安置所运动的不足之处在于，它仅仅依靠社会名流或自发的民间团体的力量，以社会文化为主要手段改造社区贫民的生活、教育与娱乐条件，所以取得的成效有限。

（三）新式学校的教育努力

美国不断加剧的阶层和族群区隔状态如何影响移民的社会融入与整合？美国贫民教育出现了哪些新情况？外部环境又面临哪些挑战？这是摆在美国面前的现实问题。面对贫民的新问题，传统学校在贫民安置方面面临挑战，因此美国建立了新式的学校来解决移民中的贫民教育问题。

1. 建立贫民犹太学校

1917 年美洲有犹太裔移民 3 496 225 人（如表 4-3-1 所示），从数据可以看出，美洲的犹太裔人口占全球犹太裔人口的 23%。而在美洲，美国的犹太裔移民占比不小，例如 1918 年美国有犹太裔 3 300 000 人，占美国人口的 3.2%（如表 4-3-2 所示）。

表 4-3-1　1917 年全球各洲犹太裔人口数量[③]

洲	人口数
欧洲	10891917
美洲	3496225
亚洲	357070

① 参见李东泉《美国的社区发展历程及经验》，《城市问题》2013 年第 2 期。

② 参见吴晓、吴明伟《美国快速城市化背景下的贫民窟整治初探》，《城市规划》2008 年第 2 期。

③ Samson D. Oppenheim, *The American Jewish Year Book* (Philadelphia: The Jewish Publication Society of American, 1918), p. 339.

续表

洲	人口数
非洲	359722
大洋洲	19415
总计	15124349

表 4-3-2 美洲犹太人口数量及所占比例①

国家	年份	总人口	犹太裔人口	犹太裔比例
美国	1918	103000000	3300000	3.2%
库拉索岛（Curacao）	1917	30000	600	2%
阿根廷	1917	9000000	110000	1.22%
加拿大	1911	7204838	75681	1.05%
荷属圭亚那（苏里南）(Dutch Guiana)(Surinam)	1916	88750	882	0.99%
牙买加	1917	850000	1487	0.17%
古巴	1916	2627536	2000	0.07%
巴西	1917	20000000	4000	0.02%
乌拉圭	1917	1100000	300	0.02%
委内瑞拉	1917	2755685	475	0.01%
墨西哥	1912	15501684	500	0.003%
秘鲁	1917	—	300	—

注：由于各国家的数据统计年份不同，故本表按能得到的最新数据作为依据。

① Samson D, Oppenheim, *The American Jewish Year Book* (Philadelphia: The Jewish Publication Society of American, 1918), p. 340.

具体来说，1899—1918 年美国共接收犹太裔移民 1 548 594 人，其中 14—44 岁的人数最多（如图 4-3-2 所示），这一数量达到当年美国该年龄段移民人口数量的 5%左右，这些人口是社会发展主力。犹太移民为了生计，无暇顾及自身教育，孩子的教育问题更被忽视，家庭的经济状况导致学校出现退化。在美国，犹太裔移民要对自己的新身份进行重新定位，对于他们自己的文化、社会习俗及社会组织，他们应保留多少才能融入美国社会？如何教育后代？如何保证后代完全融入美国生活？解决这些问题不仅对犹太移民自身意义重大，对美国社会和教育的意义也很重要。

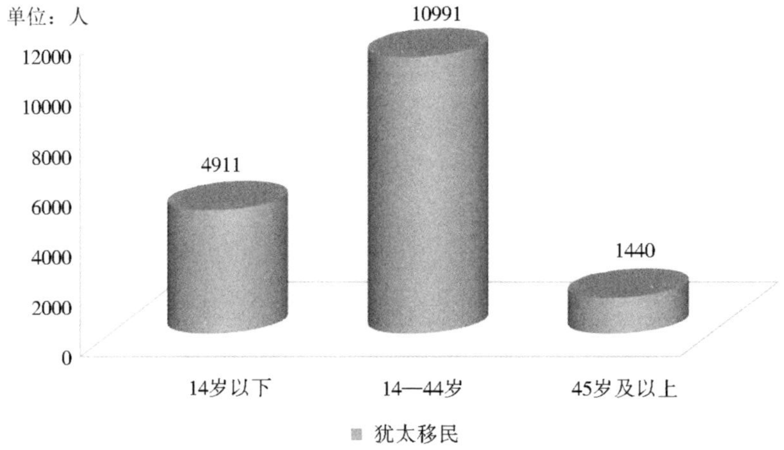

图 4-3-2　1917 年美国犹太裔移民年龄分布①

犹太民族把学习与教育看作一种信仰，他们认为教育就是无形的财富，信仰教育能改变人的一生，所以每一位犹太人都会读书。作为犹太人的智慧库，《塔木德》指出，学习是至善行为，是美德的本源，

① Samson D. Oppenheim, *The American Jewish Year Book* (Philadelphia: The Jewish Publication Society of American, 1918), p. 351.

一个人的至善、虔诚、平和、优雅都是后天教育的结果。所以，犹太人在美国抓住每一次受教育机会，试图通过教育改变自身及子女的社会地位和状况。

由于芝加哥和纽约的犹太裔移民人口居多（如图 4-3-3 所示），所以他们在芝加哥和纽约建立了自己的学校，这种学校分两种类型：一种是按照美国本土人习惯专门设立的犹太学校，例如芝加哥犹太培训学校；另外一种是仿照自己原属国的学校，建立具有浓厚的犹太民族特点的学校，例如纽约犹太学校。

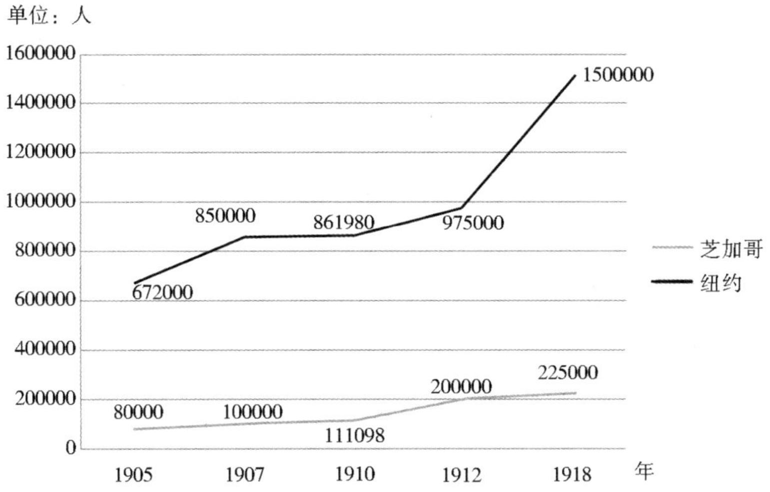

图 4-3-3　1905—1918 年纽约与芝加哥犹太裔移民数量①

（1）芝加哥犹太培训学校

第一，建校与招生。19 世纪与 20 世纪之交，普通的公共学校很难满足犹太裔移民儿童的一些特殊学习需求，作为公共学校的有效补充，

---

① Samson D. Oppenheim, *The American Jewish Year Book* (Philadelphia: The Jewish Publication Society of American, 1918), pp. 342-343.

1888年芝加哥“犹太慈善联合会”获得20 000美元捐款[①]，筹备建立一所学校，专门招收贫穷的犹太人入学。[②] 1890年10月20日学校的教学楼正式建成，位于贾德大街91号[③]，教学楼是4层砖式结构。学校占地6600平方英尺，总共有22间教室，可容纳800名学生。教室明亮、通风，配备了当时先进的教学设备，建造学校花费了52 276.01美元。[④] 随后每年的维护费用在21 000美元左右[⑤]，维护费用由居住在社区内或社区附近的志愿者捐助。

芝加哥犹太培训学校建立的目的是把学生培养成有个性、自力更生、自尊自爱的人。在培训学校，教职工并不刻意对学生传授知识和技能，而是鼓励学生通过努力获取知识和技能，让学生成为自主学习者，教导学生诚实工作，最为重要的是掌握英语、了解美国文化。作为一所职业学校，芝加哥犹太培训学校不分性别招生，不收取任何学费，只要是俄裔犹太移民都可申请入学，但前提条件是他们必须来自贫困家庭。

第二，课程设置。在芝加哥犹太培训学校，课程设置以提高学生体质、道德水平和智力水平为原则，学校为学生提供各种课程（如表4-3-3所示），有数学、英语、地理、艺术、机械制图、历史、木板制作、瑞典式手工艺教育（以木刻训练学生手工能力的教育）、音乐和体

---

① See Joseph Stolz, "The Jewish Training School of Chicago," accessed April 6, 2015, http://florencekelley.northwestern.edu/historical/jts/.

② See Morris A. Gutstein, *A Priceless Heritage : The Epic Growth of Nineteenth Century Jewry* (New York: Block Publishing Co., 1953), p. 251.

③ See Jewish Training School, *Second Annual Report of the Jewish Training School of Chicago for 1890-91* (Chicago: S. Ettlinger Printer, 1891), p. 10.

④ See Morris A. Gutstein, *A Priceless Heritage : The Epic Growth of Nineteenth Century Jewry* (New York: Block Publishing Co., 1953), p. 252.

⑤ See Jewish Training School, *Eight Annual Report of the Jewish Training School of Chicago for 1896-97* (Chicago: Toby Rubovits, 1897), p. 9.

操等。学校分为初级学校和语法学校，共 8 个年级。[①] 同时为了照顾女性的将来生活和就业，在 6 个年级专为女生开设缝纫课。培训学校还专为 6 岁以下儿童开设幼儿园，为照顾新来的、不懂英语的移民，专门开设不分级的班级。以提升学生技能的手工训练为例，教师不会让学生承担超过能力的劳动，而是通过了解每个学生，直观感受学生的进步，针对不同学生制定不同的教学方案。

表 4-3-3　芝加哥犹太培训学校课程设置[②]

年级	课程
八年级	数学、英语、地理、艺术、音乐、体操、瑞典式手工艺教育
七年级	数学、英语、地理、艺术、音乐、体操、瑞典式手工艺教育、历史
六年级	数学、英语、地理、艺术、音乐、体操、瑞典式手工艺教育、历史、机械制图、木板制作、缝纫（为女生开设）
五年级	数学、英语、地理、艺术、音乐、体操、瑞典式手工艺教育、历史、机械制图、木板制作、缝纫（为女生开设）、自然科学
四年级	数学、英语、地理、艺术、音乐、体操、瑞典式手工艺教育、历史、机械制图、木板制作、缝纫（为女生开设）、自然科学、德语
三年级、二年级、一年级	数学、英语、地理、艺术、音乐、体操、瑞典式手工艺教育、历史、机械制图、木板制作、缝纫（为女生开设）、自然科学、德语

在上述课程的基础上，芝加哥犹太培训学校还专门为犹太裔移民设立现有公共学校无法提供的卫生、生理和商业课程。卫生类课程教会他们保持整洁，生理课程解决身体发育滞后问题，商业知识把学生

① See Jewish Training School, *Some Information Regarding the Jewish Training School of Chicago* (Chicago: S. Ettlinger, 1895), pp. 8-17.

② Jewish Training School, *Some Information Regarding the Jewish Training School of Chicago* (Chicago: S. Ettlinger, 1895), pp. 8-17.

从单纯的体力劳动中解放出来。除了提供这些特殊课程外，学校注重学生全面发展，采取科学的教学方法，使学生逐渐摆脱以前的生活方式，帮助学生适应新生活。

在芝加哥犹太培训学校，教师还会讲解相应的宗教教规，帮助学生理解宗教。芝加哥犹太培训学校与其他公共学校的不同还表现在节假日上，除了在美国法定假日（包括芝加哥日、华盛顿诞辰纪念日、林肯诞辰纪念日、感恩节和校庆日）、圣诞节、新年、春季的逾越节（Pesach）放假外，芝加哥犹太培训学校还在犹太新年（Rosh Hashana）、赎罪日（Yom Kippur）、住棚节（Sukkot）、五旬节（Shavuot）等犹太节日放假，让犹太移民享受自己的节日。

第三，夜校与暑期学校。除上述针对学龄儿童的教育外，学校还设夜校和暑期学校。夜校为成年人开设，教授英语、美国历史、体育、音乐及职业技能。[①] 暑期学校在暑假为女性开设，每周交 1.25 美元的学费，学习服装加工，并且有两周的郊区远足活动，让女性从拥挤的、不健康的居住环境中解放出来，体验郊区的开阔视野。暑期学校还为学生提供更加营养的饮食，让学生能够在户外得到充分锻炼。暑期课程的远足活动给学生带来自然界赋予的经验，这种经验是教师无法教授的，也是学生在家无法获得的体验。通过户外活动，学生可以远离压抑的拥挤城市。通过夜校和暑期学校，学生获得了更多知识和体验，也减少了家长在暑期照顾孩子的负担，使得家长得以安心工作。

第四，卫生教育。芝加哥犹太培训学校的首任校长加百利·班伯格意识到，移民儿童居住环境不卫生，通常没有干净的饮用水和香皂，极易造成儿童生病，但贫困家庭的衣物不足和不通风的居住环境一时难以改变。加百利·班伯格认为，尽管学生出生在不好的环境中，他

---

① See Morris A. Gutstein, *A Priceless Heritage: The Epic Growth of Nineteenth Century Jewry* (New York: Block Publishing Co., 1953), p. 252.

们的家庭对此无能为力，但学校可以帮助他们改善环境。因此，学校要为他们提供卫生教育和浴室，让学生改变面貌。① 为此，学校特聘请医生讲授卫生课，传授预防疾病的知识②，并为学生提供必要的疫苗注射，进行体检，记录学生健康状况（见表 4-3-4）。尽管学校卫生知识并不能改变学生生活状况，但这样的知识可让学生了解什么是正确的卫生习惯，这在一定程度上减少了学生患病的概率。

表 4-3-4　学生疾病状况③

疾病名称	学生数量
贫血	17
膝关节僵硬	1
散光	3
扁桃体炎	4
颈脓肿	2
背部脓肿	1
大腿脓肿	1
腋窝脓肿	2
支气管炎	9
手指烧伤	3
面部烧伤	1
手臂烧伤	4

① See Jewish Training School, *Second Annual Report of the Jewish Training School of Chicago for 1890-91* (Chicago: S. Ettlinger Printer, 1891), p. 33.

② See Jewish Training School, *Third Annual Report of the Jewish Training School of Chicago for 1891-92* (Chicago: S. Ettlinger Printer, 1892), p. 9.

③ Jewish Training School, *Fifth Annual Report of the Jewish Training School of Chicago for 1893-94* (Chicago: Toby Rubovits, 1894), pp. 35-37.

续表 1

疾病名称	学生数量
前臂烧伤	1
腿烧伤	1
足烧伤	1
手指挫伤	8
前额挫伤	1
小腿挫伤	3
胸部挫伤	2
角膜溃疡	1
头皮划伤	4
面部划伤	2
手指划伤	9
腿部划伤	2
慢性心内膜炎	3
便秘	22
龋齿	209
消化不良	13
腹泻	12
面部湿疹	6
手臂湿疹	1
小腿湿疹	1
脸颊疔疮	2
手指疖	9
颈疖	4
小腿疖	3
扁桃体肥大	7

续表 2

疾病名称	学生数量
头痛	32
尿中断	2
喉炎	29
麻疹	1
近视	5
中耳炎	3
虱头癣	11
慢性肺结核	1
咽炎	42
亚急性风湿	3
急性鼻炎	5
慢性鼻炎	5
手指扭伤	7
手腕扭伤	2
踝扭伤	1
疥疮	2
伤寒	2
急性扁桃体炎	59
腿溃疡	3
水痘	2

在上述疾病中，学校总共治疗 710 例，治愈 561 例。从以上数据可以看出，学生患病的种类大致分为两大类，第一类是与感冒有关的疾病，例如咽炎、喉炎、扁桃体炎、鼻炎、支气管炎等，患这些疾病的原因大多是季节寒冷。因为这类疾病的患者多衣物不足、不注意卫生，

又由于学生家里基本没有通风设备，一旦家中一人生病，学生就极易被传染。第二类疾病是头痛、消化不良、便秘和贫血等，这类疾病则是学生家庭自身生活方式造成的。①

芝加哥犹太培训学校还有一个成功之处是，注重拉近学校和家庭的关系。芝加哥犹太培训学校每月进行家长、教师、校长的会面，这种互动机制促使校长得以了解家长对学校的满意度，以及鼓励家长参与学生的教育问题。所以，在芝加哥犹太培训学校开办的 30 年中，其为众多移民学生提供了优质教育。他们接受的教育对改善自身生活水平起到了至关重要的作用，他们在改变自身的同时，也为其他人带来积极影响，让人们了解到教育的重要性。芝加哥师范学校的校长弗朗西斯·帕克给予芝加哥犹太培训学校极高的评价，他认为，这所学校从办学之初就在师资和教学方面优于芝加哥其他学校。②

（2）纽约犹太学校

第一，民族主义教育运动。与芝加哥犹太培训学校相比，纽约犹太学校最为关心的是宗教教育，更重本民族的文化传统、民族团结。纽约第一所具有民族主义特点的学校是 1893 年 10 月 10 日俄裔犹太教师诺依曼在布鲁克林区伦纳德街 40 号建立的，诺依曼把学校命名为沙阿里犹太学校（Shaarey Zion School）。诺依曼在对学校的宣传中着重强调："初级学校为了让青少年接受更好的教育，把希伯来语作为教学用语，鼓励学生在日常生活中使用希伯来语，这样学生在六七岁时就能掌握并熟练运用希伯来语了。"③

---

① See Jewish Training School, *Fifth Annual Report of the Jewish Training School of Chicago for 1893-94* (Chicago: Toby Rubovits, 1894), pp. 35-37.

② See Jewish Training School, *Ninth Annual Report of the Jewish Training School of Chicago for 1898-99* (Chicago: Fidelity Printing Co., 1899), p. 10.

③ Alexander M. Dushkin, *Jewish Education in New York City* (New York: The Bureau of Jewish Education, 1918), p. 82.

沙阿里犹太学校分为初级、中级、高级三级。初级学校课程从早九点开始，到下午三四点，通过对话方式让儿童学习希伯来语，学校也教授英语和算数。中级和高级学校课程是在下午公共学校放学后进行，通常是下午四点到晚上七八点，学习希伯来语对话、阅读、写作、语法、《圣经》、犹太历史、《塔木德》（如表 4-3-5 所示）。

表 4-3-5　沙阿里犹太学校课程设置①

年级	课程
初级学校	希伯来语对话、英语、算数
中级、高级学校	希伯来语对话、阅读、写作、语法、《圣经》、犹太历史、《塔木德》

民族主义教育也涉及幼儿园和日托。1905 年 5 月百老汇东街 87 号开设希伯来幼儿园，开办者要求幼儿园为学龄前儿童教授希伯来语、犹太民族传统和节日等，课程和教学方式按照福禄培尔幼儿园模式设置。希伯来幼儿园与福禄培尔幼儿园的不同之处在于，所有课程和活动都用希伯来语进行。后来，希伯来幼儿园又增加了一项职能——日托，这给幼儿园带来了新的资金收入。希伯来幼儿园收费不高，解决了贫困的犹太母亲既要照顾孩子又要工作的顾虑，之后其更名为希伯来幼儿园和日托。②

第二，民族主义社团与"烛台运动"（Menorah Movement）。民族主义教育运动不仅涉及初等和中等教育，也波及大学，在大学表现为成立带有民族主义色彩的社团或俱乐部。纽约的第一个学生民族主义

① Alexander M. Dushkin, *Jewish Education in New York City* (New York: The Bureau of Jewish Education, 1918), p. 82.

② See Alexander M. Dushkin, *Jewish Education in New York City* (New York: The Bureau of Jewish Education, 1918), p. 84.

社团是 1903 年由纽约城市学院的学生成立的，该社团被命名为“纽约城市学院学生犹太复国主义社团”，其成立的目的在于对美国大学生宣传犹太复国主义。大学里较出名的民族主义运动还有“烛台运动”，该运动源于哈佛大学。1909 年，纽约城市学院和哥伦比亚大学成立第一个烛台社团。到 1917 年，纽约共有 6 个烛台社团。然而，这些社团并非宗教组织，它们只是通过集会、讲座等方式学习犹太文学，犹太裔和非犹太裔都可以参加社团。烛台运动与其他民族主义运动的不同在于，其只是想让更多犹太裔学生对自己的文化遗产有更深入的了解，也让非犹太裔群体加深对犹太裔移民的理解，运动的倡导者把教育作为宣传民族主义的工具，以保存自己的语言、文化和宗教。这项运动增进了不同民族的相互理解，也促进了大学对犹太问题、犹太文学的研究。①

第三，教育活动集权化。1910 年 10 月 1 日，纽约犹太教育局成立，犹太教育开始集权化。犹太教育局是美国犹太裔建立的第一个用于解决犹太教育问题的正式机构。它聚集了具有专业知识、受过良好培训的青年男女教师，这些教师都愿意为犹太教育贡献力量，这促进了犹太教师培训的开展。

这一时期犹太教师意识到自己是一个专业群体，所以，这一时期集权化最重要的表现就是成立专门组织。纽约的第一个教师联盟是纽约及周边犹太教师联合会，这一组织创办了《教师之声》和《春天》两种教育刊物。《教师之声》是教育学月刊，《春天》则是为犹太儿童开办的周报。② 1914 年，纽约成立了一个教师组织——纽约犹太教师联合会（Jewish Teachers' Association of New York），这一组织的成员大

---

① See Alexander M. Dushkin, *Jewish Education in New York City* (New York: The Bureau of Jewish Education, 1918), pp. 87-90.

② See Alexander M. Dushkin, *Jewish Education in New York City* (New York: The Bureau of Jewish Education, 1918), p. 96.

多是在犹太教育局附属学校工作的教师。1916 年 1 月，该组织发行刊物《犹太教师》，该刊物使用英语出刊，关注犹太学校的教育问题，这也是美国第一本用英语出刊的犹太教育期刊。①

正是由于犹太民族重视教育，时至今日，在美国最有影响力的 200 名名人中，有 50%的人是纯正的犹太移民后裔，76%的人父母一方为犹太人。在美国诺贝尔奖获得者中，37%为犹太裔。在约翰·贝茨·克拉克经济学奖（John Bates Clark Medal in Economics）的获得者中，有 61%为犹太裔。② 美国犹太裔在经济上也成就非凡，他们通过接受教育已经从底层阶级提升为专业人士和中上阶层人士。③

2. 建立图书馆学校

19 世纪末之前，图书馆管理员大都是男性。为促进性别平等，美国图书管理专家梅尔维尔·杜威（Melvil Dewey）④ 打破了哥伦比亚大学当时只招收男生的传统，在哥伦比亚大学创办图书馆经济学院，鼓励妇女接受教育。1887 年 1 月 5 日，经过梅尔维尔·杜威的大力努力，学院招收了 17 名女生、3 名男生。后来，为了让女性进入图书馆管理行业，梅尔维尔·杜威又在奥尔巴尼市的纽约州立图书馆开办了正式的图书馆学校，招收女性学习图书管理知识。由于儿童图书管理员要在图书馆里帮助儿童阅读，所以这一行业需要专业的培训。1900 年匹

① See Alexander M. Dushkin, *Jewish Education in New York City* (New York: The Bureau of Jewish Education, 1918), p. 97.

② See Jinfo. Org, "Jewish Recipients of the John Bates Clark Medal in Economics," accessed Sept. 9, 2014, http://www.jinfo.org/Clark_Economics.html.

③ See National Jewish Population Study, "Demography: Education, Employment and Income," accessed July 20, 2013, jewish federations. org.

④ 梅尔维尔·杜威发明了文件分类法的十进制系统，他也是美国图书馆协会（American Library Association）的奠基人，创建和编辑了《图书馆杂志》（*The Library Journal*）。作为图书教育的开拓者，梅尔维尔·杜威在哥伦比亚大学建立了世界上第一所图书馆学校，被誉为“现代图书馆事业之父”。

兹堡图书馆管理员培训班成立，专门为卡耐基图书馆的儿童部培训妇女图书馆管理员。在培训班的基础上，1901 年匹兹堡卡耐基图书馆儿童图书管理员培训学校正式成立。从 1901 年到 1916 年，培训学校隶属于卡耐基图书馆，1916 年卡耐基学院接管培训学校，将培训学校改名为卡耐基图书馆学校。①

为了提高图书管理员的基本能力，图书馆学校对申请者进行考试，考试科目为文学、历史和基本常识。文学、历史和基本常识各为 10 道题，以 1916 年的考题为例②：

文学

1. 简要说明英语小说的发展历史；列出 5 位你认为其作品值得流传的当代小说家，并说明原因（二选一作答）。

2. 写出下列作品的作者（选 10 个作答）。

《蜜蜂的一生》

《远离尘嚣》

《早餐桌上的独裁者》

《少男少女》

《纪念》

《衰退》

《仙后》

《浮士德》

《九十三年》

《威克菲尔德的牧师》

---

① See Carnegie Institute, *Catalogue of the Carnegie Library School Sixteenth Year, 1916-1917* (Pittsburgh: Carnegie Library, 1916), p. 8.

② See Carnegie Institute, *Catalogue of the Carnegie Library School Sixteenth Year, 1916-1917* (Pittsburgh: Carnegie Library, 1916), pp. 51-53.

《人与超人》

《国富论》

3. 写出下列作者的代表作（选 10 个作答）。

查尔斯·狄更斯（Charles Dickens）

马克·吐温（Mark Twain）

乔治·梅瑞狄斯（George Meredith）

简·奥斯汀（Jane Austen）

托马斯·卡莱尔（Thomas Carlyle）

约翰·莫特列（John Motley）

拉尔夫·沃尔多·爱默生（Ralph Waldo Emerson）

约翰·拉斯金（John Ruskin）

罗伯特·勃朗宁（Robert Browning）

乔治·艾略特（George Eliot）

约翰·班扬（John Bunyan）

理查德·谢立丹（Richard Sheridan）

4. 写出 4 位散文作家，并简要说明他们的作品。

5. 列举希腊、罗马神话中的众神（5 位）。

6. 讲述一个希腊、罗马或挪威神话故事。

7. 写出下列作家的流派，并说明其作品特点。

约翰·巴勒斯（John Burroughs）

阿诺德·本涅特（Arnold Bennett）

罗伯特·布里奇斯（Robert Bridges）

奥古斯塔·格雷戈瑞夫人（Lady Augusta Gregory）

拉迪亚德·吉卜林（Rudyard Kipling）

萧伯纳（Bernard Shaw）

J. M. 巴里（J. M. Barrie）

莫里斯·梅特林克（Maurice Maeterlinck）

威尔弗里德·威尔逊·吉布森（Wilfrid Wilson Gibson）

亨利·阿瑟·琼斯（Henry Arthur Jones）

威廉·摩根（William De Morgan）

爱德华·斯坦纳（Edward Steiner）

8. 推荐你认为适合儿童阅读的10本书。

9. 解释史诗、抒情诗、寓言，并各举出一个例句。

10. 写出4首你最喜欢的诗的名称，并各写出一个例句。

11. 写出下列国家的一部戏剧及作者，并说明其时代：希腊、德国、法国、英国、美国。

12. 写出你读过的10本书（小说除外），并论述其文化价值。

历史和基本常识

1. 介绍美国的3个致力于人类进步的基金会。

2. 介绍下列人物（选10个作答）。

茱莉亚·拉斯洛普（Julia Lathrop）

约翰·普瑞·米切尔（John Purroy Mitchel）

亨利·福特（Henry Ford）

伊莱休·鲁特（Elihu Root）

安德烈亚斯·迪佩尔（Andreas Dippel）

赫伯特·普特南（Herbert Putnam）

海伦·凯勒（Helen Keller）

杰拉尔丁·法勒（Geraldine Farrar）

乔治·格雷·巴纳德（George Grey Barnard）

爱德华·潘菲尔德（Edward Penfield）

塞西莉亚·博克斯（Cecilia Beaux）

亨利·卡伯特·洛奇（Henry Cabot Lodge）

玛丽昂·伯顿（Marion L. Burton）

罗伯特·兰辛（Robert Lansing）

3. 写出1914—1915年的任一重大事件（300字）。

4. 写出美国联邦政府的5个重要部门，以及美国外交部和领事馆的区别。

5. 写出下列国家的两场战争、战争爆发日期及对该国的影响：美国、西班牙、法国、普鲁士。

6. 简述动画的发展历程，并论述动画在日常娱乐和教育中的作用。

7. 举例说明这些名称和地点：3所著名教堂、2座著名大桥、4个著名雕塑、4幅名画、3座有美感的公共建筑。

8. 解释下列术语（选10个作答）。

诺贝尔奖

奥运会

篝火之夜

罗马教廷

大峡谷

上议院

独立钟

肯辛顿公园

巴士底监狱

辛辛那提协会

哈德逊河岩壁

特拉法尔加

普热梅希尔

9. 论述欧洲战争对美国利益的影响。

10. 写出下列期刊的特点（选5个作答）。

《圣·尼古拉斯》

《国家》

《大西洋月刊》
《时尚》
《星期六晚邮报》
《展望》
《世界工作》
《美国评论的评论》
《文学文摘》
《麦克卢尔杂志》

在课程设置上，学校开设两类课程，一类是两年制普通课程，另一类是一年制特殊课程，两类课程设置既有理论也有实践。普通课程的一年级教授图书经济理论、与儿童相处的方法，同时学生在教师指导下在图书馆进行实践（如表 4-3-6 所示）。只有获得一年级结业证书的学生，并且结合实践表现，才能被推荐进入第二年的学习（如表 4-3-7 所示）。只有完成两年学习的学生才能取得毕业文凭。特殊课程是为拿到一年级普通课程结业证书，又被教师推荐的学生开设的。这类学生不参加二年级的普通课程，他们直接接触实际工作，获得实践经验。学生完成特殊课程后，获得特殊课程结业证书。每门课程的学习需要达到一定的时间要求，具体课程安排时间如表 4-3-8、表 4-3-9 所示。

表 4-3-6　一年级课程内容①

课程名称	内容
儿童图书室管理	儿童图书室管理员和助理的职责，图书室的规章制度与开放时间

① Carnegie Institute, *Catalogue of the Carnegie Library School Sixteenth Year, 1916-1917* (Pittsburgh: Carnegie Library, 1916), pp. 15-22.

续表

课程名称	内容
小型图书馆管理	小型图书馆的实际管理问题和方法，讨论员工与读者的关系、如何争取经费
图书编号	给学生发放150张卡片，卡片与图书馆书架上的图书编号相同，利用卡片讲解图书编号
书目选择	教授学生如何选择某一专业的有用书籍、如何选择男孩和女孩的读物
儿童书目选择	如何为儿童选择经典读物、评估读物的价值、选择图书的版本
图书装订	了解图书装订的过程、图书的磨损及图书的成本
图书馆各部门工作	讲解图书馆各部门的工作，讲解正式或非正式组织、项目、报告等，如何发布广告，如何与家长沟通
公告策划	教授学生如何宣传图书馆、如何粘贴公告去吸引公众的关注
商业方法	讲解国家和地方法规如何影响图书馆、图书馆保险、图书保存、商务合作
游戏	学习不同年龄段儿童的游戏，了解游戏的起源并掌握各种游戏，学习儿童游戏的理论知识
借书系统使用	了解借书规则及程序
图书馆建筑	学习如何安排图书馆各部门的办公建筑、如何装饰图书馆、如何装修儿童阅览室
讲故事练习	了解讲故事的原则，学习童话故事、神话传说、史诗、圣经故事、诗歌朗诵

表4-3-7　二年级课程内容①

课程名称	内容
儿童图书室管理	儿童图书室管理原则及可能面临的问题
图书馆史	讲解图书馆起源、文艺复兴时期的图书馆、欧洲大型图书馆、欧洲著名大学图书馆

① Carnegie Institute, *Catalogue of the Carnegie Library School Sixteenth Year, 1916-1917* (Pittsburgh: Carnegie Library, 1916), pp. 15-22.

续表

课程名称	内容
社会概况	了解美国社会现状，参观幼儿园、俱乐部
论文与文献	搜集文献，选择与图书馆儿童工作相关的内容，撰写论文

表 4-3-8 一年级课程安排时间①

课程名称	理论（小时）	实践（小时）
儿童图书室管理	—	4
小型图书馆管理	5	1
图书馆各部门工作	1	—
图书馆分馆管理	2	—
商业方法	3	—
借书管理	1	—
各部门日常办公程序	—	2
家庭图书馆和阅读俱乐部	—	3
图书馆建筑	5	—
图书馆与学校工作	—	13
议会法规	4	—
美国公共图书馆运动	3	—
书目选择	6	—
儿童书目选择	—	76
工具书使用	19	—
实习期工具书使用	2	—
讲故事练习	—	23

① Carnegie Institute, *Catalogue of the Carnegie Library School Sixteenth Year*, 1916-1917 (Pittsburgh: Carnegie Library, 1916), pp. 14-15.

续表

课程名称	理论（小时）	实践（小时）
游戏	—	12
演讲	10	—
圆桌会议	16	—
阶段考察研讨	15	—
图书编号	2	—
图书装订	5	—
公告策划	—	5
图书登记	25	—
图书登记：分类目录	1	—
儿童部门实践工作	—	585
图书分类	15	—
借书系统使用	12	—
实习期借书系统使用	10	—
图书馆手写和印刷	4	—
笔记和备注	1	—
图书预定和登记	11	—
打印	3	—
复印和校对	2	—
书架列表	3	—
讲故事技巧	—	43
打字	5	—
合计	191	767

表 4-3-9 二年级课程安排时间①

课程名称	理论（小时）	实践（小时）
儿童图书室管理	—	3
儿童部组织管理	—	3
图书馆与学校的关系	—	4
书目选择	—	38
论文与文献	—	3
阅读书目	—	3
图书馆史	8	—
社会概况	10	—
儿童图书登记技巧	—	67
合计	18	121

图书馆学校的最大优势在于，一定程度上解决了女性的教育问题，拓宽了女性就业渠道。正如克劳迪娅·戈尔丁（Claudia Coldin）在其著作中指出，女性逐步参与经济是 20 世纪劳动力市场领域的一个最重要的变化②，减少了经济上对女性的社会排斥。因此，图书馆学校为女性开拓了职业机会，提升了图书馆的标准，提高了女性的社会地位，使得一些女性进入了图书管理领域。到 1920 年，美国图书管理员有 15 297 人，其中女性占 88%。③

① Carnegie Institute,*Catalogue of the Carnegie Library School Sixteenth Year ,1916-1917* (Pittsburgh:Carnegie Library,1916),pp. 14-15.

② See Claudia Goldin,"The Quiet Revolution the Transformed Women's Employment, Education,and Family,"*The American Economic Review*,No. 2(2006):1-21.

③ See Edward G. Holley,"Librarians,1876-1976,"*Library Trends*,No. 1(1976):177-207.

（四）娱乐组织的教育努力

芝加哥教育委员会认为，贫民的教育问题不能仅仅局限于正规的教育形式，也需要通过为贫民和其子女开展课外活动来进行，为此，芝加哥开设了游戏室，开展了男生野营、女生野营、音乐教育、戏剧、舞蹈等活动。由此芝加哥给贫困孩子提供了接触自然与玩具、领略艺术教育的机会，重视了外部环境与贫困儿童发展的关系，便于从多方面扶持贫困儿童的教育，给教育提供更多的保障。

1. 游戏室

贫困儿童由于经济条件和住房条件等问题，无法获得充足的玩具。芝加哥教育委员会希望每个儿童都有机会接触各种玩具，进行各种游戏。因此，芝加哥教育委员会为婴幼儿到 14 岁儿童开设游戏室，游戏室可容纳 100 名左右的儿童同时游戏，儿童可以选择能理解的玩具进行游戏。游戏室还给儿童在学校所没有的自由，例如，学校上课要求儿童保持安静，但儿童在游戏室可以嬉笑玩闹、嚷叫等，释放在学校无法释放的能量。游戏室的开设也保障了游戏环境的安全卫生，因为贫困儿童的家里通常较为拥挤，不适合玩要，儿童只能在外面的街道、垃圾堆附近或废弃车库等地玩要，这些地方既肮脏又危险，不利于儿童健康成长。[1] 所以，游戏室的成效在于，不仅为贫困儿童提供了游戏场地，而且给予儿童自由和安全。

游戏室想要达到寓教于乐的目的，在游戏的同时对儿童进行道德教育，让儿童了解民主，学会尊重他人权利，让儿童意识到玩具是所有人共有的，懂得不能长时间占用一种玩具。每周五下午是游戏室的讲故事时间，游戏室邀请教师为儿童讲故事，通过讲故事这种方式让儿童学习知识。例如，鸟类和蝴蝶专家西伦·科尔顿（Theron Colton）

---

① See Philip Louis Seman, *Americanization Program in Education and Recreation* (Chicago: Nabu Press, 1920), pp. 17-19.

在讲故事时间给儿童讲授鸟类和蝴蝶，等到他再来访时，询问孩子知道多少蝴蝶和鸟的名字，大部分孩子能准确说出其曾讲授过的内容。他还通过讲故事发现游戏室的儿童对星星的故事十分感兴趣，这些儿童由于居住环境，可能观察不到小鸟和蝴蝶，但无论居住条件如何，儿童晚上都有可能看见星星，因此科尔顿建议游戏室制作一些星星的挂图，对儿童进行知识传授。①

2. 男生、女生野营

男生野营项目由芝加哥教育委员会与“契约之子”② 合作，“契约之子”负责全部的活动经费。男生野营项目招收 12—14 岁男生进行为期两周的活动，全年共招 256 名贫困男生，野营的地点在距芝加哥大约 50 英里③的水晶湖北岸。在活动中，孩子充分接触自然，感受自然。野营时由 1 位主管和多位助手联合管理孩子，以确保孩子安全。④ 在成功开展男生野营活动之后，芝加哥教育委员会又开设了女生野营活动。相对于男生野营来说，女生野营的意义更加重要。因为女生的课外时间更多被用来帮助做家务、照顾年幼的弟妹等，这使得女生闲暇时间更少。女生野营活动每期持续两周，每次接收 100 名女生，活动在 7—8 月进行，所有费用由募捐筹集。女生野营由 1 位主管和 6 位助理负责，助理各有分工。女生在野营时相互倾诉，与助理交流困扰的问题。⑤ 女

---

① See Philip Louis Seman, *Americanization Program in Education and Recreation* (Chicago: Nabu Press, 1920), pp. 17-19.

② “契约之子”是一个犹太组织，1843 年创建于纽约，致力于文化教育和人道主义活动。

③ 1 英里＝1. 609 344 公里，本书中涉及的非法定计量单位为原文献载用，下文再出现时不予换算。

④ See Philip Louis Seman, *Americanization Program in Education and Recreation* (Chicago: Nabu Press, 1920), pp. 27-28.

⑤ See Philip Louis Seman, *Americanization Program in Education and Recreation* (Chicago: Nabu Press, 1920), pp. 28-30.

生野营的地点在距芝加哥 50 英里左右的卢恩湖，她们会搭建 21 个帐篷，其中 15 个大帐篷由参与野营的女生居住，6 个小帐篷由工作人员居住。为确保女生安全，小帐篷穿插在大帐篷中间。[①] 除帐篷之外，野营地还有两座永久建筑，一座用于储存杂物、充当厨房和餐具室，一座是活动室、护士急救室，晚上或天气不好的时候，儿童在活动室进行游戏、跳舞等娱乐活动。[②]

由上述可知，野营起到的作用体现在：第一，提供了学习技能的机会。野营向学生提供了一个学习各种有价值技能的机会，这些技能在学生以后的生活中均行之有效。例如，在女生野营中，护士传授了最基本的急救知识，这项重要技能的学习，有利于女生们未来在危险形势下，拥有处理危险情况的信心。第二，有利于建立友谊。在野营的户外活动中，通过参与各种教育活动，学生彼此建立了友谊，形成了交往纽带。第三，激励了动机。在自然界中接触的信息，给参与的学生留下了持久的印象。这些信息会激励野营中的学生更好地塑造自己，成为刻苦用功的人。第四，强健身体。野营提供的娱乐活动，让学生尝试了新的运动和其他活动，得到了一个锻炼身体的机会。通过野营活动，学生们既学到了技能，又提高了身体素质。

3. 乐队与琴班

芝加哥教育委员会组建管弦乐队，为贫困儿童提供音乐教育，开设钢琴班、小提琴班、大提琴班、曼陀林[③]班。正如“剥夺循环论”所指，社会需要对贫困家庭孩子的缺失进行补偿。乐队考虑到大部分学

---

① See Philip Louis Seman, *Americanization Program in Education and Recreation* (Chicago: Nabu Press, 1920), pp. 28-30.

② See Philip Louis Seman, *Americanization Program in Education and Recreation* (Chicago: Nabu Press, 1920), pp. 28-30.

③ 曼陀林是一种小型的弦乐器，形状与鲁特琴相似，演奏时一般采用塑料拨片拨动琴弦发声。在美国，它常与吉他和班卓琴一起被用于乡村音乐。

生家庭无法承受购买乐器的费用，故所需乐器均由乐队提供。例如，在钢琴班，教师教授学生钢琴演奏的基本知识、技巧、节奏，以及演奏时的情感表达和演奏状态，保证学生有效地内化知识。通过参加培训，乐队学生的演奏水平大幅度提高。乐队经常在周日下午举办音乐会，让学生有机会进一步运用所学知识，同时乐队经常收到演出邀请，这为学生提供了在更大公共场合表演的机会，并且能够展示他们的才艺。到 1919 年，有两名钢琴班的学生成功开设钢琴班，他们通过授课所得补贴家庭，也继续求学深造。

4. 跳舞场与剧院

考虑到贫民的社交需要，芝加哥教育委员会为贫民设立跳舞场所，跳舞场所在每周日下午和晚上固定开放。① 芝加哥教育委员会还为不会跳舞的贫民开设舞蹈课程，周六晚间开设普通舞蹈课程，周二晚间开设私人舞蹈课程，周三晚间为家庭夫妇提供双人舞教学②，也专门为儿童开设初级和高级舞蹈班，初级班教授基本的舞蹈动作，高级班教授技巧。舞蹈活动为成年人提供了娱乐，也为他们的工作提供了动力。

与音乐和舞蹈一样，戏剧也是一种自我展示的艺术。芝加哥教育委员会希望通过戏剧教育提升贫困儿童的自信心，让他们充分展示自己，理解自己的生活。戏剧课程于 1900 年开办，致力于帮助儿童解读剧本。同时，由于剧本描述的生活可能是儿童经历过或正在经历的，因此这更有利于儿童较好理解剧本、理解生活。③ 戏剧课程设有专属剧院，儿童可以反复排练，最后登台演出。尽管戏剧课程开设的初衷并

---

① See Philip Louis Seman, *Americanization Program in Education and Recreation* (Chicago: Nabu Press, 1920), pp. 37-38.

② See Philip Louis Seman, *Americanization Program in Education and Recreation* (Chicago: Nabu Press, 1920), pp. 37-38.

③ See Philip Louis Seman, *Americanization Program in Education and Recreation* (Chicago: Nabu Press, 1920), pp. 34-36.

不是培养专业演员，但由于教师的耐心教授及儿童的自身努力，加之儿童有登台表演的机会，因此在学习了一段时间后，有的儿童成功进入百老汇演出。

结　语

在内战之前，贫穷并不是美国的一个普遍社会问题。因为美国传统的价值观念强调个人的奋斗与开拓进取，个人的贫富是私人事情，政府不应过分干预。但到19世纪末20世纪初，随着城市问题的出现和社会利益的多元化，传统的贫困观念受到冲击，美国贫困状况呈现出种族中贫困率分布不同、各族裔的年收入也不同的特点。为解决城市化中的贫困问题，20世纪初出现一系列的社会改革。这些社会改革构成了一场包括政治改革、经济改革、思想变革的社会改革运动，其目标是追求社会正义，尽可能地使贫民获得公正的权利、福利与机会。正如约翰·罗尔斯（John Rawls）所言，正义是社会的第一要义，正义之于社会，犹如真理之于理论。在正义的社会中，正义所保障的权利不能屈从于对社会利益的算计。① 社会正义不仅涉及经济问题，还涉及政治、文化和教育等领域的问题。美国正是通过设立安置所、犹太培训学校、职业咨询、家访、公共服务和福利制度，促进社会公平。社会正义活动是一次大规模减少生活阴暗面的尝试，改革者借助社会文化和民间团体力量，掀起社区改良运动。社会正义的目标是解决童工问题、限制劳动时间、保护女工、争取女工最低工资立法。在就业方面，社会正义体现为每个公民能获得足以支付日常必要开销的报酬性工作。在教育方面，社会正义体现为每个公民能均等地接受教育。

① 参见江立成《当代美国的社会正义理论刍议》，《天津社会科学》1995年第6期。

参考文献

一、中文文献

［1］布林克利. 美国史［M］. 邵旭东，译. 海口：海南出版社，2009.

［2］邓正来. 布莱克维尔政治学百科全书［M］. 北京：中国政法大学出版社，1992.

［3］胡爱文. 美国贫困线及其反贫困政策研究：1959-2010［D］. 上海：华东师范大学，2011.

［4］刘绪贻，李世洞. 美国研究词典［M］. 北京：中国社会科学出版社，2002.

［5］威尔逊. 真正的穷人：内城区、底层阶级和公共政策［M］. 成伯清，鲍磊，张戌凡，译. 上海：上海人民出版社，2007.

二、外文文献

［1］ALEXANDER M D. Jewish education in New York City［M］. New York：The Bureau of Jewish Education，1918.

［2］BOYER P. Urban masses and moral order in America，1800-1900［M］. Cambridge，MA：Harvard University Press，1978.

［3］DAVID B T. The one best system：a history of American urban education［M］. Cambridge，Mass.：Harvard University Press，1974.

［4］ELLWOOD P C. Public education in the United States：a study and interpretation of American educational history［M］. Boston，New York，Chicago，Houghton Mifflin Company，1919.

［5］FRANK P. Choosing a vocation［M］. Boston：Houghton-Mifflin，1909.

［6］GEORGE A B. A historical report of the sixteen years work at Hiram House［M］. Cleveland：Hiram House，1912.

［7］GLENN N M. The minimum wage［M］. Ames：State University

of Iowa,1915.

[8] HUNTER R. Poverty: social conscience in the progressive era [M]. New York: Harper & Row, 1965.

[9] Jewish Training School. Eight annual report of the jewish training school of Chicago for 1896-97[M]. Chicago: Toby Rubovits, 1897.

[10] Jewish Training School. Fifth annual report of the jewish training school of Chicago for 1893-94[M]. Chicago: Toby Rubovits, 1894.

[11] Jewish Training School. Ninth annual report of the jewish training school of Chicago for 1898-99[M]. Chicago: Fidelity Printing Co. , 1899.

[12] Jewish Training School. Second annual report of the jewish training school of Chicago for 1890-91[M]. Chicago: S. Ettlinger Printer, 1891.

[13] Jewish Training School. Seventh annual report of the jewish training school of Chicago for 1895-96[M]. Chicago: S. Ettlinger Printer, 1896.

[14] Jewish Training School. Some information regarding the jewish training school of Chicago[M]. Chicago: S. Ettlinger, 1895.

[15] Jewish Training School. Third annual report of the jewish training school of Chicago for 1891-92[M]. Chicago: S. Ettlinger, 1892.

[16] LAWRENCE L C. The Transformation of the school: progressivism in American education, 1876-1957[M]. New York: Knopf, 1961.

[17] MICHAEL B K. In the shadow of the poorhouse: a social history of welfare in America[M]. New York: Basic Books, 1986.

[18] MORRIS A G. A priceless heritage: the epic growth of nineteenth century [M]. New York: Block Publishing Co. , 1953.

[19] New York Association for Improving the Condition of the Poor. A study on public baths[M]. New York: The Association, 1896.

[20] PHILIP D. Immigration and Americanization: selected readings [M]. Boston: Ginn, 1920.

[21] PHILIP L S. Americanization program in education and recreation [M]. Chicago: Nabu Press, 1920.

[22] ROY L. The professional altruist: The emergence of social work as a career, 1880-1930[M]. Cambridge, MA: Harvard University Press, 1965.

[23] United States Census Office. A discussion of increase of population [M]. Suitland, Maryland: The Bureau of Census, 1903.

第五章　教育与劳工权益的保障

19 世纪 90 年代，美国从农业社会迈入工业社会。[①] 工业及从事工业的群体（劳工阶级和资产阶级）在经济和社会发展中扮演了越来越重要的角色，在这其中劳资关系是一个主要问题。随着工业化进程的深化，劳资双方在利益分配等方面的分歧和冲突日益加剧，特别是干草市场暴乱和普尔曼大罢工等暴力冲突之后，劳工问题成为一个全国范围内的问题。这一时期甚至可以称为美国的“劳工问题”时代。由于劳工问题涉及面广，很快吸引了社会各界的普遍关注，社会各界均积极寻求解决之道。在这个过程中，出台了一系列政治、经济和法律等方面的举措，教育也发挥了其特有的作用。

第一节　劳工与劳工问题

美国劳工是一个相对复杂的群体，特别是移民和种族问题更加深了这一群体的复杂性，而且基于美国的文化传统，美国劳工自身的阶级性相对于欧洲也比较淡薄，这都为理解美国劳工及与之紧密相连的劳工问题带来很大困难。本部分从劳工及劳工问题的概念入手，总结和梳理劳工问题的具体表现，并在此基础上分析造成劳工问题的具体

---

① 参见康马杰《美国精神》，杨静予等译，光明日报出版社，1988，第 63 页；李剑鸣《大转折的年代——美国进步主义运动研究》，天津教育出版社，1992，第 12 页。

原因。

一、劳工与劳工问题的概念界定

（一）劳工的概念界定

劳工一词，其英文对应“labor”，有时也用“worker”，美国在19世纪末20世纪初较少使用后者。劳工通常指从事体力劳动的工人，与资本家或管理者相对应。劳工有广义和狭义之分，广义的劳工包括一切以体力劳动及智力劳动赚取工资或报酬的人，而狭义的劳工仅指以体力劳动赚取工资的人。[①] 本书所指的劳工主要是狭义层面的劳工，并且不包括自营劳工，更多地指现代工厂体制中的劳工。这些劳工往往使用雇主提供的生产资料和设备，服从雇主的领导和管理，最重要的特征是他们往往在国民收入等级中处于较低的地位。因此，所谓劳工是指受雇于现代工厂、从事体力劳动赚取工资的人。

仅仅界定劳工的内涵，还不足以深入了解美国劳工，因为美国劳工涉及移民、种族、性别、阶级等问题及其相互之间的复杂关系。美国是一个移民国家，美国最早的劳工就是来自英国等欧洲国家的契约仆役（Indentured Servants）。美国在工业革命后，特别是进入19世纪，经历过多波移民潮，最大一波移民集中在1878—1914年，据统计在这一时期移民人数达到1500万。这波移民大多来自奥匈帝国、意大利、俄国、希腊、土耳其和罗马尼亚，被称为新移民，他们构成这个时期美国劳工的主体。这些劳工主要从事建筑工人、煤矿工人及铁路工人等对技术水平要求不高的职业。1919年的统计数据显示，90%的矿工是来自东南欧的新移民。[②] 这一时期另一个重要的现象就是妇女相

① 参见杨国枢、叶启政《台湾的社会问题》，台湾巨流图书公司，1991，第328页。

② See Melvyn Dubofsky, *Industrialism and the American Worker, 1865-1920* (Arlington Heights, Ill.: H. Davidson, 1985), p. 11.

对集中地加入劳工群体。1890—1920 年，女工人数从 359.7 万增加到 827.8 万，增长了近一倍。1920 年，女工在总劳动力中所占比例达到 20%。其他还有关于童工、监狱劳工及黑人劳工的问题。根据著名劳工研究专家梅尔文·杜波夫斯基（Melvyn Dubofsky）的研究，这一时期的劳工群体形成了一个等级体系，最顶端的是建筑行业、印刷行业等行业的熟练技工，他们多是母语为英语的在北欧或美国出生的劳工，工资待遇较好，工作相对有安全保障；下一层的是在基础产业的半技术工人，他们大多为新移民群体，工资相对较少，缺少工作保障，生活在贫困线边缘；最下层的是非白人劳工和女工，他们的工作竞争最为激烈，工资收入难以维持生计。[①] 由此来看，这一时期美国的劳工群体出现了阶层分化，结构日趋多元化，不仅有移民劳工、女工，还有黑人劳工和童工等。应该说，单一章节内容难以完成充分探讨劳工问题的研究任务，基于此，本章仅从普遍意义上探讨成年劳工群体及其遭遇的问题，不涉及黑人劳工及童工群体。

（二）劳工问题的概念界定

虽然难以确定劳工问题这一概念最早提出的时间，但在埃里克·方纳（Eric Foner）看来，19 世纪末 20 世纪初，“‘劳工问题’取代奴隶制成为公共生活中的最有影响的问题”[②]。从字面来看，劳工问题主要涉及劳工阶层的工作状况问题。在美国有关劳工问题的早期教科书中，这一概念被界定为“劳工阶级工作状况的改善问题”[③]。但实际上，劳工问题牵扯到劳工、雇主、政府等各方利益，是一个相当复杂的问题。就其根本而言，它是劳工和资本之间的关系问题。正是基于此，

① See Melvyn Dubofsky, *Industrialism and the American Worker, 1865-1920* (Arlington Heights, Ill. : H. Davidson, 1985), p. 15.

② 埃里克·方纳：《美国自由的故事》，王希译，商务印书馆，2013，第 178 页。

③ Thomas Sewall Adams and Helen Laura Sumner, *Labor Problem* (New York: Macmillan, 1905), p. 3.

有研究者认为劳工问题是指“劳资双方围绕着生产控制权及收入分配权而展开的斗争，以及这种斗争引起的冲突”[①]。这些研究者只从劳资两方关系的角度来认识这一概念，特别关注劳工问题中的劳资冲突。

美国劳工史专家布鲁斯·考夫曼（Bruce E. Kaufman）认为，劳工问题的概念经历了两次大的变化：第一次是在20世纪初，劳工问题演化为一种多元化概念（pluralistic conception）。这种观点认为除了劳资冲突，劳工问题还呈现出其他形式，强调包括雇主和劳工各自遭受的问题，而且指出劳工问题在资本主义经济体制和社会主义经济体制下都存在。第二次是在一战之后，劳工问题涉及内容更为具体。尽管这一概念经常被使用，但往往是在劳动经济学中使用，并且逐步为人事管理领域的人事问题概念、社会学中的社会问题概念替代。[②] 也正是在这两次变化期间，劳工问题开始成为经济学、社会学、政治学等社会科学关注的重要议题。

早期劳工问题概念的代表性观点是托马斯·亚当斯（Thomas Adams）、海伦·萨姆纳（Helen Sumner）及伊利诺伊大学经济学家戈登·沃特金斯（Gordon Watkins）等人提出的。托马斯·亚当斯和海伦·萨姆纳在其著名教科书中罗列了劳工问题的种种表现，包括女工和童工问题、血汗工厂制、贫困、失业及罢工等。戈登·沃特金斯认为劳工问题因人而异，难以界定。他把劳工问题分为具体的劳工问题和普遍的劳工问题。前者包括工人的经济收入不安感（economic insecurity）、反复出现的工业动乱、糟糕的工作环境、童工、限产、不平等谈判、工业浪费、失业及劳工流转（labor turnover）等方面。后者则包括工业的民主化、工业产品的平等分配和为了保障社会利益而

---

① William E. Barns, *The Labor Problem : Plain Questions and Practical Answers* (New York: Harper & Brothers, 1886), p. 6.

② See Bruce E. Kaufman, *The Origins and Evolution of the Field of Industrial Relations in the United States* (Ithaca: ILR Press, 1993), p. 4.

对工业生活的社会控制。[①] 劳工问题的多元化概念通过大学课程和教科书得以广泛传播。受这一概念的影响，我国社会学者陈达给劳工问题下了“分析式定义”。所谓劳工问题可以从三个方面来研究：“关于工人本身的，如生活费、工资及工作时间等；关于资本和劳工两方的，如劳资争议、劳工移动、罢工、失业等；关于社会的，如福利设施、工业和平等。”[②] 一战后出现的对劳工问题概念的界定，并未对这一概念本身提出很大的挑战，而是对劳工问题概念的弱化或者是分化。换句话说，这一次劳工问题概念的界定是从之前更为整体、抽象的劳工问题逐步细化出更为具体的劳工问题（下文将详细展开讨论）。不过，这一次界定的着力点在劳工问题的解决，并且促成了关于劳工问题的制度经济学派和人事管理学派两大学派的出现。

如陈达先生所言，他的劳工问题概念可以为本研究提供分析路径。本章拟采用其关于劳工问题的概念，主要讨论美国城市的劳工问题，基本不涉及农村和农业的劳工问题。

二、劳工问题的具体表现

劳工问题的概念因人而异，任何定义都难以涵盖劳工的所有问题。本部分遵照前文劳工问题的多元化概念，选取有代表性的劳工问题，比如血汗制度（sweating system）、失业、高劳工流转率、工业事故及工业冲突，以求更为直观地了解这一时期的劳工问题。

（一）血汗制度

血汗制度起初是指美国制衣业中给料在家加工的制度，随后指包

---

① See Gordon S. Watkins, *An Introduction to the Study of Labor Problems* (New York: Thomas Y. Crowell Company, 1922), p. 2.

② 陈达：《中国劳工问题》，上海书店出版社，1990，第1页。

工头找人加工的包工制。[①] 除了制衣业，血汗制度也扩展到其他行业如烟草、烘焙及洗衣业等。进入19世纪90年代，美国各界开始广泛关注这一制度的危害，并对其加以纠正。

所谓血汗制度，如美国制衣业工会总干事亨利·怀特（Henry White）所言，是“一种工作情形，工人在特定的时间内最大限度地工作，却获得最低的工资，这其中的工作环境是恶劣的，健康状况难以保障”[②]。简言之，血汗制度即是一种低工资、高强度、劳动时间长和卫生条件差的雇佣制。

1. 血汗制度的类型

自血汗制度形成以来，先后出现了四种不同的类型：第一种是由熟练工人与包工头签订合同，承接加工产品在家庭中加工生产。其家人常常协同帮工，其工作环境相当恶劣、卫生条件差、安全隐患多。这种类型是最低等次的血汗制度。第二种是家庭作坊。与第一种类型相比，这种类型的包工者在取得工作任务后，雇佣工人，以其居所为工作地点组建家庭工厂。工人在其中吃住，居所通风及卫生条件差。这种类型是最为普遍的血汗制度。第三种是任务制度（the task system）。这种制度于1877年最先由纽约市的犹太移民在制衣业中运用。这种制度是劳动分工的结果，其两个基本要素为：一是由一组人构成分工合作团队，采用计件工资制。以制衣加工为例，它是由三人组成一个工作单位，这三人分别是缝纫工、粗缝工和整修工（finisher）。二是设定一天的工作量，而不管工人花费多长时间完成。承包者通过不断增加每天的工作量来压榨工人，而工人为了获得更多的工资维持生计，会竭力缩短生产每件产品的时间，这样就会最大限

① 参见秦晖《“血汗工厂”辨析》，《经济观察报》2010年3月8日，第46版。

② Henry White, *The Sweating System* (Washington, D. C.: Department of Labor, 1896), p. 360.

度地增加工人的工作时间。如一份工业关系委员会的调查报告指出："15 年前每天的工作量是 8 件或 10 件成衣，而如今（1901 年）每天的工作量增加为同样质量要求的 20—22 件成衣。以前可以相对容易地在 8—10 个小时内完成任务，如今则需要花费 14 个小时。"① 任务制度的范围相对比较集中在纽约市，特别是在犹太移民控制的制衣业，在美国其他地方很少采用这种血汗制度。第四种是现代工厂中的血汗制度。现代工厂最初被认为是消除血汗制度的重要手段，特别是在科学管理理论引入工厂管理之后。尽管科学管理引入工厂之初增加了工人的工资，但由于它很少考虑作为工人的人的因素，导致工厂工人的工作强度增大，身心健康遭受摧残，工伤事故频发。因此，它被称为是"科学"的血汗制度，其主要表现有泰罗制和福特制。前者的核心特征为制定标准操作规范和劳动定额，并依此实行分级工资制度。后者强调增加机械化流水线的速率来提高劳动生产率。两者都通过制定标准操作规范和劳动定额、提高工人的劳动强度来达到压榨工人的目的。按照秦晖的分析，所有工人的工资收入是在未经集体谈判的情况下以最熟练工人的产量作为分母来确定的。依此，普通工人的计件工资可能会被降到最低。②

2. 血汗制度的特征

血汗制度是劳动分工和契约制度的产物。它往往集中在大城市人口稠密的地区，只要拥有廉价的工具或机器就可能出现血汗工厂。血汗工厂在美国各州因地域差异、行业分布不同等因素，想完整地呈现其全貌是相当困难的。不过我们可以通过举例来管窥当时的血汗制度状况。以当时两个主要的血汗行业——男装业和女装业为例，海伦·萨姆纳指出，在她提供的六个大城市中，几乎占到这两个行业生产总

---

① Thomas Sewall Adams and Helen Laura Sumner, *Labor Problem* (New York: Macmillan, 1905), p. 121.

② 参见秦晖《"血汗工厂"辨析》，《经济观察报》2010 年 3 月 8 日，第 46 版。

量一半的纽约市有80%的服装在血汗工厂中制造，而这些工厂大多集中在该市最为拥挤的贫民区下东区。其次是芝加哥市，海伦·萨姆纳指出，该市几乎所有的服装都在血汗工厂中制造。从1894年到1899年，制衣、雪茄和香烟业的制造商增加了57%，而这些工厂多采用血汗制，仅1899年在这三个行业中就有6亿人在血汗工厂工作。①

血汗制度的特征可以概括为高强度、低工资、工作环境恶劣。不管是在血汗制度早期还是在之后的时期，高强度工作是其基本特征。根据海伦·萨姆纳的研究，尽管人们的平均工作时间为10小时，但在波士顿血汗工厂超时工作司空见惯，大多数人都要工作10小时以上。纽约市的一项调查显示，在125个人中有16个人每天工作12小时，8个人每天工作14小时，6个人每天工作18小时。一个芝加哥的熟练裁缝的证词指出，为了挣得更多的工资，他看到过在工厂忙碌时有工人一周工作6天3晚，更有人连续工作36小时。② 在其他行业，比如钢铁业，有超过40%的人每周工作72小时以上，大约20%的工人每周工作时间超过84小时。③ 尽管超长时间工作，但血汗工厂的工人收入并不高。总干事亨利·怀特在一份调查报告中对从事不同制衣工种的男性工人和女性工人1890—1900年的工资收入变化做了对比研究（如表5-1-1所示）。

---

① See Thomas Sewall Adams and Helen Laura Sumner, *Labor Problem* (New York: Macmillan, 1905), pp. 128-129.

② See Thomas Sewall Adams and Helen Laura Sumner, *Labor Problem* (New York: Macmillan, 1905), pp. 134-135.

③ 参见约翰·W. 巴德《人性化的雇佣关系：效率、公平与发言权之间的平衡》，解格先、马振英译，北京大学出版社，2007，第26页。

表 5-1-1　1890—1900 年制衣行业不同工种男性工人和女性工人收入对比表①

工种	16 岁及以上的男性		16 岁及以上的女性	
	周工资		周工资	
	1900 年	1890 年	1900 年	1890 年
粗缝工	—	—	$5.00	$5.00
修补工	$10.00	$10.00	—	—
修理工	$17.00	$18.00	—	—
整理工	—	—	$4.50	$4.00
工头	$25.00	$24.00	—	—
普通帮工、辅助工人、杂工	$5.50	$7.00	—	—
缝纫工	—	—	$5.50	$5.50
缝纫机械操作工	$7.00	$8.00	$4.00	$4.00
所有的职业	$10.00	$11.50	$4.00	$4.50

从表 5-1-1 可以发现，制衣业不同工种之间存在工资差异，工头是这些工种中的最高收入者。在此类行业中，女工往往占多数，她们的工资收入只有男性工人的一半左右。表 5-1-1 所显示的是当时平均工资水平，主要由女工组成的血汗工厂的工资则相对更低。一份劳工委员会的血汗工厂专项调查报告显示，有 53 个工人的周工资收入在 1 美元以下，63 个工人的周工资在 1 美元—2 美元，只有 57 个工人的周工资达到 3 美元以上。119 个工人的年工资收入少于 100 美元，只有 12 个工人的年工资在 300 美元以上。从表 5-1-2 中我们可以了解当时血汗工

① Thomas Sewall Adams and Helen Laura Sumner, *Labor Problem*(New York: Macmillan, 1905), p. 136.

厂的工资状况。①

表 5-1-2 血汗工厂工人的工资收入情况

工种	周平均工资	平均年收入	家庭平均收入	周平均收入	周平均家庭收入
女装裁剪工	$0.9	$37.00	$213.46	$0.71	$4.11
裤子整修工	$1.31	$42.41	$260.61	$0.82	$5.01
家庭主妇及裤子整修工	$1.58	$47.49	$245.92	$0.91	$4.73
女缝工	$2.03	$64.10	$184.00	$1.23	$3.54
裤子制做工	$2.13	$75.61	$239.05	$1.45	$4.60
杂工	$2.77	$81.80	$405.81	$1.58	$7.80
男装裁剪工	$6.22	$211.92	$523.25	$4.08	$10.06
平均工资	$2.48	$76.74	$297.29	$1.48	$5.72

从表 5-1-2 中我们可以看出，血汗工厂工人的工资是相当低的。罗伯特·亨特制定的贫困标准是：工业地区家庭年收入不足 460 美元即为贫困，血汗工厂工人的家庭大多处于贫困状态。海伦·萨姆纳指出，一位纽约的女工其 20 周的工资收入是 70 美元，她要以此维持一个包括自己在内的四口之家的生计。② 在血汗工厂中，对工人影响最大的是恶劣的工作环境。由于这些工厂大多设在租住的房屋中，工人们吃住在一起，即使租赁专门的工厂，卫生及相应条件也难以保障。如一位波士顿南部房屋负责人所言："在这个地区，每栋房屋居民数目的增长导

① See Nellie Mason Auten, "Some Phases of the Sweating System in the Garment Trades of Chicago," *American Journal of Sociology* 6, No. 5(1901): 608-609.

② See Thomas Sewall Adams and Helen Laura Sumner, *Labor Problem* (New York: Macmillan, 1905), p. 137.

致卫生设施严重匮乏。”居住在这些老房子中的人“几乎是计划使用人数的两倍、三倍或四倍。因此……洗浴设施和厕所设施极度缺乏。原来专门修建的廉租房屋，所呈现的极差的通风井和黑暗的室内房间……这种状态必然意味着潮湿、黑暗和糟糕的空气。房屋拥挤更是加剧了不道德和不卫生的行为”[①]。这种极差的工作和居住环境不仅给工人带来了身心的摧残，最主要的是引发了各种职业病，而且血汗工厂制造的产品也给社会带来了不少的安全隐患。

（二）失业

失业是工业制度中相当复杂、难以解决的劳工问题。自其出现以来，持续不断，难以根除，至今仍困扰着世界各个国家。究竟什么是失业？学界众说纷纭，并无统一的定义。一般而言，对失业的定义，有广义和狭义之分。[②] 广义的失业泛指一切没有正当职业的赋闲状态(idleness)。狭义的失业如我国学者鲁竹书所言，指“凡是具有劳动能力，而又有劳动愿望的人，寻求不到一种适合自己能力的工作，或是原来有工作，现在由于不得已的缘故，而失去工作”[③]。广义的失业泛指所有无业状态，缺少明确的指代对象，由于该定义过于宽泛，往往很少被采用。而这一时期美国学界对失业概念的认识大多与鲁竹书的定义有相似之处。比如戈登・沃特金斯认为，失业是指任何无固定职业的赋闲状态，不管由于何种原因，是否受劳工自身控制。[④] 当时颇为盛行的百科全书《社会改革百科全书》认为，所谓失业是指“由于犯错或不幸事由等原因引发的有工作需求的劳动者无法获得正当职业的

---

① 约翰・W. 巴德：《人性化的雇佣关系：效率、公平与发言权之间的平衡》，解格先、马振英译，北京大学出版社，2007，第 26 页。

② 参见谭玉秀《民国时期城市失业问题及其对策研究（1912—1949）》，人民出版社，2014，第 3 页。

③ 鲁竹书：《失业问题研究》，中央图书局，1927，第 9 页。

④ See Gordon S. Watkins, *An Introduction to the Study of Labor Problems* (New York: Thomas Y. Crowell Company, 1922), p. 209.

状况”[①]。需要强调的是，失业应与无业区分开来。有人把无业者分为四种类型：不适宜劳动者，如残疾人、患病者；不应劳动者，如老人、幼童；不愿劳动者，如乞丐、流浪者；有劳动能力及意愿，但暂未获得工作机会或失去原有工作者。[②] 不难发现失业是一种无业状态，但并不等同于无业，失业者仅指上述无业者类型中的最后一种。失业需要具备以下基本要素，即有劳动能力、愿意工作、没有工作，这些是世界各国在界定和统计失业时广泛参照的要素。

1. 失业的类型及范围

从上述失业的定义来看，想要更清楚地认识失业，应对其进行分类。托马斯·亚当斯依据失业的原因不同，把失业分为四类：第一类为熟练工暂时由于天气、停业和其他季节性等原因而导致的失业，第二类为其他勤劳而高效的工人由于工业危机、新机器的引入及外国移民的竞争等原因而导致的失业，第三类指临时的、非熟练工人因身体等原因而导致的失业，第四类为不能雇佣的游手好闲者、依赖他人者（dependents）和流浪者。从托马斯·亚当斯的分类来看，尽管他对失业原因进行了细化，但无外乎是从工人失业的个体原因和社会原因两方面来划分的。他甚至把游手好闲等在主观意愿上不去工作的无业者也划归失业范围。这应该是有问题的，同时是为当时美国社会主流失业问题研究者所反对的。比如《社会改革百科全书》中就明确把流浪者等主观不愿工作的无业者排除失业范畴。[③] 除了严格意义上的失业定义，戈登·沃特金斯还区分出不规则就业（irregular employment）、不充

① William D. P. Bliss, *The New Encyclopedia of Social Reform* (New York: Funk & Wagnalls Company, 1908), p. 1244.

② 参见谭玉秀《民国时期城市失业问题及其对策研究（1912—1949）》，人民出版社，2014，第6页。

③ See William D. P. Bliss, *The New Encyclopedia of Social Reform* (New York: Funk & Wagnalls Company, 1908), p. 1243.

分就业（underemployment）。这些问题的存在也从侧面反映了当时美国的失业状况。在美国劳工委员会的统计中，其就把兼职工作的问题纳入失业统计指标。戈登·沃特金斯还从社会、经济、个人及政治等四个方面对失业的原因做了充分、全面的分析，比如社会方面包括财富和收入的分配不均、土地的垄断、移民竞争、劳动力市场的组织不完备、工业训练提供不足。这为我们进一步认清失业问题进而解决失业问题提供了帮助。

失业是个复杂的社会现象，涉及行业和领域相当广泛，很难精准呈现整体的状况。马萨诸塞州在 1885 年就已开展失业统计调查，但直到 1916 年联邦政府劳工统计局实施大规模失业调查时，失业的统计和分布等数据仍存在诸多不准确、相互冲突的问题。为了规范和纠正上述问题，从这一年开始联邦政府劳工统计局定期公布就业和失业数据。马萨诸塞州失业调查统计结果显示，1885 年马萨诸塞州的劳工共计 816 470 人，这其中有 241 589 人在当年平均失业 4 个月以上，占 29.59%。[①] 可见当时失业问题成为一个突出的问题，不仅失业人口规模大，而且持续时间相当长。这种情况即使到 1921 年也未改变多少，联邦政府劳工统计局 1921 年 8 月的失业数据显示，这一年有 5 735 000 名工人失业。劳工联合会对 917 个城市的失业统计显示，有 400 万左右的工人失业。[②] 在这期间，1916 年联邦政府劳工统计局的大型失业调查数据最为翔实，它选取东部和中西部各州的 16 个城市、落基山脉和太平洋地区的 12 个城市以及纽约市开展调查研究。其中东部和中西部的 16 个城市的失业状况如表 5-1-3 所示。这一地区参与调查的工人总数为 647 394 人，其中 74 200 人失业，占到 11.5%。从表 5-1-3 可以看出，

① See Thomas Sewall Adams and Helen Laura Sumner, *Labor Problem* (New York: Macmillan, 1905), p. 160.

② See Gordon S. Watkins, *An Introduction to the Study of Labor Problems* (New York: Thomas Y. Crowell Company, 1922), p. 216.

失业状况存在较明显的地区差异，这一地区失业率最高的为明尼苏达州的德卢斯，而最低的为康涅狄格州的布里奇波特。

表 5-1-3　1916 年城市工人失业情况表①

城市	失业	
	人数	百分比（%）
波士顿，马萨诸塞州	7863	10.2
布里奇波特，康涅狄格州	537	4.3
芝加哥，伊利诺伊州	20952	13.3
克利夫兰，俄亥俄州	2348	9.4
德卢斯，明尼苏达州	425	20.3
堪萨斯城，密苏里州	2815	12.5
路易斯维尔，肯塔基州	399	13.1
密尔沃基，威斯康星州	1030	7.9
明尼阿波利斯，明尼苏达州	495	14.4
费城，宾夕法尼亚州	14147	10.3
匹兹堡，宾夕法尼亚州	5924	11.1
圣路易斯，密苏里州	14219	13.6
圣保罗，明尼苏达州	582	14.1
斯普林菲尔德，密苏里州	162	7.1
托莱多，俄亥俄州	1102	10.7
威尔克斯-巴里，宾夕法尼亚州	1200	6.4

失业的发生与社会、政治等因素密切相关。比如经济萧条或经济

① Bureau of Labor Statistics, *Unemployment in the United States* (Washington, D. C.: U. S. G. P. O., 1916), p. 6.

危机时期就会出现失业人数激增的状况。1880—1920 年这 40 年间先后有 1893 年、1908—1909 年、1913—1914 年几次经济萧条或经济危机时期。例如 1893 年经济危机时期，马萨诸塞州制造业 9 月、10 月、11 月的失业率从之前的不到 1%猛增至 22.33%、15.27%、15.14%。①1913 年由于经济危机和一系列罢工等原因，纽约制衣工人的失业率平均高达 40%，建筑行业也达到 25%。② 在经济正常发展时期，根据戈登·沃特金斯的研究指出，美国全国也有将近 200 万工人失业，占到产业工人总数的 15%左右。正常发展时期每年的平均失业率在 10%左右，而在经济萧条时期每年的平均失业率在 20%左右。③

2. 失业的影响

失业的影响是广泛的，既给工人个体，也给社区乃至社会带来难以估量的影响。首先，失业给工人个体带来的最大影响是经济收入难以保障，其最直接的后果是让工人家庭陷入贫困，而且失业导致的家庭贫困比单纯低收入导致的范围更广。对于失业导致贫穷的原因，英国著名社会调查家查尔斯·布思（Charles Booth）在调查和分析伦敦 1892—1902 年的贫穷状况及原因时指出，因失业引发的贫穷占到 62.5%④，明显高于其他方面的原因。这种情况在美国也不例外。一项在当时的工业城市巴尔的摩市、纽黑文市、纽约市及波士顿市开展的导致贫穷的原因调查研究揭示，失业及不稳定的就业方面占到导致贫穷的原因的 29.67%，这其中仅失业就占 23.16%。由此来看，在这一时期失业是引发贫穷的最主要因素。失业对个体的影响也会因贫穷而

---

① See Thomas Sewall Adams and Helen Laura Sumner, *Labor Problem* (New York: Macmillan, 1905), p. 163.

② See Melvyn Dubofsky, *Industrialism and the American Worker, 1865-1920* (Arlington Heights, Ill.: H. Davidson, 1985), p. 26.

③ See Gordon S. Watkins, *An Introduction to the Study of Labor Problems* (New York: Thomas Y. Crowell Company, 1922), p. 217.

④ 参见鲁竹书《失业问题研究》，中央图书局，1927，第 28—29 页。

导致一系列的不良后果，比如导致工人个体的精神损失、阻抑教育及文化发展、影响到家庭伦理等方面。

其次，失业对社会的影响包括引发暴力冲突、犯罪等社会不安定因素，增加社会的经济负担，影响整个国家的经济发展等。失业使工人个体陷入贫困，甚至堕落，工人个体因此会出现鲁莽激进行为。1917 年，一份针对工人生活状况的调查报告指出，一方面失业导致家庭男性工人（往往是赚取家庭收入的主要来源）无法获得经济收入，使得大批妇女、儿童加入劳工群体，赚取收入来添补家庭支出；另一方面也导致了大批临时劳工群体的出现，他们与移民一起加剧了就业竞争，形成了大批廉价劳动力，由此助长了血汗工厂及其他不良工厂的大量存在。上述两方面的直接后果是破坏了经济健康发展的秩序，进而影响整个国家的发展。①

（三）劳工流转率高

劳工流转是 20 世纪初期欧美工业社会出现的一种劳工问题，它是伴随现代工厂制度而出现的问题。最早提出这一问题的是约翰·康芒斯（John Commons），他在匹兹堡调查的一份报告《匹兹堡的雇佣劳动者》中指出："1906 年，一个工厂要维持 10 000 名工人的劳动力需要雇佣 21 000 人。"② 这说明当时工厂中存在相当大的人员变动，解雇和招聘现象频繁发生，而这在当时的匹兹堡市已是相当常见的现象。约翰·康芒斯所提出的问题即为劳工流转问题，随后引起了广泛关注，

---

① See W. Jett Lauck and Edgar Sydenstricker, *Conditions of Labor in American Industries : A Summarization of the Results of Recent Investigations* (New York: Funk and Wagnalls Company, 1917), pp. 172-175.

② Boris Emmet, "Nature and Computation of Labor Turnover," *Journal of Political Economy*, No. 2(1919): 105.

成为一个政治经济学领域关注的劳工问题[①]。

1. 劳工流转的定义及其测算

劳工流转并没有统一的定义，还存在一些争议。劳工流转最为基本的意思是工人从一个工作到另一个工作的转换，但这一定义不仅指向劳工，劳工流转也涉及雇主或工厂方面。比如丹尼尔·布卢姆菲尔德（Daniel Bloomfield）认为，所谓劳工流转，又译为劳工的流动，是指工厂工人的雇佣、损失及补充。[②] 还有人认为“Labor Turnover”一词并不能准确概括这一问题，主张用“替换”（replacement）概念来取代它。[③] 戈登·沃特金斯在其《劳工问题研究概论》一书中把劳工流转界定为因雇佣和解雇而导致的工厂人员变动，劳工流传是指特定时期内工厂对离职工人的替换，包括辞职、开除（discharges）和停歇（lay-offs）。[④] 尽管仍然对劳工流转类型存在一些争论，但这一定义依旧是当时人们比较认可的。它是对劳工统计局及雇佣管理者协会采用的劳工流转的标准定义的进一步发展。基于上述分析，本书认为，所谓劳工流转是指某个固定时期工厂内部工人因各种原因而出现的离职和工厂招纳新工人等人员变动的统称。劳工流转的类型包括辞职、停歇、开除，以及因生老病死等其他不确定原因而出现的各种人员变动。有研究者的划分更细，把其他原因导致的分类细化为死亡、灾变、疾病、衰老及婚姻等。工业社会一定程度的劳工流转是允许的，也是难以避免的，但大批量、频繁地解雇、招聘则成为一种劳工问题，影响正常

---

① 在托马斯·亚当斯和海伦·萨姆纳编著的经典著作《劳工问题》（1908 年）中，劳工流转问题还未引起关注，之后戈登·沃特金斯在《劳工问题研究概论》（1922 年）中，已把劳工流转问题纳入研究论题。

② 参见邵元冲《美国劳工状况》，民智书局，1924，第 27 页。

③ See Sumner H. Slichter,“The Scope and Nature of the Labor Turnover Problem,” *The Quarterly Journal of Economics*, No. 2(1920):329.

④ See Gordon S. Watkins, *An Introduction to the Study of Labor Problems* (New York: Thomas Y. Crowell Company, 1922), p. 250.

的经济和社会秩序。本书所要关注的就是作为一种劳工问题的劳工流转现象。也是在这一时期，劳工流转过于频繁，并且成为一种恶性循环。过于频繁或大批量的劳工流转不仅对雇主，也对劳工个人乃至社会带来影响或损失。比如对雇主而言，可能会有如下影响：第一，临时开除和替换会导致行政管理成本的损失；第二，增加了训练新劳工的成本；第三，由于新劳工缺少经验而导致原材料的损耗；第四，因工人离职而增加了停工时期机械设备的维护成本；第五，大批新手劳工的引入，增加了工伤事故的发生率。[①] 而对劳工个体而言，则会引发失业，带来直接的经济损失。这一问题的实质是劳工与雇主、劳工与工头在劳动过程中因专制独裁的管理方式及缺少科学的制度等而出现的对立和冲突。由此来看，劳工流转是一个关系到工厂或企业组织的生产稳定性的重要因素。

如何去测算和衡量劳工流转问题？测算劳工流转通常采用劳工流转率来衡量。当前比较通行的劳工流转率的计算公式是劳工统计局采用的标准计算公式。这一标准计算公式是在 1918 年全国雇佣管理者协会年会上制定发布的。某一个时期的劳工流转率是指这一时期离职劳工数除以这一时期的平均劳工人数。例如，一个工厂的年度离职工人总数为 1651 人，一年内的平均劳工人数是依据每月考勤人数的平均数算出的，如果假定这一数据为 898 人，则这一工厂的本年度劳工流转率为 1651÷898×100％＝183.9％。计算劳工流转率的目的是要显示企业组织的非常规变动问题，因此计算劳工流转率的关键就在于确定劳工离职的原因。

2. 高劳工流转率的范围

劳工流转率的测算是个复杂的经济学问题，要依据大规模的数据

---

① See Boris Emmet, "Nature and Computation of Labor Turnover," *Journal of Political Economy*, No. 2(1919):105.

统计。美国在 1917 年之前很少有相关的数据研究，1917 年全国劳工统计局相继推出一系列劳工流转的调查报告①，为人们了解和认识劳工流转的状况和范围提供了数据支持。尽管这些统计数据的精确性和完善程度还有待进一步改进，但它们确实显示出当时工厂劳工流转频率高的问题。例如在一份 1919 年辛辛那提市的劳工流转调查报告中，报告选取了该市 28 家公司作为调查对象，调查结果显示有 75％的公司劳工流转率在 100％—400％，有 1 家公司在 400％以上，只有 6 家公司在 100％以下（如表 5-1-4 所示）。

表 5-1-4　1919 年辛辛那提市 28 家公司的年度劳工流转率情况②

劳工流转率（%）	公司	
	数目	百分比
50 以下	2	7
50—100（不含）	4	15
100—150（不含）	6	21
150—200（不含）	6	21
200—250（不含）	2	7
250—300（不含）	5	18
300—350（不含）	—	—
350—400（不含）	2	7
400—500（含）	1	4
总计	28	100

① 例如两份较为详细的调查报告《大马力机械制造公司的劳工流转和雇佣政策》（1918 年）和《加利福尼亚石油冶炼公司的劳工政策和劳工流转》（1919 年），其他还包括一些地区城市如克利夫兰、底特律，旧金山湾区等的劳工流转调查报告。

② Emil Frankel, "Labor Turnover in Cincinnati," *Monthly Labor Review*, No. 3(1919): 36.

以上数据表明，在20世纪初期美国大部分企业的劳工流转率在100%以上，这是因为当时的企业人事管理制度还处于发展初期，雇主和劳工之间的矛盾比较尖锐。在1912年和1913年，福特高地公园工厂的每日旷工率为10%，每年的劳工流转率高达380%。工人对福特汽车公司新引进的流水作业制度充满了厌恶，以至于公司每增加100名工人都需要开展963次雇佣。① 劳工与雇主或工头的对立，以及劳工对公司制度的不满成为劳工主动离职的主要原因，而现如今企业制度等已相对完善，劳工流转率则相对下降。当今企业的劳工流转率一般控制在5%—20%的正常范围，数值过高反映了工人对企业的强烈不满，过低则表明企业缺乏活力。②

（四）工业事故

工业事故是美国工业化早期一个相当突出的问题，这一点从耶鲁大学教授约翰·法比安·维特（John Fabian Witt）略带沉重的《事故共和国：残疾的工人、贫穷的寡妇与美国法的重构》可窥见一斑。约翰·法比安·维特指出，1880—1910年，美国进入工业事故频发的时期，美国工业事故发生率远高于同一时期世界其他工业国家的事故发生率。③ 频发的工业事故引发美国人的广泛关注，1907年西奥多·罗斯福总统在弗吉尼亚州詹姆斯敦召开的世界博览会上演讲的主题就是工业事故问题，它成为美国开启消除工业事故之路的“宣战书”。

1. 工业事故的定义及测算

当前比较有影响的工业事故定义为联合国1992年制定的《工业事故跨界影响公约》中的定义，它所指的工业事故是涉及有害物质的任

---

① 参见张林先《大量销售方式》，机械工业出版社，2015，第128页。

② 参见王代潮、曾德超《企业知识管理：理论与实务》，中国大百科全书出版社，2006，第163页。

③ 参见约翰·法比安·维特《事故共和国：残疾的工人、贫穷的寡妇与美国法的重构（修订版）》，田雷译，中国政法大学出版社，2016，第4页。

何活动失控导致的事件，这一定义强调了工业事故的不可预见性。有些定义认为它也包括生产过程中引发的劳动能力丧失等，比如职业病，但在 20 世纪初期美国学者对此仍有争议，戈登·沃特金斯就把工业事故与职业病做了区分。[①] 为了更好地统计和计算工业事故，揭示工业事故的危害程度，美国国际工业事故委员会拟定了一个操作性定义，即“所有工作中导致的事故、疾病和伤害，体现为事故发生后引起的死亡、永久残疾和其他丧失工作时间”[②]。这一定义为劳工统计局所接纳使用，这一定义不排除小的生产损伤，把事故、疾病和各种生产伤害（injuries）都包纳进来。本书采用这一广义的工业事故定义，以更为全面地揭示这一时期工业生产过程中的突发事故。国际工业事故委员会和劳工统计局还引入事故发生率（Accident Frequency Rate）和事故损失率（Accident Severity Rate）两个统计概念。之前的事故统计，单纯统计事故数量，并不关注事故受害人，而事故发生率概念首先量化了事故受害人的基本情况。按照一名工人常规工作每天 10 小时，全年共计 300 天为全职工人，工作 300 天的全职工人只是作为一个统计计量单元，并不是实际的工人。这样事故发生率的计算方法就是在特定时期某工厂的事故发生总数除以 1000 名全职工人所得出的结果。这样的计算公式可以让不同工业或机构之间具有可比性。事故损失率于 1913 年由劳工统计局引入，是为了弥补事故发生率不能反映事故损失程度的不足而提出的。它引入因事故而损失的工作时数来衡量事故损失程度，相比之前通常采用的工资补偿更为可行。导致死亡的事故，将按工人通常的工作期望年限来计算损失的工作时数，比如当时通行的期望年限是 30 年，事故致死的损失工作时数就是 9000 天。事故发生率和事故

① See Gordon S. Watkins, *An Introduction to the Study of Labor Problems* (New York: Thomas Y. Crowell Company, 1922), p. 197.

② Lucian W. Chaney and Hugh S. Hanna, *Safety Movement in the Iron and Steel Industry, 1907 to 1917* (Washington, D. C.: Government Printing Office, 1918), p. 52.

损失率这两个概念分别反映工业事故的数量和事故损失程度，两者相互补充，共同揭示工业事故的整体影响。

2. 工业事故的范围

全面了解美国1890—1920年工业事故范围是相当困难的，主要是因为不同时期的数据统计存在差异，不同地域和行业在数据准确程度方面也有差别。不过1890—1920年可以大体以1907年西奥多·罗斯福的詹姆斯敦世界博览会演讲为界划分为两大阶段：1890—1907年为工业事故高发时期；1908—1920年工业事故发生率在政府全面介入、制度完善后有所下降。

在前一阶段，随着美国工业化程度的提高，大型机械和科学技术的引入，在推进经济发展的同时，美国也陷入了工业事故的高发期。工业事故引发大量事故死亡和伤害，以致有研究者指出和平时期的生产伤亡堪比战争时期的伤亡。有统计表明，1880—1900年，每年有35 000名工人因事故死亡，有53.6万名工人遭遇工伤。① 在一些特殊行业比如铁路、矿山、金属、橡胶、采石等，工业事故发生率更高。1890年铁路工人和煤矿工人的年度死亡率每10万人分别为314例、300例，有些特殊工种甚至达到1141例。就男性事故死亡人数而言，1890年相比1860年增加了5倍多。这一时期的工业事故死亡中男性人数明显多于女性，1890年的一项研究表明14—45岁的男性事故死亡人数比同期的女性高出5倍多。② 一项纽约州的工业事故统计数据显示，1901—1904年，纽约州有18 176名工人遭遇工伤事故，单1906年整个

---

① See Melvyn Dubofsky, *Industrialism and the American Worker, 1865-1920* (Arlington Heights, Ill.: H. Davidson, 1985), p. 24.

② 参见约翰·法比安·维特《事故共和国：残疾的工人、贫穷的寡妇与美国法的重构（修订版）》，田雷译，中国政法大学出版社，2016，第28、39页。

美国 560 万男性工人中有 20.83 万人遭遇工伤事故。[①] 1907 年，也就是詹姆斯敦世界博览会那年，被约翰·法比安·维特称为美国“工业事故历史上最黑暗的年份”。这一年共发生了 18 次工业事故，有 918 名矿工丧生，仅西弗吉尼亚的一次矿难就夺去 361 名矿工的生命。[②]

对后一阶段而言，工业事故开始引起人们的广泛关注。在政府、工会组织等利益团体的积极介入下，事故发生率虽然相对较高，但整体来看有所下降。依据保诚人寿保险公司的统计专家弗雷德里克·霍夫曼（Frederick Hoffmann）的估计，1908 年各种工伤事故的年度死亡数仍达 30 000—35 000 人，各种伤亡总数为 200 万人。1913 年，这一数据有所下降，年度死亡数为 25 000 人，各种损伤数为 70 万人。[③] 1919 年美国安全委员会的统计报告显示，年度死亡数为 22 000 人以上，各种损伤数为 50 万人。[④]

（五）工业冲突

工业冲突是这一时期美国典型的劳工问题。根据《社会学词典》的定义，工业冲突是雇佣过程中呈现出的各种不满，特别是对劳工合同和工资待遇的不满。其实质是劳资冲突，即劳工和雇主或者劳方和资方在工作环境和工资待遇等方面的利益冲突。1890—1920 年美国经历了无数次罢工和车间暴力冲突，这些冲突的广泛影响引起美国社会各界的注意。相比之前的工业冲突，1890 年以后，大型公司、企业逐

① See William D. P. Bliss, *The New Encyclopedia of Social Reform* (New York: Funk & Wagnalls Company, 1908), p. 6.

② 参见约翰·法比安·维特《事故共和国：残疾的工人、贫穷的寡妇与美国法的重构（修订版）》，田雷译，中国政法大学出版社，2016，第 4 页。

③ See W. Jett Lauck and Edgar Sydenstricker, *Conditions of Labor in American Industries : A Summarization of the Results of Recent Investigations* (New York: Funk and Wagnalls Company, 1917), p. 193.

④ See Gordon S. Watkins, *An Introduction to the Study of Labor Problems* (New York: Thomas Y. Crowell Company, 1922), p. 66.

渐增多，工业冲突和纠纷呈现出新特点：逐步由过去劳工与个体雇主之间的冲突转变为劳工与代表大企业、公司的资本集团之间的冲突。在这个过程中，劳工往往处于纠纷和冲突中的不利一方，在争取和维护自身权益方面的困难陡增。

1. 工业冲突的类型

《社会学词典》把工业冲突划分为非常规（informal）的工业冲突和常规（formal）的工业冲突。前一种非常规的工业冲突包括各种自发的、未经组织的、不满情绪的表达，比如旷工、频繁辞工、怠工、限制产量和蓄意破坏等，不过有些未经组织的、自发的罢工也可归入此类。这种冲突的核心特征为冲突的自发性，而且冲突的实施者多为个体或临时组成的小团体。后一种常规的工业冲突是理性的、有组织的表达，通常是由工会组织或其他工人团体负责组织。其常见的形式如罢工、抵制等，它是一种运用工人集体的力量对抗雇主、大公司的产物。这种形式的冲突如罢工等，由于对冲突处理方式的不合理，经常演化为一种暴力冲突，比如最具有代表性的干草市场暴乱。对于常规的工业冲突，多发生在工厂车间，是产业工人与雇主、工头争夺生产控制权的必然产物。对于非常规的工业冲突，可以先从总体上了解这一时期的罢工状况。罢工数和参加人数呈现出持续增加状态，1891—1895 年每年平均罢工次数为 1337 次，参加人数为 278 868 人，1915—1921 年每年平均罢工次数为 3043 次，参加人数飙升至 1 744 502 人。[①] 在这其中有许多影响范围广并且演变为暴力冲突的罢工，比如 1892 年的霍姆斯特德罢工、1894 年的普尔曼大罢工及 1902 年的无烟煤矿工大罢工，牵扯的人数有的以 10 万计，而且还有相当数量的死伤。由此来看，和平时期的罢工引发的伤亡堪比战争时的死伤，称其为工业战争，

---

① See Edgar Stevenson Furniss and Lawrence Ridge Guild, *Labor Problems : A Book of Materials for Their Study*(New York: Houghton, Mifflin Company, 1925), p. 421.

应不为过。针对 1910—1915 年工业暴力冲突的频繁爆发，历史学家小格雷厄姆·亚当斯（Graham Adams，Jr）甚至称这一时期为“工业暴力的时代”。

2. 工业冲突的影响

工业冲突的发生对社会各个方面都有影响。以罢工为例，其带来的主要影响是工业生产的损失，主要体现为工人的工作时间丧失及因此而失去的工资收入，因工厂停工而导致雇主的经济损失等。一项统计结果显示，1891—1921 年，罢工的平均持续天数在 26.3 天左右，相对持续天数达 116 天。总体来看，工人因罢工而损失的日工作天数高达 80 085 910 天。[①] 美国矿工联合会主席约翰·米切尔（John Mitchell）研究指出，1881—1900 年工人因罢工而损失的工作日达 194 000 000 天，而这造成的直接经济损失达 469 000 000 美元。[②] 这仅仅是直接的经济损失，加上罢工和抵制等工业冲突引起的骚乱、社会服务停滞等间接损失，损失可能还要更大。

三、劳工问题的成因

上述劳工问题并非突然出现，其是美国工业化发展到相对成熟阶段的结果。围绕其产生的原因引发了广泛的论争，本部分内容意在探讨有关美国劳工问题的论争，并就其具体的成因展开分析。

（一）关于劳工问题成因的论争

劳工问题涉及经济、文化等多个方面，对其原因的分析也由于立场、关注点不同而各有差异。美国人力资源学者约翰·巴德（John

---

① See Edgar Stevenson Furniss and Lawrence Ridge Guild, *Labor Problems: A Book of Materials for Their Study* (New York: Houghton, Mifflin Company, 1925), p. 424.

② See John Mitchell, *Organized Labor: Its Problems, Purposes and Ideals* (Philadelphia: American Book and Bible House, 1903), pp. 309-310.

Budd）概括指出有四个研究雇佣关系的思想流派曾对劳工问题的原因进行分析，它们分别是主流经济学派、人力资源管理学派、产业关系学派及批判产业关系学派。第一种学派在 19 世纪 70 年代因对劳工问题的解释力减弱而逐步失去影响力。后三种学派是在 20 世纪 30 年代，特别是二战之后才逐步发挥其影响。这其中人力资源管理学派是由 20 世纪初期出现的人事管理学派逐步演变而来的，而产业关系学派的前身为制度劳动经济学派。限于研究的时间范围，本部分内容将集中从人事管理学派和制度经济学派出发，探讨其对劳工问题的原因分析，因为这两个学派在 1890—1920 年这一时期是两种主导的劳工问题成因分析流派。

人事管理学派和制度经济学派都缘于对劳工问题的认识，并且在此基础上形成了阐释和解决劳工问题的知识体系（学科）。人事管理学派的代表人物包括工业工程师弗雷德里克·泰勒（Frederick Taylor）、克拉伦斯·希克斯（Clarence Hicks）。制度经济学派的代表人物有理查德·伊利（Richard Ely）和约翰·康芒斯等。两个学派对劳工问题的原因分析都是从批判传统的主流经济学派入手的。传统的主流经济学派认为劳工问题的出现是僵化或不充分的市场经济自由竞争造成的，包括政府、工会组织的干预使得劳动力市场僵化，劳动力流动差，不能适应市场环境的变化。他们采用经济人的理论假设来分析工人参加工作的动机或动力，认为工人工作主要是为了追逐经济利益。就其实质而言，他们把劳工作为一种商品来看待，忽视或者低估了劳工作为“人”的一面。在此基础上，保障不加任何限制的市场竞争是最终解决劳工问题的主要举措。在他们看来，市场竞争可以调动劳工积极工作，使得劳资双方利益协调一致，而其他两个学派都注意到市场失灵、对劳工纯粹经济人的假设等主张忽视了劳工作为社会人的角色等因素在引发劳工问题方面的作用。在分析劳工问题的成因方面，两个学派也有着根本的差异。人事管理学派认为，劳工问题的根源不在于资本主义制度内在的矛盾和冲突，而在于管理方面的问题。约翰·巴德指出，英文词语“Personnel Management”，除了表示人事管理之外，还可以表示管理不善的意思。[①] 这一学派更为注重企业组织内部的因素在引发劳工问题方面的影响，比如 20 世纪初期雇主特别是工头采用的独裁式管理方式。制度经济学派则认为，劳工问题的根本原因是生产过程中企业和劳工谈判力量的不对等。这一学派更为注重企业之外的宏观环境、制度、文化传统等方面在引发劳工问题方面的影响。

（二）关于劳工问题的具体成因分析

美国劳工史研究专家布鲁斯·考夫曼总结指出，以往有关劳工问题的具体成因有三种：工业化与劳工分工的影响、市场竞争的作用、专制的雇主管理方式。[②] 本书认为，依据制度经济学派的逻辑，还应补充一条——政府对劳工问题的漠视。

1. 工业化与劳动分工的影响

美国的工业化进程从 1870 年开始加速发展，截止到 1890 年美国已经由以农业为主的农业国家转变为以工业为主的城市化国家。其典型的特征是城市人口不断增加，工人数量开始显著增加，现代工厂制度及工业生产方式逐步占据主导地位。1890 年时有 35％的美国人住在城市，1920 年居住在城市的人口已经达到 51％。[③] 1869 年工厂中的雇佣工人数为 210 万人，1899 年猛增到 530 万人，增幅高达 152％[④]，1920

---

① 参见约翰·W. 巴德《人性化的雇佣关系：效率、公平与发言权之间的平衡》，解格先、马振英译，北京大学出版社，2007，第 30 页。

② See Bruce E. Kaufman, *The Origins and Evolution of the Field of Industrial Relations in the United States*（Ithaca：ILR Press，1993），pp. 5-8.

③ 参见史蒂文·迪纳《非常时代：进步主义时期的美国人》，萧易译，上海人民出版社，2008，第 3 页。

④ 参见李月娥《企业福利资本主义与美国社会保障制度的确立》，东北大学出版社，2012，第 22 页。

年这一数目达到1120万人。[1] 与企业雇佣工人数大增相伴随的是现代工厂制度的逐步建立。1840年时现代工厂制度还只局限于纺织工业部门，到1890年时大部分制造业已完全建立起现代工厂制度，特别是在19世纪末期现代大型企业的机械化生产已替代传统的个体业主的手工或半机械化生产方式。上述劳动分工逐步弱化了之前对工业生产具有较高控制权的手工工匠的地位，促成了一个依据工序或工种不同的、具有很大同质性的劳工群体，导致了生产管理过程中所有权与管理权的分离，形成了专门的管理层。布鲁斯·考夫曼认为，雇主或工业管理层的形成与劳工群体之间的区隔，增加了劳工与雇主或工业管理层比如工头之间的矛盾和对立的可能性。[2]

2. 市场竞争的作用

布鲁斯·考夫曼认为，19世纪晚期因美国经济的衰退而造成的劳动力市场中供给与需求之间的失衡，是这一时期引发劳工问题的第二个重要原因。一方面从19世纪70年代以来，先后发生了1873—1878年、1883—1885年、1893—1897年、1908—1909年及1913—1914年等多次经济危机或萧条。上文已经指出，在这些时期劳工失业问题尤为突出，出现了大批失业劳工，而即使在繁荣时期，劳工失业问题也是相当突出的。因工作供给不足，大批劳工处于赋闲状态。与此同时，自1864年以来国会通过《鼓励外来移民法》至1921年国会通过限制移民的法案，这期间经历了1843—1857年、1878—1893年、1898—1914年及1919—1921年四次大的移民潮，移民数量大批增加。在一些工业区域劳工群体几乎都是移民，而这些移民特别是来自东欧或南欧的移民大多是文化知识匮乏的、非技术工人。他们的到来加剧了劳动力市

① See Melvyn Dubofsky, *Industrialism and the American Worker, 1865-1920* (Arlington Heights, Ill.: H. Davidson, 1985), p. 3.

② See Bruce E. Kaufman, *The Origins and Evolution of the Field of Industrial Relations in the United States* (Ithaca: ILR Press, 1993), p. 6.

场的竞争，因而形成了一大批廉价的雇佣劳工群体。这使得企业雇主可以尽可能压低工资标准和维持工厂生产及安全设施的基本投入，而不必担心雇佣不到工人，由此血汗工厂广泛存在，在新技术引入后还演变出新形态比如福特汽车公司等现代企业的血汗工厂。低工资、日趋加剧的就业竞争使得劳工群体与雇主之间的工资收入、生活水平等方面的差距拉大，矛盾加剧，进而导致这一时期相当突出的劳工问题。

3. 专制的雇主管理方式

布鲁斯·考夫曼提出雇主及其管理代理人——工头在劳工管理过程中表现出的独裁、随心所欲和威权式的管理方式是促成劳工问题频发的第三个重要原因。从1880年到20世纪初期，工头逐渐取代手工工匠，成为企业内部各个部门和工厂车间的主要控制人。美国工业史学者丹尼尔·纳尔逊（Daniel Nelson）对工头这一时期的地位概括更为准确，“在1900年以前，甚至1920年以前的大多数工厂中，工头均可以说是他这个部门、班组或车间无可争议的统治者”[①]。他们的主要职责是保障工作和生产的顺利进行，负责向工人传达雇主的政策和指示，在工厂人事管理部门还未出现之前，工头们享有雇佣、培训、管理和辞退工人的权力。在具体的实施过程中，他们逐步形成了一种被称为“驱赶制度”的管理方式。它“是一种通过向工人施压来提高生产效率的方法。驱赶制度的主要特征是利用工人对资方的敬畏和恐惧来驱动工人，并且在工人中扩展这种恐惧以充分利用之”[②]。工头在具体的管理中随意辱骂和恐吓工人，像吆喝牲口一样命令工人，以敦促其提高工作效率，而且还可以在不遵循正当程序的状况下随意开除劳工。工头这些粗暴的管理引起企业内部劳工与工头及雇主的激烈冲突。这一

---

① 刘丽华：《美国工业化时期工人的工作和生活研究》，博士学位论文，南开大学，2003，第56页。

② 李月娥：《企业福利资本主义与美国社会保障制度的确立》，东北大学出版社，2012，第25页。

时期一系列工业罢工和冲突即是其直接体现。针对这些罢工和冲突，雇主采用雇佣工贼、编制黑名单、签订“黄狗合同”（即以要求劳工禁止参加工会为由的受雇条件），甚至直接雇佣临时警卫等手段来破坏劳工的对抗。这些因素都是加剧这一时期劳资冲突的重要原因。

4. 政府对劳工问题的漠视

受英国的影响，对劳工问题，美国政府长期以来信奉自由放任的政策，即鼓吹完全的自由竞争和政府少干预。受此影响，政府在应对劳工问题方面持漠视态度，其直接的后果就是政府在监管企业和劳工问题方面缺乏有效的行政能力，同时制度建设不足。在处理劳资冲突方面，特别是暴力冲突方面，政府多采用简单粗暴的干预方式，比如使用军队镇压，霍姆斯特德罢工和普尔曼大罢工就遭遇资本家和政府的联合镇压。有统计显示 1875—1910 年，联邦或州政府使用军队解决劳工纠纷达 500 多次。[①] 这在某种程度上反而起了激化或加剧劳资冲突的作用。尽管有些地方比如马萨诸塞州早已成立劳工局等政府机构来治理劳工问题，但受到政党分肥制等因素的影响，此时的政府监管和计划执行力不足，主要表现为任命的安全检查员人数不足，全国范围内仅有 117 名。[②] 分析其原因，除了镀金时代的腐败问题之外，主要还在于各级政府奉行的自由放任主义思想。这一政策倾向在 19 世纪晚期美国频发的经济危机形势下才受到极大的挑战。与此同时，倡导自由放任的主流经济学学派关于劳工问题的阐释体系也开始失去人们的信任。[③] 一批留学德国的学者开始重视政府在应对劳工问题方面的作用。

---

① 参见李月娥《企业福利资本主义与美国社会保障制度的确立》，东北大学出版社，2012，第 37 页。

② 参见王涵《美国进步时代的政府治理（1890—1920）》，上海社会科学院出版社，2013，第 154、156 页。

③ See Bruce E. Kaufman, *The Origins and Evolution of the Field of Industrial Relations in the United States* (Ithaca: ILR Press, 1993), p. 31.

换句话说，政府在劳工问题方面的责任缺位引起这些人的关注。比如制度学派的理查德·伊利及其学生约翰·康芒斯就积极倡导政府在解决劳资冲突中的作用，主张政府通过立法保护劳工权益等。

再有，1890—1920 年政府包括联邦法庭在处理劳工问题方面更多的是站在维护资方利益的立场上，去压制劳工或劳工组织的行动，而不是扮演着公正的仲裁者角色。其典型的代表就是联邦法庭在这一时期的判决，不承认组织工会的合法性，协助企业或雇主运用禁令等手段来削弱和压制罢工。

到西奥多·罗斯福就任总统时，这种情况仍未得到根本改善。“国会除了在 1884 年制订了高额保护关税，并在内政部内设置了一个劳工局以外，并没有采取任何措施来帮助劳工。由于罢工的效力受到了严格限制，劳工为组织工会与着手集体谈判合同而进行的斗争陷于艰难境地。”① 由此来看，政府在劳工问题上的漠视或不作为也应成为这一时期劳工问题频发的一个重要原因。

第二节　政府、工会及公司三方参与劳工问题解决的尝试

劳工问题自 19 世纪 90 年代大爆发以来，其带来的巨大损失促使社会各界的人们开始正视和关注这一问题，并且寻求和探讨这一问题的解决之道。经过包括政府、劳方和资方在内的社会各方的相互博弈，劳资两方逐渐改变之前固有的对立关系，转而呈现出一种新的相互依附关系（Interdependence），政府也逐步淡化自由放任的思想，开始干预劳工问题。这种多方合作解决劳工问题的努力，最终在约翰·柯立芝（John Coolidge）政府时期（1923—1929 年）初步形成，即一个通

---

① 德怀特·L. 杜蒙德：《现代美国 1896—1946 年》，宋岳亭译，商务印书馆，1984，第 115 页。

过政府、劳方和资方三方协调机制来处理劳工问题的“安全阀机制”建立。[1] 本部分主要从政府、劳方（主要是工会组织）及资方来分别探讨三方是如何应对劳工问题的。

一、政府的干预和调控

政府积极介入劳工问题是20世纪以后的事情。随着自由放任主义的弊端逐步显露，政府改变了对劳工问题尽可能减少干预的观念，从持漠视态度、与资方为伍向作为仲裁者的角色转变。这一转变的直接推动力来自留德归国的一批学者，他们学习和借鉴了德国应对劳工问题的国家干预观念，其中最为突出的要数理查德·伊利。在为《劳工问题》撰写的导言中，他提出解决劳工问题最令人满意的方式是合作，而在这其中国家扮演了至关重要的角色。如他所言：“我国国家生活的改善必须先于劳工问题的解决。”[2] 理查德·伊利主张国家干预劳工问题的观点不仅影响了约翰·康芒斯等一批学者倡导此种观念，也在西奥多·罗斯福的新国家主义执政理念中得以体现。

（一）政府职能部门的建立

1. 劳工部

寻求在政府中建立专门管理劳工的组织始于内战前后。全国劳工联盟（National Labor Union）的创建者之一威廉·西尔维斯（William Silvis）在其年会上首次提出在政府内阁中创建劳工部来保护劳工的利益。尽管劳工部最终因其1869年去世而暂时延缓创建，不过在他的影响下，之后的劳工组织及其领导者持续为此而努力。劳工组织开始在

① 参见周余祥《卡尔文·柯立芝政府时期美国劳资关系》，博士学位论文，华东师范大学，2013年，第232页。

② 麦克纳尔蒂：《劳动经济学的起源与发展》，杨体仁等译，中国劳动出版社，1993，第169页。

州政府层面取得突破，1869 年，马萨诸塞州成立美国第一个劳工统计局，其他州相继效法建立劳工统计局。截止到 1883 年，美国已有 12 个州建立了劳工统计局。[①] 州劳工统计局的主要职能是通过调查研究，发布研究报告，了解和统计劳工状况。受劳工组织的影响，马萨诸塞州劳工局创建初期曾出现亲劳工的倾向。这种倾向让新创立的劳工局几近夭折，但在卡罗尔·赖特（Carol Wright）担任局长之后，形势得以扭转，其开始强调处理劳工问题的客观中立性（impartiality）。卡罗尔·赖特曾是一名马萨诸塞州立法委员会委员，之前不了解劳工问题。他反对党派观念的干预，主张通过科学研究来解决劳工问题。如他所言，劳工统计局是一个科学办公室，不是一个煽动局或宣传局，他会尽可能用调查研究和事实来给出建议和指导。[②]

1884 年，联邦政府成立劳工局，隶属内政部。就劳工局专员的人选，总统切斯特·阿瑟（Chester Alan Arthur）放弃了特伦斯·鲍得利（Terence Powderly）这一得到工会组织强烈支持的劳工骑士团领导者，任命卡罗尔·赖特担任劳工局专员一职。主要原因在于对切斯特·阿瑟和企业团体而言，特伦斯·鲍得利过于激进，而卡罗尔·赖特对劳工问题的客观中立态度，更为政府当局所接受。秉承之前的传统，联邦政府劳工局的主要职责还是搜集与劳工相关的数据和信息，如工时、工资等。劳工局应对劳工问题的政策，卡罗尔·赖特在一封写给内政部秘书的公开信中做了很好的概括："劳工局无法解决工业问题或社会问题，也不会为国民带来直接的物质回报，不过它的做法可以算是教育，通过明智的调查和无惧的出版，它可以让人们更清楚、更充分地

---

① See Horace Wadlin, *Carroll Davidson Wright : A Memorial , Fortieth Annual Report of the Massachusetts Bureau of Statistics of Labor* (Boston: Wright & Potter Printing Company 1909), pp. 357-400.

② See Joseph P. Goldberg and William T. Moye, *The First 100 Years of the Bureau of Labor Statistics* (Washington, D. C. : Government Printing Office, 1985), p. 3.

理解这些困扰他们的问题。”[①] 可见，在其早期，劳工局的职能不是直接解决劳工问题，更准确地说是要为解决劳工问题提供服务或支持。作为美国联邦政府第一位劳工局专员，卡罗尔·赖特任职20年。正是在他的领导下，劳工局建立起两大突出的工作传统：其一为劳工统计信息的专业主义，其二为客观中立的原则。发布调查报告是其通常的做法，据不完全统计，1888—1903年，劳工局先后有14份年度报告和9份专门报告发布。

1913年政府最终设立享有内阁级别的劳工部，实现了劳工组织寻求在“内阁中发声”半个多世纪的夙愿。与之前的劳工局相比，它共有三个方面的变化：首先是地位得以提升。不管之前的劳工局取得了怎样的成就，但其最终并未在内阁中获得地位，行政管理级别较低，影响力相对较弱。其次，劳工部的宗旨有所变化。之前的劳工局主要是整理和搜集劳工数据和信息，了解劳工状况，注重为解决劳工问题提供服务。而当前的劳工部其宗旨是增进工人的福利，改善工人的工作状况，提高工人的工资收入。同时，伍德罗·威尔逊总统任命了具有劳工组织背景的威廉·威尔逊作为领导者。伍德罗·威尔逊明确提出，劳工部就是为了工薪者的利益，只不过其前提是要在面向劳工、雇主和大众公平管理的情况下。最后，劳工部的职能相比之前更加注重解决劳工问题的实际行动，而且职能更加多元化。除继承了之前的商务与劳工部中的机构组成，具体包括劳工统计局、移民局、入籍局（Bureau of Naturalization）及童工局之外，1913年的劳工部中还新设了专门处理劳资纠纷的调解机构（United States Conciliation Service）。尽管政府参与调解劳资纠纷早在1902年西奥多·罗斯福亲自干预无烟煤矿大罢工已奠定先例，但政府调解职能的制度化在伍德罗·威尔逊

---

① Roger Ward Babson, *W. B. Wilson and the Department of Labor* (New York: Brentano's, 1919), p. 88.

总统时期才真正实现。此外，新劳工部还在其移民局下面增设了公共就业办公室（Public Employment Office）。

2. 工业委员会和工业关系委员会

设立委员会是联邦政府介入劳工问题的重要手段。早在 1871 年，联邦政府就设立了工业委员会来调查和研究劳工问题。在为数不多的工业委员会中，多数取得的成效较小。在这期间影响较大的要数 1898 年国会设立的工业委员会（1898—1902 年）和 1912 年威廉·塔夫脱（William Taft）总统设立的工业关系委员会（1912—1915 年）。

工业委员会是联邦政府依据威廉·麦金莱（William Mckinley）1898 年签署的《工业委员会法》设立的，这个委员会对国会负责。其职责是调查制造业、商业问题，向国会报告，最后提出解决相关问题的立法建议。这个委员会创设的目的“在于提供一个全国性的仲裁所，使那些从事工业的公民……能够就他们作为工资劳动者或工资支付者或一般公民，在劳动中或认为他们在劳动中所受到的不公正、不平等和歧视境遇提供听证”[①]。这个委员会召开听证会，广泛搜集了有关劳工问题的证词，其中包括约翰·洛克菲勒（John Rockefeller）的证词。经过近 5 年的努力，工业委员会形成了上千页的调查报告，其最终报告累计达 19 卷，在 1902 年出版。就这个委员会发挥的影响，劳伦斯·米切尔（Lawrence E. Mitchell）认为它不过是共和党政府的挡箭牌，与其说它是一个调查委员会，不如说它更像一个为心存不满的人们提供的“抱怨的论坛”。建立这个委员会是一种安抚而不是为了改革，它起到一种缓解不满的安全阀门作用。[②] 不过也有人肯定了这个委员会的积极作用。梅尔文·杜波夫斯基（Melvyn Dubofsky）认为，尽管工业委

① 李剑鸣：《大转折的年代——美国进步主义运动研究》，天津教育出版社，1992，第 94 页。

② 参见劳伦斯·米切尔《美国的反省：金融如何压倒实业》，东方出版社，2011，第 113 页。

员会的最终建议有些虎头蛇尾，但工业委员会确实在限制法庭发布罢工禁令、劳工立法等方面取得了一些成效，工业委员会的多数建议为之后进步主义时代制定劳工政策设定了总体框架。[①]

为了回应公众对工业暴力频发的不满，1912 年威廉·塔夫脱总统设立工业关系委员会（United States Commission on Industrial Relations）。因威廉·塔夫脱总统在任期行将结束的几周里提交的人员名单未付诸国会讨论，故伍德罗·威尔逊总统上任后对威廉·塔夫脱的提名做了较大调整。最主要的是更换了威廉·塔夫脱提名的主席人选，任命密苏里州的劳工律师、社会活动家弗兰克·沃尔什（Frank Walsh）为委员会主席，所以这个委员会又被称为沃尔什委员会。该委员会共由 9 人组成，是个劳方、资方和公众组成的三方代表委员会，其中弗兰克·沃尔什、波登·哈里曼（Borden Harriman）和约翰·康芒斯代表公众。它又分为公众听证部、研究及调查部。弗兰克·沃尔什负责前者，约翰·康芒斯负责后者。这个委员会的职责是调查美国主要工业领域（特别是以公司经营的工业）的劳工状况、劳资关系及其影响等。弗兰克·沃尔什领导的公众听证部召开了 154 天的听证会，涉及人数达 740 人。[②] 而约翰·康芒斯用了两年的时间对劳工问题（包括劳资冲突、工伤事件和劳工保障、资源浪费等）进行了实地调研。相比较之前的委员会，工业关系委员会的影响更大些。

（二）联邦和州的劳工立法

美国政府通过法律解决劳工问题在世界范围内比较晚。1890—1920 年大体呈现出两个发展阶段：一个是以州为主的劳工立法阶段，另一个是以联邦为主的劳工立法阶段。

---

① See Melvyn Dubofsky, *The State and Labor in Modern America* (Chapel Hill: University of North Carolina Press, 1994), p. 35.

② See Melvyn Dubofsky, *U. S. Commission on Industrial Relations, 1912-1915* (Washington, D. C.: University Publications of America, 1985), p. preface Ⅻ.

在美国工业化初期和中晚期，通过立法方式解决劳工问题主要以州为主导。在工业化早期，多数联邦法院和州法官对劳工问题持有自由放任观念，认为劳资双方的关系是一种契约关系，这种雇佣关系是双方自愿签订的，政府不能干预。自由放任的观念反对政府制定偏向任何阶层的立法，不干预是当时的州立法机构和法院的金科玉律。[①] 不过从实际来看，持自由放任观念的联邦法院和法官更多的是支持雇主一方，而无视劳工的利益，对劳工的态度和政策往往采取恐吓压制的方式。在他们看来，劳工通过工会联合行动是非法的，依据普通法属于刑事共谋罪。他们还采用"衡平法"发布禁令[②]来限制劳工活动，劳工禁令成为美国法院禁止劳工和工会组织罢工或群体性利益诉求的新方法。尽管州法律早在 19 世纪 70 年代就已制定劳工问题相关内容，但其影响甚微。据统计，1887—1897 年，各州通过的有关劳工的法律达 1600 多项，主要内容涉及劳资关系、工时、童工、工资等。[③]

在以州为主导的劳工立法中，具体的立法情况差异较大。比如主要针对女工的《最低工资法》，美国最低工资立法是借鉴英联邦国家制定的，不过由于人们对这一法律存在较大争议，使得这一立法在这一时期的成效相对较弱。在 1912 年马萨诸塞州通过美国第一个最低工资法后，1914—1923 年仅有 6 个州和哥伦比亚特区通过类似法案。这一时期各州劳工立法推行效果最好的当属《工伤赔偿法》，究其原因，主要是这一时期频繁发生的工业事故引发广泛的社会关注，政府被迫进

① 参见王希《原则与妥协：美国宪法的精神与实践》，北京大学出版社，2000，第 348 页。

② 禁令最初是英国皇室用来控制违法和暴乱行为时使用的手段，后来为法院等机构采用。所谓禁令是由一个正当的法院所颁发的命令，其目的在于防止对于人身或财产的损害，以及保持当时状态以待对权利做出最后的决定。参见福克纳《美国经济史》（下卷），商务印书馆，1964，第 137 页。

③ 参见王希《原则与妥协：美国宪法的精神与实践》，北京大学出版社，2000，第 351 页。

行相关立法。1902 年，马里兰州最早制定《工伤赔偿法》，不过很快这一法律被宣布违宪。随后相继有蒙大拿州和纽约州也制定了《工伤赔偿法》，不过这些法案随后被判违宪。1911 年，加利福尼亚、新泽西等州才真正通过被法院认可的《工伤赔偿法》。截至 1920 年，美国已有 43 个州通过了《工伤赔偿法》。[①] 这些《工伤赔偿法》的最大贡献是改变了传统的过失责任制原则，转而实行雇主对全部工伤事故负责的原则，一些州还成立了专项基金对工伤劳工赔偿。

联邦政府在 19 世纪晚期，仅是有限地参与劳工立法。因为按照美国宪法，联邦政府是无权干预州劳工事务的。在《州际贸易法》颁布后，联邦政府才有了参与裁决劳工事务的权力，可以说，《州际贸易法》为联邦政府干预劳工问题提供了可能。《谢尔曼反托拉斯法》的第一条明确规定："任何限制州际间或与外国之间的贸易或商业的契约，以托拉斯形式或其他形式的联合，或共谋，都是非法的。"[②] 颇为讽刺的是，这部法律本来是联邦政府用来限制大企业的垄断行为的，却常被随后的法院或判例用来限制工会主义和工会活动。从其约束大企业的执行效果来看，这一法律并未得到很好的执行，直到西奥多·罗斯福执政后才开始大力推广和落实约束大企业的职能。针对普尔曼大罢工，1898 年联邦政府颁布《厄尔曼法》，禁止资方要求工人签订不得加入工会的"黄狗合同"，禁止歧视工会会员，规定在发生劳资冲突时，联邦政府有权介入劳资纠纷。不过这一法律规定只有在劳资双方提出申请时联邦政府才能介入，而且只适用于铁路系统发生的工资、工作时间和其他劳工问题。这些豁免条款让法律效力大打折扣，而且这一法律很快在 1908 年阿达尔诉美国案（Adair v. United States）中被法院

① 参见李月娥《企业福利资本主义与美国社会保障制度的确立》，东北大学出版社，2012，第 66 页。

② 周剑云：《美国劳资法律制度研究（1887—1947）》，中央翻译出版社，2009，第 207 页。

宣布违宪。在20世纪初期，联邦政府通过立法解决劳工问题得到加强。这一时期联邦政府颁布的劳工法律包括《克莱顿反托拉斯法》（1914年）、《联邦雇工赔偿法》（1916年），《联邦劳工退休法》（1920年）等，这其中最为突出的是《克莱顿反托拉斯法》。

《克莱顿反托拉斯法》于1914年由威尔逊总统签署生效，它被美国劳工联合会主席塞缪尔·龚帕斯（Samuel Compers）视为“劳工的大宪章”。相对于之前的法律，《克莱顿反托拉斯法》涉及劳工条款的第6条和第20条，更有利于工会罢工。这两个条款特别是第20条指出：“在雇主与雇员之间，或雇员相互之间，或已雇人员与待业人员之间，因雇用条件而引起争端的案件，美国法院或法官都不得发布禁令，除非为防止对当事人财产或财产权的无可弥补的损害，且该当事人提出申请，声明该损害无法从法律上获得充分的救济，该财产或财产权须在申请书中具体说明，申请书须以书面做成，且要求申请人或其代理人或律师对该申请立誓。”[①] 这些条款针对之前联邦法院频繁发布罢工禁令的状况，明确禁止任何法官在解决劳资冲突中颁发禁令，宣布工会罢工为合法。这个法规成为冲突发生时争取劳工与雇主同等谈判地位的“最高峰”。[②] 不过对《克莱顿反托拉斯法》的地位和影响，塞缪尔·龚帕斯似乎有些过于乐观。很快在1921年的杜普莱克斯公司案中，最高法院对其适用范围做了严格的限制，认为该法第20条仅适用于公司和其雇员之间的纠纷，也就是初级抵制范围，并不适用于工会组织与资方的次级抵制范围。这一判决使得该法的影响大打折扣。

1890—1920年对美国劳工立法的发展起到相当大推动作用的是美国劳工立法协会（American Labor Legislation Association）。美国劳工

---

① 周剑云：《美国劳资法律制度研究（1887—1947）》，中央翻译出版社，2009，第211页。

② 参见德怀特·L.杜蒙德《现代美国1896—1946年》，宋岳亭译，商务印书馆，1984，第201页。

立法协会成立于1906年，是劳工立法的主要推动者或急先锋。其成员主要由一批留学德国的学者组成，理查德·伊利、约翰·康芒斯等人是其主要创始者。这个协会在制定《工伤赔偿法》、医疗健康保险及公共养老金制度等方面做出了突出贡献。

二、工会组织的自救

关于工会在解决劳工问题方面的作用，各派观点褒贬不一。主流的经济学派认为工会对解决劳工问题是有害的，因为工会是垄断组织，不利于契约自由和市场竞争作用的发挥。人事管理学派认为工会是不必要的，解决劳工问题的关键在管理。制度经济学派则最为看重工会在解决劳工问题方面的作用。对他们而言，劳工问题出现的根源在于劳资双方谈判力量的不均衡，解决办法就在于"建立独立工会和致力于集体谈判以增强工人的谈判力"①。理查德·伊利撰写的《美国劳工运动》即是这一领域的开山之作，他在书中从经济和教育等方面论述了1886年之前的美国工会运动。在理查德·伊利等制度经济学派看来，工会组织是解决劳工问题的关键。本部分内容将着力分析制度经济学派及其所支持的工会组织在应对劳工问题方面的努力。

（一）建立工会组织

工会（指独立工会）是指由工人组成的旨在维持或改善其工作状况的连续性组织②，它是劳工通过自愿结社实现自我保护的制度工具。美国遵照英国的习惯法，认为工人集结起来要求提高工资就是阻挠经营贸易的阴谋，被视为是非法的，由此不难理解早期的一些工会组织

---

① 约翰·W.巴德：《人性化的雇佣关系：效率、公平与发言权之间的平衡》，解格先、马振英译，北京大学出版社，2007，第33页。

② 参见西德尼·韦布、阿特丽斯·韦布《英国工会运动史》，陈健民译，商务印书馆，1959，第1页。

活动多是秘密举行。这一条习惯法的规则成为美国工会发展早期雇主阻挠工会的利器。1935 年之前美国工会组织并未得到政府的合法承认和保护（即《全国工业关系法》有条款规定由工人选举产生他们的谈判代表），在一战时期政府曾短暂支持工人组织工会的权利，但战后有关劳工的组织机构及政策随即撤销。

1. 从劳工同盟到劳工联合会

美国最早的工会组织是 1794 年创建的费城制鞋工匠联盟。在此之后，美国相继建立了一批地方工会组织。据统计，截至 1865 年，美国已建立起工会组织达 300 个，会员数超过 20 万人。① 早期工会主要是为应对竞争压力或威胁而创建的，这些竞争压力或威胁源自低成本的竞争、恶劣的工作环境等因素。② 因此早期工会都有明确的目标，大概包括提高工资、减少工时、改善劳动条件等。缩短工时是早期工会组织的主要目标，比如在 19 世纪四五十年代进行了广泛的 10 小时工作日运动，自 19 世纪 60 年代开始，进行了 8 小时工作日运动斗争。这些运动的主要组织者为当时的工会组织，比如早期的新英格兰工人协会、机械工和铁路工工会等全国性行业协会。由于这些早期工会多为地方性的，相对比较分散，虽然建立了一些全国性工会，但都规模不大，或旋即消失。此外，工会体制还不够完善，受各种因素影响发展起伏不定，因此其影响相对比较弱。

随着美国工业化进程的推进，劳工问题也日趋突出，这极大地推动了劳工运动的发展，进而催生了工会组织的大发展。内战之后的十几年是工会组织形成的一个重要阶段，在这期间，包括地方性工会和全国性工会组织得以形成和发展。这其中最为突出的工会组织包括三个全国性工会：全国劳工同盟、劳工骑士团及美国劳工联合会。

---

① 参见刘绪贻、杨生茂主编《美国通史》（第 3 卷），人民出版社，2008，第 229 页。

② 参见哈里·C. 卡茨、托巴斯·A. 科钱、亚历山大·J. S. 科尔文《集体谈判与产业关系概论》，东北财经大学出版社，2010，第 19 页。

全国劳工同盟成立于1866年，被公认为美国第一个全国性的劳工组织。这个组织起初只有6万名成员，在其巅峰时期会员数在20万—40万。[①] 全国劳工同盟主张劳工运动的改良主义，倡导合作，反对采用罢工手段。这个组织的主要目标之一是要求政府在减少工资的情况下实行八小时工作制。它最为突出的贡献就是掀起了这一时期八小时工作日运动的第一次高潮，并且最终推动联邦政府通过了其雇工的八小时工作制法律。之后，劳工同盟热衷于组建劳工政党及改革金融制度而脱离了劳工阶级及其实际面临的问题，在1872年合并组成全国劳工改革党后，其活动最终消失。

劳工骑士团成立于1869年，从19世纪90年代开始衰落，其存在延续到1917年。劳工骑士团在发展初期会员数只有9287人，从1881年开始会员人数急剧增加，鼎盛时期达到72万人[②]，它成为继全国劳工同盟之后美国最大的劳工组织。劳工骑士团主张按照产业界限，不分行业、种族及等级，面向所有工人开放，在当时赢得了劳工的支持。不过后来它还吸纳了一些小商户、神职人员，使得其成员构成异常复杂。劳工骑士团奉行的主要理念是合作，而不是竞争。它号召通过宣传鼓动、教育和组织来重新制定社会秩序。它积极组织劳工的合作社运动，把它作为实现劳资和谐共处的重要前提，不过这些合作社很快宣告失败。此外，劳工骑士团及其领导人特伦斯·鲍得利在罢工问题上持谨慎态度，在其早期一度反对罢工。在1887年之后，由于劳工骑士团对五一罢工、秣市惨案等罢工的态度和错误政策而让这个组织失去劳工的信任和支持，它很快被新兴的美国劳工联合会取代。骑士团失败的原因，最根本的是向后看或是主张倒退的观念。一方面，骑士团的领导层对罢工等劳工争取权益的重要手段持暧昧态度，在其后期

---

① See Gerald N. Grob, *Workers and Utopia : A Study of Ideological Conflict in the American* (Evanston: Northwestern University Press, 1961), p. 12.

② 参见张友伦、陆镜生主编《美国工人运动史》，天津人民出版社，1993，第359页。

甚至公开对罢工提出反对意见。此外，其总会长特伦斯·鲍得利曾宣称“劳工骑士团的目的是使每个人成为自己的雇主”，其根本意图旨在废除雇佣制度，回归原先简单的工匠和帮工关系。①

美国劳工联合会的前身为成立于 1881 年的“有组织的行业和劳工工会联合会”，1886 年其与当时成立的美国劳工联合会合并，成为发展至今的劳工联合会，由塞缪尔·龚帕斯担任新的劳工联合会主席。劳联 1890 年仅有会员 10 万人，到 1920 年其会员人数已经增加到 4 078 000 人。其中 1898—1904 年是劳联迅速发展的时期，其会员人数从 278 000 人迅速增加到 2 020 000 人。② 劳联是按照职业和行业来组织工会，与产业工会③是相对的。它的成员主要是熟练技术工人和准技术工人，他们的待遇和地位在工人群体中相对较好。不过在 19 世纪末为了应对世界产业联合会（Industrial Workers of the World）的挑战，劳联也大规模地吸纳了一批非技术工人，这些工人主要是矿工。较大的矿工工会有由约翰·刘易斯（John Lewis）领导的联合矿业工人工会等。劳联会员占 1890—1920 年工会会员的 70%—80%。④ 劳联在这一时期逐步确立起应对劳工问题的主导地位，发展成为美国工会组织的中心。⑤

2. 龚帕斯主义：美国劳工联合会应对劳工问题的主导观念

塞缪尔·龚帕斯从 1886 年开始担任美国劳工联合会的主席，除了 1895 年外直至其 1924 年去世，他领导这一组织近半个世纪。在塞缪

---

① 参见张友伦、陆镜生主编《美国工人运动史》，天津人民出版社，1993，第 9 页。

② 参见沙伊贝《近百年美国经济史》，彭松建译，中国社会科学出版社，1983，第 154 页。

③ 产业工会是将同一工作场所或产业内的所有工人都组织到一个单一工会组织中的工会形式。

④ 参见美国劳工部劳工统计局《美国劳工运动简史》，邢一译，工人出版社，1980，第 14 页。

⑤ See Rosanne Currarino,“The Politics of ‘More’: The Labor Question and the Idea of Economic Liberty in Industrial America,”*Journal of American History*, No. 93(2006): 17.

尔·龚帕斯的领导下，劳工联合会不仅发展成为当时全国最大的工会组织（这一地位直至1936年全国产业工会联合会建立才遭遇挑战），还逐步形成了一整套组织行动理念，包括劳资利益一致论、纯粹简单的经济工联主义、非党派政治论，这些理念被称为龚帕斯主义。龚帕斯主义不仅成为劳工联合会随后几代领导人始终奉行的应对劳工问题的观念，也发展成为其他主要工会应对劳工问题信奉的观念。它逐步演变为工会应对劳工问题的主导观念（官方哲学），其直接的证据可以从由美国劳工部撰写的《美国劳工运动简史》一书中管窥一斑。在其中，劳联及其奉行的龚帕斯主义得到高度认可。联合会倡导的劳资利益一致论不仅让其赢得了资方的一定信任和支持（塞缪尔·龚帕斯在全国公民联合会中担任副主席一职），劳联还成为伍德罗·威尔逊政府正式承认的工会组织。1917年，伍德罗·威尔逊在其年会上发表正式演讲，呼吁避免劳资冲突，促进劳资合作。

龚帕斯主义的核心是经济工联主义（business unionism），是一种“为了更多”（即更多的工资、更多的闲暇和更多的消费）的政治。它关注“面包和黄油”问题（如工资、福利和工作保障），而不寻求阶级斗争，它是一种典型的美国实用主义的结果。在政治方面，它主张“非党派政治论”，不过这一主张并不反对参与政治活动，用其著名的宣言来讲是“打败它的敌人，报答它的朋友”①。

（二）工会组织应对劳工问题的主要方式

工会解决劳工问题的方式包括限产、抵制、罢工及集体谈判等，在龚帕斯主义者看来，集体谈判是经常采用的手段，参与议会、影响立法是最高手段，罢工是最后的撒手锏。② 本部分着力探讨劳资集体谈判和罢工两种工会组织应对劳工问题的最主要手段。

---

① 美国劳工部劳工统计局：《美国劳工运动简史》，邢一译，工人出版社，1980，第16页。

② 参见周志成《美国劳工运动的衍变》，《复旦学报（社会科学版）》1992年第6期。

1. 劳资集体谈判

劳资集体谈判是劳资双方就涉及各自利益，如工时、合同等各种事项而展开的交涉和商谈的过程，它是一种工会组织解决劳工问题的基础性手段。在主张劳资合作时期，集体谈判甚至成为工会的核心工作。劳资集体谈判强调劳资双方共同协商，而不是单纯依靠法律或国家干预等其他强制手段。劳联相当重视劳资集体谈判制度，把它作为工会进行劳工条件改善的主要手段，主张劳资双方在正式的合同中规定各自的权利和义务。劳联主席塞缪尔·龚帕斯曾这样看待集体谈判的内涵及职能："集体谈判规定一定时间内的工资数量、工时的长度和其他工作条件。提供一个由雇员和雇主自由选举的代表组成的共同的机构，由它裁决在劳资合同有效期内出现的所有争议。集体谈判能确立劳资关系和平，这对生产能否有序进行至关重要，能促进财富的有序分配。"①

劳资集体谈判作为一种调解劳工问题的手段在美国早已出现，1799 年就有记录显示费拉德尔菲亚的制鞋工人使用劳资合同来处理纠纷。不过由于劳资双方不平等的控制权，长期以来劳资集体谈判未受重视，只是在一战后才变得重要。19 世纪末集体谈判在一些州通过立法被承认，直到 1926 年《铁路劳工法》的颁布才标志着铁路行业正式承认劳资集体谈判的原则，而劳资集体谈判的制度完全确立是在 1935 年《瓦格纳法》颁布之后。由此来看，劳资集体谈判作为一项制度的确立经历了很长的斗争过程。在这个过程中，工会组织特别是劳联发挥了主要作用。早在创建初期，劳联就游说国会承认工会的合法地位和组织集体谈判的权利。这些努力一定程度上推动了工会组织的合法化。1900 年，塞缪尔·龚帕斯与路易斯·布兰代斯（Louis Brandeis）

① 周剑云：《美国劳资法律制度研究（1887—1947）》，中央编译出版社，2009，第 85 页。

大法官在波士顿就工会社团法人化问题开展了一次公开辩论会。这次辩论不仅推动了工会组织在劳资集体谈判方面的法权保障的确立，也体现了美国主流社会对工会组织合法化态度取得了很大进展。可以说，由工会组织集体谈判的做法在20世纪初期被社会各界所接受。①

在工会组织推动劳资集体谈判制度方面，除了在实质性劳工条款内容上有所发展，工会组织还制定了劳资双方的谈判程序或规则。这些程序或规则可以有效地规范和实现集体谈判。它们包括申诉仲裁及谈判程序、第三方的调解等。以《铁路劳工法》为例，该法确立了一整套的谈判程序，具体包括建立谈判关系，交换协商条件，直接进行协商，然后根据不同的结果做出相应处理，完全达成协议，选择仲裁，会谈和平结束，国家调解委员会介入。劳资谈判以劳资双方自我谈判为主，要求分级别启动不同的调解程序，以和平解决劳资纠纷为目标。② 尽管在谈判中，管理控制权仍主要在雇主手中，但通过这一制度，无疑有效推动了代表劳方的工会与雇主之间的力量均衡。

2. 罢工

罢工是工会组织和劳工们的重要武器。对一些保守的工会组织而言，它并不是经常采用的手段，而是最后的撒手锏。罢工往往是在地方工会与雇主或政府等利益机构尝试各种协商谈判失败后才采取的行动。如上文所言，罢工不仅对雇主，也对参与罢工的劳工本人会带来损失。正因为如此，一些工会组织比如全国劳工联盟甚至认为罢工对工人是有害的，而主张通过仲裁来解决劳资冲突。劳工骑士团在相当长的时间内因其领导人特伦斯·鲍得利而对罢工持反对态度，只是在后期由于多数普通会员的支持才开始采用罢工手段。需要说明的是，本部分所指的罢工是与工业冲突（主要指引发暴乱的行为）不同的，

① 参见周剑云《试论美国劳资集体谈判的确立》，《世界历史》2009年第4期。

② 参见周余祥《美国铁路劳资纠纷调解机制研究：以1926年〈铁路劳工法〉为中心》，《历史教学》2012年第8期。

这里的罢工并不包括自发组织的罢工，以及引发犯罪和暴乱行为的罢工。劳联的特伦斯·龚帕斯及其他领导人对罢工都是持积极的支持态度。他们认为罢工是向雇主施加压力的一种强有力的手段，“对工人来说，不罢工是一种损失或失败……即使罢工落空，工人至少给沉溺于奢侈豪华中的资本家以教训”[①]。

按照英国早期习惯法的规定，工会的罢工行动是被视为阴谋犯罪的，之后《谢尔曼反托拉斯法》认为，工会是劳动力垄断组织，其采取的罢工等集体行动被视为限制产品市场自由贸易的非法活动。可见工会罢工长期以来得不到社会的认可，雇主可采用向法院申请颁发劳工禁令等形式来压制工会的罢工。因此 20 世纪之前，对劳联等工会组织而言，罢工主要围绕减少工时、增加工资等主题。有统计显示在 1881—1900 年，全国范围内发生的 22 793 起罢工事件中，有 75%是与此类主题相关的。[②] 而进入 20 世纪之后，劳联则开始承认工会罢工合法，在 1898—1904 年劳联大发展的时期，至少有三分之一的罢工是为了工会的合法化而开展的。[③] 劳联的斗争在 1913 年《克莱顿法》中取得了相当大的进步，此法规定工会罢工和罢工福利金合法，禁止法院批准劳工禁令来阻止工会罢工。

三、公司（工厂）的福利资本主义和科学管理

公司（工厂）采用福利政策、“黄狗合同”、雇佣特务和罢工破坏者、开列黑名单、成立公司工会或雇主控制的御用工会等手段来应对

---

① 沙伊贝：《近百年美国经济史》，彭松建译，中国社会科学出版社，1983，第 157 页。

② 参见刘绪贻、杨生茂主编《美国通史》（第 4 卷），人民出版社，2008，第 221 页。

③ 参见沙伊贝《近百年美国经济史》，彭松建译，中国社会科学出版社，1983，第 157 页。

劳工问题。

（一）推行福利资本主义

福利资本主义是19世纪末公司雇主（主要是大公司）缓和劳资冲突的一项重要举措。从1881年普尔曼公司最早实践到20世纪初期是其发展的早期，在20世纪20年代福利资本主义全面发展并形成一场运动。本部分着力探讨福利资本主义的早期活动。

1. 福利资本主义的内涵及目的

福利资本主义又被称为私人福利资本主义，顾名思义它是资本主义社会中私人企业主提供社会福利的一套制度总称。在美国比较通行的定义是1919年由美国劳工统计局提出的，福利资本主义是指“为雇员提供的除工资外的所有福利或服务，用以满足并改善雇员的物质或精神生活，它并不是企业的一项必需品，法律也并没有强制性的要求”①。这一定义为美国很多学者，比如斯图尔特·布兰德斯（Stuart Brandes）和桑福德·雅各比（Sanford Jacoby）所接受，不过两位学者也进一步完善了这一定义，指出美国劳工统计局的定义并未明确福利资本主义出现的背景、实施主体等要素。在总结两人定义的基础上，本书将福利资本主义界定为美国企业（主要是大企业）为应对19世纪末20世纪初而出现的劳资关系危机而提出的一种解决方案，即由工商业公司而不是政府或工会，自愿为工人提供的不属于工资的福利（包括服务或津贴）。② 这一时期，福利资本主义的首要目的还是缓和劳资冲突，建立劳工对公司的忠诚。在美国首先实施福利资本主义计划的普尔曼公司最初目的就是改善劳资关系。其“不但要缓和现代工业带

---

① 李月娥：《企业福利资本主义与美国社会保障制度的确立》，东北大学出版社，2012，第2页。

② 参见李月娥《美国企业福利资本主义缘起的历史考察》，《西南师范大学学报（人文社会科学版）》2005年第4期。

给工人的痛苦，还要使工人感觉到在工厂中工作是一件十分快乐的事情”[①]。19 世纪末 20 世纪初劳资冲突加剧，罢工等劳工问题严重影响了企业的生产，一些进步的企业家意识到一味地采取高压政策可能不利于解决冲突，转而采用劳资合作的策略。这一时期，经济自由放任主义的影响犹存，企业主视劳工为商品或经济学意义上的人，从这一意义上说他们把福利资本主义作为治愈劳资纠纷的万能良药。福利资本主义的另一个重要的目的是防止政府对企业的干预。美国的大企业从 19 世纪末 20 世纪初开始崛起，受美国强烈的个人主义观念影响，这些大企业信奉自由放任的福利和慈善政策，反对政府的干预。其认为政府干预的福利，会让工人不劳而获，会纵容其懒惰的思想，应遭到谴责。全国市民联盟[②]福利部的秘书格特鲁德·比克斯（Gertrude Bewkes）就认为福利资本主义可以缓解劳资冲突，还可以防止美国政府的干预。推行福利资本主义的这一目的在其自愿赔偿计划遭遇挫折后，才逐步做出改变。

2. 福利资本主义的主要举措及成效

公司早期实施福利资本主义的形式主要包括以下几种：雇员教育计划、住房及工作环境改善计划、提供娱乐活动、利润共享计划等。除第一项将在下文展开论述不在此涉及外，本部分主要论述住房及工作环境改善计划、提供娱乐活动和利润共享计划。

首先，住房及工作环境改善计划。此类计划包括改善与工作环境相关的环境和设施，比如改善工厂生产的安全设施，保持厂房卫生，建立洗手间、更衣室、食堂及救护设施等。对于住房，一些公司（主要是大公司）开始为工人建造住房，采用租赁或购买的形式满足工人

---

① 李月娥：《企业福利资本主义与美国社会保障制度的确立》，东北大学出版社，2012，第 26 页。

② 全国市民联盟于 1904 年成立福利部，它代表的利益团体主要是工商企业家群体，先后有 100 多位企业家同意给予这个组织财政支持。

的住房需求，受到工人的欢迎。在这方面典型的例子是福利资本主义的开创者——普尔曼公司。普尔曼公司在 1885 年就创建了“普尔曼城”，这项工程占地 4000 多英亩，耗资达 800 多万美元，不仅提供了精良的生产设施，还为熟练技工建起了 400 多套风格统一的砖砌排屋用于出租，为非熟练工人提供了 1800 多个出租房。① 此外，“普尔曼城”还包括教堂、公园、图书馆、商店、剧院等配套设施，这成为全国乃至全世界学习的典范。伊利诺伊州圣路易斯管道设备业富商 N. O. 纳尔逊（N. O. Nelson）于 1890 年购买土地效仿建立了类似的生产基地，包括为工人修建小型住房、道路、花园、学校等。②

其次，提供娱乐活动。在繁杂的工作之余，工人的社会生活变得丰富起来。主要原因是这样可以放松疲惫的身心，缓解劳动带来的各种压力。对此，不仅工人自己认为这是一项自然权利，公司雇主也逐步认识到这一点，他们开始投入财力为工人提供娱乐设施并积极鼓励工人参加各种活动项目。1916 年，由美国劳工署对 431 家公司做的一项调查结论显示，有一半的公司为其雇员提供室外娱乐活动，有三分之一的公司为其雇员提供室内娱乐活动。③ 一些大企业为其雇员建立了运动场，比如棒球场、网球场、篮球场和跑道等，还有普尔曼公司为其员工建立了竞技俱乐部和合唱团等，这其中比较有代表性的为柯达公司，这些大企业或公司在 19 世纪末 20 世纪初为其员工建立了餐厅、阅览室，举行音乐会和舞会等活动。这些设施和活动不仅仅是为了满足工人的需求，更主要的是通过这些活动提升公司的形象，能够培养员工对公司的忠诚。

---

① 参见格温德琳·赖特《筑梦：美国住房的社会史》，商务印书馆，2015，第 221 页。

② 参见李月娥《企业福利资本主义与美国社会保障制度的确立》，东北大学出版社，2012，第 26—27 页。

③ 参见李月娥《企业福利资本主义与美国社会保障制度的确立》，东北大学出版社，2012，第 41 页。

最后，利润共享计划。利润共享按照国际合作联盟的定义是指雇员和雇主利益共享而达成的共识①，它包括现金支付和雇员持股计划等形式。这一计划不是对工资制度的根本改变，而是在工资之外，对工业酬劳的再次分配，这样可以刺激工人和雇主最大限度获利。美国采取利润共享计划最早可追溯至 1870 年的纽约马车建筑公司（Carriage Builders of New York），1896 年仅仅有 12 家公司采用利润共享计划，而到第一次世界大战时，已经有包括宝洁公司在内的 250 家公司实施这一计划，20 世纪 20 年代初期这一数字已经达到 400 家。② 这些公司给公司雇员现金分红或股票持有权，都是为了消除雇主和雇员之间的敌对状态，提高公司利润。它有利于把雇员和公司紧密关联在一起，可以留住工人，降低劳工流转率，从而维护和稳定公司生产和生活。

（二）科学管理理论的引入与人事部门的建立

1. 弗雷德里克·泰勒科学管理理论的引入及修正

科学管理理论是应对劳工问题的一剂良方，它最初由弗雷德里克·泰勒提出，在其第一篇论述科学管理的论文《差额计件制：局部解决劳工问题的重要一步》中，泰勒就提出差额计件制是解决劳工问题的重要举措。在费城的米德威尔钢厂工作时，泰勒就关注工人限产和磨洋工的问题，他认为这些问题的关键不在于工人，而在于管理问题。为此，他引入科学管理理论来解决劳工问题。传统的说法主要从经济学的角度来看待弗雷德里克·泰勒运用科学管理理论，认为科学管理理论作为一项管理制度可以提高生产效率。最新的观点主张，弗雷德里克·泰勒引入科学管理理论，并且得到资方的普遍支持，其原因主要是弗雷德里克·泰勒指出科学管理理论可以让资方夺取工人的

---

① See Thomas Sewall Adams and Helen Laura Sumner, *Labor Problem* (New York: Macmillan, 1905), p. 333.

② 参见李月娥《企业福利资本主义与美国社会保障制度的确立》，东北大学出版社，2012，第 42 页。

生产控制权，更为重要的是还可以瓦解作为劳方代表的工会力量。[①] 弗雷德里克·泰勒和资方都看到工人在生产过程中的控制权，而弗雷德里克·泰勒提出的科学管理理论让资方看到了夺取控制权和消除工会的希望。弗雷德里克·泰勒的科学管理理论最为核心的要素是其时间研究和动作研究，基于这些科学研究，雇主可以准确界定完成一项任务的时间标准和额定产量标准，这样可以通过工人完成定额的程度来实现其工资率的浮动，这一制度即差额计件制。从具体内容来看它包括六个方面：第一，制定科学的任务定额；第二，实行标准化管理；第三，科学地选择和培训工人；第四，实行差额计件工资制；第五，明确划分计划职能和作业职能；第六，实行职能工头制。[②] 在弗雷德里克·泰勒看来，这种新的管理方式可以让资方分离生产中的脑力劳动和体力劳动，通过差额计件制这一制度设计巧妙地把对生产的控制从工人手中转移到资方手中。弗雷德里克·泰勒认为工资待遇是切断工人与工会联系的关键要素，差额计件制可以让工人获取更多的收入，进而让工人减少对工会的依赖。不过弗雷德里克·泰勒的科学管理理论把工人看作单一的“经济人”，强调管理的科学性、程式化，忽视了管理中人的因素及作用，而且它拒绝与工会谈判。

对于科学管理理论，20 世纪初期工会组织及工人是持抵制态度的。1915 年在弗雷德里克·泰勒去世后，其主要继承人亨利·甘特（Henry Gantt）等人对其科学管理理论做出修正，更为强调人性化管理，并且把科学管理与工业心理学或社会学结合起来，科学管理理论得以更为关注工作中人的因素。比如，亨利·甘特认为差额计件制对工人过于苛刻，提出用任务奖金制（task and bonus system）取代。工

---

① 参见刘丽华、何军《科学管理运动兴起原因新探——从劳资互动关系看科学管理运动的兴起》，《沈阳师范大学学报（社会科学版）》2005 年第 1 期。

② 参见 F. W. 泰罗《科学管理原理》，中国社会科学出版社，1984，第 98 页。

业心理学作为一项研究工业生产组织中人的心理活动及行为的科学，主要研究人的心理与工业组织的互动关系来提高工人的积极性及整个企业的生产效率，这些举措一定程度上调和了工人及工会同科学管理理论之间的对立状况。

2. 人事部门的建立

20 世纪初期许多公司建立了专门的雇佣管理部门，这些部门的名称不一，例如雇佣部、人事部或人事管理部等。人事部门建立的主要推动力来自雇主们开始意识到，19 世纪末 20 世纪初劳工流转率居高不下、企业内的工头粗暴管理等问题不利于维持稳定的劳动力队伍，以及提高生产效率。因此这一时期人事部门建立的基本目标是为那些表现好的工人提供高工资和稳定的就业环境，与此同时限制工头们独断的管理权力和粗暴的管理方式。人事部门的建立是推行科学管理理论和早期福利资本主义的结果。美国最早建立人事部门的公司是美国现金记录机公司，这个公司的人事部门夺取了相当大一部分由工头控制的管理权，建立起正规的人事规章制度，使人事管理有章可循，实现人事管理的理性化、秩序化。这一做法在一战中被军队工业生产部门采用，其隶属公司相继建立人事部门，比如战争结束时其 70 家造船厂中有 34 家建立了人事部门，这极大地推动了战后整个工业企业的人事管理改革。1915—1920 年，雇佣人数在 250 人以上的企业中建立人事部门的企业所占比例从 5％猛增到 25％。① 虽然这一时期，企业雇主认识到人事管理在降低劳工流转率、减少生产和培训成本等方面的积极作用，特别是一些大企业如标准石油公司、西联公司、美国电话电报公司等都建立了人事部门，依靠其强大的财力和政策，一定程度上缓解了劳工流转等问题，但人事部门与工头就工人生产控制权的争夺并

---

① 参见闻效仪《人力资源管理的历史演变》，中国社会科学出版社，2010，第 84—85 页。

不是十分顺利，而是经历了一个过程。可以说在20世纪20年代之前，工头的权限仍不可忽视，他们通过各种手段架空人事部门，仍是实际的控制者。[①] 尽管如此，人事部门的建立在这一时期还是有效地促进了公司人事管理的制度化、科学化，工头的管理权限得到有效限制。

第三节 解决劳工问题的教育努力及成效

劳工问题的解决成为一个社会问题，社会各方力量积极参与，教育机构也不例外。劳工问题的解决关键在于劳工，通过教育培养或改变劳工的身心状况是根本的应对之策。之前提到的政府组织、工会、公司均看到教育在解决劳工问题方面的重要价值。[②] 本部分尝试从代表政府和公司（企业）的职业教育与培训学校、工会组织及大学等三个方面来探讨它们在解决劳工问题方面做出的努力，进而评价其成效。

一、职业教育与培训学校

（一）“社会效率”：职业教育与培训学校的主要目的

社会效率最初由本杰明·基德（Benjamin kidd）在其《社会进化》一书中提出，后经莱斯特·沃德（Lester Ward）等人逐步完善成熟。它成为20世纪前后美国社会主流的价值观念，是美国工业化发展和泰罗制影响的结果。所谓社会效率是“以最小的投入来获得最大的社会

---

① 参见刘丽华《美国工业化时期工人的工作和生活研究》，博士学位论文，南开大学，2003，第56页。

② 有关劳工问题的论著中均有教育方面的解决之道，单就工会组织而言，理查德·伊利在其《美国劳工运动》中最早论述劳工组织在解决劳工问题方面的教育价值，影响其后期很多经济学者的研究。其他的还有这一时期主要由雇主和政府推动的工业教育运动（1906—1917年）。

产出”①。这一概念最初在工厂发挥作用，后逐步延伸影响至包括教育领域在内的整个社会。哈佛大学教育系主任保罗·汉纳斯区分出一般的社会效率和特殊的社会效率。一般的社会效率是指运用社会知识有效处理社会问题的能力，而特殊的社会效率是指某一行业的职业效率。② 对保罗·汉纳斯而言，社会效率带来的影响成为衡量教育进步的重要标准。通过其在纽约实施的学校调查运动，社会效率带来的影响实现了对学校特别是公共学校的控制。另一组社会效率在教育领域的倡导者是戴维·斯内登和查尔斯·普罗泽，他们更多地聚焦保罗·汉纳提及之“特殊的社会效率”概念，注重职业教育和培训学校的社会效率影响。戴维·斯内登把社会效率作为其职业教育思想的核心，认为职业教育的最终目标是效率的最大化。③ 在戴维·斯内登看来，职业教育可以通过培养和培训能够胜任各种职业的劳动力来服务社会，提高社会效率。因此，他认为职业教育是实现社会效率和社会控制的重要工具。作为戴维·斯内登的学生，查尔斯·普罗泽也主张把职业教育作为实现社会效率和社会控制的重要工具。他指出：“总体上来说，有组织的职业培训是一个有效手段，职业教育可以被视为国家更有效地确保社会财富的力量之一。”“真正的职业教育目的”是“帮助人们保住工作，并帮助其升迁至更好的工作岗位”，或者说“为了有效地雇佣而培训人”④。概言之，职业教育的目的就是培养学生作为公民的谋生能力和社会责任能力。所谓职业教育，是指向具体工作的教育或是

---

① 陈露茜：《社会效率：科学管理还是社会控制》，《清华大学教育研究》2016 年第 1 期。

② 参见陈如平《效率与民主》，博士学位论文，北京师范大学，1998 年，第 59 页。

③ 参见路宝利《美国中等职业教育发展的职业主义与民主主义之争：“普杜之辩”研究》，博士学位论文，华东师范大学，2014，第 86 页。

④ 张斌贤、高玲：《英雄与时势：普洛泽与美国职业教育制度的奠基》，《西北师大学报（社会科学版）》，2014 年第 6 期。

为了有效就业的教育，不管是戴维·斯内登还是查尔斯·普罗泽，他们的职业教育观念都是一种狭隘的职业教育观念。

针对这一点，杜威等人提出了批评，由此引发了有关职业教育和培训的论争，称为普杜之辩。两派争论的焦点在于职业教育的根本目的问题，查尔斯·普罗泽等人认为开展职业教育是为了国家和社会，而杜威等人则认为是为了学生个体的发展。前者倡导的是一种狭隘的职业教育，而后者则主张职业教育与自由教育的融合。对查尔斯·普罗泽等人而言，通过职业教育实现的是雇主和国家的效率，而不是学生个体的理智、自由及发展。对于杜威等人而言，通过职业教育实现的社会效率是要"增加个人能力，以分享社会交往中的一切价值的理解和感受"，它最终是为了"帮助学生实现其潜力和理智的最大限度的生长"，而不能用是否"符合雇主阶级的利益需要而加以判断"①。这两派的论争最终以查尔斯·普罗泽等人取得了暂时的胜利而结束。通过由查尔斯·普罗泽主导的工业教育促进会和《史密斯-休斯法》，这一派的职业教育目的得到国会和社会各方的支持。以工业教育促进会为例，全国制造商协会、劳工组织等加入这一团体并积极支持推行工业教育，从而使得雇主团体和工会等劳工组织在职业教育和培训的目的问题上达成了暂时的一致观点。② 这一由查尔斯·普罗泽主导的联邦政府赞助支持的职业教育发展路径，成为除工商团体和劳工团体之外的中间道路。③

然而必须指出，查尔斯·普罗泽等人所倡导的以社会效率为根本

---

① 丁永为：《杜威与斯尼登关于职业教育的论争》，《中国职业技术教育》2013 年第 9 期。

② See Joseph F. Kett, *From Useful Knowledge to Vocational Education, 1860-1930* (New York: Columbia Teachers College, 1990), p. 34.

③ 参见张斌贤、高玲《英雄与时势：普洛泽与美国职业教育制度的奠基》，《西北师大学报（社会科学版）》2014 年第 6 期。

目的或核心价值标准的职业教育或培训就其实质而言是要进行社会控制。按照社会改造主义者乔治·康茨（George S. Counts）的解释，职业教育或培训“实质上是服务于工业企业主的利益”，是要把公共学校系统当作“培养和训练工人的场所”，“通过灌输与工业企业相匹配的社会行为规范和价值观，帮助企业主消除与其利益相反的价值观，控制与缓解美国工人的激进主义行为，进而提供工业效能，增强美国在世界市场上的竞争力”[①]。激进派在认识到这一主张过分强调经济及利益集团的作用等方面的不足后，进一步指出，这种职业教育和培训实质上是20世纪初上层工商业精英推行的“大公司制”意识形态发挥作用的结果，是要通过“科学的、有效的工业化生产的原则”改造学校，以让“学校能更有效地服务于社会生产”，从而满足“现有的工业化社会的需求”[②]。对此，查尔斯·普罗泽等人都正面做出了认可，认为职业教育和培训的实质就是一种社会控制。在查尔斯·普罗泽看来，通过职业教育和培训可以促进经济发展和社会民主与稳定。对经济发展来说，职业教育需要开发并保存自然资源，避免人力的浪费，供给学徒制，提高劳动者工资收入水平，满足不断增长的对训练有素的劳动者的需要，抵消增长了的生活成本，职业教育被当成一项明智的商业投资，这是因为我们国家的繁荣昌盛处于危险之中。[③] 对社会民主与稳定来说，查尔斯·普罗泽是要通过职业教育和培训的民主化以消除现有的各种社会诟病，关注普通劳工阶级，唤起他们的工作兴趣，减少工业和社会中的不稳定因素。

---

① 陈露茜：《社会效率：科学管理还是社会控制》，《清华大学教育研究》2016年第1期。

② 陈露茜：《社会效率：科学管理还是社会控制》，《清华大学教育研究》2016年第1期。

③ 参见关晶《普洛瑟职业教育思想回顾》，《江苏技术师范学院学报（职教通讯）》2009年第4期。

（二）职业教育与培训学校的主要形式

1. 私人函授学校

19世纪末20世纪初，受科学技术更新和公司兼并等因素影响，劳动分工专业化加强，对劳工的技术要求日趋提高，劳工不通过教育和培训就无法适应新技术和生产要求，因而会面临被淘汰或失业的风险；对企业而言，也需要为劳工提供接受教育和培训的机会，以满足其提高生产率和竞争力的要求，而已有的学徒制度和公共学校此时难以满足这一要求，这极大推动了私人教育培训学校的发展。如约瑟夫·凯特（Joseph F. Kett）所言："从1890年到1930年，对有组织的职业教育的主要需求不是来自那些学校学生及其父母，而是来自那些涌入私人学校的、数量惊人的成年工人。"① 这些学校多是采用函授和课堂教学相结合的私人函授学校。其典型的代表为斯克兰顿·国际函授学校（International Correspondence Schools of Scranton）。

斯克兰顿·国际函授学校源于一个采矿工程师托马斯·福斯特在其创办的《矿业先驱》杂志上撰写的采矿方法和采矿机械的教育专栏。托马斯·福斯特发起这个专栏是为了帮助矿工和工头了解采矿安全知识，从而减少采矿事故。1891年他在宾夕法尼亚州的斯克兰顿市为这个地区的矿工提供采矿技术、矿业调查和矿业机械等方面的函授课程，这标志着这所学校正式创建。斯克兰顿·国际函授学校在不到40年的时间里发展成为美国最大的函授教育机构，学校第一年的招生人数仅115人，到1893年已经达到3000人，从1900年到1920年招生人数呈现跳跃式增长，从251 310人增加到2 271 193人。② 学校成功的最关键

① Joseph F. Kett, *The Pursuit of Knowledge under Difficulties: From Self-Improvement to Adult Education in America, 1750-1990* (Stanford, Calif.: Stanford University Press, 1994), p. 224.

② See John S. Noffsinger, *Correspondence Schools, Lyceums, Chautauquas* (New York: Macmillan, 1926), p. 13.

因素在其办学理念，其创办者从一开始就针对受过很少教育的生产者（practical man）开展教学，因此办学理念被概括为“为务实的人提供技术教育，为技工提供实用教育”①。斯克兰顿·国际函授学校多注重学员的职业升迁及经济收入的提高。在斯克兰顿·国际函授学校创办初期，其为宾夕法尼亚州普通的矿工群体提供了向上流动的机会，如果他们可以通过安全考试，即有机会升为安全监督员或工头。学校开设的课程范围主要涉及具体的工作技能提升，一开始仅包括矿业课程，而后在很短的时间内开发出 370 门课程，包括 40 多门工程类专业课程。不像大学或学院教授综合职业课程，斯克兰顿·国际函授学校把课程细分为具体的主题（subject），像工厂一样采用弗雷德里克·泰勒的科学管理理论把教学内容细分为具体的工作任务，30 个或 40 个主题就可以组成一门课程。1906 年学校已开发出 500 个主题，这些短期课程很好地满足了工人无法离开岗位学习和对具体工作技能的需求。学校还设计了学费的分期付款制度，它具体分为每月 3 美元、5 美元和 10 美元三种付款方式，这对收入低的劳工群体来说是一个很好的福音。此外，学校还通过打折扣等形式与雇主特别是大公司签订培训合同，1906 年它与 164 家铁路公司签订培训合同。② 这些公司不仅把员工的培训作为一项福利待遇，也作为晋升和考核的一项重要指标。上述举措很好地满足了雇主降低这一时期高劳工流转率问题的诉求。对此，学校校长托马斯·福斯特做了精准的阐述：“我们对产业最为重要的服务是员工的职业升迁，首要的目的是让其有能力升迁……帮助雇主解决

① James D. Watkinson, “‘Education for Success’: The International Correspondence Schools of Scranton, Pennsylvania,” *The Pennsylvania Magazine of History and Biography*, No. 4(1996): 350.

② See James D. Watkinson, “‘Education for Success’: The International Correspondence Schools of Scranton, Pennsylvania,” *The Pennsylvania Magazine of History and Biography*, No. 4(1996): 354.

员工的培训问题，保证学生能够在一个产业中持续工作和发展而不是让他改换到其他产业去。”① 正是这些因素促使国际函授学校得以取代原先的行业学校，在应对劳工问题方面脱颖而出。

2. 公司（工厂）学校

公司学校是指由公司实施的各种员工训练项目，这些项目包括管理训练、工程训练及高技能业务训练等。② 从公司学校的目的来看，所谓公司学校就是公司训练员工满足自身岗位需要，这本身就是公司运行的重要内容。③ 公司学校是公司领导者认为公共学校教育和传统学徒制度并未满足其熟练工人的需求，而据此推出的一项应对措施。公司学校的目的不仅是为公司培养能熟练运用新技术和方法的工人、管理人员等，也有助于缓解高劳工流转率问题，减少劳工与公司雇主、工头之间的对抗。公司学校快速发展的时期（1910—1920 年）正是高劳工流转率困扰大企业或工厂的时期，这一时期社会各方开始寻求解决劳工流转频繁的问题。经济学家保罗·道格拉斯（Paul Douglas）、萨姆纳·斯利克特（Summer Slichter）等开始着手思考和解决这一问题。美国通用电器林恩分公司的总裁马格努斯·亚历山大（Magnus Alexander）就认为公司学校可以重点培养半熟练工人，半熟练工人是能快速增长的劳动力，也是最容易转换工作的群体，重点关注半熟练工人，这样可以用最少的成本来缓解劳工流转问题。④ 上文指出企业福

---

① Joseph F. Kett, *The Pursuit of Knowledge under Difficulties : From Self-Improvement to Adult Education in America , 1750-1990* (Stanford, Calif. : Stanford University Press, 1994), pp. 241-242.

② See Nelson-Rowe Shan, "Corporation Schooling and the Labor Market at General Electric," *History of Education Quarterly*, No. 1(1991): 27.

③ See Leverett S. Lyon, "Corporation School and It Place in a Scheme of Business Education," *Journal of Political Economy*, No. 9(1921): 721-722.

④ See Nelson-Rowe Shan, "Corporation Schooling and the Labor Market at General Electric," *History of Education Quarterly*, No. 1(1991): 33.

利资本主义也在这一时期快速发展，公司学校作为一种与利润共享项目、住房改善、带薪休假等福利计划同样重要的手段，开始引起企业雇主特别是大公司雇主的关注。许多大企业如铁路公司、电器公司和器械工具公司所创建的公司学校经常是雇员教育计划的重要内容，有些公司还成立专门的培训部门。雇主们这样做主要是因为在他们看来，有教养的、受过培训的工人将会持久地工作，通过教育可以解决工业社会的问题。对此，大多数公司学校领导者都持类似的观点，即公司学校可以培养“雇主和雇员之间的相互信任关系，这样有助于降低资方和劳工之间的对抗”①。

美国早在19世纪70年代就已出现公司学校，1872年R.霍印刷公司（R. Hoe & Company）最早建立公司学校，但公司学校的大发展是进入20世纪的事情。1913年37家拥有公司学校的公司创建全国公司学校协会，其成员包括美国机车公司、美国电话电报公司、卡内基钢铁公司等，1920年协会成员已经增加到147家。按照该协会的分类标准，公司学校可划分为六类：专门的训练学校、行业学徒学校、行政工作者学校（office-work schools）、广告和销售学校、销售人员学校及非技能劳工学校。② 其中每一类学校又可以进行细分，以专门的训练学校为例，它又细分为五大类，按是否涉及生产内容划分为非生产类课程项目、部分生产类课程项目和生产类课程，此外还包括公司补习学校和合作补习学校等。由此来看，公司学校的主要教授内容是与公司相关的具体工作技能，强调专业化的职业知识，注重是否为公司带来直接的经济利益。其他教学内容也涉及普通教育内容，比如在非技能工人学校，教学内容包括美国化课程项目，如语言类课程，雇主希望

---

① Nelson-Rowe Shan, "Corporation Schooling and the Labor Market at General Electric," *History of Education Quarterly*, No. 1(1991): 34.

② See Leverett S. Lyon, "Corporation School and It Place in a Scheme of Business Education," *Journal of Political Economy*, No. 9(1921): 723.

此类课程的讲授，可以降低公司的生产事故发生次数。

3. 工业夜校

夜校是工人接受教育的主要形式，一份美国联邦教育署关于美国补习学校的报告指出，夜校是面向工人开展工人教育最重要的形式。尽管最早的夜校要追溯到殖民地时期，但报告作者、哥伦比亚大学教育学者阿瑟·琼斯（Arthur Jones）认为，只是在19世纪晚期面向工人的夜校才开始得到真正的发展。[①] 美国进入第二次工业革命，产业结构和技术升级，特别是19世纪末20世纪初大公司的形成，工业生产和技术分工更为细化，技术更新加速，要求工人及其教育做出相应的转变。查尔斯·普罗泽从45个方面列举了新旧职业教育之间的差别[②]，并据此提出他所倡导的“真正的职业教育”。这种“真正的职业教育”体现在成人职业教育方面，就是其工业夜校的观念。

工业夜校是传统夜校的现代形式，是查尔斯·普罗泽为成年工人极力倡导的教育形式。他把工业夜校作为解决技术工人短缺问题的主要手段，他先后在其著作《工人的短期单元课程和工厂学校实验》（1915年）、《民主社会中的职业教育》（1925年）及《成人教育：工业夜校》（1930年）中对工业夜校观念进行了论述。查尔斯·普罗泽提出的工业夜校区别于传统的夜校，比如机械讲习所的夜校和公共制图夜校（Public Evening Drawing School）。在他看来，这两类传统的夜校在吸引工人接受教育方面并不尽如人意。前者在资金、教学内容、教学方法、教师及监督等方面存在诸多问题，而后者存在与实际的工业领域脱节问题，这些问题让这两种学校难以满足工人的实际需求。查尔斯·普罗泽认为职业教育的目的，即帮助人们保住工作，并且帮助人

---

① See Arthur J. Jones, *The Continuation School in the United States* (Washington, D. C.: U. S. Government Printing Office, 1907), p. 83.

② See Charles Allen Prosser, *Adult Education: The Evening Industrial School* (New York: Century Co., 1930), pp. 21-23.

们升迁至更好的工作岗位。他指出，面向成年工人的工业夜校是对成年工人职业的拓展，工业夜校这种教育形式就是一种商业活动①，只不过工业夜校并不是以营利为目的。依据这种观念，在工业夜校中，具体的教学科目应该分解为更小的短期单元课程（Short-Unit Courses），这些短期单元课程直接与工人从事的具体工作相关，只有这样才能更好地满足科学和技术快速更新的要求。查尔斯·普罗泽认为这些短期单元课程适合以下5类劳工群体：专业化的机械操作工、想要提高知识技能的技术工人、低层次技术工人和非技术工人、想要工作升迁的专业工人、无法长期接受培训的技术工人。② 在查尔斯·普罗泽看来，当时的一些夜校具备了他所宣称的工业夜校特征，并且在满足上述群体方面取得了一定的成功，比如牛顿职业学校（Newton Trade School）夜校班、大急流城职业夜校（Evening Trade School of Grand Rapids）、默里山职业夜校（Murray Hill Evening Trade School）。为了更好地实施短期单元课程，他认为首先应重视对工人实际需求的调查研究。他要求尽可能地遵照工厂的设施和理念来培养和教育工人，在其中，教师与学生类似于工厂的工头与劳工的关系。他还认为应加大此类学校的广告宣传力度。

早在20世纪初查尔斯·普罗泽担任新奥尔巴尼（New Albany）公共学校督学时，就在该地区创办夜校为市民提供文化和技能培训。此后，其工业夜校的思想在《史密斯-休斯法》中有所体现，该法规定其拨款的三分之一要用于补习学校的发展，并要求工业夜校的学生入学年龄最低为16岁。查尔斯·普罗泽还在1915年其本人担任校长的邓伍迪工业学院（Dunwoody Industrial Institute），真正实施其职业教育及

---

① See Charles Allen Prosser, *Adult Education: The Evening Industrial School* (New York: Century Co., 1930), p. 27.

② See Charles Allen Prosser, *Short-Unit Courses for Wage Earners and a Factory School Experiment* (Washington, D. C.: U. S. Government Printing Office, 1915), p. 7.

工业夜校的理念。在他上任之初就开设了夜校部，这成为该校取得成功的一个重要手段。在邓伍迪工业学院夜校部，查尔斯·普罗泽所倡导的遵照实际的产业情景培养工人的实用职业教育观念得以更为彻底的实施。在查尔斯·普罗泽上任后，邓伍迪工业学院的培养目标从“工业和机械技艺的训练”发展成为“获得一份工作、保住一份工作和促进工作升迁”[①]。在选聘教师方面，普罗泽主张以最好的汽车修理工来为学生讲授汽车修理技术。他在工业教育促进会的亲密助手查尔斯·艾伦（Charles Allen）为《成人教育：工业夜校》一书撰写的序言中就指出：“我非常欣喜地看到经过多年的努力邓伍迪工业学院所取得的进步。在我看来，这个学院开展的夜校班比国内其他夜校更好地满足了成年工人对本专业的课程需求。”[②] 从这一意义上说，《成人教育：工业夜校》一书正是查尔斯·普罗泽在邓伍迪工业学院实施其工业夜校理念的“蓝本”。在该书中，他用了将近400页的篇幅来论述其教学方法等内容，这些理念也成为随后很多职业培训观念的“蓝本”。

二、劳联与工人教育局

工会组织历来重视对劳工群体的教育，有些工会甚至本身就是一个教育机构。除了对其成员的教育之外，工会组织作为压力团体还通过游说、担任决策机构成员等方式对公共教育特别是劳工群体的教育发挥影响，不过其关注重点在青少年特别是青少年劳工群体的公共学校教育。本部分主要论述工会组织（以美国当时最大的工会组织——劳联为例）对其成员的教育及对非工会劳工群体教育的干预。

---

① John Gadell,“Charles Allen Prosser: His Work in Vocational and General Education”(PhD diss.,Washington University,1972).

② Charles Allen Prosser,*Adult Education: The Evening Industrial School*(New York: Century Co.,1930),p. preface Ⅹ.

（一）劳联的工人教育观念

工人教育是从英国引入的一个概念，在美国这一概念经常与成人教育区别开来，相比于两个概念在英国几乎同义而言，这一区分是美国特有的。在美国，工人教育更注重工会组织的工人及其社会变革传统，具有突出的亲工会倾向，是为工人集体服务；而成人教育则多为政府和公司提供的教育比如工厂识字班，服务于包括工人在内的个体。① 美国工会组织类似于在组织工人教育方面更为突出的英国大学推广教育。工人教育与工会组织及其领导的工人运动密切联系在一起，早期理查德·伊利论述美国工人运动时就谈到当时盛行的工会组织——劳工骑士团的教育作用。美国教育家、慈善家沃特·弗鲁曼（Walter Urooman）是英国拉斯金学院创建者之一，他在1900年想要把英国的工人教育概念引入美国时，就是向当时美国最大的工会组织——劳联寻求支持，提出希望在美国建立类似拉斯金学院的工人教育机构，不过遭到劳联的拒绝。

应该说20世纪前后工人教育概念引入之时，美国工会组织并未对工人教育提供支持。对工人教育提供更多支持的是工人友好人士，比如查尔斯·比尔德、沃特·弗鲁曼等。这一时期劳联虽然也零散地赞助支持了全国妇女工会联盟及其下属工会国际妇女服装工会开展教育工作，但在著名左翼教育家亚伯拉罕·穆斯特（Abraham Muste）看来，那些只是偶然的个案。② 在1918年之前，劳联并未真正关注工人教育。其主要原因在于劳联主席塞缪尔·龚帕斯及其执政时期劳联奉行经济工联主义，反对工会参与党派政治。在他看来，公共学校是整个工人教育的基础，公共学校和投票箱就能为工人及其子女提供政治

① See Jeff Zacharakis-Jutz and Fred M. Schied, "Workers' Education, Social Reconstruction, and Adult Education," *Adult Education Quarterly*, No. 2(1993): 101.

② See Abraham. J. Muste, "*Some Notes on Workers' Education*," *New International*, No. 12(1935): 23.

和智力解放，社会主义、无政府主义及其他意识形态会使他所奉行的经济工联主义陷入抽象或注定失败的境地中。[①] 作为劳联创始者之一，塞缪尔·龚帕斯担任其领导者近 40 年，在劳联享有相当高的地位和影响力。加利福尼亚大学伯克利分校的教育学者玛格丽特·霍金（Margaret T. Hodgen）认为，不管是在政治、经济，还是在教育领域，塞缪尔·龚帕斯都是劳联真正的领导者。玛格丽特·霍金指出，塞缪尔·龚帕斯承担了其执政时期大部分政策文献的撰写和发布工作，他还担任劳联会刊《美国联合会会员》的社评作者。受其影响，劳联在 1886 年改组为美国劳工联合会时，在其章程中直接删除了其早期的教育条款。[②] 但从 1902 年左右开始，连续发生的人们对公共学校在开展工人教育方面的不满，以及一些大学在讲授劳工问题方面出现错误等事件，促使塞缪尔·龚帕斯改变了之前的教育观念。他一方面设立了劳联的教育委员会，更进一步提高其在劳联中的地位；另一方面不仅开始关注工会工人的职业教育，也关注到工会工人自身的教育问题。他建议地方工会设立工会学校并讲授工会运动知识。玛格丽特·霍金认为，尽管其教育观念做出了很大改变，但这并不意味着劳联及塞缪尔·龚帕斯开始转向独立的工人教育。[③]

从其实质来看，塞缪尔·龚帕斯及其领导的劳联这一时期仍是工人运动中保守派的代言人。他对具有左翼社会主义倾向的工人教育或者说是上文提及的独立的工人教育持反对意见。因为独立的工人教育旨在通过工人教育提高工人控制自己命运的能力，最终要改变资本主

---

① See Joseph F. Kett, *The Pursuit of Knowledge under Difficulties: From Self-Improvement to Adult Education in America, 1750-1990* (Stanford, Calif.: Stanford University Press, 1994), p. 352.

② See Margaret T. Hodgen, *Workers' Education in England and the United States* (London: Kegan Paul, Trench, Trubner & Co., 1925), pp. 182-184.

③ See Margaret T. Hodgen, *Workers' Education in England and the United States* (London: Kegan Paul, Trench, Trubner & Co., 1925), p. 196.

义制度，而劳联是要在资本主义体制下通过工人教育改变工人的生活状况。应该说 1890—1920 年不论是在工会体系内还是在工会之前的工人教育中，主要都是这两种工人教育观念之间的博弈。如马里厄斯·汉瑟姆（Marius Hansome）所言："龚帕斯对工人教育的支持是被迫地遵从。"[①] 这一时期妇女工人和大批移民工人群体加入劳联，他（她）们在工人教育方面的广泛行动促使塞缪尔·龚帕斯不得不去关注工人教育。[②] 劳联真正开始关注工人教育是在 1918 年，在这一年的年会上，劳联针对国际妇女服装工会工人教育发起了一次开展工人教育情况的调查，第二年劳联采纳了这份报告。在这份报告中，劳联承认工人教育在当前是迫切的，不过劳联认为工人教育的紧要性只是暂时的，仍然坚持工人教育应由公共学校开展。[③] 在 1921 年第一次全国劳工教育会议上，尽管塞缪尔·龚帕斯并未到场，但他派出了劳联副主席马修·沃尔（Matthew Woll）参会。在其会议贺信中，塞缪尔·龚帕斯指出，劳联"充分注意到工会组织开展的教育（指工人教育）的重要意义"，并预测工人教育将"会在美国大众教育中扮演重要角色，还将会在文化发展中起到引领者的作用"[④]。为此塞缪尔·龚帕斯及劳联教育委员会提出了今后发展工人教育的六条建议："学校课程纳入未删减的工业史（工人团体及其影响、工业活动及关系原则的教学，以及影响工业的州和联邦法律）；开展细致而广泛的调查研究，准备及分发有关工业和经济问题的各种图书、手册；鼓励所有学校、工会中心及各种学习机构保证图书和手册的印制；鼓励教科书作者和出版者支持图

---

① T. Brameld, *Workers' Education in the United States* (New York: Harper & Brothers, 1941), p. 52.

② See Margaret T. Hodgen, *Workers' Education in England and the United States* (London: Kegan Paul, Trench, Trubner & Co., 1925), p. 196.

③ See American Federation of Labor, *Proceedings of the American Federation of Labor* (American Federation of Labor 1919), pp. 142-144.

④ Charles A. Beard, "Workers' Education," *The New Republic*, No. 9(1921): 327.

书馆；由劳联准备的教科书补充加入塞缪尔·龚帕斯的作品和美国工人运动的其他领袖人物；鼓励和帮助附属的国际工会组织编撰教科书等。”① 这些建议既表达了塞缪尔·龚帕斯对工人教育的认可，同时也展现出其对工人教育参与或控制的倾向，这六条建议中有五条与工人教育的教科书内容相关。在 1922 年的年会上，劳联执委会进一步强调了工人教育对巩固工会组织的重要价值，“工人教育是永久的、有责任的工人组织的基础，它必须与工人运动和谐发展，因此应把它视为工会自身不可分割的一部分”②。

（二）工人教育局的建立及其对工人教育的推动

1. 工人教育局的创建

美国工人教育局（Workers Education Bureau of America）是 1921 年由美国同情劳工的自由派人士和劳工领导者创建的工人教育信息交流组织，这个组织基本参照英国工人教育协会（Worker's Educational Association）的理念、模式创建。马克·斯蒂尔斯（Marc Stears）指出，新学院（又被称为纽约社会研究新学院，New School for Social Research）和工人教育局是美国借鉴英国成功的工人教育的两个典型的例子。③ 查尔斯·比尔德在英国创建了培养工人运动领导者的拉斯金学院，回国后积极帮助创建了社会研究新学院和工人教育局。国际妇女服装工会教育部的秘书范尼娅·科恩（Fannia Cohn）是创建工人教育局的领导者，她不仅领导这个工会创建美国第一个公认的工会教育部，

---

① Workers Education Bureau of America, *Workers' Education in the United States: Report of the Proceedings of the First Conference on Workers' Education in the United States* (New York: Workers Education Bureau of America, 1921), p. 8.

② Richard J. Altenbaugh, *Education for Struggle: The American Labor Colleges of the 1920s and 1930s* (Philadelphia: Temple University Press. 1990), p. 39.

③ See Marc Stears, *Progressives, Pluralists, and the Problems of the State: Ideologies of Reform in the United States and Britain, 1909-1926* (Oxford: Oxford University Press, 2006), p. 204.

还积极参与英国乃至国际工人教育运动。范尼娅·科恩发起并组织了美国工人教育局的筹备会议，并动员其家族提供资金支持。在这次筹备会上，范尼娅·科恩与宾夕法尼亚州劳联的教育部门负责人亚伯拉罕·爱泼斯坦（Abraham Epstein）等同情劳工的进步人士讨论了工人教育的目的，并且发起召开全国第一次工人教育会议。1921 年 4 月 2 日，在社会研究新学院全国第一次工人教育会上正式成立美国工人教育局。宾夕法尼亚州劳联主席詹姆斯·毛雷尔（James H. Maurer）担任主席一职，斯宾塞·米勒（Spencer Miller）担任秘书兼财务官，其第一届执行委员会包括工会进步主义人士联合矿工工会的约翰·布罗菲（John Brophy）、范尼娅·科恩等人。

关于工人教育局的职能和定位，其创建者并未赋予它类似英国工人教育协会的教学职能，只是把它作为一个协调和管理机构。在其筹备会议上，范尼娅·科恩等为其拟定了六个方面的基本职能：第一，收集、分析和提供信息；第二，通过通信、公报及新闻稿等发布组织动态；第三，作为劳工教师、学校的注册和登记管理中心；第四，研发和评价课程大纲、教科书和综合文献目录及其他课堂材料；第五，制定优秀的劳工学校、学院标准，以及关于工人教育的新课程标准，探讨劳工教育的教学方法；第六，协调各类工会学院的研究成果和信息的统计工作。[①] 第一次全国工人教育会议最终采纳了筹备会议的职能建议，不过增加了工人教育局的第七个职能："提供办公场所并给予秘书长必要的帮助。"[②] 在其章程中，第一次全国工人教育会议规定了工人教育局的目的及成员资格、会费等问题。工人教育局的目的为："搜

① See Maria Tamboukou, *Women Workers' Education : Life Narratives and Politics* (London: Palgrave Macmillan, 2017), p. 38.

② Workers Education Bureau of America, *Workers' Education in the United States : Report of the Proceedings of the First Conference on Workers' Education in the United States* (New York: Workers Education Bureau of America, 1921), p. 144.

集和传播有组织的劳工开展的各类教育信息，以各种方式协调和帮助工会工人参与的教育项目，促进其他劳工教育事业的发展。”[①] 工人教育局面向所有合法的工会、合作社团体和工人教育机构开放，甚至其他致力于工人教育的个体也可以加入。其创建者希望工人教育局成为不同的工人教育思想流派进行对话的平台。

劳联起初并未参与创建工人教育局的工作。不过为应对美国工人教育的急剧发展，上文提到劳联从 1918 年开始关注工人教育，甚至在其年会上还曾提出建立全国工人大学来协调和管理工人教育。劳联想要干预工人教育的意图，以及工人教育局迅速发展成为全国性的工人教育事业，促使劳联很快加入工人教育局。劳联在 1922 年的年会中开始探讨与工人教育局的合作事宜，到 1924 年，通过要求其附属工会为工人教育局提供会费支持，并在其执委会中安排劳联成员和对其章程、职能进行修正等措施，劳联实际上已控制了工人教育局，尽管名义上，它仍保持独立。劳联主席威廉·格林（William Green）在一份 1925 年年会上的报告中宣布：“工人教育局现在可以说已成为劳联教育服务的一部分。”[②] 工人教育局执委会 9 位成员中有 3 位是劳联的成员。不过需要指出，1929 年范尼娅·科恩等人为维护工人教育局的独立，持续做出了诸多努力，也就是说劳联与工人教育局的冲突或对立仍持续相当长一段时间，直至 1951 年劳联正式把工人教育局作为其教育机构，工人教育局才成为名副其实的劳联的“工人教育局”。

2. 工人教育局对工人教育的推动

工人教育局的创建既是美国工人教育运动的结果，其本身也推动

---

① Workers Education Bureau of America, *Workers' Education in the United States: Report of the Proceedings of the First Conference on Workers' Education in the United States* (New York: Workers Education Bureau of America, 1921), p. 142.

② U. S. Department of Labor, "Workers Education: Recent Developments in Adult Workers' Education in the United States," *Monthly Labor Review*, No. 1(1926): 92.

了工人教育运动的发展。在其创建之初的一年内，几乎所有工业城市中都有工人教育局的教育项目的班级。在一年内它“提供了 40 个导师指导班，间接服务了近 7000 个学生”[①]。在 1922 年召开的第二次全国工人教育会议上，工人教育局的秘书兼财务官斯宾塞·米勒总结了其一年来的成就，他指出，在过去的一年里工人教育局在 11 个方面为工人教育提供服务。工人教育组织从 26 个增加到 60 个，工人教育局帮助创建了 6 个工会学院和 10 多个工人学习班（组），并组织工人书架（Workers' Bookshelf）活动等。1924 年在修正了其章程后，工人教育局更为具体地明确了五个方面的工作范围：为国内外的工人教育提供知识信息服务；为组织工人学习班和工人学院的地方劳工组织提供教育指导；为想要参与工人教育的教师提供注册登记服务；出版工人书架系列、工人教育局系列和工人教育小册子系列文献；提供图书借阅服务。[②] 工人教育局推动工人教育的主要手段是图书出版，特别是其工人书架系列丛书的编辑和出版。这个系列的编委会包括查尔斯·比尔德、约翰·康芒斯、范尼娅·科恩、斯宾塞·米勒、马修·沃尔等人。1925 年一套工人书架包括 7 卷，分别为参与公共讨论、工资的控制、人文化的知识、妇女和工人运动、产业管理中的工人运动、美国工人运动简史、工会中的阅读。劳联倡导的工人教育并不是狭隘的技能训练，而是实施更为广泛的教育，比如它对公共学校的社会科课程的干预。工人教育局的会员数从 1923 年的 63 个，具体来看包括 9 个国际工会、3 个州劳联，9 个地方工会，猛增到 1925 年的 155 个，具体来看包括 41 个全国或国际工会、10 个州劳联、36 个地方工会，1927 年包括

① Marc Stears, *Progressives, Pluralists, and the Problems of the State: Ideologies of Reform in the United States and Britain, 1909-1926* (Oxford: Oxford University Press, 2006), p. 205.

② See Workers Education Bureau of America, *Workers' Education Yearbook* (New York: Workers Education Bureau of America, 1924), p. 41.

52个国际工会、68个全国工会、21个州劳联、353个地方工会。[①] 工人教育局在1924年之后规模的增加，很大程度归结于劳联对其附属工会提出的加入要求。

劳联对工人教育局的进一步控制，使工人教育局在工人教育方面的作用受到一定限制，使工人教育局主要服务于认同劳联的那些工会组织。工人教育局变得更为保守，“劳联进入工人教育局对其今后的发展带来了保守的和安于现状的影响”[②]。在这其中，劳联与社会主义工会组织及其支持者展开了持续的博弈，劳联清除了具有社会主义、共产主义倾向的工会附属工人教育局的会员资格，最具代表性的事件为布鲁克伍德劳工学院事件。

（三）关于布鲁克伍德劳工学院的论争

布鲁克伍德劳工学院（Brookwood Labor College，以下简称劳工学院）建于1921年，与同年建立的工人教育局一同成为美国工人教育运动形成的重要事件。劳工学院号称第一所真正的美国寄宿制劳工学院，它因旨在培养劳工运动的领导者而被称为“劳工的哈佛”。从1921年建立到1937年被迫关闭，劳工学院虽然非常短暂但在美国劳工教育史上具有相当高的地位，为美国劳工运动培养了大批领导人才。劳工学院主要由具有社会主义倾向的一批人士建立，使其在意识形态、建立目的、课程等方面引起更为保守的劳联及逐步由其控制的工人教育局的质疑和干预。

1.“经济工联主义”与“激进的社会变革”

劳联与劳工学院之间的矛盾和冲突根本在其办学理念和目的方面的不同乃至冲突。玛格丽特·霍金在《英国和美国的工人教育》一书

---

① See James H. Maurer, *It Can Be Done: The Autobiography of James Hudson Maurer* (New York: The Rand School Press, 1938), p. 370.

② Philip R. V. Curoe, *Educational Attitudes and Policies of Organized Labor* (New York: Arno Press, 1926), p. 188.

中指出，美国工人教育发展初期形成了两个工人教育目的迥异的派别：一个是保守派，另一个是激进派。前者不经常明确表达其目的，但在思想倾向上主张维持现状，其典型代表为劳联和工人教育局。后者包括社会主义的左翼和右翼，其典型的代表是布鲁克伍德劳工学院。

对前者而言，在劳联主席塞缪尔·龚帕斯的影响下，劳联信奉“经济工联主义”，注重通过集体谈判等手段来逐步改善工人的经济和生活状况，倡导劳工与雇主的合作。特别是其与美国公民联盟（National Civic Federation）的合作，明确地体现出其保守的思想倾向，因为二者都主张在资本主义体制下改善劳工问题。在教育方面，塞缪尔·龚帕斯一直信奉公共教育是工人教育的基础，而对独立的工人教育保持一种怀疑和警惕的立场，认为这种工人教育是暂时的权宜之计。直到其去世前，他仍坚持认为“成年工人教育是不必要的”①。只是在随后迫于工人教育的强大发展趋势，劳联才开始关注工人教育。塞缪尔·龚帕斯的继任者传承了这一思想主张，并且努力把工人教育限制在更为狭窄的培养目标之内。在威廉·格林看来，工人教育的目的是培养良好的工会成员和训练有素的工人运动的领导者。② 对工人教育局来说，情况更为复杂。在其创建之初，它的办学理念和目的更为多元化，汇聚了具有社会主义倾向左派和右翼的思想流派。比如其主席詹姆斯·毛雷尔和重要创始者范尼娅·科恩就属于具有社会主义倾向的。詹姆斯·毛雷尔主张工人教育是为建立新的社会秩序提供支持，其最终目的是工人阶级的解放。他认为公共学校包括学院和大学有歧视工人阶级的倾向，根本不可能为其提供合适的教育，因而主张建立工人自己的学校。在其《工人对自己学校的要求》一文中，他认为所谓工

① Margaret T. Hodgen, *Workers' Education in England and the United States* (London: Kegan Paul, Trench, Trubner & Co., 1925), p. 245.

② See Samuel J. McLaughlin, "The Educational Policies and Activities of the American Federation of Labor During the Present Century" (PhD diss., New York University, 1936).

人教育是指“有组织劳工尝试为其成员提供出工人自己规定课程内容、选择教师和提供资金支持的教育”[①]。詹姆斯·毛雷尔的主张在工人教育局有不少支持者，不过经过劳联对其先后几次的章程修改，具有社会主义倾向的组织和个人被清理出去，1929 年毛雷尔也因布鲁克伍德劳工学院事件而愤然辞职。此外，随着劳联副主席马修·沃尔和乔治·珀金斯（George Perkins）进入工人教育局执委会，他们的工人教育主张逐步成为工人教育的主导观念。乔治·珀金斯认为，工人教育的目的即“不管我们在其中生活的制度如何，应使劳工个体在生活中有最好的发展机会”[②]。劳联最终实现了对工人教育局的控制，包括工人教育局的办学理念、宗旨及课程都逐步完成了转变。詹姆斯·毛雷尔的继任者托马斯·伯克（Thomas Burke）就认为工人教育是“维持社会现状的大众教育”[③]。

不过，劳联对工人教育局、工人教育的控制或驯服过程并不是一帆风顺的，而是一个博弈和斗争的过程。仅从其办学理念和目的上来看，劳工学院从根本上与劳联保守的工人教育观念存在着冲突。不管是威廉·芬克（William Fincke）还是亚伯拉罕·穆斯特，劳工学院的创建者都认为劳工学院具有社会变革的作用，认为可以通过劳工学院的教育为建立新社会秩序提供支持。劳工学院的创建者们大多是社会主义者，他们认为公共学校根本难以满足工人阶级的教育需求，工人教育应由工人自己来控制。劳工学院的首任校长亚伯拉罕·穆斯特认为劳联的“经济工联主义”本身是维护现存社会秩序的，在实现社会

---

① James H. Maurer,“Labor's Demand for Its Own Schools,”*The Nation* 115, No. 2985(1922):276.

② T. Brameld,*Workers' Education in the United States*(New York:Harper & Brothers, 1941), p. 64.

③ Samuel J. McLaughlin,“The Educational Policies and Activities of the American Federation of Labor During the Present Century”(PhD diss.,New York University,1936).

变革的目的方面是有其不足的。他进而主张："如果不对社会进行重建，工人永远不会解决自己面临的基本问题，而且认为这种重建是可行的。"[①] 亚伯拉罕·穆斯特及其领导的劳工学院得到了约翰·杜威、约翰·康芒斯等进步主义者的支持。约翰·杜威在其《劳工政治和劳工教育》一文中指出："工会是社会重建的重要力量。"[②] 在约翰·杜威等人看来，劳工学院恰恰是培养劳工领导者的机构。学院创建之初，发布在《纽约时报》上的声明指出，劳工学院服务于工人阶级及劳工运动，旨在创建更新、更好的社会秩序，为此其努力培养劳工活动家和领导者，比如新闻工作者、教师、组织者，期望通过学院的教育，使这些学生回到工人运动事业中，能够在一定程度上解决劳工问题。[③]

2. 工人教育局对劳工学院的除名

劳工学院与劳联并无隶属关系，而且在其初期，劳联还赞助劳工学院并为其提供学生。劳联与劳工学院一开始并未出现公开对立，劳联也并未干预劳工学院的事务。究其原因，主要是劳工学院并不隶属于劳联，也因为通过劳联对工人教育局的控制，使塞缪尔·龚帕斯和马修·沃尔对其控制工人教育的颠覆行动有些自满。[④] 不过劳工学院与工人教育局的关系相当密切，包括工人教育局的主席詹姆斯·毛雷尔、范尼娅·科恩都是劳工学院创建的重要支持者，其他一些有社会主义

---

① Richard J. Altenbaugh, "'The Children and the Instruments of a Militant Labor Progressivism': Brookwood Labor College and the American Labor College Movement of the 1920s and 1930s," *History of Education Quarterly*, No. 4(1983): 399.

② John Dewey, "Labor Politics and Labor Education," *The New Republic*, No. 57(1929): 213.

③ See Richard J. Altenbaugh, "'The Children and the Instruments of a Militant Labor Progressivism': Brookwood Labor College and the American Labor College Movement of the 1920s and 1930s," *History of Education Quarterly*, No. 4(1983): 399-400.

④ See Joseph F. Kett, *The Pursuit of Knowledge under Difficulties: From Self-Improvement to Adult Education in America, 1750-1990* (Stanford, Calif.: Stanford University Press, 1994), p. 361.

倾向的成员也都兼具两个组织的身份，劳工学院的首任院长亚伯拉罕·穆斯特此后也作为工人教育局的执委会成员。作为工人教育局的成员单位，劳工学院获得了工人教育局的财政支持，这其中包括为数众多的附属于劳联的工会组织。

随着劳工学院在劳工运动中地位的提高，变得日趋保守的劳联开始关注劳工学院，特别是其激进的思想倾向。1926 年 5 月，在主席威廉·格林的授意下，劳联对劳工学院社会科学教师阿瑟·卡尔霍恩（Arthur Calhoun）的共产主义倾向进行了调查。1927 年 3 月，劳联又委派工人教育局秘书斯宾塞·米勒对劳工学院进行调查，斯宾塞·米勒的报告同样给出了关于劳工学院的激进倾向的指责。这一系列事件促使威廉·格林在 1928 年 4 月任命劳联副主席，也是工人教育局执委会主席马修·沃尔对劳工学院开展一次全面调查。根据此次调查结果，劳联执委会在 1928 年 8 月要求其附属工会撤销对劳工学院的支持。他们给出的证据包括学院支持亲苏联游行活动，教授反劳联政策的课程内容，以及学院鼓励反宗教学说。[①] 劳联的这一行为激起了支持劳工学院者的强烈反对，双方围绕劳联的行为开展了多次论争。亚伯拉罕·穆斯特在其参与的期刊《劳工的时代》、劳联的威廉·格林和马修·沃尔等人在《纽约时报》上撰文发表各自的立场。约翰·杜威也参与其中，他支持劳工学院的立场。最终在劳联的授意下，工人教育局废止了劳工学院的成员资格，并迫使亚伯拉罕·穆斯特退出工人教育局执委会。这整个事件可以概括为布鲁克伍德劳工学院事件。

通过布鲁克伍德劳工学院事件，又一批支持劳工学院的自由派人士离开工人教育局。上一次是 1924 年，通过章程修改，劳联排除了工人教育局中具有社会主义、共产主义倾向的组织和世界产业联合会。

---

① See Richard J. Altenbaugh, *Education for Struggle: The AmericanLabor Colleges of the 1920s and 1930s*(Philadelphia: Temple University Press. 1990), p. 182.

至此，劳联彻底放弃了独立的工人教育主张。在其1928年年会上，劳联提出两条应对独立的劳工教育的建议：第一条为再次修改工人教育局的章程，把其执委会代表资格限制在劳联成员范围内；第二条为建议加强工人教育局与大学赞助支持的工人教育之间的合作。理查德·阿尔滕堡（Richard J. Altenbaugh）进一步得出结论，认为在20世纪20年代行将结束之际，劳联采取多种措施成功压制了与之相对立的工人教育类型，并且把大学推广部的工人教育项目视为其理想的工人教育类型。[①] 约翰·杜威在其《劳工政治与劳工教育》中对此事件的分析和认识更为切中问题的实质，他认为劳联对劳工学院的审查不是一个孤立事件，而是劳联通过此事件对其他独立的工人教育组织和支持者的警告。在约翰·杜威看来，这一事件标志着劳联对劳工运动和美国工人教育运动中激进思想的一次清洗。[②] 此后，一批独立的工人教育机构由于经济困境、工会人数下降等方面原因被迫关闭，独立的工人教育受到压制而陷入低谷，工人教育的概念从更为激进的“worker education”转变为更具功利性的“labor education”。[③]

三、大学推广教育部

大学推广教育从其创建之初就旨在针对工人、穷人等不利群体，它是高等教育民主化的主要体现。美国史学家赫伯特·亚当斯（Herbert Adams）在引入这一概念时，其初衷即是针对当时突出的劳

---

① See Richard J. Altenbaugh, *Education for Struggle : The AmericanLabor Colleges of the 1920s and 1930s*(Philadelphia: Temple University Press. 1990), p. 195.

② See John Dewey, "Labor Politics and Labor Education," *The New Republic*, No. 57 (1929): 215.

③ See Richard Dwyer, "Workers' Education, Labor Education, Labor Studie," *Review of Educational Research*, No. 1(1977): 180-187.

工问题，希冀通过大学推广教育推进这一问题的解决。

（一）消除劳工对抗：大学推广教育部开展劳工教育的主要目的

赫伯特·亚当斯被认为是把大学推广教育概念引入美国的第一人。[①] 赫伯特·亚当斯在1885年从英国考察回到美国之后，即向美国联邦教育署提交了一份《英国大学推广教育》的报告。这份报告在美国首次提及英国大学推广教育的问题，只不过并未引起多大反响。在1887年面向威斯康星州图书馆协会的一次演讲《习明纳与大学推广教育》中，赫伯特·亚当斯继续倡导大学推广教育观念。作为历史学家，他详细考察了英国大学推广教育的历史渊源。赫伯特·亚当斯认为英国大学推广教育的先驱有机械讲习所（Mechanics Institute）的开创者乔治·伯克贝克（George Birkbeck），拉格比公学改革者、校长托马斯·阿诺德（Thomas Arnold），伦敦工人教育学院的创始人、基督教社会主义者弗雷德里克·莫里斯（Frederic Maurice）等人，他们成为英国人民的高等教育早期领导者。这些人注重宗教的社会责任和关怀意识，使得英国大学推广教育具有了社会福音使命的特征。工人阶级、妇女及穷人等下层群体成为其关注的对象，进入20世纪之后，英国大学推广教育开始明确关注工人阶级，而且其努力成功地获得了制度保障。由此来看，英国大学推广教育最初的目的就是打破当时英国大学的封闭性和精英性，拓宽中下阶层特别是工人阶级的高等教育机会，尝试通过教育来缓解工人阶级的社会对抗，让他们融入新的社会秩序，成为合格的公民。如当时的牛津大学推广教育领导者米歇尔·萨德勒（Michael Sadler）所言："公民的高等教育已经成为现代民主国家尤为迫切之事务。"[②] 大学推广教育出现之时正值英国维多利亚时期人们出

---

① See George M. Woytanowitz, *University Extension: The Early Years in the United States, 1885-1915* (Iowa City: American College Testing Program, 1974), p. 24.

② Herbert B. Adams, *University Extension in Great Britain* (Washington, D. C.: Government Printing Office, 1900), p. 958.

现信仰危机，这一教育形式很大程度上被作为宗教信仰的替代者，承担了拯救者的角色。[①] 赫伯特·亚当斯得出结论，认为英国大学推广教育是教育民主运动的体现，具有拯救者的角色，为此他把大学推广教育视为教育的“救世军”[②]。赫伯特·亚当斯在不同场合和报告中反复强调了英国大学推广教育的民主特征，认为大学推广教育是英国当时更广范围民主运动的重要组成部分。通过大学推广教育，大学得以向社会、向无力接受高等教育之人开放。为此，他把英国大学推广教育定义为“当人民无法来到大学时，把大学带给人民的各种系统努力和尝试”，“是一种由相信这份事业并志愿投入的教师通过讲座、班级和书面论文等形式开展的系统的高等教育。其对象是广大人民，不管其等级、性别和年龄的差别”[③]。

赫伯特·亚当斯引入大学推广教育观念取决于两方面的原因。首先，赫伯特·亚当斯继承了其德国导师注重公共服务的思想，把教育看作解决社会、政治、经济问题的首要方式。赫伯特·亚当斯所处的时代正值美国工业革命时期，工业阶级的产生和工业矛盾与冲突造成了普遍的劳工问题。在约翰斯·霍普金斯大学，以赫伯特·亚当斯和理查德·伊利为代表的一批知识分子积极关注并努力尝试解决劳工问题。在一篇发表在《基督教联盟》的文章中，赫伯特·亚当斯调查了

---

① See Lawrence Goldman, *Dons and Workers: Oxford and Adult Education Since 1850* (Oxford: Oxford University Press, 1995), p. 44.

② 救世军是由英国人卜维廉（William Booth）于1865年创办的宗教团体，最初名称为伦敦东区基督徒复兴协会（The East London Christian Revival Society），简称为基督徒布道团（The Christian Mission），1878年正式改名为救世军，布道团的全部权力，由卜维廉和他委托的继承人掌管，实行军事化管理，卜维廉被称为卜维廉将军。在卜维廉的带领下，救世军关注社会底层人民，行善周济，宣讲福音，足迹踏遍全世界，致力于把基督的福音带到世界上的每一个角落。

③ Herbert B. Adams, *University Extension in Great Britain* (Washington, D. C.: Government Printing Office, 1900), p. 966.

巴尔的摩当地妇女工人的状况。在这个报告中，赫伯特·亚当斯认为当时针对劳工问题的解决举措是失败的，不只是因为缺少良好的管理，其根本在于未对工人提供教育和智力指导（Intelligent Direction）。[①] 为此，赫伯特·亚当斯积极倡导大众教育，理查德·伊利在其回忆中称赫伯特·亚当斯是大众教育的忠实信徒。“亚当斯作为大众教育的代言人，他努力为工人阶级和普通大众的进步而工作。简而言之，从更大层面上来说，只要是社会所需所求，他都努力付诸实践。”[②] 赫伯特·亚当斯把大众教育看作社会改良最安全的路径。大众的启蒙及其生存环境的改善是其关注的重要论题。他平生最后一个教学任务的主题就是“美国的大众教育”。他的学生约翰·文森特（John Vincent）指出，仅就教育领域来看，在其晚年没有什么教育主题比大众教育更重要。正是在这一前提下，赫伯特·亚当斯转向英国大学推广教育。大学推广教育不仅是当时大西洋两岸大众教育运动的产物，也是赫伯特·亚当斯推行其教育民主思想、尝试解决工业社会工人阶级受教育问题的一个有效方案。

其次，从根本上说，赫伯特·亚当斯引入大学推广教育是为了实现其教育民主观念。对教育与民主的关系，赫伯特·亚当斯认为人民的教育是民主的首要任务。这一论断源自法国参议员朱尔斯·西格弗里德（Jules Siegfried）的主张，在理查德·伊利的纪念文章中提到赫伯特·亚当斯相当欣赏这一信条，把它制成一个便签放置在其办公桌上。他曾在威斯康星州历史学会做过《人民的高等教育》的主题演讲，

---

① See Herbert B. Adams, *Work Among Workingwomen in Baltimore: A Social Study* (Baltimore, J.: Murphy & Co., Printers, 1889), p. 69.

② Richard T. Ely, "A Sketch of the Life and Service of Herbert Baxter Adams," in *Tributes of Friends with a Bibliography of the Department of History, Politics and Economics of the Johns Hopkins University, 1876-1901*, ed. Herbert B. Adams (Baltimore: The Johns Hopkins Press, 1902), p. 37.

认为高等教育对所有的美国公民都是平等的，主张调动所有的教育资源包括公共学校体系、公共图书馆、学院及大学来为人民提供教育。当时在美国，人民的教育是一个广受关注的问题，针对人民究竟应受何种教育、如何接受教育等问题存在广泛讨论。这首先要解决人民的内涵和外延的问题。据李剑鸣的考证，人民的基本含义在美国包括一个国家的全体成员、组成一个社会的人们及平民大众，并不专指工人。人民在美国早期革命者那里有其寻求建立人民政权与对其保持警惕的两面性。[①] 比如被视为美国民主的缔造者的托马斯·杰斐逊（Thomas Jefferson）在推动民主的教育和教育民主方面做出了卓越的贡献，而他认为人民是暗指由拥有土地的自耕农组成的革命精英群体。[②] 作为托马斯·杰斐逊的信徒[③]，赫伯特·亚当斯一方面同样坚持人民的至高无上性，认为此时的美国随着选举权的扩大，需要人民接受教育，需要文化的普及，所以他积极倡导教育民主，认为“高等教育不是只为那些少数人的利益，而是让所有公民的子女有机会受益，不管其出身如何”[④]。另一方面，我们也不能忽视赫伯特·亚当斯进行大众教育特别是大学推广教育的目的是缓解工人阶级的暴动及其对精英群体的对抗，而这也潜在地体现了其教育民主思想的精英倾向。

在 1887 年引入大学推广教育的演讲中，赫伯特·亚当斯很好地总

---

① 参见李剑鸣《人民的定义与美国早期的国家构建》，《历史研究》2009 年第 1 期。

② 参见陈露茜《托马斯·杰斐逊教育观中的精英话语释义》，《华中师范大学学报（人文社会科学版）》2015 年第 6 期。

③ 可以说，托马斯·杰斐逊的教育普及思想很大程度上影响了赫伯特·亚当斯的教育民主思想，根据理查德·伊利的纪念文章，托马斯·杰斐逊是赫伯特·亚当斯心目中的教育英雄。See Johns Hopkins University, *Herbert B. Adams: Tributes of Friends* (Baltimore: The Johns Hopkins Press, 1902), p. 38.

④ Herbert B. Adams, *The Higher Education of the People, an Address Delivered Before the State Historical Society of Wisconsin* (Madison: State Historical Society of Wisconsin, 1891), p. 96.

结了他引入这一概念的目的："英国大学推广教育是一个最卓越的运动……（通过它）阶级和大众之间的对抗将被化解，资本和劳工将联手推进社会的发展，整个社区将会聚焦我们时代的棘手问题。在我看来，同样的效果也应在美国实现，通过我们的公共图书馆，竭尽所能地利用教育的力量。"① 在赫伯特·亚当斯的影响下，包括理查德·伊利、爱德华·贝米斯（Edward Bemis）、弗雷德里克·特纳（Frederick Turner）及詹姆斯·鲁滨逊（James Robinson）等都积极参与大学推广教育工作，特别是在约翰·康芒斯等人的积极努力下，促成了大学推广教育在威斯康星大学的重组再生。

（二）大学推广部开展劳工教育的尝试

大学推广教育在美国开展劳工教育方面经历了早期的尝试阶段和改革重组阶段。

1. 美国大学推广教育部开展劳工教育的早期尝试

尽管赫伯特·亚当斯指出大学推广教育平等地面向所有人开放，但他在美国倡导大学推广教育初期，还是针对工人阶级进行了一系列教育尝试。1888年，赫伯特·亚当斯组织了以"劳工的进步"为主题的十几场大学推广教育讲座。他本人担当首场讲座人，其题目即为《英美的工人教育运动》，其他场次的题目分别为：《美国工人需要什么》《社会主义的优势和劣势》《中国劳工及移民》《日本的劳工》《古希腊的奴隶工人》《中世纪的劳工》《中世纪的行会》《一百年前的美国劳工和制造业》《现代工业进步》《工业教育和科学慈善及有组织的自助》。这是赫伯特·亚当斯在约翰斯·霍普金斯大学比较早实施英国大学推广教育观念的尝试。② 可以说，这是美国第一次实施英国大学推广

① Lawrence Goldman, *Dons and Workers : Oxford and Adult Education Since 1850* (Oxford: Oxford University Press, 1995), p. 306.

② See Herbert B. Adams, "Public Educational Work in Baltimore," *Johns Hopkins University Studies in Historical and Political Science*, No. 17(1897): 549-550.

教育观念。[1] 而专门选择工人阶级作为受教育对象，也是赫伯特·亚当斯从英国模式中汲取的一条重要经验——通过大学推广教育来缓解精英阶层与工人阶级之间的对抗，以最大限度地提升资本与劳工的利益。虽然此后他本人并未继续发起此类活动，不过赫伯特·亚当斯号召他的学生积极进行了此类工作，比如爱德华·贝米斯、弗雷德里克·特纳等人。在他们的讲座课程中，为了吸引工人参加，还为其提供半价优惠政策。例如爱德华·贝米斯在赫伯特·亚当斯的推荐下到新建的纽约水牛城（Buffalo City）市的伍斯特公共图书馆，在那里爱德华·贝米斯和赫伯特·亚当斯的信奉者——该馆馆长约瑟夫·拉尼德（Josephus Larned）尝试开展大学推广教育与公共图书馆结合的“习明纳图书馆”[2]。爱德华·贝米斯听取其导师的意见选取了当时颇受关注的劳工问题——《资本与劳工的关系》作为讲座题目。课程采取讲座和班级讨论两种形式，每周 1 次，共 12 场。课程每次收费 2 美元，遵照英国的做法，对工人减半收费为 1 美元。[3] 最终这一实验计划取得了成功。除了约翰斯·霍普金斯大学推广部，在费城建立的美国大学教育推广协会（American Society for Extension of University Teaching）在开展劳工教育方面也做出了不少尝试。这个组织按照伦敦大学教育推广协会的理念建立，主要由基督教男女青年会、市民俱乐部和工人团体组成。1890 年成立之初即派其秘书乔治·亨德森（George Henderson）去英国考察，在乔治·亨德森返回美国后，美国大学教育推广协会遵照英国关注工人教育的传统，建立了一些针对工人的地方

---

① See David N. Portman, *The Universities and the Public : A History of Higher Adult Education in the United States* (Chicago: Nelson-Hall Inc., 1978), p. 59.

② 习明纳图书馆是一种在公共图书馆举办的、由讲座课程和班级讨论相结合的大学推广教育形式。

③ See Herbert B. Adams, *Seminary Libraries and University Extension* (Baltimore: N. Murray, 1887), pp. 24-25.

中心。最早的一个为圣蒂莫西工人中心（St. Timothy's Workingmen Center），这个中心紧邻费城钢铁厂（Pencoyd Iron Works），讲座的主要科目为化学。其他还有以英国著名比较教育家米歇尔·萨德勒命名的地方中心。米歇尔·萨德勒当时为英国牛津大学推广部的负责人，他和英国大学推广教育教师哈德逊·肖（Hudson Shaw）等一批讲师都曾受美国大学教育推广协会的邀请来美国提供讲座课程。后者为美国贫穷工人提供的关于伊丽莎白一世（Elizabeth Ⅰ）历史方面的讲座课程，取得了空前的成功，举办一次讲座有 400 名工人参加。1898 年的一份统计报告显示，这个组织有 10 个地方中心为 22 400 名工人提供讲座课程。[①]

尽管大学推广教育在为工人提供教育方面存在不少成功案例，但从总体上来看，美国大学推广教育在这一时期为工人提供教育方面依旧是失败的。对于这一点，当时的实践者及现代的研究者都是赞成的。比如赫伯特·亚当斯本人就认为英国的大学推广教育模式在美国引入初期不仅整体上是失败的，而且在吸引工人参加教育方面也是失败的。为此他还给出了自己的解释：第一，缺少适合成人的讲座教师；第二，缺少资金；第三，人民缺少足够的时间和精力来投入推广教育；第四，推广教育的管理从属于学校核心事务管理；第五，更为廉价的教育之竞争。[②] 在赫伯特·亚当斯看来，这其中最为主要的原因是美国公众对大学推广教育特别是工人教育的态度冷漠。

其他重要的原因还有劳工本身及代表劳工的工会对学院和大学教育持敌视立场，认为学院和大学是由代表工业雇主利益一方控制的，

---

① See George M. Woytanowitz, *University Extension: The Early Years in the United States, 1885-1915* (Iowa City: American College Testing Program, 1974), p. 131.

② See C. Hartley Grattan, *In Quest of Knowledge: A Historic Perspective on Adult Education* (New York: Association Press, 1955), p. 191.

根本上是不会为劳工阶级提供高等教育的。[①] 与之相对的学院和大学当局则认为劳工群体应与其他公民一样享受大学教育权利，这也是美国独特的公民平等精神的体现。从整体来看，这些因素共同使得大学推广教育在其早期开展工人教育方面失败。

2. 美国大学推广教育部开展劳工教育的改革重组

威斯康星大学在改造和重组英国大学推广教育，以及开展针对工人的教育方面起到了关键作用。在该大学引入大学推广教育早期，赫伯特·亚当斯的学生弗雷德里克·特纳积极参与此项活动，通过大学推广教育发起过多次针对工人的教育项目，不过整体效果不理想。在1892年理查德·伊利受弗雷德里克·特纳邀请来到这个大学后，他把约翰斯·霍普金斯大学对劳工运动及其教育的观念带到了这个大学。他除了引领建立美国工业关系研究中心，培养了约翰·康芒斯等一批注重劳工问题研究的专家，还亲自指导大学推广教育，把两个学生莱曼·鲍威尔（Lyman Powell）和弗雷德里克·斯皮尔斯（Frederic Speirs）带到威斯康星大学来开展大学推广教育。弗雷德里克·斯皮尔斯负责密尔沃基的工人学院（People's Institute）工作，这个学院的前身是工人阅读室，它的建立是为了平息工人的罢工和抗议行为，但由于缺少资金支持，无法吸引工人参加讲座课程，最终的成效不理想。莱曼·鲍威尔担任推广讲座教师，也遇到了类似的问题。从总体来看，在早期威斯康星大学按照英国大学推广教育理念开展的劳工教育是失败的。

转折时期是1906年，威斯康星大学在查尔斯·范·海斯的带领下，对包括大学推广教育在内的整个大学职能进行了改革重组，使得大学推广教育在服务理念的指导下得以重塑。变革主要围绕几方面：在教

---

① See Margaret T. Hodgen, *Workers' Education in England and the United States* (London: Kegan Paul, Trench, Trubner & Co., 1925), pp. 249-253.

育内容方面，摆脱原先英国大学推广教育注重博雅教育的观念，开始转向注重公共服务和实用教育。在这一时期，工会组织对待学院和大学的观念和态度出现转变。在官方的工会组织——劳联的塞缪尔·龚帕斯和约翰·康芒斯等人的促动下，工会组织和大学或学院就现实的问题，比如突出的劳工问题达成一些暂时的共识，因为塞缪尔·龚帕斯所倡导的“纯粹简单的工联主义”与康芒斯学派的“职业意识论”，在本质上具有一致性。[①] 受此影响，威斯康星州劳联和威斯康星大学于1920年合作建立了密尔沃基工人学院。除此之外，大学推广教育部还开设了专门的产业工人教育项目。在这个过程中，《威斯康星理念》一书的作者查尔斯·麦卡锡（Charles McCarthy）担当了重要角色。除了他为人所熟知的，即推动了查尔斯·范·海斯重组大学推广教育之外，作为弗雷德里克·特纳的学生，他还对劳工教育方面的大学推广教育做出很多尝试和努力。

此外，1925年在约翰·康芒斯等人支持下，威斯康星大学的一部分教师受布林莫尔学院夏季女工学校影响，建立了威斯康星大学工人学校。这个学校在其早期主要是面向非工会会员的女工，随后包括男性工人，它的办学目的是“为之前没有机会接受文化和教育的女工提供此类服务，旨在拓宽其能力，以便帮其实现更大的个体价值和社会价值”[②]。为此，学校主要提供社会科学、博雅技艺（Liberal Arts）及个人卫生及健康教育。后者主要是针对当时的劳工，特别是为经常处于恶劣的生活和工作环境中出现营养和健康问题的妇女工人而开设。包括约翰·康芒斯本人在内的康芒斯学派的重要人物如谢里杰·朴尔曼（Selig Perlman）作为这个学校早期的支持者，对这个学校早期的发

---

① 参见张友伦《关于美国工人运动史学的康芒斯-威斯康辛学派》，《南开学报》1987年第2期。

② Schultz, Dagmar, “Changing Political Nature of Workers’ Education: A Case Study of the Wisconsin School for Workers” (PhD diss., University of Wisconsin, 1972).

展起到了重要作用。

受威斯康星理念影响，最为典型的例子是加利福尼亚大学推广教育项目。1921 年，该大学建立大学推广教育劳工教育项目。该项目得到劳联的认可，是唯一一个附属于工人教育局的大学推广教育劳工项目。① 它是继威斯康星大学之后，学院和大学与劳联等官方认可的劳工组织改变之前的相互不信任甚至对立的观念，真正开启合作之路的产物。这一项目一开始并未得到工人教育局的承认，只是在对其董事会构成进行了改组，由大学和州劳联共同管理后，才得以加入工人教育局。在此之后，这一劳工教育项目取得了相当大的成就。自其创建到 1928 年，这个项目举办了 76 个班次，共招收学生 2690 人。尽管它的学生群体并不全部为工会劳工，但它确实起到了一种示范作用。正是在其影响下，劳联开始转向和大学合作，通过大学推广部发展劳工教育。1924 年，工人教育局秘书兼财务官斯宾塞·米勒在全国大学推广教育协会上发表《大学推广部与劳工教育》的演讲。斯宾塞·米勒与大学推广教育的负责人就劳工教育问题展开了广泛的讨论，他们充分肯定了大学开展劳工教育的必要性。随后全国大学推广教育协会建立了劳工教育的常设委员会推动此项工作的开展。雪城大学在 1922 年建立了类似的项目，之后还影响到了哈佛大学、麻省理工学院、塔夫茨大学、阿默斯特大学及辛辛那提大学等。②

总之，对于大学推广教育在应对劳工问题方面的成效，尽管赫伯特·亚当斯本人最初的目的是美好的，他把它看作人民的教育体系之重要组成部分，把它作为缓解当时精英群体与工人阶级之间冲突的有效手段，他主张用理智而不是骚动对抗来解决社会问题，但在美国的

---

① See Roger Daniels,"Workers' Education and the University of California,1921-1941," *Labor History* 4,No. 1(1963):4.

② See C. Hartley Grattan, *In Quest of Knowledge: A Historic Perspective on Adult Education*(New York:Association Press,1955),p. 249.

特殊语境中，其具体的实施是让人失望的。对此，波士顿学院的乔治·沃坦威茨（George Woytanowitz）给出了中肯的评价，他认为大学推广教育是中间阶级控制因工业化和城市化而引发的社会失序的一项重要手段。“从睦邻运动、劳工班级和移民课程等推广教育形式来看，这个结论是毋庸置疑的。控制这个词语是它最好的表述，因为推广讲座教师想要通过为人们提供社会如何运行的知识，并且让他们学会运用这些知识来控制骚乱……推广教育课程确实是对1890年常见的阶级冲突惧怕情绪的一种回应，但这种回应不是用军队而是用教学，不是用子弹而是用书本。最终大学推广教育作为一种压制劳工的手段或是作为缓解潜在的阶级暴力是失败的，因为参加推广教育的学生主要是中产阶级。”① 从其失败的原因分析来看，主要是由于在早期，大学推广教育致力于文化和博雅教育，加之缺少资金等因素，因此在吸引工人参加方面成效是不理想的。相对而言，参加大学推广教育的多为中产阶级，特别是妇女群体。即使在大学推广教育重组后，大学推广教育在开展劳工教育方面也是不理想的，像威斯康星大学和加利福尼亚大学的推广教育只是个别成功的案例。玛格丽特·霍金在1922年一份有关工人参加大学推广教育的调查报告中指出，在所有125个大学推广教育部的调查对象中，有69个给予回复，其中29个回应称未收集有关教育对象职业身份的数据，而这其中只有14个宣称工人参加了其项目。② 一个合理的解释是美国的人民概念是一个泛指，包括社会公众，并不专指处于不利地位的工人群体，而且这一时期美国工人教育运动才刚刚兴起，学院和大学作为保守势力的代表参与还比较少。换句话说，大学推广教育部在开展专门的工人教育方面才刚刚起步，仍处于

① George M. Woytanowitz, *University Extension: The Early Years in the United States, 1885-1915*(Iowa City: American College Testing Program, 1974), p. 153.

② See Margaret T. Hodgen, *Workers' Education in England and the United States* (London: Kegan Paul, Trench, Trubner & Co., 1925), p. 250.

试验阶段。它的快速发展只能在工人教育褪去了其激进色彩，转向适应美国当前社会主流的工人教育之时，也就是在政府和官方工会组织——劳联——积极与学院和大学合作开展工人教育之时得以实现。

结　　语

劳工问题是个复杂的社会问题，很难衡量其具体的解决成效。不过从 19 世纪 90 年代劳工问题引起社会的广泛重视起，截止到 20 世纪 20 年代，尽管不能说完全杜绝了劳工问题的出现，但这一问题整体得到了一定的改善。这主要体现在如下方面。

首先，政府专门负责劳工事务的机构逐步完善起来，包括这一时期成立的工业关系委员会，1913 年成立的专门处理劳资纠纷的调解机构、公共就业办公室等。针对劳工问题的立法也逐步完善，不仅包括州一级的立法，联邦一级的立法也取得了相当大的进展，其中最突出的就是被称为“劳工大宪章”的《克莱顿反托拉斯法》。不过需要指出的是，这一时期的劳工立法相对零散，法律数量和成效方面相对不理想。主要原因是这些劳工法律在保护劳工利益的同时，又制定了豁免条款，而这些条款又常被资方或偏向资方的法院利用。许多联邦和州的立法在具体的执行中被判违宪，使它们未能发挥应有的作用。在法院等利益团体的积极干预下，更为系统的劳工立法和劳工保障体制的建立在新政时期才得以实现。

其次，资方和劳方之间的劳资冲突整体得到了一定缓解，呈现出从原先的直接对抗到相互依附关系的转变。这其中塞缪尔·龚帕斯领导的劳联所倡导的经济工联主义发挥了重要作用，它寻求从经济方面改善工人的状况，对更为激进的工会组织和行为做法采取压制手段，使得劳联在处理劳工问题方面更为保守，更为注重集体谈判的方式。这与该时期倡导福利资本主义的企业雇主的策略不谋而合，从而为日后形成处理劳工问题的“安全阀机制”奠定了良好的基础。

最后，这一时期不管是政府还是劳方和资方都十分看重通过工人教育解决劳工问题。不仅工人教育的整体规模得到进一步发展，工人教育的手段和方法也有所拓展和进步。工人们得以提高其知识文化水平，增强其应对劳工问题的能力。这其中主要依靠政府和雇主提供的职业学校教育和培训，此外，私人函授和培训教育也为工人知识、技能的更新提供了很大保障。不过需要指出的是，上述为工人提供的职业教育和培训，实现的主要是政府和雇主的社会控制目的。正是认识到这一点，1890—1920 年才会有工人自身积极寻求由工人自己控制的独立的工人教育，旨在为本阶级的人才培养提供服务。不过这一做法最终被倡导更为保守的工人教育的劳联压制和驯服，整个工人教育落入劳联和大学控制的保守模式中。

参考文献

一、中文文献

［1］巴德. 人性化的雇佣关系——效率、公平与发言权之间的平衡［M］. 解格先，马振英，译. 北京：北京大学出版社，2007.

［2］陈达. 中国劳工问题［M］. 上海：上海书店出版社，1990.

［3］陈露茜. “社会效率”：科学管理还是社会控制［J］. 清华大学教育研究，2016，37（1）：32-37.

［4］陈露茜. 托马斯·杰斐逊教育观中的精英话语释义［J］. 华中师范大学学报（人文社会科学版），2015（6）：167-176.

［5］陈如平. 效率与民主［D］. 北京：北京师范大学，1998.

［6］迪纳. 非常时代：进步主义时期的美国人［M］. 萧易，译. 上海：上海人民出版社，2008.

［7］丁永为. 杜威与斯尼登关于职业教育的论争［J］. 中国职业技术教育，2013（9）：64-67.

[8] 杜蒙德. 现代美国 1896-1946 年 [M]. 宋岳亭，译. 北京：商务印书馆，1984.

[9] 关晶. 普洛瑟职业教育思想回顾 [J]. 江苏技术师范学院学报（职教通讯），2009，24（4）：72-77.

[10] 卡茨，科钱，科尔文. 集体谈判与产业关系概论：第 4 版 [M]. 李丽林，吴清宫，译. 大连：东北财经大学出版社，2010.

[11] 康马杰. 美国精神 [M]. 杨静予，崔妙英，王绍仁，等译. 北京：光明日报出版社，1988 年.

[12] 赖特. 筑梦——美国住房的社会史 [M]. 王旭，等译. 北京：商务印书馆，2015.

[13] 李剑鸣. 大转折的年代——美国进步主义运动研究 [M]. 天津：天津教育出版社，1992.

[14] 李剑鸣. “人民”的定义与美国早期的国家构建 [J]. 历史研究，2009（1）：110-133.

[15] 李月娥. 美国企业福利资本主义缘起的历史考察 [J]. 西南师范大学学报（人文社会科学版），2005（4）：122-127.

[16] 李月娥. 企业福利资本主义与美国社会保障制度的确立 [M]. 沈阳：东北大学出版社，2012.

[17] 刘丽华，何军. 科学管理运动兴起原因新探——从劳资互动关系看科学管理运动的兴起 [J]. 沈阳师范大学学报（社会科学版），2005，29（1）：16-18.

[18] 刘丽华. 美国工业化时期工人的工作和生活研究（1865-1917）[D]. 天津：南开大学，2003.

[19] 鲁竹书. 失业问题研究 [M]. 北京：中央图书局，1927.

[20] 路宝利. 美国中等职业教育发展的职业主义与民主主义之争：“普杜之辩”研究 [D]. 上海：华东师范大学，2014.

[21] 麦克纳尔蒂. 劳动经济学的起源与发展 [M]. 杨体仁，潘功

胜，等译. 北京：中国劳动出版社，1993.

[22] 米切尔. 美国的反省：金融如何压倒实业 [M]. 钱峰，译. 北京：东方出版社，2011.

[23] 美国劳工部劳工统计局. 美国劳工运动简史 [M]. 邢一，译. 北京：工人出版社，1980.

[24] 秦晖. "血汗工厂"辨析 [N]. 经济观察报，2010-3-8（46）.

[25] 全承相. 美国劳工问题及其治理方略 [J]. 湖南省政法管理干部学院学报，1999（3）：54-55.

[26] 邵元冲. 美国劳工状况 [M]. 上海：民智书局，1924.

[27] 沙伊贝. 近百年美国经济史 [M]. 彭松建，译. 北京：中国社会科学出版社，1983.

[28] 泰罗. 科学管理原理 [M]. 胡隆昶，冼子恩，曹丽顺，译. 北京：中国社会科学出版社，1984.

[29] 谭玉秀. 民国时期城市失业问题及其对策研究：1912-1949 [M]. 北京：人民出版社，2014.

[30] 王代潮，曾德超. 企业知识管理——理论与实务 [M]. 北京：中国大百科全书出版社，2006.

[31] 王涵. 美国进步时代的政府治理：1890-1920 [M]. 上海：上海社会科学院出版社，2013.

[32] 王希. 原则与妥协：美国宪法的精神与实践 [M]. 北京：北京大学出版社，2000.

[33] 闻效仪. 人力资源管理的历史演变 [M]. 北京：中国社会科学出版社，2010.

[34] 韦伯夫妇. 英国工会运动史 [M]. 陈建民，译. 北京：商务印书馆，1959.

[35] 维特. 事故共和国：残疾的工人、贫穷的寡妇与美国法的重构 修订版 [M]. 田雷，译. 北京：中国政法大学出版社，2016.

［36］刘绪贻，杨生茂．美国通史：第4卷［M］．北京：人民出版社，2008.

［37］张斌贤，高玲．英雄与时势：普罗泽与美国职业教育制度的奠基［J］．西北师大学报（社会科学版），2014，51（6）：5-14.

［38］张林先．大量销售方式［M］．北京：机械工业出版社，2015.

［39］张友伦，陆镜生．美国工人运动史［M］．天津：天津人民出版社，1993.

［40］张友伦．关于美国工人运动史学的康芒斯——威斯康辛学派［J］．南开学报，1987（2）：42-52.

［41］周剑云．美国劳资法律制度研究：1887-1947［M］．北京：中央编译出版社，2009.

［42］周剑云．试论美国劳资集体谈判的确立——1935年《瓦格纳法》的缘起［J］．世界历史，2009（4）：62-72.

［43］周余祥．美国铁路劳资纠纷调解机制研究——以1926年《铁路劳工法》为中心［J］．历史教学，2012（8）：38-43.

［44］周余祥．卡尔文·柯立芝政府时期美国劳资关系［D］．上海：华东师范大学，2013.

［45］周志成．美国劳工运动的衍变［J］．复旦学报（社会科学版），1992（6）：85-90.

二、外文文献

（一）期刊论文

［1］ADAMS H B. Public educational work in Baltimore［J］. Johns Hopkins University Studies in Historical and Political Science，1897（17）：549-550.

［2］ALTENBAUGH R J. "The children and the instruments of a militant labor progressivism"：brookwood labor college and the American labor college movement of the 1920s and 1930s[J]. History of Education Quarterly, 1983(4): 395-411.

[3] AUTENN M. Some phases of the sweating system in the garment trades of Chicago[J]. American Journal of Sociology 1901(5): 608-609.

[4] BEARD C A. Workers' education[J]. The New Republic, 1921 (9): 327-328.

[5] CURRARINO R. The politics of "more": the labor question and the idea of economic liberty in industrial America[J]. Journal of American History, 2006(93): 17-36.

[6] DANIELS R. Workers' education and the university of California, 1921-1941[J]. Labor History, 1963(1): 32-50.

[7] DEWEY J. Labor politics and labor education [J]. The New Republic, 1929 (57): 211-214.

[8] DWYERR. Workers' education, labor education, labor studie [J]. Review of Educational Research, 1977 (1): 180-187.

[9] EMMET B. Nature and computation of labor turnover [J]. Journal of Political Economy, 1919 (2): 105-116.

[10] FRANKEL E. Labor turnover in Cincinnati [J]. Monthly Labor Review, 1919 (3): 35-52.

[11] JUTZ J Z, SHIED F M. Workers' education, social reconstruction, and adult education [J]. Adult Education Quarterly, 1993 (2): 101-109.

[12] LYON L S. Corporation school and it place in a scheme of business education [J]. Journal of Political Economy, 1921 (9): 721-722.

[13] MAURER J H. Labor's demand for its own schools [J]. The Nation, 1922 (2985): 276-277.

[14] MUSTE A J. Some notes on workers' education [J]. New

International, 1935 (12): 23-25.

[15] ROWE N S. Corporation schooling and the labor market at general electric [J]. History of Education Quarterly, 1991 (1): 27-34.

[16] SLICHTER S H. The scope and nature of the labor turnover problem [J]. The Quarterly Journal of Economics, 1920 (2): 329-345.

[17] U. S. Department of Labor. Workers education: recent developments in adult workers' education in the United States [J]. Monthly Labor Review, 1926 (1): 91-100.

[18] WATKINSON J D. "Education for success": the international correspondence schoos of scranton, Pennsylvania [J]. The Pennsylvania Magazine of History and Biography, 1996 (4): 343-369.

(二) 著作

[1] ADAMS H B. Seminary libraries and university extension[M]. Baltimore:N. Murray,1887.

[2] ADAMS H B. The higher education of the people,an address delivered before the State historical society of Wisconsin[M]. Madison: State Historical Society of Wisconsin,1891.

[3] ADAMS H B. University extension in Great Britain[M]. Washington,D. C. :Government Printing Office,1900.

[4] ADAMS H B. Work among workingwomen in Baltimore:a social study[M]. Baltimore,J. :Murphy & Co. ,Printers,1889.

[5] ADAMS T S,SUMNER H L. Labor problem[M]. New York: Macmillan,1905.

[6] ALTENBAUGH R J. Education for struggle:the American labor colleges of the 1920s and 1930s[M]. Philadelphia:Temple University Press,1990.

[7] American Federation of Labor. Proceedings of the American

Federation of Labor[M]. Washington, D. C. : American Federation of Labor, 1919.

[8] BABSON R W. W. B. Wilson and the department of labor[M]. New York: Brentano's, 1919.

[9] BARNS W E. The labor problem: plain questions and practical answers[M]. New York: Harper & Brothers, 1886.

[10] BLISS W D P. The new encyclopedia of social reform[M]. New York: Funk & Wagnalls Company, 1908.

[11] BRAMEID T. Workers' education in the United States[M]. New York: Harper & Brothers, 1941.

[12] Bureau of Labor Statistics. Unemployment in the United States [M]. Washington, D. C. : Government Printing Office, 1916.

[13] CUROE P R V. Educational attitudes and policies of organized labor[M]. New York: Arno Press, 1926.

[14] DUBOFSKY M. Industrialism and the American worker, 1865-1920[M]. Arlington Heighs, Ill. : H. Davidson, 1985.

[15] DUBOFSKY M. U. S. commission on industrial relations, 1912-1915[M]. Washington, D. C. : University Publications of America, 1985.

[16] ELY R T. A sketch of the life and service of Herbert Baxter Adams, in Herbert B. Adams: tributes of friends with a bibliography of the department of history, politics and economics of the Johns Hopkins University, 1876-1901[M]. Baltimore: The Johns Hopkins Press, 1902.

[17] FURNISS E S, GUILD L R. Labor problems: a book of materials for their study[M]. New York: Houghton, Mifflin Company, 1925.

[18] GADELL J. Charles Allen Prosser: his work in vocational and general education[M]. Washington, D. C. : Washington University, 1972.

[19] GOLDBERG J P, MOYE W T. The first 100 years of the

Bureau of Labor statistics. bulletin no. 2235[M]. Washington, D. C. : Government Printing Office, 1985.

[20] GOULDMAN L. Dons and workers: Oxford and adult education since 1850[M]. Oxford: Oxford University Press, 1995.

[21] GRATTAN C H. In quest of knowledge: a historic perspective on adult education[M]. New York: Association Press, 1955.

[22] GROB G N. Workers and utopia; a study of ideological conflict in the American[M]. Evanston: Northwestern University Press, 1961.

[23] HODGEN M T. Workers' education in England and the United States[M]. London: Kegan Paul, Trench, Trubner & Co. , 1925.

[24] JONES A J. The continuation school in the United States[M]. Washington, D. C. : Government Printing Office, 1907.

[25] KAUFMAN B E. The origins and evolution of the field of industrial relations in the United States[M]. Ithaca: ILR Press, 1993.

[26] KETT J F. From useful knowledge to vocational education, 1860-1930[M]. New York: Columbia Teachers College, 1990.

[27] KETT J F. The pursuit of knowledge under difficulties: from self-improvement to adult education in America, 1750-1990[M]. Stanford, Calif. : Stanford University Press, 1994.

[28] LAUCK W J, SYDENSTRICKER E. Conditions of labor in American industries: a summarization of the results of recent investigations [M]. New York: Funk and Wagnalls Company, 1917.

[29] LUCIAN W C, HUGH S H. Safety movement in the iron and steel industry, 1907 to 1917, bulletin of the United States Bureau of Labor statistics[M]. Washington, D. C. : Government Printing Office, 1918.

[30] MAURER J H. It can be done: the autobiography of James Hudson Maurer[M]. New York: The Rand School Press, 1938.

[31] MCLAUGHLIN S J. The educational policies and activities of the American federation of labor during the present century[M]. New York: New York University, 1936.

[32] MITCHELL J. Organized labor: its problems, purposes, and ideals[M]. Philadelphia, Pa. : American Book and Bible House, 1903.

[33] NOFFSINGER J S. Correspondence schools, lyceums, chautauquas [M]. New York: Macmillan, 1926.

[34] PORTMAN D N. The universities and the public: a history of higher adult education in the United States[M]. Chicago: Nelson-Hall Inc. , 1978.

[35] PROSSER C A. Adult education: the evening industrial school [M]. New York: Century Co. , 1930.

[36] PROSSER C A. Short-unit courses for wage earners and a factory school experiment[M]. Washington, D. C. : Government Printing Office, 1915.

[37] STEARS M. Progressives, pluralists, and the problems of the state: ideologies of reform in the United States and Britain, 1909-1926 [M]. Oxford: Oxford University Press, 2006.

[38] TAMBOUKOU M. Women workers' education, life narratives and politics[M]. London: Palgrave Macmillan, 2017.

[39] WADLIN H. Carroll Davidson Wright: a memorial, fortieth annual report of the Massachusetts Bureau of Statistics of Labor[M]. Boston: Wright & Potter Printing Company, 1909.

[40] WATKINS G S. An introduction to the study of labor problems [M]. New York: Thomas Y. Crowell Company, 1922.

[41] WHITE H. The sweating system[M]. Washington, D. C. : Bulletin of the United States Department of Labor, 1896.

[42] Workers Education Bureau of America. Workers education in the United States: reportof proceedings-the first national conference on workers education in the United States[M]. New York: Workers Education Bureau of America, 1921.

[43] Workers Education Bureau of America. Workers' education yearbook[M]. New York: Workers Education Bureau of America 1924.

[44] WOYTANOWITZ G M. University extension: the early years in the United States, 1885-1915[M]. Iowa City: American College Testing Program, 1974.

第六章 教育与黑人平等权利的追求

众所周知，美国是一个典型的移民国家，种族成分复杂多样，尤其是随着 19 世纪末 20 世纪初新移民种族的大量涌入，种族间的矛盾和冲突不断加剧。即便是在今天，种族歧视和偏见依然很普遍，种族矛盾和冲突依然时有发生。种族问题[①]依然是美国社会一个极为突出和敏感的问题。在美国所有的移民中，非洲裔美国人是唯一被迫移民的种族。可以说，自从被强行带到美洲大陆的那一刻起，争取自由平等的权利就成为黑人生活的主旋律。查尔斯·埃尔伍德（Charles A. Ellwood）在《社会学和现代社会问题》（*Sociology and Modern Social Problems*）一书中指出，19 世纪末 20 世纪初的美国黑人面临着混血人口增多、高犯罪率、高出生率和死亡率、普遍贫困、政治地位低下等问题。美国黑人的就业和教育状况虽然略有改善，但仍然存在很大问题。同时，美国南方的各种限制性法案也阻碍了黑人平等政治权利的获得。[②] 这一时期，由于种族主义和歧视的盛行，种族隔离拓展到社会生活的方方面面，因此黑人教育也处在与白人隔离的环境之下。隔离的环境下，黑人教育发展十分艰难，与白人存在巨大的差距，但即便

---

① 在美国，种族问题主要是指占人口绝大多数的美国白人与其他少数有色人种之间的矛盾和冲突。由于非裔美国人在美国所有种族中所占比例最大，黑人的维权意识又极高，因此可以说，黑人与白人之间的冲突和矛盾成为美国种族问题的急中之急和重中之重。

② See Charles A. Ellwood, *Sociology and Modern Social Problems* (New York: American Book Company, 1913), pp. 231-258.

如此还是取得了一些进步。这些进步对于改善黑人不平等的政治、经济权利和社会地位起到了重要的推动作用。

第一节 19 世纪末 20 世纪初美国黑人生存状况

1862 年《解放黑人奴隶宣言》的颁布，以及 1865 年宪法第十三条修正案①的通过使得黑人从法律上得到了解放。获得解放的黑人似乎看到了自由平等的曙光，然而实际上，争取平等权利的道路是既艰难又曲折的。随着内战的结束，南方进入“重建时期”（Reconstruction，1865—1877 年），重建时期的主要问题是改造和重新建设战败的南方，黑人问题是其中的重点之一。在此期间，政府、教会、慈善基金会等不同组织及黑人自身为解决黑人问题进行了各方面努力，取得了一些成就。在政治方面，国会通过了旨在维护黑人公民权利的宪法第十三条、第十四条、第十五条修正案，黑人在南方各州担任了政府职务，成为州议会议员。在经济方面，种植园劳役偿债制度得以废除。尤其是在教育方面，各种类型的黑人学校得以建立，黑人学生数不断上升。到 1867 年，就连前南方邦联每个州最偏远的县里都办起了学校。② 重建时期在黑人争取平等权利方面确实取得了很大的收获，可好景不长，1877 年，北方共和党和南方民主党在总统选举中由于选票差距微小而争执不下，最终达成妥协，民主党支持共和党上台，但条件是共和党要把南方的控制权归还民主党。南北妥协标志着重建时期的结束，“作为美国历史上一个特殊的时代，即由共和党人控制着相当一部分南方区域，黑人行使着很有分量的政治权利，联邦政府承担起保护所有美

---

① 该修正案旨在废除奴隶制和强制劳役。

② 参见约翰·霍普·富兰克林《美国黑人史》，张冰姿等译，商务印书馆，1988，第 286 页。

国公民基本权利的责任——这种意义上的重建此刻走到了尽头”①。重建结束后，黑人问题被逐渐边缘化。此后，南方民主党重新掌权，白人种族主义者在南方开始了对黑人残酷的反攻倒算，黑人争取平等权利的运动遭受了沉重的打击。南方各州一系列种族隔离法案不断出台，黑人的选举权逐步被剥夺殆尽。重建时期取得的一些成就也随之消亡，黑人的处境急剧恶化。有学者甚至认为：“19 世纪的最后 10 年和 20 世纪初叶是美国黑人社会地位的最低点。”②

一、政治方面：剥夺黑人选举权运动

重建时期，黑人的政治权利有了明显提升，尤其是宪法第十三条、第十四条、第十五条修正案的颁布使得包括选举权在内的黑人公民政治权利得到一定的法律保障，但随着南北方妥协、重建结束，南方种族主义者开始反攻倒算，他们不惜一切代价，采取任何可能的手段剥夺黑人的政治权利，在南方各州掀起了一场疯狂的剥夺黑人政治权利的运动。到 19 世纪末，黑人的政治权利，尤其是选举权被一步一步地剥夺殆尽。

白人种族主义者主要通过暴力和法律等手段剥夺黑人的选举权。首先，他们采取恐怖暴力手段使黑人不敢去选举站投票。黑人投票必须使用单独票箱，而在计票时他们的选票往往是不作数的。③ 此外，19 世纪八九十年代，白人发现仅仅依靠暴力手段并不能够消灭黑人这支

---

① 埃里克·方纳：《给我自由！一部美国的历史》（上卷），王希译，商务印书馆，2010，第 740 页。

② Rayford Logan, *The Betrayal of the Negro : From Rutherford B. Hayes to Woodrow Wilson*(New York:Collier Books,1965),p. 62.

③ 参见威廉·福斯特《美国历史中的黑人》，余家煌译，生活·读书·新知三联书店，1960，第 428 页。

强大的政治力量，因此他们开始采用法律手段剥夺黑人的选举权。这一时期，用法律手段剥夺黑人选举权的现象和行为在南方极为盛行。1890 年 8 月，密西西比州召开制宪会议重新修订该州宪法，把人头税和文化测验等作为选民资格的条件，开始使用文化测验、人头税、宪法知识测验、居住期限等方法剥夺黑人的选举权。[①] 于是一大批贫穷或不识字的黑人的选举权就无情地被剥夺了。文化测验、人头税、居住期限等直接或间接地剥夺了黑人的选举权，这实际上违反了宪法第十四条、第十五条修正案。但继密西西比州之后，南方各州纷纷效仿。弗吉尼亚州（1894 年）、南卡罗来纳州（1895 年）、北卡罗来纳州（1900 年）、佐治亚州（1906 年）等都相继通过了类似的法令。到 1910 年，俄克拉何马州通过了剥夺黑人选举权的宪法修正案。至此，南方各州全部完成了剥夺黑人选举权的立法。[②]

人头税、文化测验及财产限制等手段甚至使一些贫穷或没有文化的白人也丧失了投票权，为了解决这一问题，1898 年，路易斯安那州出台了臭名昭著的"祖父条款"。该条款规定，凡是在 1866 年之前享有投票权的人或其子孙可免除文化测验等限制，享有选举权。这一条款的险恶用意昭然若揭，因为在 1866 年之前绝大多数黑人根本没有选举权，这一举措显然是在故意剥夺黑人的选举权的同时保障一些下层白人的投票权。19 世纪 90 年代除了肯塔基州和西弗吉尼亚州，所有的南方各州都制定了类似的法律。

不仅如此，在整个联邦层面也采取了纵容南方违反宪法的行为。早在 1870 年 5 月 31 日，国会曾经通过《强制法案》（*Enforcement Act*），禁止阻碍公民行使投票权的行为，要求国会选举须在联邦监督

---

① 参见南开大学历史系美国史研究室《美国黑人运动大事记（1526—1945）》（下册），南开大学历史系美国史研究室，1974，第 77 页。

② 参见南开大学历史系美国史研究室《美国黑人运动大事记（1526—1945）》（下册），南开大学历史系美国史研究室，1974，第 90 页。

之下进行。但在1894年2月美国国会却通过决议，废除1870年5月31日通过的《强制法案》中有关选举权的规定，取消了联邦法院特别执行官[①]和选举监督员的经费预算，助长了南方白人剥夺黑人选举权的嚣张气焰。1901年，国会中唯一的黑人议员乔治·怀特（George White）期满离职，此后30年国会中再未出现一名黑人议员。

除了修订宪法，增设限制黑人选举权的条文，种族主义者还采取一种被称作“白人预选会”的制度进一步剥夺黑人的选举权。1896年，南卡罗来纳实行“白人预选会”制度，规定只有白人才能在民主党预选会上投票。此后，其他各州纷纷效仿，如阿肯色州（1897年）、佐治亚州（1898年）等[②]，到1915年，北卡罗来纳州民主党禁止黑人参加预选会。至此，几乎所有南方各州都实行了“白人预选会”制。此后，南方各州的黑人选民大幅度下降。1876—1884年，路易斯安那州的黑人选票的数目减少了三分之一，密西西比州减少了四分之一，南卡罗来纳州则减少了一半。[③] 1892—1902年，亚拉巴马州国会议员选票下降了60%，密西西比州下降了69%，路易斯安那州下降了80%，佐治亚州下降了80%。[④] 选举权的被剥夺实际上使黑人沦为“二等公民”。

二、经济方面：剥削、歧视和贫困

19世纪末20世纪初，白人种族主义者除了采取各种卑劣手段剥夺黑人的政治权利外，还在经济上对黑人进行残酷的剥削、歧视和排斥，

---

① 负责监督地方选举的联邦法院官员。

② 参见南开大学历史系美国史研究室《美国黑人运动大事记（1526—1945）》（下册），南开大学历史系美国史研究室，1974，第81页。

③ See Peter M. Bergman, *The Chronological History of the Negro in America* (New York: Harper & Row, Publishers, 1969), p. 295.

④ 参见威廉·福斯特《美国历史中的黑人》，余家煌译，生活·读书·新知三联书店，1960，第430页。

使黑人处于极端贫困的境地。

种植园奴隶制被废除以后，绝大多数黑人从奴隶变成了农民，但成为农民的黑人并没有成为土地的主人，取而代之的租佃制仍然使黑人无法获得真正的独立和自由。谷物分成制（Share-Cropping）是最主要的一种租佃形式，它的主要运作模式是种植园主为黑人租佃者提供土地、种子、耕畜、肥料甚至家庭口粮，但要在收获时拿走三分之一到三分之二的收成。这样就导致黑人农民没有在经济上得到彻底解放，而是在半奴役的剥削形式下遭受极为严重的压榨。“谷物分成制一方面具有新的资本主义租佃关系，反映了奴隶占有制向资本主义农业结构的过渡；另一方面，这种过渡又是建立在对佃农的残酷剥削之上的，带有浓厚的奴隶制残余。”① 除此之外，劳役偿债制也很流行，就是以劳役的形式偿还债务，这使得刚刚摆脱奴役枷锁的黑人又戴上了经济枷锁。这些经济剥削制度直到19世纪末20世纪初还很盛行，乔尔·斯普林在《美国学校：教育传统与变革》一书中指出：“到19世纪90年代，谷物分成制和其他形式的经济剥削和法律歧视，使许多黑人发现他们的生活和奴隶没有什么两样。”②

除了农业领域的残酷剥削，黑人在就业方面也受到严重的歧视。这一时期的劳动力市场严格按种族划分，黑人受到严重歧视和排斥，很难在工厂中从事管理类的职位，或在办公室从事白领职业。1890年黑人的职业分类状况如下：约57%的黑人从事农业、渔业和采矿（而从事同类职业的本地白人为47%，外来白人为26%）；约31%的黑人从事家庭仆役（而本地白人为12%，外来白人为27%）；约6%的黑人从事制造业（本地白人为19%，外来白人为31%）；5%的黑人从事商业和运输业（而本地白人为16%，外来白人为14%）；只有1%的黑人

① 刘绪贻、杨生茂主编《美国通史》（第3卷），人民出版社，2005，第67页。

② 乔尔·斯普林：《美国学校：教育传统与变革》，史静寰等译，人民教育出版社，2010，第263页。

从事专业性较强的专门职业（而本地白人为 6%，外来白人为 2%）。[①]通过这些数据可以看到，约 88%的黑人主要从事农业、渔业、采矿及家庭仆役等技术含量低、收入少的行业，只有 11%的黑人从事制造业、商业和运输业等技术含量相对较高、收入较多的行业，而能够从事专业性要求比较高的专门职业的黑人仅仅只有 1%。与白人相比，无论是本地白人还是外来白人，他们从事低层次职业（如农民、家庭仆役）的比例要远远小于黑人，从事较高层次职业（如制造业、商业和运输业）的比例又远远高于黑人，从事专门职业的比例也超过黑人。这就表明，相对于白人而言，这一时期黑人主要从事技术含量低、收入少的职业。

在就业方面，黑人不仅受到雇主的歧视，还受到工会的排斥，大量的工会在章程里或实践中排斥黑人，其中最有代表性的就是劳联。成立之初，美国劳联对待黑人的态度还比较友善，欢迎黑人加入，但到 19 世纪末 20 世纪初，劳动力市场急剧变化，劳联也逐渐发展成代表技术或半技术行业工人利益的组织。其领导人日益堕落，与白人雇主合作排斥黑人。威廉·福斯特（William Foster）在《美国历史中的黑人》一书中指出："以行业工会为基础的美国劳工联合会强调白人沙文主义，并且强调在技术行业和工人运动中排斥黑人。"[②] 劳联所属组织——美国铁路工人工会就在章程里规定："任何品质优良的在铁路系统中工作的白人都可申请入会。"[③] 这样的规定就把有色人种排斥在工会的大门之外，全国有色人种进步协会（National Association for the

---

① See Peter M. Bergman, *The Chronological History of the Negro in America* (New York: Harper & Row, Publishers, 1969), p. 304.

② 威廉·福斯特：《美国历史中的黑人》，余家煌译，生活·读书·新知三联书店，1960，第 404 页。

③ 威廉·福斯特：《美国历史中的黑人》，余家煌译，生活·读书·新知三联书店，1960，第 391 页。

Advancement of Colored People）的统计显示，全国建筑行业中黑人学徒还不到百分之一。实际上，工会对黑人的排斥不仅是一个自愿结社的私人问题，更是黑人取得公平就业机会的一个根本性的社会障碍。[①]由于工会在许多行业中掌握着对工人的学徒培训和雇佣权，如建筑、印刷、铁路等，而工匠的工资又远远高于没有技术的工人，于是被长期排除在这些技术性工种之外的黑人阶层就失掉了一个潜在的高收入来源。[②]

一些白人雇主和工会不仅想方设法地排斥黑人，还刻意制造黑人与白人之间的矛盾和冲突。许多雇主和工会组织雇佣黑人充当白人工人罢工的破坏者，利用黑人对白人工人进行牵制。A. 菲利普·伦道夫一针见血地指出："黑人与白人工人间不是因为彼此仇恨而相互斗争，而是相互斗争使得他们彼此仇恨……他们互相畏惧则是因为他们都受到了蛊惑：以为对方在想方设法夺走自己的工作。"[③] 工会和雇主的这种挑拨行为直接导致了种族间的严重暴力冲突。1917 年，东圣路易斯某铝矿公司的工人举行罢工，罢工工厂招募黑人充当破坏者的行为引起了一场严重的种族流血事件。一场烈火吞没了整个黑人居民区，烧毁了价值 700 万美元的财物，1 万名黑人居民无家可归，200 多名黑人及 8 名白人丧生。[④]

---

① 参见乔安妮·格兰特《美国黑人斗争史》，郭瀛等译，社会科学出版社，1987，第 544 页。

② 参见乔安妮·格兰特《美国黑人斗争史》，郭瀛等译，社会科学出版社，1987，第 550 页。

③ 乔安妮·格兰特：《美国黑人斗争史》，郭瀛等译，社会科学出版社，1987，第 545 页。

④ 参见乔安妮·格兰特《美国黑人斗争史》，郭瀛等译，社会科学出版社，1987，第 537 页。

三、社会生活方面：种族隔离制度

“白人优越论”的观念在美国由来已久，长期以来白人一直持有一种道德和文化上的优越感，自认为其文化、制度、信仰、道德比其他族群更优越。从殖民地时期直到现代，种族主义和宗教排斥一直是某些欧裔美国人所信奉的共和主义、民主平等信念的组成部分。[①] 在白人种族主义者的潜意识中，一直将黑人列为被统治的对象。为了维护自己的“优越”，避免被黑人“污染”，种族主义者除了积极地剥夺黑人的政治权利，还极力剥夺黑人的社会权利，使之处于与白人隔离的境地。埃里克·方纳指出：“种族隔离不仅仅是一种将种族分离的形式，它是白人全面统治制度的一个组成部分……种族歧视的核心思想不仅仅是将种族隔离，而是保证当黑人与白人进行交往时，无论是在政治、劳工关系还是在社会生活中，白人总是要胜出黑人一筹。”[②]

其实种族隔离由来已久，只是随着南方重建的结束，白人种族主义者重新掌权，种族隔离和种族歧视在南方进一步扩大。种植园奴隶制被废除后，南方各州纷纷将臭名昭著的《黑人法典》[③] 写入《宪法》，试图剥夺黑人在内战中获得的一些政治和社会权利，使他们重新处于被奴役的境地。虽然重建时期激进的共和党将《黑人法典》废除，但是随着南北方的妥协、重建的结束，南方种族主义者重新掌权，他们重新对黑人实行种族隔离的制度。

---

① 参见乔尔·斯普林《美国学校：教育传统与变革》，史静寰等译，人民教育出版社，2010，第 7 页。

② 埃里克·方纳：《给我自由！一部美国的历史》（上卷），王希译，商务印书馆，2010，第 830 页。

③《黑人法典》规定解放后的黑人不能享有选举权，不能充任陪审员，不能担任教士，黑人与白人不能通婚，黑人不得携带武器，未经召唤不得靠近白人。

19 世纪末，南方各州制定了一系列的法律和法规限制黑人的权利，并且在社会生活的各个层面公开实行对黑人的种族歧视。这些成文或不成文的规定最终汇集成一个全面的种族隔离制度，即《吉姆·克劳法》(*Jim Crow Laws*)[①]。1873 年，全国有色人种代表大会向国会提交《呈国会之民权请愿书》，呼吁国会采取行动保护黑人在享受公共交通车辆、旅店、其他公共设施、休闲娱乐场所，以及其他民权时，不受令人憎恨的另眼相看。[②] 然而，这并没有起到任何作用。1881 年田纳西州制定了第一个种族隔离法，允许在火车和其他公共交通上实行种族隔离制。此后，其他各州也纷纷效仿，如佛罗里达州（1887 年）、得克萨斯州（1889 年）、亚拉巴马州（1891 年）等。到 19 世纪末 20 世纪初，学校、居住区、各种公共场所，甚至是公墓，都实行种族隔离制。种族隔离波及社会生活的各个方面，包括婚姻、教育、居住、旅行等，黑人从摇篮到坟墓都受到隔离。[③] 托马斯·索威尔（Thomas Sowell）在《美国种族简史》中指出："1877 年的政治妥协之后，随着联邦军队的撤走和南方地方政府的重新上台，黑人参政权及其各项民权受到限制。其后几十年中，虽然各地情况不一，但南方黑人的境遇却一直在倒退，终于在 19 世纪末 20 世纪初达到极点，到处出现了各种隔离法律和歧视做法。"[④]

在隔离的条件下，黑人与白人处于不平等的地位，处境极为恶劣。随着城市化的发展，这一时期很多黑人迁徙到城市中，但由于种族歧

① 吉姆·克劳（Jim Crow）一词源于美国的一种歧视、嘲笑黑人的戏剧形式，后来逐渐成为歧视、贬低黑人的代名词。1876—1965 年美国特别是南方通过了一系列在公共场所对黑人实施种族隔离的法律，统称为《吉姆·克劳法》。

② 参见乔安妮·格兰特《美国黑人斗争史》，郭瀛等译，社会科学出版社，1987，第 173 页。

③ 参见祝贺、张斌贤《美国公共教育种族隔离合法性的确立：普莱西案始末》，《四川师范大学学报（社会科学版）》2013 年第 2 期。

④ 托马斯·索威尔：《美国种族简史》，沈宗美译，中信出版社，2011，第 211 页。

视和种族隔离的存在，他们必须居住在与白人隔离的地方。由于就业歧视、经济贫困及选择居住区的限制，黑人街区大多是一些又小又挤又不卫生的贫民窟。这导致黑人健康状况下降、死亡率升高、青少年犯罪情况严重。有学者指出，居住隔离使美国大多数黑人处于主流社会的边缘，并且使黑人贫困持久化，加速了黑人经济地位的下降，使黑人陷入贫困的隔离居住环境不能自拔。① 在这一制度的约束下，黑人的政治、经济、社会权利基本被剥夺殆尽，种族隔离的恶劣影响不亚于奴隶制时期的《黑人法典》。

四、恐怖暴力活动的猖獗：三 K 党和私刑

更为严重的是，种族主义者还采取了杀戮和肉体摧残的方式来压制黑人。各种种族主义恐怖暴行极端猖獗，特别是在南方。其中最有代表性的群体暴力行为来自“三 K 党”②，该组织成立于 1865 年，由一批奴隶主、前邦联军队军官组成。三 K 党的目的在于通过残酷虐杀等恐怖、暴力手段来阻止黑人行使政治权利，剥夺黑人的选举权。除了对黑人进行伤害、残杀，他们还残忍地杀害南方激进的共和党人及支持黑人的白人开明人士，使整个南方处于恐怖气氛的笼罩之下。“三 K 党在夜间从一个县到一个县横行无忌。他们所到之处，城镇中一片恐怖，他们无端劫掠、鞭笞、奸淫和屠杀我们的人，强迫有色人在肯塔基河破冰然后浸入冰凉刺骨的水中。”③

除此之外，白人种族主义者反攻倒算的手段中最为惨绝人寰、臭

---

① 参见胡锦山《美国城市种族居住隔离与黑人贫困化》，《史学月刊》2004 年第 1 期。

② 三 K 党（Ku Klux Klan，缩写为 KKK），是美国历史上的一个奉行白人至上主义的民间组织，也是美国种族主义的代表性组织。

③ 乔安妮·格兰特：《美国黑人斗争史》，郭瀛等译，社会科学出版社，1987，第 16 页。

名昭著的就是私刑（Lynch）。所谓私刑就是不论黑人是否真正有罪，通过非法的程序，当众处置黑人囚犯，其残酷手段包括挖眼、割舌、烧死、绞刑等，手段之残忍令人发指。私刑是美国种族主义者残害黑人的极端暴力行为之一，1900—1914 年有记载可查的私刑事件多达 1079 起。[①] 1882—1927 年，有案可查的有 3513 名黑人受到私刑。不仅在南方，在北部的黑人也同样受到严重的歧视和排斥，私刑和暴动也十分常见。1908 年，伊利诺伊州斯普林菲尔德暴动导致 2 名黑人受私刑，4 名白人被杀，75 名黑人受伤。50 份起诉书控告进行私刑的暴民领袖，却无一人受到惩罚。[②] 19 世纪最后的 16 年，私刑多达 2500 多起，绝大多数针对黑人。进入 20 世纪的第一年，就有 100 多名黑人遭到私刑的迫害，到一战爆发前，受害人数猛增至 1100 多人。在 20 世纪，私刑一直是美国惩治制度中一个非法却依旧重要的组成部分。[③]

重建结束到 19 世纪末 20 世纪初，选举权及其他政治权利的被剥夺，经济上的剥削和压迫，就业方面的歧视，种族隔离的进一步扩大，三 K 党、私刑及各种暴力活动的猖獗等都对黑人的政治、经济等社会权利和生命安全造成严重威胁，使黑人处于极端不利的处境之中。

总之，这一时期无论是在政治、经济还是社会生活方面，黑人都远远落后于白人。重建时期黑人在政治、经济、教育等方面取得的一些成就已经被剥夺殆尽，黑人的处境达到了奴隶制废除以来的历史最低点，黑人问题的解决已经到了最紧迫的时刻。此外，不可否认，黑人与白人在政治权利、经济条件、社会地位等方面的不平等，首先与

---

① 参见南开大学历史系美国史研究室《美国黑人运动大事记（1526—1945）》（上册），南开大学历史系美国史研究室，1974，第 92 页。

② 参见乔安妮·格兰特《美国黑人斗争史》，郭瀛等译，社会科学出版社，1987，第 189 页。

③ 参见约翰·霍普·富兰克林《美国黑人史》，张冰姿等译，商务印书馆，1988，第 374 页。

历史原因有关。黑人刚摆脱奴隶身份不久，各方面基础都很薄弱，但实际上，最根本、最直接的原因在于种族歧视和偏见。许多白人根深蒂固的种族优越论和种族主义观念才是非裔美国人争取平等权利的真正障碍，黑人自身为了摆脱这一处境，实现与白人平等的权利做出了艰苦的努力。与此同时，政府、教会和慈善基金会等组织也积极投入到这一伟大而正义的事业中，为解决黑人问题做出了巨大的努力。

第二节　社会各界解决黑人问题的努力

在解决黑人问题的过程中，政府、教会、慈善基金会及黑人自身都采取了一系列措施。一方面，黑人自身通过组织逃离南方的迁徙运动、抵制种族隔离，以及与三 K 党和私刑做斗争的方式，努力改善自身的社会处境，争取与白人平等的政治、经济权利。黑人领袖在这个过程中起到了关键性的作用。另一方面，黑人也得到了很多重要的外部援助。政府、教会、慈善基金会等组织都积极参与到帮助黑人争取平等权利的过程中，并且做出了巨大的努力。随着时代的发展，黑人争取平等权利的斗争不断成熟起来。到 19 世纪末 20 世纪初，面对更加严峻的外部形势，无论是在政治领域、经济领域还是社会生活领域，一些有组织的、大规模的斗争运动都纷纷开展起来。不仅如此，一些较为激进的黑人领袖还积极致力于争取完全的公民资格。

一、政治领域的斗争和努力

在政治领域，通过与人民党的积极合作黑人获得了一些政治认可和权利，但可惜的是，这一运动只是昙花一现，持续的时间并不长。联邦政府在维护黑人政治权利方面也做出了很多积极的努力，比如通过国会立法，修改宪法、联邦最高法院的司法判决等途径保障黑人的选举权。

（一）黑人与人民党运动

人民党或人民党运动兴起于 19 世纪八九十年代，农场主和农民联盟在人民党的形成过程中起到了重要的推动作用。由于垄断资本的冲击以及对两党的失望，农民联盟开始将注意力转移到政治斗争方面，他们迫切希望建立代表自己利益的政党。1892 年，人民党在圣路易斯市成立，主要由农民、工人、城市中产阶级等组成。南方农民联盟[①]的附属机构全国有色农民联盟（National Colored Farmer's Alliance）加入人民党，成为其中的重要组成部分。在政治方面，为了争取黑人在政治上的支持，联盟领袖主张与黑人合作，维护黑人的选举权及其他政治权利，反对私刑。

随着对共和党幻想的破灭，黑人也赞成成立一个全国性的第三党，并且支持人民党参与总统竞选。在参与人民党活动期间，黑人的政治代表权得到一定的承认。人民党有两项基本施政纲领："保证实行自由投票选举；根据给人民提供土地、棉花等物的保证，要求分配给他们现金。随此而实行的经济方面的纲领是应允平等分配国家的通货，按低利付息。"[②] 其中，第一条纲领在某种程度上付诸了实践。在 1891 年召开的人民党第一次全国代表大会上，有两名黑人被选为人民党得克萨斯州执行委员会委员。其他各州也纷纷效法，把黑人选入人民党的委员会或人民党和农民联盟的全国代表大会代表。人民党也因此在南方得到黑人的大力支持。在 1894 年竞选中，人民党获得 1 523 979 张选票，其中至少有 50% 是黑人投的。可好景不长，由于南方种植园主和

① 1875 年，南方农民联盟在得克萨斯州成立，这是一个由白人领导的，由小农、农场工人、农村机械手、教师、医生等组成的机构。

② 乔安妮·格兰特：《美国黑人斗争史》，郭瀛等译，社会科学出版社，1987，第 181—182 页。

垄断资本家的破坏瓦解，人民党于1900年退出了历史舞台。[①]

（二）联邦政府机构的努力

在黑人政治权利尤其是选举权的保障方面，联邦政府做出了一系列积极的努力。早在1869年国会就通过了宪法第十五条修正案，规定合众国公民的选举权，不得因种族、肤色或以前是奴隶而被合众国或任何一州加以拒绝和限制。虽然其在具体的执行过程中存在很多问题，但是在一定程度上保护了黑人的选举权。1890年6月，众议员亨利·洛奇向国会提交了一份关于对全国大选进行联邦监督的法案，要求如果有特定数量的选民请愿，那么联邦有权任命代表两党的联邦监督员监督地方的投票事宜。监督员拥有确定投票者资格、投票箱安置地点的权力。该法案以155∶149的微弱优势，在国会获得通过。其初衷在于避免地方通过文化测验、税收、将投票箱安置在远离黑人的地区等各种限制条件剥夺黑人的投票权，在一定程度上保护了黑人选民的选举权。[②]

除了国会立法或修改宪法的途径，联邦最高法院的司法判决也是保护公民政治权利的一条重要的司法途径。1910年，俄克拉何马州故意设计的限制黑人投票权但同时保障下层白人投票权的宪法修正案——“祖父条款”几乎剥夺了所有黑人公民合法的选举权。俄克拉何马州黑人公民弗兰克·吉恩（Frank Guinn）对此做出了抵抗。他认为，俄州的“祖父条款”违宪，于是向联邦最高法院提出控诉。最高法院接受并审理了此案，这就是著名的吉恩诉美国案（Guinn v. United States）。1915年，联邦最高法院做出判决：俄克拉何马州宪法中的

---

① 参见威廉·福斯特《美国历史中的黑人》，余家煌译，生活·读书·新知三联书店，1960，第418页。

② See Peter M. Bergman, *The Chronological History of the Negro in America* (New York: Harper & Row, Publishers, 1969), p. 305.

“祖父条款”与宪法第十五条修正案相抵触，因此是无效的。[①] 这一判决不仅废除了俄克拉何马州的“祖父条款”，还影响到亚拉巴马、佐治亚、路易斯安纳、北卡罗来那、弗吉尼亚等州宪法中类似的规定，在一定程度上维护和保障了黑人的选举权。虽然“祖父条款”被废除后，各州又采取其他的法律手段限制黑人的选举权，但是这一判决意味着最高法院关于种族问题态度的大转变。在此之前，最高法院将种族问题视为州的管辖范畴，尽量减少干涉，而这一判决就意味着联邦最高法院打破了原先保守的气氛，开始将包括选举权在内的重要公民权利纳入宪法修正案的管辖范围内，使联邦政府有效地承担起公民权利保护者的角色。[②] 此后，在全国有色人种进步协会的组织推动下，黑人借助最高法院的司法权威，又取得了一些争取平等选举权的胜利。如 1944 年，在史密斯诉奥尔赖特案（Smith v. Allwright）中，最高法院判决得克萨斯州民主党在 1932 年 5 月 24 日州代表大会上不准黑人参加预选会的事件，违反宪法第十五条修正案。[③] 这一系列的举措最终促使国会在 1965 年通过《选举权法》（*The Voting Rights Act of 1965*），禁止各州通过识字能力测验或人头税剥夺公民的选举权。

二、经济领域的斗争和努力

在致力于改善黑人经济状况的努力中，既有个体的努力也有社会组织的努力。著名黑人领袖布克·华盛顿主张黑人应采取温和的斗争路线，先提升自身的经济地位。他坚信只要黑人的经济状况得到改善，

---

① See Guinn v. United States, 238 U. S. 347-368(1915).

② 参见李传利《论美国最高法院与黑人选举权的平等保护》，《历史教学》2009 年第 2 期。

③ 参见南开大学历史系美国史研究室《美国黑人运动大事记（1526—1945）》（下册），南开大学历史系美国史研究室，1974，第 120 页。

就会得到白人的认可，进而获得政治权利，提升自身的社会地位。此外，一些黑人工会、农业和商业联盟及社会服务性组织也在促进黑人经济地位改善方面做出了积极的努力，发挥了重要的作用。

（一）布克·华盛顿致力于改善黑人经济地位的努力

在非洲裔美国人争取自由平等权利的过程中，黑人领袖起到了重要的组织和引导作用。他们当中最有代表性的两位分别是布克·华盛顿和威廉·杜波依斯（William E. B. Dubios）。

布克·华盛顿是19世纪末20世纪初美国著名的黑人领袖，他出生于弗吉尼亚州富兰克林县的一个黑人奴隶家庭。虽然身为奴隶，但他自学了阅读和写作。16岁时，布克·华盛顿来到弗吉尼亚州的汉普顿师范和农业学院（简称汉普顿学院）接受教师培训，师从著名黑人领袖塞缪尔·阿姆斯特朗（Samuel Chapman Armstrong）。塞缪尔·阿姆斯特朗对布克·华盛顿产生了很大影响，1881年，在塞缪尔·阿姆斯特朗的推荐下，布克·华盛顿被任命为亚拉巴马州塔斯基吉师范和农业学院（Tuskegee Normal and Agricultural Institute，简称塔斯基吉学院）的校长。布克·华盛顿在塔斯基吉学院期间的办学理念基本承袭他的老师，他大规模开展职业技术教育，致力于培养黑人的职业技能，改善黑人的经济状况，进行了一系列以塔斯基吉学院为中心的努力，后来形成了著名的“汉普顿-塔斯基吉模式”。

1895年，布克·华盛顿在亚特兰大产棉州国际博览会（Atlanta Cotton States and International Exposition）上发表了著名的“亚特兰大演说”，从此受到广泛关注，成为美国黑人的代言人。在这个讲演中，布克·华盛顿讲述了著名的“就地取水”的故事。他一方面告诉黑人“扔下你们的水桶来”——扔到我们周围那些愿以各种人道的方式同我们交朋友的各族人民当中来，扔到农业、工业、商业等国内各种行业和各种职业中来。也就是说，黑人不必枉费精力向非洲移民或与白人抗衡，而是尽量利用现有条件改善与白人的关系，委曲求全以获得自身地位的改善。另一方面他也劝告白人“扔下你们的水桶来”——扔到800万诚实、勤劳的黑人中来。也就是说，南方白人统治阶层也要就地汲水，充分利用当地丰富的黑人劳力，而不必去援引万里之外的欧洲移民。[①] 然后他用一个比喻形象说明了黑人的妥协：“在一切纯粹是社会的事情上，我们可以像五个手指一样各自分开，但在一切对我们的共同发展有利的事情上，我们就像一只手一样，是一体的。”[②] 关于博览会上的演讲的主旨，布克·华盛顿在自传中指出：“我试图强调这一事实，尽管（白人）不应该用不公平的手段剥夺黑人的公民权，但仅凭政治上的鼓动还不足以解救黑人。在选票的背后，黑人必须有财产、工业、技术、经济、知识和道德的支撑。任何缺失了这些要素的种族，绝不可能获得永久的兴盛。我讲道，国会的这笔拨款对两个种族做出了真实而永久的贡献，而且这还是自内战结束以来第一次有这种难得的良机。”[③] 在当时南方艰难的环境下，布克·华盛顿的演讲既迎合了南方白人的需要，又体现了绝大多数黑人的心声，因此得到了广泛的支持。

总而言之，布克·华盛顿关于非洲裔美国人争取平等权利的基本主张是：“以黑人自救为核心，以黑人暂时放弃追求政治权利为前提，以繁荣黑人经济为根本，以发展黑人工业教育为手段，以种族融合为目标的政治思想，要求黑人种族通过勤奋的劳动，勤俭节约的生活方式，踏实的工作态度和基督教人格的塑造来最终获得美国宪法赋予每

---

① 参见布克·T. 华盛顿《亚特兰大博览会上的演讲》，载乔安妮·格兰特《美国黑人斗争史》，郭瀛等译，社会科学出版社，1987，第212—213页。

② Booker T. Washington, *Up from Slavery—An Autobiography* (Auckland: The Floating Press, 2009), p. 236.

③ Booker T. Washington, *Up from Slavery—An Autobiography* (Auckland: The Floating Press, 2009), pp. 222-223.

个美国公民的各种权利。”①

（二）黑人工会、农业和商业联盟等组织的努力

美国内战后，参加或组织工会、农业或商业联盟是黑人在经济领域进行斗争，反抗剥削和压迫的主要形式之一。在黑人经济条件的改善方面，一些社会服务性组织也起到了重要作用。虽然很多工会、农业或商业联盟对黑人存在歧视和偏见，出于自身利益的考虑排斥黑人（如劳联），但是有些工会还是欢迎黑人加入的，黑人甚至组建了自己的工会、农业或商业联盟，如劳动骑士团、劳工协会、全国有色农民联盟、全国城市联盟等，这些社会组织在解决黑人经济问题方面起到了重要的作用。

1. 工会组织

劳动骑士团成立于 1869 年，是一个愿意吸收黑人的工会，成为内战后吸收黑人最多的工会组织。1885 年，劳动骑士团的全国大会建议南方每州成立一个黑人组织。骑士团的地方分会中，有的是黑白人混合的，有的是单独把黑人组织起来的。1886 年，大量黑人报名参加劳动骑士团，黑人会员数达到近 6 万人。1888 年，又有 3 万名黑人加入骑士团，黑人会员数增至 9 万人，但之后骑士团逐渐衰落下去。

1869 年，劳工协会在菲拉德尔菲亚城成立，主张不分种族、性别或行业把所有的工人都组织起来，号召“一人受害，万人关怀”②。虽然劳工协会没有针对黑人的就业问题采取坚定的政策，也没有针对黑人问题的解决提出任何建设性的纲领，但是劳工协会欢迎黑人入会，试图把黑人组织起来，黑人也积极参加劳工协会并在其中起到重要作用。1886 年，估计有 6 万—9 万的黑人参加协会，这一比例比 20 世纪

① 赖凡：《布克·T. 华盛顿的政治思想与美国黑人运动》，硕士学位论文，重庆师范大学，2010，第 1 页。

② 威廉·福斯特：《美国历史中的黑人》，余家煌译，生活·读书·新知三联书店，1960，第 398 页。

60 年代美国劳联中黑人会员的比例还要高。① 1886 年，劳工协会全体会议在弗吉尼亚州里士满城举行，大约有 18 名黑人出席会议。由于旅馆歧视黑人，参加会议的整个代表团集体搬出，以示抗议。威廉·福斯特认为："尽管劳工协会的许多工作人员抱有白人沙文主义的态度，这个组织代表了工人所能做到的黑、白人的最大限度的团结。它也代表了在抵御雇主进攻方面工人阶级所采取的最有效的立场。"② 后来劳工协会不断扩充，1886 年达到顶峰，会员达 60 万人，成为当时世界上最大的劳工组织，此后由于种种原因劳工协会日趋衰落。到 1895 年，劳工协会的活动基本停滞。

2. 农民联盟组织

种植园主和垄断资本家的残酷压榨和剥削迫使黑人参加农民联盟组织，其中最有代表性的农民联盟是南方农民联盟。虽然南方农民联盟是一个白人领导的联盟，也没有制定专门的黑人纲领，甚至在章程中还拒绝黑人加入，但在实际活动中，它并不排斥黑人，甚至是维护黑人权利的一个特殊力量。③ 南方农民联盟主张与黑人合作，共同对抗南方种植园主及其他压榨性的垄断经济组织。南方农民联盟最盛的时候有 300 万成员，其中黑人就有 125 万。1886 年，南方农民联盟的附属组织全国有色农民联盟及其合作协会的成立，得到黑人农业劳动者的普遍支持。全国有色农民联盟的宗旨之一是：通过爱国爱家的教育提高美国有色人种的认识。④ 黑人在全国有色农民联盟中拥有很大的自

---

① 参见威廉·福斯特《美国历史中的黑人》，余家煌译，生活·读书·新知三联书店，1960，第 399 页。

② 威廉·福斯特：《美国历史中的黑人》，余家煌译，生活·读书·新知三联书店，1960，第 400—401 页。

③ 参见威廉·福斯特《美国历史中的黑人》，余家煌译，生活·读书·新知三联书店，1960，第 414 页。

④ 参见威廉·福斯特《美国历史中的黑人》，余家煌译，生活·读书·新知三联书店，1960，第 418 页。

主权和独立性。1891年，全国有色农民联盟里的黑人组织了南方各州采棉工人的罢工运动，影响广泛。

3. 商业联盟组织

1900年，布克·华盛顿在波士顿召集了来自34个州的400名黑人商人，成立了全国黑人商业联盟（National Negro Business League），试图把黑人商业组织联合起来开展经济领域的自助。布克·华盛顿当选为全国黑人商业联盟的第一任主席。该联盟的目标是："尽我们所能，告知全世界，黑人在全国各地正在取得进步，并且通过年会或者其他任何被认为明智的方式促进地方商业企业的发展；为了实现促进各地商业发展的目的，在这些组织被视为是必要和明智的地方，鼓励其商业组织的发展。"① 该联盟的"经济发展""独立""自救"和"种族自豪感"等信念，对联盟成员形成了极大的鼓励。在布克·华盛顿的倡导下，全国黑人商业联盟在全国各地设立分支机构，创办银行、保险公司，开设仓库、蔬菜店等非生产性企业。② 到1907年，全国黑人商业联盟在全国共有320个分会。③ 到19世纪末，黑人已经能够从事各种类型和规模的商业企业活动，如食品杂货店、日常用品商店、药店、饭店、糖果店、面包店、裁缝店、棉纺厂、木材厂等。虽然黑人商人所取得的成就与同时期的白人还相差很远，但具有重要意义。④

---

① National Negro Business League, *Proceedings of the National Negro Business League: Its First Meeting, Held in Boston, Massachusetts, August 23 and 24, 1900* (Boston: J. R. Hamm, Publisher, 1901), p. 8.

② 参见南开大学历史系美国史研究室《美国黑人运动大事记（1526—1945）》（下册），南开大学历史系美国史研究室，1974，第83页。

③ See Peter M. Bergman, *The Chronological History of the Negro in America* (New York: Harper & Row, Publishers, 1969), p. 351.

④ 参见约翰·霍普·富兰克林《美国黑人史》，张冰姿等译，商务印书馆，1988，第343页。

4. 社会服务性组织

1910年，得克萨斯农民改善协会（Farmers Improvement Society of Texas）成立。该协会首先改善了奥克兰地区农村黑人的居住条件，然后将计划拓展到改进农业方法、提升医疗卫生条件和死亡福利、提供商业合作等。后来，该协会发展至一个拥有21 000个成员、年产值50 000美元的合作企业，以及农业学院和银行等附属机构的组织。[①] 该协会还席卷了整个得克萨斯州，并且传播到俄克拉何马州和阿肯色州。

1911年，改善黑人城市生活委员会、纽约改进黑人就业状况委员会和全国保护有色人种妇女联盟合并，成立了全国改善黑人城市生活联盟（National League on Urban Conditions Among Negroes），简称全国城市联盟。该联盟是白人领导的，黑人与白人合作的组织，专门负责解决黑人的经济问题，不过问政治权利方面的问题。全国城市联盟试图帮助黑人获得更多的就业机会，帮助新到来的城市黑人移民适应城市生活。全国城市联盟在很多大城市都开办了分支机构以满足黑人城市移民的需要，帮助他们找工作和租房子，提供如何适应城市生活的信息。该联盟还发起了培训年轻黑人男性和女性从事社会工作的项目，为纽约慈善学校的学生建立全额奖学金，为在联盟的全国办公室接受在职培训的黑人建立部分奖学金。[②] 全国城市联盟在帮助黑人就业，改善黑人居住条件、学校设施、公共场地、卫生条件等方面做出了重要贡献。

劳动骑士团、劳工协会、全国城市联盟主要致力于解决黑人的经济问题，对黑人争取平等的政治权利，避免遭受种族歧视和隔离、三K党暴行等都没有过多的关注。全国有色农民联盟后来加入人民党，成

---

① See Peter M. Bergman, *The Chronological History of the Negro in America* (New York: Harper & Row, Publishers, 1969), p. 363.

② See Peter M. Bergman, *The Chronological History of the Negro in America* (New York: Harper & Row, Publishers, 1969), p. 365.

为其中的重要组成部分，在为黑人争取政治权利方面做出了积极的努力。

此外，在银行领域，黑人也取得了一些成就。1888 年，第一家完全由黑人管理的银行——大喷泉忠诚改革者联合会储蓄银行，在里士满成立。同年，华盛顿资金储蓄银行成立。1889 年，查塔努加互助银行与信托公司和亚拉巴马零钱储蓄银行成立。到 1914 年，有将近 55 家黑人银行被建立起来。由于黑人商业企业和贸易规模的局限，大多数黑人银行得不到足够的存款，寿命都很短暂，但是这些银行体现了黑人为吸取其他美国人的商业理想和社会价值观从而使自己更彻底地被同化所做的一种努力。[①] 银行作为融资机构，能够为商业企业的发展提供强大的资金支持，黑人银行的成立有利于黑人商业企业摆脱白人银行资金的限制，促进黑人商业企业的自由发展。

三、社会生活方面的斗争和努力

（一）黑人教会和各种兄弟会、福利协会的努力

在社会生活方面，黑人教会致力于黑人慈善事业的发展，为黑人社区提供社会服务，在改善黑人生存状况方面做出了突出贡献。教会的主要服务对象是贫民窟和监狱。教会在北方和南方的黑人贫民窟里设立传教机构，建立日托所、孤儿院、养老院等，改善黑人社区的条件。在亚特兰大，H. H. 普罗克特（H. H. Procter）的公理会建立了日托花儿所、幼儿园、体育馆、音乐学校、职业介绍所和圣经学校。马萨诸塞州公理会的斯普林菲尔德的 W. N. 德贝里（W. N. Deberry）率领教友们建立了一个劳动少女之家、一个妇女福利社团、一个男女青

① 参见约翰·霍普·富兰克林《美国黑人史》，张冰姿等译，商务印书馆，1988，第 344 页。

少年手工艺俱乐部、一所家务训练夜校和一所免费的职业介绍所。“这种有进步意义的发展不仅有助于改善城市黑人社区的条件，而且有助于吸引受过较好训练的青年来管理黑人教会。”① 此外，各种兄弟会、福利和保险团体也有了显著发展，为黑人医疗卫生条件的改善、生活质量的提升发挥了重要作用。兄弟会为黑人成员提供疾病和死亡保险，并且提供社交机会②，如国际乐善好施会、以色列古代子孙会、忠诚改革者联合会和圣卢克独立会等。黑人从福利和保险团体中获得经商的经验，并且养成自立的习惯，如 1886 年成立的佐治亚州奥古斯塔青年互助会、1893 年成立的弗吉尼亚州彼得斯堡福利协会和 1894 年成立的弗吉尼亚工人互助协会等。

1896 年，全国有色妇女协会（National Association of Colored Women）在华盛顿成立。该协会试图将各地方和各区域的妇女俱乐部统一联合起来，同时为争取妇女权利和提高种族素质而奋斗。到 1901 年全国有色妇女协会在 26 个州建立了分会，并且在新奥尔良设立了一所护士学校，向 4 个州派遣卫生队为黑人治病，在孟菲斯为老人购置土地建造住房，还提出废除《吉姆·克劳法》的要求，建立了“母亲大会”（Mothers' Congress）。③

许多黑人报纸在残酷的迫害下相继创刊，1878 年《芝加哥卫报》创刊，1882 年《华盛顿蜂报》创刊，1884 年《克利夫兰报》创刊，1895 年《纽约世纪报》创刊，等等。这些黑人报纸在反抗种族迫害斗争中起到了重要的宣传作用。《孟菲斯自由报》（*Memphis Free Press*）

---

① 约翰·霍普·富兰克林：《美国黑人史》，张冰姿等译，商务印书馆，1988，第 346 页。

② 参见约翰·霍普·富兰克林《美国黑人史》，张冰姿等译，商务印书馆，1988，第 346 页。

③ 参见南开大学历史系美国史研究室《美国黑人运动大事记（1526—1945）》（下册），南开大学历史系美国史研究室，1974，第 73—74 页。

黑人妇女编辑艾达·威尔斯（Ida B. Wells）通过写文章、演讲等活动谴责白人的私刑行径。1892 年，艾达·威尔斯的三个朋友在田纳西州孟菲斯市家中被处以私刑。艾达·威尔斯为此发表了一系列强有力的文章，掀起了一场后来席卷全球的反私刑运动。该运动到 20 世纪初声势更加浩大，得到了南方和北方大量白人（特别是白人妇女）的普遍声援。该运动的宗旨是颁布联邦反私刑法，由国家政府采取南方州政府和地方政府不愿采取的行动——惩罚实施私刑的肇事者。

（二）抵制三 K 党和种族隔离运动

早在重建时期美国黑人就与《黑人法典》和三 K 党的暴行展开了激烈的斗争。黑人们通过举行集会、递交请愿书等途径，揭露和控诉南方各州歧视和压迫黑人的行为，特别是三 K 党迫害黑人的严重罪行。1871 年，肯塔基州法兰克福及近郊的黑人公民组成申诉委员会向国会提交了《为反对暴力行径致国会的呼吁书》，控诉三 K 党及其他种族主义暴徒劫掠、鞭笞、奸淫和屠杀黑人的罪行。呼吁书中提到："我们谨向贵院申述，本州黑人的生命、自由与财产已无保障。"① 他们呼吁国会制定保护他们生命财产的法律，制止种族主义分子的暴力行径。呼吁书最后还附有长达 4 页多的 64 起在 1867 年 11 月至 1869 年 12 月发生的关于三 K 党及其他白人暴徒的暴力袭击及杀害黑人的事件。② 有些州的黑人在联邦军队黑人团队的帮助下，建立了以退伍士兵为核心的黑人民兵组织，同三 K 党展开针锋相对的斗争，经常给三 K 党恐怖组织以报复性打击，但这一时期黑人斗争的主要形式是和平的合法斗争，个别地区的武装斗争仅仅是合法斗争的补充形式。③

① 乔安妮·格兰特：《美国黑人斗争史》，郭瀛等译，社会科学出版社，1987，第 167 页。

② 参见《为反对暴力行径致国会的呼吁书》，载乔安妮·格兰特《美国黑人斗争史》，郭瀛等译，社会科学出版社，1987，第 192 页。

③ 参见刘绪贻、杨生茂主编《美国通史》（第 3 卷），人民出版社，2002，第 46 页。

针对吉姆·克劳种族隔离制度，黑人发起了抵制种族隔离的行动。其中有代表性的一次大规模行动是发生在1900—1906年的南方抵制城市有轨电车隔离政策运动。这场抵制运动主要采用不乘坐推行隔离政策的运输公司的有轨电车、黑人自己开办运输公司和设置非正式运输系统等和平措施，这给奉行隔离政策的运输公司造成了巨大的压力和经济损失。这场运动的组织者都是黑人精英，与布克·华盛顿和他的全国黑人商业联盟有密切联系。因此，这场运动是一场妥协与和平的抵制运动。这场运动发生于对黑人歧视的最鼎盛的时期，其失败是不可避免的，但更为重要的是这场运动规模之大、持续时间之长显示了黑人的力量和主张。① 各行各业的黑人精英也为反对种族歧视和隔离做出了积极的努力，1890年，黑人运动员乔治·迪克逊（George Dixon）赢得了羽量级拳击（bantamweight boxing）的世界冠军，并且将这一荣誉保持到1892年。1892年，乔治·迪克逊为了表明对种族隔离的反对而拒绝参加新奥尔良奥林匹亚俱乐部的比赛，除非俱乐部同意为黑人观众预留700个座位。俱乐部迫不得已，同意了这一要求，这成为该俱乐部历史上第一次允许黑人观众进入。②

四、争取完全公民资格的斗争和努力

（一）威廉·杜波依斯与尼亚加拉运动

威廉·杜波依斯是哈佛大学第一个取得博士学位的非洲裔美国人，他因领导尼亚加拉运动开始在全国闻名，后来又成为美国全国有色人种进步协会的最初创建者之一。他反对布克·华盛顿片面强调改善黑

① See August Meier and Elliott Rudwick,"The Boycott Movement Against Jim Crow Streetcars in the South,1900-1906,"*The Journal of American History*,No.4(1969):756-775.

② See Peter M. Bergman,*The Chronological History of the Negro in America*(New York:Harper & Row,Publishers,1969),p.306.

人经济处境、忽视争取黑人政治权利的渐进温和路线，号召非洲裔美国人团结一致去争取包括政治权利在内的全面的公民权。

1905 年，威廉·杜波依斯和其他一些黑人领袖及少数精英人士在加拿大的尼亚加拉瀑布附近会面。他们发布声明反对布克·华盛顿的亚特兰大妥协，主张争取完全的公民资格并决定一致发起尼亚加拉运动。在随后发表的《尼亚加拉运动之原则声明》中，他们提出了关于选举权、公民自由、谋生机会、教育、法院、民意、卫生、雇主和工会、抗议运动、肤色界线、“黑人专用”车辆、士兵、战争修正法案、压迫、教会、鼓动工作、援助、责任等 18 个议题的观点和主张。《尼亚加拉运动之原则声明》提出了确切的要求：第一，言论和批评的自由；第二，出版自由；第三，男性公民选举权；第四，废除所有的基于种族和肤色的歧视政策；第五，承认基督教人类皆兄弟的基本教义；第六，承认最高的和最好的教育不受阶级和种族垄断；第七，尊重劳动者等。声明呼吁严格执行宪法修正案、废除种族隔离、保障黑人的选举权、发展黑人教育、改善黑人卫生和居住条件等，并且提出了黑人应当履行的义务。[①] 尼亚加拉运动是第一个全国性积极地、无条件地为黑人争取与其他美国公民平等权利的运动，它主张为黑人争取包括一切政治权、经济权、社会权在内的全面的公民权利。尼亚加拉运动是全国有色人种进步协会的先驱之一，运动的参与者不仅奠定了全国有色人种进步协会的基础，而且成为其早期的领导者和坚定的支持者。

一开始参加尼亚加拉运动的黑人代表只有 29 人，到了 1905 年底，运动发展壮大。关于这一运动引起了人们的广泛争论，有人支持有人反对，还有人主张与布克·华盛顿支持的非洲裔美国人委员会合作。由于尼亚加拉运动是直接针对布克·华盛顿与汉普顿-塔斯基吉模式发

① 参见《尼亚加拉运动之原则声明》，载乔安妮·格兰特《美国黑人斗争史》，郭瀛等译，社会科学出版社，1987，第 192 页。

起的，与布克·华盛顿的妥协主义展开了激烈的斗争，因此自尼亚加拉运动成立之初，布克·华盛顿就仔细审查这个运动并策划将其摧毁。[①] 1910年，该运动由于缺乏组织经验，以及受到黑人妥协分子的破坏而结束。

无论如何，尼亚加拉运动是一场完全由黑人精英组成并领导的斗争，代表了黑人精英领导集体的形成，它反对布克·华盛顿妥协主义和职业技术教育的主张，强调激进的政治斗争和完全的政治权利，标志着黑人斗争路线的转型。这场运动之后威廉·杜波依斯迅速崛起，逐渐取代布克·华盛顿，成为新的黑人发言人。威尔逊·雷科德（Wilson Record）在《历史视角下的黑人知识分子和黑人运动》中指出："在黑人知识分子的发展史中，尼亚加拉运动占有重要地位。尼亚加拉运动作为完全由美国黑人知识分子组织和领导的运动，结果是组成了全国有色人种进步协会，这是美国黑人运动的重要事件，显示了受过教育的美国黑人对美国社会的重要影响。"[②]

在非洲裔美国人争取全面平等权利的过程中，一些社会组织也发挥了积极的作用，它们大多是由一些白人开明人士、慈善家和黑人精英组织和领导的。其中影响最大、最有代表性的一个全国性的黑人与白人共同参与的组织——全国有色人种进步协会更是争取黑人权利的急先锋，它通过抗议、诉讼等温和的手段为受迫害的黑人进行辩护，在争取黑人全面的平等权利方面做了大量的工作。

（二）全国有色人种进步协会

全国有色人种进步协会成立的直接原因是斯普林菲尔德暴乱。1909年，马丽·奥文顿（Mary Ovington）、威廉·沃林、亨利·莫斯

① See Elliott M. Rudwick,"The Niagara Movment,"*The Journal of Negro History*, No. 3(1957):177-200.

② Wilson Record,"Negro Intellectuals and Negro Movements in Historical Perspective," *American Quarterly*, No. 1(1956):20.

科维奇（Henry Moscowitz）三位关心民主和黑人的社会人士举行会晤，共同发起号召，要召集一次商讨解决黑人问题办法的会议，重新发动争取民权和政治自由的斗争，并且邀请一些杰出的美国人在号召书上签名。这一号召书由 60 位杰出人士签名，其中包括赫尔会所的创始人简·亚当斯、哥伦比亚大学教授约翰·杜威、非洲人圣公会主教亚历山大·沃尔特（Alexander Walter）及威廉·杜波依斯等。黑人和白人聚集在一起，就有关黑人平等权利的问题展开了彻底的大讨论。这次号召的结果是 1909 年在纽约举行了各族人民的招待会，在这次会议上选举产生了致力于为黑人争取平等公民权、选举权和教育权利的全国黑人委员会（National Negro Committee）。在 1910 年 5 月的第二次年会上，全国黑人委员会更名为全国有色人种进步协会，其宗旨正式记录在案："在美国公民中促进权利平等、消除种性等级和种族偏见；增进有色公民的利益；保证他们有平等的投票权利；增加他们获得公正的法院审理、孩子受教育、按才录用、在法律面前完全平等的机会。"① 全国有色人种进步协会的目的在于使黑人获得充分的公民权，在一切政治、经济、社会权利上都享有平等的机会。威廉·杜波依斯当选为该协会宣传和研究部主任，是协会唯一的黑人官员。1910 年 11 月，该协会创办了自己的机关刊物《危机》月刊，威廉·杜波依斯担任主编。

虽然全国有色人种进步协会是一个黑人、白人合作的组织，并且以白人自由主义者占据统治地位，本身不像尼亚加拉运动那样富有战斗性②，但是全国有色人种进步协会还是为争取黑人的平等权利做出了许多努力。吉恩诉美国案就是全国有色人种进步协会协助申诉的第一

---

① 《"全国有色人种进步协会"的组成》，载乔安妮·格兰特《美国黑人斗争史》，郭瀛等译，社会科学出版社，1987，第 231 页。

② 参见威廉·福斯特《美国历史中的黑人》，余家煌译，生活·读书·新知三联书店，1960，第 408 页。

个案例，在帮助黑人争取平等权利的过程中，进步协会自身也不断发展壮大。全国有色人种进步协会的第一个计划是扩大黑人的就业机会，在南方为黑人寻求更多的警察保护，发起反对私刑和其他白人违法行为的运动。协会还计划雇佣律师对歧视性法律进行挑战。1912 年，进步协会迫使南方铁路公司取消只雇佣白人技术工人的决定。[①] 1910—1914 年，全国有色人种进步协会对私刑事件进行公开报道。[②] 1916 年，全国有色人种进步协会成立反私刑委员会（Anti-Lynching Committee），负责调查和宣传私刑的暴力行径，开展与私刑的斗争，反私刑委员会的调查人员常常要冒着生命风险。反私刑委员会组织了一项关于私刑的调查研究，并且发表了研究报告——《美国三十年来的私刑：1889—1918》。这一报告在全国引起了巨大的震惊与轰动，各大报纸纷纷整版转载，引发了 200 多次抗议集会，直接推动众议院在 1922 年以 230 票对 119 票通过了一项联邦反私刑法案，但不幸的是由于一名南方参议员的极力阻挠，使之在参议院夭折了。[③] 一战前和一战期间，全国有色人种进步协会在亚特兰大、里士满、罗阿诺克、路易斯维尔等城市开展了反对种族隔离法案的斗争。1910 年，在全国有色人种进步协会的努力下，巴尔的摩的居住隔离法令被宣布违宪。1917 年，在布坎南诉沃利一案中，通过全国有色人种进步协会的努力，联邦最高法院以“破坏了个人获取、享受及处理自己财产的权利”为由，宣布路易斯维尔市要求黑人和白人居住在隔离的街区的法令违宪。[④] 1917 年，伊

① 参见威廉·福斯特《美国历史中的黑人》，余家煌译，生活·读书·新知三联书店，1960，第 464 页。

② See Peter M. Bergman, *The Chronological History of the Negro in America* (New York: Harper & Row, Publishers, 1969), p. 361.

③ 参见《尼亚加拉运动之原则声明》，载乔安妮·格兰特《美国黑人斗争史》，郭瀛等译，社会科学出版社，1987 年，第 192 页。

④ See Peter M. Bergman, *The Chronological History of the Negro in America* (New York: Harper & Row, Publishers, 1969), p. 380.

利诺伊州圣路易斯市爆发种族暴乱，全国有色人种进步协会为暴乱后被判处杀人罪的10名黑人进行辩护，并且为流离失所的黑人进行募捐。此外，协会还为很多黑人犯罪事件提供了法律救济。在帮助黑人争取平等权利的过程中，全国有色人种进步协会也不断发展壮大，其成员人数和分支机构不断增加。1911年，全国有色人种进步协会的第一个地方分支机构在芝加哥建立。1912年，全国有色人种进步协会又在全国各地建立了9个地方分支机构。1913—1914年，全国有色人种进步协会地方分支机构的数量翻倍。1914年，全国有色人种进步协会的会员人数达到6000人，拥有50个分会，《危机》杂志的发行量达31 540份。到1918年，会员人数达88 500人，拥有300个分会，《危机》发行量达到10万份。①

（三）黑人大迁徙

为了寻求平等的政治权利，改善经济地位，摆脱私刑的迫害，获得更好的受教育机会，黑人历史上曾经发生过多次逃离南方的事件。早在内战前及内战期间就有大量的黑人奴隶在白人废奴主义者的帮助下逃到了北方。内战结束后，南方进入重建时期，黑人的处境有所改善，迁移的热情逐渐淡化下来。随着重建的结束，南方白人重新掌权，南方黑人的处境不断恶化，迁移的情绪重新燃烧起来。美国历史上发生过两次规模较大的黑人迁徙运动，一次发生在1879—1880年，主要是向中西部地区迁移；另一次规模更大的发生在20世纪初期，主要是向北部和西部迁徙。成千上万的黑人离开亚拉巴马州、佐治亚州和密西西比州，逃离到北部和西部去。具体的迁徙情况可参考表6-2-1的数据。

---

① See Peter M. Bergman, *The Chronological History of the Negro in America* (New York: Harper & Row, Publishers, 1969), p. 373.

表 6-2-1　15—34 岁黑人男性迁移率①

州名	1870—1880 年	1881—1890 年	1891—1900 年
亚拉巴马	−20.9%	−8.8%	−12.5%
佐治亚	−4.6%	2.9%	−7.6%
密西西比	4%	−4.1%	−2.6%
伊利诺伊	37.1%	28.7%	53.9%
纽约	23.9%	32.1%	55.2%

1870—1880 年 15—34 岁的黑人男性的迁移率为：亚拉巴马迁出 20.9%，佐治亚迁出 4.6%，密西西比迁入 4%，伊利诺伊迁入 37.1%，纽约迁入 23.9%。这些数字意味着，1870—1880 年，亚拉巴马州每 100 个 15—34 岁的黑人男性中就有 21 个离开了该州，相反，有 24 个进入纽约州。② 1880 年这次大逃离便结束了，但是黑人迁徙的活动一直没有停止，虽然规模比"黑人大逃离"小了一些。1881—1890 年的该项统计显示，亚拉巴马迁出 8.8%，佐治亚迁入 2.9%，密西西比迁出 4.1%，伊利诺伊迁入 28.7%，纽约迁入 32.1%。因此，1881—1890 年，亚拉巴马州每 100 个 15—34 岁的黑人男性中就有 9 个离开了该州，相反，有 32 个进入纽约州。1881—1890 年黑人迁徙率有所下降，但 1891—1900 年又有明显上升。1891—1900 年的该项统计显示，亚拉巴马迁出 12.5%，佐治亚迁出 7.6%，密西西比迁出 2.6%，伊利诺伊迁入 53.9%，纽约迁入 55.2%。因此，1891—1900 年，亚拉巴马州每 100 个 15—34 岁的黑人男性中就有 12 个离开了该州，相反，

① Peter M. Bergman, *The Chronological History of the Negro in America* (New York: Harper & Row, Publishers, 1969), p. 288.

② See Peter M. Bergman, *The Chronological History of the Negro in America* (New York: Harper & Row, Publishers, 1969), p. 288.

有 55 个进入纽约州。以芝加哥为例，与 1870 年 3696 个黑人相比，到 1880 年芝加哥的黑人数量上升大约 7400 人，而到 1890 年这个数字就变成大约 14800 人，较 10 年前增加了 1 倍。① 19 世纪 90 年代黑人迁徙到东北部和中西部地区的数量，是 19 世纪 80 年代的 2 倍多。离开南方的人数其后一直保持在 1890 年的水平上，并持续到 20 世纪头 10 年。20 世纪前 10 年为之前的 2 倍，1920 年约为之前的 4 倍。②

规模更大的一次移民始于 20 世纪初期，史称“黑人大迁徙”。一战期间，美国采取中立政策，利用远离战场的有利地理位置大规模向欧洲出售军火，大发战争横财，导致战时生产量大大提高。战争的爆发同时导致欧洲移民中断，劳动力短缺，因此大量的北部产业工作向黑人开放，北方城市较多的就业机会和相对宽松的政治环境，吸引大量黑人迁徙，从而导致一场从南向北的黑人大迁徙运动。从表 6-2-2 可以看出，这一时期黑人大量向北方城市迁移，北部工业城市黑人人数急剧上升。

表 6-2-2 黑人大迁徙③

城市	1910 年黑人人口数	1920 年黑人人口数	增长率
纽约市	91709	152467	66.3%
费城	84459	134229	58.9%
芝加哥	44103	109458	148.2%
圣路易斯	43960	69854	58.9%

① See Peter M. Bergman, *The Chronological History of the Negro in America* (New York: Harper & Row, Publishers, 1969), p. 285.

② 参见托马斯·索威尔《美国种族简史》，沈宗美译，中信出版社，2011，第 219 页。

③ 埃里克·方纳：《给我自由！一部美国的历史》（下卷），王希译，商务印书馆，2010，第 955 页。

续表

城市	1910 年黑人人口数	1920 年黑人人口数	增长率
底特律	5741	40838	611.3%
匹兹堡	25623	37725	47.2%
克利夫兰	8448	34451	307.8%

导致黑人大规模迁徙的原因是多种多样的，但两次迁徙的主要原因都是摆脱南方绝望的不利生活处境，寻求平等的政治权利，改善经济地位，获得更好的受教育机会，以及摆脱私刑的迫害。然而，随着黑人大量迁徙到北方，种族歧视与隔离也由南方的地区性问题蔓延为美国的全国性问题，黑人问题愈加复杂与尖锐。① 移民到北部城市的黑人遇到新的挑战，他们受到严重的就业歧视、工会排斥、失业、种族隔离甚至暴力袭击。黑人移民运动使南方种植园主大为震惊，黑人领袖对这次大迁徙也持不同的意见，弗雷德里克·道格拉斯（Frederick Douglass）就反对迁徙。但是这些争论并没有产生什么效果，因为这种大迁徙是自发的，而且是不可阻止的。无论如何，大迁徙都是美国黑人一种极为重要的自救行为。

总之在 19 世纪末 20 世纪初，一方面，黑人的生存状况非常糟糕，政治权利被剥夺、各种种族隔离的歧视性法案纷纷确立、经济上受到剥削和歧视、社会生活极端艰苦；另一方面，这一时期黑人跟战前受奴役的状态并非完全一样，黑人开始发出自己的声音，加上一些外部力量的支援，黑人不断进行争取平等政治、经济和社会生活权利的斗争。

① 参见胡锦山《美国黑人的第一次大迁徙》，《东北师大学报（哲学社会科学版）》1996 年第 2 期。

第三节 教育领域解决黑人问题的努力

19世纪末20世纪初，无论是在政治、经济还是社会生活方面，黑人都受到极大的剥削、压迫和歧视，黑人教育就是在这样一种受压迫和受歧视的环境中发展前进的。可以说，黑人与白人之间的教育差距是造成黑人在社会上处于受压迫和受剥削的从属地位的根本原因，因此，教育无疑成为黑人争取平等权利斗争的关键所在。“对于非洲裔美国人而言，教育不仅是一种争取平等和进步的手段，更是公民身份和人格的本质所在。”① 这一时期，黑人教育的发展主要集中在初等教育和工业教育方面。随着黑人初等教育的迅速发展，黑人入学率大幅提升，文盲率大幅下降。黑人中等教育的发展虽然相对缓慢，但也取得了一定的进步。黑人高等教育虽然还处于起步阶段，但也取得了很多成绩——一方面承担了中等教育和职业训练的部分职能，另一方面在黑人师资和黑人领袖的培养上也做出了突出贡献。工业教育培养了大量的技术工人，为黑人就业状况的改善、经济地位的提升做出了重要贡献。总之，在美国黑人争取平等政治、经济和社会权利的过程中，教育作为一种能动的社会力量发挥了至关重要的作用。“在许多方面，非洲裔美国人将教育视为使他们远离奴役、超越社会从属地位、实现社会流动的最终解放者。”② 在非洲裔美国人争取平等权利的过程中，

① Walter R. Allen et al.,“Historically Black Colleges and Universities: Honoring the Past, Engaging the Present, Touching the Future,” *The Journal of Negro Education*, No. 3 (2007): 263.

② Walter R. Allen et al.,“Historically Black Colleges and Universities: Honoring the Past, Engaging the Present, Touching the Future,” *The Journal of Negro Education*, No. 3 (2007): 267.

联邦政府、教会[①]、慈善基金会[②]及黑人自身通过建立各种类型的教育机构，建设和完善各种教育设施，发展各级各类教育等途径，增加黑人的受教育机会，为解决黑人所面临的一系列问题做出了不可替代的贡献。

一、黑人对接受教育的执着追求

黑人的受教育权和黑人的政治经济权利息息相关。在南北战争之前，在奴隶制并未被废除的年代，黑人的受教育权利是被剥夺的。绝大多数白人都认为黑人智力低下，是劣等种族，不配接受教育。南方种植园主们认为，黑人一旦接受教育，有了文化知识，就难以驾驭管理、具有了反叛的危险性。基于以上原因，黑人的受教育权被无情地剥夺。一直作为奴隶制坚定支持者的南方各州尚且不论，“北部各州尽管在 18 世纪末 19 世纪初陆续废除了奴隶制，但黑人在北部并不受欢迎，白人们并不赞同黑人成为受教育的人”[③]。因此，在南北战争之前，非洲裔美国人很少有机会接受教育。尽管如此，黑人依然想方设法接受教育，少数黑人通过自学获得了读写能力。更重要的是，一种对教育的重视，成为非洲裔美国人种族间不断传承的重要共识，为黑人争取受教育的权利和努力发展自己的教育事业提供了不竭动力。1900 年，

---

① 如美国传教士协会(The American Missionary Society)、美以美会(The Methodist Episcopal Church)、美国浸礼会国内布道团(The American Baptist Home Mission Society)、非洲人卫理公会(The African Methodist Episcopal Church)等。

② 如约翰·斯莱特基金会（The John F. Slater Fund，1882）、洛克菲勒普通教育委员会（The General Education Board，Rockefeller，1903）、安娜·珍妮斯基金会（Anna T. Jeanes Foundation，1907）、菲尔普斯·斯托克斯基金会（The Phelps-Stokes Foundation，1909）、朱利叶斯·罗森沃尔德基金会（The Julius Rosenwald Fund，1912）等。

③ 屈书杰：《从种族隔离到学校一体化：20 世纪美国黑人教育》，博士学位论文，河北大学，2002，第 1 页。

第六届研究黑人问题的亚特兰大会议（Atlanta Conference）通过调查发现，“1870—1899年的一代美国黑人为他们孩子的教育直接支付了辛苦挣得的4000万美元的现金”①，并且发现这一教育结果是令人满意的。

正如上文所言，非洲裔美国人很早就认识到教育的重要性。尽管独立战争并未废除奴隶制，尽管奴隶主们费尽心机来剥夺或破坏黑人受教育的权利，但是黑人从未放弃过对教育的呼喊和追求。这里面既有黑人个人的努力，也有教会、慈善团体的努力。曾经作为一个奴隶也不会读写的凯瑟琳·弗格森由于在纽约市建立了第一所主日学校而留名历史。1700—1799年，非洲裔美国人建立的慈善团体，如波士顿黑人社团（African Society of Boston）、多加会（Dorcas Society）、姐妹联盟（Sisterly Union）、黑人妇女联盟（African Female Union）和塞勒姆有色人种的妇女宗教道德社团（Colored Female Religious and Moral Society of Salem）等都把提供教育、社会和经济服务作为核心内容。②

除了亲自办教育，非洲裔美国人也向外界表达了自己对教育的渴望。1841年，美国黑人教师协会在纽约成立，发行了《纽约黑人教育周刊》。该年由16名黑人教师发出文告：“弟兄们来呀！黑人教育问题向您发出强烈的呼吁。千百个孩子现在被禁止在教育福音的门外。这件事强烈地呼唤你们来……我们需要团结一致和积极行动。那些拖后腿和对这项崇高号召毫不介意的人，显然表明他们是破坏上帝给人类现世最大幸福的仇敌……我们现在应为教育而奋斗了。”③

---

① Peter M. Bergman, *The Chronological History of the Negro in America* (New York: Harper & Row, Publishers, 1969), pp. 329-330.

② See Violet J. Harris, "African-American Conceptions of Literacy: A Historical Perspective," *Theory into Practice*, No. 4 (1992): 276-286.

③ 滕大春：《美国教育史（第二版）》，人民教育出版社，2001，第610—611页。

二、黑人初等、中等教育的发展及贡献

重建时期，在共和党人、自由民管理局（The Freedmen's Bureau）[①]、军队、北方慈善家和教会的共同努力下，南方各州公共教育体系得以建立，第一次黑人公共学校运动也随之兴起。1910 年以后，由于黑人儿童从农业劳动力中退出，促使第二次黑人公共学校运动兴起。两次公共学校运动极大地促进了黑人初等教育的普及。黄虚锋在《美国南方转型时期社会生活研究（1877 年—1920 年代）》中指出，教育改革作为美国南方转型的背后推动力之一，在初级教育方面，建立了公共教育体系，实现了从精英教育到公共教育的转型，促进了南方教育纳入全国教育轨道的进程。[②]

（一）南方公共教育体系的建立与黑人初等教育的普及

1. 第一次黑人公共学校运动

重建时期是南方公共教育体系建立和第一次黑人公共学校运动兴起的关键时期。在这个过程中，黑人自身、联邦政府、教会及慈善基金会都做出了相应的贡献。就黑人自身的努力而言，早在内战期间，在北方慈善机构和教会派出的教师还未到南方之前，很多自由黑人就已投身到教育南方黑人兄弟的事业中了。[③] 在重建时期，北方纽约市布鲁克林的一个黑人协会在南方多个州为黑人开办学校。到 1869 年，该协会雇佣的教师达 129 人，受教的学生达 8000 人。与此同时，南方的

---

① 为了更好地处理南方的重建事宜，联邦政府在 1865 年专门成立了自由民管理局。所谓“自由民”指的就是被解放后的黑人。

② 参见黄虚锋《美国南方转型时期社会生活研究（1877 年—1920 年代）》，博士学位论文，华东师范大学，2003，第 122 页。

③ 参见屈书杰《从种族隔离到学校一体化：20 世纪美国黑人教育》，博士学位论文，河北大学，2002，第 17 页。

黑人同样自己雇佣教师，兴办学校，通过创办“当地人学校”（Native School）来教育自己的后代。据自由民管理局的总督学的估计，这样的学校至少有500所，并且遍布南方各地。① 1865年，佐治亚的非洲裔美国人领袖们成立了自己的教育委员会，做筹钱和管理学校之用。到1866年秋季，佐治亚的黑人已经资助了123所夜校（也可能是其中的96所），其中57所学校建筑的所有权归黑人所有。②

与此同时，黑人自己的教会团体也开办了一些后来很有名望的学院和大学。美国黑人教育史学者詹姆斯·安德森（James D. Anderson）认为：“黑人从奴隶变成自由人时，带着一个强烈的渴望习得书写的信念……黑人的自我支持是推动教育变革运动的一个基础要素。”③ 此外，军队在推动黑人公共教育发展方面也做出了重要的贡献。一方面，军队在北方教会和慈善机构的帮助下为黑人设立学校；另一方面，军队对黑人士兵进行教育，帮助他们习得读写能力。联邦军队对黑人士兵进行教育的意义是极其重大的，那些在军队中学会读写的黑人士兵，往往以英雄、楷模的形象返回黑人群体中，成为黑人群体中的领袖人物，他们中还有很多人退役后成为自由民学校的教师。④

自由民管理局和教会在这个过程中也给予黑人教育重要的帮助。教育是自由民管理局工作的一个重点，自由民管理局设立黑人教育督察长，专门对各州政府、慈善机关和宗教团体，进行组织、鼓舞、保护和经济支援，合理推广黑人教育。自由民管理局侧重黑人初等学校

---

① See James D. Anderson, *The Education of Blacks in the South, 1860-1935* (Chapel Hill: The University of North Carolina Press, 1988), p. 7.

② 参见韦恩·厄本、杰宁斯·瓦格纳《美国教育——一部历史档案》，周晟、谢爱磊译，中国人民大学出版社，2009，第197—198页。

③ James D. Anderson, *The Education of Blacks in the South, 1860-1935* (Chapel Hill: The University of North Carolina Press, 1988), pp. 5-7.

④ 参见屈书杰《从种族隔离到学校一体化：20世纪美国黑人教育》，博士学位论文，河北大学，2002，第17页。

教育，教会则侧重较高等级的学校教育。各州也分别设置黑人教育督察员。[①] 1870 年，自由民管理局的教育活动基本停止，在它工作的 5 年时间里，南方建立了 4239 所学校，拥有教师 9307 人，学生 247 333 人。[②] 针对当地教师缺乏的问题，自由民管理局又与其他机构合作，在南方建立师范学校和高等教育机构。教会组织和慈善机构一直是黑人教育领域里的重要力量，其在内战期间就参与了对自由民的救助工作。战争结束后，二者与自由民管理局合作，继续为南方黑人教育事业而努力。非洲人卫理公会的自由民援助协会于 1869 年在南方所建的小学就达 58 所，这些学校总共有教师 105 名，学生 2000 名。此外，该协会还建立了 6 所学院和师范学校，2 所圣经学校，1 所孤儿院。[③] 截至 1869 年，在南方的各类自由人学校中，已经有超过 9500 名教师。[④] "尽管南方对自由民管理局抱有敌意，北部也指责其效率低下，但自由民管理局仍然完成了大量任务，为南方的重建，尤其是为南方公共学校系统的建立打下了坚实的基础。"[⑤]

在这段时期，黑人公共学校的建立不仅得到了大量公共资金的资助，还得到了大量北方慈善家慈善基金的援助。宗教团体办学是美国多年的传统，但由私人捐赠教育基金，由基金会拨款办学，倒是战后的新生事物。[⑥] 1867 年成立的皮博迪教育基金会（Peabody Education Fund）最先出现，在随后的资助政策中皮博迪基金会隐含了对教育上

---

① 参见滕大春《美国教育史（第二版）》，人民教育出版社，2001，第 610—611 页。

② See Loretta Funke, "The Negro in Education," *The Journal of Negro History*, No. 1(1920):5.

③ 参见屈书杰《从种族隔离到学校一体化：20 世纪美国黑人教育》，博士学位论文，河北大学，2002，第 21 页。

④ 参见韦恩·厄本、杰宁斯·瓦格纳《美国教育——一部历史档案》，周晟、谢爱磊译，中国人民大学出版社，2009，第 196 页。

⑤ 屈书杰：《美国黑人教育发展研究》，河北大学出版社，2004，第 57 页。

⑥ 参见滕大春《美国教育史（第二版）》，人民教育出版社，2001，第 617 页。

的种族隔离的支持，例如 1869 年，皮博迪基金会总代理巴纳斯·西尔斯（Barnas Sears）博士建议将资助黑人学校的资金削减到白人学校的三分之二，因为他认为黑人学校的开支要比白人学校低。巴纳斯·西尔斯反对“混合”学校，并且对路易斯安那州因为不愿意接受混合学校做法而被开除公共学校行列的学校给予 17 000 美元资助。巴纳斯·西尔斯代表皮博迪基金会所做的一切对隔离学校有着深远的影响——几十年之后，混合学校仍然没有被提上议事日程。① 除了皮博迪基金会，1882 年康涅狄格州诺维奇的约翰·斯莱特（John F. Slater）也出资 100 万美元成立了约翰·斯莱特基金会。这些基金会在黑人教育的初步发展时期，都起到了非常重要的作用。此外，北方工商业慈善家也正式开始了对黑人教育的介入，这种介入深刻地，甚至在一定程度上形塑了未来黑人教育的发展样态。

重建期间，在各方的努力下，南方的公共教育获得了极大的发展。重建时期促进黑人教育发展的一个重要的因素是，被解放的黑人在南方各州担任了公职，这就推动了南方各州把公共教育的条款写进各州新宪法。到 1870 年，每个南方州都最终将建立公共教育的条款写进宪法。至此，法律制度层面的公共学校系统得以完全建立。② 到重建结束时，几乎每一个南方州都建立起坚实的公共教育系统。

通过联邦政府、教会、慈善基金会等组织的努力，黑人教育获得了极大的发展。据约略统计，1866 年南方有黑人学校 975 所，学生 90 778 名；次年增为学校 1839 所和学生 111 442 名。10 年之后，过去南方蓄奴 16 州和首都华盛顿所在的哥伦比亚特区，在公共学校肄业的

① 参见韦恩·厄本、杰宁斯·瓦格纳《美国教育——一部历史档案》，周晟、谢爱磊译，中国人民大学出版社，2009，第 203—204 页。

② See James D. Anderson, *The Education of Blacks in the South*, *1860-1935* (Chapel Hill: The University of North Carolina Press, 1988), p. 18.

有色人种学生达 571 506 名。① 这一时期的工作不仅对黑人教育起到了建设性的作用，而且通过在之前没有公共学校的地区建立公共学校系统也影响了白人的生活，改变了整个南方对于公共学校的轻蔑态度。②

总之，重建时期是黑人教育迅速发展的一个时期。重建 10 年给黑人教育带来了巨大的改变，南方公共教育体系的建立与第一次黑人公共学校运动极大地促进了黑人公共初等教育的普及。

黑人建立公共教育体系的第一次运动随着 1877 年南方与北方妥协，白人种族主义者的重新上台而被遏制。此后，公共教育政策开始向白人倾斜。贫穷的白人农民渴望公共税收支持公共教育，白人种植园主为了获得贫穷白人农民的拥护，支持白人农民的公共教育的需求。他们共同反对黑人的公共教育，黑人公共学校无法从州和当地政府获得支持。因此，黑人需要为他们的孩子发动第二场建立公共教育体系的运动。③

2. 第二次黑人公共学校运动

经济压力让黑人儿童普遍参与农业劳动。1900 年，10—14 岁的黑人儿童中，49.3%的男孩和 30.6%的女孩都在进行有偿劳动。在这些总共 516 276 个进行有偿劳动的黑人儿童中，有 404 255 个黑人儿童是作为非技术性的农业劳动力。而与之相对应，相同年龄的白人孩子参与有偿劳动的比例是男孩 22.5%，女孩 7%。而在 1910 年，几乎一半（46.6%）的 10—14 岁的黑人孩子从事有偿劳动。把孩子送到公共学校读书意味着一份家庭收入的减少，因此白人种植园主把黑人公共学校看作是对黑人劳动力的分散而加以限制。黑人童工的过度使用和稀少

---

① 参见滕大春《美国教育史（第二版）》，人民教育出版社，2001，第 617 页。

② See Loretta Funke, "The Negro in Education," *The Journal of Negro History*, No. 1(1920): 6.

③ See James D. Anderson, *The Education of Blacks in the South, 1860-1935* (Chapel Hill: The University of North Carolina Press, 1988), p. 149.

的公共教育机会是种植园主在南方统治的特点。① 如 1900 年美国南方的 2 136 016 名 5—14 岁的黑人学龄儿童只有 36％进入了小校，5—9 岁的黑人孩子中只有 22％进入了小学，10—14 岁的黑人孩子进入小学的比例仅过半。② 在这些能够幸运进入学校的黑人孩子中，86％的人只能接受每年少于 6 个月的教育。甚至对于那些能够有机会上学的黑人孩子，离学校过远的距离也成为阻碍他们接受教育的障碍，因为州和地方政府拒绝像给白人孩子一样给黑人孩子提供交通工具。③

1910 年之后，情况发生了变化。黑人劳动力从乡村到城市的移民让白人种植园主认识到留住黑人乡村劳动力的紧促性。把黑人劳动力留在乡村的一个重要途径就是正视黑人对教育的需求，重新考虑对黑人的公立教育问题。正是为了留住黑人，减少移民，提升黑人社区的教育水平成为必需。1910 年以后，黑人儿童作为农业劳动力的退出，成为促进黑人第二次公共学校运动的重要因素。第二次黑人公共学校运动也被称为“罗森沃尔德学校建设计划”，其正式开始于 1914 年。这场运动最重要的特征是罗森沃尔德学校的创办，罗森沃尔德学校最大的特征是，朱利叶斯·罗森沃尔德基金会、当地黑人居民和公共税收共同负担建立学校的资金；学校建成之后，资产属于公共教育部门，并且作为公共学校，由州和地方政府提供财政支持。④ 第一所罗森沃尔德学校开办于 1914 年，这是一所一位教师的学校，学校建设总共花费 942 美元。其中，当地的黑人居民共同筹集了 150 美元现金和折合 132

---

① See James D. Anderson, *The Education of Blacks in the South*, *1860-1935* (Chapel Hill: The University of North Carolina Press, 1988), pp. 149-150.

② See James D. Anderson, *The Education of Blacks in the South*, *1860-1935* (Chapel Hill: The University of North Carolina Press, 1988), p. 151.

③ See James D. Anderson, *The Education of Blacks in the South*, *1860-1935* (Chapel Hill: The University of North Carolina Press, 1988), p. 152.

④ See James D. Anderson, *The Education of Blacks in the South*, *1860-1935* (Chapel Hill: The University of North Carolina Press, 1988), p. 152.

美元的免费劳动；当地的白人居民捐助了360美元，朱利叶斯·罗森沃尔德基金会赞助了300美元。1920年，朱利叶斯·罗森沃尔德基金会颁布新的条例，但是原有的两个条件依然成立：首先，罗森沃尔德学校的资产属于当地的公共教育部门。其次，罗森沃尔德学校当地居民必须提供等于或者超过朱利叶斯·罗森沃尔德基金会提供基金的配套基金。① 所谓的罗森沃尔德学校，其实朱利叶斯·罗森沃尔德基金会只赞助了大约六分之一的资金，还包括黑人社区的直接捐助和大量人力物力的非直接捐助。超过二分之一的资金来自公共税收，而这些税收全部都是向黑人征收的。有数据显示，截至1932年7月1日建立的共计5375所相关学校的设施，总共花费28 408 520美元。朱利叶斯·罗森沃尔德基金会提供了15.36%的资金，乡村黑人提供了16.64%，超过了朱利叶斯·罗森沃尔德基金会提供的资金，白人居民提供了4.27%，而63.73%的资金是公共税收提供的②，这些税收大部分都是黑人缴纳的。由于被剥夺了选举权，黑人在20世纪初不再能够对政治和教育政策的出台产生直接的影响，但这并不意味着他们就无法再影响教育政策。用私人基金和部分公共财政去建立新的公共学校，然后协商由州承担对这个新建立的公共学校的维持责任③，这个策略是成功的。在亚拉巴马州，最初几年，州财政资金只占新建立的罗森沃尔德学校资金的很小一部分，但是随着罗森沃尔德学校的扩张，州财政的投入开始增加。非洲裔美国人和朱利叶斯·罗森沃尔德学校基金会不

① See James D. Anderson, *The Education of Blacks in the South, 1860-1935* (Chapel Hill: The University of North Carolina Press, 1988), p. 159.

② See James D. Anderson, *The Education of Blacks in The South, 1860-1935* (Chapel Hill: The University of North Carolina Press, 1988), p. 155.

③ See David Strong et al., "Leveraging the State: Private Money and the Development of Public Education for Blacks," *American Sociological Review*, No. 5 (2000): 658.

仅引导州教育基金投入学校建设，更引导州承诺对学校的维持①，黑人社区居民为罗森沃尔德学校付出了非常多。

总而言之，在各方的努力下，黑人初等教育获得了极大发展，黑人的基本文化素养获得了极大提升，识字率不断提高，文盲率不断下降。

从表 6-3-1 可以看出，从 19 世纪 90 年代开始，黑人文盲率逐年下降。1890 年，黑人文盲率为 56.8%，到 1900 年降至 44.5%，1910 年降至 30.5%，1920 年降至 23%，1930 年下降到 16.4%。与文盲率逐年下降同时发生的是黑人入学率的不断提升。从表 6-3-2 可以看出，1900 年，黑人入学率为 31.1%，到 1910 年陡升至 44.8%，1920 年增长到 53.5%，1930 年时增长到 60.3%。不仅如此，更为重要的是，随着黑人儿童入学率的不断提升及文盲率的逐渐下降，黑人与白人的入学率与文盲率的差距在不断缩小。1890 年，黑人与白人的入学率差距为 25%，1900 年为 22.5%，1910 年下降到 16.5%，1920 年则下降到 12.2%。这一切都表明，这一时期的黑人初等教育已经进入较快的发展阶段，并且取得了显著的成效。

表 6-3-1 美国文盲率②

年份（每 10 年一次普查）	全部	白人	黑人及其他种族
1930	4.3%	3.0%	16.4%
1920	6.0%	4.0%	23.0%
1910	7.7%	5.0%	30.5%
1900	10.7%	6.2%	44.5%

① See David Strong et al., "Leveraging the State: Private Money and the Development of Public Education for Blacks," *American Sociological Review*, No. 5(2000): 674.

② U. S. Bureau of the Census, *Historical Statistics of the United States, Colonial Times to 1970* (Washington, D. C.: Government Printing Office, 1975), p. 382.

续表

年份（每10年一次普查）	全部	白人	黑人及其他种族
1890	13.3%	7.7%	56.8%
1880	17.0%	9.4%	70.0%

表 6-3-2　美国每百人入学率①

年份（每10年一次普查）	全部	白人	黑人及其他种族
1930	69.9%	71.2%	60.3%
1920	64.3%	65.7%	53.5%
1910	59.2%	61.3%	44.8%
1900	50.5%	53.6%	31.1%
1890	54.3%	57.9%	32.9%
1880	57.8%	62.0%	33.8%

（二）黑人中等教育发展慢中有进

19 世纪末 20 世纪初实际上是美国中等教育，尤其是公立中等教育发展的起步阶段。但即便如此，这一时期的黑人中等教育仍然获得了一定程度的发展。重建时期，对刚获得公民身份的黑人来说，首先应该提供的只能是初等教育，中等教育并非当务之急。这不仅是由教育发展的客观规律决定的，更是由黑人现有的知识文化基础决定的。因而，黑人中等教育的真正发展、黑人中学的广泛建立是在 1900 年之后。此外，这一时期一些黑人高等教育机构取代了中学的职能。内战前建立的 3 所大学（切尼大学、林肯大学和威尔伯福斯大学）的中等教育课

① U. S. Bureau of the Census, *Historical Statistics of the United States, Colonial Times to 1970*(Washington, D. C. :Government Printing Office, 1975), p. 370.

程仍然在运行之中。同时，教会和慈善团体在 1900 年之前建立了 50 所黑人学院。从一开始建立到 20 世纪早期，这些高等教育机构分阶段地为黑人提供相应的教育：首先提供良好的初等教育，然后是中等教育，最后是高等教育。还有 20 所公立黑人学院（主要是赠地学院），以及 1890 年后建立的 12 所私人捐赠的学院同样也是如此。这些学院的发展历史代表了 1900 年之前黑人中等教育的发展状况。简而言之，1865—1900 年的黑人教育主要侧重于初等教育的发展，几乎没有用于支持中等教育发展的资金。①

此外，在 1916 年之前，南方黑人的中等教育主要依赖私立教育机构。1890 年，804 522 位中学学龄黑人少年只有 0.39%（3106 位）进入了中学，并且在这些进入中学的学生中，超过 66.67%进入了私立中学。到了 1910 年，进入中等教育学校的黑人学生比例增加到 2.8%，但是大部分黑人学生仍然在私立学校学习。虽然在 1910 年黑人中学生占整个中等教育入学人数的 29%，但是黑人学生进入南方公共学校的人数只占所有南方公共学校总入学人数的 5%。② 1916 年总共入学的黑人中学生为 20 872 名，其中 11 130 名在私立中学注册，5283 名在公立中学注册，4459 名注册于 28 所赠地学院、州立师范学院和大学。③

这一情况在后来出现了变化，尤其是 1915 年之后。1915 年以来，私立黑人中学的入学人数显著下降。1916 年，私立黑人中学有 14 527 名学生，而公立中学只有 2828 名学生。14 个州和哥伦比亚特区的数据显示，1932—1933 年，私立中学入学人数为 5580 人，相比之下，

---

① See Ellis O. Knox, "A Historical Sketch of Secondary Education for Negroes," *The Journal of Negro Education*, No. 3(1940): 446.

② See James D. Anderson, *The Education of Blacks in the South, 1860-1935* (Chapel Hill and London: The University of North Carolina Press, 1988), pp. 189-191.

③ See James D. Anderson, *The Education of Blacks in the South, 1860-1935* (Chapel Hill and London: The University of North Carolina Press, 1988), p. 197.

1933—1934 年，公立黑人中学入学人数达 152 589 人。[①] 伴随着黑人私立中学入学人数的下降而来的是黑人公立中学人数的上升。

很多学者认为，1880—1935 年，是美国中学从私立的精英教育机构转变成公共大众教育机构的一段时期。公共中等教育在这一时期逐步面向大众，入学人数快速增长。黑人公立中学也获得了一定的发展，尤其是在 1915 年之后，许多私人慈善组织开始资助黑人公立中学，这使得黑人公立中学人数开始进入较快的增长时期。[②] 从图 6-3-1 也可以看出，1906—1916 年，黑人公立中学入学人数不断上升，与私立中学基本持平。1916 年之后，黑人公立中学入学人数开始超过私立中学，并且差距越来越大。

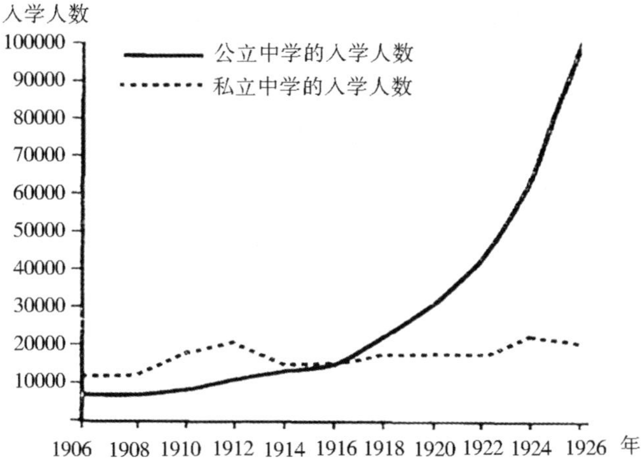

图 6-3-1　美国黑人中学入学人数（根据中学类型划分：1906—1926）[③]

---

① See Ellis O. Knox, "A Historical Sketch of Secondary Education for Negroes," *The Journal of Negro Education*, No. 3(1940): 452.

② See Ellis O. Knox, "A Historical Sketch of Secondary Education for Negroes," *The Journal of Negro Education*, No. 3(1940): 448.

③ Susan T. Hill, *The Traditionally Black Institutions of Higher Education 1860 to 1982* (Washington, D. C.: U. S. Government Printing Office, 1984), p. 7.

此外，不仅黑人公立中学获得了一定程度的发展，黑人中学在组织结构和课程设置方面也得到了一些改善。在组织结构方面，1916 年之前，修业年限不满 4 年的中学是黑人中学的主体。到 1916 年，16 个前蓄奴州[①]总共只有 58 所黑人公立中学。其中，37 所开设四年制课程，18 所开设三年制课程，3 所开设少于三年制课程。这一年，前蓄奴州的私立中学共有 216 所，其中 106 所提供四年制课程。[②] 在课程设置方面，虽然南方黑人的公立中等教育受到极大限制，但是在 1880—1920 年，只占很小数量的黑人公立中学一直保持着古典自由教育和大学预科教育的特色。1916 年，北方工商业慈善家代理人托马斯·琼斯（Thomas Jones）开展的一项针对黑人中等教育和高等教育的研究发现，南方黑人公共中学把大量的时间留给了外语，特别是古代语言。同样是 1916 年，弗吉尼亚州的 6 所黑人公立中学都强调古典自由教育。许多学校要求学生学习希腊语，把拉丁语作为核心课程。

总而言之，1920 年之前黑人中等教育的发展虽然缓慢但也取得了一些进步。黑人中学入学人数不断增加，入学率不断提高。在 1890 年，804 522 名中学学龄的黑人少年中只有 0.39%（3106 人）进入中学；而到 1910 年，进入中学的黑人学生比例增加到 2.8%；到 1910 年，黑人中学生已经占整个中等教育入学人数的 29%。[③] 不仅如此，黑人中学的办学层次也在不断提升。一战前，南方各州共有黑人中学 64 所，学生 8565 人，其中四年制黑人中学仅有 45 所；到 1932 年，四年制黑人中学数量达到 807 所，学生数达到 120 419 人。[④] 如果从整个美国中等教

---

① 蓄奴州是指美国独立后，在南部继续使用黑奴为劳动力的州。美国内战结束后不再有蓄奴州，故在此处称为前蓄奴州。

② See James D. Anderson, *The Education of Blacks in the South, 1860-1935* (The University of North Carolina Press, 1988), p. 197.

③ See James D. Anderson. *The Education of Blacks in the South, 1860-1935* (The University of North Carolina Press, 1988), p. 153.

④ 参见滕大春《美国教育史（第二版）》，人民教育出版社，2001，第 626 页。

育发展的历史背景出发看待这一问题，那么黑人中等教育所取得的进步是极为难得的，因为在 19 世纪末 20 世纪初整个美国的中等教育发展也刚刚处于起步阶段。虽然，这一时期黑人中等教育发展缓慢，但是，随着黑人经济条件的改善，以及社会结构的日益复杂，仅仅接受初等教育已经无法满足黑人适应社会的需要，发展初等以上层次的教育是黑人的必然选择。此外，随着黑人学院和大学课程标准的提升，剔除中学层次的课程也就意味着黑人中学办学层次的提升，从大学课程中脱离出来也是大势所趋。

三、黑人师范教育的发展及贡献

教师是教育发展的关键所在，非洲裔美国人非常重视教师的作用。他们甚至认为："黑人教师掌握着种族的命运。无论孩子将来从事何种职业，教师所教授的最基本的知识，以及教师的习惯、态度和理想信念对孩子的日常生活和职业生涯都具有最大的影响作用。"① 许多非洲裔美国教育家也坚信一个简单逻辑："种族的命运取决于其所拥有的学校类型，而黑人所拥有的学校类型又由这些学校所能够雇佣教师的质量决定，教师的质量则取决于教师杰出的特点和专业训练。"② 黑人教师和教师培训（teacher training）对南方黑人教育的发展具有重要意义。

南方黑人公共教育机会稀少既是因为没有足够的学校和座位，更是因为没有足够的黑人教师。南方白人教师并不喜欢教黑人学生，而北方白人教会教师到南方工作的数量是稀少的。黑人教师数量的短缺

① Ambrose Caliver, "Some Problems in the Education and Placement of Negro Teachers," *The Journal of Negro Education*, No. 1(1935): 99.

② Michael Fultz, "Teacher Training and African American Education in the South, 1900-1940," *The Journal of Negro Education*, No. 2(1995): 197.

严重制约着南方黑人教育的发展。每年大约 2500 名教师的供应难以满足 7000 名教师的需求。1900 年，黑人的生师比达到了 93∶1，远高于当时得到认可的 30∶1 的生师比，也远高于南方白人 57∶1 的生师比。黑人教师供应基本靠私立师范学院、中学和学院，师范学院、中学和学院中公立和私立在校生的比例分别为 1∶2.54、1∶2.92 和 1∶8.70；毕业生的比例分别为 1∶4.02、1∶1.23 和 1∶4.24。① 这说明，私立教育在为美国南方提供黑人教师上发挥了巨大作用。

这一时期非洲裔美国人师范学校和学院主要提供两年制和四年制课程，培养公立初等教育和中等教育学校需要的师资，却忽视了乡村教育领域。虽然有 56.3%的黑人在乡村地区，但专门提供乡村教师培训课程的教育机构只有 3 所。② 然而，值得庆幸的是，一些慈善教育基金会的工作弥补了黑人教师培训在这方面的不足。

安娜·珍妮斯基金会是 1907 年成立的一个以改善南方农村条件为目的的学校教育基金会，经费达 100 万美元。从一开始安娜·珍妮斯基金会的目的就是为偏远乡村的黑人儿童提供服务，这些偏远乡村的学校绝大多数在没有任何监督的情况下由未经培训的教师授课。这些学校往往设备简陋、教师教学水平低下、教师工资少、学期短。针对这些问题，安娜·珍妮斯基金会雇用了大量的工业教师到各农村学校巡回指导教学，这些教师也被称为"珍妮斯教师"。这些珍妮斯教师大都毕业于汉普顿学院、塔斯基吉学院、费斯克大学、亚特兰大大学等机构，都受过良好的家庭或职业的工业训练，如缝纫、烹饪、木工、制鞋、锻造等。这些珍妮斯教师全部是黑人，工资每月 40 美元到 75 美元。虽然这些教师的大部分工资由安娜·珍妮斯基金会支付，但是他

① See James D. Anderson, *The Education of Blacks in the South, 1860-1935* (Chapel Hill and London: The University of North Carolina Press, 1988), p. 112.

② See Edan M. Colson, "The Negro Teachers' College and Normal School," *The Journal of Negro Education*, No. 3 (1933): 291.

们都是由县督学挑选的，并且在他的指导下工作，就像县里的其他老师一样，是县督学教学团队的一员。这些教师的职责很多，包括教学、巡查基础学校中的工艺劳作教育情况。每个珍妮斯教师都要访问若干农村学校，进行某些工业课程的教学，并且与当地教师商议制订他离开以后的教学计划，组织家长俱乐部，发起改善学校设备、延长学期的运动，给当地教师的日常教学提供建议，激励社区团结努力，使学校变得更好。1912 年，有 120 名珍妮斯教师在南方 11 个州的 120 个县工作。[①] 安娜·珍妮斯基金会不仅向这些农村学校输送工业教育的指导教师，帮助当地教师提高工艺教学水平，还帮助其改善硬件设施，提升教学质量。珍妮斯教师通过募集资金，改善农村学校的设备和设施。从 1913 年到 1928 年，珍妮斯教师募集到大约 500 万美元资金[②]，这些资金全部用于扩建校舍、增加学校设施、美化校园环境。此外，安娜·珍妮斯基金会还建立了"郡培训学校"（county traning），尝试将小学教育延长至八年级。建立郡培训学校，一方面是为提高农村黑人的初等教育水平，另一方面是为将来准备从事农村小学教师工作的学生提供补充教育。[③]

1911 年，洛克菲勒普通教育委员会、约翰·斯莱特基金会以及安娜·珍妮斯基金会共同开展了一个教师培训项目——郡培训学校。郡培训学校的教学内容包括为黑人女孩提供家政教育、为黑人男孩提供农业技能教育、为二者提供教师培训课程，主要目的是为南方黑人乡村学校培训工业教育的师资。为了推广郡培训学校，洛克菲勒普通教育委员会把其雇佣的代理人作为州教育管理部门的工作人员并支付工

---

① See B. C. Caldwell, "The Work of the Jeanes and Slater Funds," *Annals of the American Academy of Political and Social Science*, No. 49(1913): 173-174.

② See James D. Anderson, *The Education of Blacks in the South, 1860-1935* (Chapel Hill and London: The University of North Carolina Press, 1988), p. 153.

③ 参见屈书杰《美国黑人教育发展研究》，河北大学出版社，2004，第 85 页。

资。洛克菲勒普通教育委员会为每个州的教育局雇佣一个专门负责黑人乡村教育的代理人作为教育局的日常工作人员。成立于1882年的约翰·斯莱特基金会，一开始致力于黑人高等教育，主要是为黑人小学培养师资，但同时基金会也为黑人公共学校中的工业和职业培训做出了重要贡献。通过建立乡村中学，以及为黑人学院和一些南方州的师范学校的暑期教师进修学校提供资助的方式，基金会为乡村教师提供了良好的学术和工业培训，为县里的乡村学校培训了大量的教师。安娜·珍妮斯基金会也针对农村缺少八年级黑人小学的现状，在农村地区建立郡培训学校，一方面将小学教育延伸到八年级，提高农村黑人初等教育的水平；另一方面为农村黑人学校培养教师。[①] 同时，如上文提到的罗森沃尔德学校的推广策略一样，郡培训学校的财产要属于州，郡培训学校成为公立教育的一部分，所以郡培训学校很容易在南方各州推广。到了1917年，除了密苏里和西弗吉尼亚两个州，所有前蓄奴州都有一所或者多所郡培训学校[②]，而且许多较大的培训学校完全可以被认可为中学。到1933年，已经有181所或45%的郡培训学校获得中学的资格认定，这些学校中的学生总数达20 085名，郡培训学校的学生数占到当年所有合格中学人数的25%。[③]

不可否认，这一时期黑人教师数量严重不足，受教育程度较低，很多小学教师只有小学学历，教师培训也存在很多问题，但是这不能否定一些社会团体的努力和贡献，比如慈善基金会。更为重要的是，这一时期的努力为黑人教师和教师培训在20世纪三四十年代的快速发展打下了良好基础。到了20世纪三四十年代，黑人中小学教师的数量

---

① 参见屈书杰《美国黑人教育发展研究》，河北大学出版社，2004，第85页。

② See James D. Anderson, *The Education of Blacks in the South, 1860-1935* (Chapel Hill and London: The University of North Carolina Press, 1988), p. 140.

③ See Ellis O. Knox, "A Historical Sketch of Secondary Education for Negroes," *The Journal of Negro Education*, No. 3(1940): 450.

从 1929—1930 年的 52 278 人增至 1939—1940 年的 64 476 人，10 年间增长了 23%，而且男教师的增长幅度高于女教师。[①] 由于教师数量的增长，黑人学校的师生比逐年下降。从 1930 年到 1940 年，黑人小学的师生比从 1∶47.1 降至 1∶41.2。同期，黑人中小学的师生比由 1∶44.5 降至 1∶37.7。此外，黑人教师的工资也有了较大幅度的上涨。在全国范围内，从 1930 年到 1940 年，10 年间黑人教师年均工资从 432 美元增长到 601 美元，增长了 39.1%。与此同时，黑人高校教师的数量也不断增加，质量不断提高。在教师数量方面，1929—1930 年到 1939—1940 年，黑人学院教师数由 1888 位增加到 3291 位。[②] 此外，通过提高教师资格标准，很多州立师范学校升级为四年制的教师学院。通过政府和慈善机构为教师培养提供的奖学金，一些师范学院还增设了研究生课程，黑人教师的质量也因此得到极大提升。[③]

第四节　黑人高等教育的发展及其贡献

19 世纪末 20 世纪初，在隔离的环境下，传统黑人学院和大学纷纷建立，尤其是《第二莫雷尔法案》（*The Second Morrill Act*）的出台，极大程度地促进了黑人公立高等教育的发展。黑人高等教育的发展对黑人政治地位的提升、经济条件的改善，以及社会地位的上升都起到了关键的作用。

---

① See Florence Murray, *The Negro Handbook* (New York: Current Reference Publications, 1944), p. 54.

② See Florence Murray, *The Negro Handbook* (New York: Current Reference Publications, 1944), p. 56.

③ See Florence Murray, *The Negro Handbook* (New York: Current Reference Publications, 1944), p. 57.

一、传统黑人院校与黑人高等教育的发展

黑人教育的变化不仅发生在初等、中等教育层面，在黑人、白人教育差距更大的高等教育方面，也出现了缓慢但稳定的变化，这些变化为黑人平等权利的追求做出了重要贡献。这一时期，随着黑人初等、中等教育的发展，识字率和基本文化素养的提升使黑人对高等教育的需求变得越来越强烈。

美国内战后，黑人将教育视为确保他们作为独立而具有实质意义的公民而存在的最重要的因素。在很大程度上，黑人将思想启蒙视为防止他们被进一步奴役的保障。这种对教育的日益关注使得黑人和白人慈善家共同致力于为黑人建立高等教育学校。① 传统黑人院校（Historically Black Colleges and Universities）是美国历史上（主要是指 1964 年以前）专门为黑人开办的高等教育机构，是种族隔离的产物，其主要目的是对美国黑人实施高等教育。从 19 世纪初期的艰难创业开始，尽管面临着政府歧视、公众支持缺乏、资金不足、生源紧张等困难，但是传统黑人院校在为非洲裔美国人提供教育机会方面依然取得了巨大的进步。教育是实现黑人社会地位向上流动的重要途径，黑人院校在这一方面的作用尤为明显。沃尔特·艾伦（Walter R. Allen）等人认为，传统黑人院校已经成为黑人争取平等和尊严的核心，黑人坚信高等教育是使自己从种族压迫中解放出来的关键所在。②

---

① See Leo McGee and Dalton McAfee, "Role of the Traditionally Black Public Institution of Higher Learning in Extension Education," *The Journal of Negro Education*, No. 1(1977): 46.

② See Walter R. Allen et al., "Historically Black Colleges and Universities: Honoring the Past, Engaging the Present, Touching the Future," *The Journal of Negro Education*, No. 3(2007): 263.

黑人高等教育的发展一直非常艰难。联邦和州资助的缺乏、工业慈善家对自由教育的反对、黑人宗教慈善家的贫穷，这三方面在很大程度上共同阻碍着黑人高等教育的发展。到了 20 世纪，黑人院校师资不足、设备短缺、资金匮乏，贫穷让黑人院校无法增加大学程度的学生的录取人数。此外，由于黑人中等教育学校的缺失，黑人学院不得不为学生提供低于大学水平的培训以满足黑人社区的教育需要。由于缺少足够的高中毕业生，黑人学院录取了很多初等、中等水平的学生来支持大学教育。① 未达到大学水平的学生占学生总数的 90%，这个情况一直持续到一战前。虽然这种做法实际上是一种“无奈之举”，却是符合黑人教育客观实际的必然选择。在黑人中等教育发展薄弱的情况下，许多黑人学院承担了为黑人提供中等教育的职能，在一定程度上弥补了黑人中等教育的不足。从重建时期到大萧条时期，南方黑人高等教育一直是私立文理学院的体系，联邦政府几乎没有为黑人赠地学院提供帮助，而南方各州也仅仅为黑人师范院校提供了不多的经费帮助。1870—1890 年，南方建立了 9 所联邦黑人赠地学院，到 1915 年增加到了 16 所，另外还有 7 所州控制的黑人学院，但这些州立学院和赠地学院仅仅有高等教育之名，而无高等教育之实。根据托马斯·琼斯的调查，16 所黑人赠地学院中仅有 1 所进行了大学程度的教育，那就是佛罗里达农业和机械学院。而在其 7513 名注册学生中，4061 名被归于初等教育程度，3400 名被归于中等教育程度，只有 12 名学生接受大学课程。1928 年，亚瑟·克莱恩关于黑人高等教育的调查表明，黑人私立学院几乎是非洲裔美国人接受高等教育的唯一通道。②

联邦政府、教会、慈善基金会等组织都在黑人学院的建立和发展

---

① See James D. Anderson, *The Education of Blacks in the South*, *1860-1935* (Chapel Hill and London: The University of North Carolina Press, 1988), p. 249.

② See James D. Anderson, *The Education of Blacks in the South*, *1860-1935* (Chapel Hill and London: The University of North Carolina Press, 1988), p. 238.

过程中起到了重要的作用，它们为黑人高等教育的发展提供了大量的资金支持。来自这些实力强大的组织的资金为学校的一些重要工作提供了巨大的帮助，如购买土地、建造房屋、支付工资，以及提高教师质量和科研水平等。美国传教士协会是第一个从事教育工作的教会慈善组织。该协会的计划在于，在南方每一个较大的州建立一所高等学校，在主要的城市建立师范学校，在较小的乡村地区建立教区学校。汉普顿学院、亚特兰大大学、费斯克大学、斯特雷特大学、塔拉迪加学院、陶格鲁学院等高等教育机构都是该计划的产物。① 1903 年，洛克菲勒普通教育委员会成立，该委员会一直支持黑人高等教育的发展。到 1930 年，已经有 12 所黑人高校从委员会获得超过 200 万美元的资助。② 此外，还有大量的黑人男性和女性在朱利叶斯·罗森沃尔德基金会或者洛克菲勒普通教育委员会的资助下获得博士学位。③

不可否认，由于条件的限制，这一时期大多数黑人学院只能达到中等教育的水平，其毕业生难以同白人大学的毕业生进行竞争。但是在当时来说，这种做法也是符合黑人教育实际发展情况的客观、必然的选择。而且更为重要的是，黑人高等教育的发展是一个循序渐进的过程。这一时期，美国黑人高等教育无论是在数量上还是在层次上都有增长和提高的趋势：入学人数不断增加，逐渐开设大学层次的课程，办学层次也不断提升。具体来说，黑人院校的注册人数不断增加，1910 年为 3500 人，1920 年为 7000 人，1930 年为 22 000 人。④ 更为重

---

① See Loretta Funke,"The Negro in Education,"*The Journal of Negro History*,No. 1(1920):5.

② See Harry Morgan, *Historical Perspectives on the Education of Black Children* (Santa Barbara:Praeger Publishers,1995),p. 78.

③ See D. O. W. Holmes,"Seventy Years of the Negro College 1860 to 1930,"*Phylon (1940-1956)*,No. 4(1949):313.

④ 参见常永才《美国黑人院校的历史回顾与发展展望》，《西北民族学院学报（哲学社会科学版）》2000 年第 3 期。

要的发展是办学层次的提升，大多数黑人院校在原来的中等教育课程基础上增设了高等教育系科，尤其是一些院校增设了法学、医学等专业学科或专业学院。1900 年，99 所黑人学院中只有 58 所可以为学生提供大学水平的课程，黑人学院的入学人数中有超过 90%的人只能达到大学预科生的水平，必须学习大学预科课程，但是这一数据到 1930 年下降到 40%。① 到二战前，黑人高校大多已取消了中等教育计划，有些高校还逐渐加强了研究生教育，如霍华德大学、菲斯克大学等。1900—1910 年，有 4 名黑人获得博士学位，2 人来自黑人大学，另外 2 人来自综合大学（integrated colleges）。② 1915—1919 年，又有 8 名黑人获得博士学位，4 人来自黑人大学，另外 4 人来自综合大学。③ 此外，黑人高校的教师数量也有所增加，从 1929—1930 年的 1888 人增加到 1939—1940 年的 3291 人，越来越多的教师拥有硕士甚至博士学位。④

19 世纪末 20 世纪初，黑人院校的入学人数有了显著增加。1900 年，南方高校的入学人数为 3880 人，到 1935 年，增长至 29 000 人。⑤ 不仅如此，通过表 6-4-1 可以看出，黑人大学生毕业的人数也呈现逐渐上升的趋势，1880—1889 年仅为 738 人，1892—1899 年增长到 1126 人，1900—1909 年增长到 1610 人。

---

① See Walter R. Allen et al. ,"Historically Black Colleges and Universities: Honoring the Past, Engaging the Present, Touching the Future," *The Journal of Negro Education*, No. 3(2007): 268.

② See Peter M. Bergman, *The Chronological History of the Negro in America* (New York: Harper & Row, Publishers, 1969), p. 329.

③ See Peter M. Bergman, *The Chronological History of the Negro in America* (New York: Harper & Row, Publishers, 1969), p. 376.

④ 参见屈书杰《从种族隔离到学校一体化：20 世纪美国黑人教育》，博士学位论文，河北大学，2002，第 41 页。

⑤ See Walter R. Allen et al. ,"Historically Black Colleges and Universities: Honoring the Past, Engaging the Present, Touching the Future," *The Journal of Negro Education*, No. 3(2007): 268.

表 6-4-1 黑人大学生毕业人数①

时间（年）	毕业人数（人）
1820—1829	3
1830—1839	—
1840—1849	7
1850—1859	12
1860—1869	44
1870—1879	313
1880—1889	738
1892—1899	1126
1900—1909	1610
总计	3853

虽然，这一时期绝大多数黑人学院尚未完全达到高等教育的水平，但是黑人高等教育仍然获得了巨大的发展。院校的数量和入学人数不断增加，办学层次不断提升，毕业人数持续增长。对刚刚摆脱奴隶身份不久、文化教育尚处于初步发展阶段的黑人群体来说，能够在高等教育领域取得这样的成就无疑具有重大的意义。黑人高等教育的发展在促进黑人群体进步方面发挥了不可替代的作用，为黑人进一步争取平等的政治、经济和社会权利奠定了重要基础。

首先，在当时的历史条件下，黑人院校是黑人进入大学的最重要乃至唯一的途径，其为黑人提供了接受高等教育的机会。与白人学院相比，黑人学院无论是在培养目标还是课程设置上都更加符合黑人教育的客观状况，更加适应黑人自身发展的实际需求。比如，大多数黑

① Loretta Funke, "The Negro in Education," *The Journal of Negro History* 5, No. 1 (1920): 14.

人学院在初创时期针对黑人中学毕业生基础知识薄弱的问题，为他们开设中等学校的课程，提供大学预科教育。黑人学院在课程设置上突出农业、工业等实用技术学科，更符合黑人的实际需要。

其次，黑人学院为黑人学生提供了一个没有歧视的积极的文化和社会环境，在这里黑人的成就得到肯定，黑人可以进行自由的讨论而不用担心受到任何歧视或偏见。很多黑人把黑人学院视为他们自己的高校，对此充满自豪。比如，由布克·华盛顿创办的塔斯基吉学院就是一所从教师到学生全部是黑人的"全黑人学院"。在黑人遭受歧视和排斥的南方，塔斯基吉学院的这种全黑人环境为黑人学生提供了安全的心理保障，而且教师与学生之间由于没有种族隔离的阻隔，因此交流起来也十分容易。[①] 此外，白人教师不愿教授黑人学生，但大量的黑人学生愿意进入师范学校成为教师，致力于黑人的教育事业。传统黑人院校一方面为有这样需求的黑人学生提供了机会，培养了大批黑人教师，提升了黑人学校的教学质量；另一方面为黑人教师提供了在学校里担任管理者和领导者的机会，这些在白人学校是无法实现的。[②]

不仅如此，传统黑人院校在黑人文化的保存、黑人社区生活的改善等方面也起到了重要的作用。传统黑人院校还是非洲裔美国人文化精神的体现者，以及黑人历史文化教学与科研的先锋。像亚特兰大大学、霍华德大学、菲斯克大学等著名的黑人院校已经成为有关黑人历史文化的重要文献中心和黑人研究的重要基地。[③]

最后，黑人学院的最大的影响在于为黑人群体培养了大量的社会

---

① 参见屈书杰《美国黑人教育发展研究》，河北大学出版社，2004，第111页。

② See Walter R. Allen et al.,"Historically Black Colleges and Universities: Honoring the Past, Engaging the Present, Touching the Future," *The Journal of Negro Education*, No. 3(2007): 269.

③ 参见常永才《美国黑人院校的历史回顾与发展展望》，《西北民族学院学报（哲学社会科学版）》2000年第3期。

精英，如黑人教师、黑人技工及黑人群体的领袖。到1899年，美国总共约有2300名黑人大学毕业生。亚特兰大会议收集了其中1312名（约占当年黑人大学毕业生全部人数的60%）的就业信息并对他们所从事的职业进行了统计。如表6-4-2所示，有超过一半的黑人大学毕业生从事教师职业，有16.8%的黑人大学毕业生从事牧师职业，有6.3%的黑人大学毕业生从事医生职业，有4.7%的黑人大学毕业生从事律师职业，有4%的黑人大学毕业生从事政府公务员职业。此外，在教师和牧师两个专业性较强的职业中，黑人占有极大的比例，在115 000个职位中黑人能够占到75%。大部分黑人教师在南方隔离的学校、学院工作，北部的数量相对少一些，但在大城市中数量也在逐年增长。在北部城市中，尤其是在黑人学生为主的学校，招收黑人教师正在成为一种习惯。据统计，纽约至少有500名黑人教师，芝加哥至少有300名黑人教师。黑人还培养了大量的自己种族的牧师，到1930年，人数达到25 034人。[①] 这说明，受过大学教育的黑人绝大多数从事层次较高的职业，成为社会中上层阶级的精英甚至是黑人群体的领袖。还有数据显示，在103个于北部出生的毕业生中，有65个（63%）留在了北部，有35个（34%）移民到南方；在682个于南方出生的毕业生中，有102个（15%）移民到北部，有563个（82.5%）留在南方。这表明，黑人大学毕业生的就业倾向是留在最需要他们的南方。[②]

① See Edwin R. Embree, *American Negroes a Handbook* (New York: The John Day Company, 1942), p. 44.

② See Loretta Funke, "The Negro in Education," *The Journal of Negro History*, No. 1(1920): 14.

表 6-4-2　1899 年黑人大学毕业生从事职业情况统计①

职业类型	比例（%）
教师	53.4
牧师	16.8
内科医生等	6.3
学生	5.6
律师	4.7
政府公务员	4
经商	3.6
农民和工匠	2.7
编辑、秘书和职员	2.4
其他	0.5

由于种族隔离的存在，律师、医生、教师、黑人群体领袖等专业人士的培养几乎成为传统黑人院校独有的责任。传统黑人院校为培养这些受过良好教育的黑人中产阶级打下了坚实的基础。更为重要的是，黑人院校培养了诸如弗雷德里克·道格拉斯、布克·华盛顿、威廉·杜波依斯等一大批黑人精英，为黑人争取平等权利的运动输送了极为重要的领袖人物。② 凯瑟琳·勒布朗（Catherine Le Blanc）指出，黑人学院所发挥的作用主要包括："第一，它们赋予黑人种族自豪感。第二，它们培养了黑人领袖。第三，它们一直是黑人适应社会环境的工

① Booker T. Washington et al., *The Negro Problem: A Series of Articles by Representative American Negroes of Today* (New York: James Pott & Company, 1903), p. 52.

② 参见常永才《美国黑人院校的历史回顾与发展展望》，《西北民族学院学报（哲学社会科学版）》2000 年第 3 期。

具。第四，它们一直是黑人进行独立思考的中心。”①

二、《第二莫雷尔法案》与黑人公立高等教育的发展

随着工业化、农业机械化进程的快速发展，工业、农业生产对劳动力素质提出了更高的要求，需要更多训练有素的工人和农民，由此产生了对高等教育领域农业和工业教学的迫切需求。1862 年，《莫雷尔法案》规定，联邦按照各州在国会中的议员人数分配给各州不同数量的土地，各州用这些土地的收入资助或维持至少一所农业和机械学院。虽然该规定为州提供用于建立和维持农业和机械学院的联邦资助，但除了三个州外，资金全部被用来建立白人学院。随着黑人学院经费预算的日益增长，单纯的教会资助已经不能满足学院的经费需求。与此同时，拥有征税权力的联邦政府发现，在短期内改善赠地学院的设备和师资使之能与教会或私人资助的学院相抗衡是可能的。于是国会在 1890 年又通过了《第二莫雷尔法案》，这实质上是对前一个法案的修正。该法案虽然允许各州为黑人和白人学生建立和维持隔离的学院，但是规定必须按照公平分配的原则对联邦拨款进行使用，禁止向任何以种族或肤色为由对经费分配存在差别的州拨款。② 在实行种族隔离学校的州，赠地资金要平等地分配给黑人和白人学院。《第二莫雷尔法案》明确规定要资助黑人学院的发展，在这一法案通过的 10 年内，所有法律上允许种族隔离学校的州都同意建立黑人赠地学院，总共有 17

---

① Catherine LeBlanc,"The HBCUs' Contributions to America: The Myth Is, They Can't Compete. The Truth is Something Else," *U. S. Black Engineer and Information Technology*, No. 3(1995): 31.

② See John W. Davis,"The Negro Land-Grant College,"*The Journal of Negro Education*, No. 3(1933): 314.

个州的 17 所黑人学院得到了联邦赠地学院的资助。[①] 不仅如此，它们在黑人师资培训和黑人领袖的培养等方面也做出了突出的贡献。

1890 年之前，美国已经有超过 200 所黑人学院和大学被建立起来，但基本上都是私立大学。1890 年，国会通过《第二莫雷尔法案》之后，联邦政府和州政府开始使用公共资金资助黑人学院。在这一法案的激励下，大量的黑人赠地学院在南方及附近各州被建立起来，至少有 17 所独立的黑人赠地学院（如表 6-4-3 所示）是《第二莫雷尔法案》的直接产物，这些公共的黑人学院和大学经常被称为"1890 学校"。此后，黑人公立学院的数量逐渐增加。到 1900 年，弗吉尼亚、阿肯色、佐治亚、特拉华四个州都建立了黑人州立大学；开始时由私人团体或个人兴办的高等教育机构，后来也被各州接管。[②] 这极大地促进了公立黑人高等教育的发展。

开展黑人赠地学院在于为黑人学生提供一种职业训练使他们能够在社会经济生活中获得一技之长和谋生的手段，同时给予黑人基本社会价值观念和标准的教育，使黑人更好地适应社会规则，为建立一个更加自由和充分发展的社会做出贡献。"通过专门为这个目的而设计的课程，黑人赠地学院必须帮助黑人学生建立自身的尊严和自尊，并且保证其不受侵犯。"[③]

① See D. O. W. Holmes, "Seventy Years of the Negro College 1860 to 1930," *Phylon (1940-1956)*, No. 4(1949): 311.

② 参见约翰·霍普·富兰克林《美国黑人史》，张冰姿等译，商务印书馆，1988，第 330 页。

③ R. B. Atwood, "The Role of Negro Higher Education in Post-War Reconstruction: The Negro Land Grant College," *The Journal of Negro Education*, No. 3(1942): 399.

表 6-4-3 黑人赠地学院（包括地点和建立日期）①

学院名称	州	州接受《第二莫雷尔法案》学院项目的日期	学院开办日期	学院接受《莫雷尔法案》资金的日期	校长
州立黑人农业和机械学院	亚拉巴马州	1891 年 2 月 13 日	1875 年	—	J. F. Drake
农业、机械和师范学校	阿肯色州	1891 年 4 月 9 日	1872 年	—	J. B. Watson
州立有色人种学生学院	特拉华州	1891 年 2 月 12 日	1891 年	—	R. S. Grossley
佛罗里达黑人农业和机械学院	佛罗里达州	1891 年 6 月 8 日	1887 年	—	J. R. E. Lee
佐治亚州立工业学院	佐治亚州	1890 年	1890 年	—	B. F. Hubert
肯塔基州立工业学院	肯塔基州	1893 年 1 月 13 日	1887 年	1897 年	R. T. Atwood
南方大学及农业和机械学院	路易斯安那州	1893 年 1 月 23 日	1880 年	—	J. S. Clark
安妮公主学院	马里兰州	1892 年	1887 年	—	T. H. Kish
奥尔康农业和机械学院*	密西西比州	1890 年	1871 年	1871a	L. J. Rowan
林肯大学	密苏里州	1891 年 3 月 13 日	1866 年	—	C. W. Florence
黑人农业和技术学院	北卡罗来纳州	1891 年 3 月 6 日	1894 年	—	F. D. Bluford
有色人种农业和师范大学	俄克拉何马州	1899 年 3 月 10 日	1897 年	—	I. W. Young
南卡罗来纳州立有色人种师范、农业和机械学院*	南卡罗来纳州	1896 年	1896 年	1872b	M. F. Whittaker

① John W. Davis, "The Negro Land-Grant College," *The Journal of Negro Education*, No. 3(1933): 316.

续表

学院名称	州	州接受《第二莫雷尔法案》学院项目的日期	学院开办日期	学院接受《莫雷尔法案》资金的日期	校长
州立黑人农业和工业师范学校	田纳西州	1891年2月26日	1913年	—	W. J. Hale
普雷里维尤州立师范和工业学院	得克萨斯州	1891年3月14日	1879年	—	W. R. Banks
弗吉尼亚州立黑人学院*	弗吉尼亚州	1891年	1920d 1883	1872c	John M. Gandy
西弗吉尼亚州立学院	西弗吉尼亚州	1891年3月17日	1892年	—	John W. Davis

注：带*这些机构中有一些是以其他的名字命名建立的。

a. 奥尔康大学；b. 克拉夫林大学；c. 汉普顿师范和工业学院；d. 1920年，弗吉尼亚州立学院开始获得联邦基金的资助。

黑人赠地学院的课程重点在于农业和机械工艺教育，开设的主要课程包括农业、机械艺术、家政学、英语、数学、科学和教育等。由此可以看出，为工农业生产和社会服务，使年轻一代的黑人具备谋生和从事具体职业的能力，成为黑人赠地学院教育的根本考虑。通过黑人赠地学院的努力，黑人将获得经济的稳定和独立，为自己找到更坚实的经济基础。这些机构已经为黑人做出了十分有价值的贡献。①

此外，这一时期黑人中学的发展还极为落后，绝大多数黑人赠地学院位于很少或者根本没有黑人中学的地区，因此其在很大程度上替代了黑人中学的功能。表 6-4-4 对 17 所黑人赠地学院不同层次学生的入学人数进行了统计。

---

① See John W. Davis, "The Negro Land-Grant College," *The Journal of Negro Education*, No. 3(1933): 328.

表 6-4-4　17 所黑人赠地学院的在校学生人数①

学生类型	1920—1921	1925—1926	1930—1931
大学生	1224	2392	5679
中学生	4919	5060	2995
暑期学校学生	3683	6529	8263
成人、夜校学生及其他	387	505	1828
总计	10213	14486	18765

根据统计数据可知，第一，在缺少黑人中学的地方，黑人赠地学院除了培养自己未来的大学生，还承担了中学的职能。第二，1929—1930 年，黑人赠地学院中的中学入学人数开始少于大学入学人数，并且从 1923—1924 年之后开始逐年下降。第三，1930—1931 年的黑人赠地学院的大学入学人数已经超过所有黑人赠地学院大学入学总人数的四分之一。第四，黑人赠地学院中暑期学校的学生通常由高于中学层次的人组成，暑期学校所做的工作主要是教育和教师培训。暑期学校入学人数的增加已经为黑人赠地学院提供了最大的机会来实行为赠地学院制订的教育计划。第五，黑人赠地学院的夜校、成人教育及推广工作提供了学院为其所在州服务的新的机会。②

南方黑人赠地学院的诞生过程是十分艰难的，它们出现在对战后重建政策的背叛，以及黑人政治、经济状况日益衰落的时期。尽管面临这些挫折和困难，但是作为 1890 年《第二莫雷尔法案》产物的一个

① John W. Davis,"The Negro Land-Grant College,"*The Journal of Negro Education*, No. 3(1933):326.

② See John W. Davis,"The Negro Land-Grant College,"*The Journal of Negro Education*, No. 3(1933):326.

黑人赠地学院网①建立了起来。这些由《第二莫雷尔法案》催生的赠地机构将为黑人儿童提供急需的公共学校教育，为该地区隔离的公共学校系统培训黑人教师。② 尽管这一时期的黑人赠地学院没有按照法案规定的目标将农业教育和职业教育作为教学重点，而是强调不符合广大黑人实际需求的人文学科③，而且大多数学院开设的课程也只能达到中等教育的水平，但是在种族隔离的社会和教育大环境下这些学校为黑人接受高等教育打开了一个缺口，在很长一段时间内成为黑人接受高等教育的唯一途径。

大多数白人大学主要为白人中产阶级服务，而传统的黑人大学只能为社会和经济地位低下的黑人群体服务。它们已经在满足这一群体的教育需求方面做出了值得称赞的努力，尤其是针对那些具有非洲血统的人。④ 传统黑人学院能够为黑人提供参与社会活动的文化和技能资本，进而促进黑人社会地位的提升，这成为非洲裔美国人争取机会平等和结果平等的一个重要媒介，成为黑人实现社会流动和社会平等的主要渠道。⑤ 这些为了教育广大被剥夺了学习阅读或写作权利的前奴隶而开设的，最初水平只比小学或中学高不了多少的学院，很快就变成了许多黑人的指路明灯和难得的机遇。在黑人遭受歧视与排斥的南方，

---

① 这一学院网主要以法案颁布后在 17 个州建立的黑人赠地学院为主，加上其他黑人赠地学院，相互联系，构成了一个巨大的黑人赠地学院网络。

② See John R. Wennersten, "The Travail of Black Land-Grant Schools in the South, 1890-1917," *Agricultural History*, No. 2(1991): 54

③ See John R. Wennersten, "The Travail of Black Land-Grant Schools in the South, 1890-1917," *Agricultural History*, No. 2(1991): 60-61.

④ See Leo McGee and Dalton McAfee, "Role of the Traditionally Black Public Institution of Higher Learning in Extension Education," *The Journal of Negro Education*, No. 1(1977): 52.

⑤ See M. Christopher Brown Ⅱ and James Earl Davis, "The Historically Black College as Social Contract, Social Capital, and Social Equalizer," *Peabody Journal of Education*, No. 1 (2001): 43-44.

黑人学院独有的黑人环境为黑人教师和学生提供了心理安全的屏障。毫无疑问，这些学院孕育了美国的黑人中产阶级，培养了大量的黑人医生、律师、商人、军官和其他专业人员。事实上，黑人学院在实现整个黑人种族地位提升方面发挥了最重要的作用，因为它们培养的黑人教师反过来又教育了黑人大众。①

第五节　黑人工业教育、社会教育的开展

一、"汉普顿-塔斯基吉"工业教育模式的理念与实践

黑人工业教育（industrial education）② 是19世纪末20世纪初发展最为迅速的教育形态。尤其是一战后，大量黑人从南方农村迁入南方或南方以外的城市，对黑人的工业劳动技能提出了更高的要求，进一步加速了黑人工业教育的发展。黑人工业教育的目的是给予黑人儿童综合的智力、工业和道德的训练，使黑人获得一定的劳动技能，树立正确的职业价值观，养成良好的工作习惯和道德品质，促进黑人经济地位的提升。与此同时，在各社会组织及黑人自身的努力下，黑人师范教育也获得了一定的发展，为黑人培养了大量的师资，极大地提升了黑人学校的教育质量。汉普顿师范和农业学院、塔斯基吉师范和农业学院是这一时期最为重要和发展最为成熟的两个工业教育学校，二

---

① See Catherine LeBlanc, "The HBCUs' Contributions to America: The Myth Is, They Can't Compete. The Truth is Something Else," *U. S. Black Engineer and Information Technology*, No. 3(1995): 31.

② 这里的工业教育是就广义而言，与自由教育相对，强调实用职业技能的培训，主要内容包括农业教育、工业教育和教师培训等。其主要目的在于通过对黑人进行工业、农业或教师培训，使黑人获得相应的劳动技能、职业观念和道德观念，最终实现经济的独立。

者一脉相承，最终形成了对黑人工业教育发展影响深远的“汉普顿-塔斯基吉”工业教育模式。

（一）霍利斯特·弗里塞尔与汉普顿学院

1868 年，曾参加过内战的白人军官塞缪尔·阿姆斯特朗在美国传教士协会的帮助下，在弗吉尼亚州建立了汉普顿师范和农业学院，这是美国黑人工业教育的开端。学院创建之初的设想是：第一，道德价值的灌输重于对智力的追求；第二，新英格兰清教徒勤奋与节俭的美德将使黑人获得经济独立；第三，把黑人培养成参与国家事务的公民是长远而非当前的目标，应慢慢地逐渐达到。① 汉普顿学院的创建者塞缪尔·阿姆斯特朗在 1868—1893 年担任校长，主持校务。在他担任校长期间，他将工业教育的道德价值放在首位，重视黑人勤俭节约、艰苦朴素等道德品质的培养。

1893 年，霍利斯特·弗里塞尔（Hillister Frissell）接替塞缪尔·阿姆斯特朗担任汉普顿学院校长一职。霍利斯特·弗里塞尔在 1893—1917 年担任校长期间，对学院进行了大范围的改革。由于塞缪尔·阿姆斯特朗在任期间放宽了职业学院的入学条件，接受了一批文化水平不达标的学生入学，使得人们产生职业课程要求低下、是学习不好的学生的选择的不良印象。霍利斯特·弗里塞尔上任后，首先提升了职业学院的入学标准，严格按照入学考试的成绩录取学生。紧接着，他又对职业课程进行了重组，以适应社会发展的需要。学院对圆满完成工业教育课程并通过考核的学生授予证书，同时希望通过这种方式规范和提高工业教育的质量和声誉。不仅如此，霍利斯特·弗里塞尔还对学院的组织结构进行了改革。他在任期间，汉普顿学院的职业课程从三年制提升为四年制的中学层次的课程。② 与塞缪尔·阿姆斯特朗任

---

① See August Meier, *Negro Thought in America ,1880-1915: Racial Ideologies in the Age of Booker T. Washington*(Ann Arbor: The University of Michigan Press, 1963), pp. 87-89.

② 参见屈书杰《美国黑人教育发展研究》，河北大学出版社，2004，第 100 页。

职期间将道德品质的培养放在首位不同，霍利斯特·弗里塞尔任职期间，学院的主要目的在于：通过给予学生从事工农业生产所需的特殊技能的教育，改善他们的经济条件，使他们身体健康、居住条件得到改善，进而获得更好的教育等；对女性而言，给予“双重训练”，一是教学艺术训练，一是家政学训练。① 由此可以看出，霍利斯特·弗里塞尔更多地强调对黑人进行实际技能的训练，让他们获得谋生的手段，改善自身经济条件，从而获得更优越的生活。与塞缪尔·阿姆斯特朗不同，他将工业教育的实用价值放在首位。在霍利斯特·弗里塞尔任职期间，汉普顿学院获得了极大的发展。毕业生的就业状况极为良好，1918 年，虽然学院培养方案上规定农学专业的培养目标是农民，但实际上，大多数毕业生都成了农学教师、农村学校校长，以及学院教育推广服务部门的示范员。② 汉普顿学院开办时，仅有两名教师和 15 名学生，校舍是内战期间由营房改建而成的医院。而到 1910 年，学院入学人数达到 875 人，如果算上教师培训学校的话，是 1399 人。到 1920 年，汉普顿学院已经拥有 113 座建筑，其中包括教师的住房，这些建筑中有 76 座是由学生亲身劳动建造的。③

（二）布克·华盛顿与塔斯基吉学院

布克·华盛顿曾在汉普顿学院接受教育，并且受到塞缪尔·阿姆斯特朗黑人工业教育理念的强烈影响。1881 年，布克·华盛顿在亚拉巴马州建立了另外一所工业学校——塔斯基吉师范和农业学院。塔斯基吉学院就是布克·华盛顿进行工业教育实践的场所，在他的领导下，塔斯基吉学院在工业、农业、教师、护理、医学和家政等领域成为一

① See Lance G. E. Jones, *Negro Schools in the Southern States* (New York: Oxford University Press, 1928), p. 42.

② 参见屈书杰《美国黑人教育发展研究》，河北大学出版社，2004，第 101 页。

③ See Loretta Funke, "The Negro in Education," *The Journal of Negro History*, No. 1(1920): 13.

所杰出的教育机构，自此开始了一系列以工业教育为中心的改善黑人经济、生活状况的努力。

塔斯基吉学院招收 15 岁以上的受过一定教育的学生，在这里，布克·华盛顿继承了塞缪尔·阿姆斯特朗的教育哲学，强调劳动的价值，注重勤劳、节俭、坚韧等道德品质的培养，同时也十分重视谋生技能和知识的学习，强调对学生进行职业训练。布克·华盛顿在自传中指出："我们的工业教育有三个原则：第一，受了教育的学生应该能适应他当前所居住的南方的种种环境。总之，要能做环境需要他们做的事情。第二，学校的每一个毕业生应该有充足的技能、知识和优良的道德品质，以便自谋生活并照顾他人。第三，使每一个毕业生都能感受到并明白劳动是庄严和美丽的——使他们每一个人都热爱劳动，而不是想法子逃避劳动。"① 布克·华盛顿的工业教育理念不局限于某种职业技能的训练或知识的获取，更注重良好工作习惯和道德品质的培养。他强调劳动和职业技能的最终目的也是让非洲裔美国人养成某些良好的职业习惯和勤劳节俭的优良品德。他指出，首先，工业教育可以使学生在校期间通过劳动挣得一些报酬。其次，工业教育在具有经济价值的同时，给予学生获得知识和技能的机会。然而，工业教育最重要的价值在于能教给学生勤俭节约、尊重劳动等道德品质。②

塔斯基吉学院第一个班的学生都是一些衣衫褴褛、不讲个人卫生的文盲。布克·华盛顿要求学生首先要管理好个人卫生，他宣布学院的第一节课就是教育学生学会干净整洁。第二节课是关于劳动，他与学生一起清理学校的地面、修建教室、制造砖瓦、伐木、绘制施工图。手工劳动之余，布克·华盛顿也注重对学生基本文化知识的培养，书

---

① Booker T. Washington, *Up from Slavery—An Autobiography* (Auckland: The Floating Press, 2009), p. 332.

② See Gerald L. Gutek, *Education in the United States: An Historical Perspective* (Englewood Cliffs: Prentice-Hall, 1986), p. 163.

本学习是干好劳动之后的奖励。[①] 学校共有 30 个工业科系，这些科系教授各种工农业技能。在男生的农业训练和女生的日常家务训练以外，学院每年也会挑选一些女生接受农业训练，让她们学习园艺、果树种植、乳制品加工、养蜂、家禽养殖等。

塔斯基吉学院十分重视学生动手实践能力的培养，学院的学生真正做到了"从做中学"。在教师的指导下，他们亲身体验种田造屋的各种劳动。在这个过程中，教师把农业、商业和建筑等方面的技能和知识教授给他们。学校虽然不属于任何教派，但也进行宗教训练，以培养将来从事牧师或其他传教工作的学生，特别是在乡下传教的学生。这些学生也需要花费半天的时间学习某种工业课程，以获得某种技能，并且养成爱好工作的习惯，以便将来毕业后，在为他人提供宗教服务的同时，能够进行工业方面的示范。[②]

塔斯基吉学院几乎是白手起家，通过布克·华盛顿和学院师生 20 年的努力，当年这个只有 1 间破旧的小屋、1 间鸡舍、1 名教师和 30 名学生，连 1 美元的财产甚至都没有的学校，现在已经拥有大小建筑物 66 座（除了 4 座以外，几乎全是由学生自己建造）、土地 2300 英亩（其中的 1000 英亩每年完全由学生自己耕种）、财产近 200 万美元。学生人数从 30 人增加到 1400 人，这些人来自美国的 27 个州或准州，此外还有来自非洲、古巴、波多黎各、牙买加及其他国家的外国学生。塔斯基吉学院的教职员工共有 110 人，连教师家属算在内，有近 1700 人。

洛雷塔·芬克（Loretta Funke）在其 1920 年发表的《黑人教育》（"The Negro in Education"）一文中指出，仅 1903 年一年，就有 33

---

① See Edwin R. Embree, *American Negroes a Handbook* (New York: The John Day Company, 1942), p. 35.

② See Booker T. Washington, *Up from Slavery—An Autobiography* (Auckland: The Floating Press, 2009), pp. 332-333.

门工农业课程教授给 1400 名男女学生。通过这些工作，足够学生们支付自身花费的一大半。刚开始的时候，绝大多数黑人都反对参加工业学院中的工业训练，但近年来的反对声已经越来越小。不仅如此，塔斯基吉学院的毕业生已经在南方建立了超过 15 所类似的工业学校，如沃里斯工业学校、罗伯特·亨格福特学校、斯诺希尔师范工业学院、托皮卡师范工业学院、皇家港口农业学校、梅格斯山学院等。① "塔斯基吉学院已经成为'它那个时代最大的也是最受欢迎的黑人教育机构，并且催生了一个庞大的工业学校网络'。"② 1880—1915 年，工业教育在黑人学校中的发展达到顶峰。③ 以汉普顿学院和塔斯基吉学院为中心，工业教育的理念传遍四面八方并渗透到包括白人学校在内的整个教育系统。④

总而言之，"汉普顿-塔斯基吉"工业教育模式既受到白人企业家的推崇，又得到绝大多数黑人的响应。这种教育模式符合这一时期黑人教育发展的客观现实，以及黑人自身的实际需求，因此获得了极大的成功。工业学校极大地促进了南方农村的发展，工业学校的毕业生试图对南方农村地区进行或多或少的改造，由于他们的影响，南方产生了许多进步的迹象。塔斯基吉学院的一名毕业生在 5 年之内建立了一所工业学校。该学校拥有一个 1500 英亩的农场、3 个大的和 11 个小的楼房、1 个大的种植园和 30 间农舍。学校的财产达 7.5 万美元，他还发

---

① See Loretta Funke, "The Negro in Education," *The Journal of Negro History*, No. 1(1920): 13.

② David H. Jackson, Jr., *Booker T. Washington and the Struggle Against White Supremacy: The Southern Educational Tours, 1908-1912* (New York: Palgrave Macmillan, 2008), p. 2.

③ See Booker T. Gardner, "The Educational Contributions of Booker T. Washington," *The Journal of Negro Education*, No. 4(1975): 506.

④ See Loretta Funke, "The Negro in Education," *The Journal of Negro History*, No. 1(1920): 7.

起了一个捐赠基金，以保证学校永久保存下去。在工业学校系统的影响下，亚拉巴马州梅肯县（Macon County）的土地价格在5年的时间里从每英亩2美元上升到每英亩15美元—20美元。在西弗吉尼亚州，工业教育对社会产生了重要的影响，不仅使农民的住房条件得到改善，也使得拥有土地的公民的数量大幅增加。① 工业教育切合美国社会不同利益集团的需要，在重建结束后的特定历史时期成为一时之尚是黑人教育与各社会因素间的平衡点。汉普顿学院和塔斯基吉学院正是不断寻求平衡与适应的典范。② “在私刑盛行，种族关系恶劣，白人优越论者掌权的时代，直接的政治对抗并非能立即带来黑人各项政治权利的实现，而面向黑人大众的以自助和经济发达为目的的工业教育作为一种间接方式在一定意义上可以说是最有效的方式。”③

二、社会教育——大学推广运动

大学推广教育是指那些所有在大学校园外进行的有学分或没学分的课程或活动，目的在于将大学内部的课程推广到民间，让更多的人能够接受高等教育。

黑人赠地学院在没有联邦资金支持的情况下开展了校外推广工作（extension work），将大学的农业和家政学课程推广到民间，以满足广大农村黑人的需求，改善黑人家庭和社区的生活。1914年，国会通过《史密斯-利弗法》对赠地学院的农业推广工作进行了规定。其规定推广工作是一项基于农业部和农业学院之间的相互合作的事业，主要目的在于帮助那些没有进入赠地学院的人学习农业和家政学知识，采取的

① See Loretta Funke, "The Negro in Education," *The Journal of Negro History*, No. 1(1920): 11.

② 参见屈书杰《美国黑人教育发展研究》，河北大学出版社，2004，第97页。

③ 屈书杰：《美国黑人教育发展研究》，河北大学出版社，2004，第112页。

基本方式是实际演示和指导。黑人赠地学院的推广工作逐渐得到洛克菲勒普通教育委员会、朱利叶斯·罗森沃尔德基金会及其他慈善团体的支持。这些支持在某些州也得到了良好的反馈，这些州纷纷增加了州拨款，尤其是在弗吉尼亚州、亚拉巴马州、俄克拉何马州和田纳西州。黑人赠地学院不仅将农业课程推广到校外，而且在机械工艺的推广方面也取得了一些进步。利奥·麦吉（Leo McGee）和道尔顿·迈克菲（Dalton McAfee）在《传统黑人公共高等教育机构在推广教育中的作用》一文中指出："《第二莫雷尔法案》对美国黑人极为重要。首先，它使得以教授农业、家政学及相关学科为目的的黑人赠地学院的建立合法化。其次，它构建了这样一种机制：这种形式的大学可以被公开捐赠、维护和支持。"①

此外，塔斯基吉学院不仅培养学生的职业技能，还通过开展各种推广活动将工农业教育推向校外。学院成立了塔斯基吉农业实验站，开展农业科学研究，培育优良品种。塔斯基吉学院的农业推广项目（Agricultural Extension Program）也取得了显著成绩，该项目帮助黑人农民和小部分白人农民提升他们的农业技能。1890 年，塔斯基吉学院建立了第一个流动农业学校（moveable school of agriculture）。该学校就设在一辆四轮马车上便于四处流动，马车上有各种农业教育的演示用品，教学的内容根据季节的不同而有所变化。在蔬菜收获季节到来之前，这辆车里的一个便携式花园里就装有蔬菜。在耕种季节，机械的有效使用成为强调的重点。② 经过一段时间的巡回教学后，塔斯基吉学院还会组织农民集会，集会上会让表现突出的农民代表发言并展

① Leo McGee and Dalton McAfee, "Role of the Traditionally Black Public Institution of Higher Learning in Extension Education," *The Journal of Negro Education*, No. 1(1977): 48.

② See Leo McGee and Dalton McAfee, "Role of the Traditionally Black Public Institution of Higher Learning in Extension Education," *The Journal of Negro Education*, No. 1(1977): 50.

示自己的农副产品。塔斯基吉学院的工作人员还会对不同品种的农作物和家禽家畜进行比较展示。这些集会不仅传播了农业技术，同时也是传播塔斯基吉学院工业、农业教育理念的大好时机。在塔斯基吉学院工作人员的引导下，黑人农民从购买骡子和必要的生产资料开始，一步一步地获得土地，建立家园。① 不仅如此，塔斯基吉学院还组织了教师协会，为南方黑人教师的在职进修服务。塔斯基吉学院的教育推广活动使学校与周围社区的黑人紧密联系在一起，提升了他们的文化素养和职业技能，开拓了他们的视野，使他们获得了经济地位的提升。

三、黑人领袖关于黑人教育的争论

关于这一时期黑人应该受什么样的教育一直存在争论。有人认为，黑人不适合接受高等教育，黑人教育只能局限于基础教育，甚至是小学教育；但也有人认为，黑人可以接受包括高等教育在内的任何层次的教育。有人认为，黑人只能接受职业技能教育或工业教育；但也有人认为，黑人可以接受包括自由教育在内的任何类型的教育。19 世纪末 20 世纪初的两位黑人领袖威廉·杜波依斯和布克·华盛顿分别是这两种教育观点的典型代表。这一时期，布克·华盛顿和威廉·杜波依斯对黑人教育的发展产生了重大影响。二人的相同点在于都坚信教育对美国黑人的重要性，但二人关于对黑人进行何种类型的教育存在不同甚至截然相反的观点，他们争论的焦点也在于黑人教育应该是古典的还是工业（或实用）的。

在争取平等权利方面，布克·华盛顿的路线比较温和。他主张通过渐进的方式实现黑人平等的权利，先通过发展工业教育提升黑人的经济地位，然后循序渐进地实现平等的政治和社会权利。基于此，他

① 参见屈书杰《美国黑人教育发展研究》，河北大学出版社，2004，第 110 页。

积极宣扬工业教育的信条，主张对黑人进行实用的工业教育，坚信这才是这一时期解决黑人问题的当务之急。这种面向大众的教育会给黑人带来财富的增长和经济地位的提升，借此他们可以进一步获得其他平等的政治和社会权利。“华盛顿不会将黑人局限于工业生活，但是，他相信目前所谓的‘高等教育’的最佳职能就是教会现在的一代黑人工作和生存。这将会创造财富，黑人借此能够获得闲暇以及接受高等教育的机会。”①

与“汉普顿-塔斯基吉”工业教育模式形成鲜明对比的是威廉·杜波依斯的教育观点。威廉·杜波依斯的主张比较激进，他的目标是黑人获得与白人完全平等的经济、政治和公民权利。基于此，他的态度与布克·华盛顿有所不同，他坚持认为应该大力发展黑人高等教育和精英教育。威廉·杜波依斯相信一个种族的崛起取决于该种族的精英人物，黑人群体中的精英人物大概占到整个族群人数的十分之一，因此威廉·杜波依斯将他们称为“天才的十分之一”（The Talented Tenth）。基于此，威廉·杜波依斯积极呼吁对黑人进行古典自由教育，以培养下一代黑人领袖。他主张应该让“天才的十分之一”的黑人精英接受高等教育，使他们成为黑人族群的领袖，然后领导广大黑人争取包括经济、政治、社会在内的全面的平等权利。因此，他将关注的焦点集中到高等教育，坚决反对将黑人的高等教育局限于职业教育的范畴。尽管威廉·杜波依斯也相信工业训练的作用，但他同时还认为即便是在这一时期，黑人种族也不能忽视对精英和领袖的培养。在他的呼吁下，一些黑人学院开设了古典自由教育课程，尤其是那些非裔美国人组织的学院和教会团体私人资助的学院。对威廉·杜波依斯而言，古典学科、人文、社会及自然学科才是最有价值的。“天才的十分

① Booker T. Washington et al., *The Negro Problem: A Series of Articles by Representative American Negroes of Today* (New York: James Pott & Company, 1903), p. 8.

之一”必须接受此类教育，人类未来的领导者必须接受的是教育而不是培训。[①] 他认为知识会使人充满力量、沉着、自主，而忽视知识则会导致迷惑、阿谀奉承和自我怀疑。威廉·杜波依斯勾勒出一个从婴儿时期开始的课程图景，他劝告非洲裔美国人，希望他们确保自己的孩子可以在头四年学习阅读、书写和计数。初级中学的作用是精炼和增强这些在婴幼儿时期学到的技能来让孩子们可以通过阅读获得信息，通过书写来呈现自我和交流，并且获得更加清晰的逻辑推理能力和数学的计算能力。威廉·杜波依斯还建议学生学习地理、语言和历史。[②]

尽管布克·华盛顿的观点遭到一些黑人的反对，认为他接受了黑人比白人低人一等的社会地位，但是布克·华盛顿仍然是黑人种族绝大多数人的伟大领袖。塔斯基吉学院的大量毕业生成为亚拉巴马州和邻近州公共学校的管理者。尽管塔斯基吉学院是一所私立学院，但是在促进黑人公共教育发展方面，它产生了比其他任何单一力量更大的影响。[③] 也有学者指出：“作为亚拉巴马州塔斯基吉学院的校长，布克·华盛顿阐明了勤奋工作、节俭以及实用的职业技能的教育价值，认为这些对黑人的经济发展是必不可少的。他的政策已经拓展了教育的含义，超出了美国黑人教育的范畴。”[④]

无论如何，威廉·杜波依斯和布克·华盛顿关于美国黑人高等教育的争论产生了深远的影响。他们的争论拉开了如何应对黑人对高等教育权利诉求的序幕，大量黑人把教育看作提高自身及子女政治、经

---

① 参见韦恩·厄本、杰宁斯·瓦格纳《美国教育——一部历史档案》，周晟、谢爱磊译，中国人民大学出版社，2009，第 214 页。

② See Violet J. Harris, “African-American Conceptions of Literacy: A Historical Perspective,” *Theory into Practice*, No. 4(1992): 276-286.

③ See Edwin R. Embree, *American Negroes a Handbook* (New York: The John Day Company, 1942), p. 36.

④ Marvin Lazerson, *American Education in the Twentieth Century* (New York: Teachers College Press, 1987), p. 59.

济和社会地位的重要途径，期盼在高等教育领域争取更大的话语权。威廉·杜波依斯和布克·华盛顿的争论也涉及黑人政治权利的问题，尤其是威廉·杜波依斯激进的观点，直接辐射到美国20世纪五六十年代的黑人民权运动。布克·华盛顿的观点提高了工业教育的地位，使人们看到了工业教育的重要性。威廉·杜波依斯的观点使人们认为，接受工业教育而牺牲高等教育的权利是错误的选择。可以说，他们的争论为后世有关工业教育和高等教育的论争奠定了基础，并引发了人们对黑人高等教育的深入思考。①

结 语

19世纪末20世纪初，在联邦政府、教会、慈善基金会及黑人自身的共同努力下，黑人教育获得极大的发展。约翰·戴维斯（John Davis）在《黑人赠地学院》一文中对1890—1910年黑人族群整体教育发展获得的引人注目的成就进行了总结。其一，洛克菲勒普通教育委员会、朱利叶斯·罗森沃尔德基金会、卡耐基教学促进基金会（The Carnegie Foundation for the Advancement of Teaching）、安娜·珍妮斯基金会、菲尔普斯·斯托克斯基金会、拉塞尔塞奇基金会对黑人教育做出的杰出贡献。其二，黑人自身在教育中领导地位的提升，以及白人男性和女性中许多新的黑人教育的拥护者的产生，尤其是在南方。其三，南方白人所表现出的一种更加宽容的态度，正如他们愿意接受黑人教育或黑人缺乏教育的事实所揭示的那样。其四，由于南方工业化正在迅速发展而带来的白人和黑人的教育需求。其五，南方教育工

① 参见周菲菲、李朝阳《美国城市化崛起时期黑人高等教育的论争：华盛顿与杜波依斯》，《重庆高教研究》2015年第4期。

作的有效性。[①] 1900 年，在校黑人儿童达到 150 万人以上，黑人教师达到 28 560 人。有 34 所黑人院校在培养大学人才，而且越来越多的黑人进入北方的大学和学院学习。当年有 2000 多名黑人从高等院校毕业，700 多人在学院学习。[②]

这一时期，黑人教育的发展对黑人乃至美国社会都产生了深远的影响。无论是对黑人开展的学校教育还是社会教育，公立教育还是私立教育，普通文化教育还是职业技能教育，都在促进黑人政治地位提升、经济条件改善、文化艺术繁荣等方面做出了至关重要的贡献。

首先，黑人教育的发展提升了黑人的文化素养，培养了一大批黑人知识精英。1890—1900 年，专业阶层（professional class）的人数显著增加。1890 年，黑人教师和教授的总数为 15 100 人，到 1900 年增加到 21 267 人。1890 年，黑人内科医生总数为 909 人，黑人牙医总数为 120 人，到 1900 年分别增加到 1734 人和 212 人。1890 年，黑人牧师总数为 12 159 人，到 1900 年总数为 15 528 人。[③] 1890 年，黑人记者总数为 134 人，到 1900 年增加到 310 人。1890 年，黑人律师总数为 431 人，到 1900 年增加到 728 人。此外，1900 年，还有黑人演员和艺人 2000 多名，艺术家、雕刻家和美术师 236 名，国会议员 1 名。[④] 1910—1920 年，有 11 名黑人在外交领事团服务，包括海地领事大臣和利比里亚大使。这些黑人知识精英中还不乏一些黑人运动的领袖，如布克·华盛顿、威廉·杜波依斯等。他们始终站在黑人解放运动的最前列，

---

① See John W. Davis, "The Negro Land-Grant College," *The Journal of Negro Education*, No. 3(1933): 318.

② 参见约翰·霍普·富兰克林《美国黑人史》，张冰姿等译，商务印书馆，1988，第 329—330 页。

③ See Peter M. Bergman, *The Chronological History of the Negro in America* (New York: Harper & Row, Publishers, 1969), pp. 304-305.

④ See Peter M. Bergman, *The Chronological History of the Negro in America* (New York: Harper & Row, Publishers, 1969), p. 329.

引领黑人群体朝着自由平等的方向不断前进。

其次，黑人工业教育的发展提升了黑人的劳动技能，增加了黑人的就业机会，改善了黑人的经济条件。1890—1910 年，黑人拥有的农场数目从 120 738 个增加到 218 972 个。[①] 1890 年，大约有 19%的黑人拥有自己的房屋，到 1900 年，这一比例增加到约 24%。[②] 1910 年，从事农业活动的黑人占黑人总人口的 50.4%，到 1920 年，这一比例降至 46.6%，从事非农业活动的黑人占到多数。1900 年，黑人所拥有的农场财产总额（the total value of farm property）达到 499 943 734 美元，到 1920 年，超过 22.5 亿美元。[③] 1900 年，美国出现 4 所黑人银行。

再次，教育的发展也促进了黑人文化艺术的繁荣。从 19 世纪 80 年代开始，大批黑人向北方迁徙，到 20 世纪 20 年代，北方许多大城市的贫民窟聚集了大量的黑人。由于受教育机会的增加，在这些黑人中逐渐形成了一批有能力开展文化艺术活动的黑人知识分子。第一次世界大战结束后不久，这批黑人作家、音乐家和艺术家以纽约黑人聚居区哈莱姆为中心，开展了一场旨在通过文学艺术作品反映黑人心声、反抗种族主义、表达种族自豪感的种族文化觉醒运动。这次重要的美国黑人文化运动被称为哈莱姆文艺复兴（Harlem Renaissance）。[④] 这一时期，黑人音乐、文学等大规模兴起，涌现出大量杰出的黑人作家、诗人、音乐家、画家和学者。在音乐方面，黑人爵士乐占领了美国流行音乐的领地，"百年艺术家"诺曼·路易斯（Norman Lewis）等都是黑

---

① See Peter M. Bergman, *The Chronological History of the Negro in America* (New York: Harper & Row, Publishers, 1969), p. 360.

② See Peter M. Bergman, *The Chronological History of the Negro in America* (New York: Harper & Row, Publishers, 1969), p. 329.

③ See Peter M. Bergman, *The Chronological History of the Negro in America* (New York: Harper & Row, Publishers, 1969), p. 396.

④ See Peter M. Bergman, *The Chronological History of the Negro in America* (New York: Harper & Row, Publishers, 1969), p. 399.

人的骄傲；在文学方面，黑人文学也盛行一时，“黑人现实主义文学的先驱”小说家查尔斯·切斯纳特（Charles W. Chesnutt）、“哈莱姆桂冠诗人”兰斯顿·休斯（Langston Hughes）、著名学者威廉·杜波依斯等也都影响广泛。“这一运动证明了黑人的素质与能力，提高了美国黑人的自尊心与自信心，并开黑人自我表达和自我讴歌之先河。”① 运动极大地提高了黑人的种族自豪感，促进了黑人的觉醒和解放。

最后，教育的发展还有助于降低黑人的犯罪率。随着黑人入学人数的增加，黑人文盲率迅速下降。1890—1920 年的数据如下：1890 年，黑人文盲率为 57.1%；1900 年，黑人文盲率为 44.5%；1910 年，黑人文盲率为 30.4%；1920 年，黑人文盲率为 23.0%。② 黑人犯罪率也随着黑人文盲率的降低而下降，每 100 个罪犯中有 39 个能够识字，61 个不能，而每 100 个普通人当中有 43 个识字，57 个不能。在密西西比监狱的 450 个黑人罪犯中，有一半的人既不能阅读也不能书写，只有少于 10%的人接受过正规的教育。③ 亚特兰大大学 800 名黑人男女毕业生中没有一个犯过罪。费斯克大学（Fisk University）只有一名毕业生有过犯罪经历。格林斯博罗农业和技术学院（Greensboro Agricultural and Technical College）自建立以来已招收 2000 名学生，其中只有 5 人曾被判有罪，这 5 人中有两个还是已经被学校开除的学生，而且没有一个属于 300 名毕业生之一。上过中学的黑人学生表现出明显较低的犯罪率，温斯顿-塞勒姆中学（Winston-Salem High School）的 200 名毕业生中只有一个有犯罪记录。1903 年，在实行了 25 年的教育之后，弗吉

---

① 胡锦山：《美国黑人的第一次大迁徙》，《东北师大学报（哲学社会科学版）》1996 年第 2 期。

② See Loretta Funke, "The Negro in Education," *The Journal of Negro History*, No. 1(1920): 19.

③ See Loretta Funke, "The Negro in Education," *The Journal of Negro History*, No. 1(1920): 19-20.

尼亚州格洛斯特县有 30 人因轻罪被逮捕，其中有 16 名白人和 14 名黑人；在接下来的一年里，有 15 人因轻罪被逮捕，其中有 14 名白人，只有 1 名黑人。懒惰、不求上进是人们对黑人的刻板印象之一，然而教育已经使得改变发生。接受教育后的黑人也想要拥有土地、房屋、教堂、书籍、报纸，为自己的孩子提供教育。为了能够获得这些，黑人会定期从事有效的工作。塔斯基吉学院的毕业生一直与学校的某位工作人员保持联系，这位工作人员指出，只有不到 10%的毕业生处于无业状态，只有一个人犯罪入狱。①

总而言之，虽然 19 世纪末 20 世纪初黑人教育发展的处境极为不利，受到白人种族主义者残酷的压迫和阻碍，但是大量的事实都证明，19 世纪末 20 世纪初由于联邦和各州政府、慈善基金会、教会等民间团体，以及黑人自身的共同推动，黑人教育取得重要的发展，进入一个新的发展阶段。具体表现就是入学人数大幅增长，族群的整体教育水平和文化素质不断提高。尤其是一战之后，黑人初等教育普及，中等教育逐年扩张，高等教育机构也逐渐甩掉中学的课程计划，有些学院还开始提供研究生课程。② 最为重要的是，这一时期黑人教育取得的重要发展为黑人进一步争取自身的政治、经济和社会权利奠定了重要基础。尽管这一时期黑人教育与白人教育存在较大的差距，但从历史的角度看，黑人已经开始摆脱绝对的无知，黑人通过教育实现自我解放的意识已经觉醒，黑人争取自身权利的斗争由此进入一个新的历史阶段。③ 总之，教育在黑人追求平等公民权利、塑造良好黑人公民、促进民主社会发展的过程中发挥了不可替代的作用。

---

① See Loretta Funke, "The Negro in Education," *The Journal of Negro History*, No. 1(1920): 20-21.

② 参见屈书杰《美国黑人教育发展研究》，河北大学出版社，2004，第 122 页。

③ 参见张斌贤、杨帆《隔离与平等：对“普莱西案”的重新考察》，《高等教育研究》2016 年第 7 期，第 88 页。

参考文献

一、中文文献

[1] 常永才．美国黑人院校的历史回顾与发展展望［J］．西北民族学院学报（哲学社会科学版），2000（3）：83-88.

[2] 厄本，瓦格纳．美国教育：一部历史档案［M］．周晟，谢爱磊，译．北京：中国人民大学出版社，2009.

[3] 方纳．给我自由！一部美国的历史：上卷［M］．王希，译．北京：商务印书馆，2010.

[4] 富兰克林．美国黑人史［M］．张冰姿，何田，段志诚，等译．北京：商务印书馆，1988.

[5] 福斯特．美国历史中的黑人［M］．余家煌，何田，段志诚，等译．上海：生活·读书·新知三联书店，1960.

[6] 格兰特．美国黑人斗争史［M］．郭瀛，伍江，杨德，等译．北京：中国社会科学出版社，1987.

[7] 黄虚锋．美国南方转型时期社会生活研究：1877 年-1920 年代［D］．上海：华东师范大学，2003.

[8] 胡锦山．美国城市种族居住隔离与黑人贫困化［J］．史学月刊，2004（1）：101-108.

[9] 胡锦山．美国黑人的第一次大迁徙［J］．东北师大学报（哲学社会科学版），1996（2）：13-17.

[10] 赖凡．布克·T．华盛顿的政治思想与美国黑人运动［D］．重庆：重庆师范大学，2010.

[11] 李传利．论美国最高法院与黑人选举权的平等保护［J］．历史教学，2009（2）：67-70.

[12] 刘绪贻，杨生茂．美国通史：第 3 卷［M］．北京：人民出版社，2002.

[13] 南开大学历史系美国史研究室．美国黑人运动大事记：1526-

1945 下册［M］. 天津：南开大学历史系美国史研究室，1974.

［14］屈书杰. 从种族隔离到学校一体化：20 世纪美国黑人教育［D］. 河北大学，2002.

［15］屈书杰. 美国黑人教育发展研究［M］. 保定：河北大学出版社，2004.

［16］斯普林. 美国学校：教育传统与变革［M］. 史静寰，姚运标，张宏，等译. 人民教育出版社，2010.

［17］索威尔. 美国种族简史［M］. 沈宗美，译. 北京：中信出版社，2011.

［18］滕大春. 美国教育史：第 2 版［M］. 北京：人民教育出版社，2001.

［19］张斌贤，杨帆. 隔离与平等：对"普莱西案"的重新考察［J］. 高等教育研究，2016（7）：80-89.

［20］周菲菲，李朝阳. 美国城市化崛起时期黑人高等教育的论争：华盛顿与杜波依斯［J］. 重庆高教研究，2015（4）：107-111.

［21］祝贺，张斌贤. 美国公共教育种族隔离合法性的确立：普莱西案始末［J］. 四川师范大学学报（社会科学版），2013（2）：71-76.

［22］祝贺. 美国公共学校种族隔离的终结［M］. 杭州：浙江教育出版社，2015.

二、外文文献

（一）期刊论文

［1］AMBROSE C. Some problems in the education and placement of negro teachers[J]. The Journal of Negro Education，1935(1)：99-112.

［2］AUGUST M，ELLIOTT R. The boycott movement against jim crow streetcars in the south，1900-1906[J]. The Journal of American History，1969(4)：756-775.

［3］BOOKER T G. The educational contributions of Booker T.

Washington[J]. The Journal of Negro Education,1975(4):502-518.

[4] CATHERINE L. The HBCUs' contributions to America:the myth is,they can't compete. The truth is something else[J]. US Black Engineer and Information Technology,1995(3):31-33.

[5] DAVID S, PAMELA B W, BRIAN D, et al. Leveraging the state:private money and the development of public education for blacks [J]. American Sociological Review,2000(5):658-681.

[6] EDAN M C. The negro teachers' college and normal school[J]. The Journal of Negro Education,1933(3):284-298.

[7] ELLIOTT M R. The niagara movement[J]. The Journal of Negro History,1957(3):177-200.

[8] ELLIS O K. A historical sketch of secondary education for negroes [J]. The Journal of Negro Education,1940(3):440-453.

[9] JOHN R W. The travail of black land-grant schools in the south, 1890-1917[J]. Agricultural History,1991(2):54-62.

[10] JOHN W D. The negro land-grant college[J]. The Journal of Negro Education,1933(3):312-328.

[11] LEO M,DALTON M. Role of the traditionally black public institution of higher learning in extension education[J]. The Journal of Negro Education,1977(1):46-52.

[12] LORETTA F. The negro in education[J]. The Journal of Negro History,1920(1):1-21.

[13] MARYBETH G,FELECIA C. The state of research on historically black colleges and universities[J]. Journal for Multicultural Education, 2014,8(2):89-111.

[14] MICHAEL F. Teacher training and African American education in the south,1900-1940[J]. The Journal of Negro Education,1995(2):

196-210.

[15] VIOLET J H. African-american conceptions of literacy: a historical perspective[J]. Theory into Practice, 1992(4): 276-286.

[16] WALTER R A, JOSEPH O J, KIMBERLY A G, et al. Historically black colleges and universities: honoring the past, engaging the present, touching the future[J]. The Journal of Negro Education, 2007(3): 263-280.

[17] WILSON R. Negro intellectuals and negro movements in historical perspective[J]. American Quarterly, 1956(1): 3-20.

（二）著作

[1] AMBROSE C. Secondary education for negroes[M]. Washington, D. C.: United States Government Printing Office, 1933.

[2] AUGUST M. Negro thought in America, 1880-1915: racial deologies in the age of Booker T. Washington[M]. Ann Arbor: The University of Michigan Press, 1963.

[3] BOBBY L L. America's historically black colleges & universities: a narrative history from the nineteenth century into the twenty-first century [M]. Macon, Ga.: Mercer University Press, 2011.

[4] BOOKER T W. Progress of the American negro[M]. Tuskegee: Tuskegee Institute Press, 1904.

[5] BOOKER T W. The negro problem: a series of articles by representative American negroes of today[M]. New York: James Pott & Company, 1903.

[6] BOOKER T W. Up from slavery—an autobiography[M]. Auckland: The Floating Press, 2009.

[7] CHARLES A E. Sociology and modern social problems[M]. New York: American Book Company, 1913.

[8] CHARLES D W. The Education of the negro[M]. Washington, D.

C. :American Social Science Association,1900.

[9] CHARLES S J. The Negro college graduate[M]. Chapel Hill: The University of North Carolina Press,1938.

[10] DAVID H J Jr. Booker T. Washington and the struggle against white supremacy: the southern educational tours, 1908-1912[M]. New York:Palgrave Macmillan,2008.

[11] EDWARD B R. The American race problem: a study of the negro[M]. New York:Thomas Y. Crowell Company,1927.

[12] EDWARD E R. County training schools and public secondary education for negroes in the south[M]. Washington,D. C. :The John F. Slater Fund,1935.

[13] EDWIN R E. American negroes a handbook[M]. New York: The John Day Company,1942.

[14] FLORENCE M. The negro handbook[M]. New York:Current Reference Publications,1944.

[15] GERALD L G. Education in the United States: an historical perspective[M]. Englewood Cliffs:Prentice-Hall,1986.

[16] HARRY M. Historical perspectives on the education of black children[M]. Santa Barbara:Praeger Publishers,1995.

[17] INA W, VAN N. The south, a documentary history[M]. Princeton, New Jersey, Toronto, London, New York: D. Van Nostrand Company,Inc. ,1958.

[18] JAMES D A. The education of blacks in the south,1860-1935 [M]. Chapel Hill:The University of North Carolina Press,1988.

[19] JAY S S. Methodist adventures in negro education[M]. New York:The Methodist Book Concern,1922.

[20] LANCE G E J. Negro schools in the southern states[M]. Oxford

University Press, 1928.

[21] MARVIN L. American education in the twentieth century[M]. New York: Teachers College Press, 1987.

[22] PETER M B. The chronological history of the negro in America [M]. New York: Harper & Row, Publishers, 1969.

[23] RAYFORD L. The betrayal of the negro: from Rutherford B. Hayes to Woodrow Wilson[M]. New York: Collier Books, 1965.

[24] RICHARD H E. The negro problem[M]. Madison, Wisconsin: Studies in American Social Conditions-2, 1908.

[25] RICHARD R W. Self-help in negro education[M]. Cheyney, Pa.: Committee of Twelve for the Advancement of the Interests of the Negro Race, 1909.

[26] SUSAN T H. The traditionally black institutions of higher education 1860 to 1982[M]. Washington, D. C.: The Superintendent of Documents, U. S. Government Printing Office, 1984.

[27] U. S. Bureau of the Census. Historical statistics of the United States, colonial times to 1970[M]. Washington, D. C.: U. S. Government Printing Office, 1975.

[28] WILLIAM C B. The negro problem[M]. Baltimore: John Murphy & Co., 1891.

[29] WILLIAM P. The new negro: his political, civil, and mental status and related essays [M]. New York: The Neale Publishing Company, 1916.

第七章　教育与移民同化

19 世纪八九十年代，受美国国内旺盛的劳动力需求和欧洲政治、经济、宗教等方面因素的推动，美国又迎来了一次移民浪潮。与此前数次移民浪潮不同，此次移民浪潮不仅人数巨大、速度惊人，而且移民来源复杂、去向多样。这对正处于急剧动荡之中的美国社会造成了巨大的冲击，由此造成了诸多繁杂的社会问题。在此背景下，美国社会形成了一场全国性的，涉及政治、经济、文化、教育等多个领域的美国化运动（Amercanization Movement）。在美国化运动中，除了法律、政治、经济、宗教等方面的途径外，各种形式的教育发挥了不可替代的重要作用。美国通过移民教育立法，建立夜校、工厂学校、移民英语班，开展公民教育等举措，对移民实施美国化教育，使移民接受美国价值观，融入美国文化体系，以达到移民同化的目的。在某种意义上，美国化运动其实就是一场广泛的教育运动。

第一节　19 世纪末 20 世纪初的城市化与新移民

在 19 世纪末 20 世纪初，随着移民来源国的变化，来自南欧和东欧的新移民涌进美国，移民给美国带来各自迁出国的宗教、民族习俗及生活方式，带来多样的民族和语言。新移民在推动美国城市化发展的同时，也带来一系列的社会问题，主要体现在三个方面：在人口方面，增强了美国人口的异质性；在文化方面，造成美国主流文化与移民文化的冲撞；在社会治安方面，造成更多的失业、犯罪等问题。

一、新移民潮的到来

美国作为一个移民国家，移民流动是在拉动因素与推动因素的作用下形成的。推动因素是移民出国动机、工资率差距、交通技术的改善、旅行时间和费用的减少、自然灾害、逃脱贫困与宗教的迫害、逃避独裁与战火、逃离种族清洗等。拉动因素是美国工业化的发展、经济的增长、较高的生活水准、更多的就业机会、较好的教育资源等。在这两个因素的双重作用下，推动了移民的流动。这些移民来到美国，他们舍弃了之前在原属国的社会关系、社会地位、职业、收入，他们在这个陌生的国度，"文化休克"，四处摸索，寻求更好的工作、更好的生活。

（一）移民来源国的改变

从 1820 年至 1889 年，美国移民主要来自说英语的国家。西欧和北欧的移民占绝大多数，达到 90%，南欧、东欧、亚洲和拉美移民共占 10%（如图 7-1-1 所示）。这些移民被称为"老移民"。老移民的理想、风俗、生活习惯、思维方式及宗教信仰通常与美国公民相同。这些移民的文化程度较高，他们可以很好地接受美国习俗，融入美国社会生活。因此，他们对当时美国社会几乎没有产生不利的影响。

从 1890 年开始，移民的来源国发生了重大变化，大多来自南欧和东欧。1890—1920 年，南欧和东欧移民占 63%，西欧与北欧移民占 31%，亚洲与拉美移民占 6%（如图 7-1-2 所示）。这一阶段的移民被称为"新移民"。从美国官方统计数据可以看出，新移民在 1901—1910 年达到高峰时期，新移民数量达到 8 795 386 人，这一数量比 1891—1900 年多出 5 107 822 人。

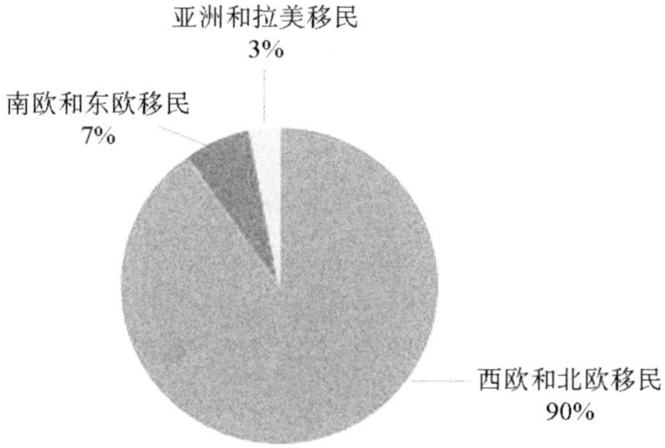

图 7-1-1 1820—1889 年美国移民来源①

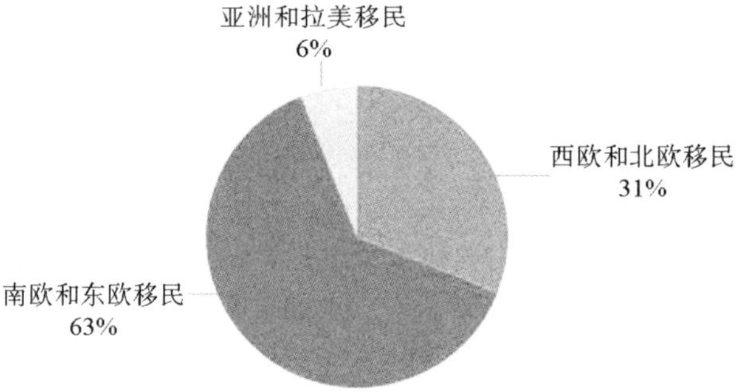

图 7-1-2 1890—1920 年美国移民来源②

随着移民来源国的变化，新旧移民的不同点不仅表现为来源国的不同，还表现为宗教信仰的不同。新移民的技能、受教育年限远远不及老移民，但他们又不愿意接受美国的生活方式，不想成为美国人所

① Office of Immigration Statistics, *Year Book of Immigration Statistics: 2011* (Washington, D. C.: Department of Homeland Security, 2012).

② Office of Immigration Statistics, *Year Book of Immigration Statistics: 2011* (Washington, D. C.: Department of Homeland Security, 2012).

描述的“美国人”。以意大利移民为例，1890 年波士顿北端的意大利移民有 4700 人，1910 年达到 28 000 人，成为北端人口的重要组成部分，他们在这里居住、经商、结婚、生子，最终吸引仍在意大利的亲友来此定居。大量意大利移民聚居在此，打破了北端原有的民族构成，先前到达这里的德国人、爱尔兰人、英国人不再占优势，开始逐渐迁走，这使得意大利人在北端的人数居多，形成“意大利社区”。在自己的社区内，他们仍然使用本民族的语言与文字，保留原有的生活习惯和社会习俗，很少与美国公民交流，也无心积极学习美国语言和社会习俗。这在美国人看来是不可接受的，出于这些原因，波士顿迫切让这些移民融入本土生活，这就需要对他们同化。

（二）新移民特性的异质性

这一时期移民不仅在数量上激增，而且在特性上也发生了改变。在伊利诺伊州，芝加哥移民人口从 1900 年的 585 420 人，增加到 1920 年的 805 482 人[①]，成为伊利诺伊州移民最多的城市。在美国化运动期间，芝加哥有 13 种语言群体和 30 个民族。由于民族、信仰、血缘关系，移民在美国社会形成了居住区。在这些新形成的移民小社会中，出现新的社会分化。美国人逐渐对这些新移民产生不满，他们认为，这些新移民对美国的盎格鲁-撒克逊文化、习俗和“美国民族”产生严重威胁。

在纽约，移民所带来的问题同样也是不可忽视的。1907 年有 100 多万移民通过纽约市的埃利斯岛进入美国，大部分移民停留在此。1920 年定居在纽约的东欧犹太人达到 480 000 人，意大利人达到 391 000 人。[②] 这些移民留在纽约的原因主要是：第一，经济原因。大

---

① See Heather Greel, *The Chicago Americanization Movement: Solutions to the Immigrant Problem*(Cedar Falls: University of Northern Iowa, 2013), p. 13.

② See The New Immigrants, "History of Poverty & Homeless in NYC," accessed July 20, 2016, http://povertyhistory.org/era/progressive#the-new-immigrants.

部分东欧国家的移民，在原属国大都是贫困人群，在穿越大西洋的旅行中把财产几乎用光。经过长途航行的移民不想再花费时间和金钱继续往内陆走了，留在纽约市是最经济的选择。第二，纽约的就业机会。当时纽约服装加工业十分繁荣，与其他行业相比，这一行业所需的技术含量不高，并且有进一步吸收新劳动力的趋势。正好新移民的技能普遍较低，适合从事服装加工业。第三，纽约市内交通发达。纽约在19世纪20年代就开通了市内公交。有轨电车和地铁也随后开通，便利的公共交通对移民来说十分重要，因为移民从事的大多为低收入工作，不得不住在城郊，因此，纽约发达的交通网络给每日通勤提供了便利。第四，移民族裔区的吸引力。由于这一时期进入纽约的移民生活习惯和语言都很相似，留在纽约，意味着可与原属国的其他移民聚居在相同社区，继续说本民族语言，延续自己的生活习惯。①

越来越多的移民聚集到纽约，给纽约带来了不小的冲击。由于新移民迫切需要经济来源，雇主就故意压低工资，但移民还是愿意从事这些低收入工作，这对美国人的工作造成一定冲击，迫使一些没有技能的美国公民失业，导致美国人的不满或抵制，这些不利因素就不可避免地造成新移民很难融入美国社会。

二、“移民聚居区”的窘况

在新移民聚居地，卫生条件极差，极易造成一些传染病流行。加上经济原因，移民在生病后通常不主动就医，在外出工作时，极易造成传染病大范围流行，对健康造成一定影响。移民的生活状况也不容乐观，一部分移民在工厂充当廉价劳动力，一部分移民成了无业游民，

---

① See Edward L. Glaeser, “Urban Colossus: Why Is New York America’s Largest City?,” accessed July 22, 2016, http://www.newyorkfed.org/research/epr/05v11n2/0512glae.pdf.

年轻人游荡街头，儿童满街乱跑，学会了犯罪。再加上移民聚居地基础设施较差，晚间照明不好，故加大了犯罪的可能性。移民的暴力、犯罪、抢劫、酗酒充斥着少数族裔的街道。以纽约州为例，数据统计显示，1900 年，纽约州监狱的日均犯人数量为 3376 人。随着移民数量的增加，从 1904 年开始，纽约州监狱日均犯人的数量急剧上升，从 1904 年的 3405 人增加到 1909 年的 4420 人，与 1900 年相比，增加了 31%。[①] 再加上移民的头脑中缺乏法治和民主的概念与意识，来到美国，不知道尊重美国的法律与民主，民主与法治素质低下，为移民聚居区的社会治安、卫生状况、贫困、疾病、火灾等带来新问题。大多数美国人把当时美国社会的一切问题都归因于新移民。所以，移民使城市社会结构处于严重的紧张状态。[②]

因此，如何解决移民聚集区的问题成为美国社会改革者关注的重要社会问题。一些有识之士提倡，把年轻的移民或第二代移民笼络到学校，利用学校教育使美国社会稳定，把教育尤其是公立教育看成是促使社会稳定的工具。例如，进步主义教育史学流派的埃尔伍德·克伯莱（Ellwood P. Cubberley）认为，此时的移民是“文盲，不能自力更生的、缺乏主动性与法律观念、不守秩序的无政府主义者”，移民“企图建立属于自己的领地，把原有的习惯、风俗以及所奉行的宗教带到他们的领地”。埃尔伍德·克伯莱担心“这些移民的到来会摧毁国家的基础，腐化公民生活”[③]。埃尔伍德·克伯莱对新移民这种恐惧感，是当时美国公民的一种普遍心态，美国人担心并且无法忍受新移民的民族及语言在美国社会生活中占有一席之地。所以，埃尔伍德·克伯

① See Philip Davis, *Immigration and Americanization: Selected Readings* (Boston: Ginn, 1920), p. 310.

② 参见兰克维奇《纽约简史》，辛亨复译，上海人民教育出版社，2005，第 155 页。

③ E. P. Cubberly, *Changing Conceptions in Education* (Boston: Houghton Mifflin, 1909), p. 15.

莱认为美国要解散移民的团体或领地，同化他们，使其成为真正的美国人。埃尔伍德·克伯莱提出“熔炉论”，用公共学校同化移民，他认为公共学校有责任“教育移民的儿童，让他们接受盎格鲁-撒克逊文化，学习正义、法律和秩序等观念”①。教育史学温和修正派的劳伦斯·克雷明推行“民族融合论”，认为在美国这个由多国移民组成的移民大熔炉里，要实现美国化，只有靠教育，尤其是通过公共教育实现美国化。

总之，美国人以各种方式有意或无意地鼓励着同化。公共学校教孩子们英语，雇主要求工人上班时讲英语，大多数商店还是卖美国商品，迫使移民适应美国食品、美国服饰和大众生活方式，使得移民在美国的主流文化中显得不太“外国化”，以适应新的动态的美国城市生活。② 这推动了美国借用美国化解决这些社会问题。

第二节　美国化运动的演进

从独立战争开始，美国人追求民主、自由、平等，与最初到达美国的英国前辈不同，他们开始具有美国意识，形成自己的生活方式和行为习惯。历史学家通过研究独立战争时期上百封通信看出，虽然这些人的语言最初与英国相同，但是他们的通信语言明显表现出一种变革倾向，变得更加具有美国风格。他们在字里行间表达出想在这片国土上建立公平、人道的国家，他们描述了当时民众的日常生活与思想，这些都是日后美国化运动时期美国公民认为外来移民应具有的东西。独立战争用美国本土观念取代英国观念，扩大了美国化的影响范围，人们意识到自己应与英国不同，美国人应具有美国特征。

独立战争后，大多数的移民来自不列颠群岛，再加上英国政府的

---

① E. P. Cubberly, *Changing Conceptions in Education* (Boston: Houghton Mifflin, 1909), p. 16.

② 参见艾伦·布林克利《美国史》，邵旭东译，海南出版社，2009，第 528 页。

支持，盎格鲁-撒克逊人在数量和政治上取得了优势，英语成了不同移民交往时共同使用的语言，英国式的体制与习俗成了标准，从而使得英国式的精神、规则、体制在意识形态上居于主导地位。依照英国式的意识形态进行同化，必然形成“盎格鲁化”模式的同化。这时虽已出现少量非英国母语的移民，但美国人认为教育可以解决这些问题。贺拉斯·曼指出：“公共学校应当接纳不同文化背景、不同宗教背景的儿童，学校应当教授自由社会的精神、方法和规则。”① 因此，在公共学校运动中，绝大多数移民被自然同化。但到19世纪末20世纪初，美国人口尤其是移民异质性急剧增强，美国在盎格鲁化模式的基础上，推出“熔炉化”的同化模式，以形成新身份、新体制、新认同感，塑造美国意识。②

一、美国化运动的发展阶段

19世纪末20世纪初这一时期美国化运动的领导者的身份有所不同，根据领导者身份的变化，美国化运动的发展可以分为三个阶段：第一阶段是反移民组织领导阶段，这拉开了美国化运动的序幕；第二阶段是民间组织、非营利组织、美国公司领导阶段，标志着美国化运动的兴起；第三阶段是美国政府领导阶段，推动了美国化运动达到高峰阶段。

（一）反移民组织领导阶段

自1885年移民的来源国改变之后，在美国公民看来，新移民自然同化已经不可能实现，美国公民开始对这一时期的移民产生一定的抵

① “Horace Mann,” Wikipedia, accessed March 10, 2016, https://en.wikipedia.org/wiki/Horace_Mann.

② 参见张薇薇《美国社会的移民同化与文化多元化》，《西南民族学院学报（哲学社会科学版）》1996年第1期。

触情绪。因此，限制移民的呼声开始出现，一些限制移民的组织打着美国化的旗号，进行反移民活动，拉开了美国化运动的序幕。

第一个反移民组织是1887年成立的美国保护协会（American Protective Association），这一组织后来被1894年成立的移民限制联盟（Immigration Restriction League）所取代。移民限制联盟声称，其目标是限制移民和帮助新移民同化。① 移民限制联盟到处游说以期达到限制移民的目的。事实上，移民限制联盟并没有真正教授移民英语，或者对移民进行公民教育。在这一阶段的美国化运动中，同化和美国化只是移民限制组织为掩盖制约移民的真实目的而打出的一面旗帜。

（二）民间组织、非营利组织与美国公司领导阶段

虽然移民限制政策的支持者开启了美国化运动，但到1890年，新移民数量急剧增加，移民问题更加突出，又由于美国化运动开端阶段的同化效果并不是特别理想，因此从1890年开始，民间组织、非营利组织、美国公司逐步介入美国化运动。美国化运动的第二阶段的领导让位于民间组织、非营利组织与美国公司。与前一阶段不同的是，这些组织对移民更具有善意，其开始真正关注移民同化问题，这大大推动了美国化运动的进程。

1907年在波士顿成立的北美移民公民联盟（The North American Civic League for Immigrants）为移民提供基本的英语课程。北美移民公民联盟的创立者是保守主义者，他们并不提倡限制移民，而是想通过对移民的同化保持现状。② 北美移民公民联盟把经验推广到纽约和其他一些东海岸城市。1908年在芝加哥成立的移民保护联盟（Immigrants Protective League）就是模仿北美移民公民联盟而成立的。

---

① See Edward George Hartmann, *The Movement to Americanize the Immigrant* (New York: Columbia University Press, 1948), p. 23.

② See John Higham, *Strangers in the Land: Patterns of American Nativism 1860-1925* (New Jersey: Rutger University Press, 1955), p. 240.

北美移民公民联盟后来更名为美国移民委员会（Committee for Immigrants in America），开始资助各地的美国化项目，为不同群体提供课程。美国移民委员会的资助使得美国化项目继续进行下去，其课程设计影响到联邦教育局，联邦教育局也开设了英语课程和公民教育课程。

除了建立上述组织外，美国化运动还注重移民社区与社会组织、民间组织的合作，开展一些活动。这些组织充分利用自己的资源对移民进行帮助，从工人中选择懂外语、了解移民原属国习俗的美国公民，对移民进行家访，通过这种私人接触的方式解决移民遇到的困难和现实需求。这些组织向移民提供法律援助，帮助移民妇女了解美国母亲如何与孩子相处，帮助移民建立美国的生活方式，向他们展示如何烹饪美式饭菜、如何改善家庭卫生环境等。① 这些合作活动是从移民生活需求出发，帮助移民解决食宿等基本问题，让移民接触美国文化，了解美国文化，最终接受美国文化。这种方式减少了移民对美国化运动的抵触情绪，从最基本的方面对移民进行美国化，保障了从更大范围开展美国化运动。

（三）美国政府领导阶段

可以说，前两个阶段的美国化运动普及性并不强，覆盖范围有限，并未真正有效解决移民问题。到 1907 年，美国化运动达到巅峰期，这有两个促进因素：一是政府的介入。1907 年美国移民数量达到顶峰，人数达 1 285 349 人（如图 7-2-1 所示），同化百万移民，这在美国历史上是前所未有的任务。为了同化这些数量庞大的移民，美国政府开始通过行政权力强化美国化运动，使得这场运动变成强制性的运动。二是军队的需求。随着一战的爆发，有更多合乎条件的年轻移民被招募

① See Ohio Americanization Committee, *Americanization in Ohio: A Constructive Program for Communities Having a Foreign Problem* (Columbus: Americanization Committee of Ohio, 1920), pp. 27-28.

入伍，军队也面临着开展美国化运动的需要。在军队服役的移民需要学习英语，以便听懂最基本的军事指令。同时，美军也担心德国和奥地利移民对其原属国仍有同情心，为防止这种情况的发生，军队要为服役的移民士兵教授英语，强化他们对美国的认同。

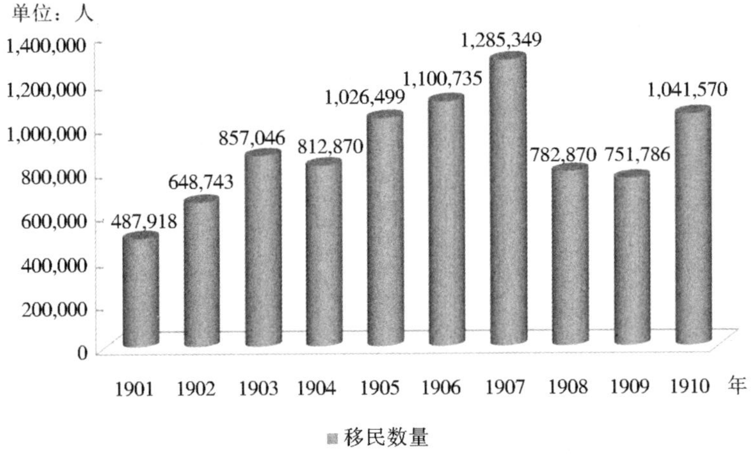

图 7-2-1　1901—1910 年美国移民数量①

为了获得民众支持，政治领袖对待移民的态度与民众一致。例如，西奥多·罗斯福认为，美国缺乏“真正的美国主义”精神。罗斯福明确指出，这个国家不能有一半的美国主义，只有100%美国主义和纯粹美国人的空间。美国有权利要求外来移民及其后裔成为纯粹的美国人。言下之意是，所有外来移民应彻底认同美国特性，做一个彻底的美国人。美国政府就是想用同化来治理移民群体由于多样性带来的社会问题，通过一致性把新移民问题的复杂性变得简单化。于是，在纽约、新泽西、马萨诸塞、加利福尼亚、宾夕法尼亚、罗得岛这些移民较多

① See U. S. Immigration and Naturalization Service, *Statistical Yearbook of the Immigration and Naturalization Service*, *1999* (Washington, D. C.: U. S. Government Printing Office, 2002).

的州，设立政府机构研究移民，帮助移民了解美国的政府机构（例如法院和警察局），协助地方政府同化移民。

1907年新泽西州首次规定为移民开设夜间班级，为移民提供英语课和公民教育，这一做法被许多州效法。在20世纪最初10年，纽约、芝加哥、底特律、罗切斯特、克利夫兰、费城、波士顿等城市都为移民开设夜间特殊班级。① 这一时期，除佛蒙特州、俄克拉何马州、艾奥瓦州和怀俄明州之外，其他各州均要求公共学校开设公民教育课程，展示美国国旗，背诵效忠誓词。所以，这一时期的美国化运动不同于前两个阶段的一个典型特点是强调移民对美国的忠诚。

当然，在美国化运动发展过程中，美国各界人士基于不同的立场与自身利益，对美国化的看法与认识不一，代表性的观点有以下几种。

第一种观点认为，美国化是一种"教育过程"。例如，在社会学界，埃里默·鲍加德斯（Emory Bogardus）指出，美国化是一个"教育过程"。这一过程不断改造移民自身习惯和风俗，让移民逐渐接受美国精神和美国生活准则，使移民的不同观念和信仰与美国社会保持一致。② 埃里默·鲍加德斯认为，美国化运动的本质就是把移民异质性转为同质性。美国化运动是将移民放置于一种标准，通过这种标准，抑制移民的不恰当行为，使美国自由民主成为一种典范。

第二种观点认为，美国化既是一个文化问题，也是一个社会问题，这种观点主要体现在文化领域。例如，英裔美国人、天主教教徒奥雷斯蒂斯·布朗森（Orestes Brownson）指出，在不违反天主教教规的前提下，使天主教移民适应美国本土的文化特性。奥雷斯蒂斯·布朗森认为，美国化并不是简单地重新组合多族裔文化，而是把各族裔的文

---

① See Edward George Hartmann, *The Movement to Americanize the Immigrant* (New York: Columbia University Press, 1948), p. 24.

② See Emory Bogardus, *Essentials of Americanization* (Los Angeles: University of Southern California Press, 1919), p. 11.

化融进盎格鲁-美国文化，保持“美国民族性”。奥雷斯蒂斯·布朗森指出，美国化需要一个过程，在这个过程中，需要移民敞开心扉接纳美国文化，而不是固守本族文化。通过美国语言把移民塑造成完全相像的“美国人”，在文化上实现“美国认同”。在奥雷斯蒂斯·布朗森的话语中，美国化还有另外一层含义，就是天主教移民的美国化不仅是文化问题，还是政治问题。① 受奥雷斯蒂斯·布朗森的影响，菲利普·格利森（Philip Gleanson）指出，美国化是去除移民的外在特征，让移民接受美国的文化规范，从思想认识上把自己视为美国人。② 托马斯·麦卡沃伊（Thomas T. McAroy）指出，美国化是协助移民参加美国民主，享有美国民主社会的各种权利。③

第三种观点认为，美国化就是一种强制行为，这种观点主要来自移民。随着美国化运动的发展，就连移民自身——美国化运动的既定受益人，也开始公开表示对美国化运动期间得到的不公正待遇表示不满。④ 因为有些美国化运动的执行者对移民充满敌意，表现出过度的民族主义，造成美国化运动在一定程度上采用十分强硬的手段⑤，强迫移民完全放弃自己过去的信仰、习俗和记忆⑥，这导致有些移民抵制美国化运动。

---

① 参见彭小瑜《罗马天主教语境中的美国历史和民族——奥雷斯蒂斯·布朗森论移民的美国化》，《历史研究》2004 年第 1 期。

② See P. Gleanson, *The Conservative Reformers : German-American Catholics and the Social Order* (Notre Dame: University of Notre Dame Press, 1968), pp. 216-220.

③ See T. T. McAvoy, *The Great Crisis in American Catholic History, 1895-1900* (Chicago: Henry Regnery Company, 1957), pp. 58-59.

④ See Edward George Hartmann, *The Movement to Americanize the Immigrant* (New York: Columbia University Press, 1948), pp. 252-253.

⑤ See John Miller, *The Unmarking of Americans : How Multiculturalism Has Undermined America's Assimilation Ethic* (New York: The Free Press, 1998), p. 86.

⑥ See John Higham, *Strangers in the Land : Patterns of American Nativism 1860-1925* (New Jersey: Rutger University Press, 1955), p. 247.

二、教育领域之外的美国化

美国化运动发展期间，在教育领域之外，美国政府出台了美国化法案，企业和工厂制订雇主计划，社会生活大力推广美国快餐文化，进一步促进美国化运动的发展。如前所述，移民住在拥挤的贫民区，应对他们宣传卫生知识，教会他们如何预防火灾，如何避免损失，如何预防疾病，如何就医，如何入学，如何使用图书馆。在新的国家，新货币也是移民比较头疼的事情，如何让移民学会兑换货币，教他们使用支票、购买商品，这些都是移民来到美国后最基本的生活所需，也是融入美国社会所必须了解的环节。这些内容都是美国化运动所要达到的目标。

（一）政府方面：美国化的权力化

为了能够同化移民，美国成立了全国美国化委员会（National Americanization Committee），各州也相应设立美国化委员会。美国化委员会的目的是传播美国价值观、教授移民英语。美国参加第一次世界大战之后，美德交战使得美国民族主义高涨，全美范围内出现了反德情绪。美国人认为，爱国就要反对一切与德国有关的东西。反德情绪迅速影响到美国化委员会，这种局面在俄亥俄州体现得尤为明显。

俄亥俄州美国化委员会是由杰姆斯·考克斯（James Cox）州长创立。受反德情绪的影响，委员会扩大了职责——除了对移民教授英文和宣传美国价值观外，还监视德语出版物。委员会列出亲德出版物的名单，建议图书馆把所有亲德的书籍全部下架。在杰姆斯·考克斯的支持下，参议院议员提出的“美国化法案”于1919年获得州议会的批准。法案主要内容为：第一，参议院和众议院与公共学校和美国化委员会合作，成立联合委员会，协助国防委员会开展美国化运动，与联邦政府相关机构合作，深化爱国主义教育。第二，美国化委员会的职责是推进美国化运动中各项计划的实施，与地方政府、组织、个人合作，深入了解美国化运动的提案和已实施的措施。美国化委员会在现有的法律框架下，采取措施妥善处理州政府和外来移民的关系，保证移民不受到剥削和虐待，提高移民掌握和精通英语的能力，促进移民理解美国政府与学校，加快移民同化。第三，在法案的两年有效期内，州财政部拨款 25 000 美元支持美国化运动所设立的同化移民项目。①

同时，美国政府也通过颁布移民法管理移民。1924 年《移民法》规定限制移民数量，控制移民来源国。《移民法》的支持者希望保障美国身份的"一致性"，保持美国民族的构成。1900—1915 年，每年有 20 万意大利人移民到美国，但《移民法》实施后，每年仅允许 4000 名意大利人移民到美国。相反，在法案实施后，每年来自英、法等国的移民中，有高达 86%的移民申请获得批准。② 因此，在美国人看来，《移民法》是对不断增加的南欧和东欧移民的直接回应，它有效控制了移民来源国和移民数量，对美国文化是一种保护。

当然，各州政府对美国化的态度也存在差异，一种态度认为，美国化是一个塑造公民的过程。例如，俄勒冈州政府主张把移民塑造成为受美国欢迎的公民，给予移民作为美国公民的相应利益，帮助移民了解政府和美国国旗的含义。③ 另外一种态度指出，美国化其实就是美国人对移民的态度。例如，俄亥俄州政府指出，美国希望移民成为真

---

① See Ohio Americanization Committee, *Americanization in Ohio: A Constructive Program for Communities Having a Foreign Problem* (Columbus: Americanization Committee of Ohio, 1920), pp. 9-10.

② See Fabrice Murtin and Martina Viarengo, *American Education in the Age of Mass Migration 1870-1930* (Washington, D. C.: Hudson Institute, 2009), pp. 23-24.

③ See John C. Almack, *Americanization: A Suggested Outline for Teachers of Aliens* (Eugene: University of Oregon, 1919), p. 7.

正意义上的美国人。① 移民要想成为美利坚合众国的一员，应当积极配合美国化运动，改变自身，积极进入美国学校学习，学会阅读美国的报纸和书籍。② 从这些论述来看，虽然各州理解不同，但各政府机构均制订计划强制帮助移民融入美国社会，使得美国化从“一个自然的历史过程变成一个强制性的改造运动”③。

（二）企业方面：美国化的资本化

在企业，一些工人不会英语，无法看懂工厂机器的操作说明。出于功利的目的，雇主们提供与生产有关的英语培训，进一步提升工人的产量。在众多雇主里，汽车大王亨利·福特所推出的“雇主计划”是比较典型的。在雇主计划中，福特汽车公司首次为员工设立英语班，提供英语培训。通过雇主计划，福特汽车公司提高了工人的英语水平与生产技术水平，提升了生产效率。④ 亨利·福特在工厂还设置一个名为“一天五美元工资”的项目。工人只要证明自己在培训中积极认真，又符合清教徒提倡的节俭勤奋即可获得这份工资。在最初的培训中，雇主只考虑英语培训，但到俄国爆发十月革命后，雇主们认为工人当中有社会主义分子和极左政治者，为了阻止社会主义思想对工人产生影响，公民教育被纳入教育的范畴。

此外，工厂雇佣一名主管工厂美国化项目的负责人，专门负责工厂和教育局的联络工作。教育局为工厂安排英语课程后，负责人安排

---

① See Ohio Americanization Committee, *Americanization in Ohio: A Constructive Program for Communities Having a Foreign Problem* (Columbus: Americanization Committee of Ohio, 1920), p. 7.

② See Ohio Americanization Committee, *Americanization in Ohio: A Constructive Program for Communities Having a Foreign Problem* (Columbus: Americanization Committee of Ohio, 1920), p. 7.

③ 林广：《移民与纽约城市发展》，博士学位论文，华东师范大学，1998 年。

④ See John Miller, *The Unmarking of Americans: How Multiculturalism Has Undermined America's Assimilation Ethic* (New York: The Free Press, 1998), p. 43.

上课教室，为工人设计一些教育项目，进一步减少工人的工作失误。工厂对参与项目的工人实施奖励，这在一定程度上激发了工人的参与热情。所以，工厂成为美国化的一个有形阵地。

美国商会也在许多城市组织班级，学习英语语言和美国公民学，积极帮助雇主理解美国化项目的价值，向工厂项目负责人员介绍美国化项目的任务。商会还鼓励外文报纸用双语编辑新闻，鼓励移民学习英语，积极参与公民事务。商会也为教育局提供资金支持，帮助教育局扩展教育项目。[①] 在实业家看来，美国化运动是向移民实施的一种人道主义手段，是同化的“孵化器”。

在推动企业同化方面，移民问题研究者群体的导向作用也不可忽视。他们多从经济方面论述移民问题，对待当时的新移民观点大多是负面的。他们担心这些在文化和种族上与美国人存在巨大差异的新移民，无法自然同化。他们认为，这些新移民来到美国就是为了寻找更好的经济条件，这降低了美国本土无技能工人的工资。况且，新移民通常由于一些不体面的原因来到美国，这可能削弱美国的民主政治。移民问题研究者的论述大都发表在《美国经济评论》《经济学季刊》《政治经济学期刊》等杂志上。这些文章抨击了当时的移民政策，贬低了移民。[②] 普雷斯科特·霍尔（Prescott Hall）是当时较有名的移民问题研究者。他指出，美国政府不得不直接面对“劣等民族”的移民带来的灾难，若让民众意识到现在关于动植物出入境的规则都比移民规

---

① See Ohio Americanization Committee, *Americanization in Ohio : A Constructive Program for Communities Having a Foreign Problem*(Columbus: Americanization Committee of Ohio, 1920), pp. 25-26.

② See Russell Miller, "Chinedu Okpukpara. Continuity and Change in American Economic Thought Regarding Immigration: 1890-1950 and 1985-1995," accessed July 20, 2016, https://econ.duke.edu/uploads/assets/dje/2006/Miller_Okpukpara.pdf.

则严格的话，或许民众支持制定更加严格的移民规则。[①]

当然，这种强制同化受到的反抗的声音也很强烈，移民报纸发现自己在一定程度上成为受害者，其开始发出不同的声音。1919年一份波兰语报纸刊文称，这是一个伪善的运动，它直接打击普鲁士文化，这本身就违反了美国的自由思想。宾夕法尼亚州的一份俄语报纸指出，大多数美国化机构只存在于纸张上，其制造了太多的噪声，其只为自己能上报纸，却不做任何实事，其只会嘲笑贫穷的移民。如果美国人真想帮助移民，就应该用爱心对待移民。移民绝不是傻瓜，他们能感受到美国人对待他们时那种居高临下的感觉，因此移民是不会敞开心扉的。纽约的一份俄语报纸发文谴责，美国化运动没有对需要同化的移民产生任何作用，这个运动的最基本观点是美国什么都是优秀的，它不需要任何新生事物。匹兹堡的斯洛伐克语杂志认为，美国人以为移民了解美国宪法，就能成为良好公民，但现实情况是，大多数美国公民自己都不了解美国宪法。因此，美国人这一想法本身就是错误的。1920年一份意大利语报纸指出，美国化的实质意味着让外国移民改变宗教信仰、忘记自己的祖国和语言。[②]

（三）饮食方面：美国化的行为同化

新移民不仅代表着一个新阶级，他们也代表着一种新宗教。宗教是西方文化的核心，宗教的不同会带来文化上的不和谐。美国人认为，相对于美国主流文化而言，这些新移民代表的是不受欢迎的“少数族裔”文化。在美国人看来，他们不会因为移民的到来而改变自身文化，移民必须适应美国人，而不是美国人去顺应移民。美国人没有逼迫移民来到美国，也没逼迫他们留在美国，如果移民不喜欢美国，他们走

① See Prescott Hall, "The Recent History of Immigration and Immigration Restriction," *The Journal of Political Economy*, No. 21(1913): 735-751.

② See Edward George Hartmann, *The Movement to Americanize the Immigrant* (New York: Columbia University Press, 1948), pp. 256-258.

留自如。所以，基于这种心态，美国人认为，在移民文化一旦“入侵”美国本土时，美国就得对“他文化”进行主动出击。因此，美国利用自己的文化观念重构他文化，弱化不同族裔的“文化距离”，提升美国主流文化在移民中的文化话语权。正如“希腊化”与“罗马化”对其他地区产生的影响一样，这种文化软实力具有很强的穿透力。即使美国文化“袭侵”了移民文化，移民也不可能在短时间内遗忘族裔文化，在一定程度上仍会坚守民族的原质文化。移民认为，美国化就是“美国控制”“美国文化霸权”。所以，这两种文化在同一地域“相遇”时，就产生了文化冲突，这推动了美国以文化为载体推广美国化运动。

其中，兴起于20世纪初期的快餐就是文化同化的手段之一。新移民的工作通常十分繁重，没有过多时间在餐馆里消耗，这促使移民在外用餐时选择快餐店，而且并不富裕的新移民在快餐店消费时不需要顾虑付小费的问题。因此，快餐成为移民普遍接受的一种饮食类别。但是，美国人在这一同化措施当中与其他措施不同，不是简单粗暴地要求文化背景各异的新移民完全接受美国本土的快餐，美国人也深知饮食习惯不易改变。因此，在饮食同化的过程中，快餐店把移民的饮食同美国饮食相结合，融入不同的饮食元素，吸引了不同种族的移民前来就餐，以此逐步实现饮食同化。①

快餐以快捷、便宜、无小费的特点吸引着经济上不太富裕、又无太多时间在餐厅消遣的移民。在快餐店的饮食中，美国公民通过自己的示范，从生活当中的细节入手，让移民直观了解真正的美国日常生活和现实。人们通过相互的交谈与聆听，逐渐改变移民的饮食观念与方式，使移民逐步接受美国人的饮食习惯与生活方式。因此，快餐不仅在饮食上改变了移民，更重要的是从文化软实力上征服了移民，快餐文化成为一种无形的同化手段。

---

① See Joseph F. Healey, *Diversity and Society: Race, Ethnicity, and Gender* (Thousand Oaks: SAGE Publications, Inc., 2013), p. 45.

第三节　移民美国化的教育努力及成效

教育作为美国化运动的重要组成部分，无疑成为移民美国化的一个重要途径。在移民美国化的各种教育努力中，主要开展三种教育：一种是学校教育，主要颁布移民教育立法、重视公共学校教育，这种教育构成了美国化教育的中坚力量；一种是业余教育，主要开展夜校、工厂学校、移民英语班级等，这种教育是美国化教育的重要链条；一种是公民教育，主要是社会团体、宗教组织与社区层面进行公民教育，这种教育是美国化教育的重中之重。通过这三种教育，美国希望达到文化同化、结构同化、行为同化、身份认同同化的目标。

一、学校教育的努力

（一）移民教育法案：美国化教育的立法保障

新移民大多来自非英语国家，文盲率极高，他们有的甚至连自己民族的语言都无法正常读写，更不用说英语。例如，1910 年纽约市有 2 748 011 名外来移民，其中 421 951 人不会说英语，到 1914 年，只有 36 923 人参加了夜校培训，参与人数还不到总人数的十分之一。情况更为糟糕的是纽约州的水牛城，有 118 444 名外来移民，其中 30 826 人来自非英语国家，但只有 2622 人参加夜校培训，还不到总人数的十二分之一。[①] 移民儿童由于自身的语言习惯，学习英语有一定困难。例如，在发音时，把长元音发成短元音；在拼写中，把“was”拼写成“wuz”，把“coupon”拼写成“kewpon”，把“Tuesday”拼写成

① See Howard C. Hill,“The Americanization Movement,”*The American Journal of Sociology*, No. 5(1919):609-642.

“Toosday”等。纽约市教育局认为，移民儿童存在的这些拼写问题严重冲击了纽约市的学校教育。在一个英语国家，不会英语就无法被社会接纳，也就无法完全融入社会生活。正是由于这种糟糕的状况在移民聚居的城市普遍存在，语言问题成为美国化运动的核心问题之一。[①] 因此，美国政府高度重视移民的英语教育，各州纷纷出台教育法案，规定在公共学校只讲英语，纠正儿童英语发音，通过让移民学习美国语言，接触美国价值观念，实现文化同化。

于是，1917 年美国国会通过了《识字测试法》，其中规定，新移民须掌握英语或其他任何一种语言的读写，从而进一步识别“不受欢迎的移民”。1918 年纽约州通过一项法律，该法律规定非英语国家 16—21 岁的移民，必须在学校学习英语或在工作中参加特殊班级学习英语；又为 21 岁以上的移民设置教育项目，帮助他们学习英语。犹他州规定更为宽泛的年龄上限，强制规定 45 岁以下的非英语国家移民必须学习英语。1921 年，内布拉斯加州颁布了一项综合法案——《内布拉斯加英语唯一法案》，它把英语作为唯一的官方语言，要求九年级之前不得设置任何外语教学，授课语言只能为英语，规定任何社会、宗教与商业组织，在开展会议和教学时不得使用英语以外的语言，否则处以 25 美元—100 美元的罚款，并处最高 30 天的拘禁。到 1921 年，大约有 20 个州通过了美国化法案。法案不仅涉及中小学，也涉及高等教育，几乎所有的美国大学和师范学校都设置了美国化课程，专门培训即将成为教师的学生，以便这些学生在以后的教学中更好地同化外来移民。

为了推行英语教育，一些地区还推行语言忠诚宣言，例如芝加哥制定了“儿童宣言”。然而，并不是所有州都采取立法的方式来保障英语的官方语言地位，例如康涅狄格州和佛蒙特州拒绝通过立法限制外

① 参见王莹《20 世纪初美国政府强制同化移民政策的形成与实施》，《东北师大学报（哲学社会科学版）》2008 年第 2 期。

国语言。新罕布什尔州在解决法裔天主教移民的语言问题时，采用比较温和的手段，仅要求在教学和工作中使用英语，而在移民祷告时可以使用本民族语言，允许小学阶段用法语为学生解答宗教问题。

不过，关于是否出台移民教育立法在美国也产生过论争，主要出现四种声音，第一种声音认同英语唯一法案，例如社会学家赫伯特·米勒（Herbert Miller）认为，如果移民不摆脱本民族语言，就无法彻底地从其原有的思维方式转变为美国的思维方式，也就无法教育好后代。第二种声音并不认同英语唯一法案，认为只学习英语是在以牺牲儿童的本民族语言为代价。第三种声音持中立态度，例如有学者认为，移民应该学习英语，但英语不可取代移民的本民族语言。如果整个世界都用一种方式进行思考，对人类来说是一大损失，如果因为不喜欢德国文化而把其抛弃，这种做法是十分愚蠢的。也有学者认为，美国化不应该让移民抛弃自己的文化与精神遗产，移民可以保留原有的语言、宗教和社会习俗，移民同样也能成为良好的美国公民。美国化是一种给予行为，而不是一种剥夺行为。第四种是激烈的反对声音，这些反对声音大多来自移民。例如，德国移民爱德华·斯坦纳牧师认为，如果通过法律强迫移民学习英语，每种语言都会为自己的生存而斗争，美国就会变成语言的战场。虽然人们在教育立法上的争论不断，但是中立和反对的声音都没有取得优势，大多数州最终还是通过立法确立英语在移民教育中的统治地位，这促进了移民的教育同化。

移民教育立法产生的影响是，英语唯一法案确立之后，强化了英语在移民教育中的主体地位。各州的此类法案都致力于限制双语服务，不仅在教育上禁止双语教学，在社会活动中也禁止非英语语言的使用。例如，南达科他州法令规定，任何实施、帮助、教唆或试图减少儿童接受英语教育的行为都是违法的，学校缩短英语教学时间的行为也是违法的。政府规定，在学校必须进行英语教学是有充分考虑的，因为儿童在外面学习的英语可能是不正确的。只有通过正规教育的干预，儿童才能学到真正的英语。因此，在学校里学习英语成为儿童一天当中的重要任务。到1923年，有34个州规定小学必须用英语教学。这些法案在一定程度上达到了预期的目的——让移民学习英语。这对移民儿童产生了很大影响，通常第二代或第三代移民已经不会说原属国的语言。

（二）公共学校的教育

在美国化过程中，公共学校教育被视为文化适应的一种工具，让移民进入美国公共学校、组织、俱乐部等，达到结构同化，也是促使年轻移民与美国价值观念保持一致的一种方式。通过这种方式，既能提高移民的工作效率，又能减少他们对邻居的威胁，还能帮助移民儿童逐步适应美国社会的政治、经济与社会体制。所以，美国化运动注重在意识形态上，通过学校对移民进行教育同化。

1. 教育协会与社会科

1913年全国教育协会成立中等教育改组委员会，研究中等教育职能的变革问题。1916年中等教育改组委员会提出“在学校的所有科目积极培养良好公民的时候，社会科（包括地理、历史、公民学、经济学）也应该把培养良好公民作为主要目的”①。1918年全国教育协会发表《中等教育的基本原则》的报告，提出在美国设立“社会科”，主要包括历史、社会学、公民学与政府、经济学等课程，强调公民责任与义务，提高学生适应瞬息万变的社会的能力，进一步丰富公民教育的内容。1921年，美国成立全国社会科协会，推动美国社会科的发展。公共学校开设专门的公民教育课程——美国政治史，帮助学生学习了解美国历史、宪法及政府知识，使他们成为具有一定政治意识的公民。学校也通过社会媒介、美国总统就职演说、纪念日活动、革命纪念物、

---

① Derek Heater, *A History of Education for Citizenship* (London and New York: Routledge Falmer, 2004), p. 114.

政治团体开展社会性公民教育。随着城市化的进程，美国开始培养移民具有勤奋、节俭、自控、独立、合作、守时、责任感和义务感等传统美德①，以适应城市化文明的发展。

2. 公民资格的修订

在同化过程中，获得公民资格是移民参与美国的政治活动、享受福利与社会保障的一个前提，只有获得了公民资格，移民才可以参与美国事务。基于这个前提，美国人认为，移民既然获得了美国公民资格，就应该完全按照美国方式行事，这是对美国忠诚的表现。但是，如果移民自己不能很好地转换身份，美国就需要通过美国化帮助移民转换身份。

改革者提倡，学校通过传授基本的智力技能与灌输共同的道德观念去解决社会问题。改革者指出，新移民与城市之间的对峙环境既是暂时的，又是可以随时改变的。改革者认为，把儿童聚集在教室里，向他们传授基本的知识与道德观念，这种凝聚力与同质性可以保证民主社会的运行。而在许多城市，种族聚居区威胁着价值观念与行为模式的同质性，而这种同质性恰恰是公共教育存在的根基。

于是，美国教师开始修订他们对公民资格内涵的界定，从传授基本的知识和道德价值观念转向明确教授行为和爱国精神，把国定假日与旗帜视为教育过程的基础。到 20 世纪初，语言成为教授适当行为和美国理想的第一步。行为准则代替了道德价值观念与读写能力，成为公民身份教育的元素。

3. 重视美国历史

1857 年马萨诸塞州立法机构要求公共学校必修课添加美国历史。在 19 世纪末，随着移民剧增，社会分化越来越明显。1892 年斯普林菲

---

① 参见聂迎娉《美国公民宗教及其在公民教育中的作用研究》，硕士学位论文，中国地质大学，2011 年。

尔德学校的督学指出，要想使外国移民的后裔成为美国忠诚的公民，那么毫无疑问，教授美国历史是实现该目的的最佳途径。1904 年托马斯·巴利埃特（Thomas Ballie）督学指出，随着公立日校使更多的移民儿童美国化，公立夜校也教授美国语言与历史，使移民儿童的父母美国化。1907 年波士顿学校委员会指出，历史课的目标是让学生了解自己国家的过去，理解前人的奋斗、英雄精神与光荣传统，逐步认识到难能可贵的和平与繁荣，以及自身担负的责任。

4. 开设公民学

俄勒冈州把公民学分为三个层次：社区、州、联邦。社区层面的公民学是让移民了解社区、移民所在城市的基本状况，以及为移民提供的服务，主要使用《公民如何生活》《社区为公民提供的服务》《社区公民学》等教材，向移民普及基本的政府常识。随后进行的州层面的公民学课程，主要向移民讲解州与联邦的关系，州法律的形成过程，如何提出议案并审议，以及州部门如何运作。其中，重点讲解美国免费的学校体系，让移民对学校教育有所了解，吸引移民把孩子送入美国公共学校。联邦层面的公民学，主要讲解联邦、州、地方政府是如何协作的，如何保证民有、民治和民享的政府，以及利用《独立宣言》和《宪法》讲解美国公民的基本准则。国家通过这三个层次的公民学课程，使移民全方位地了解美国，培养爱美热情，从而积极参与美国化项目。①

公民学和历史学让移民更好地了解美国政治，为大选投票做准备。这些课程扩展了移民的视野，为移民融入美国社会做好了铺垫。地理对移民来说也是十分重要的，这有利于让移民熟悉周围的环境，了解到所在城市的交通状况、居住情况、自然资源、工商业状况、就业情

---

① See John C. Almack, *Americanization: A Suggested Outline for Teachers of Aliens* (Eugene: University of Oregon, 1919), pp. 1-16.

况，以及各州的地理状况，随后扩大至全国。地理课也让移民了解到美国的设计理念。在讲解城市工商业时，移民可以了解美国发达的经济，从而增加移民对美国的崇拜之情，增强移民对同化的信念。[1]

总之，学校教育对移民美国化的影响体现在移民的教育程度上。新移民的受教育年限在初期普遍不高，但是美国政府意识到，通过教育可以提高移民对美国的认同，进而可以更为有效地开展同化。因此，美国各州开始实行强制入学政策，规定移民必须在学校接受英语教育。1900—1920 年，公立中学数量显著增加。1900 年，美国大约有 6000 所公立中学，学生 50 万人。20 年后，美国有 14 000 多所公立中学，有 200 万名学生入学，这在整体上提高了移民群体的受教育年限。1925 年，移民的受教育年限提升到 4. 82 年，到 1930 年，达到 4. 99 年。[2]

随着移民受教育程度的提高，移民在城市的各个领域扮演着重要角色，许多移民的发明与制造对美国社会发展产生巨大影响。正如卡托研究所（Cato Institute）贸易政策研究中心的工作人员所言，移民提高了工业的生产能力，增强了美国在世界的影响力。华盛顿大学的教师认为，移民加快了美国城市化和工业化的速度，尤其加速了美国北部和中西部工业化的发展。例如移民在纽约州的服装加工厂、宾夕法尼亚州的煤矿、芝加哥的畜牧场等地都是重要劳动力。移民中的精英更能增强美国的世界影响力，提高美国的国际地位。例如电话发明者亚历山大·贝尔（Alexander Graham Bell）出生于苏格兰的爱丁堡，普利策奖的设立者是美籍匈牙利人约瑟夫·普利策（Joseph "Joe" Pulitzer），誉满全球的喜剧大师查理·卓别林（Charlie Chaplin）也是 20 世纪初来到美国的英国年轻人。

---

① See John C. Almack, *Americanization: A Suggested Outline for Teachers of Aliens* (Eugene: University of Oregon, 1919), p. 11.

② See Fabrice Murtin and Martina Viarengo, *American Education in the Age of Mass Migrations 1870-1930* (Washington, D. C.: Hudson Institute, 2009).

移民受教育程度的变化，凸显出美国发展史上的一个特征：美国作为一个移民国家，它的独特之处在于“国家的人口是从已经具备一定劳动力和技能的青壮年开始的，他们出生、成长的‘赔钱’阶段是由别国支付，而把最富创造性的年华贡献给美国”①。这一进程横贯美国每个历史时期。《纽约时报》的专栏作家托马斯·弗里德曼指出，要不断吸引精神饱满、有志向的移民融入美国，以使美国在吸引“智力精英”上处于领先地位。所以，移民精英人才增加了美国人力资本，传送了新技术和知识，有利于大规模增加美国人力资本的储备。从这个方面说，移民精英促进了美国社会的进程。②

但需要指出的是，不同的移民群体在美国化运动中的结果是不同的，比如犹太人、德国人是相对成功的。德国人时常坚持去双语的公共学校；犹太人在放学后或周末，通过他们自己的私立学校会议网络保护他们的文化与语言，他们已适应了城市，把学校视为通往职业的阶梯，抓住美国化给他们提供的各种“场景”，把教育看作提升自己和后裔社会地位的途径。

与这些成功的移民群体相比，美国南部的意大利移民是一个不成功的个案，他们的入学率较低，社会地位提高相对缓慢。因为意大利人的家长常常拒绝强迫入学，在纽约，意大利儿童逃学率高，这是家长纵容的结果。在意大利人看来，如果一个健康的男孩有能力出去工作却还挤在教室里，这是荒谬的行为，他应该帮助维持家庭生计，而女孩要做的是帮助母亲。男生与教师之间也存在着冲突，这种冲突常常让意大利儿童在学校和家庭两个世界之间摇摆。所以，父母不说英语的家庭或父母竭力保持自己风俗习惯的家庭往往导致其子女在学校的表现不佳。

---

① 资中筠：《战后美国外交史》，世界知识出版社，1994，第13页。

② 参见资中筠《战后美国外交史》，世界知识出版社，1994，第13页。

此外，亚裔群体在美国的经历也是不同的。随着中国与日本移民的人数增加，1859—1871 年，旧金山为中国人建立了一个隔离的公共学校。1905 年，旧金山教育委员会把中国学生与日本学生隔离到一所东方公共学校。①

二、业余教育的努力

（一）开办夜校

在宣传方面，在美国化运动中，教育委员会意识到提高移民教育水平的重要性，为移民开办了夜校。底特律工厂众多，吸引了大量移民，因此底特律积极参与美国化运动。底特律教育委员会认为，美国化运动的基础是教授移民英语与公民教育。为此，底特律为移民开办了夜校和夜间班级。商务委员会大力支持教育委员会的移民教育工作，商务委员会向超过 100 人的工厂发通知，要求工厂鼓励非英语工人到夜校和夜间班级学习。随后，商务委员会、教育委员会与工厂负责人共同商讨鼓励移民参与夜校的对策。商务委员会建议工厂负责人调查在职工人和申请工作者到达美国与到达底特律的时间，是否会说、读、写英语，是否参加过夜校，以及学习了多长时间。工厂负责人在了解这些情况后，向工人特别声明，底特律工厂乃至整个美国都在推动移民学习英语的浪潮。②

工厂鼓励工人接受英语和公民教育，提高移民学习英语的自主性。

① See "U. S. Bureau of Citizenship and Immigration Services," USCIS, accessed July 20, 2016, www. uscis. gov/graphics/shared/aboutus/statistics/imm98excel/Table2_2xls.

② See The Detroit Board of Commerce, Board of Education, *Americanizing a City : The Campaign for the Detroit Night Schools , Conducted in August-September , 1915* (New York City: National Americanization Committee and Committee for Immigrants in America, 1915), pp. 7-8.

具体来说，工厂宣传的方式是：第一，学习英语更容易找到工作，有些工厂明确要求只招会英语的工人，不会英语的工人通常是最后才被考虑的雇佣对象。第二，学习英语可保住工作，不会英语的工人是工厂裁员时首先被考虑的对象。第三，工厂提供便利的学习条件，鼓励不会英语的工人利用各种机会努力学习英语。第四，学会英语是成为美国公民的首要条件。第五，夜校、夜间班级为移民提供公民教育，移民可以了解到联邦、州、城市政府的运行机制，学习如何投票、如何处理邻里关系。通过公民教育，移民可让家庭变得更加美国化。第六，鼓励工人的家属参与夜校、夜间班级，以便更好地教育子女。①

教育委员会为夜校制作了海报，供工厂发放给工人。② 海报写明了授课时间、授课内容等。各工厂纷纷支持教育委员会的决定，底特律炉灶厂负责人表示，工厂积极响应教育委员会的号召，为工人提供各种便利，鼓励工人到夜校学习。底特律罐头公司负责人指出，公司专门召开会议，动员不会说、读、写英语的工人参与夜校教育。撒克逊公司则把参加夜校学习作为对不会英语的工人的强制要求。③

密歇根工人赔偿互助保险公司（Michigan Workmen's Compensation

---

① See The Detroit Board of Commerce, Board of Education, *Americanizing a City: The Campaign for the Detroit Night Schools, Conducted in August-September, 1915* (New York City: National Americanization Committee and Committee for Immigrants in America, 1915), pp. 7-9.

② See The Detroit Board of Commerce, Board of Education, *Americanizing a City: The Campaign for the Detroit Night Schools, Conducted in August-September, 1915* (New York City: National Americanization Committee and Committee for Immigrants in America, 1915), p. 10.

③ See The Detroit Board of Commerce, Board of Education, *Americanizing a City: The Campaign for the Detroit Night Schools, Conducted in August-September, 1915* (New York City: National Americanization Committee and Committee for Immigrants in America, 1915), pp. 10-11.

Mutual Insurance Company）也为宣传夜校制作了特殊的海报。[1] 该公司把“英语第一”（English First）同“安全第一”（Safety First）、“美国至上”（America First）联系起来，把英语放在显著位置，鼓励移民参加夜校。

图书馆也积极宣传夜校，在门口张贴夜校海报，同时，在图书馆宣传册的首页印有商务委员会的宣传单[2]，图书馆把传单发放给到图书馆学习的移民儿童，让儿童鼓励自己的家长参与夜校教育。

城市娱乐委员会（City Recreation Commission）在游乐场和游泳馆附近给移民儿童发放宣传夜校的海报，同时，也指派工作人员到移民聚居区发放海报。卫生委员会派护士进入移民家庭，发放由商务委员会用七种语言印制的宣传单，[3] 以便不同来源国的移民看懂海报。

报纸、杂志也都积极宣传夜校。底特律的外文报纸，例如《波兰日报》《意大利之声》《俄罗斯生活》《意大利论坛报》《匈牙利新闻报》等，积极配合商务委员会的宣传，在报纸上发布夜校新闻。英文报纸，例如《底特律日报》《底特律新闻报》《底特律自由新闻报》等，都在显著位置宣传夜校。《电气周刊》《密歇根商人和金融报告》等杂志，负责刊登夜校使用的教材和材料。通过各方对夜校的大力宣传，不会

---

① See The Detroit Board of Commerce, Board of Education, *Americanizing a City: The Campaign for the Detroit Night Schools, Conducted in August-September, 1915* (New York City: National Americanization Committee and Committee for Immigrants in America, 1915), p. 19.

② See The Detroit Board of Commerce, Board of Education, *Americanizing a City: The Campaign for the Detroit Night Schools, Conducted in August-September, 1915* (New York City: National Americanization Committee and Committee for Immigrants in America, 1915), p. 4.

③ See The Detroit Board of Commerce, Board of Education, *Americanizing a City: The Campaign for the Detroit Night Schools, Conducted in August-September, 1915* (New York City: National Americanization Committee and Committee for Immigrants in America, 1915), p. 4.

英语的工人参与夜校、夜间班级的积极性有所提高，夜校在 1915 年的注册率比前一年提高了 153%。① 夜校入学率的提高加强了教育、工商业、报刊业、工厂之间的合作，对底特律的移民同化起到重要作用。

在夜校课程设置方面，夜校除了提供与美国高中相似的课程，还提供一些技术性课程，打算提高技术水平的移民都可报名参加夜校课程。考虑到进入夜校学习的移民白天需要在工厂工作，晚上还要为第二天的工作做准备，夜校把课程划为 5 个学期，每学期 24 周，每周 3 个晚上授课。此外，夜校聘请有经验的高中在职教师授课。这样的安排可让移民在工作的同时又完成中学课程。英语、代数、拉丁语、法语和德语按照移民的语言和教育程度分级教学，移民自主选择课程。英语从最简单的英语 1 开始，逐渐升级到英语 4，也可从英语 2 或英语 3 开始学习（如表 7-3-1 所示）。这些课程的效果在于，通过在夜校的学习，移民不仅可掌握高中知识，还能学习工作中较实用的速记和打字，一定程度上满足了移民教育和工作的实际需求。

表 7-3-1　芝加哥夜校课程②

课程		内容	教材
英语	1	拼写，发音，语法，句子结构	《古罗马诗集》《古舟子咏》《威尼斯商人》等
	2	语法，段落结构，记叙文、描写文、说明文、议论文写作	《尤里乌斯·恺撒》（*Julius Caesar*），《第十二夜》《双城记》《织工马南》

① See The Detroit Board of Commerce, Board of Education, *Americanizing a City: The Campaign for the Detroit Night Schools, Conducted in August-September, 1915* (New York City: National Americanization Committee and Committee for Immigrants in America, 1915), p. 2.

② Philip Louis Seman, *Americanization Program in Education and Recreation* (Chicago: Nabu Press, 1920), pp. 7-10.

续表 1

课程		内容	教材
	3	修辞规则，写作词语选择	《麦克白》（*Macbeth*），《亚瑟王传奇》《亨利五世》《今日民主》（*Democracy Today*）
	4	句子结构，段落结构，写作	《英国文学史》《美国文学》《哈姆雷特》《诗歌公主》（*The Princess*），《麦考利勋爵随笔》（*Macauley's Essays*）
代数	1	基本运算，因式分解，分数，一次方程，联立方程，曲线图，对合函数，开方，无理方程，二次方程	代数教材
	2	复习代数 1，更高一级的二次方程和曲线图，二项式定理，级数，比例，对数	代数教材
几何	平面几何	平面几何	几何教材
	立体几何	立体几何	几何教材
拉丁语	1	初级语法，英语、拉丁语互译	初级教材
	2	更深入的语法学习，时态，语态	完整的拉丁语法
	3	复习拉丁语 1、2 的语法并达到自由运用的程度，罗马法律程序	哲学著作和书信
	4	拉丁文著作阅读，罗马习俗和地理	相关教材
法语	1	发音，拼写，简单语法	法语教材
	2	不规则动词，虚拟语气，句法，短文阅读，对话练习	法语教材
	3	语法复习，法国文学史，经典著作阅读	法语教材
	4	商业、科技法语	法语教材
德语	1	基础语法，基础句法，短文阅读	德语教材

续表 2

课程		内容	教材
	2	动词，被动语态，虚拟语气，句法规则，盎格鲁-撒克逊与德国的关系，短文阅读，德语对话	德语教材
	3	语法，经典阅读，德国文学史	德语教材
	4	科技德语，商业德语	德语教材
古代史		人类早期历史，埃及、叙利亚、美索不达米亚的历史和文明，希腊的政治、经济、社会、宗教、教育、艺术及其现代价值，罗马的扩张和帝国的建立	古代史
中世纪和现代史		罗马帝国的衰落及灭亡，文艺复兴，法国革命，意大利历史，德意志帝国的崛起与衰落，英国的全球扩张	历史教材
美国历史		殖民地时期的政治、经济、工业状况，独立战争与建国，边疆扩展，奴隶问题，内战，西部和南部的发展，近五十年的经济发展及经济现状	美国历史
普通科学		力，能量，热量，电，光，植物，动物，生理卫生，自然知识。课程设置目的：为学生学习专门科学知识奠定基础；让学生理解周围发生的现象，了解自然规律	《科学第一年》（*The First Year of Science*）
生理卫生		人类身体知识，组织器官，疾病的预防与治疗，急救，最新药物知识	学者编写的教材
自然地理学		大气，气候，天气，地图，河流，湖泊，自然对动植物的影响	自然地理学
物理		固体，气体，液体，热，光，声音，电	高中物理，实验物理

续表 3

课程	内容	教材
化学	物质的组成，原子，化学方程式，实验	初级化学，初级实验化学
政治经济学	工业体系，产品，资本与劳动力，价值，利润，当今经济问题	基本经济规律
公民学	政府的性质和形式，联邦政府的性质、组织和权力，州政府、乡镇、城市问题	高级公民学
速记	芒森系统①	无教材，理论学习与实践
打字	打字实践	无教材，实践

为配合夜校的开展，芝加哥也考虑到移民子女的照顾问题，为此在 1914 年成立了蒙台梭利学校（Montessori School）。当时美国幼儿园入学的基本条件是儿童必须会独立行走，但蒙台梭利学校对移民家庭的儿童不设年龄限制，以便家长有充分的时间工作和参与夜校教育。儿童在校学习英语和基本的行为要求，例如学校教授儿童不要随地扔垃圾。芝加哥通过蒙台梭利学校对移民儿童进行同化，为移民提供充裕的时间参与夜校学习，同时通过儿童影响家长的行为习惯，加速了儿童家长的同化进程。

（二）建立工厂班级

由于非英语移民的语言不同，进入工厂后造成的误解越来越多，经理、领班、工人之间的关系持续紧张。经理和工头意识到工厂应采取行动配合美国化运动。国际收割机公司经理哈罗德·麦考密克指出："工人的英语知识同他的公民身份一样重要，没有英语知识，工人无法

① 芒森系统是一种简单、使用广泛的速记方法。

知道在工作中如何避免事故，如何拓展自己的生活范围，无法抓住各种机会。”① 伯利恒钢铁公司经理指出：“为外国出生的工人提供英语教学，对工业、对国家都有重要意义，如果不能为工人提供英语教学，就会产生很多负面影响，对工人进行英语教学最明显的结果就是减少了工人流失，工人们在工作中开始有合作精神，这是工人学习英语之前不可能发生的事情。”② 因此，教授移民英语成为雇主的首要任务。

大多数工厂的工人是白天和夜里倒班，这增加了夜间排课的难度。考虑到工人工作时间的限制，底特律教育委员会把夜校教育形式推广到工厂，批准各工厂自行开办工厂学校和班级。例如，诺思威工厂（Northway Company）建立了自己的工厂学校，为工人提供与夜校相同的课程，并且给工人三种选择：参加工厂学校学习、参加夜校学习、辞职。索尔韦公司（Solvay Company）对参加夜校或工厂学校的工人进行经济奖励，参加者每小时可多获得两美分的工资。③ 马萨诸塞州的工业服务部也鼓励成立工厂班级对移民进行英语和公民教育。工业服务部为工厂提供指导手册，对工厂班级的管理、招生、师资、教学等做出指导。

在管理与招生方面，马萨诸塞州工业服务部认为，只要工厂中有工人不会说、读、写英语，就需要开办工厂班级。工厂班级的管理根

---

① George Francis Quimby, *Americanization in Industry: How to Organize English and Citizenship Classes* (Boston, Mass.: Industrial Service Department of Associated Industries of Massachusetts, 1919), p. 2.

② George Francis Quimby, *Americanization in Industry: How to Organize English and Citizenship Classes* (Boston, Mass.: Industrial Service Department of Associated Industries of Massachusetts, 1919), p. 34.

③ See The Detroit Board of Commerce, Board of Education, *Americanizing a City: The Campaign for the Detroit Night Schools, Conducted in August-September, 1915* (New York City: National Americanization Committee and Committee for Immigrants in America, 1915), pp. 10-11.

据各自情况而定，通常工厂从就业部、服务部、教育部选专人负责工厂班级的活动，负责人被称为“美国化工厂督学”。工厂在选择工厂督学时注重其领导能力，督学要坚定拥护美国化运动，无种族歧视倾向，对非英语工人有同情心、耐心，最重要的一点是督学在非英语工人中具有较高的威望，被工人们信赖。工厂督学的职责是：第一，了解和借鉴其他工厂的工厂班级设置状况；第二，了解公共学校已有的和计划开展的成人教育项目，避免工厂班级课程的重复开设；第三，为工厂聘请合适的班级教师；第四，确保班级的出勤率；第五，与领班、副领班沟通工人上课问题。

除了工厂督学外，领班也是工厂美国化运动成功的关键。领班是与工人直接接触的人员，颇为了解工人的民族与语言状况。工厂督学通过领班向工人宣传工厂班级，讲明工厂班级的教学给领班和工人带来的实际利益。鉴于领班的重要作用，工厂也成立领班委员会，这更加方便工厂督学与工人交流。工厂根据实际情况也成立雇员的美国化委员会，来自不同国家的移民选出自己的代表，加入委员会，反映学习诉求，以便工厂学校按需授课。

工厂学校最有效的招生方式是通过领班宣传。领班向各民族的移民负责人宣传工厂学校，移民负责人再对本民族工人进行宣传。工厂督学对领班和移民负责人的工作予以协助。牧师、公共学校教师、校长等各方力量也会积极宣传工厂学校的招生。工厂班级根据登记表的基本信息，安排课程。①

在教师的选择与培训方面，工厂根据各自实际情况选择教师。教师的主要来源是：第一，工厂教师。工厂教师从工厂行政人员和领班中选出，他们是工厂教师的最佳人选。从工厂选择教师的优势在于，

---

① See George Francis Quimby, *Americanization in Industry: How to Organize English and Citizenship Classes* (Boston, Mass.: Industrial Service Department of Associated Industries of Massachusetts, 1919), p. 16.

他们比较了解非英语工人的实际困难，能从工厂的利益出发，积极支持教学，促进行政人员、领班与工人的相互理解。曾担任工厂教师的一位领班认为，在班级里淡化雇主和员工的身份限定，彼此逐渐了解，成为朋友，有助于推动日常工作。[①] 第二，公共学校教师。工厂督学从教育委员会提供的公共学校教师中挑选合适的人员进行教学，通过与公共学校教师的面谈，决定其是否适合为工厂班级授课。但是，聘请公共学校教师授课并不意味着监督和管理工厂班级的责任转移。第三，社会服务教师。有些工厂非英语移民数量过多，当工厂教师和公共学校教师无法满足授课需求时，就需从社会服务机构聘请教师。社会服务教师大多为志愿者，他们出于爱国和社会服务的动机参与美国化运动。有些教师可能不具备教授成人英语的能力。出于这个原因，工业服务部建议，在工厂教师和公共学校教师人员充足的情况下，尽量聘请工厂教师和公共学校教师。

工厂在安排教师时，会综合考虑移民的民族和宗教信仰问题，有些民族和宗教的移民只愿意接受同性别教师授课，工厂对此充分尊重，尽量满足移民的特殊需求，以便达到更好的教学效果。为了提高教学效果，马萨诸塞州教育委员会的大学扩展部专门为工厂学校培训教师，用成人英语的教学方法培训教师。成人英语教学最实用的方法是由彼得·罗伯茨（Peter Roberts）发明的“罗伯茨方法”。“罗伯茨方法”以他的《教师手册——未来美国人英语》为基础。[②] 培训主要涉及教学方法与示范、班级管理、民族特征、公民教育、职业英语培训等。

---

① See George Francis Quimby, *Americanization in Industry: How to Organize English and Citizenship Classes* (Boston, Mass.: Industrial Service Department of Associated Industries of Massachusetts, 1919), pp. 13-18.

② See George Francis Quimby, *Americanization in Industry: How to Organize English and Citizenship Classes* (Boston, Mass.: Industrial Service Department of Associated Industries of Massachusetts, 1919), p. 20.

在分级教学方面，作为夜校教育的一种有效补充，工厂班级根据移民英语水平的不同，进行分级教学。在初级班，考虑到原属国或民族相同的移民面临的问题相似，就把他们安排在一个班级，这样有利于教师在短时间内解决更多问题。在高级班，尽量把不同原属国和民族的工人安排在一起，促进各民族间的相互理解。为了保证教师对每位学生有足够的指导，工业服务部规定，每个班的学生数量不得超过15人。工业服务部要求每个班每周至少安排2—3课时，一个课时是45—90分钟，工厂选择在中午、晚间或倒班的间隙授课。课程主要教授移民工作中的常用术语、职业术语，以及日常生活与社区活动的词汇。

工厂班级没有统一的教材，工厂督学与课程教师从《未来美国人英语：国家篇》《未来美国人英语：商务篇》，以及马萨诸塞州教育委员会编写的《课程》与《未来公民英语》、移民委员会出版的《棉纺织厂英语》、工业部出版的《制革英语课程》中选择授课材料。教师在授课时记录工人的出勤情况，课后反馈给工厂督学，便于工厂督学了解缺席工人名单。工厂督学收到考勤记录后，调查工人为什么缺席，具体遇到了什么困难，以便协助工人解决困难，保证工人正常上课。

在教室设备方面，与公共学校不同的是，工厂班级没有正规的教室授课，因此工厂根据自身条件，安排教室。虽然工业服务部对教室的基本要求是采光好、空气流通、干净，但多数工厂利用储藏室、餐厅、不常用的办公室或厂房的一角充当教室。例如，劳伦斯皮革公司（Lawrence Leather Company）利用储藏室充当工厂班级的教室。[①]

教室不需要过多的装饰和昂贵的设备，只要有保证顺利授课的设备即可。工业服务部规定了教室的必有设备：3张桌子，保证每张桌子

---

① See George Francis Quimby, *Americanization in Industry: How to Organize English and Citizenship Classes* (Boston, Mass.: Industrial Service Department of Associated Industries of Massachusetts, 1919), p. 23.

能并排坐 5 人；16 把椅子，学生每人 1 把，教师 1 把，也可准备 3 把长椅，每把椅子坐 5 人；讲桌；黑板；粉笔和板擦；美国国旗。[①] 教室墙上还应张贴一张美国地图，美国内政部的土地局免费提供地图。

总之，通过工厂学校的英语教学，移民的英语水平有所提高，保证了他们在美国的基本工作需求。在工厂班级的授课中，移民逐渐意识到英语是成为美国真正公民的必要元素，这种意识促使他们认识到，要想成为美国公民，必须利用业余时间加大学习英语的力度。移民通过工厂班级提供的英语帮助，提高了工作技能，在工作中有了主动权，提高了参加工厂班级的积极性。移民掌握了英语，与外界广泛接触，慢慢熟悉美国生活。对雇主来说，移民参加工厂班级的学习后，减少了与经理、领班之间因语言造成的误解。他们在工作中有了合作精神，提高了工作效率，刺激了雇主支持美国化教育。由此看出，工厂班级在同化移民方面起到了重要作用。

（三）设立移民英语班

在第一次世界大战前的 4 年时间里，大约有 11 726 506 人来到美国，其中 26.5%的人是文盲，只有 12%的人会说英语。[②] 英语学习是移民来到美国后面对的一个重要问题，所以各州都十分重视英语教学，专门设立英语班开展移民的英语学习。英语班先通过小测验了解他们掌握英语的基本状况，例如用英语提问移民关于家庭和工作的问题，通过简单的读写来测试他们的英语水平，再根据测试结果分级教学。根据移民的英语水平，学校安排初级班、中级班和高级班的课程。初

---

① See George Francis Quimby, *Americanization in Industry : How to Organize English and Citizenship Classes* (Boston, Mass. : Industrial Service Department of Associated Industries of Massachusetts, 1919), p. 27.

② See Ellwood P Cubberley, *Public Education in the United States : A Study and Interpretation of American Educational History* (New York: Houghton Mifflin Company, 1919), p. 341.

级班的学生是不会说英语或只会说少量英语的移民，也为文盲单设了初级班。初级班的课程主要是激发移民的学习兴趣，为后续学习做准备。中级班针对有一定的语言基础，但在表达方式上还存在错误的移民。高级班是为英语水平较好的移民开设的，这些移民可以使用英语阅读，进行简单的英语听写，但在英语的熟练程度上还有待进一步提高。①

通过初级班的学习，移民可以进行日常生活的交往。在中级班，移民不仅学习英语，课程内容还会涉及公民教育，这符合美国化运动的宗旨。如果移民想进一步熟练掌握英语，进行各方面的交流，就要参加高级班。经过高级班的学习后，移民基本上达到融入美国社会的目的。

1. 教学程序

由于初级班教授的是没有英语基础或英语水平较差的移民，因此教学程序与中级班和高级班有明显差别。初级班用直观的形式教授学生正式用语。在后两个级别的班级中，学生有一定的英语基础，教学涉及一些非正式的日常用语。三个级别的英语班的相同点都是按照学生的实际需求授课，教学程序都是固定的，先是口语，再是阅读，最后是写作。

第一，口语。移民来到美国后，相互间的交流是必需的，因此口语是英语班级最为基础的课程。口语教学先从教室中的常见物品开始教授，辅以图片和实物等教具，让学生理解单词含义。之后讲解日常生活用语，例如家中常见物品、街道名称、商店货物名称、工厂生产用语、食品名称等。讲解名词之后学习动词。教师用肢体动作把动词展示给学生，学生背诵的同时，教师要求学生把该词的动作展示出来，

① See Ohio Americanization Committee, *Americanization in Industry: How to Organize English and Citizenship Classes* (Columbus: Americanization Committee of Ohio, 1920), p. 15.

确保学生真正理解词汇含义。

随着单词量的增加，教师接下来让学生用已掌握的单词造句。在情景展示中，教师先造句子进行表演，然后学生模仿。学生熟练后，根据自己掌握的单词造句和表演，并且通过一个句子扩展出许多相关的句子。随后进行问答训练，由教师提问，学生用已学词汇回答，这就自然而然地进行了对话练习。

教学按话题组织口语，在句子学习中扩大单词的识别范围，尽量避免直接用“yes”或“no”回答问题。例如，教师不是问学生“Do you start work at 7 o'clock?”，而要问“At what time do you start your work?”，这就要求学生用完整的英语语句回答，例如用“I start work at 7 o'clock”进行回答。

教授发音规则的目的是帮助学生练习和识别单词发音，拼读新单词。在口语练习中，教师提醒学生哪些单词发音不准，以及应该如何正确发音。例如，如果学生把“it”发音成“eat”，那么与“it”发音规则相同的“fit”“bit”“hit”“lit”“sit”“pit”等单词，学生也会读错，这时教师及时纠正，防止学生把错误的发音当成正确读音，这样学生就会初步掌握发音规则。

第二，阅读。在掌握一定数量的词汇后，开始阅读课程。阅读课起初让学生阅读口语课学过的单词与句子，之后开始学习阅读报纸。报纸是学生日常生活接触到的最常用的信息渠道，教师充分利用报纸作为阅读材料。为避免使用枯燥的教材，阅读课紧密地与学生的生活和工作相联系，例如选取一些简单的历史、地理书籍吸引学生的兴趣。教育局列出常用词汇，教师根据班级实际情况，自己总结常用词。[1] 在阅读课进行一段时间后，教师指导学生使用字典，演示如何查找词汇。

---

① See John C. Almack, *Americanization : A Suggested Outline for Teachers of Aliens* (Eugene: University of Oregon, 1919), p. 10.

使用字典迅速扩大了学生的词汇量，使学生更有效地学习阅读课。

第三，写作。写作课首先教学生如何书写字母和词汇，最开始书写的字母和单词为口语和阅读课教授过的词汇，之后进行简单的听写训练。在这些练习之后，教师写出问题，让学生写出答案，教会他们用正确的语言拼写来表达想法。教授学生写信和填写表格是写作课的重点之一。在训练填写商务表格时，教师会按照模板，讲授填表规范，还会指导学生练习写商务信件和朋友信件。

2. 教师的选拔与培训

从上述英语班的设置看出，移民英语水平不一，这要求教师在教授课程时按照学生掌握英语的程度和水平授课。因此，对教师的选拔与培训也是美国化教育的重要一环。英语教师的选拔有严格的群体限制，选拔标准包括教师的选择群体、知识、兴趣、思想认识。具体来讲，选择教师的群体主要考虑在普通学校任教又能夜间授课的教师、受过培训的社会工作者、对同化移民感兴趣的公众人物、专门为同化项目培训和雇佣的教师。对教师知识的要求是具有美国历史与政府的知识，了解美国精神，最为重要的是参与教育项目的教师必须对移民问题感兴趣、对移民富有同情心，教师必须尊重移民的宗教背景、思想观念，了解移民遇到的问题及实际需求。

由于班级内一部分学生是成年人，因此，教师通过特殊的培训才能胜任教育成年人的任务。教师必须学习实用的、科学的教学方法，才能教会根本不会说英语，甚至是文盲的移民学会英语。直观的、有吸引力的教学方法是教授移民英语最为有效的方式，比如教授与移民工作直接相关的英语词汇和语句，这种方式既实用又是移民最初适应美国生活的权宜之计。因此，教师的培训课程主要是组织和管理、教学原则、教学方法等（如表 7-3-2 所示）。

表 7-3-2　教师培训的课程名称与内容①

课程名称	课程内容
组织和管理	研究所在社区美国化的意义 谈论制定本社区美国化教育项目 研究可能合作的机构，了解它们在美国化项目中的作用 讨论其他州或社区的美国化教育项目，根据本社区实际，进行比较和借鉴
宗教	了解美国公民的种族构成与政治、经济、宗教背景 了解移民的种族构成与政治、经济、宗教背景
教学原则	模仿、背诵、激发兴趣
移民英语教学方法	了解英语教学法 按英语程度分级教学 了解教育目的、内容、原则

3. 保障措施

第一，设置课程监督员。督员的职责是：为教师提供授课方法和示范培训；随时听课，了解教师是否按照规定的教学方法授课，指出教师上课的优点及不足，通过听课促使教师不断成长；帮助教师设计有实用价值的课程，根据学生的英语水平，帮助教师平衡教学内容的时间（例如对话、阅读和写作时间的分配）；协助建立美国化图书馆，为教师推荐有助于美国化教育的教材，根据学生的不同需求，帮助课程主管和教师安排和编写补充性教材；每月负责召开例会，讨论他们走访周边进行美国化课程的学校情况，评价其他学校教材，讨论美国化的学术论文。

第二，设置课程主管。课程主管的职责是：负责学生的注册和分

① Ohio Americanization Committee, *Americanization in Ohio* (Columbus: Americanization Committee of Ohio, 1920), pp. 16-17.

级工作，开发适当的课程；根据实际情况适当提高或降低学习难度，以便班里的每个学生都跟得上进度，实现共同进步；根据班级人数，适当协调和合并班级；向课程监督员汇报所负责年级的教学情况。

第三，图书馆的供应。作为学校教育和英语班级的必要补充，图书馆为英语班师生提供必要的补充材料和教育局推荐的书目，例如历史和地理类图书、名人传记、小说等。此外，图书馆还提供公民教育的图书，为移民妇女提供缝纫、烹饪等方面的书籍。图书馆也派专人向英语班学生宣传和推广图书卡，鼓励教师带领学生到图书馆参观、学习和查阅资料。同时，图书馆为正在学习英语的外国移民组织阅读俱乐部，鼓励移民用英语讲述故事，促进英语学习。[①]

第四，考勤记录。英语班级除了在教学方式和程序上关注移民的特点，按照移民能接受的方式进行教学外，还在考勤方面做出努力。考勤措施有注册卡、每日出勤记录、每周出勤报告及项目报告。注册卡是记录学生基本信息的卡片，一面写学生的姓名、地址、工号、原国籍、受教育状况等基本信息，另外一面记录学生一年当中英语班的出勤情况。注册卡作为永久资料由授课教师或工厂的美国化项目负责人保存，他们每年年末把注册卡上交给教育局中负责美国化项目的人员。出勤记录由授课教师负责记下学生每天的出勤情况。每周出勤报告是一周出勤状况的小结，记录学生的姓名、当前班级人数、每日出勤人数及出勤率。教师根据每周出勤报告撰写项目报告，项目报告记录每日的授课情况，在课程结束后，教师报告课程目标、使用的教具和课本、阅读课使用的教学方法、写作课的教学目标及写作类型。项目报告最后提交给美国化课程监督员。

第五，资金保障。为了保证英语班级的顺利授课，资金保障也是

---

① See Ohio Americanization Committee, *Americanization in Industry: How to Organize English and Citizenship Classes* (Columbus: Americanization Committee of Ohio, 1920), pp. 12-30.

必不可少的一部分。英语班级最大的开销是行政人员和教师的工资，英语班的宣传和广告费用属于其他开销。由于教育局仅仅负责现有学校的正常基本开支，对于像英语班级这样的扩展项目的经费感到力不从心，教育局只能从管理层面进行支持，无法提供更多的资金帮助。因此，英语班级的经费开支主要由各社区负责，工厂、社会组织和个人也提供一定的经费支持。①

但是，哪些移民需要培训，如何宣传以及何处授课，这些都是英语班需要考虑的问题。要解决这些问题，需要各个社区调查辖区内的移民，确定培训人数。为了让更多移民参加英语班，还要加大宣传力度，在英语和外文报纸上刊登广告，并且多期连载，确保广告不间断地被移民看到，而在雇佣外国移民较多的工厂，又需要工厂配合宣传英语班级。这些实施起来都有一定的难度。

总之，英语班通过提供英语教学，一方面为移民提供了融入美国的基本前提，一方面为移民提供了一个全方位解读美国的重要途径，同时也为本土公民提供了了解移民的机会。在移民和本土公民双方的努力下，移民英语班促进了双方的理解和信任，是把美国各民族联合起来的一种有效尝试。移民英语班实践了“融为一体”的精神，使得移民进一步了解到美国式的教育，在民族情感、生活方式、信仰等方面逐渐与原属国疏远，自觉融入美国社会，为美国利益而奋斗。例如第一次世界大战时期，纽黑文市有 600 名意大利裔移民加入国民警卫队，随后入伍。纽约市有 2200 名犹太裔移民加入军队，与美国公民一同在欧洲战场上为美国战斗。②

---

① See Ohio Americanization Committee, *Americanization in Industry: How to Organize English and Citizenship Classes* (Columbus: Americanization Committee of Ohio, 1920), pp. 24-25.

② See Chistopher Sterba, *Good Americans: Italian and Jewish Immigrants During the First World War* (New York: Oxford University Press, 2003).

三、公民教育的努力

在美国化运动中，为了让更多移民接受美国的语言、价值观念，融入美国主流社会，在社会教育中，公民教育是最为有效的手段之一。美国化运动形成一个庞大的公民教育网络，从社会、宗教、社区层面对移民开展美国化教育，提高移民的素质，加大移民对新国度的认同，达到“去移民化”的目标，让移民具有主流社会成员的归属感，实现身份认同的同化。

（一）社会层面的公民教育

在社会层面主要是一些社会名流成立社会团体与社交俱乐部参与这场运动。比较著名的有在芝加哥市建立的赫尔会所、在纽约建立的亨利街安置所，以及旨在拓展公民身份与美国化活动的公民服务屋。

例如赫尔会所，其主要目的是向附近新来的欧洲移民提供教育与社交会，提供“语言培训、职业技能、家庭生活、文化展示及市民课程”①，协助移民适应新环境，推动对青年移民的同化。1912 年，在慈善人士的资助下，一所为赫尔会所的贫困移民儿童创办的在暑期开放的夏令营——鲍恩乡村俱乐部（Bowen Country Club）成立，目的是为内城区儿童提供远离拥挤的城市生活去体验自然的机会。俱乐部可容纳 200 名儿童，设有操场、游泳池、棒球场、网球场、槌球俱乐部、花园、菜园、果园等。每逢暑假，赫尔会所的儿童都会到俱乐部参加为期两周的活动。芝加哥和西北铁路为儿童提供免费的交通服务。鲍恩乡村俱乐部为贫困移民儿童的暑假提供了参与自然活动的机会，为移民儿童暑假无人照看的情况提供了一种解决方式。

---

① 韦恩·厄本、杰宁斯·瓦格纳：《美国教育——一部历史档案》，周晟、谢爱磊译，中国人民大学出版社，2009，第 271 页。

晚间社会中心运动是公民教育的又一方法，它旨在利用社区观念促使公民和谐。在晚间社会中心看来，在人口密集的城市，邻里关系的异质性凝固了社区的理解与合作。晚间社会中心期望的正是友好、团结和公民参与。这些期望形成了更广泛的学校概念——社区和学校的融合、学校职责的拓展、移民美国化的强化。为了增加对周围社区的吸引力，波士顿学校委员会支持开展晚间讲座。晚间社会中心运动表明了许多城市公共教育主题的改变。

（二）宗教领域的公民教育

这一时期大多数移民有自己的宗教信仰。例如，东欧的犹太民族信仰犹太教，俄裔移民信仰东正教。虽然美国人信仰的新教是从基督教发展而来，基督教是从犹太教发展而来，东正教又是从基督教发展而来，这些宗教的经典都是《圣经》，但在长时间的发展过程中，不同教派的《圣经》版本、教义、教会形式、历法和神职人员称谓等，差别已越来越大。不同信仰的移民到达美国后，建立自己的教堂，他们根据自己的信仰参与宗教的教堂活动。宗教在美国日常生活中无处不产生影响。[①] 宗教利用宗教仪式、宗教习俗、教规、礼拜、信仰和宗教情感等途径，通过信仰体系与宗教影响力的介入，内化移民对美国民族精神、美国理念、社会责任感、价值观念和政治信仰的认同感。所以，宗教成为公民教育的一种有效手段。美国化运动重视这种起于“宗教”、归根于“公民”的宗教在同化中的作用。

俄亥俄州希望各教堂积极参与美国化教育项目，认为教堂应该备有充足的美国化的书籍。一旦有新移民进入自己的教区，教堂应及时与他们联系，关心移民，耐心提供帮助，向他们提供美国化的书籍。教堂在布道的时候，宣传对美国忠诚、四海之内皆兄弟的观念，帮助

---

① 参见姜安《美国制造：意识形态控制走向结构化》，《中国社会科学报》2011 年第 5 期。

移民尽快地融入美国社会。①

在底特律，商务委员会要求有外来移民的教区，牧师在教堂举行宗教活动时，向移民积极传达和推广夜校和夜间班级，以便移民尽早在工厂使用英语对话、看懂英文说明、了解公民教育。② 为了在教堂周围发放传单，商务委员会提前告知警察专员，警察专员把商务委员会的活动通知教堂和牧师。公共学校也主动与教会学校接触，指导教会学校的教师如何教授移民。牧师也积极对教会学校进行私人访问，支持教会学校开展美国化运动。例如，波兰裔牧师赫尔神父（Father Herr）的教区有 25 000 名波兰裔移民，这些移民基本不会说英语。赫尔神父对此公开表示，教堂积极支持年轻一代接受学校教育。

一些宗教组织也为移民提供社会服务。例如，1907 年纽约基督教青年会，开始为移民提供晚间课程，进行英语和公民教育。③ 到 1912 年，纽约基督教青年会已经开设 300 个分支机构，为 55 000 名移民提供英语、个人卫生、地理和美国政府等方面的课程。④ 此外，救世军、犹太女青年联合会（Young Women's Hebrew Association）也负责移民教育。

可以看出，宗教信仰缓解了移民的语言障碍、生活不习惯等诸多

---

① See Ohio Americanization Committee, *Americanization in Ohio: A Constructive Program for Communities Having a Foreign Problem* (Columbus: Americanization Committee of Ohio, 1920), pp. 30-31.

② See The Detroit Board of Commerce, Board of Education, *Americanizing a City: The Campaign for the Detroit Night Schools, Conducted in August-September, 1915* (New York City: National Americanization Committee and Committee for Immigrants in America, 1915), pp. 12-13.

③ See John Miller, *The Unmarking of Americans: How Multiculturalism Has Undermined America's Assimilation Ethic* (New York: The Free Press, 1998), pp. 54-55.

④ See Edward George Hartmann, *The Movement to Americanize the Immigrant* (New York: Columbia University Press, 1948), p. 29.

问题，备受移民尊敬和信任的牧师成为移民的精神归属，教堂成为教徒美国化的又一中心。因此，各州在美国化运动中，充分调动教堂和牧师的积极性，让其充分参与美国化运动，在宗教层面通过宗教活动或宗教教义，积极推进公民教育的开展。

（三）社区开展的公民教育

1. 社区讲座中的公民教育

社区通过讲座对移民进行公民教育，讲座的主要内容有：第一，关于新环境。讲座的首要目的是教育移民适应并接纳新国家。面临新的生活和工作环境，工作节奏、管理方式、生活方式与之前存在诸多不同，社区希望通过讲座让移民了解不同，并且对不同做出适当调整，直观了解所从事的工作、美国饮食及生活环境。① 第二，关于法律与风俗。社区通过讲座，让移民了解美国风俗习惯、火灾和消防安全法、食品售卖和保存法、垃圾法规等。第三，关于民主思想。社区讲座讲解美国政府组成、美国历史重大事件、为美国成立而牺牲的英雄、美国民主思想、美国精神等。② 第四，关于娱乐。公共学校和社区大力宣传美国娱乐活动，组织移民子女参与集体项目，培养移民的娱乐精神。第五，关于疑难问题。社区成立由志愿者组成的咨询委员会，以讲座形式解答移民的各种疑惑。

2. 家庭班级的公民教育

在社区，家庭班级还为移民妇女和女孩提供非正规的英语培训，教授实用的英语知识，目的是为移民妇女解决现实生活中的问题。例如，教会她们如何轻松自如地使用英语购买食物和服装等。家庭班级与提供翻译人员的社会组织合作，招募和指导授课教师。家庭班级监

---

① See Peter Roberts, *The Problem of Americanization* (New York: Macmillan, 1920), p. 79.

② See Peter Roberts, *The Problem of Americanization* (New York: Macmillan, 1920), p. 82.

督员帮助移民妇女融入所在社区，帮助她们与周边其他民族的公民友好相处，鼓励妇女参加社区举办的活动，教授移民妇女操持家务，鼓励移民妇女把孩子送入美国的学校接受教育。①

总之，美国主流社会中的中上层新教徒把学校看作是实现同化的阵地之一。他们期望用学校对移民儿童进行美国化，认为学校是一种对移民进行“社会控制”的体制，进而使移民遵守美国现有社会秩序所需的信仰与价值观。② 吉拉尔德·古特克（Gerald L. Gutek）认为，社会控制在这种情境中意味着通过制度化的教育，把主流群体的信念、价值观念与语言强加给不说英语的外来移民，通过强化主流的意识形态与语言，缔造美国生活的同一性。公共学校用英语教学塑造了说英语的美国公民，通过培育以新教教义为基础的价值观念，造就美国普遍的道德规范③，这带来了对公民教育的需求。

所以，在美国化过程中，公民教育是一项重要措施，是同化的“枢纽”。通过美国化的公民教育，移民提升了自身素质，从时间的角度看，公民教育架起了19世纪与20世纪教育方式美国化的桥梁。从空间的角度看，公民教育架起了学校、社会、宗教与社区机构美国化的桥梁。从内容的角度看，公民教育架起了政治学、历史、公民学、法律、英语等教育内容美国化的桥梁。通过公民教育，移民强化了对美国历史和体制的认同，提高了公民意识、公民责任感与使命感、社会适应能力。

---

① See Ohio Americanization Committee, *Americanization in Ohio: A Constructive Program for Communities Having a Foreign Problem* (Columbus: Americanization Committee of Ohio, 1920), p. 15.

② See L. Webb, *The History of American Education* (Upper Saddle River, N. J.: Prentice Hall/Merrill, 2006), p. 139.

③ See Gerald L. Gutek, *Education in the United States: An Historical Perspective* (Upper Saddle River, NJ: Prentice Hall, 1986), pp. 87-88.

结　语

19 世纪末 20 世纪初的美国化运动是一场同化南欧与东欧移民的全国性运动。这场运动涉猎政治、经济、文化、宗教、教育等领域，凸显了美国认同、控制、“美国至上”等主题。在美国化运动的背景中，各方的努力与举措取得了一定的社会效应，对移民的文化、生活与教育产生了一定的影响。

第一，对移民公共生活的影响。这种影响体现在，美国化运动使得移民获得一些共同能力，使得他们熟练运用语言与数字，遵循时钟工作，依照官僚程序办事，强化了法治意识，当移民踏入有纪律性的组织时，就得按照专业标准和制度做事。对移民及其子女来说，美国社会生活强调的准时和标准化的规范，在移民与白人之间架起了一座桥梁，使移民得以理解并接受美国生活和工作的规则，最终使移民能自觉按照美国的风俗习惯行事[①]，让移民在外在特点上显示出美国人的特征。[②] 美国化通过美国社会，控制、规范、调节和约束着移民公共生活的观念与行为，促使移民融入美国生活。

第二，对移民文化的影响。美国文化给移民文化带来了压力和挑战，通过美国文化与移民文化的“较量”，在美国“文化中心”倾向的影响下，美国以自身的文化价值去判断他文化。同化与“被适应”成为美国化的两个主要特征。美国化对移民来说，不仅意味着他们要舍弃本族的文化与心态，还得适应、接纳并且从内心认同美国制度。这就出现了“克里奥化”现象，“克里奥化”现象是美国把强势文化强加给移民文化，导致移民文化趋向美国文化，这种“文化渗透”的结果

① 参见柯林斯-伯明翰大学国际语料库《柯林斯 COBUILD 英语词典》，上海外语教育出版社，2000，第 52 页。

② 参见吴衡康《牛津当代百科大辞典》，中国人民大学出版社，2004，第 51 页。

是美国强势文化逐步征服移民弱势文化。① 所以，从根本上看，美国化运动蕴含着移民文化的变迁，它一方面表明美国文化价值观的扩展与蔓延，另一方面表明移民文化更趋同于美国文化。“唯英语”体现了美国化教育中语言的意识形态，提升了美国主流文化在移民中的文化话语权，体现了语言的同化作用。

第三，对移民教育的影响。美国化运动的发展，促使1931年加利福尼亚州的欧申赛德建立了美国化学校（Americanization School)。这是一所典型的同化学校，它主要帮助说西班牙语的移民学习英语和公民学。这个学校的教育追求的是一种文化同化，它向西班牙裔学生实施的教育旨在剔除西班牙的文化因素，促进同化。在美国化学校里，一切形式的文化差异及异质情况都会受到质疑或攻击。这反映了在多元文化兴起之前，美国移民更多地被同化项目所同化。正如美国本土主义的历史学家所言，美国化运动为移民同化做出了贡献，满足了移民需求。威斯康星大学麦迪逊分校的教育政策研究者迈克尔·奥尔克（Michael R. Olneck）认为，美国化运动在保护美国文化和意识形态方面做出了重要贡献，美国文化得以保存，没有被移民的外来文化冲击得面目全非，这得归功于美国化运动的历史贡献。②

综上所述，19世纪末20世纪初的美国化运动是针对新移民的到来而发起的。美国化运动对移民的“思维和行为方式的价值观中增添了一些新的东西”③。移民习得了美国的语言，移民的思维方式、生活方

① “克里奥化”是语言学中的一个用语，它是指两种不同的语言在同一时空发生“碰撞”时，弱势语言所发生的变化。参见王晓德《“克里奥化”：对全球“美国化”现象的一种解释》，《美国研究》2008年第3期。

② See Michael R. Olneck, “Americanization and the Education of Immigrants, 1900-1925,” *American Journal of Education*, No. 8(1989):398-423.

③ 王晓德：《美国大众文化的全球扩张及其实质》，《世界经济与政治》2004年第4期。

式、信仰、价值观更趋同于美国公民，他们更像美国人。随着美国力量的增加，在美国开展的针对移民的美国化运动，逐步蔓延到美国境外。与美国特色相关的事物，小如米老鼠、牛仔裤、美式英语、爵士乐、好莱坞电影，大到美国的民主、法制、教育等，逐渐普及与流行。① 英国记者威廉·斯特德（William T. Stead）在《世界的美国化：20 世纪的趋势》中指出，美国化是 20 世纪世界发展的趋势之一。② 比如在影视界，20 世纪 20—30 年代，英、法、德等国放映的电影 60％—95％是美国电影。③ 这些电影的出口大力推动了美国社会价值观念向境外蔓延。"可口可乐化""迪士尼化""耐克化""麦当劳化"也显示了美国化通过文化产品对全世界的影响。所以，学术界出现了欧洲美国化、德国美国化、日本美国化、中国美国化、非洲美国化、以色列美国化等研究主题，这说明美国正在通过软实力影响世界。

不过，应该看到的是，外国移民不可能完全舍弃原有的特质，他们在美国的政治与社会活动中仍会受到族群传统的影响。新罕布什尔大学学者认为，从长远来看，美国化不可能从根本上改变人们从祖辈继承的或通过社会化习得的价值观，人们可以在衣着打扮或消费方式方面与美国人完全一样，但在内心深处却保留着自己所隶属社会的文化特性。美国化不会真正得到具有深厚文化传统根基者的认同，至于想取代多元文化的发展趋势，那可能只是文化中心主义者的"一厢情愿"而已。④

---

① 参见张毅君《全球化与多极化、单极化与美国化》，《世界经济与政治》2000 年第 12 期。

② See William T. Stead, *The Americanization of the World: The Trend of the Twentieth Century* (New York and London: Horace Markley, 1901).

③ See Geir Lundestad, "Empire by Invitation in the American Century," *Diplomatic History*, No. 2(1999): 193.

④ 参见王晓德《美国大众文化的全球扩张及其实质》，《世界经济与政治》2004 年第 4 期。

在当今美国社会，外来移民再次形成移民潮，虽然时代全然不同，移民所面临的问题也不同，但是移民的发展会有相通点。因此，在2006年美国的一份政府报告中提到，要开展21世纪的美国化运动①，进行“再美国化”。可见，19世纪末20世纪初的美国化运动影响深远，美国化运动在美国舞台上并未终结，美国化作为美国化运动的一个“遗产”被保留了下来，它将持续下去。

参考文献

一、中文文献

[1] 布林克利. 美国史 [M]. 邵旭东，译. 海口：海南出版社，2009.

[2] 厄本，瓦格纳. 美国教育：一部历史档案 [M]. 周晟，谢爱磊，译. 北京：中国人民大学出版社，2009.

[3] 柯林斯-伯明翰大学国际语料库. 柯林斯 COBUILD 英语词典 [M]. 上海：上海外语教育出版社，2000.

[4] 兰克维奇. 纽约简史 [M]. 辛亨复，译. 上海：上海人民教育出版社，2005.

[5] 林广. 移民与纽约城市发展 [D]. 上海：华东师范大学，1998.

[6] 聂迎娉. 美国公民宗教及其在公民教育中的作用研究 [D]. 武汉：中国地质大学，2011.

二、外文文献

[1] CHISTOPHER S. Good Americans: Italian and Jewish immigrants during the First World War[M]. New York: Oxford University Press, 2003.

① See U. S. Department of Homeland Security, *Building an Americanization Movement for the Twenty-First Century* (U. S. Government Printing Office, 2006).

[2] DEREK H. A history of education for citizenship[M]. London and New York: Routledge Falmer, 2004.

[3] EDWARD G H. The movement to americanize the immigrant [M]. New York: Columbia University Press, 1948.

[4] ELLWOOD P C. Changing conceptions in education[M]. Boston: Houghton Mifflin, 1909.

[5] ELLWOOD P C. Public education in the United States: a study and interpretation of American educational history [M]. New York: Houghton Mifflin Company, 1919.

[6] EMORY B. Essentials of Americanization[M]. Los Angeles: University of Southern California Press, 1919.

[7] FABRICE M, MARTINA V. American education in the age of mass migration 1870-1930 [M]. Washington, D. C. : Hudson Institute, 2009.

[8] GEORGE F Q. Americanization in industry: how to organize English and citizenship classes [M]. Boston, Mass: Industrial Service Department of Associated Industries of Massachusetts, 1919.

[9] HEATHER G. The Chicago Americanization Movement: solutions to the immigrant problem [M]. Cedar Falls: University of Northern Iowa, 2013.

[10] HORACE M K. Culture and democracy in the United States [M]. New York: Boni and Liveright, 1924.

[11] JOHN C A. Americanization: a suggested outline for teachers of aliens[M]. Eugene: University of Oregon, 1919.

[12] JOHN H. Strangers in the land: patterns of American nativism 1860-1925[M]. New Jersey: Rutger University Press, 1955.

[13] JOHN M. The unmarking of Americans: how multiculturalism

has undermined America's assimilation ethic[M]. New York: The Free Press, 1998.

[14] JOSEPH F H. Diversity and society: race, ethnicity, and gender [M]. Thousand Oaks: SAGE Publications, Inc., 2013.

[15] MILTON G. Assimilation in American life[M]. New York: Oxford University Press, 1920.

[16] Office of Immigration Statistics. Year book of immigration statistics: 2011[M]. Washington, D. C.: Department of Homeland Security, 2012.

[17] Ohio Americanization Committee. Americanization in Ohio: a constructive program for communities having a foreign problem[M]. Columbus: Americanization Committee of Ohio, 1920.

[18] PETER R. The problem of Americanization[M]. New York: Macmillan, 1920.

[19] PHILIP D. Immigration and Americanization: selected readings [M]. Boston: Ginn, 1920.

[20] PHILIP L S. Americanization program in education and recreation [M]. Chicago: Nabu Press, 1920.

[21] The Detroit Board of Commerce, Board of Education. Americanizing a city: the campaign for the Detroit night schools, conducted in August-September, 1915[M]. New York City: National Americanization Committee and Committee for Immigrants in America, 1915.

[22] U. S. Immigration and Naturalization Service. Statistical yearbook of the immigration and naturalization service, 1999[M]. Washington, D. C.: U. S. Government Printing Office, 2002.

[23] WILLIAM T S. The Americanization of the world: the trend of the twentieth century[M]. New York and London: Horace Markley, 1901.

第八章　教育与城市犯罪的遏制

19世纪末至20世纪初，伴随着美国城市化进程的推进，城市犯罪成为一个非常普遍和严重的社会问题。各种形式的犯罪不仅直接威胁到城市市民的生命财产安全，而且严重影响社会秩序。为了遏制不断严重的城市犯罪现象，美国社会各界采取了一系列净化社会环境、改善市民福利待遇、完善刑罚和监狱管理制度的措施。与此同时，各州和地区也着力将教育视为一种社会控制的工具，通过在全社会开展禁酒教育，推进义务教育立法，实施犯罪青少年的教养教育、监狱中的职业与文化教育，以及开展犯罪问题研究等多种教育手段来推动解决城市犯罪问题。

第一节　城市犯罪的总体概况

19世纪末，伴随着美国工业化进程的加快，严重的犯罪问题引起全社会的广泛关注，而且城市犯罪率高于乡村，大城市又高于小城市。在19世纪最后20年，因城市规模的扩大，美国的谋杀率增长了300%。[①] 纽约州的犯罪数据显示，该州90%的犯人来自大城市，而这

---

① See Laurie C. Hillstrom, *Defining Moments: The Muckrakers and the Progressive Era* (Detroit, MI: Omnigraphics, Inc., 2009), pp. 11-13.

90%的犯人中的 90%来自这些大城市的人口密集区和贫民窟地区。[1]

一、犯罪的背景分析

犯罪是社会不稳定因素中最主要的元素，犯罪行为的产生既有犯罪个体的自身原因，也有个体所处的空间、地理位置、温度和气候等非人为的自然环境原因，更有个体所在地的社会原因。各种奇特的犯罪原因分类强调犯罪原因在不同程度上的差异性，以及所对应的更加科学合理的解释。社会学家们在大量调查数据的基础上，也较为全面地分析了每种犯罪行为与社会现象之间的因果关系，指出了贫困、移民、不卫生的住宿环境、拥挤、无知、闲散、人口密度、宗教信仰、酗酒、失业等构成了犯罪行为产生的社会动因，而以下几个方面的因素成为 19 世纪末引起美国犯罪率高涨的最主要原因。

（一）外来移民

19 世纪 80 年代以后，伴随着美国经济的高速发展，入境的外来移民开始迅速增加，并在 20 世纪初期达到了美国历史上的最高水平。美国联邦政府人口普查局的统计显示，1820—1880 年，入境的外来移民达 1000 多万人，而在 1880—1920 年，入境的移民则高达 2350 万人。此外，在 1880 年以前，入境移民主要来自英国、德国、爱尔兰和法国等西北欧国家，而在此以后，移民主要来自俄国、奥匈帝国、意大利和波兰等东南欧国家。1896 年，来自东南欧国家的移民在绝对人数上首次超过了西北欧移民，成为美国外来移民的主要来源。1902 年东南欧移民占入境移民总数的 76%，1907 年上升到 80%以上。[2] 据统计，

---

① See American Correctional Association, *Proceedings of the Annual Congress of the American Prison Association*(New York: Wynkoop Hallenbeck Crawford Co., 1921), p. 31.

② 参见梁茂信等《美国移民政策研究》，东北师范大学出版社，1996，第 181 页。

1870—1924 年共有 2000 万移民来到美国，其中 75%来自东欧和南欧，约有 500 万意大利人、200 万东欧犹太人，还有斯拉夫人、波兰人、奥匈人等，而且这些移民多为青壮年劳动力。① 1901—1910 年，抵达美国的移民中有接近 70%的人是男性青壮年，他们往往文化素质低下、贫困潦倒。美国移民局的一份调查报告显示，1900 年移民美国的希腊人中，有 15.3%的人为文盲，到 1907 年这一比例上升到 30%。② 1920 年时，来自东南欧的新移民群体有超过 80%的人涌向了城市，尤其是美国东北部各州的工业城市，这其中纽约州、马萨诸塞州、宾夕法尼亚州和伊利诺伊州成了移民们最主要的流向地区。③ 这些新移民在美国登岸后由于一时无法找到理想的工作，往往选择在工矿企业和制造业谋生，大多数聚居于城市贫民区，过着任人摆布、靠救济为生的艰苦生活。

由于新、老移民来源地区和自身素养的差异性，一系列由大量新移民涌入而滋生的社会问题凸显。这一时期，登陆到美国的东南欧移民大多数文化素质低下且不通英语，他们绝大多数选择了靠出卖体力来满足自身生计的行业，其中多数成了产业工人。然而，季节性的失业和娴熟工艺技术的缺失，外加时有的经济危机，导致很多新移民无法满足自己的生计问题，采取违法的手段来获取生活来源成为他们在城市谋生的一种方式，一时间偷盗、抢劫等犯罪案件频发。此外，新移民自身固有的恶习并没有因登陆美国而发生改变。这一时期，从人种肤色来看，来自海外的黑人犯罪数量是白人犯罪数量的 4—5 倍；从移民来源国来看，来自意大利南部的移民有明显的犯罪趋势，尤其是

---

① 参见刘绪贻、杨生茂主编《美国通史》（第 4 卷），人民出版社，2001，第 7 页。

② See Henry P. Fairchild, *Greek Immigration to the United States* (New Haven: Yale University Press, 1911), p. 255.

③ See Sean D. Cashman, *America in the Age of the Titans: The Progressive Era and World War I* (New York: New York University Press, 1988), p. 160.

在暴力犯罪方面；从新、老移民的比较来看，喜欢酗酒的爱尔兰移民在轻微罪行方面犯罪问题凸显，这与他们嗜酒的习惯密切相关。

例如，1918年波士顿警察局发布的数据显示，爱尔兰出生的居民人口总量占到波士顿总人口的9.8%，但在所有被逮捕的总人数中，爱尔兰人占到了15%。在纽约，1917年俄罗斯出生的居民人口总量占到纽约总人口的10.15%，但是被法庭传讯和审问的人口总量占到所有该类型案件总人口的20%。同是这一年，意大利出生的居民人口总量占到纽约总人口的7.15%，但是被法庭传讯和审问的人口总量占到所有该类型案件总人口的11.8%。1917年纽约本地出生的人口占总人口的59.2%，外国出生的人口占到40.8%，但是在被法庭传讯和审问的犯罪案件中，本土出生的人口犯罪总数仅占47.1%，而国外出生的人口犯罪总数则占到了52.9%。[①]

在暴力犯罪方面，1915年，在纽约市警察局侦破的240起杀人案件中，有251人被杀害。这240起杀人案件中，有222人被指控犯有杀人罪。这222人中，有60人出生于纽约本土，他们的父母亲也是本地人；有65人出生于意大利；有12人是纽约本土出生，但其父母亲是意大利人；有21人出生于俄罗斯；有19人是纽约本土出生，但其父母亲是爱尔兰人；剩余的犯人都是来自其他国家的移民。芝加哥1915年报告的77起谋杀案件中，共导致了77人死亡。这其中，有59人因犯谋杀罪而被逮捕。这59人中，25人是本地白人，19人是意大利人，10人是本地黑人，2人是波兰人，另外3人是来自其他国家的移民。孟菲斯市1915年报告的76起谋杀案中，有77人被指控犯有杀人罪。这77人中，有色人种达到了53人。华盛顿1915—1919年有143起杀人案件被审理，这其中有5起是警察已经提前预判到犯人即将实施的犯罪，而

---

① See Raymond B. Fosdick, *Crime in America and the Police* (New York: The Century Company, 1920), pp. 20-21.

另外的138起案件中，有45起是白人所为，93起是黑人所为，这45个白人中有5人是外国人。①

1928年，纽约市教育委员会下属的城市学校强迫入学局（Bureau of Attendance）发布的一项研究成果显示，该项调查以纽约市曼哈顿区逃学学校1920—1922年释放的251名因经常缺席学校课程学习而被隔离教育的学生为调查对象，通过对这251名逃学学生父母亲的出生地进行分析后得知，这251名学生中，父母亲是美国本土出生的只占15%，其他国家出生的占到85%，而这85%的其他国家出生占比中，父母亲出生于意大利的占比最高，达到了58%。为了进一步明晰逃学学生父母亲出生地与这些逃学学生之间具有何种内在关系，调查组又对1918—1922年纽约市所有因逃学而被处罚的逃学学生的父母亲出生地进行了对比调查，这一期间共有4476起逃学案件被处理。这4476起逃学案件中，逃学学生父母亲是美国本土出生的仅占19%，而在所有出生于美国本土以外的国家占比中，逃学学生父母亲出生于意大利的占比最高，达到了51%。通过对这251名逃学学生父母亲出生地和纽约市4476起逃学案件所涉及的学生父母亲出生地进行对比后发现：第一，移民家庭的孩子发生逃学行为的比例远远大于美国本土出生的孩子；第二，在所有移民来源国中，来自意大利家庭的孩子发生逃学行为的概率最高。② 此外，根据美国第一所成人教养院埃尔米拉教养院（Elmira Reformatory）从1875年6月到1892年10月对关押的5900名犯人的出生情况进行统计后可知，这5900名犯人中，有185人是有色人种，有5714人是白人，其他不确定人种为1人。这5714名白人中，有1163名出生于美国以外的国家，有1803名犯人的父母亲属于外来移

---

① See Raymond B. Fosdick, *Crime in America and the Police* (New York: The Century Company, 1920), pp. 22-26.

② See Harry M. Shulman, *From Truancy to Crime—A Study of 251 Adolescents* (Albany: JB Lyon Company, 1928), pp. 21-22.

民。[1] 通过以上数据我们可以看出，外来移民或具有外来移民血统的人在城市犯罪案件中所占据的比重最大。

此外，由于宗教信仰的差异性所带来的种族偏见，以及根深蒂固的种族歧视思想，也使种族冲突不断发生，造成社会的动荡。1908 年，纽约市的警察局长西奥多·宾汉姆（Theodore A. Bingham）指出："犹太人和意大利的皮条客、小偷、扒手等导致的犯罪案件的上升正对一直以来统治纽约下流社会的爱尔兰人的地位形成挑战。犹太人多因侵犯财产而获刑，而意大利人则较多地涉及暴力犯罪。据估算，纽约市一半的犯人是犹太人，犯人的种族问题也日益成为公众担忧和指责的重要内容。"[2]

（二）贫富差异

美国早期的社会学家研究表明，高犯罪率与过于拥挤的内城贫民区关系密切，贫穷是导致犯罪的一个重要原因，这种情况在美国的工业化进程中表现得更为突出。从调查中发现，来自劳工阶层的犯罪人数超过了任何阶层的犯罪人数，占犯罪总人数的 30%之多，这个阶层的人口基本上属于贫困阶层。贫穷可能有多方面原因，比如身体或者智力能力的缺陷而使自己无法获取足够的生活来源；或者能够获取一定的报酬，但由于自身不良习惯和肆意的挥霍而导致贫困；或是由于一些天灾人祸的发生，导致了贫困；等等。然而，不管什么原因，一旦贫穷降临，很多人往往选择了偷窃而不愿意挨饿。偷盗是穷人中最常见的一种犯罪行为，这种行为在冬季发生得更为明显，因为严寒和

---

① See The International Prison Commission, *The Reformatory System in the United States* (Washington, D. C. : U. S. Government Printing Office, 1900), p. 32.

② Morton Keller, *Regulating a New Society : Public Policy and Social Change in America , 1900-1933* (Cambridge, Mass. : Harvard University Press, 1994), p. 154.

饥饿会驱使他们通过偷盗来保证温饱。①

伴随着美国工业革命进程的加快，美国社会文化逐渐从农村、农业文化转变为城市、工业文化，在这个过程中贫富差异也变得尤为悬殊。在 1890 年，占美国 1%的最富有阶层人的收入总和，相当于美国底层一半人口的收入总和。换句话来说，1890 年美国的私人财富大约有 600 亿美元，这其中 54.8%的财富掌握在 1%的富人手里，而美国底层 50%的家庭几乎没有任何财富。② 1890 年，雅各布·里斯通过调查发现，在纽约 37 000 栋贫民窟房屋里，居住的人口总数超过 100 万人。由于工作的不稳定、低廉的工资和颇高的房租，这些工人们不得不生活在极其贫穷和无任何保障的环境中，他们也因此变得极其绝望，被逼无奈的情况下只好诉诸乞讨和犯罪来获得生存。大量的罪犯使监狱变得拥挤不堪，每年大约有 40 000 个精神病人和品性不良的人被关进纽约岛上的精神病院和教养院里。③ 1879 年，纽约市的贫民窟已有 21 000 个，到 1900 年增至 43 000 个，容纳居民高达 150 万，而当时整个纽约市的人口尚不足 400 万。④ 同时，生活于贫民窟的孩子们由于家庭贫困，他们早早辍学在家，无所事事。有些孩子为了补贴家用，成了童工，或工作于最艰苦的煤矿产业里，或走上街头叫卖报刊，或成为运送牛奶饮料的送货员，生活境遇极其悲惨。有些不去工作的孩子在父母白天外出工作之后，就选择在街道上游逛、玩耍和打闹。由于长期遭受街道上一些不良行为的影响，他们也逐渐学会欺骗、斗殴、偷盗，沾染上种种不良习惯，滋生各种青少年违法犯罪行为。

---

① See C. V. Dunn, "The Church and Crime in the United States," *Annals of the American Academy of Political and Social Science*, No. 5(1926): 211.

② 参见埃里克·方纳《美国自由的故事》，王希译，商务印书馆，2003，第 178 页。

③ See Laurie Collier Hillstrom, *Defining Moments: The Muckrakers and the Progressive Era* (Detroit, MI: Omnigraphics, Inc., 2009), pp. 37-38.

④ 参见刘绪贻、杨生茂主编《美国通史》（第 3 卷），人民出版社，2002，第 312 页。

1892 年 12 月 1 日至 1894 年 9 月 30 日，伊利诺伊州教养院（The Illinois Reformatory）共计收纳了 1011 名青少年犯。这 1011 名青少年犯中，有 701 名来自非常贫困家庭，269 名来自中等贫困家庭，只有 19 名犯人的家庭条件还算比较宽裕。追本溯源，这些青少年犯人的绝大多数的犯罪行为都是盗窃和抢劫，这些犯罪行为的产生都可以归因于家庭贫困这个主题。[①] 在埃尔米拉教养院里，对一年的时间里被关押进教养院的犯人经济情况进行调查后得知，有 89%的犯人没有固定收入来确保他们的基本生活。这些犯人的父母亲中，有 85%没有积蓄。在纽约市的感化院里，78%的青少年犯人来自纽约廉价的公寓住宅区域的贫民窟地区，而纽约青少年庇护所的少年犯们绝大多数来自纽约市下东区的贫民窟。[②]

（三）酗酒习惯

社会改革人士通过对大量的犯罪现象进行调查和分析后发现，酗酒的习惯和大量酒馆的存在成为导致城市犯罪率不断高涨的另一个重要原因。新移民在移入美国的同时，也把原有的习惯带到了美国，例如大量青壮年移民男子在完成一天疲惫不堪的苦力劳动之后，到酒馆饮酒就成为他们释放压力和缓解思乡之情的重要方式，酒馆也如雨后春笋般出现，散布于城市工厂与矿井周边的各个角落。在金钱与利润的驱动下，酒馆老板除了提供各种酒精饮品外，还在酒馆允许卖淫与赌博活动的存在，一系列因酒以及酒馆而滋生的社会问题，尤其是因酒而导致的犯罪问题，引起了社会改革人士的高度不满。再加上大工业时代主张效率和生产安全与饮酒之间的矛盾变得愈加不可调和，城市酒馆更被视为犯罪的源头。铲除酒馆的存在、全社会禁酒成为这一

---

① See T. H. MacQueary, "Schools for Dependent, Delinquent, and the Truant Children in Illinois," *American Journal of Sociology*, No. 1(1903): 23.

② See Thomas Travis, *The Young Malefactor: A Study in Juvenile Delinquency, Its Causes and Treatment* (New York: Thomas Y. Crowell, 1908), p. 37.

时期社会进步人士和大企业家们维护社会安宁、降低城市犯罪率的重要改革内容。

在美国历史上，第一个最彻底和最全面的调查酒与犯罪、社会贫困等问题的社会机构是 1893 年成立的五十人委员会（The Committee of Fifty）。五十人委员会成立之后，于 1893 年 10 月 20 日相继建立了与酒的问题有关的生理、立法、经济与伦理 4 个分委员会，这 4 个分委员会根据各自职责开展了相关调查工作，并且发布了一系列的调查报告。① 经济委员会作为五十人委员会下属的一个分委员会，在 33 家慈善组织委员会、11 家儿童救助委员会、60 个收容所和 17 所监狱与教养院的协助下，调查了美国 12 个州里面的 17 所监狱机构里的 13 402 名犯人，这 17 所监狱机构包括 12 所州立监狱和 5 所州立成人教养院，并且于 1899 年发布了酒与犯罪、社会贫困等方面的报告。

五十人委员会在对这 13 402 名犯人的犯罪原因进行分析后发现，一些重大的、悲惨的、具有征兆性的犯罪案件都与酒有关，因这一原因而被判刑的犯人人数达到了 6694 人，约占被调查总人数的 50%。再进一步细究犯罪原因后发现，有 4179 件犯罪案件的产生与酒都有直接关系，酒成为犯罪行为发生时的第一位原因或者最重要原因，这一比例占到被调查总人数的 31.18%。此外，还有 2261 件犯罪案件中，酒成为导致犯罪的唯一原因，这一比例占到被调查总人数的 16.87%。② 这一调查结果与马萨诸塞州劳工统计局所做的另一项关于酒与犯罪关系的调查统计结果极为接近。

马萨诸塞州劳工统计局 1895 年的调查数据显示，截至 1895 年 8 月

---

① See John S. Billings et al., *The Liquor Problem: A Summary of Investigations Conducted by the Committee of Fifty, 1893-1903* (Boston: Houghton, Mifflin and Company, 1905), pp. 4-13.

② See George E. Howard, "Alcohol and Crime: A Study in Social Causation," *American Journal of Sociology*, No. 7(1918): 24-25.

20 日之前的连续 12 个月里，马萨诸塞州共计有 26 672 人因违法而被判刑，其中男性 23 581 人、女性 3091 人。在对这 26 672 人的犯罪案件进行分析后发现，其中有 17 575 人因醉酒而被判刑，657 人因酗酒后导致其他犯罪行为而被判刑，另外 8440 人因其他犯罪行为而被判刑。初步统计后发现，这一年因醉酒或酗酒而被判刑的总人数为 18 232 人，占犯罪总人数的 68.36%，因其他犯罪行为而被判刑的犯罪人数仅占犯罪总人数的 31.64%。[①] 在对犯其他罪行而被判刑的 8440 名犯人进行调查后得知，其中 9 名犯人的犯罪原因不确定，3640 名犯人明确表示他们的犯罪行为受到酒精的影响，另外 4791 名犯人表示他们的犯罪行为未受到酒精的影响。综上，我们可以清晰地发现，这一年因受酒精的影响而犯罪的人数为 21 872 人，占犯罪总人数的 82%。[②] 此外，长期的饮酒习惯也是导致家庭破裂、妻离子散等悲催境遇的重要原因。美国 1887—1906 年的离婚统计报告数据显示，在这 20 年里，美国共计有 945 625 件离婚案件发生，其中因酗酒而直接或间接导致的离婚案件数为 184 568 例，占离婚案件总数的 19.5%。同时，在因酗酒而导致的离婚案件中，十之八九都是因为男性的错误行为而导致家庭的破碎。[③]

（四）其他原因

19 世纪末 20 世纪初，高居不下的犯罪率除与移民、宗教信仰、贫富差异、酗酒习惯等因素息息相关之外，还与物质环境和社会环境等因素相关，其中社会环境在犯罪的客观原因中居于主要地位。社会环境的原因主要表现为家庭生活的状况对犯罪的影响。家庭是养育儿童

---

① See Horace G. Wadlin, *Relation of the Liquor Traffic to Pauperism, Crime, and Insanity* (Boston: Wright & Potter Printing Co., 1896), pp. 122-125.

② See Horace G. Wadlin, *Relation of the Liquor Traffic to Pauperism, Crime, and Insanity* (Boston: Wright & Potter Printing Co., 1896), pp. 133-134.

③ See Bureau of the Census, *Marriage and Divorce: 1867-1906* (Washington, D. C.: U. S. Government Printing Office, 1909), pp. 28-29.

的主要场所，所有引起犯罪的原因中，以家庭的境况最为紧要。根据教养院学校的一项统计数据，教养院中所收养的贫困儿童有 85％—90％是道德败坏家庭中的儿童或者离散家庭的儿童。根据纽约州罗切斯特市城西的庇护所对 1849—1895 年收容在该机构的青少年犯人的家庭情况进行调查后得知，8862 名男性青少年犯中，有 4618 名、超过 50％的人来自单亲或者无父母亲管教的家庭；790 名女性青少年犯中，有 521 名、超过 65％的人来自跟男性青少年犯人状况类似的家庭。①

此外，根据美国监狱的调查结果可知，第一，囚犯中有 60％未婚，或者丧偶。第二，工业状况与犯罪率也有关系，尤其是当经济危机、市场混乱、业主停工和工人罢工时，都能造成犯罪现象的产生。1904 年美国人口普查显示，犯罪的人 50％是非农业劳动者或者是仆人。第三，政府和法律的缺陷也是导致犯罪行为发生的重要原因之一。第四，受教育状况的差异性无疑也是导致犯罪的因素之一。文盲犯罪率往往高于接受过教育的人。1904 年，美国文盲率达到 10.7％，但该年监狱调查数据表所登记的全体囚犯中，不识字的犯人高达 20％以上。第五，一些社会场所也会滋生一系列犯罪行为。例如酒馆、赌场、廉价的歌舞厅、一些粗俗的影院和娱乐会所等。在这些场合聚会，各种犯罪及邪恶的毒素都会散布到光顾者的身上。第六，品行与风俗对犯罪也有影响。例如，美国社会中有一种风俗，一些人喜欢在昏暗中活动，这无疑也会增加犯罪事件发生的概率。②

① See David S. Snedden, *Administration and Educational Work of American Juvenile Reform Schools* (New York: Teachers College, Columbia University, 1907), pp. 53-54.

② See Charles A. Ellwood, *Sociology and Modern Social Problems* (New York: American Book Company, 1913), pp. 322-323.

二、城市犯罪状况分析

19 世纪后半期，伴随着大量移民的迁入和工业化进程的加快，美国社会迅速转型，逐渐由农业社会转向工业社会。在社会转型的过程中，一系列新的社会问题也应运而生，如暴力犯罪、青少年犯罪、卖淫、政治欺诈以及精神疾病等。这些问题的产生，一方面源于传统家庭和社区生活的瓦解，另一方面也与日益尖锐的社会矛盾和传统社会控制手段的失效紧密相关，整个社会呈现出犯罪率高涨、暴力犯罪案件频发、青少年犯罪问题凸显、城市犯罪率高于农村的发展态势。

（一）犯罪率节节攀升

19 世纪 80 年代至 20 世纪 20 年代，在美国社会的犯罪现象不断高涨的同时，美国的刑罚体制和审判制度也处于不断调整和改革之中，以期更好地应对各种复杂的犯罪问题。其中，1899 年在伊利诺伊州建立的青少年法庭，1895 年之后在各州陆续实施的缓期、不定期刑（Indeterminate Sentence）、假释（Parole System）、罚金等刑罚措施，以及青少年与成年人分开关押和教养院监狱的建立，都极大程度改善和提升了这一时期美国司法体系的管理水平，为日后制定更加科学合理的刑罚制度和教养机制奠定了坚实的基础。

这一时期，美国司法机构根据犯人犯罪情节程度的差异性，一般将犯人监押在三种不同层级的监狱机构里。一般来说，犯重罪的犯人一般会关押在联邦监狱和州立监狱；情节次之者，一般会关押在市立和县立监狱里；情节较轻者，一般关押在教养院里，或经过审判后给予缓刑，或者按照缴纳罚金等方式进行处罚。在处理青少年犯人和成年犯人时，逐步实行了单独审理、分开关押的监管措施。

根据各类刑罚机构统计数字，1880 年 6 月 1 日，美国各类犯人为 58 609 人，到 1890 年 6 月 1 日，犯人总数增长到 82 329 人。这 10 年间，美国人口增长了25%，而犯罪人数却增长了40%，每10万人口中的犯罪人数也由1880年的116.9人增长到1890年的131.5人。[①] 具体地说，1880年，美国州立监狱所关押的犯人总数为30 659人，到1890年，州立监狱的犯人总数达到45 233人，比1880年增长了47.5%，而这一时期人口增长率在24%左右。1904年，州立监狱的犯人达到53 292人，成人教养院里关押的犯罪人数为7261人。1904年，州立监狱和成人教养院这两个机构所关押的犯严重罪行的犯人数为59 306人，比1890年增长了31%，而这一时期的人口增长率低于30%。1880—1904年，监狱里犯严重罪行的人数增长了95%，而人口增长率仅为62%。[②]

根据一个国家监狱里关押的犯人人数的变化情况一定程度上可能会推导出这个国家犯罪率的变化情况，但也并不一定十分准确，因为有些年份的犯罪人数并没有包括一些通过缴纳罚金、缓刑、不定期刑等方式而免除监禁的人数，这种方式在1895年之后至20世纪初期美国司法体系逐步健全的过程中，成了许多犯罪分子成功逃脱监禁所采用的重要伎俩。根据美国每年公布的监狱犯人人数统计公报，在1904年前后，一些造成轻微犯罪行为的犯罪分子逐渐被关押到成人教养院中，但这些人在之前可能都已经被关进了监狱。此外，一部分犯罪分子也通过法庭和监狱判处的缓刑、假释和不定期刑等形式获得在监狱以外的某些特定限制区内活动的权利，这些人往往也未被包含进监狱总的犯人数量中去。因此在1904年前后，监狱犯人的人口数量出现了一定

---

① See Joseph A. Hill and Reginald L. Brown, *Prisoners and Juvenile Delinquents in the United States, 1910* (Washington, D. C.: Government Printing Office, 1918), p. 15.

② See Julius Goebel, "The Prevalence of Crime in the United States and Its Extent Compared with that in the Leading European States," *Journal of the American Institute of Criminal Law and Criminology*, No. 5(1913): 756.

程度的减少，但这并不能充分说明犯罪率的真正降低。① 查尔斯·埃尔伍德也指出："1890 年在监狱里需要服刑 5 年以上的犯人有 66 823 人，1904 年在监狱里需要服刑 5 年以上的犯人有 81 722 人。而到 1910 年，这里有 113 579 人等待判刑或者缴纳罚金，确定至少需要服刑一年以上的犯人数达到了 479 763 人，犯罪人数在快速增长。这些数字还只是当时美国大概的、代表一定真实情况的犯罪数据，还未囊括很多在逃或者犯罪后缴纳罚金的一批人，以及一些判处缓刑的人。"② 因此，从整体上说，美国这一时期的社会犯罪率在逐渐上升，而这种变化情况也可以从表 8-1-1 美国每 10 万人口中的犯罪人数变化情况看出端倪。

表 8-1-1　1850—1922 年美国每 10 万人中的犯人数量对比表③

年份	每 10 万人口中的犯人数
1850	25.0
1890	106.7
1904	100.6
1908（估算）	166.8
1912	140.0
1922	150.0

与同期欧洲城市相比，美国城市的犯罪现象可以说是触目惊心且犯罪总数同比都有较大幅度的增长。在抢劫案件方面，1915 年纽约市

① See Arthur MacDonald, *Juvenile Crime and Reformatory, Including Stigmata of Degeneration* (Washington, D. C.: Government Printing Office, 1908), p. 161.

② Charles A. Ellwood, *Sociology and Modern Social Problems* (New York: American Book Company, 1913), pp. 313-314.

③ C. V. Dunn, "The Church and Crime in the United States," *Annals of the American Academy of Political and Social Science*, No. 5(1926): 203.

的报告显示，这一年有838起有目的性的抢劫和袭击案件发生。相比于欧洲一些国家和城市来说，伦敦这一年只有20起该类型案件发生，而英格兰、威尔士和苏格兰这一类型案件这一年加起来的总量也只有102起。1916年，纽约抢劫和袭击案件达886起，伦敦只有19起，而英格兰、威尔士和苏格兰加起来也只有227起。1917年，纽约抢劫和袭击案件有864起，伦敦只有38起，而英格兰、威尔士和苏格兰加起来也只有233起。1918年，纽约抢劫和袭击案件有849起，伦敦只有63起，而英格兰、威尔士和苏格兰加起来也只有100起。在1915—1918年中的任何一年里，纽约市发生的抢劫案件数量都是整个英格兰和威尔士该类型案件的4—5倍。在美国的其他城市，1916年华盛顿特区的抢劫案件是伦敦的4倍，1917年为3倍，1918年为1.5倍。在洛杉矶，1916年抢劫案件的发生总量比英格兰、威尔士和苏格兰该案件的发生总量加起来还多64起，1917年多126起。即使像圣路易斯、底特律这些稍小一点的城市，每年的抢劫案件发生总量也依然是整个英国的3—5倍。以英国的利物浦市为例，利物浦的规模是克利夫兰的1.3倍多，然而，克利夫兰1919年报告的抢劫案件有31起，而利物浦只有1起。①

在轻微犯罪方面，以盗窃罪为例，1915年纽约市盗窃案发生总量是伦敦这一年该类案件总量的近8倍，是英格兰和威尔士该类案件总量加起来的2倍；同时，1915年纽约市盗窃案件的总量比英格兰和威尔士1911—1913年该类案件的总和还要多。1917年纽约市盗窃案件总数是伦敦的2倍，与英格兰和威尔士这一年该类案件的总量基本持平。1918年，根据纽约市警察局发布的报告，该市这一年的盗窃案件总数是同年伦敦该类案件总数的2.5倍。芝加哥1916年比伦敦的盗窃案多532起，1917年多3459起，1918年多866起，1919年多2146起。底

① See Raymond B. Fosdick, *Crime in America and the Police* (New York: The Century Company, 1920), pp. 17-18.

特律和克利夫兰的犯罪数据也显示，这几年这两座城市每年的盗窃案件发生数都比伦敦多几百起，而伦敦的城市规模却是这两座城市的7—8倍。这不成比例的盗窃案件在美国和英国的不同城市发生，也折射出这一时期美国城市犯罪问题的严重性。这两个国家的不同城市与地区采取了不同的方法进行了案件发生频次和严重程度的报告，虽然无法实现精确对比，但通过已有数据我们依然可以发现，美国不同城市盗窃案件的发生频率大约是英格兰一些主要城市该类案件发生频率的15—20倍。此外，偷盗交通工具的犯罪案件在美国也十分猖獗。1919年盗窃交通工具的案件在纽约有5527起，芝加哥有4316起，底特律有3482起，克利夫兰有2327起，圣路易斯有1244起，布法罗有986起，而同一年英国的伦敦只有290起，利物浦仅有10起。①

在总的犯罪数据方面，美国和英国的不同城市间也显示出巨大的差异。1917年，美国波士顿市因各种犯罪行为而被逮捕的犯罪人数总量比该年伦敦市的逮捕人数多32 520人，而同是1917年这一逮捕数字，费城比伦敦多20 005人，芝加哥比伦敦多61 874人，纽约比伦敦多111 877人。换句话来说，纽约这一年逮捕的犯罪总人数是伦敦的2.5倍。英国格拉斯哥市的人口在1918年时大约比美国圣路易斯市或者波士顿市的人口多33万人，这一年格拉斯哥只有22 290人被逮捕或者收到法庭传讯，而圣路易斯和波士顿这一年被逮捕的犯罪人数分别为54 400人和90 293人，更少的人口总量却有更高的犯罪率，也充分体现出这一时期美国城市的不安宁与躁动。②

（二）暴力犯罪案件频发

暴力犯罪是最使人害怕和恐慌的一种犯罪行为，其主要是指那些

① See Raymond B. Fosdick, *Crime in America and the Police* (New York: The Century Company, 1920), pp. 16-19.

② See Raymond B. Fosdick, *Crime in America and the Police* (New York: The Century Company, 1920), pp. 18-20.

会使人受到严重身体伤害甚至致死的侵犯行为，包括谋杀、强奸、抢劫和人身攻击等。[①] 19世纪后半期，美国的暴力犯罪案件发生率急剧上升，且大多数案件发生在城市。

19世纪末20世纪初，美国的谋杀案比欧洲各国高10—20倍。美国在1886年这一年有1449人被谋杀，而到了1896年，全年共有14 000人被谋杀，平均每天有38人被谋杀。[②] 1905年，仅芝加哥就发生了187起谋杀案，相当于英格兰和威尔士当年案件总数的一半，而英格兰和威尔士的人口数量却是芝加哥的16倍。一个法官在1908年感慨道："在芝加哥，人命是最不值钱的东西了。"[③] 1916年，芝加哥的城市规模大小只有伦敦的三分之一，这一年芝加哥有105件谋杀案，而伦敦只有9件谋杀案发生，芝加哥谋杀案的发生率几乎是伦敦的12倍之多；同时，芝加哥1916年的谋杀案总数超过伦敦1910—1914年谋杀案件数的总和。1916年，芝加哥的人口总数仅为2 500 000人，而英格兰和威尔士的总人口已达38 000 000人，但芝加哥谋杀案件总数却比英格兰和威尔士还多20件。1917年，芝加哥的谋杀案件总数比英格兰和威尔士多10件，比英格兰、威尔士和苏格兰加起来的谋杀案的总和还多4件。1918年，芝加哥的谋杀案件总数比英格兰和威尔士总和多14件，如表8-1-2所示。在1919年，芝加哥的谋杀案件总数是伦敦谋杀案件总数的6倍。[④]

---

① 参见罗伯逊《社会学》（上册），黄育馥译，商务印书馆，1990，第259页。

② See Granville S. Hall, *Adolescence: Its Psychology and Its Relation to Physiology, Anthropology, Sociology, Sex, Crime, Religion and Education* (New York: D. Appleton and Company, 1905), pp. 394-395.

③ Morton Keller, *Regulating a New Society, Public Policy and Social Change in America, 1900-1933* (Cambridge, Massachusetts: Harvard University Press, 1994), pp. 149-155.

④ See John Lewis Gillin, *Criminology and Penology*, Vol. 1 (New York: The Century Company, 1926), p. 27.

表 8-1-2　1914—1918 年英美不同城市或地区谋杀案件数量对比表①

（单位：起）

城市或地区	1914	1915	1916	1917	1918
英格兰与威尔士	92	81	85	81	81
苏格兰	8	12	9	6	—
伦敦	16	21	9	16	26
利物浦	5	4	4	4	5
芝加哥	87	77	105	91	95

如果说芝加哥是一个例外，那么美国其他城市也不是那么太平。1916 年，纽约市与伦敦市的杀人案件（包括谋杀和过失杀人两类）相比，纽约的案件发生总数是伦敦的 6 倍；而纽约一市的杀人案件在这一年也仅仅比英格兰和威尔士这一类型案件发生的总和少 10 起而已。1917 年，纽约的杀人案件比伦敦多 6 倍多，总量比英格兰和威尔士加起来的总和还多 56 起。到 1918 年，纽约的杀人案件总量比英格兰和威尔士加起来的总和还多 67 起，如表 8-1-3 所示。

表 8-1-3　1914—1918 年英美不同城市或地区杀人（谋杀与过失杀人）案件数量对比表②

（单位：起）

城市或地区	1914	1915	1916	1917	1918
英格兰与威尔士	220	226	196	180	154
苏格兰	39	57	53	29	—

① Raymond B. Fosdick, *Crime in America and the Police* (New York: The Century Company, 1920), p. 11.

② Raymond B. Fosdick, *Crime in America and the Police* (New York: The Century Company, 1920), p. 13.

续表

城市或地区	1914	1915	1916	1917	1918
伦敦	46	45	31	39	37
利物浦	8	8	8	9	5
格拉斯哥	11	23	18	11	9
纽约	244	234	186	236	221
芝加哥	216	198	255	253	222
底特律	—	—	62	94	42
华盛顿	26	25	24	24	27

1916—1918年，英国的格拉斯哥有38起杀人案件，而同期的美国费城，城市面积只比格拉斯哥稍大一点，但杀人案件却高达281起。利物浦与圣路易斯的城市规模差不多，但是在1915年，圣路易斯的杀人案件数量是同期利物浦该犯罪行为总量的11倍，到了1916年这一比例仍高达8倍。洛杉矶在1916年时城市规模只有伦敦的二十分之一，但是杀人案件却比伦敦多2起。到1917年，洛杉矶杀人案件比伦敦多10起。在克利夫兰，其城市规模只有伦敦的十分之一，但1917年杀人案件的总数是伦敦当年该案件总数的3倍，到1918年也达到了近2倍。[①]

同时，根据《芝加哥论坛报》估算，从1885年到1911年，美国每百万人口中的谋杀案从32.2%增长到88.7%。[②] 1919年，芝加哥有300个居民被谋杀，6108名盗窃犯被判刑，2912件抢劫案发生，4447辆汽车被盗。据初步估算，这一年仅仅因盗窃行为而损失的财产总额

① See Raymond B. Fosdick, *Crime in America and the Police* (New York: The Century Company, 1920), pp. 13-14.

② See C. V. Dunn, "The Church and Crime in the United States," *Annals of the American Academy of Political and Social Science*, No. 5(1926): 204.

就达1200万美元。此外，从1911年到1917年，纽约市每年平均都有124万件犯罪案件发生，有12 000名青少年接受少年法庭的审判。1921年这一年，纽约有13 961名罪犯被判刑。① 到20世纪20年代，芝加哥的抢劫案件发生率是伦敦同一时期同类案件发生率的100倍。②

1900—1925年，美国谋杀案件的犯罪率增长了近50%，这种犯罪率的增长也主要发生在城市，尤其是一些大城市。巴尔的摩的谋杀案增长了1倍，新奥尔良和芝加哥增长了2倍，克利夫兰增长了3倍。仅仅在1900—1910年，暴力犯罪行为的数量在芝加哥、底特律、新奥尔良、罗切斯特和纽约这些大城市都增长了1倍。③

总之，这一时期美国的暴力犯罪行为和严重的财产侵害行为总量都令人感到惊悚。美国州立监狱是关押重刑犯的主要监狱，根据该类监狱机构发布的数据可知，1880年，全美国州立监狱中的囚犯人数为30 659人，到1890年囚犯人数增加到45 233人，重刑犯人数增长了47.5%，而这10年美国总人口的增长率仅为24.86%。到1904年，重刑犯人总数达60 553人，比1890年增加了33%，但这一时期全国总人口增长率却低于30%。④

（三）青少年犯罪问题凸显

经济贫困和文化生活的匮乏，也使贫民窟成了孕育犯罪的温床，

---

① See C. V. Dunn, "The Church and Crime in the United States," *Annals of the American Academy of Political and Social Science*, No. 5(1926): 202.

② See Jeffrey S. Adler, "Less Crime, More Punishment: Violence, Race, and Criminal Justice in Early Twentieth-Century America," *The Journal of American History*, No. 6 (2015): 36.

③ See Jeffrey S. Adler, "Less Crime, More Punishment: Violence, Race, and Criminal Justice in Early Twentieth-Century America," *The Journal of American History*, No. 6 (2015): 36.

④ See Charles A. Ellwood, *Sociology and Modern Social Problems* (New York: American Book Company, 1913), p. 310.

成长于这些地区的青少年们也未能逃离出贫民窟环境对其造成的恶劣影响。生活在这些贫民窟的孩子由于家庭贫困，往往很早就辍学在家，或者根本就没有走进过学校，加上家庭住房拥挤，他们往往在不安全和充满诱惑与暴力的城市街头度过了童年，街道也成了他们唯一的游戏场所。由于长期在街道上流浪，街道上的各种不良现象，例如暴力、死亡、盗窃等也时刻影响着他们，对他们造成潜移默化的影响，他们很容易便学会从马路边上的货摊或失去知觉的醉汉那里偷东西。同时，随着年龄的增长和诱惑的增多，他们会实施一些更加严重的犯罪行为，进而导致整个社会青少年犯罪率的不断上升。19 世纪 80 年代，美国监狱囚犯人数增加了 50%，其中青少年犯人的增长比例占到其中的 20%。根据相关统计数据，1880 年，关押在教养院的 10—20 岁的青少年犯人总数为 11 468 人，到 1890 年该年龄段的青少年犯人增长到 14 846 人，犯罪人数增长了 29.5%；1904 年，关押在教养院的 10—20 岁的青少年犯人为 23 034 人，比 1890 年增长了 55.2%；1890—1904 年，每 10 万人口中 10—20 岁的青少年犯人也从 99.8 人增加到 125.5 人。[①]

1904 年，关押在教养院和监狱的 10—17 岁青少年犯人为 16 311 人，到 1910 年，该年龄段的青少年犯人增加到 18 790 人，同比增长了 15.2%，该年龄段每 10 万人口中的犯罪人数同比也从 121.6 人增加到 129.8 人。仅 1910 这一年，根据各州不同惩教院所（penal or reformatory institutions）统计的青少年犯罪数据，18 岁以下的犯人数为 25 422 人，与同期 18 岁以下的人口数相比，每 10 万人中的青少年犯罪人数为 72.9 人。然而，通常情况下 10 岁以下的儿童不被视为具备破坏法律的能力，如果将该年 10 岁以下受惩罚的 568 人从犯人总数中减掉的话，10—17 岁的青少年犯人数为 24 854 人，则该年龄段每 10 万

---

① See Joseph A. Hill, *Prisoners and Juvenile Delinquents in the United States, 1910* (Washington, D. C.: Government Printing Office, 1918), p. 157.

人中的犯罪人数达到了 171.7 人，而 1910 年每 10 万人中 18 岁及其以上年龄段的犯罪人数也仅为 820.5 人。[①] 此外，通过对 1910 年各类惩教院所关押的 25 422 名青少年犯人的犯罪类型进行分析后发现，排在前三位的犯罪类型分别为侵犯财产罪（offenses against property），犯罪人数为 8493 人；青少年特有的犯罪行为（offenses peculiar to children），主要是不听管教、逃学、一些成瘾的行为、流浪等，犯罪人数为 7502 人；酗酒和扰乱社会治安行为（offenses against sobriety and good order），犯罪人数为 5067 人。这三大类犯罪总人数达 21 062 人，总占比达到了 83%。[②]

第二节　解决城市犯罪问题：社会各界的实践

居高不下的社会犯罪率和不稳定的城市环境，与工业化过程中美国社会所需要的和谐的社会发展环境格格不入。为解决城市犯罪问题，社会各界改革人士和进步主义人士相互合作，采取一系列有利于净化社会环境、改善人民福利待遇、完善刑罚和监狱管理制度的措施来最大限度地减少城市犯罪行为的发生。在净化社会环境方面，他们通过在全社会开展禁酒运动、控制外来移民数量来减少因酗酒和移民等引发的犯罪案件。在解决贫困和社会腐败问题方面，他们通过揭露市政管理的黑幕和垄断企业的不合法经营模式来要求公司企业提高工人待遇；他们还通过曝光贫民窟的悲惨生活来引起全社会的关注，并且要求城市管理部门通过捣毁贫民窟、建立工人公寓来改善城市下层居民的生活境遇。在司法体系和监狱管理制度改革方面，通过要求州立法

---

① See Joseph A. Hill, *Prisoners and Juvenile Delinquents in the United States, 1910* (Washington, D. C.: Government Printing Office, 1918), pp. 156-157.

② See Joseph A. Hill, *Prisoners and Juvenile Delinquents in the United States, 1910* (Washington, D. C.: Government Printing Office, 1918), p. 164.

部门建立教养院监狱来对犯罪情节较轻的犯人进行改造和教养；同时，在监狱管理制度上，充分使用缓期、假释和不定期刑等对犯人进行更好的管理和教育，以期让更多的犯人重新回归到正常生活中去。在关心青少年犯人方面，他们通过呼吁建立青少年法庭、为童工立法和建立青少年教养院学校，为青少年争取应有的福利待遇。在解决城市社区居民休闲与娱乐设施缺失问题方面，他们通过呼吁市政当局在人口密集区建立休闲娱乐中心和运动场地来解决城市居民的业余休闲问题。

一、禁酒运动

在美国，关于禁酒的历史最早可追溯至 18 世纪，作为美国国父的本杰明·拉什（Benjamin Rush）是最早劝导人们戒酒的倡导者之一，而真正意义上以颁布法令的形式在州范围内禁酒的历史最早可以溯源到 1851 年缅因州颁布的禁酒法令。① 美国历史上第一次禁酒运动的影响力因内战的爆发而烟消云散，内战结束以后，因酒而引发的社会问题再次成为人们关注的焦点。在借鉴第一次禁酒运动经验的基础上，禁酒组织与宗教机构于 19 世纪 80 年代前后开展了美国历史上的第二次禁酒运动，并最终实现了立法禁酒的目的。在这次禁酒运动中，教会组织发挥了巨大的作用，成了禁酒运动中的主力军。在这其中，尤以基督教妇女禁酒联合会（Woman's Christian Temperance Union，简称 WCTU）、反酒馆联盟（Anti-Saloon League）、全国教会间禁酒联合会（The National Inter-Church Temperance Federation），以及禁酒党（The Prohibition Party）等禁酒组织的影响力最大。②

---

① See Mark Lawrence Schrad, "Constitutional Blemishes: American Alcohol Prohibition and Repeal as Policy Punctuation," *Policy Studies Journal*, No. 3(2007): 442.

② See Charles S. Macfarland, *Christian Unity at Work* (New York: The Federal Council of the Churches of Christ, 1913), p. 245.

（一）禁酒党的努力

美国内战结束以后，在第一次禁酒运动余波的影响下，为了早日实现全国范围内的禁酒立法，禁酒党于 1869 年在芝加哥成立。禁酒党成立之后，一方面积极地参与到反对酒馆存在的工作中去；另一方面主动地参与到州一级的政党选举中去，并且逐步表现出不俗的竞选实力。在 1884 年的美国总统竞选中，禁酒党提名堪萨斯州的第八任州长约翰·圣约翰（John St. John）为总统候选人，虽最后败选，但禁酒党所显现出的竞选实力着实令其他政党感到震惊。

约翰·圣约翰参加过美国内战，退伍之后成为一名律师，于 1873 年当选为堪萨斯州的共和党参议员，1878 年被共和党提名为堪萨斯州州长人选，并且顺利当选。约翰·圣约翰也是一位积极的禁酒运动宣传者，在他的推动下，在 WCTU 的积极努力下，堪萨斯州于 1880 年通过投票最终实现了全州范围内的禁酒。[①] 1882 年 11 月，在连任州长失败之后，他深感立法禁酒工作的艰辛与不易，这也坚定了其献身禁酒事业的决心。在联邦共和党拒绝了 WCTU 的立法禁酒请求之后，他宣布与共和党决裂，并且决定作为禁酒党的候选人参加 1884 年的美国总统竞选。竞选失败之后，约翰·圣约翰去了美国南部，作为一个禁酒演讲者四处宣传禁酒理念与意义，1880—1896 年他共计发表了超过 3500 场次的禁酒演说，以积极的行动来扩大禁酒党的影响力。[②]

在约翰·圣约翰大力宣扬禁酒理念的同时，禁酒党中的 WCTU 成员在弗朗西斯·威拉德（Francis Willard）的带领下，也保持着高昂的立法禁酒宣传态势。截止到 1890 年，禁酒党至少创办了 3 种周报，订阅者超过了 10 万人，这些努力都从不同程度上激发了人们投入禁酒运

---

① See Normal H. Clark, *Deliver Us from Evil* : *An Interpretation of American Prohibition* (New York: W. W. Norton, 1976), pp. 73-74.

② See Normal H. Clark, *Deliver Us from Evil* : *An Interpretation of American Prohibition* (New York: W. W. Norton, 1976), pp. 74-78.

动中的热情，并且逐步看到州层面禁酒立法工作的复苏。[①] 然而，禁酒党与民主、共和两党相比，其所能发挥的影响力终归有限，唯有联合其他政党，将禁酒问题上升到政治斗争的层面，并且使其变成民主与共和两党博弈中的焦点，才能在最大程度上加快全国立法禁酒工作的进程。在禁酒运动的中期，1895 年成立的反酒馆联盟吸取了禁酒党前期工作中的经验与教训，将禁酒问题充分政治化，强迫民主党和共和党在禁酒问题上表明态度，这促使两大政党不得不正视禁酒这个社会焦点问题。这一举措收到了预期的效果，也逐步将禁酒运动推向了高潮。全国立法禁酒的理念自此流行开来，颁布立法禁酒的大幕也即将拉开。

（二）基督教妇女禁酒联合会的努力

在第二次禁酒运动的早期阶段，走在最前面、直接面对并积极要求酒类产品销售商们停止销售酒精饮品的是中西部各州的中产阶级妇女们。1873 年圣诞节前夜，在俄亥俄州的希尔斯波洛市（Hillsboro），在该市前任市长女儿的带领下，一支由 70 多位妇女组成的禁酒游行队伍，从教堂前一直游行到附近的一个酒馆门口。游行过程中妇女们不断祈祷与呼吁，要求酒馆业主们关闭酒馆，要求酒馆的顾客们停止饮酒。[②] 这群妇女们身体力行的禁酒行动和在上帝面前的跪拜祈祷活动经宣传后，立即得到了其他各州妇女们的声援，并在恳求酒馆关门停业方面逐步取得了成效。1873 年这场始于俄亥俄州的妇女禁酒“圣战”运动和 1874 年 WCTU 在俄亥俄州克利夫兰的成立，标志着美国妇女以积极的姿态正式投身于禁酒改革运动中去。

WCTU 作为 19 世纪 80 年代美国最大的妇女组织，通过在全国范

---

① See Richard F. Hamm, “Origins of the Eighteenth Amendment: The Prohibition Movement in the Federal System, 1880-1920” (PhD diss., University of Virginia, 1987).

② See Normal H. Clark, *Deliver Us from Evil: An Interpretation of American Prohibition* (New York: W. W. Norton, 1976), p. 71.

围内招募基督教妇女来实现影响范围的最大化。在整个运动的过程中，WCTU 不仅通过道德战争的形式来抵制酒馆的存在，而且主动揭露与谴责政治上的腐败和不道德行为来实现禁酒立法的最终目的。[①] 弗朗西斯·威拉德作为 WCTU 中极具影响力的领导者，在其从 1884 年至 1898 年担任联合会主席期间，通过大力支持妇女争夺选择权、鼓励学校开设禁酒教育课程、为劳工争夺权利等措施来增加 WCTU 和禁酒党在全国范围内的影响力，第一次真正地将禁酒运动与政党和选举权联系在一起。从此，禁酒运动也成为全国范围内被广泛关注的政治事件，给美国政党集团带来了空前的压力，促使他们在禁酒这个问题上的态度由原来的闪烁其词、消极应付，转变为积极应对、正面直视。[②]

（三）美国天主教完全禁酒联合会的努力

基督教内部的禁酒组织为了实现全国禁酒而积极呼吁并身体力行的同时，罗马天主教的教徒们也努力在教派内部倡导禁酒。1872 年 2 月，美国天主教完全禁酒联合会（The Catholic Total Abstinence Union of America）成立，该联合会的成员由 12 岁以上的男女教徒组成，教派活动也多在美国各地的天主教教堂里进行。1908 年，天主教完全禁酒联合会在纽黑文举行第三十八次年会，并在本次年会的报告中指出，天主教内部任何依靠酒的广告收益而运营的杂志都应停办，不能因为这些杂志的存在而把天主教的名声拖进贪婪的泥淖中，那些拥护天主教名声的信徒们应该禁止任何不法分子利用天主教派的出版物而谋取任何收益。1910 年，在波士顿召开的年会上，来自美国各地的天主教教徒们都积极呼吁并要求天主教内部的各个协会禁止在大厅、教堂内使用含有酒精成分的饮品，谴责那些将酒说成是用于医疗目的的不法

---

① See Ernest H. Cherrington, *The Evolution of Prohibition in the United States of America* (Montclair: Patterson Smith Publishing Corporation, 1969), pp. 169-175.

② See Richard F. Hamm, "Origins of the Eighteenth Amendment: The Prohibition Movement in the Federal System, 1880-1920" (PhD diss., University of Virginia, 1987).

教徒，督促天主教内部的所有出版物取消任何关于酒的广告。同时，再次声明年轻的天主教徒们需要签订禁酒保证书来表示忠诚于天主教的最基本的教义需求，倡导在天主教学校里以课程的形式进行科学戒酒教育的讲授活动，以期通过上述种种具有进步主义特征的行动来赢取每个教徒发自心底的支持。①

在教会组织发挥禁酒主力军作用的同时，社会大众的禁酒意识也逐渐被唤醒，酗酒对人体所造成的伤害也慢慢被人们所认知，外加上机器大工业时代雇主们对工人工作效率的要求，禁酒的社会动因愈发凸显。在主张效率与生产安全的前提下，酗酒降低了工人的工作效率，因酗酒而导致工人死亡和工伤事故的案件频发，各大企业和商业部门要求员工戒酒的呼声越来越高。很多企业明文规定员工不准在工作日期间饮酒，这种态度的改变在铁路公司和钢铁产业部门体现得最为明显。铁路部门通过官方文件要求下属的 1 500 000 名员工保持清醒，铂尔曼公司（The Pullman Company）也将含有酒精成分的饮品从餐车物品供应单中清除。②

第一次世界大战的爆发加速了世界范围内的禁酒运动，欧洲各参战国纷纷开始禁酒。在禁酒成为一个国际趋势的前提下，在美国参与到一战的背景下，为战争节省粮食和战略资源成为禁酒组织和爱国人士极力宣传的战略口号。1917 年 8 月，美国国会出台了《利弗粮食控制法》（*Lever Food-Control Act*），明令禁止酒类生产商使用粮食作为原料生产酒类产品。这一法令基本上瓦解了蒸馏酒业的产业链，为美国的禁酒运动注入了最新动力，通过立法禁酒的时代指日可待。

---

① See Ephraim L. Eaton, *Winning the Fight Against Drinking* (Cincinnati: The Methodist Book Concern, 1912), pp. 34-36.

② See Charles S. Macfarland, *Christian Unity at Work* (New York: The Federal Council of the Churches of Christ, 1913), pp. 243-244.

二、青少年法庭运动

1899 年 7 月 1 日，在伊利诺伊州通过的青少年法庭法成了美国第一部关注青少年犯罪、审判和刑罚的法律，而在伊利诺伊州库克县建立的青少年法庭也成了世界上第一个青少年法庭。① 如果把 1825 年纽约庇护所的建立视为美国青少年社会福利史上第一个重大事件的话，那么 1899 年青少年法庭的建立则被视为内战之后美国青少年社会福利进程中的第二个具有里程碑意义的事件。② 自此之后，在美国各地掀起的建立青少年法庭的运动（Juvenile Court Movement）也被誉为美国历史上第二股为犯罪青少年提供更好的照顾与治疗的社会改革运动。到 1918 年，青少年法庭受理的青少年犯罪案件人数达 175 000 人。③

19 世纪末期，由于大量移民的涌入，城市管理者也看到因移民过多而引发的城市过度拥挤、贫穷和犯罪等现象。那些居住在拥挤的城市公寓和贫民窟的儿童整天无所事事，在街道上四处游逛，而美国政府对这些整天流浪于街头的儿童则采取了严厉的措施：青少年犯人与成年人罪犯一视同仁，对成年人的逮捕、关押、审判和监禁等程序也适用于青少年犯人。这一措施也带来了一系列的消极后果，如一些人趁机利用儿童进行性犯罪；被关押的儿童，在监狱里受到了“交叉感染”；等等。随着无家可归儿童数量的增加，儿童需要更多的照顾和监管，这也促成了美国青少年违法行为控制史上的一项关键运动——创

---

① See Charles L. Chute, "The Juvenile Court in Retrospect," *Federal Probation*, No. 3 (1949): 3.

② See Sanford J. Fox, "Juvenile Justice Reform: An Historical Perspective," *Stanford Law Review*, No. 6 (1970): 1187.

③ See Katharine F. Lenroot, "The Juvenile Court Today," *Federal Probation*, No. 9 (1949): 9.

建“庇护所”。①

（一）庇护所

纽约是第一个响应创建“庇护所”的城市，它把监狱和拘留所中的儿童都转移到了庇护所，也把无家可归的儿童安置到庇护所。1825年，纽约立法机关授权纽约市政府建立一个庇护所并维护之。庇护所在纽约建立之后，美国东北部的其他一些主要城市，例如费城、波士顿等也先后建立了庇护所。这些庇护所被认为是在一个变动的社会中解救遭受罪恶折磨的青少年的灵丹妙药。与此同时，私立的孤儿收容所也建立起来。到 1850 年，仅纽约就有 27 家公立、私立儿童照顾机构。一个儿童被收容到孤儿院或庇护所，如果他选择离开，就必须先经过这些机构主管人员的同意，而这些机构的主管人员在做出是否释放的决定之前，必须先对儿童的教养和管教情况进行综合评判，评判的标准就是儿童是否已经被完全感化或者受到的良好训练使其不至于再危害社会。这些机构在做出评判时，十分强调儿童遵守和服从习惯的养成。这些机构认为，严格的纪律训练是儿童未来幸福生活的保障，儿童是否需要在机构中待到他们成年为止，也是由机构的管理人员来决定的。②

（二）青少年法庭的起源与建立

孤儿院和庇护所，不但收容了很多无家可归的儿童，而且接纳了一些难以管教的儿童。然而，随着城市规模的扩大，这些儿童的数量也在不断地增多。在中产阶级眼中，这些人懒惰、贫穷，并且常常犯罪，是公共安宁的严重威胁。与此同时，社会也尝试对青少年犯和成年罪犯进行区分，青少年犯罪这个概念也开始作为一个独立的词汇出

---

① 参见彼得·C. 克拉斯科基、露西尔·邓恩·克拉斯科基《青少年犯罪行为分析与矫治》，叶希善等译，中国轻工业出版社，2009，第 71 页。

② 参见彼得·C. 克拉斯科基、露西尔·邓恩·克拉斯科基《青少年犯罪行为分析与矫治》，叶希善等译，中国轻工业出版社，2009，第 71—72 页。

现在相关报道中，一些州也开始要求在常规的法庭内部建立单独处理青少年案件的法庭。1869 年，马萨诸塞州首先颁布了一条法令，要求法庭在对青少年犯罪案件做出判决之前，需要向州慈善委员会（State Board of Charities）下属的探视机构提供该青少年犯罪情况的卷宗。这一规定的出台，迫使那些探视机构的法人必须亲自或者派代表参加审判现场的听证会，他们另一方面也代表了犯罪青少年的利益。马萨诸塞州所倡导的这种举措也可能是美国司法历史上第一次通过授权给社会工作者一种法律身份，进而让他们在参与青少年犯罪案件的审判时具有了法庭工作人员的身份。此后不久，其他一些州的改革者们也要求在审理青少年案件时进行单独的庭审、单独的记录，在关押青少年犯时需要与成年犯人隔离开来。①

与此同时，一些妇女组织里的杰出代表也在为这个新型法庭的建立而奔走呼吁，这其中尤以简·亚当斯、路易斯·鲍恩（Louis D. Bowen）和被誉为“少年法庭之母”的露西·弗劳尔（Lucy Flower）最为著名。亚当斯和鲍恩来自中上层阶级，她们认为青少年犯罪是贫民窟、工厂和矿山的恶劣环境所导致的。经过这些社会改革者的不懈努力，她们的呼吁取得了应有的成效。1870 年，波士顿决定对青少年犯适用独立的审判程序。1877 年，纽约反对儿童酷刑协会在 16 岁以下儿童的监禁方面取得了重大进展。纽约通过立法规定，在没有警官一直陪同的情况下，禁止在任何监狱、拘留所或审判室中，将不满 16 岁的人与成年人关押在一起。② 而露西·弗劳尔曾以教书为业，自 1873 年随丈夫迁居芝加哥之后，开始将注意力逐步转向慈善业。1888 年，露西·弗劳尔首次呼吁建立“亲权法庭”来审理 16 岁以下无人照顾、

① See Charles L. Chute, “The Juvenile Court in Retrospect,” *Federal Probation*, No. 3 (1949): 3.

② 参见彼得·C. 克拉斯科基、露西尔·邓恩·克拉斯科基《青少年犯罪行为分析与矫治》，叶希善等译，中国轻工业出版社，2009，第 74 页。

疏于管教以及犯罪的青少年。1890—1891 年，她担任芝加哥妇女俱乐部的会长，其借助在妇女组织中的影响力，协助建立了以女性为主、热心公益事业的“天天俱乐部”（The Every Day Club），这个俱乐部逐渐成了一个传播青少年法庭理念的论坛。①

1898 年，芝加哥律师协会（Chicago Bar Association）陆续收到要求在对青少年犯进行审判和关押时应进行区别对待的报告和建议书。在这样的诉求之下，芝加哥律师协会任命成立了一个由 5 位律师组成的专门委员会，对当时的青少年审判和关押情况进行调查，并且委托这个委员会起草一部青少年法庭法。这个委员会通过对当时的青少年犯罪情况进行调查后指出，在 1897 年这一年共计有超过 575 名青少年因违法而被关押在库克县监狱里，每月大约有 100 名青少年因各种犯罪行为而被关押到感化院和芝加哥市监狱里。② 同时，在对这些青少年犯人进行审判和关押时，未与成年犯人进行任何的区分。在这个委员会提交完报告后不久，经过芝加哥律师协会代表与州议员之间的多次交涉与辩论之后，一部关于建立青少年法庭的法案最终在伊利诺伊州议会获得了通过。1899 年 7 月 1 日，伊利诺伊州通过了第一部关于建立青少年法庭的立法。这部《贫困儿童、遗弃儿童以及违法儿童管理、处置和控制法案》规定，任何一个人口在 50 万以上的司法区，都必须任命一名巡回法官。这个法官必须在一个独立的审判室内，单独地审理所有的青少年案件，并且对审理过程进行记录。由于伊利诺伊州芝加哥市的库克县是唯一一个人口达到 50 万规模要求的司法区，因此它成了第一个青少年法庭的诞生地。同年，克利夫兰市和丹佛市也相继建立了青少年法庭。丹佛市相关学校在处理青少年犯罪问题时指出，虽

① 参见何芳《“流浪儿童”在美国：社会救助的制度、实践与启示》，上海人民出版社，2013，第 105 页。

② See William Healy, “Thoughts About Juvenile Courts,” *Federal Probation*, No. 3 (1949): 16.

然青少年可能不构成犯罪，但实施了违法行为的青少年也应该受到起诉，训导员或教师有责任监督这些儿童的活动。青少年法庭的理念，很快流传开来。[①] 1903 年，科罗拉多州通过了跟伊利诺伊州一样的青少年法庭法；到 1909 年，美国有 10 个州和哥伦比亚特区通过了青少年法庭法；到 1925 年，除了缅因州和怀俄明州之外，美国所有的州都通过了青少年法庭法，各大城市也都有青少年法庭在运转。[②] 1932 年，美国已建立 600 多个单独的青少年法庭，同时在常规法庭的内部还设立了 2000 多个专门负责青少年事务的少年法庭。1945 年，怀俄明州成为美国最后一个建立青少年法庭的州。

青少年法庭在管理方式和组织架构上与成年人法庭相区别，青少年法庭主要处理 16 岁以下流浪的、无人照顾的、触犯法律的青少年案件。青少年法庭在处理青少年犯罪问题时一般遵循以下原则：第一，在处理青少年犯罪问题时，不能像处理成年人犯罪问题那样。青少年法庭的作用主要在于帮助那些犯错的青少年改邪归正，而不是一味地去惩罚他们。第二，为了能够最大限度地挖掘青少年犯罪的原因，青少年法庭应该利用所有能够利用的资源去分析青少年犯罪的原因。青少年犯罪这一事实是第二重要的，最重要的则是理解他们潜在的犯罪原因。第三，青少年法庭在处理青少年犯罪案件的程序上必须是公正、合法的，但是整个听证程序可以是私密的、不公开的，这个应与公开处理成年人犯罪案件的程序不相一致。单独对青少年犯罪案件进行审理就是为了最大限度地挖掘青少年犯罪的原因，同时根据他们各自不同的需求制定出有针对性的矫正方案。第四，青少年法庭的法官和工

---

① 参见彼得·C. 克拉斯科基、露西尔·邓恩·克拉斯科基《青少年犯罪行为分析与矫治》，叶希善等译，中国轻工业出版社，2009，第 74—75 页。

② See Robert M. Mennel, *Thorns & Thistles : Juvenile Delinquents in the United States , 1845-1940*(Hanover, New Hampshire: The University Press of New England, 1973), p. 132.

作人员都应该是经过专业训练的缓刑监视官员。[①] 青少年法庭的哲理是最大限度地保护未成年人的利益，就像父母保护自己的孩子一样尽心尽力。青少年法庭工作的重点在于挖掘和发现未成年人在庭审时的心理、生理、情感及教育上的需求，反对对他们过去的错误进行惩罚，对未成年人的改造和救治是法庭的主要目标。[②] 因此，在对待 7—16 岁犯罪青少年方面没有明显的区分，所有因贫困、流浪和学业上的失败而失范的青少年都将被同等对待。

在青少年法庭建立的早期，社会改革人士和法官已经认识到一个合格的缓刑官（Probation Officer）对于青少年法庭工作的重要性。然而，在伊利诺伊州通过的第一部青少年法庭法中，对于负责缓刑工作的公务人员的职位问题却没有明确的说明。因此，早期大部分的青少年法庭不能为缓刑官提供固定的薪酬与待遇，而仅仅是依靠社会救助机构的志愿者和一些委托机构来帮助法庭完成相关的工作任务。在这种情况下，就出现了青少年法庭工作效率不高的问题。芝加哥作为第一个通过青少年法庭法的城市，在充分意识到全职的、有工资保障的缓刑官对于法庭工作的重要性之后，在为缓刑官解决固定的岗位和薪酬待遇方面，也走在了各州改革的最前列。1900 年，在芝加哥妇女俱乐部的支援下，第一个享受固定薪酬待遇的缓刑官岗位在芝加哥诞生。到 1905 年时，伊利诺伊州又颁布新的法令，要求各县通过拨付公共税收来确保缓刑官的工资待遇。之后，其他各州也陆续通过了类似的法律法规，对缓刑官的任职需求、工资待遇标准与配备比例等都进行了

---

① See Nochem S. Winnet, "Fifty Years of the Juvenile Court: An Evaluation," *American Bar Association Journal*, No. 5(1950): 363.

② 参见查尔斯·扎斯特罗《社会问题：事件与解决方案（第五版）》，范燕宁等译，中国人民大学出版社，2010，第 68—69 页。

规定，确保了缓刑工作逐步走向专业化和科学化。①

青少年法庭的建立彻底改变了过去失范青少年和被忽视青少年的不公平待遇，也为世界其他国家陆续通过青少年法庭法来保护青少年权益提供了借鉴。美国著名法学思想家罗斯科·庞德（Roscoe Pound）指出，青少年法庭的建立，是《自由大宪章》（“Magna Charta”）颁布以来，司法历史上又一个里程碑的事件。社会学家们也纷纷指出，青少年法庭应该通过独立的社会保护程序对青少年犯进行分开审判和关押，而不应将刑法等法律手段不加区分地应用到青少年身上，这样才能在确保减少青少年犯罪行为方面取得成效。同时，青少年法庭也是最早开始将法律和行为科学的知识运用到对失范者进行审判和处置上的审判机构。②

三、教养院运动

从 19 世纪 70 年代开始，一种与普通监狱管理模式有一定的差异，侧重对 16 岁以上 30 岁以下、犯罪情节较轻的初犯者进行关押和改造的机构开始在美国出现，这种机构被称为教养院监狱。教养院在发展初期，主要由各州政府负责出资建造，用于关押 16—25 岁的初犯者，或者最高年龄在 30 岁以下的犯罪情节较轻的成年人。教养院机构的出现，使其与关押青少年犯人的教养院学校分别承担着教养和改造不同年龄阶段初犯者的工作任务，而教养院学校所具有的较为明显的学校功能

---

① See Charles L. Chute, “The Juvenile Court in Retrospect,” *Federal Probation*, No. 3 (1949): 6.

② See Charles L. Chute, “The Juvenile Court in Retrospect,” *Federal Probation*, No. 3 (1949): 3.

和教育功能又使其与成人教养院在管理方式方法上相区分。①

美国的监狱管理体系（Penitentiary System）最早可以追溯至宾夕法尼亚州的监狱管理体制，这个管理体系在1789—1845年是美国主要的监狱管理模式，该管理模式将犯人置于隔离的状态，以期帮助他们更好地忏悔自己的罪行。随后于1816年在纽约市出现、被誉为奥本体系（Auburn System）的监狱管理制度也成为当时其他州建造监狱时模仿的一种重要体制。奥本体系的主要特征是系统化、工作间化和工厂劳工化，犯人们每天在静默中步伐一致地走向工作间，在完成一天的工作之后，又列队整齐地回到各自的小监室里。奥本体系之所以在当时获得了成功，主要在于监狱将犯人作为劳动力，以签约劳工的形式为监狱和州政府谋取收益。这两种监狱管理模式在1876年纽约州的埃尔米拉教养院监狱建立之后，影响力逐渐减弱，也不再成为各州模仿的主要模式。②

教养院监狱与传统的监狱在管理方式和方法上略有不同，教养院侧重对犯人进行教化和劝说，通过不定期刑、分数体系和劝诫等手段对犯人的表现和改造情况进行综合评估，以期达到将这些初犯者和犯罪行为较轻者改造成为遵纪守法公民的目的。不定期刑是教养院里最为重要的矫正手段。教养院在对犯人进行管理的过程中，很少使用监狱里惯用的恫吓、镇压、压制等惩罚手段，认为失范者往往都是身体上或心智上低于普通人水平的特殊群体，而他们通过在教养院里接受良好的训导和教化，能够消除以前因贫穷的家庭生活、恶劣的生活环境、病态的身体机能而引发的犯罪行为，再次成为遵纪守法的普通公民。19世纪中期，教养院作为管理成年犯人和青少年犯人的一种特殊

① See Robert M. Mennel, *Thorns & Thistles : Juvenile Delinquents in the United States, 1845-1940* (Hanover, New Hampshire: The University Press of New England, 1973), p. 70.

② See Carolyn R. Eggleston, "Zebulon Brockway and Elmira Reformatory: A Study of Correctional/Special Education" (PhD diss., Virginia Commonwealth University, 1989).

的监狱管理方式，在美国传播开来，并且逐步获得了推广和应用。这其中，纽约州监狱协会的秘书伊诺克·瓦恩斯（Enoch C. Wines）博士、哥伦比亚大学法学院第一任院长西奥多·德怀特（Theodore Dwight）、埃尔米拉教养院的第一任监狱长泽布伦·布罗克韦（Zebulon Brockway）、马萨诸塞州慈善委员会的秘书长弗兰克·桑伯恩（Frank Sanborn）等，都是当时在美国倡导借鉴和应用教养院模式运动中最有影响力的代表人物。① 与此同时，这些身体力行地促进美国监狱不断改革的倡导者们也都是爱尔兰监狱管理体系的支持者。他们在期望将爱尔兰监狱管理体系移植到美国的同时，也认为爱尔兰监狱管理体系经过修改与调整后能够逐步适应美国当时的政治环境与社会现实。爱尔兰监狱管理制度之所以在当时受到美国及其他国家的欢迎和认可，主要是因为这种制度秉承的监狱管理理念是教养犯人，意在通过教育和训练这些手段，将监狱里的犯人改造成为在被释放之后仍能够抵抗住各种诱惑、仍能够通过自身努力和在教养院里学到的技术重回到正常生活中去的人。因此，当1869年纽约州通过立法计划建造埃尔米拉教养院时，这一举措就承载着这些改革者将爱尔兰监狱管理体系移植到美国并经过调整与完善运用到美国监狱管理实践中的梦想与希望。②

美国第一所教养院于1876年在纽约州的埃尔米拉建立，由泽布伦·布罗克韦担任该教养院的监狱长，在此之前他担任底特律感化院的院长。埃尔米拉教养院监管的对象主要为16—30岁的初犯者，在对犯人进行管理的过程中重在对他们进行教育和职业训练，使他们在心灵上获得重生。由于泽布伦·布罗克韦卓越的管理能力，埃尔米拉教

① See Anthony Platt, "The Rise of the Child-Saving Movement: A Study in Social Policy and Correctional Reform," *The Annals of the American Academy of Political and Social Science*, No. 1(1969): 30-31.

② See Winthrop D. Lane, *Punishment and Reformation: A Study of the Penitentiary System*(New York: Thomas Y. Crowell Company, 1919), pp. 199-204.

养院迅速成为世界上最著名的教养院之一。[1] 埃尔米拉教养院在管理的过程中，实行不定期刑制度（Indeterminate Sentence），这种制度充分地将分数制度、晋级制度和缓刑制度结合在一起。不定期刑制度一般根据犯人犯罪情节的严重程度，对犯人最长和最短的监禁时间做出相关的规定，并且根据犯人在监狱里的表现情况，可以在规定刑期内的任何一个时间段将犯人释放，这种决定一般由监狱的管理委员会成员判断犯人不会对社会和自身造成威胁时才会被做出。到 1910 年，几乎每一个成人教养院都在使用不定期刑制度，而到 1923 年，美国各类监狱中几乎有一半的违法者以不定期刑的刑罚方式进行关押。在晋级制度的运用方面，在埃尔米拉教养院里，所有被送来的犯人都要先根据他们各自的犯罪情况，被分配到不同的等级里。教养院里有三个等级，第一等级的犯人享有最大程度的自由，而第三等级的犯人受监管的严厉程度最高。处于第一等级的犯人被赋予了在特定房间进餐的权利，同时还可以自由地交流与谈话。第三等级的犯人则完全与第一等级和第二等级的犯人隔离开来，在单独的一块场地活动，很多权利也都被限制，接受教养院里最严格的监管。所有刚被收押的犯人都先被置于第二等级，也称为中间等级。处于中间等级的犯人可能降级到第三等级，也可能进步到第一等级。犯人等级的提升与降低，是由他们在一段时间里获取的积分总数来决定的，这一弹性分数制度是教养院为区分犯人的表现情况而有针对性地制定的，以期更好地对他们进行教养。[2]

在教养院里服刑的犯人如果连续 6 个月无任何过失或者不法行为，将被批准进入第一等级的犯人队伍中去，处在第一等级的犯人如果在

---

① See Michael Willrich, "City of Courts: Crime, Law, and Social Policy in Chicago, 1880-1930" (PhD diss., University of Chicago, Illinois, 1997).

② See Snell Putney and Gladys J. Putney, "Origins of the Reformatory," *The Journal of Criminal Law, Criminology, and Police Science*, No. 4 (1962): 442.

接下来的连续6个月里仍无任何过失行为，将被赋予假释的权利。犯人在获得假释权利之后的6个月时间里，在教养院指定其活动的区域范围内仍能继续保持良好的社会行为的话，一般将会被免除罪刑，予以完全释放。相反，第一等级的犯人如果因自己的过失而违反了监狱里的规定，之前所取得的所有进步将被取消，并且被隔离到第三等级犯人中去。处于第三等级的犯人要想再次回到第二等级中去，需要3个月的无任何过失行为才行。在埃尔米拉教养院里，这种弹性的分数体制是最主要的一种处罚手段。如果这种处罚手段不起作用时，教养院也会诉诸最后一种解决办法——那就是人体刑罚。①

此外，埃尔米拉教养院也是美国第一个将娱乐项目作为对犯人进行教养和管理的矫正机构。从19世纪80年末期开始，教养院就将棒球、篮球、足球和田径项目作为犯人日常娱乐活动的重要内容。泽布伦·布罗克韦认为，通过参加这些活动能够增强人的身体机能，改善人的心智能力，提高人的协作、沟通与交流能力。一个好的球队队员就好比一个熟练的工厂工人或者农场工人，能够在各自的岗位上进行高效的工作，而那些经常喝酒、吸烟，或者以其他方式妄用自己身体和心智的犯人会发现，他们在场地运动和体育活动中无法将自己的身体状况调整到最佳状态。到1900年，美国所有的教养机构和矫正机构都将体育娱乐项目作为提升犯人身体机能和道德素养的重要方式，并且被广泛推广和使用。② 在1917年时，埃尔米拉教养院还建立了一个心理学实验室，在犯人被送到教养院之后，教养院首先对犯人进行健康检查和犯罪历史记录，同时对犯人进行智力测试和心理测试，并根

---

① See Snell Putney and Gladys J. Putney, "Origins of the Reformatory," *The Journal of Criminal Law, Criminology, and Police Science*, No. 4(1962): 443.

② See Alexander W. Pisciotta, *Benevolent Repression: Social Control and the American Reformatory-Prison Movement* (New York: New York University Press, 1994), pp. 24-25.

据所有测试的结果对犯人进行分类，分配给他们不同的工作和学习任务。[①]

埃尔米拉教养院的管理模式经过宣传之后，逐渐得到各州的认可和接受。一些州在建立教养院时，也仿照了埃尔米拉教养院的模式。到19世纪末，至少有10个州按照这个模式建立了教养院，包括马萨诸塞州、宾夕法尼亚州、俄亥俄州、明尼苏达州、密歇根州、堪萨斯州、得克萨斯州、佛蒙特州、伊利诺伊州、科罗拉多州，以及纽约州的第二个教养院。到1920年，美国共计有20个州按照埃尔米拉教养院模式建立了各自州的教养院。[②] 教养院监狱在各州的陆续建立，改变了传统监狱管理中对犯人的肆意凌辱谩骂，以及残酷的体罚等暴力行为，强调对犯人进行文化教育、职业训练和宗教教诲。教养院也通过为不同等级的犯人提供不同的特权来引导其他犯人做出好的表现，同时鼓励和支持假释制度（Parole System）在教养院里的使用。

与此同时，很多州在关押女性犯人时也使用了跟埃尔米拉教养院同样的管理模式，并在发展中实现了男女犯人的分开关押。各州在建立教养院的初期，未实行男女犯人分开关押的制度。1877年，美国卫生委员会（United States Sanitary Commission）里的一些具有进步主义改革思想的妇女们在从内战中归来的埃伦·约翰逊（Ellen Cheney Johnson）的带领下，请求马萨诸塞州议会的立法者们通过一项关于建立一所专门看押女犯人的教养院的法令，她们在请愿书中也明确地指出了1856年在该州建立的第一所女子教养院学校——兰卡斯特女子教养院学校，此时已经过于陈旧而不再适合关押成年女性犯人。最终，在约瑟芬·洛厄尔（Josephine S. Lowell）的不懈努力下，纽约州于

---

① See Danielle M. Arros, "Punishment and Prison Reform: Contributions of a Psychodynamic Approach to American Corrections" (PhD diss., University of Hartford, 2004).

② See Michael Willrich, "City of Courts: Crime, Law, and Social Policy in Chicago, 1880-1930" (PhD diss., University of Chicago, Illinois, 1997).

1893 年建立了单独关押女性犯人的教养院，关押对象多为犯罪情节较轻，或者是在混合监狱里受到性侵犯而转移过来的一些犯人。[①] 之后，其他各州也通过了类似的法令，将男女犯人分开关押，最大限度去维护女性权利。

四、假释和缓刑制度的推广与使用

假释作为一种重要的刑罚方式，在美国最早应用于 1876 年在纽约州建立的埃尔米拉教养院监狱里，泽布伦·布罗克韦作为该教养院的监狱长，为假释制度在美国的不断完善和发展做出了巨大贡献。假释制度在 20 世纪初期成了教养院和各类监狱机构纷纷使用的一种管理犯人的重要手段。假释这种刑罚方式的历史，最早可以溯源至爱尔兰著名的监狱管理专家瓦尔特·克罗夫顿（Walter Crofton）的监狱管理实践。瓦尔特·克罗夫顿曾是爱尔兰监狱管理机构的主任，他根据犯人在监狱里的表现情况，将犯人分为三个等级，这三个等级也就构成了他所谓的中介管理体系（Intermediate System），瓦尔特·克罗夫顿这个体系也就是大家所熟知的监狱管理体系中的爱尔兰体系（The Irish System）。克罗夫顿所构建的三层管理体系分别为严密关押（Strict Imprisonment）、中度关押（Intermediate Imprisonment）和释放三个层次。在这个体系里，位于第一阶层的犯人被单独关押，并且要求完成艰苦的、乏味的体力劳动工作。处于第二阶层的犯人，在监狱里可以通过良好的表现来换取监狱管理者给予的积分，并且通过这些积分获得参与公共劳动的机会，参与公共劳动的犯人也会获得雇佣方给予的工作评价和等级分数。当犯人在这个阶段能够证明自己的教养效果

① See Black Mckelvey, *The History of American Prisons* (Chicago: University of Chicago Press, 1936), pp. 137-143.

且获得监狱外的一些机构提供的雇佣机会时，他们将会被提升到第三阶层的犯人群体中去。第三阶层的犯人可以获得假释出狱的许可证，到监狱以外的劳动力市场工作或者回归到家庭中从事相关工作和正常生活。与此同时，瓦尔特·克罗夫顿也制定了一系列严格的规定和方案来跟踪和记录这些假释犯人的狱外表现情况，一旦这些假释的犯人违反了相关假释条令，他们将会被重新关押进监狱。①

在泽布伦·布罗克韦将假释制度应用到对埃尔米拉教养院的犯人进行管理之后，假释制度逐渐开始在美国其他州的教养院里推广开来。关押在教养院和监狱里的犯人能否获得假释许可证，主要由假释委员会对犯人在关押期间的表现情况和之前的犯罪历史进行综合考量后做出定夺。假释委员会在批准犯人假释出狱之前，会提供犯人的一些主要信息，包括犯人的习惯爱好、在监狱里开展的活动、加入的协会和获得的荣誉等，同时委员会还会考量犯人的犯罪记录、监押期间的表现、各种获奖记录、文化课方面取得的进步、申请假释时的个人态度及出狱后的工作设想等。假释委员会在对上述信息进行筛选和考量之后做出的判决，一定程度上可以让真正悔改和教养成功的犯人顺利回归到正常的社会生活中去，也可以尽量降低假释出狱后的犯人因再次违法而入狱的风险指数。到 1900 年，美国几乎所有的教养院都实施了假释制度，同时还有 20 个州在教养院以外的监狱机构里也实施了假释制度。② 到 1910 年，联邦也通过了第一部假释法案，在联邦层面确立了假释制度的法律地位。到 1945 年，各州都建立了符合各州发展实际的、相对完善的假释制度体系。

---

① See Edward K. Morris and Curtis J. Braukmann, *Behavioral Approaches to Crime and Delinquency: A Handbook of Application, Research, and Concepts* (New York: Plenum Press, 1987), p. 113.

② See Thomas G. Blomberg, *American Penology: A History of Control* (New York: Walter De Gruyter, 2000), p. 73.

19 世纪末期，在假释制度得到各类监狱认可和大力推广使用的同时，另外一种在 20 世纪初期才被各州法庭纷纷使用的刑罚方式也开始在这时出现，这种重要的刑罚方式就是缓刑。在美国，缓刑制度最早使用于波士顿，1878 年波士顿开始从立法层面将缓刑制度运用到对初犯者和犯罪较轻者的案件审理上。在法庭的审判过程中，缓刑主要有两个重要功能：第一，前期调查。从个人和社会的角度对犯罪现象进行调查，以期获得可靠的犯罪事实，进而在法庭宣判前让法官和庭审人员对案件发生的来龙去脉有一个全面和清晰的了解。第二，监督与后期的跟踪工作。缓刑工作最开始主要由志愿者和私立组织的代表帮助法庭去完成，后经过法庭和社会机构的努力争取，以及缓刑工作本身所具有的重要性也逐渐被人们所认可，各州随后也陆续通过拨付公共财政来确保缓刑工作人员的职位待遇，促进了缓刑官专业化水平的提升。① 继波士顿市之后，1880 年，马萨诸塞州要求州里所有城市和镇区都需要任命专门的缓刑官员，协助法官审判案件。在缓刑的适用对象与年龄上，青少年和成年人皆可适用于该法。1891 年，马萨诸塞州又颁布了第二部缓刑法，要求州范围内的所有监狱机构都使用该法令。之后，纽约州、新泽西州、密歇根州、伊利诺伊州、宾夕法尼亚州也陆续颁布缓刑法。马里兰州于 1894 年、佛蒙特州于 1898 年、罗得岛州和明尼苏达州于 1899 年、加利福尼亚州于 1903 年也都相继颁布了该法律。② 缓刑法案在各州的陆续颁布与实施，也加速了在对青少年犯罪案件进行审判时使用缓刑条令的步伐，并且在青少年法庭法颁布之后得到了更大范围的推广和应用。1907 年，全国缓刑协会（National Probation Association）成立，协会在工作中，强调了在处理青少年犯

---

① See Charles L. Chute, *The Development of Probation : Presented at the Fifty-First Congress of the American Prison Association* (New York: Russell Sage Foundation, 1922), p. 4.

② See Harry E. Barnes, *The Story of Punishment* (Montclair, New Jersey: Patterson Smith, 1972), p. 78

罪案件中使用缓刑的重要性，以及将缓刑法令逐步应用到各层级监狱和成人教养院管理中的必要性。① 到1921年，各州在审理青少年犯罪案件时都使用了缓刑法。此外，还有35个州将缓刑法应用于对成年人的审判过程中，适用对象多为初犯者和犯罪情节较轻者。② 1925年，联邦议会通过了联邦缓刑法，进一步强调了在处理青少年犯罪案件中使用缓刑的重要性。

使用缓刑制度能够减少犯罪或者阻止犯罪吗？这是许多社会学家和进步主义改革人士关心的重要问题。从数据上可知，缓刑制度的使用达到了使监狱里犯人总数减少的目的。然而，对于在20世纪20年代初期社会上出现的各种犯罪风波言论，芝加哥市犯罪委员会（The Chicago Crime Commission）在1921年公开表示，在过去一年里，芝加哥主要的犯罪行为案件急剧减少。在纽约州，该州的犯罪总人数也有了一定的减少，根据纽约州一些主要城市里的42个法庭的审判记录得知，1920年这些法庭传讯和提审的犯人总人数比1919年大约少了10 000人。然而这一时期在某些城市，由于受到一战之后的影响，以及战争中遗留的一些复杂问题的影响，时常会有一些暴力案件的发生。从整体上来说，在一个缓刑制度相对完善的城市和地区，缓刑制度在减少和阻止犯罪行为方面将会获得巨大的收益和许多意想不到的效果。缓刑制度自建立以后，也得到了犯罪学家和进步主义改革者的支持和赞同。③

---

① See Black McKelvey, *American Prisons: A Study in American Social History Prior to 1915* (Chicago, Illinois: The University of Chicago, 1936), p. 218.

② See Charles L. Chute, *The Development of Probation* (New York: Russell Sage Foundation, 1922), p. 4.

③ See Charles L. Chute, *The Development of Probation* (New York: Russell Sage Foundation, 1922), pp. 5-6.

五、社区娱乐中心运动

为了解决青少年在周末和放学后对游戏和活动场地的需求问题，以及城市居民工作之后的业余休闲问题，19 世纪 90 年代后期，社区娱乐中心运动开始在美国各大城市陆续兴起。社区娱乐中心运动一方面通过在放学后开放学校的一些建筑设施来服务于社区居民和孩子们的娱乐需求；另一方面通过在城市中心建造大型的娱乐园地和休闲场所来供人们休闲与娱乐，达到愉悦人们身心、培养健康情趣的目的。一个人如果能在青少年时期就形成健康有益的娱乐习惯，那么在后期因受社会不良环境的影响而走向堕落和犯罪的概率就会大大降低。1914 年，纽约市人民研究院（The People's Institute of New York City）在其发布的一份名为《城市中正在上演的犯罪》（"The City Where Crime is Play"）的报告中指出："生活在城市中的大部分青少年在被逮捕时，其犯罪行为发生的最根本原因就是在街道上玩耍各种游戏时而萌生的一些冲动念头。法庭的审判记录显示，这些违法行为的类型基本上就是扰乱社会治安、制造社会混乱、破坏公物、盗窃及类似的轻微犯罪行为。另外一些不良行为，如在街道上打棒球、大声合唱制造噪声、往玻璃上投掷硬币、推翻垃圾箱取乐、偷窃运动器材（如棒球、钓具）及一些团伙盗窃等，也导致了部分青少年被捕并受到不同的惩罚。"①孟德斯鸠指出，青少年从家庭、学校和社会这三种不同环境中接受不同的教育，有些教育也可能是负面教育。对贫民窟的孩子来说，对其影响最大的环境就是其所处的街角社会。他们由于长期在街道上玩耍，受街道上各种环境教育的影响，有些人就逐渐变成了顽童或者坏孩子，

---

① John Collier and Edward M. Barrows, *The City Where Crime is Play* (New York: People's Institute, 1914), pp. 11-14.

有些人就成了少年犯人。对于年轻人来说，囿于当时娱乐设施与活动场地的局限性，他们也未能逃离街角社会的影响，因经常光顾低俗的娱乐场所和一些酒馆赌场而逐渐养成了一些不良习惯。由于操场和公共休闲场地的缺失，很多青少年在城市街头踢球玩耍，也因违反了一些城市管理规定而被处罚。他们也或者因无事可做，转而经常光顾一些只收取 10 美分入场费的廉价剧院来消磨时光，而剧院上演或放映的内容往往因过于暴力和色情而使青少年们浮想联翩、误入歧途。如果学校能够将场地设施最大限度地提供给这些孩子们，让他们进行游戏训练、运动健身，并且举行有组织的娱乐项目，那么因场地的缺乏而导致的青少年犯罪现象就会相应减少。① 社区娱乐中心运动解决了这一问题，学校通过在放学后和晚上开放学校礼堂和操场，将其作为青少年和成年人公共聚会和休闲的场所，就有效地解决了他们对场地和娱乐设施的需求，达到了通过参加活动项目而娱乐身心的目的。同时，社区管理部门通过安排相关人员对这些场所加以监督和管理，延长学校公共设施对外开放的时间，也可以极大程度地解决社区普通民众的娱乐需求。

1902 年，约翰·杜威在全国教育协会年会上发表了题名为《学校作为社会中心》（“The School as Social Center”）的演讲，指出了学校未能发挥其作为社会中心的功能。在美国化的过程中，学校应最大限度地对公众开放，发挥其作为一个社会中心的功能。这种功能的实现可以通过向社区居民提供各种形式的娱乐和休闲活动来实现，包括各种活动俱乐部、体育设施、业余文艺表演、音乐会、配有立体投影仪的讲座等。这些活动在过去都由各种不同的社会机构来开展，而如今学校应该通过开展这些活动使自己逐步成为社会的中心，承担起满足

① See Thomas Travis, *The Young Malefactor: A Study in Juvenile Delinquency, Its Causes and Treatment* (New York: Thomas Y. Crowell, 1908), p. 124.

社区居民高尚的和合理的娱乐需求的愿望，这种需求也是人性中最强烈和最基本的需求类型。学校通过发挥其作为社会中心的功能，也可以使人逐渐远离酒馆、妓院、低俗歌舞厅、赌场等给人带来不良影响的场所，减少人们走向堕落、腐朽甚至犯罪的概率。[①] 克拉伦斯·佩里（Clarence Arthur Perry）在1910年时指出："在19世纪80年代，孩子们下午三点半就放学了，之后开始在街道上相互追逐着乱跑。学校在完成一天的教学、在保洁员清理完卫生之后，就将学校大门紧锁。周六、周天和整个暑假，学校操场和教室除进行一些修补工作之外，一律不对外开放。而到了20世纪初期，这一切都发生了变化，公共学校常年对外开放，学校的一些设施每天都可以使用，同时学校在暑假和寒假也为不同需求的孩子开设了一些额外的课程。"[②] 与此同时，学校的礼堂和会议室在冬季被用来为社区居民和学生提供免费讲座并成为举办一些娱乐活动的场所，这些活动包括系列主题的讲座，以及一些音乐会、独奏会、戏剧演出等。在开展这些活动的城市里，纽约市通过利用学校公共设施在晚上为成年人和青少年举办各种讲座活动所耗费的财力最多。纽约市教育委员会举办的讲座内容几乎涉及人类知识的所有领域，包括地理、科学、文学、历史、社会学和生物学等，但讲座内容浅显易懂，主要是为了给社区民众普及最基本的学科知识和生活常识等。这些讲座绝大多数使用英语讲解，有时候一些讲座也使用意大利语、依地语、德语等。讲座中，主讲人通过运用立体幻灯机对相关知识进行辅助解读，达到了让社区居民更加直观地理解讲座内容的目的。许多城市所提供的数据显示，社区居民参与这些讲座活动

---

① See National Educational Association, *Journal of Proceedings and Addresses of the Forty-First Annual Meeting* (Chicago: The University of Chicago Press, 1902), pp. 381-382.

② Clarence Arthur Perry, *Wider Use of the School Plant* (New York: Charities Publication Committee, 1910), pp. 3-4.

的积极性很高，学校礼堂也常常座无虚席、人头攒动。[①]

19 世纪 90 年代，学校作为社会中心的理念在全国范围内快速传播。1897 年，纽约市开始在学校开展社会中心运动，将放学后的学校设施利用起来，开展一些娱乐活动。纽约市的大学也利用学校校舍在 21 座学校建筑中组织了各种俱乐部，以期实现公共资源对外开放的最大化，促进社会合作精神的形成。在芝加哥，在原有的公园设施基础之上，建立了各种各样的社会中心，公园周边的居民也根据各自的兴趣爱好参与到不同的活动中去，这些活动包括管弦乐队、合唱俱乐部等。在密尔沃基，1907 年当地的一个妇女俱乐部要求市政当局能够在晚上开放学校的一些建筑来供各种妇女活动与会议使用。1912—1913 年，有 165 个城市的教育委员会指出，其所在城市的学校在晚上作为活动中心提供给社区居民使用；有 71 个城市指出，其雇佣的负责管理学校夜间活动的工作人员总数达 210 人；有超过 500 所学校的校舍和建筑物被作为各种选举活动的投票场所而被借用，有 500 多场次关于政治活动的会议在学校举办，有超过 300 多次的展览活动在学校举办，还有超过 600 多场次的电影在学校放映。[②] 克拉伦斯·佩里在为美国联邦教育署所做的一项关于公共教育扩展情况的调查中也指出，在 1915 年美国共计有 603 个城市报告其城市所在的学校以不同形式为社会提供了各种各样的拓展活动。这其中，有 129 个城市报告了学校以社会中心的形式为社区提供服务，有 289 个城市以讲座的形式参与到社会活动中去，有 294 个城市以各种各样的活动为社会提供服务。[③]

---

① See Clarence Arthur Perry, *Wider Use of the School Plant* (New York: Charities Publication Committee, 1910), pp. 9-11.

② See Clarence E. Rainwater, *The Play Movement in the United States: A Study of Community Recreation* (Chicago: The University of Chicago Press, 1921), pp. 234-235.

③ See Clarence Arthur Perry, *The Extension of Public Education: A Study in the Wider Use of School Buildings* (Washington, D. C.: U. S. Government Printing Office, 1915), p. 12.

1915—1916 年，已有 518 个城市开始在教学楼中开展社区活动。这些活动包括就各种人类福祉话题而开展的讲座、成年人协会的集会、市政讨论俱乐部、公开集会、戏剧、社交舞会、晚宴及阅读和学习等。相关数据显示，在 463 个城市中，教学楼大约已经开放了 6 万个晚上，共接纳了约 440 万名观众。这一切就是要让公共学校成为社会活动的中心，使校园生活能够融入家庭之中，进而增强人们的公民意识与社会责任感。1913 年，拉塞尔塞奇基金会调查了社会中心运动在各地开展的情况。在被调查的 788 位学校督学中，有 330 位督学指出了他们所在的学校已经将学校作为社会中心的理念落到了实处。到 1920 年，学校作为社会中心的运动已经延伸到全美的 667 个学区中。①

通过这些活动的开展，城市和城镇中的学校操场和教学楼的使用率较之前有了较大程度的提高，而一些城市自 1905 年之后陆续建立的、面向青少年和成年人开放的娱乐园地和公共休闲场所也逐步解决了城市成年人工作之后和节假日的休闲和娱乐问题。例如，纽约市于 1899 年建立了第一个娱乐中心，这个娱乐中心在市政部门的精心管理和运营之下，可以为城市居民提供各种各样的健康娱乐项目。1912—1913 年，在纽约市的范围之内，已经建立了 54 座娱乐中心，这其中有 20 座娱乐中心专供妇女和女性青少年使用。② 与此同时，伴随着学校作为社会中心理念在全美各地的传播，学校也起到了将社区居民团结在一起的作用，并且被视为帮助移民适应城市生活的工具，成了塑造和培养社区共同情感的中心。

---

① See Joel H. Spring, *Education and the Rise of the Corporate State* (Boston: Beacon Press, 1972), p. 79.

② See Charles L. Robbins, *The School as a Social Institution: An Introduction to the Study of Social Education* (Boston: Allyn and Bacon, 1918), p. 235.

第三节 解决城市犯罪问题：教育的改革与努力

19世纪末20世纪初被喻为美国历史上的“进步主义时期”，也是美国教育史上重要的“改革年代”。影响深远的进步主义教育运动（Progressive Education Movement）将理性、效率等价值和理念引入教育领域，带动了教育机构的重组和教育体制的变革。孟德斯鸠曾指出，人们在生活中会从三个渠道接受不同的或者说相反的教育，一种来自父母亲的家庭教育，一种来自学校和老师的教育，最后一种来自个体所生活的周边世界给予的教育。孟德斯鸠的这种理念，在19世纪末20世纪初的美国，以及在后期的社会发展中，依然具有深刻的启发意义。不同的家庭在教育孩子的方法上是千差万别的，有些家庭不知道该如何去教育孩子，有些家庭也不太苛求去纠正孩子的一些不良行为。对于贫民窟的孩子来说，他们所接受的教育主要来源于他们日常所玩耍的街角社会，这种环境对于孩子天性的发展与性格的形成是极其不利的。虽然这种环境在一定程度上也会使孩子的智力变得更加活跃，但很多孩子还是变成了街道顽童或者养成了贫民窟孩子所特有的一种顽固习气。[①] 乔尔·斯普林指出：“在19世纪，教育曾日益被视为一种社会控制的工具，用来解决犯罪、贫穷和移民的美国化等社会问题。公共学校教育逐步取代了像家庭和教堂这类机构所扮演的社会训练角色，外加上社会开始关注大量来自东南欧移民的教育问题，学校活动范围也因此而扩大了。人们担心，没有一定形式的美国化，移民将会导致美国制度的迅速解体。”[②] 与此同时，美国许多州开始进行教育立法，

① See Arthur MacDonald, *Juvenile Crime and Reformatory, Including Stigmata of Degeneration* (Washington, D. C.: U. S. Government Printing Office, 1908), p. 26.

② Joel H. Spring, *Education and the Rise of the Corporate State* (Boston: Beacon Press, 1972), p. 62.

征收教育税，建立教育基金，并且对教育进行监督和管理，有力地促进了教育的发展。在进步主义时期，面对经济急剧扩张所带来的社会剧变和混乱，学校教育的“社会机器平衡轮”作用再次被人们所重视，学校教育功能的转化，尤其是道德教育功能的强化，成为推动民主社会继续前进的希望所在。[①] 在社会各界为预防和减少城市犯罪而不懈努力的同时，教育作为社会控制的一种手段，也通过在全社会开展禁酒教育、义务教育立法、犯罪青少年的教养教育、成年犯人狱中的职业与文化教育，以及在高等教育领域对犯罪所开展的本体研究等各种形式的教育努力来帮助解决城市犯罪问题。

一、禁酒运动中的教育努力

在新的科学知识普及过程中，禁酒组织以酒对人体影响的科学实验结果为依据，通过口头教育与社会宣传、开设禁酒课程、举办禁酒讲座等教育形式呼吁社会各界积极参与到禁酒运动中来，实现禁酒立法的最终目的。其中尤以全国禁酒协会（National Temperance Society）和基督教妇女禁酒联合会下属的科学戒酒教育部（Department of Scientific Temperance Instruction）的影响力最大。

（一）科学戒酒教育立法运动

内战结束之后，伴随着全国禁酒立法运动的高涨，在学校推行禁酒教育的呼声也随之高涨。1869 年，早期禁酒课程教材的编著者朱莉娅·科尔曼（Julia Colman）女士在纽约州的富尔顿县（Fulton）发表演说，强调在学校推行戒酒教育的必要性。自此之后，与此相关的诉求与演说相继出现。1873 年，全国禁酒协会以官方的名义提倡在学校

① 参见王涵《美国进步时代的政府治理（1890—1920）》，上海社会科学院出版社，2013，第 168—171 页。

里以开设生理学课程的形式讨论酒对人体器官功能的影响。① 随后，在WCTU下属的科学戒酒教育部的负责人玛丽·亨特（Mary H. Hunt）的领导下，WCTU自1880年开始在全国范围内开展了一场要求所有公共学校必须开设“科学戒酒教育”课程的戒酒教育立法运动。

1873年，当玛丽·亨特还只是马萨诸塞州一所学校的教师时，她就开始呼吁当地的学校委员会在辖区内的学校里开设戒酒教育课程，并且将该计划扩展到整个马萨诸塞州的所有公共学校里。在禁酒运动的早期，选取合适的教材作为公共学校推广戒酒教育课程的读本一直困扰着禁酒改革者们。1878年，本杰明·理查德森（Benjamin W. Richardson）博士在英国全国禁酒联盟的委托下，出版了一本适合学校推广戒酒教育的读本，名为《戒酒课程读本》（*The Temperance Lesson Book*）。读本出版之后，玛丽·亨特立即向其所在镇的学校委员会提出在该镇范围内的学校里使用该读本的请求，并获得批准。玛丽·亨特所在的马萨诸塞州波士顿市郊区的海德公园镇（Hyde Park）就成为第一个有官方记录的、在公共学校开设科学戒酒教育课程的镇，这也迈出了美国公共学校开设科学戒酒教育课程的第一步。不久之后，在全国出版协会的要求下，该读本也被列入纽约市学校教材供应目录单中，并逐步推广开来。②

1879年秋天，玛丽·亨特受邀参加了WCTU全国大会，并且做了关于在公共学校开设戒酒教育课程的报告，报告得到了与会人员的高度赞许，WCTU也决定支持开展此项活动。1880年，WCTU决定建立科学戒酒教育分部，鉴于玛丽·亨特的早期努力，她被任命为这个

① See Norton Mezvinsky, "Scientific Temperance Instruction in the Schools," *History of Education Quarterly*, No. 1(1961): 48.

② See Mary H. Hunt, *A History of the Decade of the Department of Scientific Temperance Instruction in Schools and Colleges of the Woman's Christian Temperance Union in Three Parts* (Boston: Washington Press, 1891), pp. 5-6.

部门的负责人。①

在美国历史上，第一个以州立法的形式要求学校实施戒酒教育的州并不是海德公园镇所在的马萨诸塞州，也不是纽约州，而是佛蒙特州。1882年11月，佛蒙特州颁布了美国历史上第一部强迫戒酒教育法。继佛蒙特州之后，1883年密歇根州和新罕布什尔州也颁布了强迫戒酒教育法。上述三州在颁布强迫戒酒教育法的同时，也都面临着为州范围内的学校选择何种戒酒教育教材的问题。这种两难的选择主要是因为人们在实践中发现，本杰明·理查德森博士出版的《戒酒课程读本》过于机械而不适合中学使用，而朱莉娅·科尔曼女士纂写的读本中仅仅包含戒酒方面的主题，没有涵盖戒酒教育法中所要求包括的生理学和卫生学等方面的知识。同时，社会上也没有出版适合初级、中级和高级等不同层次学校使用的读本。此外，出版社和教材主编也不认为此类主题的读本会有很好的市场前景。这些都成为其他各州迟迟不主动颁布戒酒教育法的重要原因。②

为了让出版商积极出版教材、让学校教师们大胆地按照大纲内容讲授课程，玛丽·亨特组织了包括两位美国医学学会（American Medical Association）前主席在内的戒酒课程教材编写委员会，以使委员会编写和出版的教材能够打消出版社和教师们的顾虑。1885年，在玛丽·亨特的大力努力下，《儿童健康入门读本》（*The Child's Health Primer*）和《年轻人生理学》（*Young People's Physiology*）这两本戒酒课程教材相继出版，出版商和学校教师们对其内容和权威性都表示认可，并积极出版与讲授。到1902年，由WCTU核准出版的戒酒课

① See Norton Mezvinsky, "Scientific Temperance Instruction in the Schools," *History of Education Quarterly*, No. 1(1961): 48.

② See Mary H. Hunt, *A History of the Decade of the Department of Scientific Temperance Instruction in Schools and Colleges of the Woman's Christian Temperance Union in Three Parts* (Boston: Washington Press, 1891), pp. 10-11.

程教材与读本数目已达32种，并开始广泛地在公共学校内推广与讲授。然而，由于各州禁酒立法推行的力度不一，该戒酒课程在各州受到的欢迎程度也相差甚远，但许多接触和学习过该课程的科学家、教师、学生家长及学生本人在禁酒运动后期所表现出的禁酒运动热情却无法评估。①

在玛丽·亨特的领导下，WCTU的成员们既通过选票的形式对支持戒酒教育立法活动的政党提供援助，也通过不辞劳苦地给立法部门写请愿书、参加公开集会、发表戒酒演说等途径给立法部门施压，达到在全国范围内的公共学校里开设科学戒酒教育课程的目的。在纽约州，玛丽·亨特和WCTU的成员们与纽约州的立法部门进行了一个长达6个月的科学戒酒教育立法战役。在此期间，玛丽·亨特通过WCTU散发了25 000份请愿书，她也亲自给纽约州立法部门的每一个成员写请愿信，并在全州范围内安排了多场科学禁酒教育立法集会和相关讲座。通过她和WCTU成员们的不懈努力，纽约州立法部门于1884年通过了科学禁酒教育立法。在宾夕法尼亚州，玛丽·亨特采用了在纽约州使用的宣传教育手段，并且成功地促使该州在1885年3月通过了科学禁酒教育立法。立法还公开表示将不再对那些不开设戒酒教育课程的学区提供财政拨款，这也是第一部通过明确的立法形式对不支持科学戒酒教育课程的学区进行惩罚的法令。加利福尼亚州也于1887年通过了科学戒酒教育法。事实上，在1886年时，加州范围内有八分之七的学校已经开始在学校里进行戒酒生理学课程的教育和讲授，科学戒酒教育法的通过在一定意义上一方面科学有效地促进了戒酒教育的讲授力度，另一方面保证了戒酒教育课程教材选择的科学性和合

① See Normal H. Clark, *Deliver Us from Evil: An Interpretation of American Prohibition*(New York: W. W. Norton, 1976), pp. 85-86.

理性。[①] 到 1888 年，全美共计有 25 个州通过了戒酒教育立法，此时全美在校学生总数大约为 18 000 000 人，而这其中有三分之二也就是 12 000 000 名学生正在接受戒酒教育课程的学习，了解酒精和其他麻醉剂的本质特征及其对人体的影响。[②] 到 1901 年，全美所有州都通过了戒酒教育立法。在 1901—1902 学年，美国有超过 22 000 000 名的在校学生接受了科学戒酒教育。[③]

1906 年，在玛丽·亨特夫人去世之后，伊迪丝·戴维斯（Edith S. Davis）作为接任者，继续在教师和学校委员会中强调戒酒教育的重要性。同时，通过不断将禁酒宣传材料和 WCTU 发行的《戒酒教育季刊》（*Temperance Education Quarterly*）、《科学戒酒》（*Scientific Temperance Journal*）这两本杂志配发给学生、教师和学校图书馆，以及在全国各地组织各种与戒酒相关的辩论赛和征文比赛等，来强化戒酒知识的普及力度，并且一直坚持到 1920 年全国禁酒立法颁布之后的岁月里。[④]

在玛丽·亨特和伊迪丝·戴维斯的领导下，科学戒酒教育活动在各州得到了大力的开展，而这一时段在学校接受教育的学生也都深刻地认识到酒对人体造成的伤害。正是由于这一时期科学戒酒教育活动在公共学校的大力开展，到了 1919 年，这些接受过戒酒教育的学生也正好到了投票的年龄，他们通过投赞成票的形式促成了禁酒立法在国

---

① See Gilam Marston Ostrander, *The Prohibition Movement in California, 1848-1933* (Berkeley: University of California Press, 1957), p. 60.

② See Mary H. Hunt, *A History of the Decade of the Department of Scientific Temperance Instruction in Schools and Colleges of the Woman's Christian Temperance Union in Three Parts* (Boston: Washington Press, 1891), p. 31.

③ See Norton Mezvinsky, "Scientific Temperance Instruction in the Schools," *History of Education Quarterly*, No. 1(1961): 50.

④ See Norton Mezvinsky, "Scientific Temperance Instruction in the Schools," *History of Education Quarterly*, No. 1(1961): 54.

会的通过。可以说，禁酒运动之所以能在全国取得胜利，与该时期的学校戒酒教育密不可分。[1]

（二）全国禁酒协会及其出版社的努力

当 WCTU 和禁酒党作为禁酒运动的主力军，在教育领域努力传播与宣传酒精对人体的危害与影响时，其他禁酒组织也提供了大力的支持与援助，全国禁酒协会便是其中最重要的组织之一。1865 年，在纽约成立的全国禁酒协会及其出版社，在其成立之后的 60 多年里，出版了超过 10 亿页的宣传册来支持禁酒运动。作为一个无党派的禁酒组织，它没有紧跟着任何政党的路线来实现禁酒愿景，而是通过在公共学校里广泛散播宣传册来确保科学禁酒教育在教育领域的普及与深入。在此期间，全国禁酒协会除了通过星期日学校课程委员会（Sunday School Lesson Committee）进行科学禁酒教育之外，还出版了超过 2000 本图书和一系列的禁酒读本，散发了大量的海报和宣传手册等来推动禁酒运动在全国范围内的开展。全国禁酒协会的记录显示，这一时期在全国范围内出版和散发的禁酒宣传材料价值高达 100 万美元。[2]

1908 年，在纽约萨拉托加召开的禁酒协会组织成立 100 周年的纪念大会上，全国禁酒协会秘书长在协会的工作报告中指出："全国禁酒协会及其出版社自成立以来，在过去的 43 年里，运营的 3 本杂志共计发行了超过 10 亿本杂志副本，散发了超过 1000 万张的禁酒保证书，还有成千上万本的禁酒书籍、小册子和宣传单等，这些禁酒资料加起来的页码总数超过了 12.25 亿页。此外，这些禁酒材料不仅在美国本土范围内发行，也传播到世界上其他地区，以期让全国禁酒协会的禁酒呼

① See Ernest H. Cherrington, *The Evolution of Prohibition in the United States of America* (Montclair: Patterson Smith Publishing Corporation, 1969), p. 175.

② See Ernest H. Cherrington, *The Evolution of Prohibition in the United States of America* (Montclair: Patterson Smith Publishing Corporation, 1969), p. 182.

声响彻全世界。”①

（三）美国基督教教会联邦委员会的教育努力

在禁酒运动的后期，美国基督教教会联邦委员会（Federal Council of Churches of Christ in America）为禁酒立法工作提供了强有力的支持。美国基督教教会联邦委员会于 1908 年在美国费城正式成立，它是一个代表着基督教各教派间共同利益的、有组织的官方基督教教派间协会，成立初期由 30 个不同的基督教教派组成。② 在该委员会正式成立之后的一段时间里，其将国内布道、移民、社会服务、家庭生活、禁酒和基督教教育等作为委员会工作的主要内容。“禁酒”作为美国基督教教会联邦委员会工作的主要内容，主要通过其下属的禁酒委员会开展工作。鲁弗斯·米勒（Rufus W. Miller）作为禁酒委员会主席，在担任主席期间主要通过星期日学校的禁酒课程和散发禁酒材料来激发人们的禁酒热情，同时要求委员会下属的所有基督教教派都应成立自己下属的禁酒委员会或者禁酒协会，以期实现不同教派间的通力合作。1914—1916 年，美国基督教教会联邦委员会出版了大量的禁酒宣传资料，发动了委员会内部的成员和演说家们到全国进行巡回演讲，为禁酒运动的大力开展造势，其下属的禁酒委员会也于 1915 年初发动了全国性的彻底戒酒运动。此外，美国基督教教会联邦委员会还将很多禁酒教育信息制作成文学作品、幻灯片等，分发到市政部门、铁路和制造业工厂、城市中非英语移民社区，组织面向青少年的禁酒教育展览。③

① Ephraim L. Eaton, *Winning the Fight Against Drinking* (Cincinnati: The Methodist Book Concern, 1912), pp. 31-32.

② See Charles S. Macfarland, *The Progress of Church Federation* (New York: Fleming H. Revell Company, 1917), p. 36.

③ 参见郭九林《美国禁酒运动的历史研究》，博士学位论文，厦门大学，2008，第 43 页。

1917年初，为了最大限度地推进禁酒立法工作的开展，经过会议讨论，美国基督教教会联邦委员会同意其下属的禁酒委员会与1865年建立的全国禁酒协会结成合作联盟，共同面对并解决禁酒问题。两大禁酒组织结盟之后，立即采取了一系列措施，大力推进禁酒工作在全国范围内的开展。第一，通过筹集100万美元专项基金，用于支付各种日报和周报上刊登相关禁酒宣传文章和禁酒广告的费用，以解决美国因酒的肆意交易而导致国民身体机能和精神意志日益衰弱的现实问题，赢得禁酒教育宣传战的胜利。第二，开展禁酒工作宣传战。两大禁酒组织有时候甚至不惜占用华盛顿报纸的两个完整版面来满足在同一期报纸上完整刊登关于酒对人体影响的一系列争论。第三，在美国劳工报纸上刊登禁酒广告和宣传画册，以期获得工人们的大力支持。第四，在劳工相对集中的区域召开劳工集会，举办相关论坛。第五，提倡在举行大学校友会和大学同学班级聚会时，人人都能远离酒精饮品。第六，鼓励有工作的妇女能够在禁酒方面扮演主力军的角色，规劝她们不论是因个人爱好还是由于社会交际，都能是彻底的戒酒主义者。第七，劝导各种类型的工会会议都要彻底远离酒馆的影响，选择在更加合适的场地召开会议。第八，广泛印刷和散发各种各样的禁酒材料。第九，在社区里由专业的禁酒工作服务人员为民众提供社区服务。第十，发行4种关于禁酒的专业期刊，即《国家的倡导者》（*The National Advocate*）、《工人》（*The Worker*）、《青年禁酒标语》（*The Youth's Temperance Banner*）和《水百合》（*The Water Lily*）。其中《国家的倡导者》作为美国最老的禁酒月刊之一，为牧师和民众们提供了各种关于戒酒措施与方法等主题的评论，该期刊也曾经被誉为发行过的最好的禁酒刊物之一。①

---

① See Charles S. Macfarland, *The Progress of Church Federation* (New York: Fleming H. Revell Company, 1917), pp. 91-93.

同时，国际星期日学校协会（The International Sunday School Association）通过其下属的禁酒部门，代表着所有的基督教福音主义教会在关于禁酒的问题上也做出了明确的规定与要求，这种努力也使得美国的每一所星期日学校都支持协会禁酒部门发布的政纲。例如，第一，戒酒教育。要求每一个星期日学校的成员都必须完全戒酒，同时了解酒的危害与破坏作用。第二，签名承诺。要求每一个在星期日学校注册的学生在达到一定的年龄时都必须签名承诺远离酒精饮品。①

此外，1906 年在波士顿成立的“科学戒酒联盟”也主动出击，收集关于酒精危害的最新科学研究成果，为其他戒酒组织提供信息。通过出版书籍，发行季刊，如《科学戒酒》杂志等，印制传单、宣传册、海报、印刷函等，举办演讲和巡展等丰富多彩的教育形式，传播科学知识，宣传酒的危害。在 1907—1909 年和 1914—1917 年这两个时段内，几乎所有的杂志讨论的话题全部都与酒相关。② 各大铁路公司和工矿企业为了避免员工因饮酒而引发惨烈的工伤事故，主动通过发行行业内部的禁酒刊物、海报、宣传册，以及张贴醒目的禁酒标语等形式对员工进行禁酒教育，促使他们时刻保持清醒的头脑。

二、公立教育机构的努力

从教育制度史的视角出发，美国教育一般由普通教育、青少年教养教育和特殊教育这三个部分组成。普通教育是美国各州在 19 世纪后半期陆续建立起来的一种公共教育体制，也是其他教育体制效仿的主要模式。普通教育体制建立的主要目的就是满足区域内所有青少年基

① See Charles S. Macfarland, *Christian Unity at Work* (New York: The Federal Council of the Churches of Christ, 1913), pp. 246-247.

② 参见郭九林《美国禁酒运动的历史研究》，博士学位论文，厦门大学，2008，第 60—61 页。

本的教育需求，学生学费一般由学区内的公共税收给予支持和保障。而另外一种与普通学校教育的目的与类型相近、主要用于解决失范青少年教育问题的教育体系，往往被称为青少年教养院学校。青少年教养院学校的大量出现既是保护青少年权益的一种体现，也是为了更好地解决青少年犯罪问题、对不同类型青少年进行区别教育的一种方法。在1889—1890年美国联邦教育署的年度报告中，专门将该年的报告主题定为“青少年犯人教养过程中可采用的方式方法”（On Methods to Be Employed in the Reformation of Juvenile Offenders），这也说明了当时青少年犯罪问题的严重性，以及在降低青少年犯罪率、改造和教养青少年犯人过程中，应如何更好地发挥好学校教育的作用。① 失范青少年在离开学校之后，往往被送往一种单独的教育机构，这种机构在19世纪中期到19世纪末期以不同名称的形式广泛地存在于美国各州里，例如庇护所、感化院、家长学校（Parent School）、逃学学校（Truancy School）、工业学校（Industrial School）、教养院学校（Reformatory School），等等，我们一般将它们统称为教养类学校。从名称上我们也可以看出这类学校与普通学校在功能和学生来源方面的差异性，以及课程设置方式和学生就读时间长短的不一致性。②

这一时期，在挽救青少年犯罪问题方面，教养院学校发挥了十分重要的作用。大约有65%—75%被处罚或判刑的青少年经过教养院学校的训诫教育和教养后改邪归正，重新走上了生活道路的正轨，同时也说明了早期正确教育和训练的重要性。③ 与此同时，还有一些州和市

---

① See John F. Latimer, *What's Happened to Our High School?* (Washington, D. C.: Public Affairs Press, 1958), p. 12.

② See John G. Richardson, "Common, Delinquent, and Special: On the Formalization of Common Schooling in the American States," *American Educational Research Journal*, No. 4 (1994): 696.

③ See Ellwood Patterson Cubberley, *An Introduction to the Study of Education and to Teaching* (Boston: Houghton Mifflin Company, 1925), p. 184.

下属的学区因学校规模的有限性，在尽力通过学校自身努力，帮助预防和解决青少年犯罪问题的同时，还借助其他特殊类型的学校教育来弥补普通学校教育功能上的一些不足，例如家长学校、逃学学校、工业学校等。在教育对象上，对于一些屡教不改的学生，市、县的逃学学校承担着对他们进行关押和教育的功能；对于一些古怪和异类的学生，在对他们的职业兴趣和身体状况进行分类之后，州立工业学校和教养院学校承担着对他们进行专业教育与管理的责任；对于一些情节严重的少年犯和屡教不改的惯犯，本着教育与惩戒并重的原则，由州的青少年监狱和青少年教养院承担这方面的教育功能。上述交叉存在的三种不同类型的学校教育形式，其最主要目的就是尽早发现青少年群体存在的一些异常问题，通过改造和再教育的形式尽可能挽救他们，使之成为对社会有益的人。① 与此同时，我们也发现，尽管在实践中有些有智力障碍和难以管教的学生，学校需要耗费比正常学生多得多的时间、精力和财力，但是从长远来看，学校目前所做的这些工作比以后社会要为他们付出的廉价得多。

（一）推进义务教育立法

在美国教育发展的早期，学校在处置青少年失范者时所采取的措施与教会处置宗教失范者时采取的措施是相同的，就是把他们赶出各自所在的机构。这就犹如教会永远是正确的，问题永远出现在信徒身上一样，学校也认为自己永远是正确的，问题出在那些对学校课程不感兴趣、不愿意上学的儿童身上。在19世纪中期的美国，自1852年马萨诸塞州最先颁布了第一部《义务教育法》（*Compulsory-Attendance Law*）之后，其他各州也相继颁布了本州的义务教育法令。马萨诸塞州的义务教育法要求本州内8—14岁的所有儿童每年必须至少参加12周

① See Ellwood Patterson Cubberley, *An Introduction to the Study of Education and to Teaching* (Boston: Houghton Mifflin Company, 1925), pp. 300-301.

以上的学校课程学习，这其中有6周必须是连续在校的时间。学校当地的教育管理部门和城市的税务管理人员负责对该法令的实施情况进行监督和管理，对于违反者最高可以处以20美元的罚款。马萨诸塞州的管理和实施形式在后期也成为其他各州学习与效仿的榜样。① 到1900年，美国北部和西部的各州几乎都颁布了各种形式的义务教育法令。到1916年，除密西西比州和阿肯色州的一些县没有通过义务教育法之外，其余的所有州都颁布了各自州和地区的义务教育法。到1918年，美国所有州都颁布了义务教育法令，各州根据自身具体实际，有的要求学生必须全学年在学校学习，有的要求每年至少入校学习12周以上，其中要有一部分时间是连续学习时长，等等。②

在联邦和各州积极推进和实施义务教育法的同时，普通学校也通过自身内部的一些努力来减少各种潜在犯罪行为的发生，这其中包括教师和校长要了解犯错学生错误行为发生的原因，以期更好地接触他们并采取相应的训诫措施；学校和教师要了解学生逃学行为发生的原因，并进行矫正与改造教育；学校和教师要及时去发现一些学习成绩不太好的学生、留级生和学习障碍学生等特殊学生群体出现这些问题的内在病理学原因，并为他们提供特殊的训练与指导；对于一些已经确认属于智力障碍和存在精神障碍等问题的学生，学校应能够主动将他们转送至特殊的教育机构进行有针对性的教育，使其接受精神病专家的专业治疗；学校应尽量控制班级学生规模，合理调整学校各课程间教学节奏，尽量满足不同智商学生的课程需求。此外，埃尔伍德·

---

① See William M. Landes and Lewis C. Solmon, "Compulsory Schooling Legislation: An Economic Analysis of Law and Social Change in the Nineteenth Century," *The Journal of Economic History*, No. 1(1932): 57-58.

② See Ernest C. Moore, *Fifty Years of American Education: A Sketch of the Progress of Education in the United States from 1867 to 1917* (Boston: Ginn and Company, 1917), p. 45.

克伯莱也认为在解决青少年犯罪问题方面公共学校应承担起应有的责任，并且指出："教养院和其他教养机构通过提供职业教育和专门化教育，已经挽救了许多失范的青少年，而这些教学措施其实也应该适用于普通学校。我们一般认为有智力障碍的学生是潜在的罪犯，其实正常的孩子跟这类学生一样，在面对诱惑时，都没有太强的意志力去抵抗，他们会在这些诱惑的诱导下逐步走向堕落，最终走向犯罪。1910年时，在青少年教养机构里共计有 25 000 名少年犯，这其中有 14 000 人属于教养时间不超过一年的。这 14 000 人中有不到三分之一的孩子是属于有智力障碍的，有不到一半的是属于智力发育迟缓的，这些孩子都因为有一定的精神缺陷而被视为可能导致犯罪的对象。但是，这 25 000 名少年犯中，也有 12 000 人属于精神正常的孩子。因此，为了防止这些正常的孩子走上犯罪道路，公共学校应承担起对他们进行更好的分级教学和指导的责任，通过良好的公共教育改变他们的人生。"① 与此同时，我们也可以明显看出，各州在颁布义务教育法令的同时，也在不断对相关条目进行修改和强调，其最主要的目的就是通过为不同需求的孩子提供差异化的课程，来激发他们的学习兴趣，延长他们在校的学习时间，从而延缓社会不良环境对他们造成的影响，主动承担起预防青少年犯罪的社会责任。

（二）建立逃学学校

逃学这种行为大约出现在 19 世纪中期，使用这种"称号"也意在与具体的犯罪行为相区分。虽具体含义略有不同，但一般它会被定义为一种自愿缺席学校课程的行为，也常指在学校正常的学习时间里被经常发现在大街上闲逛，频繁光顾酒馆、溜冰场、各种演出场所等，与小偷、一些邪恶的人厮混在一起，以及被发现沿街乞讨或者接受施

① Winthrop D. Lane, *Punishment and Reformation: A Study of the Penitentiary System* (New York: Thomas Y. Crowell Company, 1919), pp. 432-435.

舍等。从初期的接受庇护到后期出现逃学行为，这种道德行为的转化也导致相应的社会教养机构名称的一系列变化。如经历了从1830年开始的感化院运动，到19世纪50年代至19世纪末期兴起的教养院学校运动，再到1899年青少年法庭的建立和接下来兴起的青少年法庭运动等几个阶段。①

在1852年马萨诸塞州颁布了美国第一部义务教育法之后，其他各州在此之后也陆续颁布了类似的教育法令，以期明确强迫学生入学的合法性，普通学校也通过得到市政当局的合法授权得以对逃学的学生及其家长进行说服教育或执行一定的惩罚措施。1862年，马萨诸塞州议会要求所有市镇都必须对逃学的学生进行一定的处置，将他们安排到特殊的机构里进行教育，这一法令的颁布进一步明晰了长期逃学的学生和旷课学生之间的区分，更重要的是也导致了在普通学校与教养院学校之间出现了一种新型的学校，这种新型学校就是逃学学校，有些州也将其称为家长学校。逃学作为一种违反义务教育法的行为，与具体的犯罪行为有较大的差异性。在马萨诸塞州建立逃学学校之前，逃学学生的教育与管理问题主要依赖州立教养院学校和技工学校来帮助解决。自此之后，1880—1890年，大量的逃学学校和家长学校建立起来，这些学校的主要功能就是通过营造一种类似家庭环境的生活气氛，对所接收和看管的学生进行职业训练，并同时施之以与普通学校相同课程的教学工作。逃学学校的校舍类似家庭的建筑，教师都有一定的管理经验和生活经验，就像父母亲一样。尽管逃学学校具有与许多教养院学校相类似特征，例如将逃学学生的关押时间限定在一定的时长里，但是这类学校存在的目的主要是对一些不遵守学校纪律和教育法令的学生进行一种有别于普通学校的教育与管理，规劝他们早日

① See John G. Richardson, "Common, Delinquent, and Special: On the Formalization of Common Schooling in the American States," *American Educational Research Journal*, No. 4 (1994): 703.

戒除恶习，回归到普通学校和原有家庭中去。换句话来说，逃学学校或者家长学校，顾名思义就是为了复制家庭这种原有的物理环境和道德价值理念，来促使学生得以更快地改造和悔过。①

逃学是青少年犯罪中最简单的一种途径，许多学生因为不能够忍受学校教育与学习方法而逃学。这当中，有一些学生逃学是因为身体缺陷和精神疾病，有一些是因为所就读学校的特殊性质和一些不喜欢的教师，也有一些是因为教室过于拥挤和学校与家之间的距离太远，还有一些是因为厌倦学术科目，青睐于学术与手工训练以及与职业技术训练相结合的学校课程，等等。从一定意义上说，逃学都是有一定原因的，天生的逃学犯几乎微乎其微。然而，不管是因为上述中的哪一种原因而导致了逃学，可以确定的是，逃学往往标志着青少年走向犯罪的开始。② 威廉·希利（William Healy）对 4000 个青少年犯人的犯罪原因调查后得知，40%的男青少年犯人和 10%的女青少年犯人都曾经是逃学者。而克利福德·肖（Clifford Shaw）在对芝加哥青少年法庭所记载的 2447 名男性青少年犯人的犯罪记录进行分析后发现，65%的青少年犯人都曾经出现过逃学行为。这些研究都表明了逃学与犯罪之间潜在的一种内在的因果关系。③ 纽约市教育委员会下属的城市学校强迫入学局 1928 年发布的一项研究成果显示，因经常逃学而被送往逃学学校进行专门教育的学生被释放后，在以后的社会生活中，导致各种犯罪行为的可能性远远大于其他类别的学生，逃学是导致后期发生

---

① See John G. Richardson, "Common, Delinquent, and Special: On the Formalization of Common Schooling in the American States," *American Educational Research Journal*, No. 4 (1994): 707-708.

② See Thomas Travis, *The Young Malefactor: A Study in Juvenile Delinquency, Its Causes and Treatment* (New York: Thomas Y. Crowell, 1908), pp. 141-142.

③ See Helen Witmer and Sylvia Stanton, "A Follow-Up Study of Twenty-Five Truants: Some Factors Related to Their Social Adjustment," *Smith College Studies in Social Work*, No. 3 (1935): 276.

犯罪行为的第一步。该项调查以纽约市曼哈顿区逃学学校 1920—1922 年释放的 251 名逃学学生为调查对象，对这 251 名学生在被释放之后的 6—8 年的社会生活行为进行了跟踪调查。调查结果显示，这 251 名逃学学生在被释放之后的 6—8 年时间里，有 51％的学生因各种各样的原因而导致了程度不一的犯罪行为，其中青少年犯罪占 21％，成人犯罪占 30％。而这 30％的成人犯罪案件中，严重犯罪行为占 14％，轻微犯罪行为占 16％。根据当时美国预防犯罪的专家们估算，大约有占美国总人口 1％的人会导致各种形式的犯罪行为，而这 251 名逃学学生在被跟踪调查的 6—8 年的时间里，所导致的犯罪行为概率是普通人发生犯罪行为概率的 14 倍。①

芝加哥教养院学校和伊利诺伊州教养院学校多年累积的统计数据显示，关押在这两所教养院学校的青少年犯人中有 90％在早期都曾经是逃学学生，之后逐步开始堕落，并最终导致犯罪行为的发生。同时，其他类似的教养机构也得出了同样的结论，而绝大多数青少年教养院学校的犯人都是无学识的和没有文化的孩子也进一步证实了他们在学习上的被动性。为了预防犯罪，社会首先能做的就是阻止学生逃学。②马萨诸塞州在建立逃学学校方面走在了前列，各州随后也以其为榜样，逐步建立起预防逃学的教育机构。例如，伊利诺伊州于 1899 年颁布了第一部逃学学校法，该法规定州里所有人口超过 10 万人的城市都必须建立逃学学校，所在城市的教育委员会负责购买土地、建立校舍、雇佣督学和教师、规定授课内容和职业训练的方法，同时为学校提供所有必需的各类办学设备与设施。同时，所有 7—14 岁的义务教育阶段的孩子，因为逃学或者经常违反公共学校的校规校纪，逃学官和辖区内

---

① See Harry M. Shulman and Wm L. Butcher, *From Truancy to Crime—A Study of 251 Adolescents* (Albany: JB Lyon Company, 1928), pp. 7-8.

② See T. H. MacQueary, "Schools for Dependent, Delinquent, and Truant Children in Illinois," *American Journal of Sociology*, No. 1(1903): 15.

任何有声望的市民都可以向所在县的法庭或者巡回法庭请愿，要求将这些孩子送往逃学学校进行教育。所有被送往逃学学校接受教育的学生至少需要待满4周以上时间，一般在逃学学校接受教育的学生都需要10—12个月教育才能返回到正常的家庭生活中去。芝加哥家长学校（Chicago Parental School）就是一所专为在义务教育阶段经常逃学、不受管教的学生而开设的一所公共教育机构，处在芝加哥市教育委员会的管理之下。这所学校按照农舍的模式进行建造，学校建筑和教学器具都十分齐全和完善。逃学的学生经过青少年法庭的审理和判决之后，将被送往这所学校接受封闭式教育。在家长学校接受教育的学生一般需要接受5个月的专门教育，学校的课程内容除了普通学校的课程之外，还有一些手工艺术课程供那些对学术课程不感兴趣的学生选修。同时，家长学校开设的户外活动设施和运动项目与普通学校相比，更加丰富多彩，也更加接近大自然和人类的本真。①

大部分逃学学校和家长学校所使用的教学课程与其他公共学校使用的一样，但是室内外的手工训练课程、军事训练、体育活动等项目在逃学学校里受到的重视程度高于普通学校，这种课程安排形式所取得的良好效果也得到了普遍认可。逃学学校也通过建造具有吸引力的教室和运动场，将学生的注意力从关注充满各种诱惑的街道转移到学校里各种娱乐和学习设施中来。与此同时，每一个逃学学校还应该配备标准的运动场和设施完善的公共浴室，一个强壮、清洁的青少年一定程度上也能够说明他们在心智和道德净化上所取得的进步，而逃学学校严格的学校纪律和常规军事训练也有助于养成青少年的良好生活习惯。此外，游戏和各种活动也应该是逃学学校里的重要活动，尤其是对于那些身体羸弱、有吸烟习惯的学生。逃学学校通过组织学生参

---

① See William Healy and Augusta F. Bronner, *Delinquents and Criminals: Their Making and Unmaking* (New York: The Macmillan Company, 1928), p. 20.

加各种活动，能够培养他们竞争进取的精神，让他们重新找回失去的信心和斗志。足球、篮球、棒球和乒乓球都是十分合适的体育活动项目，以俱乐部、球队的形式将这些体育项目进行组合和分配，也会激发不同学生的组织能力，他们也愿意在定位好自己的角色之后，为球队和学校付出更多的辛勤劳动。他们从中学会了如何更好地组织和沟通，如何将自己融入集体活动。在逃学学校里，那些对学术课程失去兴趣的学生往往对一些工具器械充满好奇，因此具有实践特征的手工训练课程成为培养这些学生职业素养的重要抓手，它能够通过引导学生学习这些课程，更好地帮助他们控制自己的情绪和情感，消除以前的恶习和不良行为。[①] 一般情况下，逃学学校不进行宗教教学工作，除非是公共学校允许的一些宗教教育课程，才会在逃学学校里相应地开设。宗教信仰指导与教学工作对于提升犯错孩子的社会态度具有积极的意义，有些逃学学校会建立一个没有任何宗教派别特征的教堂，在星期日的上午为所有孩子提供宗教教育。有些逃学学校所在市的教育委员会也会根据学生家长的宗教信仰，安排这些学生到社会上相应的宗教机构里接受宗教信仰洗礼，或者安排他们参加一些地方举办的、与其宗教信仰相符的公共的宗教服务活动。[②]

对于一些无任何进步表现和悔改的孩子，逃学学校一直负责对其监管与教育到他们年满 14 岁为止。同时，在逃学学校学习的学生，如果被发现属于难以管教、无可救药的一类，并且对其他学生的学习与生活也造成影响时，这些学生将会被送往一些青少年教养院学校。在逃学学校的这些学生的衣物由其父母或监护人负责提供，教育委员会为这些学生提供其他的一些必需品。由于逃学学校学生群体的特殊性，

---

① See National Educational Association, *Journal of Proceedings and Addresses of the Fortieth Annual Meeting* (Chicago: The University of Chicago Press, 1901), p. 824.

② See T. H. MacQueary, "Schools for Dependent, Delinquent, and Truant Children in Illinois," *American Journal of Sociology*, No. 1(1903): 18.

在相关授课教师的选配和安排上，一般情况下都是由城市里较好的教师来学校承担相关的教学任务，他们所获得的薪水也会高于其他普通学校里同一职位的教师薪水。因此，我们可以看出，逃学学校不是一个刑罚机构，而是公共学校的另外一种形式，通过这种特殊的教育形式对一些逃学学生和难以管教的学生进行专门的教育和训练，从而促使他们顺利地回归到普通学校教育的生活中去。①

逃学学校具有十分巨大的社会价值，正因为这些学校的存在，才将一些可能成为罪犯的青少年挽救成了有用的社会公民。从伦理道德角度来说，社会和家庭应该不惜一切地去挽救这些逃学学生，因为每一分用在逃学学校上的钱都可以在日后用出动更少的警力、建立更少的法庭和监狱来抵消掉。

（三）建立教养院学校

在美国，单独关押青少年罪犯的机构最早被称为感化院，第一所感化院于 1825 年在纽约建立，这所感化院也是美国历史上的第一所教养院学校，被誉为美国青少年社会福利史上的第一个里程碑事件。② 随后，波士顿和费城分别于 1826 年和 1828 年建立这种机构，这些教养院机构的建立也标志着美国青少年司法体系的诞生。上述这些青少年教养机构的建立，也意味着这些城市的社会改革者们充分认识到对青少年犯人进行单独教养的重要性。通过将尚处于青少年阶段的犯人从监狱中与成年犯人隔离开来，将他们置于一个单独的惩罚机构里，并且根据各自的年龄特征和犯罪原因制订出符合不同青少年发展的教育计划，可以有效地达到将他们改造成为具有顺从、诚实、遵纪和勤劳等良好习惯的青少年的教养目的。大部分情况下，这些孩子将以不定期

---

① See T. H. MacQueary, "Schools for Dependent, Delinquent, and Truant Children in Illinois," *American Journal of Sociology*, No. 1(1903): 16-17.

② See Sanford J. Fox, "Juvenile Justice Reform: An Historical Perspective," *Stanford Law Review*, No. 6(1970): 1187.

刑的方式被关押和教养，直到他们达到一定的年龄后，再送到不同的监狱里进行关押。在教养院学校里，孩子们一天通常有6—8个小时的劳动时间，3—4个小时的课程学习时间。[①] 1845—1854年，新奥尔良、辛辛那提、巴尔的摩和圣路易斯等城市，也都建立了单独的、类似感化院性质的青少年教养机构。在不同城市为青少年建立单独的教养机构的同时，一些州也开始建立州立青少年教养机构，马萨诸塞州于1847年在韦斯特伯勒建立了第一所州立感化院学校，取名为莱曼男子感化院学校（The Lyman School for Boys）。到1865年，纽约州、宾夕法尼亚州、缅因州、康涅狄格州、密歇根州、俄亥俄州、新罕布什尔州、威斯康星州和新泽西州都建立了州立感化院机构。[②]

教养院学校在早期主要由一些慈善组织所建立，一些较老的和影响力大的教养院学校都处在私人团体与组织的管理和控制之下，有一些教养院学校在教会的资助下运营。这些私立的教养院学校虽然处在私人团体的管理之下，但是一些州和城市也对这些学校进行资助和拨款，帮助学校解决资金等问题。伴随着教养院学校在各州先后建立，绝大多数的州开始将教养院学校纳入州的公共学校管理体系中去，由州议会通过立法形式保证这些学校的运营和管理，教养院学校的主要负责人员也由州长或者政府其他公职人员进行任命。[③] 不管是由教会、独立的慈善团体组织对教养院学校进行管理和运营，还是由州政府、市政府通过拨付公共财政来开办教养院学校，其目的都是更好地对关押在教养院学校的青少年犯人进行有针对性的改造教育，进而减少犯

① See Alexander W. Pisciotta, "Race, Sex, and Rehabilitation: A Study of Differential Treatment in the Juvenile Reformatory, 1825-1900," *Crime & Delinquency*, No. 2(1983): 257.

② See Alida C. Bowler, *Institutional Treatment of Delinquent Boys: Part I* (Washington, D. C.: U. S. Govt. Printing Office, 1935), pp. 6-8.

③ See David S. Snedden, *Administration and Educational Work of American Juvenile Reform Schools* (New York: Teachers College, Columbia University, 1907), pp. 22-23.

罪行为的发生和控制犯罪率的增长。

教养院学校是按照一个教育机构而不是一个刑罚机构来设计的，意在通过教育改造的方法将那些涉世未深的失范青少年拯救过来，使他们能够重新回归到正常的家庭生活中去。因此在教养院学校里，对青少年犯人进行强迫教育是一项十分重要的工作。即使在一些早期未实施义务教育的州或者城市里，强迫教育在这些州的教养院学校里依然被认为是不可或缺的。教养院学校主要对青少年犯人进行工业教育和文化教育，所关押的青少年犯人一般教养时长为两年。与成人教养院相比，教养院学校有更多的运动场地，青少年犯人之间有更多的交流与互动的机会。由于教养院学校的特殊性，以及大部分青少年犯人被视为是道德和品质的落后者，因此教养院学校与普通学校相比，更加重视青少年犯人的道德教育和宗教教育，以期从道德和精神层面对他们进行改造，使他们在日后能成为一个有用的、具有爱国情怀的合格公民。[①] 迈克尔·卡茨也指出："教养院学校是十分重要的教育类型，因为这类学校是美国各州实施强迫教育类型中最早的一种表现形式。"[②] 而"教养"与"学校"这两个术语之间的关联也进一步强调了这类机构将教育和惩戒置于同等重要的地位，教养院学校和普通学校在立法层面上也受到同样程度的保护。与此同时，由于各州教养院学校或者该类型的学校建立时间和称呼不一，在名称的使用上很难实现统一，有些州称之为工业学校，有些州称之为感化院，还有一些较大的城市称之为青少年庇护所，而绝大多数州称之为教养院学校。这几类学校一般都是由州和较大的市负责建立的，通过拨付公共资金用于学校的运营与管理，男女青少年犯人实行分开关押和管理。

从 1825 年纽约州建立第一所教养院学校开始，到 1916 年密西西比

---

① See The International Prison Commission, *The Reformatory System in the United States* (Washington, D. C. : U. S. Government Printing Office, 1900), p. 226.

② Michael Katz, *The Irony of Early School Reform* (Boston: Beacon, 1968), p. 187.

州最后一个在本州建立教养院学校为止，这一时期各州都先后建立了数量不等的教养院学校。从 1824 年到 1916 年，美国只有 11 个州建立教养院学校的时间晚于该州实施义务教育法的时间，其余各州都在颁布义务教育法之前建立了教养院学校，而这 11 个后建立教养院学校的州中有 8 个州（亚利桑那州、爱达荷州、蒙大拿州、内华达州、新墨西哥州、俄勒冈州、华盛顿州和怀俄明州）都属于远西部边疆地区的州和一些新建立的州，这也说明了各州对于预防青少年犯罪问题的重视程度。①

教养院学校主要负责管理 16 岁以下、犯罪行为情节较轻的青少年犯人，16 岁以上且无悔改表现的青少年犯人将被送往成人教养院监狱进行关押改造。许多教养院学校在建立之初时，未将男女青少年犯人分开关押，而是置于同一个教养院里的不同楼栋，实行统一的管理。然而，由于男女青少年犯人各自不同的生理特征，给管理带来诸多的不便，随后慢慢开始分开关押，分别在不同场地建立不同性别的教养院学校，实行不同的管理方式。② 美国第一所女子教养院学校于 1856 年在马萨诸塞州的兰卡斯特市建立，兰卡斯特女子教养院学校是美国第一所村舍式的、拥有小建筑屋的学校，取代了以前的集体宿舍或者是狭窄的小黑屋模式。其所关押的女青少年犯人年龄大致在 8—15 岁，关押人数限制在 60 人以下，对象多为犯罪情节较轻者和一些难以管教的女逃学学生。在这所教养院学校里，对女青少年犯人进行教养是最根本的任务。教养院学校通过采取文化教育、宗教洗礼和一些家政艺术方面的课程培训等措施对她们进行改造，使她们在离开学校后能找

---

① See John G. Richardson, "Common, Delinquent, and Special: On the Formalization of Common Schooling in the American States," *American Educational Research Journal*, No. 4 (1994): 704.

② See David S. Snedden, *Administration and Educational Work of American Juvenile Reform Schools* (New York: Teachers College, Columbia University, 1907), p. 123.

到合适的工作，也为她们以后的婚姻及成为人母做最好的准备。[①]

在青少年教养院学校里，教养院一般从身体、道德、职业和文化这四个方面对青少年犯人进行教养和改造。在青少年犯人的身体机能培养方面，由于绝大多数送至教养院学校看管的青少年犯人都是营养不良、无良好卫生习惯的青少年，与正常的青少年相比，他们在很多方面都呈现出发育不良的迹象。因此，教养院学校首先需要让他们形成健康的饮食与规律的作息习惯。健康且有营养的食物、正常的工作与休息安排及定时的身体清洁，都有助于青少年保持健康的身体。与此同时，教养院学校还要求学生参加军事训练和相关的体育活动，以此来提高他们的身体机能，确保他们拥有健康身躯。教养院学校在要求青少年犯人参加各种形式的身体锻炼之后，青少年犯人的死亡现象很少发生，身体犯病的概率也大大减少，偶有得肺结核的犯人也是在进入教养院学校之前就已经感染上了。这与他们在未被关押到教养院学校之前绝大多数患有各种疾病的状况相比，身体机能和健康状况都有了明显的改善和提升。在教养院学校为青少年犯人所提供的文化教育方面，由于教养院学校学生来源的特殊性，文化教育所占据的比重与普通学校相比略有降低，一般每天会安排 3.5 个小时到 4 个小时的文化课学习时间。在课程的教学上，也主要将教学重点放在阅读、写作和算术这三门主要科目上。之所以将这三门课程作为教养院学校的主要科目，首先是因为绝大多数被关押在教养院的学生都明显表现出这方面知识的缺乏，其次是因为这三门课程能够保证这些青少年犯人在一个具有课堂氛围的环境中学习，确保了课程教学的有效性。与此同时，教养院学校的教师拥有比普通公共学校教师更多的权利，因为这些教师掌握着学生成绩的好坏，而学生成绩的好坏决定着这些青少年

---

① See Theodore N. Ferdinand, "Juvenile Delinquency or Juvenile Justice: Which Came First?," *Criminology*, No. 1(1989): 91.

犯人是否能够被早日释放。因此很多教养院学校的学生学习都非常刻苦，这些现象在公共学校里反而很难发现。由于教养院学校的学生经常需要与外界进行通讯，而在当时通讯主要通过写信的形式进行，同时这些学生在上课时也习惯于机械地模仿教师所传授的写作方法，这都促进了他们写作水平的快速提升。在上述三门主要的课程之外，有些教养院学校也提供音乐教育课程。音乐课程的教学一方面可以使教养院学校充满着活力和生机；另一方面在一些重要的宗教节日和仪式上，也可以增加活动的气氛。在 1900 年以后，现代教养院学校基本上都提供音乐教育方面的课程教学。① 文化教育的师资方面，一般都是由公共学校训练有素的、教学成绩优异的教师到教养院学校来授课，以期最大限度地确保教学的实效性。在课程教学的方式上，设计教学法（Project Method）是最常使用的一种方法。通过文化教育，教养院学校期望能够最大限度地激发青少年犯人的想象力、好奇心和持久的学习兴趣。② 在教养院学校提供的宗教教育方面，一般教养院内部都有教堂等宗教仪式场所，由于不同青少年宗教需求的差异性，教养院学校没有统一的宗教教育课程和宗教仪式。较大的宗教派别，例如天主教和新教，教养院学校在周末和学生有需求的时候，会提供这些教派的宗教服务，也会安排专门的牧师为有宗教需求的青少年犯人提供宗教帮助。在为犯人所提供的职业和工业教育方面，男女犯人实行分开教育。在 1883 年之前，手工训练这个概念还未在美国教育领域广泛传播，因此这个概念对于教养院学校来说也是极其陌生，但是教养院学校所开设的职业教育课程和举办的各种实践活动都凸显了这些课程和活动

---

① See David S. Snedden, *Administration and Educational Work of American Juvenile Reform Schools* (New York: Teachers College, Columbia University, 1907), pp. 158-160.

② See American Correctional Association, *Proceedings of the Annual Congress of the American Prison Association* (New York: Wynkoop Hallenbeck Crawford Co., 1921), p. 171.

所具有的教育功能。[①] 这些工业教育和职业教育课程的开设，一方面可以让一些青少年犯人在释放之前学到一些谋生的本领；另一方面通过让他们长时间接触贸易教育和工业教育课程来培养他们勤劳和动手的好习惯，这些习惯对于他们以后的道德和心智训练也都极其重要。

此外，由于男女青少年犯人身体机能的差异性和个人职业兴趣的多样性，教养院学校在为所有学生提供基本的教养计划之外，还为女青少年犯人设置了更加符合她们身体特质的教育课程。在女子教养院学校里，绝大多数的学校都提供一些家政工作的课程教学，以及行之有效的工作实践机会，例如缝纫、洗衣、烹饪、刺绣、保洁等家政课程。这些犯人在被释放之后，也会继续从事这方面的工作，确保了手工技能的延续性和收入的稳定性。几乎所有的女青少年犯人在获得假释或被释放之后，都期望依靠自己在教养院学校里学到的技能来维持自己的生计，因此绝大多数的人都选择了家政行业的工作。在有些工业较为发达的州，很多女青少年犯人直接被安排到工厂工作，这类犯人接触家政课程的机会就少了很多。也有极少数的女青少年犯人掌握了打字和速记的技能，释放之后从事了文员工作。然而，由于各州、各市工业情况和区域位置的差异性，以及不同犯人年龄、能力的不一致性，很难精确地统计出她们在教养院学校里接受的具体职业培训情况，我们只能说这些女青少年犯人根据教养院学校的课程安排，结合自身的年龄、能力和需求，接受了符合教养院学校实情和自身发展的工业教育培训和职业技能培训。[②]

教养院学校关押的犯人一般为年龄在 10—16 岁的青少年犯人，一些学校也接收一些年龄高达 18 岁的犯人，但这些学校依旧会按照成年

---

① See David S. Snedden, *Administration and Educational Work of American Juvenile Reform Schools* (New York: Teachers College, Columbia University, 1907), p. 74.

② See David S. Snedden, *Administration and Educational Work of American Juvenile Reform Schools* (New York: Teachers College, Columbia University, 1907), pp. 83-84.

人监狱管理的方式对年龄超过 16 岁的犯人进行管理。这些学校的建筑设施和其他的一些设施都有特别的规定，开展的相关教育包括宗教教育、职业教育、道德教育、军事训练、文化教育等。教养院学校所看押的男女青少年犯人的时长一般都在两年左右，一些年龄稍小和一些经过教养后悔改迹象不明显的青少年监押的时间会更长一点。这些青少年犯人一旦被释放之后，有的回到了父母身边，有的回到了亲戚家里，还有的一些回到了对他们有监护权利的家里。与此同时，教养院学校对这些青少年进行教养，当他们重新回归到社会后，是否已经改过自新？教养改造的效果如何？他们是否能够抵抗住社会的各种诱惑，发挥自己在教养院学校所形成的勤劳品质和学到的生活技能，合法地开启自己的新生活？绝大多数教养院学校提供的数据显示，大部分的青少年犯人在被释放之后，通过自己的诚实劳动和辛勤付出，成了合格的社会公民。这些调查结果的来源，也主要依据释放后的青少年再次被逮捕或者再次入狱的情况来进行统计汇总的。此外，1899 年之后兴起的青少年法庭运动和缓刑制度，对教养院学校更好地改造青少年失范者和降低青少年犯罪率都起到了很好的补充作用。

伴随着假释制度和不定期刑制度的推行，所能获得的关于教养院学校在改造青少年犯人所取得成效方面的数据也更加精确和可靠，尤其是在一些比较大的州。罗得岛州慈善和矫正委员会（The Rhode Island Board of State Charities and Corrections）在 1903 年发布的报告显示，在过去 7 年里，该州的男性青少年教养院学校共计释放了 1962 名青少年男子，这其中只有 68 人因再次犯罪而被关进牢房和监狱，再次犯罪的人数比例不到 3.5%。印第安纳男子青少年教养院学校在对 1890 年 10 月 1 日到 1900 年 10 月 1 日这 10 年释放的 2132 名青少年犯人进行调查后得知，1269 名青少年回信说工作得很好，650 名青少年未回信，152 名青少年因再次犯罪而被关押进监狱，还有 61 名青少年去世。根据这些已经收到的回信可知，即使把未回信的 650 名青少年算为再次犯罪的人，这 10 年间释放的青少年犯人中也有 60%的人开启了正常的生活。如果保守地将 650 名未回信的青少年中的一半视为合格公民的话，这也有 75%的青少年经过教养院学校改造后成了合格的公民，这个数据还没有将 61 名去世的青少年算进去，如果那样的话，改过自新的青少年比重会更高。如果将上述调查日期往后延至 1901 年 10 月 31 日的话，那么在过去 11 年里，调查委员会所获得的数据显示，被假释释放的青少年中有 84%的人走上了正轨之路。康涅狄格州男子教养院学校在 1905 年时的统计数据显示，被假释的 322 名男青少年失范者中，有 28 名下落不明，3 人去了其他州，4 人参军，另外的 287 人在各行各业工作，这其中有 56%的青少年在工厂工作或者从事贸易工作。同时，这全部的 322 名男青少年犯人中，有 278 名、占比为 86%的人工作得很好，有 36 名、占比为 11%的人生活状态还不明确，有 8 人再次犯罪。根据罗得岛州的一所女子教养院学校在 1882—1904 年的统计数据，所关押的 490 名女青少年犯人中，有 444 名被释放，这 444 人中有 13 人因再次犯罪而被关进监狱和教养院，但没有被送往州立监狱的。数据还显示，这一期间有 25 人因为不接受管教而被送往教养院监狱接受更加严厉的教养。康涅狄格州女子工业学校 1904 年的假释记录显示，在过去 10 年里，有 509 名女青少年犯人获得假释资格而出狱，这其中有 87%的女青少年犯人开启了正常的生活。①

（四）开展游戏和场地活动运动

在童年和青少年时期就养成良好的娱乐习惯，有利于避免在后期的社会生活中出现各种麻烦。通过对大量违法者进行的跟踪调查显示，大部分违法者所选择的娱乐方式与地点有一定的趋同性。绝大多数的青少年犯人的反社会行为都是从赌博或者参与赌博中所获得的快乐开

---

① See David S. Snedden, *Administration and Educational Work of American Juvenile Reform Schools* (New York: Teachers College, Columbia University, 1907), pp. 179-191.

始的，还有一些属于对女性的欲望和占有欲，以及一些酗酒行为等。与此同时，在城市规模和城市人口数量增长的同时，城市却未能为青少年提供充足的娱乐场地以及一些有利于他们健康成长的娱乐活动，这都有碍青少年健康生活习惯的形成。因此，在城市里通过提供有组织的娱乐活动和充足的娱乐场地被视为促进青少年健康成长的重要举措。

在美国，第一个专为儿童设计的活动场地最早出现在波士顿，它是1886年由儿童团（Children's Mission）筹建的。1893年，费城出现了两个私人的夏季活动场地；1894年，普罗维登斯筹建了一个沙地活动场地；1897年，芝加哥也建立了一个夏季活动场地。而第一个公共的活动场地位于芝加哥，它是1898年建立的。到1911年，257个城市报道已经有1543个活动场地投入使用，还有75个城市也建立了活动场地，但没有进行报道。1911年以来，活动场地的数量得到迅速的增加，在当时有组织的游戏和活动场地已经普遍成为对儿童进行适宜教育的重要组成部分。这一时期，出现的另一项与儿童福利相关的教育发展，就是成立假期或者暑期学校（Vacation or Summer School）。第一家有记录记载的假期学校是1866年由原来的波士顿第一教堂兴建的，是一所私立性质的学校，其目的是让儿童不要在街道上无所事事，希望能够让他们受到好的影响。① 在美国，第一个公开报道、提议建造暑期学校的城市是马萨诸塞州的剑桥市。1872年，剑桥市的学校委员会提出需要建立这样一种学校来解决孩子因暑假不上学而整天在街道上四处闲逛的问题。在漫长的暑假里，孩子们长时间在街头闲逛，外加上城市街道的混乱性和复杂性，他们很难得到一些正确的教导，反而会萌生一些不良的念头，甚至滋生一些犯罪问题。这个需求提出之后，在

① 参见埃尔伍德·帕特森·克伯莱《美国公共教育：关于美国教育史的研究与阐释》，陈露茜译，安徽教育出版社，2012，第316页。

当时并未得到市政当局的批准。第一个真正建立假期学校的城市是波士顿，该市于 1885 年建立了第一所假期学校。之后，纽约市于 1894 年、克利夫兰和布鲁克林于 1897 年也建立了这种类型的学校。到 1898 年，芝加哥也建立了假期学校，芝加哥建立的这种假期学校后来成为其他城市建立类似学校效仿的主要模板。①

芝加哥市将大部分的暑期学校建立在人口稠密的城市区域，对报名参加暑期学校的学生人数进行一定的限制，按照先报名先获得入学资格的办法进行登记注册。其中一个暑期学校的校长在公开报道中曾指出，辖区内的学生家长们对于这种学校给予了极大的工作支持。有一些学校由于排队报名的人数过多，而学校所能接纳的学生人数又有限，只好请求警察来帮助劝说那些未能将自己孩子送进暑期学校的家长离开学校的大厅，有些家长甚至强烈地认为他们的孩子必须要获得录取资格。芝加哥暑期学校之所以能成为其他城市模仿的主要类型，主要是因为学校里开设的课程具有较强的吸引性。芝加哥暑期学校的课程主要由约翰·杜威设计，包含了远足和在大自然中学习两个部分，后一部分又包含自然研究、用彩笔描绘大自然、音乐教育、体育和游戏活动、裁缝和手工训练教育等。学校通过远足活动，也第一次让这些贫民窟的孩子真正走出了嘈杂和恶劣的城市环境，真真切切地感受到大自然之美。② 在圣路易斯市暑期学校，开设了大量的家政工作方面的课程来满足学生的不同需求。与圣路易斯市相比，克利夫兰市的暑期学校更加强调学术课程的教学，克利夫兰市的中心中学和 6 所语法学校为那些在正常学年的学习中表现较差的学生提供了课程补习教学和课程巩固教学，其招收的对象大都是小学五年级以上的学生。此外，

---

① See Joel H. Spring, *Education and the Rise of the Corporate State* (Boston: Beacon Press, 1972), pp. 65-66.

② See Joel H. Spring, *Education and the Rise of the Corporate State* (Boston: Beacon Press, 1972), p. 66.

克利夫兰暑期学校还在单独的学校里为不同年级的学生提供幼儿园课程、小学课程和一些手工训练课程，来满足他们的不同需求。在克利夫兰和匹兹堡，一些暑期学校还与城市的公共图书馆进行合作，公共图书馆通过委派一些训练有素的、喜欢与学生交流的图书讲解员给暑期学校的学生讲解文学方面的知识，并且通过分发一些图书资料等来丰富暑期学校的业余生活。在纽约市，在暑期学校教师的引导下，学生们获得了前往不同的历史遗址参观和学习的机会，学生们通过参加这些活动，能够更加直观地感受城市的发展历史，记忆也会更加深刻。大部分城市的暑期学校长达 6 个星期，有些城市的暑期学校仅仅持续 5 个星期，有些城市的暑期学校长达 8 个星期，例如克利夫兰市。①

除了通过远足将孩子从城市带到大自然和乡村环境中之外，也可以把农村的一些事物以缩影的形式带到城市，这种形式在当时主要通过为城市里的孩子提供一块块的小沙地供他们玩耍体现出来。在 19 世纪 80 年代，美国城市公园和游戏场地的陆续建立一定程度上成为解决当时城市社会问题的重要手段，这种建立公园和游戏场地的运动的开展首先通过在城市里建立一块块小沙地供孩子们玩耍开始。1885 年，波士顿最先在城市里开辟出小沙地供孩子们玩耍，而 1904 年芝加哥公园系统的建立则使这一运动达到了高峰。公园和游戏场地建立的最根本动机就是通过为孩子提供一个健康的游戏场地而使他们远离城市街道和贫民窟的不良影响，进而减少犯罪行为的发生。1885—1895 年，波士顿、芝加哥、纽约、费城、普罗维登斯等主要城市都在拥挤的街区开辟出一块块空沙地供孩子们在放学后和休息日里玩耍，这些空沙地里所设计的游戏主要适用于 12 岁以下的儿童玩耍。1896—1898 年，匹兹堡、布鲁克林、巴尔的摩、密尔沃基、克利夫兰、明尼阿波利斯、

① See Clarence Arthur Perry, *Wider Use of the School Plant* (New York: Charities Publication Committee, 1910), pp. 123-129.

丹佛等城市也都非常明确地提出要在贫民窟地区和城市居民密集区开辟出一块块的空沙地供孩子们玩耍。到 1899 年，波士顿市开辟的沙地游戏场地已达 21 块，其中有 1 块在学校里，这一年城市委员会共计拨款 3000 美元，用于支付这些场地的建设和修补费用。① 同时，游戏运动的倡议者们也认为街道过于狭窄，夏天很热，冬天很冷，街面不干净，路面凸凹不平，不适合开展游戏活动，他们甚至认为孩子们长期在街道上玩耍，对他们的健康、生活习惯和道德行为都有很大的潜在危险，而且因孩子在街道上玩耍而导致的交通事故和伤亡事件也多有发生。此外，通过开辟大量沙地供孩子们在暑假、周末及上学日放学后玩耍，将他们从嘈杂、拥挤和充满诱惑的街道上吸引到沙地上来开展游戏活动，也是减少青少年犯罪率和降低工厂周边恶劣环境影响的重要举措。游戏运动的另外一个主要成果是学校需要负责城市儿童放学后的游戏活动。比如，1901 年，波士顿学校委员会决定对所有的场地进行自主管理；1895 年，纽约市小公园顾问委员会主席让警察把青少年犯罪的高发区在地图上标记出来。当他们发现所有新建公园的地区的犯罪率下降时，他们就加速公园建设。他们还促使纽约市通过了一项法规，法规要求：纽约市所有学校都要有露天运动场，否则不允许建校。②

在各城市不断为儿童提供游戏场地的同时，为其他年龄阶段的人提供运动场地的活动在美国的一些主要城市也在如火如荼地开展。在不断增加运动场地的过程中，除了为更多的人提供娱乐和体育运动项目之外，还给参加活动的人传授了如何保持良好卫生习惯方面的知识，并且建设专门的游乐场和洗浴设施供他们使用。到 19 世纪 90 年代，场

---

① See Clarence E. Rainwater, *The Play Movement in the United States : A Study of Community Recreation* (Chicago: The University of Chicago Press, 1921), pp. 23-51.

② 参见乔尔·斯普林《美国学校：教育传统与变革》，史静寰等译，人民教育出版社，2010，第 296 页。

地运动也逐渐扩展到为更大年龄的孩子提供游戏场地的阶段，同时也通过建立公园来供成年人休息和娱乐，使他们能够尽可能地远离贫民窟拥挤和嘈杂环境的影响。与此同时，城市也通过捣毁一些住宿环境极其脏差的贫民窟建筑，并且在原有的地基上建起公园来丰富居民的业余生活。这种行动在纽约市体现得最为明显，这主要也与雅各布·里斯的大胆揭露和持续的呼吁呐喊息息相关。纽约市政当局通过拆迁一些生活环境极其脏乱的贫民窟，将其捣毁并在原有土地的基础之上建立起公园来改善周边居民的生活环境，这种行动在一定程度上也降低了城市的犯罪率。雅各布·里斯在1900年指出，15年前在曼哈顿的桑本德（Mulberry Bend）地区，几乎每个星期天都会有一起杀人案件发生，而当公园代替了原来的贫民窟之后，这一地区的犯罪案件鲜有发生。他还进一步指出："在桑本德贫民窟被一所公园代替之后的两年里，我作为警方的报道记者被召集到这一地区报道相关犯罪案件的次数仅有两次。这不是说犯罪现象转移到其他地方，而是说在光明的照耀下，邪恶的犯罪行为自然隐藏起来了。这一切在过去的贫民窟时代，在不见光明的贫民窟里，谋杀和抢劫、团伙犯罪等见不得光明的行为都会滋生开来。"① 1898年，在纽约市教育委员会的努力下，纽约市还开放了31个运动场地供社区居民和学生使用，这一举措也拉开了城市开放运动场地的改革大幕。1899—1906年，美国有25个城市提供运动场地供居民们运动和娱乐使用，而当1906年在华盛顿特区成立美国运动场地与娱乐协会（The Playground and Recreation Association of America）之后，仅在1906—1910年，就有55个城市开辟出运动场地供城市居民运动和娱乐使用，达到了这一时期场地运动发展的第一次

① Jacob A. Riis, *A Ten Years' War: An Account of the Battles with the Slum in New York* (Boston: Houghton, Mifflin and Company, 1900), pp. 201-202.

高峰。①

与此同时，在1898年，波士顿市政当局还专门成立了负责管理城市居民洗浴问题的部门，这个部门负责管理波士顿的海滩、水上浴室和市政浴室。到1898年，波士顿在城市的体育馆里已经建造了14个水上浴室、2个游泳池和7个大型的淋浴室。纽约市最早于1876年就建造了水上浴室，到1889年，水上浴室的数量已达到15个。到19世纪90年代，纽约发起了一场建造室内淋浴室的运动，因为这些淋浴室在冬季比水上浴室更实用。在1900年时，纽约市还计划建造一座市政大楼。在这座大楼里，将修建一个大型的室内淋浴室，一天能为2000位男性和900位女性提供洗浴服务。在城市的市政部门通过建立公共浴室为民众提供洗浴服务的同时，学校也开始建立为学生服务的公共浴室，公共学校增设供学生洗澡使用的公共浴室也标志着学校逐渐成为一个社会机构。1889年，波士顿市的一所学校开始在学校里建造公共浴室。② 纽约市于1900年开始在学校里建立公共浴室，到1906年已经有15所学校建立了公共浴室。1907年，匹兹堡的教育委员会也在位于河边的学校里建立了公共浴室。③ 1900年以后，几乎所有的大城市都建立了市政公共浴室和学校浴室，尽可能地为居民和学校学生提供淋浴服务。这些公共浴室和学校浴室的陆续建立对于生活在贫民窟的孩子来说，也有效地解决了他们的个人卫生问题。

1906年，美国运动场地与娱乐协会在华盛顿特区成立，该协会的名誉主席和副主席分别为西奥多·罗斯福和雅各布·里斯，这个协会

① See Clarence E. Rainwater, *The Play Movement in the United States: A Study of Community Recreation* (Chicago: The University of Chicago Press, 1921), pp. 19-21.

② See Joel H. Spring, *Education and the Rise of the Corporate State* (Boston: Beacon Press, 1972), pp. 67-68.

③ See Edward A. Krug, *The Shaping of the American High School* (New York: Harper & Row, 1964), p. 261.

的建立也象征着美国在公园建设和娱乐设施建设方面所取得的巨大成效。1907 年，协会还特意在芝加哥举办了第一届游戏大会，主要是为了纪念芝加哥市从 1905 年开始运营并取得巨大成功的公园系统。芝加哥公园系统涉及在城市居民密集区周边建立的 10 个公园，以及公园里包含的单独的室内体育馆和室外设施，等等。在室内体育馆里，有男女分开的各种运动项目俱乐部、更衣室、浴室和公共图书馆的一个分支阅览室等。室外设施包括适用于儿童玩耍的运动场、浅水池和游泳池、男女分开的室外运动场、一个音乐厅、一个喜剧舞台和一个公共餐厅。在 1910 年时，纽约市学校的运动场地在相关组织和人员的监管下，在学生放学后和暑假，依然对外开放，供周边居民娱乐和休闲使用。1917 年，运动场地与娱乐协会的组织者、哥伦比亚特区前任操场总监亨利·柯蒂斯在总结美国兴起的建立操场和公园运动时指出，大量建立运动场地和公园的第一个目的就是满足孩子和成人基本的锻炼需求。在拥挤的城市环境里，成人和孩子都需要新鲜的空气和充足的锻炼来减少精神上的压力，伴随着城市规模的快速增长而带来的急剧增加的精神疾病问题，以及人口的快速流动而带来的其他神经系统方面的问题。与此同时，场地和游戏运动最主要的目标在于帮助孩子逃离街道环境对他们所产生的不良影响，希望通过提供这些设施能够让他们远离邪恶和堕落，最终达到减少城市犯罪和青少年犯罪的目的。因为无事可做的儿童在闲暇时很容易染上恶习，尽管警察队伍和有效的缓刑制度迅速发展，但犯罪问题仍不可避免。①

游戏和场地运动的大力开展，有效降低了青少年犯罪率。根据阿伦·伯恩斯（Allan T. Burns）对芝加哥市一些配备有游戏和运动场地地区的青少年犯罪记录进行系统调查和对比分析后发现，提供游戏和

---

① See Joel H. Spring, *Education and the Rise of the Corporate State* (Boston: Beacon Press, 1972), pp. 68-69.

运动场地地区的青少年犯罪率都有不同程度的降低，下降比例从 28%到 70%不等，平均降低了 40%左右。堪萨斯市的一名法官指出，在他的法庭所管辖的区域配备了一个运动场地之后的 5 个月里，法庭审理的青少年犯罪案件减少了 75%。辛辛那提市的一位法官指出，在那些建造了游戏和运动场地的地区，需要青少年法庭对一些特殊孩子进行监督和管理的需求急剧降低，这基本上属于一个特定的事实。华盛顿特区的一位法官也宣称，在提供了运动场地的地区，违法犯罪的案件明显减少。与此同时，在城市里提供用于孩子玩耍的游戏和运动场地所能产生的另外一个积极作用，就是最大限度地避免了孩子伤亡事故的发生，因为之前因孩子在街道上玩耍而发生的汽车和火车撞人事件，以及在一些危险的水域里游泳而导致溺水身亡的事件频现。罗切斯特市的一名法医所提供的记录显示，在该市提供了运动场地，以及安排了专人对游泳池进行管理之后，因不同事故而致死的人数急剧减少。在 1905 年，仅仅有 3 人因为在河渠和其他水域游泳而导致溺水身亡，而在之前的年份里，每年都有 15—20 人身亡。游戏场地和运动场地的大量建立，也是一些大城市对来自不同国家的外来移民进行美国化教育的重要手段之一。在芝加哥市的城西地区未能配备充足的游戏和运动场地之前，几乎每周六的下午，都能看到意大利民族的孩子和来自斯拉夫民族的孩子相互争吵和摔打，因种族和互相歧视而导致的争吵和斗殴等社会问题十分常见。而当这里建立了一个运动场和娱乐中心之后，每周六的下午都可以看见在游泳场的门口排起的长长的队伍，队伍中既有意大利人、斯拉夫人，也有匈牙利人、爱尔兰人和德国人，他们在和睦友好中等待着进场玩耍。而在另外一个篮球场地里，一个德国人、一个犹太人、一个波兰人和一个爱尔兰人在同一组里，他们团结一致地与另外一队进行对抗，并最终取得了胜利。①

三、高等教育机构的努力

任何犯罪行为的产生与延续都与一定的犯罪动因息息相关，而对于犯人的犯罪动因和特征进行分析和研究将有利于运用科学知识来预防犯罪。掌握犯罪学知识虽然不能直接阻止个体犯罪行为的产生，但能够以一种更加理智的态度去认知他人的犯罪动因和各种犯罪行为。在 19 世纪末期，整个美国的犯罪研究从本质上来说还只是个实践话题，犯罪的理论基础与概念框架尚未真正形成，一些理论性的研究结论也主要采纳了欧洲一些国家的研究成果，无明显差异的折中主义思想主导着美国本土的犯罪学研究。在 1870 年之前，具有美国特征的犯罪学研究读本屈指可数，各种各样研究犯罪的机构与协会也未能创办自己的专业期刊。高等教育机构里的法学系和社会学系除了对犯罪进行简单的描述与分类之外，鲜有更深的研究成果发布。美国第一批对犯罪进行研究并出版相关著作的研究者们基本上都是医生，本杰明·拉什、艾萨克·雷（Isaac Ray）、汉密尔顿·韦（Hamilton Wey）等都是其中著名的代表，不过他们也是借用欧洲的研究方法和理论框架，将在美国获取的数据填充进去，形成一些初步的研究成果和结论。这其中意大利著名的犯罪学家切萨雷·龙勃罗梭（Cesare Lombroso）是对 19 世纪末期美国犯罪学发展影响较为深远的一位犯罪学家，特别是在 1911 年他的作品被翻译成英语之后的一段时间里。②

---

① See Clarence Arthur Perry, *Wider Use of the School Plant* (New York: Charities Publication Committee, 1910), pp. 175-177.

② See Anthony Platt, "The Rise of the Child-Saving Movement: A Study in Social Policy and Correctional Reform," *The Annals of the American Academy of Political and Social Science*, No. 1(1969): 22-23.

在学习与借鉴欧洲的研究成果的基础之上，美国的社会学家们也在为建构和形成具有美国特色的犯罪学理论基础与概念框架而上下求索，这种属于本国特色的犯罪学研究应该由哪些机构承担起研究责任？所形成的犯罪学知识又由谁负责进行传播与讲授？社会改革者们纷纷认为高等教育机构应承担起这个重任，高等教育机构应该尽其所能提高在犯罪学方面的研究能力和基本知识的教学能力。

为了调查和分析美国大学和其他高等教育机构在当时为解决社会所出现的各类成年人和青少年犯罪问题所做出的贡献，以及在各自的机构里进行了哪些教学来直接或间接地帮助人们更好地理解所出现的各类犯罪问题，美国刑法与犯罪学研究学会（American Institute of Criminal Law and Criminology）专门成立了一个委员会去调查和分析犯罪学在高等教育机构里的教学与研究情况。该委员会经过调查后，于 1918 年发布了《论高等教育机构里的犯罪学教学》（“On the Teaching of Criminology in Colleges and Universities”）报告。报告显示，不管是大学还是各类文理学院，它们都正在为犯罪学教学与研究做出应有的努力。例如，芝加哥公民与慈善学校（Chicago School of Civics and Philanthropy）、纽约慈善学校（New York School of Philanthropy）、纽约市警察学校、伯克利市警察学校以及各类的犯罪学和心理学实验室和医院等，都在为犯罪学的教学与研究做出各自的努力。总体来说，在文理学院类型的机构里，犯罪学教学大都被包含在社会学系和政治科学系的课程教学计划中，一般未设有单独的犯罪学教学机构，授课的主要内容为犯罪原因、青少年犯罪预防和罪犯矫治学等，课程的教学难度和深度都一般，同时这一类专业的师资也极为缺乏。在一些较大规模的高等教育机构里，犯罪学相关的课程计划和教学安排得更加科学合理，其也提供较为系统和完整的犯罪学知识，也愿意在预防社会犯罪方面进行更多的努力。这类大学一般都开设犯罪学、矫正学、犯罪统计学等课程。同时，与犯罪密切相关的一些知识，例如青少年法庭法、缓刑、教养条例等，都可以通过课程学习和教学实践来加以认识和理解。在犯罪学的教学与研究方面，哈佛大学法学院的刑罚教学方法算是比较接近理想的改革状态。明尼苏达大学和西北大学的法学院要求学生必须具有在实践中处理一些犯罪行为的经历，这种要求也算是一种新的教学改革尝试。加利福尼亚大学在1916年、1917年、1918年这三个连续学年的夏季学期均开设了心理学、病理学、犯罪社会学等犯罪学方面的系统课程，为课程修读者提供了系统的专业指导和课程知识。这些大学的教学改革与创新为那些日后从事律师、缓刑官、法官、狱警、犯罪统计员等职业的学生提供了未来职业所需的、最为专业的知识储备和从业指导，从专业的角度为更好地预防犯罪和降低犯罪率做出铺垫。还有一些心理学和临床医学实验室也为犯罪学教学与研究做出了直接的贡献。例如芝加哥大学、斯坦福大学和哥伦比亚大学等都在自己的教育系里建立了类似的实验室，而宾夕法尼亚大学则将这种类型的实验室建在了心理学系。分布在不同院系的这些实验室既对青少年犯罪问题进行研究，也对普通学校里的学习成绩不太好的学生和落后生开展调查分析，以期尽量使研究成果具有科学性。斯坦福大学的研究人员甚至将研究足迹遍布州里的各个监狱，特别是圣昆廷监狱。这些实验室也通过出版重要的研究成果和发布最新的研究报告等形式来吸引学生的注意力并获得社会改革人士的支持。①

在各种类型的高等教育机构为犯罪学的发展做出巨大贡献的同时，美国刚出现的警察学校也在努力地为那些走在解决犯罪危机最前线的警察群体提供犯罪学方面的知识。在处理社会犯罪问题时，警察往往处于事态发展的最前哨，警察也通常会成为与违法者接触的第一人。

---

① See Robert H. Gault, "On the Teaching of Criminology in Colleges and Universities," *Journal of the American Institute of Criminal Law and Criminology*, No. 3(1918): 355-359.

在这样的前提下，警察如果能够运用基本的犯罪学知识去洞察嫌疑人的犯罪特征与动机，那么对于更好地处理犯罪危机和后期对犯人进行有效改造将会带来莫大的帮助。不过，这一时期美国在这方面所取得的进步远远滞后于欧洲等国，运用科学的方法与知识对警察系统的工作人员进行系统培训将会有效地提高他们解决和处理犯罪问题的能力。在 1914 年至 1915 年冬，纽约市的失业危机达到了高峰期，无数警察主动走上街头帮助失业人员和贫困潦倒的乞讨者们找寻新的工作机会，这一举动在当时虽无法实质性地解决尖锐的工业危机形势，但对于预防犯罪问题的发生却是一个非常理性的举措。换句话来说，当警察知道意志薄弱的人与犯罪之间具有密切关系时，或者说警察具备判断意志薄弱的人更会走上犯罪道路方面的知识时，这将有助于帮助他们发现潜在的、有精神缺陷的犯罪嫌疑人，也能帮助他们化解一些潜在的犯罪行为。一个懂得如何运用犯罪学的知识和方法去发现和处理犯罪问题的警察，在日后办案过程中，将会展示出他与普通警察在处理犯罪问题方式上的差异性。在美国，加利福尼亚州伯克利市的警察部门在运用犯罪学知识去处理和预防犯罪问题方面走在了各州的最前列，这一殊荣的获取与伯克利市第一任警察局局长奥古斯特·沃尔默（August Vollmer）的个人努力密不可分。1908 年，奥古斯特·沃尔默担任伯克利市的警察局长，奥古斯特·沃尔默也是美国警察局长中第一个要求入职警察队伍的人员必须具有大学层次学历教育的局长，他同时还建议伯克利市的加利福尼亚大学开设刑事司法方面的课程，为辖区内的警察提供专业的法学知识。在之后的 10 年里，加利福尼亚大学的相关院系陆续为伯克利市的警察部门提供了一些他们所需要的课程，这些课程包括基本的证据规则（elementary rules of evidence）、一般的证据原则（general principles of evidence）、刑法、生理学入门（elementary physiological）、急救与社会卫生学、寄生虫学、基础心理学、精神病学、生理缺陷与犯罪关系学、犯罪的社会动因等。同时，在开设相关专业课程的时候，大量的实验室工作与专业知识讲授穿插进行，这有利于课程修读人员更加直观地感受和消化相关理论知识。伯克利市的举措与经验经过介绍与宣传后，成了美国其他城市警察局工作与学习的重要模板。在专业的警察学校管理方面，纽约市警察学校在该市前任警察局长亚瑟·伍德（Arthur Woods）的管理之下，成了这一时期警察学校中的典范，这所学校也承担着对纽约市警务人员进行培训和培养新警察的工作任务。在美国其他一些城市，有的要求新入职的警察必须接受为期 30 天的专业课程知识培训。有的城市警察部门与法院等司法部门进行紧密合作来获取这些部门下属的精神病实验室里的大量实验数据，通过对这些数据进行分析以及结合一些现场演示来帮助城市警察更好地理解犯罪行为与犯罪原因之间所暗含的一些内在联系，提高他们对不同犯罪行为的理解力。有的城市每天早上在警察局总部组织一队人站在警察面前，让他们从中辨认出潜在的罪犯，以期通过这种挑选辨认实验来有效地帮助警察们更加准确地识别出犯人，培养他们的警觉意识和辨认能力。奥古斯特·沃尔默局长也一直认为，警察应该接受像心理学家、律师、医生这些专业人员一样的专业训练，这样才能为他们以后的社会工作提供帮助与做出准备。同时，每所州立大学都应该设立犯罪学方面的教授席位，而每一个从事警务工作的人员都应该在指定的教育机构里获得从事这一职业所必需的学历与资质后，才能被委任到相关的工作岗位上去。①

此外，在面对犯罪问题时，社会公众也应该以一种更加开放的心态，从立法的、教育的、心理的及其他的角度更加理智和科学地去探寻犯罪的真实原因，并采取有效的措施去预防一些犯罪行为的发生。因此，为了满足上述要求，高等教育机构仍需要做出更多的努力。高

---

① See Winthrop D. Lane, *Punishment and Reformation: A Study of the Penitentiary System*(New York: Thomas Y. Crowell Company, 1919), pp. 314-317.

等教育机构里的社会学课程和政治科学课程虽然已经讲授了相关的知识，但这与专业的犯罪学科所需要的课程知识相比还有差距。如果可行的话，大学和学院应该在其心理学系、教育系、法学院、神经医学实验室和临床医学等相关实验室里，对一些已经发生的、可以加以研究的犯罪对象及群体进行数据分析和临床实验，以期通过各种科学实验和翔实数据来推动与犯罪学相关研究在大学里的开展，这些领域包括心理学、医学、公共学校教育、社会学和法学。此外，除了在大学里设立犯罪学的教授席位，还应该建立专门的院系来负责犯罪学科的研究与教学工作。由于犯罪学所涉及的领域与课程内容的复杂性，单独设立一个系部来开展研究是不现实的，因此可以将其学科设置到社会学、经济学、政治科学等系部里，也可以设置在心理学系里。犯罪学的教授应该全职在学校工作，开设融合了多种学科在内的一门犯罪学课程，同时也需要将一定时间分配到心理学、社会学等学科的教学之中。犯罪学的教授通过将相关学科知识融合在一门综合性的犯罪学课程里，来吸引具有法学、医学、心理学等学科背景的学生选修这一课程。①

四、监狱机构中的教育努力

美国监狱机构一般分为教养院监狱和普通监狱两大类。教养院监狱一般关押 16—25 岁，或者 16 岁以上、30 岁以下的初犯者和犯罪行为较轻者，而州立和联邦监狱主要关押累犯和犯罪情节较严重者，以及一些从教养院监狱转送过来的年龄较大且未有明显悔改表现的犯人。美国监狱体系在发展的过程中，教养院监狱和州立、市立监狱建立较

---

① See Winthrop D. Lane, *Punishment and Reformation: A Study of the Penitentiary System* (New York: Thomas Y. Crowell Company, 1919), pp. 460-461.

早，教养制度和管理制度也相对完善，而美国的联邦监狱建立则相对较晚，主要关押一些重刑犯和联邦最高法院判处的一些犯人。美国第一座联邦监狱于1895年在堪萨斯州的莱文沃思（Leavenworth）建立，之后，联邦政府于1902年和1909年分别在佐治亚州的亚特兰大和华盛顿州的麦克尼尔岛（McNeil Island）建立了第二座和第三座联邦监狱。在之后的30年里，联邦最高法院判刑的犯人几乎都被关押在这三座联邦监狱里。①

教养院监狱作为关押犯人的一种监狱形式，意在通过构建合理的教育形式对犯人进行改造和教化，使其能够改过自新、回归正常生活，因此教育是教养院监狱最主要的工作目的。教养院希望通过改造和教育犯人，达到将犯人改造成为具有良好的生活习惯、一定的谋生技能的合格公民的目的。因此，在教养院的所有活动中，教育成了所有活动的中心。然而，这种教育是较为宽泛意义上的，超出了我们所谓的学术教育和职业教育的范畴，是一种集各种方式将犯人培养成具有良好的习惯和生活态度、教会他们进行正常社会生活的教育，是培养犯人形成正常人格特质的教育。② 在教养院里，一般都会强调对犯人进行读、写、算等方面的知识训练，以及英语课程学习中所需要的所有基础课程。一些监狱也建造了图书馆，提供一些合适的图书供犯人阅读，同时还经常组织一些专业人士为一些在文化知识方面有特殊需求的犯人提供延伸教育和专业指导。③

埃尔米拉教养院作为美国第一座教养院监狱，在犯人的文化教育

---

① See Robert C. Doneski, *The Evolution of the Federal Prison System* (Central Missouri State University, Master Thesis, 2001), pp. 153-154.

② See Elliott P. Currie, "Managing the Minds of Men: The Reformatory Movement, 1865-1920" (PhD diss., University of California, Berkeley, 1973).

③ See The International Prison Commission, *The Reformatory System in the United States* (Washington, D. C.: U. S. Government Printing Office, 1900), p. 10.

方面实行强制执行的措施，犯人在学习上所获得成绩及其所取得的进步是决定着其能否获得假释资格的三个重要指标之一。这三个方面的指标分别为工作、学习和日常表现。教养院的管理者会根据犯人的文化水平和兴趣能力将他们分配到适合他们自身发展和需求的队伍里进行有针对性的文化教育。同时，也根据他们的身体情况和原有职业基础将他们分配到不同的工作间里进行劳动教育和职业培训。在对犯人进行文化教育方面，教养院提供了7种不同程度的班级课程，分别为高级课程A班和B班、一个补习班、中级课程中的初级班和中级班、初级课程中的初级班和中级班。在课程的教学形式方面，主要通过口述和讲座形式进行。在高级课程的班级教学中，教师会给班上的犯人印发教学大纲和与课程相关的核心问题指南，学生每节课也需要做课程笔记，以供复习和考试使用。在课程的授课教师来源方面，教养院主要通过邀请外面优秀的教师来监狱上课。在学习效果的评定方面，主要通过考试的形式进行，考试每月举行一次，高级课程班的学生需要在试卷上进行手写作答，也需要结合平常学习到的知识和方法对试卷中的题目进行逻辑推理和科学解释，如果仅仅靠背诵、重复句子和单词，而未进行扩展和延伸的话，很难通过考试。①

在教养院里服刑的犯人，每天需要进行8个小时的劳动改造，这个时间也是纽约州的统一规定。在完成规定时间的劳动任务之后，晚上和周末的部分时间是犯人的主要学习时间。在晚上的学习中，每间教室都配有煤气灯和犯人学习所需要的书籍。由于教养院将犯人的文化课程学习安排在晚上，这就保证了教养院可以从附近的城市学校里聘请到最好的教师到教养院上课。授课的教师除了教养院从外面聘请的一些优秀教师之外，还有教养院里表现优秀且在相关课程学习上取得

① See The International Prison Commission, *The Reformatory System in the United States* (Washington, D. C. : U. S. Government Printing Office, 1900), pp. 51-53.

较好成绩的犯人，这些犯人有时候也承担着一定的课程教学任务，这种方式为其他犯人树立了很好的榜样，也激发了犯人努力学习课程的积极性。在课程的学习种类上，主要分为三大层级，分别为初级的读、写、算等基础知识，中级的英语、语法、高数、地理，高级的历史（特别是美国史和英国史）、政治、英国文学、政治经济学、化学、生理学、精神和道德哲学，以及成为一个合格的公民所需要的一些基本的法律和公民政府等方面的知识。上述这些课程的教学都极其认真和严格，要求犯人反复进行背诵和练习，达到不同等级的标准。例如，在英国文学的课程教学中，课程要求就跟普通学校教学的形式相近，要求犯人学习威廉·莎士比亚（William Shakespeare）、杰弗雷·乔叟（Geoffrey Chancer）、拉尔夫·爱默生（Ralph Waldo Emerson）的作品，以及其他一些著名诗人和作家的文学作品。同时，教养院也希望犯人通过学习历史、基本法、道德和政治经济学等方面的知识，能够达到作为一个普通公民在发挥自身的社会角色作用时所需要的基本能力水平。通过强迫犯人参加学校教育，教养院想要达到的一个基本目的就是唤醒犯人的心智，激发他们的个人兴趣和对幸福生活追求的欲望。① 然而，这往往是十分困难的。很多服刑犯人的人格特质已经扭曲，也没有意愿和热情，更没有能力去完成一些较大难度的课程。教养院所能做的就是通过让他们参与这些课程的学习，最大限度地唤醒他们的兴趣爱好，激发他们的雄心和壮志，促使他们树立正确的道德价值观。此外，对犯人进行道德和宗教教育也是教养院教化的重要手段。在道德教育方面，主要通过对相关的道德和生活行为问题进行演讲和现场讨论的方式进行。在对道德问题进行讨论时，所有参加的犯人都需要做笔记，并且通过考试的形式来检查他们对相关问题的理解

---

① See Alexander Winter, *The New York State Reformatory in Elmira* (London: Swan Sonnenschein & Co., 1891), p. 61.

程度。①

埃尔米拉教养院除对犯人进行文化教育之外，也十分重视对犯人的手工技能和职业技能方面的教育。这种职业技能培训虽不能使犯人成为某一行业的能手，但至少可以保证他们在离开教养院时能够获得基本的谋生能力。埃尔米拉教养院最早于 1883 年建立了工业技术学校（The Industrial Arts School），并且于 1886 年扩大了学校的规模和技术教育的种类，使犯人所能够接受的技术教育类别达到 6 种，包括木工（Carpentry）、砖瓦工（Bricklaying）、石膏工艺（Plastering）、切石工艺（Stone cutting）、锻造工艺（Blacksmithing）和壁画工艺（Fresco Painting），学习这些技术的犯人达到 800 多人。此外，还开设了一些职业教育课程以帮助犯人们更好地接受技术教育，包括速记（Stenography）、电报技术（Telegraphy）、机械制图（Mechanical Drawing）、绘图（Drafting），以及类似的一些分支课程等。② 到 1888 年，技术教育的种类达到 22 种，1890 年达到 26 种，1896 年增加到 36 种。

在强调教养院的文化教育和工业技术教育的基础之上，自 1884 年起，教养院还编辑发行周报，作为学校教育的重要补充材料。周报取名为 *The Summary*③，周报的创办在当时的监狱管理中具有重要意义，周报既是犯人获取信息和各种学习材料的一种工具，也是他们了解外界重大事件的一种主要途径。埃尔米拉教养院周报的编辑和印刷工作主要由犯人负责完成，最后由监狱长作为总编辑审核完之后印刷发行，

---

① See The International Prison Commission, *The Reformatory System in the United States* (Washington, D. C. : U. S. Government Printing Office, 1900), pp. 53-54.

② See Alexander Winter, *The New York State Reformatory in Elmira* (London: Swan Sonnenschein & Co., 1891), pp. 124-126.

③ See Alexander W. Pisciotta, *Benevolent Repression : Social Control and the American Reformatory-Prison Movement* (New York: New York University Press, 1994), p. 23.

于每周日上午分发到犯人手中。周报的素材主要是对各种信息和新闻进行概述介绍，这些信息和新闻既包括教养院内的新闻，也包括从教养院假释和释放出去的一些犯人和犯人的家人寄回来的一些鼓励和感谢的信件，以及外界一些重大、具有正能量的社会事件和新闻等。周报的主题包括政治、科学、艺术、文学、道德、信息技术、贸易和教育等，以期从正面对犯人进行影响和感化，督促其改过自新。教养院将编辑好的周报印刷发行之后，一部分分发给监狱里的犯人，供他们阅读与学习；另一部分转寄到其他城市的教养院和监狱机构里，期望让外界知道这所教养院正在实施的教养措施，以及不同时段的工作内容等。①

此外，以开设讲座的形式邀请社会各界的成功人士和管理者到教养院给犯人授课也是埃尔米拉教养院最具有代表性的一种教育手段，这些来开设讲座的人士往往替代了牧师在教养院里所发挥的作用。在讲座的安排形式方面，埃尔米拉教养院采用了19世纪末期至20世纪初期美国非常盛行的肖托夸夏季教育集会（Chautauqua）形式。到1897年，具有针对性的讲座课程吸引到了监狱内三分之二的犯人。讲座每周都开设，所涉及的内容包括历史、文学、自然研究和道德伦理四个部分。主讲的嘉宾既有大学的教授、当地的律师、学校的管理者和教堂的牧师，也有在监狱改革和教养教育方面具有全国知名度的专家学者等。通过邀请这些著名的社会人士到教养院开设讲座，不仅开阔了犯人的视野，使他们接触到了社会知名人士，也向社会各界宣传了教养院的教养方法和管理成效。②

1884年12月，马萨诸塞州也建立了教养院。在教养院建立的过程

---

① See Alexander Winter, *The New York State Reformatory in Elmira* (London: Swan Sonnenschein & Co., 1891), pp. 103-105.

② See Carolyn R. Eggleston, "Zebulon Brockway and Elmira Reformatory: A Study of Correctional/Special Education" (PhD diss., Virginia Commonwealth University, 1989).

中，马萨诸塞州充分地将该州青少年教养院里运营有效的一些管理方法，以及埃尔米拉教养院里的成功管理模式植入成人教养院的管理之中。在对犯人进行的文化教育方面，马萨诸塞州教养院将文化教育的时间安排在晚上。在教学时间上，一周安排5个晚上，每个晚上学习2个小时，一年安排42个星期的教学时长；在文化课程的安排上，除一些特殊的课程，例如道德、历史和公民政府，其余的课程基本上与州文法学校的教学内容相一致；在对犯人学习效果的考核上，主要通过定期的考试来进行评价，犯人只有通过了课程考核要求，才能获得假释资格。除了要求犯人学习相关课程之外，教养院还在周末为不同兴趣爱好的犯人组织了各种协会活动来扩展他们的兴趣爱好。协会的成员主要由教养院里处于第一等级和部分第二等级的犯人组成，协会的管理者和秘书由犯人自主选择和任命，并且由他们推选出来的管理者和秘书负责安排协会的每周活动。在协会的种类上，主要包括辩论协会、演说协会、音乐艺术协会及一些文学协会等。教养院通过组织这些由表现较好的犯人参加的协会，期望激发犯人阅读和学习的热情，提高犯人独立开展和组织活动的能力，增强其个人自信心并使其收获来自其他犯人尊重时的内心自豪感等。①

埃尔米拉教养院的教育模式经过宣传和推广之后，逐渐得到各州的认可和接受。一些州在随后建立教养院的时候，也模仿了埃尔米拉教养院的模式。到19世纪末，至少有10个州按照这种模式建立了各自的教养院，这些州包括马萨诸塞州、宾夕法尼亚州、俄亥俄州、明尼苏达州、堪萨斯州、得克萨斯州、加利福尼亚州、佛蒙特州、伊利诺伊州、科罗拉多州，以及纽约州的第二个教养院。② 俄亥俄州于1896

---

① See The International Prison Commission, *The Reformatory System in the United States* (Washington, D. C. : U. S. Government Printing Office, 1900), pp. 80-85.

② See Black Mckelvey, *American Prisons : A History of Good Intentions* (Montclair, New Jersey: Patterson Smith, 1977), pp. 102-103.

年建立了州教养院，在建立教养院之前，俄亥俄州派出了65位成员专程到埃尔米拉教养院学习，成员包括州的立法成员、州长、州长助理、监狱官员、新闻记者等。他们对埃尔米拉教养院的管理模式感到非常满意，当1896年俄亥俄州决定正式建立教养院时，他们在很大程度上模仿了纽约州的教养院模式。① 美国矫正协会（American Correctional Association）在1913年的报告中指出，美国至少有17个州复制了埃尔米拉教养院的管理模式。②

结　语

1919年，是第一次世界大战结束的第一年，也是美国国会通过禁酒法令，在全国范围内实施禁酒的第一年。美国通过参加第一次世界大战，收获了巨额的战争红利，一跃成为世界第一经济强国，逐渐跻身世界一流强国之列。伴随着综合国力的提升和在战争中获得的横财，1893年爆发的经济危机在这一时期也得到有效缓解，经济萧条和工人失业的问题也得以解决，各项有利于国民的福利制度和教育政策也相继颁布出台，各种犯罪问题也得到有效的预防与控制，社会环境逐步趋向繁荣稳定，公共健康水平达到一个新的发展高度。

这一时期，在社会整体犯罪状况和健康水平方面，1923年芝加哥市法院的威廉·格米尔（William N. Gemmill）法官对全美不同区域、具有代表性的60个城市进行了犯罪情况调查，调查的主要内容包括1917—1922年这些城市的总犯罪记录情况，以及因犯杀人、盗窃、抢劫、酗酒等罪行而分别被逮捕的人数，等等。最终，威廉·格米尔法

① See Winthrop D. Lane, *Punishment and Reformation : A Study of the Penitentiary System* (New York: Thomas Y. Crowell Company, 1919), p. 232.

② See American Correctional Association, *The American Prison : From the Beginning* (Baltimore: Amer Correctional Assan, 1983), p. 78.

官收到了其中50个城市的市长提供给他的各自城市完整的犯罪数据列表，这50个城市的总人口大约有2500万人，占到当时美国总人口的25%左右。格米尔在对这些数据进行整理与归类分析后，展示了1917—1922年美国社会犯罪情况的整体变化。

在杀人、盗窃、抢劫等严重犯罪行为方面，在所调查的50个城市里，有35个城市1922年的严重犯罪行为人数与1917年相比起来，呈现出显著的减少趋势，仅仅有15个城市的数据前后相比略显增加。如果仅仅对比1917年和1920年这50个城市所有因严重犯罪而被逮捕人数总量的话，1922年比1917年的犯罪人数减少了10%，这种减少趋势从1920年开始，之后保持平稳下降趋势。在因酗酒而犯罪方面，1917年这50个城市记录在案的逮捕人数为302 074人，到1920年变成了110 149人，1921年达到了146 279人，而到了1922年则变成了184 099人。换句话来说，在因酗酒而被逮捕的人数方面，1920年、1921年和1922年分别比1917年减少了191 925人、155 795人和117 975人。如果再将这一时段这些城市每年的人口增长量考虑进去的话，在1922年时，因酗酒而被逮捕的人数实际比1917年减少了500 000人。在青少年犯罪方面，位于芝加哥的、全美最大的青少年法庭提供了详细的记录信息。1916—1922年，青少年犯罪案件逐年减少，从1916年的2786例犯罪案减少到1922年的1917例；被收容的流浪儿童数也从1916年的2310个减少到1922年的1396个，而这些被收容的流浪儿童绝大多数来自酗酒的家庭。①

根据美国人口普查局统计的数据信息可知，在1910年和1923年，因酒而被判刑的人数分别为170 941人和91 367人，因扰乱社会治安行为而被判刑的人数分别为91 847人和53 359人。在考虑到人口增长

① See Lamar T. Beman, *Selected Articles on Prohibition: Modification of the Volstead Law*(New York: The HW Wilson Company, 1924), pp. 285-288.

数量的前提下，再对1910年和1923年犯罪数据进行对比后发现，上述两种犯罪行为在1919年之后都有明显的减少。因酒的原因而导致犯罪的人数1923年比1910年减少了55%，而因扰乱社会治安行为被判刑的人数则减少了51%。此外，统计报告还显示，这一时期被判刑的犯罪总人数也有一定程度的减少，从1910年的479 787人减少到1923年的357 493人，在考虑到人口总量增长的前提下，再对两组数据进行对比后发现，1923年的犯罪总人数比1910年减少了38%。如果再将因违反1923年颁布的两种新法规而被判刑的数字暂时排除掉的话，犯罪人数的减少程度着实令人惊讶，因为在1923年颁布的《哈里森麻醉药品法》（*Harrison Narcotic Drug Act*）和《交通法》这两种新法规，在1910年时影响甚微，因违反这两种法规而被判刑的人数在当时也可忽略不计。①

在教养院监狱改造犯人的成效方面，埃尔米拉教养院和其他州的教养院也通过提供翔实的数据进行了说明。对埃尔米拉教养院释放的5000名犯人进行调查后发现，这其中只有365名犯人因再次犯罪而被判刑，比例还不到十分之一。这些再次入狱的犯人经过改造后，有超过一半的人因表现良好、达到假释标准而被释放。埃尔米拉教养院1896年10月1日的数据显示，那时教养院在押犯人为1373人，这些人中只有52人是被释放后而再次被关押的人，占比不到4%。从1876年到1896年这20年里，埃尔米拉教养院共计释放了5083名犯人，而再次犯罪入狱的52人仅占总释放人数比例的1%，而之前其他监狱机构关押的犯人在被释放之后再次犯罪的比例却高达15%，这足以说明埃尔米拉教养院管理制度和管理方法的完善与科学。换句话说，之前任何一个监狱都未能像埃尔米拉教养院一样将犯人教化和管理得如此

---

① See Herman Feldman, *Prohibition: Its Economic and Industrial Aspects* (New York: D. Appleton and Company, 1927), pp. 356-357.

成功，它的成功举措值得其他教养机构和监狱学习与借鉴。[①] 在加利福尼亚州，1893—1912 年，有 1461 名犯人获得了假释资格，最终有 214 人再次入狱，再次犯罪的比例约为 15%，而这些违反了假释法再次入狱的犯人绝大多数都是违反了禁酒法，以及未经允许离开假释监管地等，很少因为犯重罪而被捕。1915 年联邦进行的调查显示，获得假释资格后的犯人再次犯罪的概率大约只有 3%—7%，这一定程度上说明了假释法案的成功。[②]

在缓刑帮助减少和预防犯罪方面，马萨诸塞州 1919 年的数据显示，这一年有 24 000 人被法庭判处缓刑，这一数字几乎是这一年被判处关押到各类监狱机构人数总量的 3 倍。马萨诸塞州监狱内的总犯人数量在过去的 20 年里，从 9000 人降到了不到 3000 人。缓刑制度的使用是促使监狱监押人员数量减少的一个重要原因。与此同时，马萨诸塞州缓刑委员会在 1919 年指出，在所有执行缓刑的案件中，有 81%的案件最后的结果很令人满意。此外，在过去 20 年里，该州也没有再修建新的监狱。在纽约州，在 1920 年，有 19 600 人执行缓刑，这其中有三分之二是成年人，执行缓刑的人数比 1920 年各类公共教养机构和监狱内关押的所有服刑犯人的总数还多 5300 人。自缓刑制度在成年人法庭和青少年法庭使用之后，纽约州监狱的在押人数自 1915 年以后逐年减少。在 1920 年时，纽约州缓刑官所处理的所有缓刑案件中，有 79.6%的案件最后达到的结果非常令人满意。不仅仅是马萨诸塞州和纽约州，其他各州也成功地将缓刑制度应用于法庭的案件处理中。到 1921 年，大约有 2000 名公职的缓刑官工作在各州的法庭里，并且这一数字还在逐

---

① See Samuel J. Barrows, *The Reformatory System in the United Stated : Reports Prepared for the International Prison Commission* (Washington, D. C. : Government Printing Office, 1900), pp. 36-37.

② See Morton Keller, *Regulating a New Society : Public Policy and Social Change in America* (Cambridge, Massachusetts: Harvard University Press, 1994), p. 171.

渐增长。①

在公立教育机构和高等教育机构预防和阻止社会犯罪方面，通过实施义务教育立法，极大程度上提高了各类学校的学生入学率，确保了学生都有接受最基本的公共学校教育的机会，降低了社会的文盲率。通过逃学学校和青少年教养院学校对于一些逃学和失范青少年进行教养和改造之后，至少有超过 65％以上的青少年再次回归到正常的家庭和社会生活中去，成了合格的普通公民。高等教育机构对犯罪学所开展的本体研究和实验研究，以及大量专业化警察队伍的形成和组建，提升了人们对犯罪现象与原因的认识层次，提高了警察在处理犯罪问题时的办案能力和工作效率。此外，各种教育努力，对于提升中学和大学入学率也有重要意义。在高等教育方面，1914 年大学在读人数为 372 422 人，而到 1920 年，这一数字变成了 521 754 人，1924 年则达到了 726 124 人。在中学入学人数方面，1910—1920 年，中学人数增长了 3 322 728 人，总增长率为 25.9％，而这 10 年人口增长量为 13 738 354 人，总增长率仅为 14.9％。1920—1926 年，上述中学的在读学生增长了 3 705 846 人，总增长率为 22.9％，平均每年增长了 3.8％，而同期人口总数增长了 11 425 197 人，总增长率为 10.8％，平均每年增长了 1.8％。②

到 20 世纪 20 年代后期，美国社会关于犯罪风波的报道频现，关于禁酒法令失效的言论不绝于耳，并最终导致美国国会在 1933 年通过了宪法第二十一条修正案将禁酒令废除。从威廉·格米尔法官公布的 50 个城市的犯罪情况统计数据来看，有些城市的犯罪率在实施禁酒法令

① See Charles L. Chute, *The Development of Probation : Presented at the Fifty-First Congress of the American Prison Association*(New York: Russell Sage Foundation, 1922), pp. 5-6.

② See Boyd P. Doty, *Prohibition Quiz Book : Vexing Questions About Prohibition Asked and Answered*(Westerville, Ohio: The American Issue Publishing Company, 1929), p. 105.

后有所增长，但是我们不能简单地将其定义为法令的失效。例如在芝加哥、纽约等一些大城市，根据对犯人的犯罪原因进行调查后发现，超过一半的犯人所违反的一些法律在20年前根本就不存在，如卫生法、妇女十小时工作法、童工法、反垄断法、交通法、食物标准法等。如果将因违反这些特殊法规而被逮捕的人数从总犯罪人数中剔除的话，那么所有被调查城市的总犯罪人数在1922年时，都比各自城市20年前或者25年前减少了一半。①

桑福德·贝茨（Sanford Bates）作为美国监狱委员会的主席和马萨诸塞州矫正机构的专员，在1926年参加一次由司法机构举办的会议上报告道："马萨诸塞州没有出现人们所谓的'犯罪波'，整体上来说整个美国的犯罪率也没有增长；虽然我们看到了有些引人注目的犯罪现象（例如银行抢劫案等）有增长之势，但其他常规犯罪行为却逐年减少；虽有一些犯罪行为呈现增长之势，例如违反交通法等，但这些违法行为在15—20年前显得一点都不重要。"② 同时，桑福德·贝茨在1928年2月9日向该州立法委员会下属的司法委员会提交的报告中明确指出："因犯人身攻击罪而被捕的人数从1910年的11 394人降至1927年的7962人，因犯侵犯财产罪而被捕的人数从1910年的12 179人降至1927年的12 160人。若将人口增长总量考虑进去的话，每10万人中犯人身攻击罪而被捕的人数从1910年的337.42个降至1927年的187.69个，而每10万人中犯侵犯财产罪而被捕的人数从1910年的360.66个降至1927年的286.66个。禁酒立法实施之后，每10万人中犯人身攻击罪的人数下降超过了40%，犯侵犯财产罪的人数下降了

① See Lamar T. Beman, *Selected Articles on Prohibition: Modification of the Volstead Law*(New York: The HW Wilson Company, 1924), p. 287.

② Herman Feldman, *Prohibition: Its Economic and Industrial Aspects*(New York: D. Appleton and Company, 1927), pp. 360-361.

30%，犯禁酒令的人数下降了 40%。”[①] 著名律师克拉伦斯·丹诺（Clarence Darrow）在 1926 年也指出：“汽车犯罪和违反禁酒令是城市犯罪中最主要的两个原因，除此之外的其他犯罪行为整体上很稳定，甚至有减少的趋势。但是，由于禁酒和大众媒介对一些犯罪案件的肆意宣传，而使我们误以为社会犯罪现象很严重。”[②]

第一次世界大战的结束和禁酒法令的颁发，给美国社会带来了高生产率和经济的繁荣，为了预防和减少犯罪而实施的各种努力与尝试到 1920 年前后也呈现出良好的发展态势，而在教育领域大力实施的各种预防和减少青少年犯罪的措施此时更是如火如荼地在各州大力开展。这一切的努力都在一定程度上和一定时间内有效地解决了美国社会之前所出现的犯罪危机问题，很好地满足了社会发展需求。

参考文献

一、中文文献

[1] 方纳. 美国自由的故事 [M]. 王希，译. 北京：商务印书馆，2002.

[2] 郭九林. 美国禁酒运动的历史研究 [D]. 厦门：厦门大学，2008 年.

[3] 何芳. “流浪儿”在美国：社会救助的制度、实践与启示 [M]. 上海：上海人民出版社，2013.

[4] 克伯莱. 美国公共教育：关于美国教育史的研究与阐释 [M]. 陈露茜，译. 合肥：安徽教育出版社，2012.

[5] 克拉斯科基 B，克拉斯科基 L. 青少年犯罪行为分析与矫治：

---

① Boyd P. Doty, *Prohibition Quiz Book : Vexing Questions About Prohibition Asked and Answered* (Westerville, Ohio: The American Issue Publishing Company, 1929), p. 27.

② Morton Keller, *Regulating a New Society : Public Policy and Social Change in America , 1900-1933* (Cambridge, Mass. : Harvard University Press, 1994), pp. 154-155.

第5版［M］. 彭海青，袁彬，袁小萍，等译. 北京：中国轻工业出版社，2009.

［6］罗伯逊. 社会学：上册［M］. 黄育馥，译. 北京：商务印书馆，1990.

［7］梁茂信. 美国移民政策研究［M］. 长春：东北师范大学出版社，1996.

［8］刘绪贻，杨生茂. 美国通史：第4卷［M］. 北京：人民出版社，2001.

［9］刘绪贻，杨生茂. 美国通史：第3卷［M］. 北京：人民出版社，2002.

［10］斯普林. 美国学校：教育传统与变革［M］. 史静寰，姚运标，张宏，等译. 北京：人民教育出版社，2010.

［11］王涵. 美国进步时代的政府治理：1890-1920［M］. 上海：上海社会科学院出版社，2013.

［12］扎斯特罗. 社会问题：事件与解决方案（第五版）［M］. 范燕宁，蔡鑫，韩丽丽，等译. 北京：中国人民大学出版社，2010.

二、外文文献

（一）期刊论文

［1］ADLER J S. Less crime, more punishment: violence, race, and criminal justice in early twentieth-century America［J］. The Journal of American History, 2015(6): 36.

［2］CHUTE C L. The juvenile court in retrospect［J］. Federal Probation, 1949(3): 3-6.

［3］DUNN C V. The church and crime in the United States［J］. Annals of the American Academy of Political and Social Science, 1926(5): 202-211.

［4］FERDINAND T N. Juvenile delinquency or juvenile justice:

which came first? [J]. Criminology,1989(1):91.

[5] FOX S J. Juvenile justice reform:an historical perspective[J]. Stanford Law Review,1970(6):1187.

[6] GAULT R H. On the teaching of criminology in colleges and universities[J]. Journal of the American Institute of Criminal Law and Criminology,1918(3):355-359.

[7] GOEBEL J. The prevalence of crime in the United States and its extent compared with that in the leading European states[J]. Journal of the American Institute of Criminal Law and Criminology,1913(5):756.

[8] HEALY W. Thoughts about juvenile courts[J]. Federal Probation, 1949(3):16.

[9] HOWARD G E. Alcohol and crime:a study in social causation [J]. American Journal of Sociology,1918(7):24-27.

[10] LANDES W M,SOLMON L C. Compulsory schooling legislation: an economic analysis of law and social change in the nineteenth century [J]. The Journal of Economic History,1932(1):57-58.

[11] LENROOT K F. The juvenile court today[J]. Federal Probation, 1949(9):9.

[12] MACQUEARY T H. Schools for dependent, delinquent, and truant children in Illinois[J]. American Journal of Sociology, 1903(1): 15-18.

[13] MEZVINSKY N. Scientific temperance instruction in the schools [J]. History of Education Quarterly,1961(1):48-54.

[14] PISCIOTTA A W. Race, sex, and rehabilitation: a study of differential treatment in the juvenile reformatory, 1825-1900[J]. Crime & Delinquency,1983(2):257.

[15] PLATT A. The rise of the child-saving movement:a study in

social policy and correctional reform[J]. The Annals of the American Academy of Political and Social Science,1969(1):22-31.

[16] PUTNEY S,PUTNEY G. Origins of the reformatory[J]. The Journal of Criminal Law,Criminology,and Police Science,1962(4):442-443.

[17] RICHARDSON J G. Common,delinquent,and special:on the formalization of common schooling in the American states[J]. American Educational Research Journal,1994(4):696-708.

[18] SCHRAD M L. Constitutional blemishes:American alcohol prohibition and repeal as policy punctuation[J]. Policy Studies Journal,2007(3):442.

[19] WINNET N S. Fifty years of the juvenile court:an evaluation [J]. American Bar Association Journal,1950(5):363.

[20] WITMER H,STANTON S. A follow-up study of twenty-five truants:some factors related to their social adjustment[J]. Smith College Studies in Social Work,1935(3):276.

（二）专著

[1] BARNES H E. The story of punishment[M]. Montclair,New Jersey:Patterson Smith,1972.

[2] BARROWS S J. The reformatory system in the United Stated: reports prepared for the international prison commission[M]. Washington, D. C. :Government Printing Office,1900.

[3] BEMAN L T. Selected articles on prohibition:modification of the volstead law[M]. New York:The HW Wilson Company,1924.

[4] BILLINGS J S. The liquor problem:a summary of investigations conducted by the committee of fifty,1893-1903[M]. Boston:Houghton, Mifflin and Company,1905.

[5] BLOMBERG T G. American penology:a history of control[M].

New York：Walter De Gruyter，2000.

[6] BOWLER A C. Institutional treatment of delinquent boys：part Ⅰ[M]. Washington，D. C.：U. S. Govt. Printing Office，1935.

[7] Bureau of the Census. Marriage and divorce：1867-1906[M]. Washington，D. C.：Government Printing Office，1909.

[8] CASHMAN S D. America in the age of the titans：The Progressive Era and World War I[M]. New York：New York University Press，1988.

[9] CHERRINGTON E H. The evolution of prohibition in the United States of America[M]. Montclair：Patterson Smith Publishing Corporation，1969.

[10] CHUTE C L. The development of probation[M]. New York：Russell Sage Foundation，1922.

[11] CLARK N H. Deliver us from evil：an interpretation of American prohibition[M]. New York：W. W. Norton，1976.

[12] COLLIER J，BARROWS E M. The city where crime is play [M]. New York：People's Institute，1914.

[13] CUBBERLEY E P. An introduction to the study of education and to teaching[M]. Boston：Houghton Mifflin Company，1925.

[14] DOTY B P. Prohibition quiz book：vexing questions about prohibition asked and answered[M]. Westerville，Ohio：The American Issue Publishing Company，1929.

[15] EATON E L. Winning the fight against drinking[M]. Cincinnati：The Methodist Book Concern，1912.

[16] ELLWOOD C A. Sociology and modern social problems[M]. New York：Cincinnati American Book Company，1913.

[17] FAIRCHILD H P. Greek immigration to the United States [M]. New Haven：Yale University Press，1911.

[18] FELDMAN H. Prohibition: its economic and industrial aspects [M]. New York: D. Appleton and Company, 1927.

[19] FOSDICK R B. Crime in America and the police [M]. New York: The Century Company, 1920.

[20] GILLIN J L. Criminology and penology [M]. Vol. 1. New York: The Century Company, 1926.

[21] HALL G S. Adolescence: its psychology and its relation to physiology, anthropology, sociology, sex, crime, religion and education [M]. New York: D. Appleton and Company, 1905.

[22] HEALY W, BRONNER A F. Delinquents and criminals: their making and unmaking [M]. New York: The Macmillan Company, 1928.

[23] HILL J A, BROWN R L. Prisoners and juvenile delinquents in the United States, 1910 [M]. Washington, D. C.: Government Printing Office, 1918.

[24] HILLSTROM L C. Defining moments: the muckrakers and the Progressive Era [M]. Detroit, MI: Omnigraphics, Inc., 2009.

[25] HUNT M H. A history of the decade of the department of scientific temperance instruction in schools and colleges of the woman's christian temperance union in three parts [M]. Boston: Washington Press, 1891.

[26] KATZ M. The irony of early school reform [M]. Boston: Beacon, 1968.

[27] KELLER M. Regulating a new society, public policy and social change in America, 1900-1933 [M]. Cambridge, Massachusetts: Harvard University Press, 1994.

[28] KRUG E A. The shaping of the American high school [M]. New York: Harper & Row, 1964.

[29] LANE W D. Punishment and reformation: a study of the penitentiary system[M]. New York: Thomas Y. Crowell Company, 1919.

[30] LATIMER J F. What's happened to our high school? [M]. Washington, D. C.: Public Affairs Press, 1958.

[31] MACDONALD A. Juvenile crime and reformatory, including stigmata of degeneration[M]. Washington, D. C.: Government Printing Office, 1908.

[32] MACFARLAND C S. Christian unity at work[M]. New York: The Federal Council of the Churches of Christ, 1913.

[33] MACFARLAND C S. The progress of church federation[M]. New York: Fleming H. Revell Company, 1917.

[34] MCKELVEY B. American prisons: a history of good intentions [M]. Montclair, New Jersey: Patterson Smith, 1977.

[35] MCKELVEY B. American prisons: a study in American social history prior to 1915[M]. Chicago, Illinois: The University of Chicago University, 1936.

[36] MCKELVEY B. The history of American prisons[M]. Chicago: University of Chicago Press, 1936.

[37] MENNEL R M. Thorns & thistles: juvenile delinquents in the United States, 1845-1940[M]. Hanover, New Hampshire: The University Press of New England, 1973.

[38] MOORE E C. Fifty years of American education: a sketch of the progress of education in the United States from 1867 to 1917[M]. Boston: Ginn and Company, 1917.

[39] MORRIS E K, BRAUKMANN C J. Behavioral approaches to crime and delinquency: a handbook of application, research, and concepts [M]. New York: Plenum Press, 1987.

[40] OSTRANDER G M. The prohibition movement in California, 1848-1933[M]. Berkeley: University of California Press, 1957.

[41] PERRY C A. Wider use of the school plant[M]. New York: Charities Publication Committee, 1910.

[42] PERRY C A. The extension of public education: a study in the wider use of school buildings[M]. Washington, D. C. : U. S. Government Printing Office, 1915.

[43] PISCIOTTA A W. Benevolent repression: social control and the American Reformatory-Prison Movement[M]. New York: New York University Press, 1994.

[44] RAINWATER C E. The play movement in the United States: a study of community recreation [M]. Chicago: The University of Chicago Press, 1921.

[45] RIIS J A. A ten years' war: an account of the battles with the slum in New York[M]. Boston: Houghton, Mifflin and Company, 1900.

[46] ROBBINS C L. The school as a social institution: an introduction to the study of social education[M]. Boston: Allyn and Bacon, 1918.

[47] SHULMAN H M, BUTCHER W L. From truancy to crime—a study of 251 adolescents[M]. Albany: JB Lyon Company, 1928.

[48] SNEDDEN D S. Administration and educational work of American juvenile reform schools [M]. New York: Teachers College, Columbia University, 1907.

[49] SPRING J H. Education and the rise of the corporate state[M]. Boston: Beacon Press, 1972.

[50] The International Prison Commission. The reformatory system in the United States[M]. Washington, D. C. : U. S. Government Printing Office, 1900.

[51] TRAVIS T. The young malefactor: a study in juvenile delinquency, its causes and treatment[M]. New York: Thomas Y. Crowell, 1908.

[52] WADLIN H G. Relation of the liquor traffic to pauperism, crime, and insanity[M]. Boston: Wright & Potter Printing Co., 1896.

[53] WINTER A. The New York State reformatory in Elmira[M]. London: Swan Sonnenschein & Co., 1891.

（三）学位论文与论文集

[1] American Correctional Association. Proceedings of the Annual Congress of the American Prison Association[C]. New York: Wynkoop Hallenbeck Crawford Co., 1921.

[2] American Correctional Association. The American Prison: from the beginning[C]. Baltimore: Amer Correctional Assan, 1983.

[3] ARROS D M. Punishment and prison reform: contributions of a psychodynamic approach to American corrections[D]. West Hartford: University of Hartford, 2004.

[4] CURRIE E P. Managing the minds of men: the reformatory movement, 1865-1920[D]. Berkeley, California: University of California, 1973.

[5] DONESKI R C. The evolution of the federal prison system[D]. Warrensburg: Central Missouri State University, 2001.

[6] EGGLESTON C R. Zebulon brockway and elmira reformatory: a study of correctional/special education[D]. Richmond, Virginia: Virginia Commonwealth University, 1989.

[7] HAMM R F. Origins of the eighteenth amendment: The prohibition movement in the federal system, 1880-1920[D]. Charlattesville, Virginia: University of Virginia, 1987.

[8] National Educational Association. Journal of Proceedings and

Addresses of the Forty-First Annual Meeting[C]. Chicago: The University of Chicago Press, 1902.

[9] National Educational Association. Journal of Proceedings and Addresses of the Fortieth Annual Meeting[C]. Chicago: The University of Chicago Press, 1901.

[10] WILLRICH M. City of courts: crime, law, and social policy in Chicago, 1880-1930[D]. Chicago, Illinois: University of Chicago, 1997.

第九章　教育与社会变革：思想地图

前面各章分别讨论通过教育促进社会改革的实践。本章是本书的“思想部分”。基于上述考虑，本章和前面各章的目标是有区别的。前面各章的目标是对30年间美国人面对的主要社会问题及其教育解决方案，分类加以叙述和分析，为读者提供有关当时美国人通过各种形式的教育来尝试解决社会问题、推动社会进步的现实图景。因此，前述各章的目标在于向读者展示“什么”（what）和“怎样”（how），而不在于解释“为何”（why），即不在于告诉读者决定着美国人做出前述选择的思想的逻辑或观念的结构是什么，解释“为何”是本章的目标。

本章分为三节。第一节的目标是梳理自建国以来至进步时代之前美国的先贤有关教育与社会变革关系的思想及其发展脉络。托马斯·杰斐逊和贺拉斯·曼是进步时代之前对美国教育理论和实践影响最大的两位思想家。托马斯·杰斐逊等建国先贤充分肯定了教育在促进社会变革中的重要作用，提出了建立平等自由的自耕农社会的理想，并据此目标，讨论了普遍的公共教育以及知识社会化的必要性及实现路径。贺拉斯·曼继承了托马斯·杰斐逊有关知识社会化和制度化教育的思想，在麻省首倡公共学校运动，建立了由州政府统一管理的公共学校制度。但是，与托马斯·杰斐逊相比，贺拉斯·曼更加强调教育的经济价值，更加强调人在心智上的平等性，这是对托马斯·杰斐逊偏于政治和精英主义倾向的纠正。

第二节主要讨论的是进步时代莱斯特·沃德（Lester Frank Ward）

等三位著名社会科学家关于教育与社会控制关系的思想。他们均肯定了社会是可控的，批评了托马斯·杰斐逊和贺拉斯·曼以来的旧个人主义和放任主义的社会观，认为教育在社会控制和社会进步中能够发挥积极的、主动的作用。他们丰富和扩展了托马斯·杰斐逊以来的教育与社会变革关系的思想传统，突出了新的社会形势和社会科学进展对于教育特别是制度化教育改革的要求。

第三节主要研究的是简·亚当斯和约翰·杜威关于教育与社会变革关系的理论与实践。与莱斯特·沃德等人不同，简·亚当斯和约翰·杜威倾向于从民主的角度认识社会变革的意义，他们的教育理论和教育活动也强调教育在促进社会民主中的积极角色。简·亚当斯从道德和生活方式角度对民主的重新认识深刻影响了约翰·杜威的社会观点。他们共同主张对学校和社会进行双向改造。简·亚当斯从社会工作者的角度，以促进社会民主为原则，运用了制度化教育的手段，对社区和周遭社会进行学校化改造。约翰·杜威从教育工作者的角度，以促进社会民主为原则，运用社会工作中重视活动和科学研究的方法，对学校教育进行社会化改造。简·亚当斯和约翰·杜威的教育理论与实践从道德的、新个人的视角对教育和社会民主的关系进行了崭新的重构。

第一节　教育与美好社会：托马斯·杰斐逊与贺拉斯·曼

从思想史角度看，托马斯·杰斐逊也许是美国建国先贤中对后世影响最为深远者。至今，美国国内外的学者在讨论美国民主起源、宗教自由和新闻自由法案与公共学校制度的历史时，托马斯·杰斐逊的著作都是必须细读的基本文献。这个事实证明了托马斯·杰斐逊相关思想在美国思想史上所具有的典范性，即在影响美国社会变革的若干重大问题上，托马斯·杰斐逊的确开辟出了一条重要的思想和认知路径，这条路径曾经被不同时代的美国人所广泛接受，因而成为美国人认识和解决同类问题的“公器”。

贺拉斯·曼也许是托马斯·杰斐逊之后、约翰·杜威之前美国最为重要的教育思想家。贺拉斯·曼继承了大部分托马斯·杰斐逊的社会与教育思想，同时结合已经发生变化的新的政治和经济形势，在吸收借鉴欧洲的教育思想的基础上，对托马斯·杰斐逊的美好社会的理想以及制度化教育的相关主张进行了重要的纠正。

一、托马斯·杰斐逊论教育与自耕农社会

在追溯美国人关于教育与社会变革关系的思想渊源中，首先闯入理智视域的正是建国时代先贤有关人性本质及其潜能的争论。当时，在美国的先贤中存在两种相互竞争的观点。亚历山大·汉密尔顿（Alexander Hamilton）和托马斯·杰斐逊分属两个针锋相对的阵营。他们分别继承了托马斯·霍布斯和约翰·洛克的人性立场。前者是悲观的、压抑的，后者是乐观的、奋发的。托马斯·斯潘塞（Thomas Engene Spencer）正确地指出：“汉密尔顿追随霍布斯的思想观点，相信在一种自然状态下，人是完全自私的，因此总是彼此处于战争状态……杰斐逊持有刚好相反的观点。他坚持认为，人性本质上是好的，每个人的天性是与其伙伴合作而不是争斗。在杰斐逊看来，没有一切人反对一切人的战争，而只有一个所有人都和谐地生活在一起的愿望……杰斐逊完全相信人民的道德本性和善意。”①

亚历山大·汉密尔顿是一位联邦主义者。“联邦主义者的主要论

① Thomas Eugene Spencer,“Education and American liberalism:A Comparison of the Views of Thomas Jefferson,Ralph Waldo Emerson,and John Dewey”(PhD diss.,University of Illinois,1963).

点，即只有正直、有财产的绅士才能委以国家重任。”[①] 这是因为他们相信，“人类的绝大多数完全受自私的动机所驱使”，“无论在哪里，人都被一种原始贪欲所驱使”，“他们与野兽没什么两样，如果不加以限制，他们会把每一座花园变成猪圈”[②]。亚历山大·汉密尔顿相信，主人的或贵族阶级的人性要比普通人的更可信任，所以历史才会选择他们来统治万民，建立公正的秩序，避免由于绝大多数人兽性的人格而发生人与人之间无休止的互相伤害。

当亚历山大·汉密尔顿在国会里宣扬“人是野兽”的悲观论调时，托马斯·杰斐逊却争辩说：“我确信，合众国的人民大多数是好的，而且我坚信，当他们能够对事情有正确的理解时，他们总是会做得好。”[③] 在托马斯·杰斐逊那里，“人性具有这样的能力，它既能使个人达到自由，同时又使别人得到关心和尊重”[④]。托马斯·杰斐逊相信，绝大多数人是理性而善良的，天才和邪恶者都是人口中的极少数。在一封给约翰·泰勒（John Tyler）法官的信中，托马斯·杰斐逊写道：“人民表现出来的区分真假的识别力，表明……可以放心地信任他们，让他们听到每一种真话和谎言，并且做出正确的判断。”[⑤] 因此，历史学家亨利·默温（Henry Clilds Merwin）正确地指出：“人民大众在道德上

---

① 沃依·路易·帕灵顿：《美国思想史》，陈永国等译，吉林人民出版社，2002，第308页。

② 沃依·路易·帕灵顿：《美国思想史》，陈永国等译，吉林人民出版社，2002，第260页。

③ Henry Childs Merwin, *Thomas Jefferson* (Boston: Houghton Mifflin Company, 1901), p. 48.

④ 杜威：《自由与文化》，傅统先译，商务印书馆，1964，第122页。

⑤ 杰斐逊：《杰斐逊集》（下），刘祚昌、邓红风译，生活·读书·新知三联书店，1993，第1325页。

和智力上适合于自治。”[①] 朱利安·博伊德（Julian F. Boyd）认为：“杰斐逊相信人天生是善良的；他天生被赋予某种不可废除的权利；如果任何形式的暴政的束缚被解除，人的自然理性和人的本性将会引导他喜欢公正而不是不公正，平等而不是特权，独立而不是顺从于权威，理性的判断而不是迷信、无知和偏见。”[②]

在1818年撰写的《弗吉尼亚大学筹备专员们的报告》一文中，托马斯·杰斐逊说：“我们不应该相信那种令人沮丧的说法，即人按其本性的规律在一定的时刻就固定不变了；人性的改善是幻想，使我们自己变得比我们的前辈更聪明、更幸福或更善良是虚妄。这不啻等于劝人说，迄今只能结出酸苦的果实的野生的没有培育过的树，永远也不会被改造得能结出更好的果实；然而，我们知道，嫁接技术可以将一棵新树插到野生树干之上，生产出品种和等级上都是最有价值的果实。”“教育培养勤勉和办事有条理的习惯，以及对德行的热爱。”[③] 在这里，托马斯·杰斐逊以隐喻的方式，表达了他对个人可教、人性可塑的信念。

托马斯·杰斐逊的人性善说及个人可教论，乃是他关于教育与社会变革关系思想的基石。有关人性的信念和教育之于具体的个人的心智潜能之发展的必要性的信条，是托马斯·杰斐逊用以论述其民主自治学说与自耕农社会理想的逻辑起点。

生活在18世纪后期19世纪初的托马斯·杰斐逊，从整个思想史的背景来看，他所熟悉的社会概念乃是契约式的。这是18世纪欧美启蒙思想家群体的主流意识形态的一部分。18世纪的思想家吸收了17世纪

---

① Henry Childs Merwin, *Thomas Jefferson* (Boston: Houghton Mifflin Company, 1901), p. 47.

② Julian F. Boyd, "Subversive of What?," *Atlantic Monthly*, No. 8(1948): 20-29.

③ 杰斐逊：《杰斐逊集》（上），刘祚昌、邓红风译，生活·读书·新知三联书店，1993，第494页。

的托马斯・霍布斯和约翰・洛克的观点，而这二人又从14—15世纪开始滥觞的人文主义前辈那里，学会关注具体的个人，将个人的权利视为天赋，肯定和讴歌个人对自己幸福生活的追求。

这种社会的契约想象，根本上反映了处在上升阶段的资产阶级对于个人财产权和自由权的渴望，反映了新兴资产阶级对建立在君权、王权、贵族和教会特权之上的封建社会的强烈抗议。他们希望通过宣传一种新的社会观念，使广大人民群众成为拥护资本主义生活方式的“新人”。在这种新的社会福音中，从托马斯・霍布斯到约翰・洛克，再到18世纪的让・雅克・卢梭，他们都宣称，每个人都应该有获得成功的机会，特权和迷信不应该阻挡在个人追求成功的道路上，为了谋求个人的利益，人们通过自愿让渡个人的部分权利而缔结成一个弥赛亚式的社会，在这个新社会中，个人是目的和工具的统一体，个人是不可化约的最大公约数。托马斯・杰斐逊的社会观念从其抽象的、形式的方面来看，无疑是契约式的。不过，就其具体内容和重点而言，托马斯・杰斐逊与约翰・洛克仍然存在很重要的差别。

第一个也是最重要的区别在于，托马斯・杰斐逊所设想的社会显然不是一个私有财产权至高无上的社会。在《政府论》中，约翰・洛克以洋洋万言，雄辩滔滔地试图证明下述命题，即合法的政府不应滥用权力，而不经多数个人同意随意处置个人的私有财产从伦理和法理上都是说不通的。约翰・洛克的财产权至上学说，在现实中有利于拉大收入差距，建立一个以财产多寡排序的新的权力结构。在《独立宣言》中，托马斯・杰斐逊几乎是在步步紧跟着约翰・洛克的政治主张，却在约翰・洛克最看重的财产权上与其割席而坐。他用“追求幸福的权力”来取代《政府论》中的“财产权”。这是因为，约翰・洛克可能没有来得及看到他的财产权至上的学说在客观上是如何造成欧洲工业社会中的愈演愈烈的阶级冲突。经常出访欧洲的托马斯・杰斐逊认为这是美国应极力避免的梦魇。他坚信，法律应该保障一国所有的公民，使每个人都能够过上有尊严的生活。他坚持应通过完善法律，保证政府对公民经济生活的适当干预，其尺度在于保障成年白人男性公民在财产上具有独立性。一个共和的民主政府的法律，应致力于将极端富有降至一个平常富有的地位，将极端贫困提高到一个不愁温饱的地位。在计算社会福利的代价时，托马斯·杰斐逊“坚定不移地反对上升的资本主义”①。

这就涉及第二个重要差别。在杰斐逊那里，理想的社会是由独立的自耕农所构成的政治和生活单元，美国人应该追求的正是这种社会类型。历史学家霍夫期达特指出：“杰斐逊心目中完善社会的平衡十分单薄，因为他认为：工人阶级、商人、投机者都是不可靠的；城市‘弊病多’；只有农场主才是可靠的善良之辈。他极不相信人性如何可以脱离田园耕种和不动产的真正的或天然的‘滋养’。”② 沃依·帕灵顿（Vernon Louis Parrington）指出，对托马斯·杰斐逊而言，“自由的自耕农是每一个伟大民族的中坚，是巨大财富的生产者，是崇高的独立的卫道士，而工厂工人的数量对他来说是衡量社会疾病的尺度”③。在托马斯·杰斐逊的设想中，每一个白人男性公民（女子也具有继承权）都具有一定份额的土地，任何人都没有永久独占财富的特权，从而就不能形成一个显贵的阶级。他相信，这些显贵的阶级“对社会害处多、危险多而益处少”④。托马斯·杰斐逊在经济方面的思想主要集中于1779年提出的《废除限嗣继承和长嗣继承法》。所谓“限嗣继承”是指

---

① 沃依·路易·帕灵顿：《美国思想史》，陈永国等译，吉林人民出版社，2002，第301页。

② 理查德·霍夫施塔特：《美国政治传统及其缔造者》，崔永禄、王忠和译，商务印书馆，1994，第32页。

③ 沃依·路易·帕灵顿：《美国思想史》，陈永国等译，吉林人民出版社，2002，第301页。

④ 托马斯·杰斐逊：《杰斐逊集》（下），刘祚昌、邓红风译，生活·读书·新知三联书店，1993，第37页。

为了使财产保留在家族内而对财产继承人的顺序做出特别规定，而“长嗣继承”指的是家庭中的土地由长子继承。托马斯·杰斐逊主张废除有关限嗣继承和长嗣继承的法律，这样做有助于防止出现“未来的贵族”，促进财富收入的平等化，为民主共和制度奠定基础。在《废除限嗣继承和长嗣继承法》中，托马斯·杰斐逊提议赠予每个尚无土地的成年白人50英亩土地，这在他看来是政府保障公民自由的另一条途径。①

当然，以今天的眼光来看，在托马斯·杰斐逊关于美好社会的想象中还存在很多不美好的地方。在黑人问题上，托马斯·杰斐逊是保守的，也是自相矛盾的。一方面，托马斯·杰斐逊自青年时起就批评奴隶制度，并极力建议立法解放奴隶，使其成为自由人。但是，在他的提案没有被议会通过时，他并没有像乔治·华盛顿那样释放自己的奴隶。不仅如此，在晚年经济陷入窘境时，他还买卖过奴隶。另一方面，他似乎是一位种族主义者，因为他曾发表过这样的观点，即为了不至于污染白人的血，在黑人获得自由后，就应把黑人迁移到不致发生混血的遥远地方去。② 在印第安人的问题上，尽管托马斯·杰斐逊肯定了印第安人“理性思维能力很强，思想情操很高尚以及他们富有想象力”③，但是托马斯·杰斐逊并没有打算让印第安人和白人一样享有同等的政治权利和教育机会。在女性的问题上，尽管托马斯·杰斐逊深爱他的妻子和女儿，并且认为他的女儿们应该学习文化知识和钢琴，但是他并不认为妇女需要接受与男性同样的教育，也不认为妇女应该与男性享有同等政治权利和工作权利。历史学家丹尼尔·布尔斯廷

---

① 参见埃里克·方纳《美国自由的故事》，王希译，商务印书馆，2002，第48页。

② 参见杰斐逊《杰斐逊集》（上），刘祚昌、邓红风译，生活·读书·新知三联书店，1993，第290页。

③ 杰斐逊：《杰斐逊集》（上），刘祚昌、邓红风译，生活·读书·新知三联书店，1993，第285页。

（Daniel J. Boorstin）批评说，托马斯·杰斐逊缺少对处于边缘地位的妇女、世居美国人和非洲裔美国人的持续注意。① 这种批评是中肯的。

在托马斯·杰斐逊看来，自由的自耕农社会，需要一种知识传播机制。在 1805 年写给利特尔顿·塔兹韦尔（Littleton Waller Tazewell）的信中，托马斯·杰斐逊说："我坚信人民是他们自己自由的唯一安全的保管所，而只有他们受教育到一定的程度，这些保管所才是安全的，所以我把我们现在的自由状况看作是短期的，除非人民群众拥有一定程度的知识。"② 他继续说道，学校担负着向人民群众传播知识的重任。5 年后在给约翰·泰勒法官的信中，托马斯·杰斐逊再次重申了自己通过建立公共学校对人民群众及其中杰出人才施以广泛的知识教育的观点。他把传播知识、普及学校教育视为巩固共和国的重大措施，认为只有普及教育，使每位公民具备了基本的知识，才会正确地判断到底什么东西能保障或危害他们的自由。有了明智的公民，才会有健康、正义的共和政府。

实际上，托马斯·杰斐逊从青年时期就在思考，如何运用制度化的教育，去建设一个真正自由、安全和公正的公民社会。早在 1779 年，当时托马斯·杰斐逊作为弗吉尼亚州议员，就提出了著名的《更广泛传播知识的法案》。在这个文本中，托马斯·杰斐逊第一次向公众宣布了他的知识社会化理念。他宣称，民主共和的政府，虽然在制度上比封建专制的政府更加有利于保障人民的自由，但是，若执行制度的人的品质不足或败坏，那么优越的制度也会蜕化为人类自由的敌人。为了保卫共和政治的安全，防止它沦为暴政，最有效的办法就是向所有

① See Jennings L. Wagoner, Jr., "That Knowledge Most Useful to Us": Thomas Jefferson's Concept of "Utility," in *the Education of Republican Citizens* (Washington, D. C.: Library of Congress, 1993), p. 48.

② 杰斐逊:《杰斐逊集》（下），刘祚昌、邓红风译，生活·读书·新知三联书店，1993，第 1329 页。

公民传播政治知识，最大限度地启迪所有公民的心智，使公民中天资优秀和高尚者通过接受自由教育，脱颖而出，成为政府的领导者、共和制度的保护人。

具体的教育计划是：把每个县划分为若干学区，每个区建立一所公立小学。在该学区中所有白人公民的男女儿童入学接受3年免费的教育，教育内容包括阅读、写作、算术和历史。在一个县或几个县创建一所公立中学。在弗吉尼亚州，一共设立20个中学区，每个区设立一所文法学校，教授拉丁语、希腊语、英语、地理和数学。经过选拔后，每所小学的出身贫困的最优等生继续在文法学校接受免费教育，学满一年后，淘汰其中三分之一，学满两年后，仅留一位成绩最优者继续公费学习4年，4年后再选拔最优等生赴威廉与玛丽学院公费深造3年。①

有人对托马斯·杰斐逊一生各个时期的教育文献进行比较后，认为他的教育方案起初是平民主义的，到了晚年逐步变为精英主义的。劳伦斯·克雷明反对这样的看法，他认为，托马斯·杰斐逊晚年明显的精英倾向实际上早已有之，只不过是隐藏起来罢了。② 实际上，在教育问题上的精英倾向，在建国时代的思想家群体中，托马斯·杰斐逊并非个例。他的前辈、宾夕法尼亚州的本杰明·富兰克林（Benjamin

---

① 当代美国教育史学家乔尔·斯普林评论说，托马斯·杰斐逊计划的具体内容，其重要性远不及其中所反映出的思想，后者已经成为美国社会思想中根深蒂固的东西，即学校教育是选拔、认定民主领导人的最佳途径。乔尔·斯普林怀疑托马斯·杰斐逊所设计的学校系统是否能够公正地选拔出未来政府和社会的领导人。例如，托马斯·杰斐逊的方案预设了一个前提，即在教育体系中，所有的评判都是公平的。选拔的公平性又设定学校内的评判只基于被证实了的才能，而不受诸如种族、宗教、外表和社会阶层等其他任何社会因素的影响。倘若学校偏爱来自某些种族、宗教和经济集团的学生的话，托马斯·杰斐逊的方案就失败了。参见乔尔·斯普林《美国教育》，张弛、张斌贤译，安徽教育出版社，2010，第13页。

② 参见劳伦斯·A.克雷明《美国教育史：建国初期的历程（1783—1876）》（第2卷），洪成文等译，北京师范大学出版社，2002，第117页。

Franklin）一生热衷于兴学、办教育，但是他的兴趣也只限于中等和高等教育，他所创办的文实学校也主要面向的是城市和乡村的较为殷实的中产阶级。美国第一任总统乔治·华盛顿一生中少有的教育关怀，被投注到创建一所国立大学的理想中去："他念念不忘的是创建一所在联邦政府资助下的国立大学，通过高深的科学和文学的教育塑造理性的公民和国家的未来领导人。"①

如果要深入地理解这种精英取向背后的认识逻辑，我们需要径直攀缘到教育的上游去看看。建国时代的思想家，无疑是从构建一个新的二元社会结构出发来思考教育问题的。他们之中没有一个人的首要身份是纯粹的教育家。他们之所以看重教育，也许主要是出于社会的和政治的目的。阿历克西·托克维尔（Alexis-Charlés-Henri Clérel de Tocqueville）曾在 19 世纪三四十年代的美国游历，发现"在美国，对人们进行的一切教育，都以政治为目的"②。明显的事实是，建国时代的思想家需要为新的统治秩序的合法性寻找一个说得过去的理由，也需要为保障这个新的统治秩序的正常运行不断输送获得人民认同的领导者。知识的社会化和教育的制度化，被认为是实现这个社会目的的有效方法。国家通过建立一个面向全体公民的、统一的普通学校制度，将个人的才智和品德作为选拔人才的唯一标准，一方面不断地将少数普通家庭中的才俊输送到社会各行各业的领袖地位中去；另一方面在公平的竞争机会面前，大多数被淘汰下来的普通人将更可能自愿接受成功者的领导，从而也在心智和感情上更容易接受现行的政治和社会秩序，这就为二元社会结构的持续有效运行提供了有力保障。

知识的社会化在维系新的二元社会结构中扮演着关键角色，而且正如前文我们指出的，建国时代的思想家们非常重视建立公共学校制

① 吴式颖、任钟印：《外国教育思想通史》（第 6 卷），湖南教育出版社，2002，第 581 页。

② 托克维尔：《论美国的民主》（上卷），董果良译，商务印书馆，1988，第 354 页。

度，以制度化的教育形式，依据知识接受者的才智程度，使较浅层次的知识为普通百姓所公有，而把高深的、渊博的知识为社会、政府和学界的精英所占有，以一种貌似公平合理的竞争方式，在学校中再生产现有社会的结构二元性。不过，还有两个非常重要的命题需要补充到上述观念结构中去。

第一个是关于宗教知识在制度化教育中的地位问题。建国伊始，宗教自由问题十分突出。在美国，新教各教派林立，为了争取信众，各教派竞相地举办学校，宣传本教派信奉的教义，传播本教派认可的宗教知识。在政府开办的学校中，是否应该允许教授宗教知识，这是关乎社会稳定和政府安全的重大问题。因此，宗教问题在建国时代关于教育与社会改革关系的观念结构中占有一个特殊的位置。托马斯·杰斐逊在1779年的《关于宗教信仰自由的法案》中，正式提出了政治与宗教分离的主张："在诉诸良心的活动方面，压服是和基督教义违反的。没有人应该被迫去经常朝拜或支持任何宗教仪式、教堂或教士……一切人都应该享有自由去发表关于宗教的意见，或为坚信宗教而勇于争辩。"①

第二个重要问题是新闻、出版和言论自由在知识社会化中的作用。托马斯·杰斐逊说："人可以靠理性和真理来治理。所以我们的第一个目标是向他开放一切通往真理的道路。"② 用新闻形式来监督政府，有利于让公众充分了解政府的公共政策，同时也有利于政府及时了解民意和舆论，起到监督政府作为的作用。托马斯·杰斐逊还将新闻和出版自由视为一种教育手段，通过媒体去教育人民，启发民智，开化心灵。他把新闻、出版和言论自由视为"促进人类成为理性、道德与社

---

① 杰斐逊：《杰斐逊集》（上），刘祚昌、邓红风译，生活·读书·新知三联书店，1993，第370页。

② 杰斐逊：《杰斐逊集》（下），刘祚昌、邓红风译，生活·读书·新知三联书店，1993，第1325页。

会动物的最佳工具”[①]。

上述两个命题连同教育制度化命题，共同构成了托马斯·杰斐逊的知识社会化思想的实现机制。其中制度化教育的方式，在培养共和国年轻一代的社会意识中发挥着举足轻重的作用。[②] 宗教自由和新闻自由，乃是非制度化教育的重要组成部分，其对成人社会知识和真理的流通，了解和尊重民意的悠远民主传统的形成，无疑发挥着重大的作用。

二、贺拉斯·曼论教育与社会改善

1812—1815 年美国对英战争的客观后果之一，就是以垄断和合营为基础的金融与信贷资本在美国经济生活中的地位牢固地确立了。尽管这场战争反映在政治上，由托马斯·杰斐逊所代表的共和党赢了，联邦党退出了舞台，但是，联邦党人所推崇和设计的一整套经济制度却获得了决定性的胜利。这个看似有些吊诡的后果意味着托马斯·杰斐逊孜孜以求的、以农业和自耕农为基础的道德理想国覆灭了。在经历了短暂的战后经济萧条后，从 1820 年开始，美国快速地走上了以机械化、制造业和大工厂为基础的工业化道路。

托马斯·杰斐逊曾在欧洲见到的阶级冲突，在他的祖国变得司空见惯。在 19 世纪 30 年代经济繁荣时，在斗争中阶级意识不断增强的工人广泛地组织了起来。1833 年，纽约市各行业工会成立了总工会，费城、巴尔的摩和其他几个大城市也相继建立了类似的工人组织。1834 年，全国性的总工会在纽约成立，总工会把要求缩减工时、提高工资、

---

① 郑丽：《托马斯·杰斐逊的新闻自由思想及实践》，《哈尔滨师范大学社会科学学报》2014 年第 6 期。

② 参见吴式颖《外国教育史教程》，人民教育出版社，1999，第 257 页。

为童工立法和普及教育作为组织的主要使命。与此同时，罢工频繁，消费品价格波动不定，阶级冲突加剧，社会陷入动荡不安之中。“1830年到1860年，仅在巴尔的摩、费城、波士顿和纽约就至少发生了35起大规模暴动。到1850年，那些人口达到2万的城市也同样见证了城市的暴力与无序。”①

贺拉斯·曼正是在这样的社会条件下开始他的工作和思考的，他继承了托马斯·杰斐逊对教育在促进美好社会中的作用的乐观态度，但是在很多方面，贺拉斯·曼修正了杰斐逊的观点。

人性论是托马斯·杰斐逊讨论教育与社会问题的基石。在讨论教育可能对社会变革起作用时，人性假设的价值在于，它假定绝大多数人能够通过一定的培养和训练而具有知识和美德，从而依据其形成的正确判断力和正直的习惯，选举出共和政府的领导者。这是托马斯·杰斐逊在为其提出的公共学校计划提供辩护时的基本思路。然而，正如前文我们已经指出的，托马斯·杰斐逊相信，从个人天资而言，人民的智力分布是不平衡的。如同柏拉图一样，他非常关心人类天赋智力水平的差异。只有人民中的天赋超群者所执掌的政府，才是他心中正义的理想国。所以，在托马斯·杰斐逊那里，或者准确地说，在建国时代的很多人心目中，制度化教育的重点与其说是“培育”心智，不如说是“鉴别”心智。

贺拉斯·曼相信教育对于共和政府的重大价值，但是他不接受托马斯·杰斐逊有关自然贵族的说法。在安德鲁·杰克逊（Andrew Jackson）时代的平民主义精神熏染下的贺拉斯·曼深信在一个民主的国度中，领导人在智力水平上并不高人一等，一般的国民和他一样聪明。他说：“根据一种类似控制流体平衡的自然法则，选举人与被选举

---

① 加里·纳什：《美国人民：创建一个国家和一种社会（第6版）》（上卷），北京大学出版社，2008，第334页。

人、任命者和被任命者往往在智力上趋于同一个水平。”① 在一篇叫作《自我完善》（“Self-Improvement”）的文章中，贺拉斯·曼写道：“就其本性而言，人在天赋、心智、能力上区别很小，或者可能根本没有区别。知识、高尚和文雅的种子被自由地、近乎或者完全地平等播撒在粗鲁的农民和最深刻的哲学家的心灵之中。”②

而且，贺拉斯·曼也认为人在天赋、智力上是平等的，这一信条也同样适用于不同种族。在他出任麻省议会的议员时，他曾坚决主张黑人残疾儿童与白人残疾儿童一样有权利在特殊教育机构学习。他辩护说，黑人儿童和白人儿童在感知身体的快乐和忍受身体的痛苦的能力上是一样的，两者并不因为肤色而有所差别。

在贺拉斯·曼生活的时代，美国社会的阶级冲突有加剧的趋势。当我们打开贺拉斯·曼在任期间撰写的12次年度报告时，特别是读到被认为是他的教育思想的最好总结的最后一次报告时，我们可能会被报告中四处弥散的紧张、忧虑和愤怒情绪所震惊。他在报告中列举了多种犯罪行为，如欺诈、仿造贵重金属和货币、违法售酒、非法彩票交易、作伪证、逃税、纵火、制售假药、抢劫、强奸、诽谤等。不止如此，他还列举出更多“社会的巨大罪恶”，诸如无节制、贪婪、战争、奴役、偏执、贫困和浪费。接着，他用近乎“夸张”的语气说，不道德行为和犯罪，“像翻滚的洪水一样，冲决着一切道德的藩篱，摧毁着生活的安全，玷污着生活的圣洁”③。他声嘶力竭地控诉“现在正困扰着家庭的平静、玷污着现代文明的那些秘密的恶性和公开的犯罪

① 劳伦斯·A.克雷明：《美国教育史：建国初期的历程（1783—1876）》（第2卷），洪成文等译，北京师范大学出版社，2002，第146页。

② Merle Curti, *The Social Ideas of American Educators* (Paterson: Pageant Books, Inc., 1959), p. 104.

③ 任钟印：《世界教育名著通览》，湖北教育出版社，1994，第784页。

的罪恶宿主”①。显然，在贺拉斯·曼那里，托马斯·杰斐逊笔下那个相对冷静、优雅的乡村社会意象不复存在了，代之而起的似乎是一个动荡不安、更加近似托马斯·霍布斯假想的“人与人之间的战争”的社会了。

在19世纪三四十年代，托马斯·杰斐逊梦寐以求的自耕农生活已杳如黄鹤，以财产多寡为标准划分的贫富两个阶级的冲突频仍。为了应对这种新的社会形势，一些具有民主理想和人道主义精神的资产阶级学者和社会人士发起了一场关心下层社会生活改良的运动。1837年8月，拉尔夫·爱默生应邀在麻省剑桥镇对全美大学生荣誉协会发表题为《美国学者》的著名演讲。在讲演中，拉尔夫·爱默生指出，美国社会中致力于提高下层民众的运动在文学作品中得到了显著的反映。他发现，美国作家不再沉溺于幻想、一味地讴歌崇高与美，而开始把视界下移，关注于挖掘和加工那些卑下而普通的眼前生活。“穷人的文学，儿童的情感，街头哲学，以及家庭生活的意趣，这些全都成了当前的话题。这是巨大的进步。”② 接着，拉尔夫·爱默生动情地说道：“我喜爱平凡，我探索并且崇拜我熟知与卑微的一切。”③ 这种态度也许同样用在贺拉斯·曼身上。

那个时代，几乎每个正直的人都对泛滥在社会每个角落的腐败、巨大浪费和极端贫困、犯罪和道德滑坡忧愤不已。拉尔夫·爱默生当然看到了美国社会的分裂趋势。他说：“看看这个由劳动男女组成的广阔社会吧。我们任由劳动者侍奉我们，却不同他们居住在一起，甚至在街上遇见连招呼也不打。即使他们有才能，我们也不予理会。我们

---

① 任钟印：《世界教育名著通览》，湖北教育出版社，1994，第784页。

② 吉欧·波尔泰：《爱默生集》（上），赵一凡等译，生活·读书·新知三联书店，1993，第81页。

③ 吉欧·波尔泰：《爱默生集》（上），赵一凡等译，生活·读书·新知三联书店，1993，第81页。

对他们的成功不表示喜悦，不鼓励他们的希望，也不支持他们为切身利益所投的选票。这样，我们在社会的基础上扮演起自私自利的贵族与国王角色。”① 为了不使这个社会更加分裂，“国家应当照顾穷人，尽一切努力为他们说话。每个孩子在诞生时就必须获得生活的平等机会。我们改善有关财产的法律，必须是以富人的让步为基础，而不是去剥夺穷人。让我们养成经常馈赠和施予的习惯……我感到有必要做一个热爱他人的人”②。

贺拉斯·曼的好友、康涅狄格州后来的免费公共学校制度的缔造者亨利·巴纳德在亲历1837年发生的工人暴乱后不无惊惧地说道：“工人阶级显示出一种巨大的力量（a mighty power），在和平时期，这种体力在他们的臂膀中沉睡着，比肌肉的力量更大和更加可怕的力量，存在于其未经教育的心智和未受指导的心灵之中，这种力量易于在任何时间被付诸行动。”③ 他毫不怀疑，这种巨大力量能够“破坏现存的社会结构”，因此，亨利·巴纳德宣称，现在是时候唤醒资本家、爱国者和基督徒了，让他们一起为社会确立秩序。如默里·柯蒂（Merle Curti）所言：“巴纳德相信，如果最糟糕的剥削被消除，现状才能会被维系下去；但是，他也由衷地期盼大众能够过得更好……他预见一个没有阶级和阶级区别的社会……他不仅相信这个预见能够在不动摇特权阶级的社会和经济地位条件下得以实现，他甚至想，尽管存在着财富和社会地位的差别，但是富人和穷人可能真正相互理解，并且分享

---

① 吉欧·波尔泰：《爱默生集》（上），赵一凡等译，生活·读书·新知三联书店，1993，第162页。

② 吉欧·波尔泰：《爱默生集》（上），赵一凡等译，生活·读书·新知三联书店，1993，第163页。

③ Merle Curti, *The Social Ideas of American Educators* (Paterson: Pageant Books, Inc., 1959), p. 146.

很多共同的和特殊的文化与经验。”①

建国时代的思想家，不论是托马斯·杰斐逊、乔治·华盛顿，还是本杰明·拉什与诺亚·韦伯斯特（Noah Webster），对知识社会化的政治功能都是极为看重的。在托马斯·杰斐逊那里，制度化的公共学校教育被视为保卫共和国安全的一道重要屏障。教育的经济价值尽管没有被否定，但显然不是他们如此推重制度化公立教育的最初动机。于是，与对制度化教育的政治功用的极端重视之态度相适应的是，他们把理性训练、自由艺术与现代科学知识的传授作为教育内容的中心。

对贺拉斯·曼生活的时代及其去世以后的重建时代的政治家而言，美国民主共和政体的真正威胁已经不是来自精英阶层内部效忠英国政体的旧贵族，甚至也不是银行家和工业资本家构成的“新贵族”（也许杰克逊主义者不这么看），而是数量日益庞大的下层民众，特别是高度组织化的工人阶级。在托马斯·杰斐逊的社会意识中，阶级对立和劳资冲突，那是欧洲的现实，不可能是美国的未来。所以，在他思考教育的社会功能时，根本不会把穷困潦倒却具有斗争意识的无产阶级纳入认识框架中去。合乎逻辑的结果是，托马斯·杰斐逊绝不可能在去世前为贺拉斯·曼这一代人留下直接可资的“小红书”。

在这个贫富差距极大、劳资冲突严重的社会里，作为政治家的贺拉斯·曼深知，解决贫困问题，保证社会的持续繁荣、稳定，就是当前美国最大的政治问题。在第一次年度报告中，他说道：“公共学校制度的目标是为每一个儿童提供一条免费、笔直与坚实的道路，沿着这条路，他能从一个无知的婴儿径直走向一个掌握首要义务的知识的成人。”② 贺拉斯·曼将无知视为穷困的根源：“没有知识的人民，不仅是

① Merle Curti, *The Social Ideas of American Educators* (Paterson: Pageant Books, Inc., 1959), p. 147

② Albert E. Winship, *Horace Mann, The Educator* (Boston: New England Publishing Co., 1896), p. 42

而且肯定是贫困的人民。”① 穷困又是滋生犯罪的土壤。所以，他常直接将无知和犯罪等同起来，严厉地说：“在一个共和国里，愚昧无知是一种犯罪。”② 因此，当他看到人民如此暴乱不安时，他并没有去指责民众，而是反省政府是否尽到了教化万民之责任。在第十二次年度报告中，贺拉斯·曼动情地说：“一个政府容忍它的劳动阶级成长而没有知识，犹之乎创造了像我们这样的人类，却把他们安排在世界上而没有太阳的光辉一样残酷无情。”③ 他坚持认为：“一个国家的政府，在普及教育上不仅要不惜人力和物力，而且要教导民众认识到其重要性和必要性。”④

在贺拉斯·曼看来，消除贫困不是“削峰填谷”，不是把富人的钱放到穷人的腰包里。所以，当有人恶毒地散布“贺拉斯·曼是一个社会主义者”的传言时，并没有几个人当真。贺拉斯·曼的社会改革理念是增量改革而不是存量改革。他热忱地希望有这样一种机制，它可以使富人更加富有，使穷人不愁温饱，甚至有机会成为富人。公立的免费学校教育正是这个机制。

正是贺拉斯·曼而不是其他人运用了两个有趣的隐喻，来描述公立免费学校的社会功能。他说：“除了人类所创造的其他一切手段以外，教育是人们境况的伟大均衡阀——它是社会机器的平衡轮。”⑤ 这是第一个隐喻。在机械工程学里，“平衡轮”的更通常的叫法是“平衡阀”。平衡阀一般用于调节系统的水力工况，使压差保持在正常范围内，保证系统内的总流量得到合理分配。它可以保证制冷机组和水泵

---

① 任钟印：《世界教育名著通览》，湖北教育出版社，1994，第 779 页。

② 滕大春：《外国教育通史》（第 3 卷），山东教育出版社，1990，第 333 页。

③ 任钟印：《世界教育名著通览》，湖北教育出版社，1994，第 780 页。

④ 吴式颖、任钟印：《外国教育思想通史》（第 8 卷），湖南教育出版社，2002，第 20 页。

⑤ 吴式颖：《外国教育史教程》，人民教育出版社，1999，第 396 页。

以最佳的状态运行，做到节能、高效、安全。平衡阀比喻形象地传达了贺拉斯·曼希望公共教育所应扮演的社会角色。公共教育应该能够调节契约社会的结构二元性，使社会的两大阶级之间的压差（矛盾）被控制在一个合理水平，使整个社会系统能够稳定、高效运行。通过这个比喻可知，贺拉斯·曼心目中的公共学校制度的定位，并不是要取消两个阶级，也不是要明显增强两个阶级中的一方而压制另一方，而是要在两个阶级的博弈中进行动态调节和仲裁，把两者的矛盾和冲突控制在一个不至于影响整个社会系统正常运行的范围内。从这个比喻看不出贺拉斯·曼期望通过普及公共学校使工人阶级取代资产阶级成为统治者；也看不出贺拉斯·曼希望通过普及教育使资本家能够更加牢固地控制工人阶级，再生产社会的不公。

除了“平衡轮”的隐喻，贺拉斯·曼还称“教育是宏大的机器”。在他看来，这架机器有着令人叹为观止的功能，“可以把人性中蕴含着的本能或者‘原材料’加工成真正有益于社会的才能”。“依靠这种机器，我们可以生产出发明家、发现家、学者、法官、慈善家、牧师、诗人、伦理学家、实用科学家、行政管理人、指挥官和英雄，也可以生产出熟练的技工和科学种田的农民。”① 这个隐喻传达的是他对公共学校教育目的的期许。以往研究者几乎没有注意到，这个隐喻中“遗漏”了当时社会中实际存在的两大群体。一个群体是以银行家、大工厂主和财阀为代表的上层阶级，另一个群体是以流浪汉、乞丐、小偷、店铺伙计、仆人和马车夫为代表的底层阶级。发明家、学者、法官、诗人等属于脑力劳动者，技工和农民则是体力劳动者。他们都属于靠自己的头脑和双手吃饭的中间阶级，他们既不剥削人也不依附人，独立自主，自食其力。在贺拉斯·曼心里，这才是公共学校应该培养的人。“机器”的隐喻，还传达出一层引申的含义，那就是公共学校是一

① 任钟印：《世界教育名著通览》，湖北教育出版社，1994，第775页。

个注重效率和精确的机构，贺拉斯·曼希望他所建立的公立免费学校不同于注重宗教灌输的慈善学校，也不同于强调古典学科的文法学校，而是类似一家工厂，生产出“实用的产品”，以其技术和专门的知识为社会大多数人提供服务。尽管我们还不清楚，贺拉斯·曼的“机器”比喻与公立免费学校后来在管理上的官僚化和工厂化之间是否存在某种联系，但是这种比喻的确容易让人相信贺拉斯·曼可能不会轻视工厂中那种既经济又高效的管理办法。

在美国教育史上，贺拉斯·曼即使不是第一个，也是非常有影响的那个教育家——他深信教育能够促进经济增长，能够解决贫困问题。塞缪尔·鲍尔斯（Samuel Bowles）和赫伯特·金蒂斯（Herbert Gintis）指出：“有意义的是，在19世纪40年代早期的萧条岁月里，贺拉斯·曼也确认了教育的经济价值。”[①] 在第五次年度报告中，贺拉斯·曼展示了教育对增进个人和社会的幸福与物质利益的作用，以及对丰富财产和创造舒适生活的作用。他宣称，一个城镇的财富增加的比例与其对学校的拨款的比例相一致；学校税是一个投资而不是负担；投资于儿童教育的钱，将超过其遗产的两倍。[②] 他坦言，试想两个劳动者，一个人的头脑被良好的普通学校教育所唤醒并被提供了基本的知识，而另一个人的能力却从未得到发展，因为没有接受教育以致他不能从最初的黑暗和麻木中走出来，这两个人在生产能力上根本不可同日而语。他接着说，教育乃属投资，其收益绝不亚于金条。他坚信，工业的目标和国家的财富将会随着知识的普及而增加。这不仅因为受过教育的工人在生产能力上高出无知者，也因为受过教育的人能够懂得自律，从而减少对抗。所以，公共学校是预防性的，而其他的社会

---

① S. 鲍尔斯、H. 金蒂斯：《美国：经济生活与教育改革》，王佩雄等译，上海教育出版社，1990，第245页。

② See Albert E. Winship, *Horace Mann , The Educator*(Boston: New England Publishing Co. ,1896), p. 48.

机构则是治疗性的，公共学校能够通过避免产生不必要的冲突和矛盾，从而起到节约社会治理成本的作用。

第二节　教育与社会控制：莱斯特·沃德、爱德华·罗斯与罗伯特·帕克

自建国时代起，美国便确立了政治自由主义的传统。在《独立宣言》中，托马斯·杰斐逊旗帜鲜明地表达了个人自由、权利和幸福至上的理念。他宣称人人生而平等，个人拥有生命、自由和追求幸福的权利。1789 年的美国宪法的前十条修正案，使个人自由和权利得到了最高法律的保障。从此，个人主义在美国不仅成为一种意识形态，也成为一种社会现实。这一政治传统是镀金时代和进步时代早期的美国政府在经济和社会事务上奉行不干预的自由放任政策的根本依据。

这种自由放任的经济和社会政策，一方面促进了 19 世纪 60 年代后美国经济迅速走向辉煌——到 19 世纪末，美国已经成为全世界头号工业强国。从工业的组织形式上，美国已经彻底告别了贺拉斯·曼时代的自由资本主义阶段，进入了以卡特尔和托拉斯为标志的垄断资本主义阶段。另一方面，工业上的飞跃发展也致使美国社会问题空前恶化，19 世纪末 20 世纪初，美国社会经济生活已经混乱到了无以复加的程度。假冒伪劣商品泛滥，贫富差距悬殊，政治腐败与社会道德滑坡携手同行，经济危机、失业和罢工时有发生，社会长期处于动荡不安之中。

在这样的社会背景下，以莱斯特·沃德、爱德华·罗斯（Edward Rose）和罗伯特·帕克（Robert Parker）为代表的美国的一些有社会责任感的才智之士，开始将目光投向欧洲，向法国、英国和德国等发达国家学习先进的社会理论和科学方法，对进步时代的美国社会进行全面而细致的科学研究，在继承和批判以托马斯·杰斐逊和贺拉斯·

曼为代表的美国先贤的思想遗产基础上，提出了全新的社会哲学。莱斯特·沃德和爱德华·罗斯等人有力地挑战了个人主义的社会思想传统，分别从教育与社会发展、教育与社会控制、教育与社会距离等维度揭示了美国社会中存在的重大问题，充分肯定了教育在保持社会控制、促进社会发挥中发挥的巨大作用，促使人们更多地从社会控制的角度去重新审视学校和教育，使学校和教育适应变化了的社会的需要，极大地推动了美国学校和教育从传统向现代的演化进程。

一、莱斯特·沃德论教育与社会发展

有“社会学之父”美誉的法国思想家奥古斯特·孔德（Isidore Marie Auguste François Xavier Comte）尽管一生贫病潦倒，却穷且益坚，不坠青云之志。他怀着对社会改良和人类幸福的伟大理想，执着而坚定地从事社会问题研究，先后出版了八卷本的《实证哲学教程》和四卷本的《实证政治体系》等社会理论著作。在这些著作中，奥古斯特·孔德明确地以促进社会的爱、秩序和进步为社会研究的宗旨，以实证主义为方法论①原则，提出社会静力学和社会动力学两大社会学研究领域，强调把社会秩序和社会发展的协调作为社会良性运行的基本法则。他认为，社会学应该用自然科学的方法去研究人类社会。他深信和谐的社会秩序源于社会各阶级和组织的相互合作，国家和政府应该超越民族和教会成为最重要的社会统治的工具。他还讨论了教育、法律、宗教、道德、语言和舆论在社会控制和发展中的作用和意义。

奥古斯特·孔德去世后，他的上述观点，特别是以自然科学方法

① 奥古斯特·孔德的实证主义方法的出发点是可以观察、可以实验的社会事实。奥古斯特·孔德认为，社会事实是经验的事实，经验的事实是知识的唯一来源和基础。他相信，只有那些能以直接观察和客观测量的社会事实才是社会科学研究的对象。具体来说，他的实证主义方法包括观察法、实验法、比较法和历史法等。

去研究人类社会的实证主义方法论主要被英国社会学家赫伯特·斯宾塞（Herbert Spencer）所继承，但是，奥古斯特·孔德强调社会合作和人类之爱的观点并没有被赫伯特·斯宾塞采纳。赫伯特·斯宾塞以英国传统的个人主义的哲学为依据，借用达尔文的进化论的概念，对奥古斯特·孔德的社会理论进行了重构。在研究的主题上，他使用了社会静力学和社会动力学的概念，进一步明确前者处理的是社会结构和社会制度之间的相互联系，后者研究的是社会发展过程或社会进步。在关于社会结构的问题上，他提出了社会有机体的概念，认为社会有机体的存在是“为了构成它的各个器官的利益而非它自己的利益”[①]，构成有机体的个人之间并不存在内在联系，社会乃是一个聚合体，只服务于个人的需要。在社会发展的问题上，赫伯特·斯宾塞坚称达尔文的自然选择学说不仅适用于自然界，也适用于人类社会。因此，他高度肯定社会竞争在促进社会发展中的作用，认为政府应坚持自由放任的个人主义政策，勤奋和聪明的人将由自然选出获得成功。贫富分化是社会进步的反映。

19 世纪末 20 世纪初，赫伯特·斯宾塞的社会哲学在美国受到热烈欢迎，影响力可谓如日中天。耶鲁大学的威廉·萨姆纳（Summer William Graham）教授是赫伯特·斯宾塞社会理论在美国的主要宣传者之一。威廉·萨姆纳认为，自然法则是统治社会的原动力，适者生存、优胜劣汰的社会竞争有利于社会发展。因此，与赫伯特·斯宾塞一样，威廉·萨姆纳主张政府不应干预竞争，政府的责任在于保护公民的私有财产。至于贫民窟和穷人的出现，乃是社会进步的消极后果，政府试图通过干预经济而消灭这种现象，是错误的做法，有碍于经济和社会的良性发展。

---

① 赵立玮：《美国和中国早期社会学中的社会控制概念》，《江苏师范大学学报（哲学社会科学版）》2017 年第 2 期。

赫伯特·斯宾塞和威廉·萨姆纳的自由放任主张，迎合了美国社会中上层阶级的利益需要，产生了广泛的社会影响。“这类社会哲学特别投合于工业巨头和金融寡头的口味，得到了垄断资本家的极力拥护，成为他们反对工人联合和政府对经济进行干预的‘科学’依据。结果是，人性的异化加深，个人奋斗的成果反而成了人的对立物，人沦为金钱和物质财富的奴仆，拜金主义流行，物欲极度膨胀，追求人的全面发展已是天方夜谭。”① 在赫伯特·斯宾塞和威廉·萨姆纳的社会理论中，对社会弱势群体的冷漠，对物质利益的崇拜，以及对社会竞争的过度宣扬，使一些有强烈的社会责任感的社会科学家产生反感。在这些社会科学家中，首要的也是最有号召力的当然属伟大的莱斯特·沃德。②

1883年，当时还是以美国国家地质勘测局的古生物学家闻名学界的莱斯特·沃德出版了美国第一本社会学教科书《社会动力学》（*Dynamic Sociology*）。在这本书里，莱斯特·沃德公开批评以赫伯特·斯宾塞为代表的自由放任的社会理论，强调了人类的理智在社会控制和社会进步过程中的重要作用。在他看来，赫伯特·斯宾塞之流，“错误地将进化理论运用于人类事务，把生物进化和社会进化混为一

---

① 李剑鸣：《大转折的年代：美国进步主义运动研究》，天津教育出版社，1992，第229页。

② 1905年，约翰斯·霍普金斯大学成立美国社会学会，莱斯特·沃德当选为首任会长，威廉·萨姆纳和吉丁斯（Franklin Henry Giddings）当选为副会长。俄国社会学者布尔加诺娃说，莱斯特·沃德等人的当选反映了这些奠定美国社会学基础的学者们的崇高威信。参见布尔加诺娃《美国社会学的制度化》，《现代外国哲学社会科学文摘》1999年第8期。此后，莱斯特·沃德的学术影响力蜚声海外，在其职业生涯的晚期，他曾担任过国际社会学研究会的主席。在纪念他的文章中，爱德华·罗斯称赞莱斯特·沃德是19世纪的亚里士多德，一位从不为了名利而工作的斯巴达人。See Edward Ross, “Lester Frank Ward,” *The American Journal of Sociology*, No. 1(1913): 66.

谈”[①]。莱斯特·沃德尖锐地指出：“自由放任主义是一种无所作为的福音，科学信条是不灵的，放弃一切、落入自然之手的政策是一种投降。”[②] “适者生存就是强者的生存，这意味着，也可以称之为弱者的毁灭。如果自然通过毁灭弱者而进步，那么人类就会通过保护弱者而进步。这是本质上的区别。”[③] 莱斯特·沃德铿锵有力地坚称，自然法则并不适用于人类社会，这是因为，“人与所有其他动物不同，已经控制了自然这一非个人的力量，而且进步是通过运用人的理智而不是让自然顺其自然地发展而获得的”[④]。

在莱斯特·沃德看来，自由放任主义之所以错误在于它未能认识到上述事实。“在心智的发展过程中，一种实际上是新的力量被引入世界……正是在这个意义上，也就是在这个意义上，我声称人类大脑的思维、推理、发明能力的发展——思维、推理、发明能力——是另一种，也是最显著的一种，是具有进化过程特征的、属于自然方法的巨大宇宙的伟大发展。”[⑤] 莱斯特·沃德发现，在人类社会中，精神力量以两种不同的方式确保对弱者的保护：第一，增加生活必需品的供应；第二，防止人类的敌人威胁人的生命。莱斯特·沃德相信，在所有这些方面，人类通过他的智慧，成功地反抗了自然规律。“开明人的智慧力量最终足以把握社会生活中的问题。人们已经积累了大量的真理，在解决这些问题时应以其为指导。”[⑥] 因此，政治学不能停留在石器时代，因为那个时代人们不能设想通过理智的努力来改善其处境。莱斯

---

① 约翰·马克·法拉格等：《合众存异：美国人的历史（第 7 版）》，王晨等译，上海社会科学院出版社，2017，第 557 页。

② Lester F. Ward, “Mind as a Social Factor,” *Mind*, No. 36(1884): 566.

③ Lester F. Ward, “Mind as a Social Factor,” *Mind*, No. 36(1884): 570.

④ 丹尼尔·坦纳、劳雷尔·坦纳：《学校课程史》，崔允漷等译，教育科学出版社，2006，第 120 页。

⑤ Lester F. Ward, “Mind as a Social Factor,” *Mind*, No. 36(1884): 567-568.

⑥ Lester F. Ward, “Mind as a Social Factor,” *Mind*, No. 36(1884): 573.

特·沃德宣称："当自然被认为是被动的、人是主动的，而不是反过来的时候，当人类的行动被认为是所有形式的行动中最重要的，当人类的智力对生命、心理和社会现象的力量在实际上被承认的时候，只有这样，人类才能够公正地声称已经从动物中崛起，并完全进入了人类发展的阶段。"①

莱斯特·沃德对物质主义的倾向进行了批评。尽管他也承认在历史中经济因素的巨大影响，但他却反对唯物主义者。与托马斯·杰斐逊相近，莱斯特·沃德认为，与其说是财富的更好分配，倒不如说是知识的更好分配，更当得起社会改善的首要因素。莱斯特·沃德认为，只有社会阶级在理智（intelligence）上接近平等的水平，人们才能找到结束一切形式的腐败的手段。他坚称，只有经过理智的引导，人类才能过上一种有道德的生活。"一切智力活动的本质特征是发明。"② 所以，一个充分组织起来的社会，应该有意识地、理智地"发明"一些方法和措施，以加速它的进步。他反复强调，人类社会不是无意识力量的被动的产物。人的理智使其能够不断地适应变化中的社会环境。反思性的智力是实现人的意志的工具。国家是社会理智的工具，服务于促进普遍的福利，应该用科学的方法去加快社会的进步。

社会学家哈里·巴恩斯（Harry Elmer Barnes）正确地指出："在沃德所有的工作中，都有一个具有支配性的思想。正如我们现在所知，人类社会不是无意识力量的被动产物。它存在于宇宙法则的范围之内，但人类的思想也是如此：人类的这种头脑已经在意识上巧妙地适应并重新调整了其社会环境，而反思性的智慧已经开始把其塑造成一种工具，用来实现人类的意志。以预言的智慧，人类将完善它，直到它立即充分和适应它的所有用途。这不是靠创造性的冲动在空虚中进化，

① Lester F. Ward, "Mind as a Social Factor," *Mind*, No. 36(1884): 573.

② Lester F. Ward, "Mind as a Social Factor," *Mind*, No. 36(1884): 569.

而是通过建设性的理智来塑造经过验证的科学知识的实质内容。因此，科学知识必须成为人类的财产。"[①] 莱斯特·沃德对科学方法之于人类社会的伟大价值深信不疑，可以说这既是建国以来的乐观主义的美国思想传统的反映，也是沃德对法国社会学先驱奥古斯特·孔德的浪漫主义的社会情怀的继承。

在1905年发表的一篇论文中，莱斯特·沃德运用历史的方法，对人类理智的演化历程进行了梳理。他指出，财富的存在使一大批富人成为"有闲阶级"（Leisure Class），这些人摆脱了劳动的束缚，把注意力转向各种更高的追求。艺术和文学产生了，文明的影响开始了。人们形成了各种不同对象的自愿组织。除了无数的商业组合和公司之外，还出现了互助、智力提高、社会消遣和娱乐的协会，以及为了慈善和慈善目的的组织。人们还建立了教育制度，并且对人类历史、艺术和文学以及最后对自然进行了研究。于是，"科学的时代终于开启，发明和发现被激发，征服自然和控制世界开始了"[②]。

在1906年出版的《应用社会学》（*Applied Sociology*）中，莱斯特·沃德对自己30年来的社会研究进行了总结。在他看来，应用社会学的任务是制定人们生活的目标及其目的，研究人们如何应用各种技术来促进现实社会向理想社会发展的自然过程。莱斯特·沃德坚持社会学作为一门科学而非技术的孔德式原则，他认为社会学并"不能成为处理现实问题的直接指针"[③]。可以肯定地说，莱斯特·沃德对人类的理智和科学的重要性的信念在他的所有著述中被贯穿始终。这种以

---

① Harry Elmer Barnes, "Two Representative Contributions of Sociology to Political Theory: The Doctrines of William Graham Sumner and Lester Frank Ward," *American Journal of Sociology*, No. 2(1919): 155.

② Lester F. Ward, "Evolution of Social Structures," *American Journal of Sociology*, No. 5(1905): 601.

③ 储兆瑞：《应用社会学在国外》，《社会学研究》1986年第1期。

科学方法为指导、对人类在理智和道德进步上的信任，后来成为进步时代主要的社会科学家和教育家共同分享的思想信条。

在1883年出版的《社会动力学》中，莱斯特·沃德专列一章精辟地阐述了教育与社会进步的关系。他指出，人类有足够的力量控制自然、掌握社会，以达到人类社会完美的目的。莱斯特·沃德主张人类应借助知识的导引以创建幸福的社会组织。所以，他认为，以知识的传播和研究为使命的教育在促进社会进步中具有重要价值，这是不言而喻的。有了知识，自然的和社会的一切资源便可用于建设性的、系统性的活动，服务于人类获得幸福的目的。社会进步是人类幸福的体现，因此教育便成为推动社会进步、使人类获得幸福的根本途径。① 莱斯特·沃德认为，知识是人类理智的结晶，而人类的理智并非天生，要靠教育加以悉心培养和训练。莱斯特·沃德重申托马斯·杰斐逊和贺拉斯·曼的信条："知识的不平等分配导致了当前无知与理智之间的巨大鸿沟，这是我们社会前进的最大弊病。"②

在1893年出版的《文明的精神因素》（*Psychic Factor of Civilization*）中，莱斯特·沃德再次指出理智可以通过教育加以培养，教育是实现社会正义的重要保证。"在19世纪90年代，沃德已经将教育视为追求社会正义运动的重要环节。"③ 在《应用社会学》中，莱斯特·沃德对教育在社会进步中的作用再次进行了发挥。这本书最为雄辩的和根本的主张，乃是把普遍的公共教育作为解决社会问题的准备，把普遍的公共教育作为社会持续进步的基础。与奥古斯特·孔德的立场相似，

---

① 参见厉以贤《西方教育社会学的发展阶段及其特点》，《外国教育动态》1983年第6期。

② 丹尼尔·坦纳、劳雷尔·坦纳：《学校课程史》，崔允漷等译，教育科学出版社，2006，第120页。

③ 郑菲遐、张斌贤：《哈罗德·拉格与美国社会科课程的重构》，《教育科学研究》2013年第12期。

莱斯特·沃德认为，国家是保持社会进化的自觉方向的主要因素。莱斯特·沃德指出，社会不可能通过任何机构来完善这种有意识的控制，除非对社会力量的运作的性质和方式有充分的知识，并且这种知识得到了普遍的传播。

因此，“充分发展教育制度，使这一基本知识的普及成为可能，是正确发展集体心灵感应所不可或缺的先决条件”[①]。莱斯特·沃德以社会力量为出发点，认为只有认识到社会力量的性质和控制方式，才能引导社会力量进入安全、有用的渠道。因此，教育应予以重视。传播这种有用知识的教育制度应由国家掌握，并且应具有面向全体民众的普遍性。[②] 当这一经修订和普及的教育制度付诸实施时，代表社会意志的政府便可以按照真正科学的原则进行社会管理，通过鼓励发明和制定“有吸引力的立法”这种间接的和远距离的方法来促进社会的进步。出于这样的立场，莱斯特·沃德坚持认为，教育需要绝对的普遍性，从而起到干预移民家庭、使其种族习惯和传统能够被“文明化”的作用，否则便会拖累整个社会。他声称教育应具有社会化的作用，把那些没有开化或者文化层次较低、依靠感性行事的野蛮人提升到应有的层次。

二、爱德华·罗斯论教育与社会控制

可以说在很多方面，爱德华·罗斯是莱斯特·沃德社会学信条的

---

① Harry Elmer Barnes,“Two Representative Contributions of Sociology to Political Theory: The Doctrines of William Graham Sumner and Lester Frank Ward,” *American Journal of Sociology*, No. 2(1919): 155.

② See Harry Elmer Barnes,“Two Representative Contributions of Sociology to Political Theory: The Doctrines of William Graham Sumner and Lester Frank Ward,” *American Journal of Sociology*, No. 2(1919): 167.

拥趸者，同时他也是一位颇多原创性见解的社会学家。正是爱德华·罗斯在 1896 年首次提出“社会控制”（social control）的概念，并于 1901 年出版《社会控制》一书，该书是世界上系统研究社会控制现象的第一部专著。

在爱德华·罗斯看来，社会控制是人类有意识的、自觉能动的行为，动物是没有社会控制的。爱德华·罗斯继承了莱斯特·沃德的信条，相信人类社会与动物群落存在根本性区别。他指出，动物依靠本能，人类依靠理性。人类为了社会的目标而为个体制定一套行动规则，这可能会限制某些个体的自由，却为全体社会成员带来最大的好处。随着人类社会的复杂化、经济上的分化和政治上的组织化，原有的自然情感在维系社会关系方面的作用下降了。“随着人们的关系日益变得客观化和非个人化，同情心或爱便不足以保卫和促进社会的利益了，这恰恰是社会进步的标志，即以稳定的不受人的情感影响的关系逐渐取代无常的私人的关系。”[①] 这种稳定的不受人的情感影响的关系乃是社会控制的结果。爱德华·罗斯仔细研究了历史上出现的社会控制的多种途径，具体而言，社会控制包括舆论、法律、伦理法则、社会价值观、幻象、启蒙、人格、艺术、教育、礼仪、个人理想、宗教、信仰和社会暗示等多种手段。

爱德华·罗斯把教育视为社会控制的重要手段。在《社会控制》的第十四章，罗斯系统地论证了教育是如何发挥社会控制的功能的。首先，学校给予一个孩子自我控制和服从客观规律的良好训练。在学校里，每个孩子都被平等地混在一起加以培养，个人由此形成一种节制个人欲望、尊重别人的权利、在解决问题时依靠公平的处理方式的习惯。其次，“教育能够通过指导影响儿童的喜欢与厌恶、热爱与蔑

---

① 田佑中、陈国红：《罗斯的社会控制理论述评》，《南京政治学院学报》1999 年第 6 期。

视，使其接受我们所渴望的理想”①。在诗歌、宗教、自然史、传奇、寓言和神话传说中，人们塑造了各种各样被爱与恨的情绪所激励的人物。教师把感情和理智在小学生的心灵中不知不觉地统一起来。在易受影响的儿童思想中，教育可以把各种原则建筑成一个具有实效的庞大的构架。“由此可见，教育可以帮助使孩子们驯服……也许我们应该仅仅把那些由庞大的社会机构为孩子们提供的学校义务教育看作是社会的控制机器。”② 教育的第三个功能是促进社会的智力发展和人类自我认识能力的提高。对青年进行正规的学校教育，被认为是增进社会秩序的有远见的计划。③

值得注意的是，在莱斯特·沃德那里，教育主要是动态的，他更多地把教育视为促进社会进步的能动手段。通过教育史，爱德华·罗斯看到的却是另一幅图景。他发现，教育在传承传统文化的过程中，与娱乐、社会交往、崇拜、政府和司法行政相结合，实质上是静止的。“它们可能会永远在不发生改变的情况下继续走下去。”④ 在近代以前，无论在西方还是在东方，“教育就是用古老的知识催眠年轻人，以至于不可能在宗教、道德或政治问题上自由地运用思想”⑤。他指出，社会出于自我保护的本能建立了一个传统的教育体系，其目的是在个人开始思考之前便将其“催眠”。“在每个社会中，都有宗教、政府、习俗、法律和仪式等某些因素，这些因素都是积极的静止的，因为它们抵制各种结构性变化。语言、文学、艺术、工业、教育和意见都是被动的

① Edward Alsworth Ross, “Social Control. XIV. Education,” *American Journal of Sociology*, No. 4(1900): 477.

② E. A. 罗斯：《社会控制》，秦志勇、毛永政译，华夏出版社，1989，第 129 页。

③ 参见 E. A. 罗斯《社会控制》，秦志勇、毛永政译，华夏出版社，1989，第 130 页。

④ Edward Alsworth Ross, “Moot Points in Sociology. VI. The Factors of Social Change,” *American Journal of Sociology*, No. 6(1904): 793.

⑤ Edward Alsworth Ross, “Social Control. XIV. Education,” *American Journal of Sociology*, No. 4(1900): 479.

静态。”[①]

对于政府在教育中的作用，爱德华·罗斯也不像莱斯特·沃德一般乐观。在爱德华·罗斯看来，由政府所举办的公共教育并不能提供任何思想自由的保证。“当我们注意到第一流的教育体制所耗费的巨额资金和高度集中化时；当我们考虑到它强行占去一个儿童一生中最好时光的一半，使这些小家伙屈从于全部课程，越来越多地只顾设想自己的目的，越来越少地考虑家长的希望时；当我们考虑到民主政体的这一可怕的控制机构并不能提供任何思想自由的保证时；我们很可能产生对未来发展的担忧。”[②] 这个观点与爱德华·罗斯对教育的静态功能的判断是一致的。爱德华·罗斯本人并不认为教育应该是被动的，应该维持社会的现状。他只是强调，教育作为一种社会控制的手段，就其在历史实际上所发挥的作用来看，它是被动的和保守的。他希望教育在促进社会进步和民主上能够扮演积极角色，但是他认为公共教育的政治化使它难以发挥积极的、促进社会变化的作用。因此，他呼吁其他的社会组织能够制约政府对教育的过分干预。“这些正在实行现代教育的国家中，对思想自由的首要保证就是其他方面的精神交往活动的力量足以使政府对教育的控制稍加放松和公正对待。非官方教会、新闻出版业、科学团体、文学界、民间文化团体等，这些都制约着社会控制机构对教育的过分干预。”[③]

尽管如此，爱德华·罗斯和莱斯特·沃德都肯定了公共教育在促进社会稳定和提供民众道德品质中的重要作用。也许爱德华·罗斯比莱斯特·沃德更加强调教育在道德进步方面所起的作用。爱德华·罗斯指出：“鉴于信仰的衰落和宗教教学被无情地逐出学校，人们转而要

---

① Edward Alsworth Ross, “Moot Points in Sociology. Ⅵ. The Factors of Social Change,” *American Journal of Sociology*, No. 6(1904): 782.

② E. A. 罗斯：《社会控制》，秦志勇、毛永政译，华夏出版社，1989，第 137 页。

③ E. A. 罗斯：《社会控制》，秦志勇、毛永政译，华夏出版社，1989，第 137—138 页。

求一种能够实际地促进社会安定和牢固社会秩序的、合乎道德的、世俗的公共教育的诞生。”① 然而，他认为这种公共教育还没有真正建立。他说，迄今为止，还没有人能确切地说出这种新型的教育将是怎样的。不过，他认为：“它的出发点将是适合个人和社会的实际生活的，它将形成与其说是对知识的偏爱倒不如说是对道德的偏爱，它将力求把道德的力量蕴于优良的习惯之中，它将寻找不过分屈从于某种权威的清规戒律而直接从个人出发决定行为、感受和观察的方式。”② 罗斯的上述观点为进步时代的教育家进行公共教育改革指明了方向。

与教育的社会控制功能相关，爱德华·罗斯讨论了人的社会化的问题。在他看来，“所谓‘社会化’（socialization），在这里指的是我们在同伴中感觉的发展，以及他们在能力和共同行动意愿上的增长”③。他强调，社会化可以被看作是个体自我的扩展，它吸收了其他人及其利益。“在巴贝尔地区的一所公共学校里，人们可以看到新兴趣的传播如何打破了把人们隔开的旧篱笆。”④ 他指出，社会是需要学习的，人并不是天然地具有社会生活的意识和能力，尽管每个人都需要社会。“学生们需要社会，可是他们不愿意合作，因为他们每个人都不愿意妥协。同样，为真正的共同目标服务的有价值的组织也被成员的过分计较和自我意志所破坏。俱乐部的分裂是因为那些在一些问题上投了票的人在怒气冲冲的时候离开了。这种夸张的个人尊严感是美国古老的贵族社会秩序的遗产，这种社会秩序强化了美国人的自我感觉，使其

---

① E. A. 罗斯：《社会控制》，秦志勇、毛永政译，华夏出版社，1989，第 136 页。

② E. A. 罗斯：《社会控制》，秦志勇、毛永政译，华夏出版社，1989，第 137 页。

③ Edward Alsworth Ross, “Socialization,” *American Journal of Sociology*, No. 6 (1919): 652.

④ Edward Alsworth Ross, “Socialization,” *American Journal of Sociology*, No. 6 (1919): 661.

成为组织和团队工作的障碍。"[①] 罗斯认为，出于社会化的需要，年轻人应该被组织成为一个合作的社区。同时，在社区决策中，每个人都应该拥有发言权，因为在社区决策中没有发言权的话，一个人会很难被社会化。[②] 另外，传统主义在其他条件有利的情况下阻碍人的社会化。[③]

在对待新移民的文化和传统问题上，爱德华·罗斯的态度有些保守。他把教育看成是解决社会的多元化"威胁"的最重要的工具。在《社会学原理》（*Principles of Sociology*）一书中，他指出，文化的多元化将语言和规范区分开来，不利于增强社会凝聚力。所以，爱德华·罗斯认为，美国要依靠教育来规范新移民的生活方式，向新移民宣传美国例外主义的观点和思想。同时要阻止破坏性的观点进入学校，如布尔什维克的观点或者"雇佣者即剥削者"诸如此类的观点。[④] 爱德华·罗斯说，沙皇依靠俄国村庄里的东正教使各类人俄国化，美国依靠公共学校团结各类人。作为未来公民，个体承担一定角色，并学会增加人类资源。爱德华·罗斯相信，只要反复灌输和宣传，新移民就会美国化。因为"通过孜孜不倦的教育和宣传，社会的暗示像太阳一样，而我们就像围绕着它运转的小行星"[⑤]。这里我们需要指出的是，爱德华·罗斯的观点和约翰·杜威有所不同。在约翰·杜威看来，教育不是宣传，不是以"美国"文化取代其他民族的文化，而是使所有

---

① Edward Alsworth Ross, "Socialization," *American Journal of Sociology*, No. 6 (1919): 661-662.

② See Edward Alsworth Ross, "Socialization," *American Journal of Sociology*, No. 6 (1919): 663.

③ See Edward Alsworth Ross, "Socialization," *American Journal of Sociology*, No. 6 (1919): 671.

④ 参见 Thomas S. Popkewitz《课程史，学校教育及其现状》，陈昊译，《重庆与世界（学术版）》2014 年第 2 期。

⑤ E. A. 罗斯：《社会控制》，秦志勇、毛永政译，华夏出版社，1989，第 114—115 页。

儿童以民主和科学的思维方式去解决社会问题，在相互交往中彼此学习。因此，美国化是多元文化间的自由交流和分享，而不是老移民对新移民的单向的文化灌输。① 从这个角度看，爱德华·罗斯“在个人与社会的交汇点上，他是把社会利益放在第一位的，控制的主体是社会，个人的社会行为是受控客体”②。

三、罗伯特·帕克论教育与社会距离

南北战争以后，阻碍工业发展的力量已经被消除，美国工业化的进程加速。到了 1890 年，美国迅速崛起，成为世界上第一工业大国。制造业和市场经济的勃勃生气，吸引世界各地的人如潮水般涌入美国。这些移民绝大多数居住在工厂周围，很快形成了城市。美国农村的青年人也纷纷到城市寻找工作机会，并在城市生活。美国就这样从原来的乡村社会快速地成长为城市社会。

因此，当我们研究进步时代的“社会”时，我们并不是在托马斯·杰斐逊和贺拉斯·曼的相同意义上使用这个词。进步时代的社会图景是与“工业化”和“城市”联系在一起的。对托马斯·杰斐逊和贺拉斯·曼来说，快速工业化进程中的城市社会是一个几乎完全陌生的生活空间。正如进步教育学家埃尔伍德·克伯莱所指出的，旧时代的村落和小城镇中那种在价值观、信仰和生活方式上较为同质的共同体生活消失了。③ 对城市社会进行系统研究，解决社会问题，推动城市

① 参见 Thomas S. Popkewitz《课程史，学校教育及其现状》，陈昊译，《重庆与世界（学术版）》2014 年第 2 期。

② 田佑中、陈国红：《罗斯的社会控制理论述评》，《南京政治学院学报》1999 年第 6 期。

③ 参见埃尔伍德·帕特林·克伯莱《美国公共教育：关于美国教育史的研究和阐释》，陈露茜译，安徽教育出版社，2012，第 82 页。

健康发展，是芝加哥大学社会学教授罗伯特·帕克毕生关心的研究主题。

进步时代的城市社会最突出的特点是居住区的隔离。罗伯特·帕克观察到，城市社会中到处可见富人华丽整洁的住宅区和穷人破旧脏乱的贫民窟的隔离。“时髦的居住区接连出现了，穷人由于无力偿付昂贵的低价，被排挤出来。与此同时又出现了贫民窟，大批的穷人在社会的挤压下无力保护自己，沦落到被遗弃的地位。”[①] 波士顿的布鲁克林、芝加哥的黄金海岸、纽约的格林威治村，这类“时髦的居住区”在规模和性质上类似完整、独立的小镇或小城市，罗伯特·帕克称之为“城中之城”。他发现，这些与世隔离的地区，或是由同一种族的人口构成，或是由不同种族但属于同一社会阶级的人口构成。在贫民窟中，也分为彼此隔离的各种人群。例如，在很多贫民窟中，移民和有色人种是隔离的。除了种族的因素，职业的划分也造成了隔离区中的进一步区隔。于是，城市看起来像是一个小药瓶，里面各自孤立的小药丸相互碰撞地挤在这个狭小空间中。

城市社会中居住的隔离本质上是契约社会结构二元性的后果。前文已指出，契约社会的结构二元性主要体现富人和穷人之间的对立，这种对立根本上是由财产权在契约社会中的重要地位决定的。结构二元性对于契约社会来说之所以必要，是因为它有利于保证富人在社会生活诸方面的优势地位。托马斯·杰斐逊心中的契约社会与约翰·洛克存在差异，那并不是一个贫富差距悬殊的社会，而是一个人人有地可耕、自食其力的社会。南北战争后，工业资本主义发展到了垄断阶段，无产阶级队伍壮大，除了在偏远的、经济落后的乡村，托马斯·杰斐逊式的契约社会不复存在了，但是，美国社会结构的二元性仍旧

---

① R. E. 帕克等：《城市社会学——芝加哥学派城市研究文集》，宋俊岭等译，华夏出版社，1987，第 5 页。

存在。

城市社会的文化加剧了二元结构的紧张。罗伯特·帕克指出："在城市中，尤其是大城市中，人类联系较之在其他任何环境中都更不重人情，而重理性，人际关系趋向以利益和金钱为转移。"① 金钱至上的观念在城市社会中的流行，又进一步造成了对在经济上处于较低地位的种族、性别、民族和地区的歧视。这样一来，人们生活在同一个城市空间中，却没有共同的生活。交流和分享经验的机会特别少，人们只是在利益和金钱的驱动下，与"另一半人"貌合神离地"合作"，这种"合作"简直不能说是合作，因为它是充满利益算计的、机械的和缺少道德因素的。在乡村社会中，人口同质性程度较高、收入差距不大，人际关系呈现出亲密的和感情性的特点，帕克把这种关系称为原初关系（primary relations）。由于存在大量的自然素朴的原初关系，乡村社区不仅具有空间的含义，还成为拥有共同价值观和生活方式的社区（community）：邻里之间相互熟悉、相互关心、相互依赖、彼此合作，在人们的心目中，乡村社区简直就是一个扩大了的家庭。在社区里，每个人对于其他人而言都是"知名的"，是一个与其他人不同的、有个性的人。在托马斯·杰斐逊那里，自食其力、相互帮助的自耕农生活就是自由的生活、民主的生活。尽管农村社区中也存在着财产和社会地位的差别，但是这种差别还没有到使不同的人群之间产生敌意而不能共同生活的地步。

但是，随着城市化的加快，大城市的增多，机器工业带来的广泛分工，以及随着交通运输手段的多样化而来的运动和变革，人的原初关系被剪断了。居住的区隔客观上为城市社会中人际关系的匿名性和非个人性提供了条件。在城市中，人与人之间的接触是非亲密的、形

① R. E. 帕克等：《城市社会学——芝加哥学派城市研究文集》，宋俊岭等译，华夏出版社，1987，第 21 页。

式性和非感情性的关系，罗伯特·帕克称之为“第二次接触”（second contact）。第二次接触与城市社会中人口的高度流动密切相关。随着交通方式的便利，出版和印刷事业的发达，人员的流动性空前加剧了。原初关系的衰落导致了城市社会的凝聚力下降，以家庭、邻里、地方为代表的旧式的社会控制被破坏了，它们的影响被大大地削弱了。第二次接触是一种浅表意义上的人际交流，表现在城市生活的诸多方面，如买卖服务、乘坐公交、观影或用餐等过程中发生的人际接触都是一种浅表上的互动。在城市里，各种各样的人互相见面又互相混杂在一起，但从未互相充分了解。无政府主义者、交际家、牧师、演员、嬉皮士等，在城市的街巷中经常相遇，但仍属各自不同的世界。在城市社会里，匿名化的人际关系、居住区的隔离和崇拜金钱的城市文化加剧了城市社会的道德滑坡，社会濒临解体。

帕克提出“社会距离”和“边缘人”概念，来解释城市社会中的两种现象。社会距离即是由于新社会环境导致的文化认同的缺失，这种缺失使得处在两种文化中的人缺少亲近感。由于多种原因，在社会距离加大时，就出现了边缘人。所谓边缘人，是站在两种文化中间的人，对两种文化都不能完全参与。边缘人会产生失落感，表现出过分小心、自卑感，由于被排斥而容易产生反社会倾向。边缘人群体若不能迅速被社会接纳，就会成为威胁社会安全的不稳定因素。罗伯特·帕克强调，新移民的同化不是单方面的，而是一个相互渗透和融合的过程，在这一过程中，个人和集团得到了其他集团的记忆、情感与态度，同时，他们的经历和历史也被其他人分享。

帕克指出，大多数新移民来自农村社区，他们的生活是通过大家庭等地方机构组织和规定的。这在美国的城市里是没有的，在这些城市里，移民被要求按照“不同的、更个人主义的标准”来安排自己的生活。移民社区的存在缓解了移民对原有习惯的重组而引起的不安和焦虑，为移民提供了集体支持，这种支持有利于其建立适应新环境的行为模式，有利于遏制个人无序行为的倾向。罗伯特·帕克认为："移民社区的组织作为一种调节机制是必要的。移民对于社区的参与也满足了移民对承认和自尊的需要。"①

罗伯特·帕克非常肯定公共学校在建设具有凝聚力和归属感的社区中的作用。他指出："现在，正是在一些公共学校周围，在它们对儿童的德育和体育的责任心的吸引下，一种类似新的邻里或新的社区的精神形成了。"②"像工会、学校和社会安置所这样为美国出生的白人提供社会互动渠道的机构，也促进了'美国人'世界观的发展。"③ 罗伯特·帕克认为，公共学校在建设城市社区中的地位是不可替代的。正是由于学校的发展，知识和信息得以普及，教士不再是知识和信息的垄断者，教堂大大地失去了它的影响，这有利于减少宗教冲突，增进社会的团结。"所有这些教育变化扩大了学校的社会功能……19 世纪后期的这些变化，使学校不仅是教育的中心，更是一个主要的社会机构。"④

显然，罗伯特·帕克是从社会距离的视角去看待学校和教育的作用的。从这个视角出发，罗伯特·帕克与莱斯特·沃德的不同在于，他并不像莱斯特·沃德那样把知识的传播作为学校和教育首要的和基本的目的，罗伯特·帕克似乎更在意学校和教育在缩短社会距离，减少边缘人，增加不同宗教信仰者之间的交流和共处而起到的促进社会合作、打破社会隔离的功能。罗伯特·帕克之所以强调学校作为社区

---

① Barbara Ballis Lal, "Black and Blue in Chicago: Robert E. Park's Perspective on Race Relations in Urban America, 1914-1944," *The British Journal of Sociology*, No. 4(1987): 548.

② R. E. 帕克等：《城市社会学——芝加哥学派城市研究文集》，宋俊岭等译，华夏出版社，1987，第 24 页。

③ Barbara Ballis Lal, "Black and Blue in Chicago: Robert E. Park's Perspective on Race Relations in Urban America, 1914-1944," *The British Journal of Sociology*, No. 4(1987): 548.

④ 乔尔·斯普林：《美国学校：教育传统与变革》，史静寰等译，人民教育出版社，2010，第 279 页。

的角色，是因为他相信一个人的自我是在社区中形成的。罗伯特·帕克说："一个孩子来到这个世界，不仅没有性格，而且没有人性。从一开始，这只是一堆反应。渐渐地，孩子的冲动被整合，本能被转化为习惯。在自然的过程中，在与他人交往的影响下，孩子发展了自我意识和自我概念。同时，他也以同样的方式定义了他在一个社会群体中的角色：他可以在几个社会群体中定义他的角色。然而，在这样做的过程中，他获得了对自己的控制……通过自我意识，孩子不仅使自己成为一个对象，而且使他的生活变得更加美好……他制定行动准则，并以有可能推进他的生活目标的方式去组织自己的生活。"①

罗伯特·帕克对个人与社会关系的理解明显超出了个人主义的传统思想，反映了进步时代社会学研究的最新成就。密歇根大学教授、社会心理学家查尔斯·库利（Charles Horton Cooley）指出，独立的个人是在经验中不存在的抽象物，同样，脱离个人的社会也是如此，只有这样的人类生活才是真实的：它既可以从个人方面考虑，也可以从社会，即普遍的方面考虑；而且，事实上它永远包含着个人的和普遍的两个方面。"换句话说，社会和个人并不代表两个事物，而只表示同一事物的个体方面和集体方面。"② 因此，查尔斯·库利认为："把社会和个人分裂并将它们置于对立的位置上这样一种普遍的观点是一极大的错误。"③ 与库利一样，约翰·杜威也认为，人本质上是一个社会存在，社会实际上是统一性与结构性的社会，离开社会的个体在经验上是不存在的，"非社会的个体是通过想象假如人被剥夺所有人类属性之

① Donald C. Reitzes and Dietrich C. Reitzes, "The Social Psychology of Robert E. Park: Human Nature, Self, Personality and Social Structure," *Symbolic Interaction*, No. 1(1993): 45.

② 查尔斯·霍顿·库利：《人类本性和社会秩序》，包凡一等译，华夏出版社，1989，第23页。

③ 查尔斯·霍顿·库利：《人类本性和社会秩序》，包凡一等译，华夏出版社，1989，第24页。

后的样子而达成的抽象物"[①]。约翰·杜威相信，社会并非个人的集合，因为个人无法单独存在。"他们总是在一个更大的整体中发挥作用。人们的参与改变一切。"[②]

罗伯特·帕克不只是认为学校应该社会化，同时还认为社会应该扮演起教育者的角色。他认识到，旧的社会机构、教堂、学校和法庭，对新的生活条件下产生的问题已经不再那么有办法了。"新的机构于是产生了，这些新的机构有未成年人法庭、未成年人保护协会、家长教师协会、童子军、基督教青年会、各式各样的儿童俱乐部，以及游乐场和游乐场协会等。这些新机构某种程度上接管了既不是家庭、邻里，也不是旧的公共机构所能胜任的工作。"[③] 罗伯特·帕克指出："无数的社会宣传机构，包括私人、杂志和报纸倡导的教育运动，其宗旨都是为了教育民众，并把他们组织到改善社会生活条件的运动中去。"[④]

作为进步时代重要的社会科学家，莱斯特·沃德、爱德华·罗斯和罗伯特·帕克有各自专长的学术领域。莱斯特·沃德是一位百科全书式的人物，他在自然科学和社会科学研究的多领域做过专门的研究，在每个领域都取得了令人瞩目的学术成果。爱德华·罗斯的专长在于社会控制理论。罗伯特·帕克则主要关注的是城市社会中的边缘人和区隔现象。由于他们的个人经历和研究视角的差异，想要准确地概括三人在思想上的异同，几乎是不可能做到的事情。尽管如此，出于深化理论认识的需要，我们仍有必要冒着不够全面甚至不够准确的风险，

---

① 约翰·杜威：《杜威全集·早期著作（1882—1898）》（第1卷1882—1888），张国清等译，华东师范大学出版社，2010，第179页。

② 路易斯·梅南德：《哲学俱乐部——美国观念的故事》，江苏人民出版社，2006，第253页。

③ R. E. 帕克等：《城市社会学——芝加哥学派城市研究文集》，宋俊岭等译，华夏出版社，1987，第105—106页。

④ R. E. 帕克等：《城市社会学——芝加哥学派城市研究文集》，宋俊岭等译，华夏出版社，1987，第40页。

对三人关于教育与社会变革关系问题的思想进行比较。

总体来看，莱斯特·沃德、爱德华·罗斯和罗伯特·帕克的共同之处在于以下三点。

第一，他们都认同教育在促进社会变革中的重要作用。莱斯特·沃德认为，教育是传播科学知识和方法的重要手段，而科学知识和方法是人的理智的体现，通过知识的社会化，提升社会中每个人的理智，乃是社会秩序和社会进步的前提。爱德华·罗斯认为，教育不只是传播知识的手段，更是社会控制的手段，在人类历史的大部分时期，教育起到了保持社会现状的作用。他相信，在现代社会，教育应进行改革，使教育发挥积极作用，促进社会的进步。罗伯特·帕克肯定了教育在社区建设中的重要作用，认为公共学校教育有利于促进社会团结，缩小社会距离，产生社会同化的效能。

第二，他们都肯定制度化的学校教育是促进社会变革的主体。莱斯特·沃德认为，普遍的公共教育是解决社会问题的准备，因而是社会持续进步的基础。爱德华·罗斯和罗伯特·帕克也肯定了公共学校在社会控制和社区建设中的重要性。当然，爱德华·罗斯和罗伯特·帕克也指出了非制度化的社会教育在促进社会变革中的作用，不过，其重要性相对于制度化的教育是第二位的。

第三，在教育与社会变革的关系上，他们更多从社会需要出发去看待教育，而较少从教育的需要出发去看待社会。作为社会科学家，他们更强调社会作为整体优先于教育。三位社会科学家都强调教育与社会变革之间的适应关系，在二者关系上，更强调社会变革的主动性和教育的受动性，使教育适应社会进步和社会控制的需要。他们强调个人与社会的统一性，认为自我概念来自社会互动和交往，从而模糊了个人需要和社会需要之间的差别，过于强调使个人需要服从社会需要。

需要指出的是，尽管三人的基本观点大体一致，但是，仍然存在两点重要分歧。

一是关于政府的作用。进步时代的美国社会科学家和政治家普遍倾向于加强政府在统筹社会发展、促进社会改革中的积极作用。因此，莱斯特·沃德对政府和国家在社会进步中的角色的乐观主义态度在当时很具有代表性。事实上，经济学家约翰·康芒斯和理查德·埃利①、政治学家赫伯特·克罗利（Herbert Croly），以及西奥多·罗斯福和伍德罗·威尔逊总统，无不支持政府和国家在社会进步中的重要作用的观点。但是，爱德华·罗斯提出了不同的意见。在他看来，由政府举办的公共教育并不能提供任何思想自由的保证，教育的政治化使教育不能够发挥积极的、促进社会变化的作用。至于罗伯特·帕克，他更加看重公民自愿合作组织如各种协会、俱乐部等在维系社会秩序和推动社会改良方面的作用。

二是关于移民同化。在对待移民文化方面，莱斯特·沃德和爱德华·罗斯的态度是比较强硬的，他们都认为，移民的文化是较低层次的，其种族习惯和传统是尚未文明化的，因此，应该用盎格鲁-撒克逊的白人新教文化去同化他们，使移民彻底美国化。沃德和罗斯的观点很具有代表性。进步时代的很多教育家自觉地把公共学校作为美国化的首要基地。比如埃尔伍德·克伯莱曾说："我们的任务就是打破这些族群或社区的小圈子，同化他们，让他们融入并成为我们美利坚民族的一部分，尽我们之所能，向他们的后代灌输盎格鲁-撒克逊民族的高

---

① 在威斯康星大学，约翰·康芒斯创立了产业关系学。他和他的学生与时任州长罗伯特·拉福莱特（Robert M. La Follette）紧密合作，起草了针对工人福利待遇的法律和公共事业法规。理查德·埃利认为，州政府是一个教育机构，其意义在于成为人类进步的不可或缺的因素。他主张州必须直接接入社会问题的解决，反对自由放任政策，与州立法机构合作，将专业知识用于改革州劳工法。参见约翰·马克·法拉格等《合众存异：美国人的历史（第7版）》，王晨等译，上海社会科学院出版社，2017，第557页。

尚品德、法律与秩序的精神以及民选政府的概念。”[1] 比较而言，罗伯特·帕克对待移民文化的态度是比较温和的。他指出，同化是相互渗透和融合的过程，也就是主流文化和移民文化在相互交流、交往和分享中逐渐趋同的过程。正是因此，罗伯特·帕克对移民社区的相对封闭性和独立性的态度较莱斯特·罗斯和莱斯特·沃德是更为积极的。他认为移民社区的存在缓解了移民在新环境中生活所产生的不安和焦虑，为移民提供了集体支持，有利于个人适应新环境，也有利于遏制个人反社会行为的倾向。

总的来说，莱斯特·沃德、爱德华·罗斯和罗伯特·帕克均受到达尔文进化理论的影响，将社会视为一个有机体，个人是组成社会有机体的一分子。人们不是彼此孤立的、自成系统的原子，正是人们之间的有机联系和相互作用才构成了社会。这种思想来源上的共同性，使他们和其先贤们在社会观上产生了根本性的差异。在托马斯·杰斐逊和贺拉斯·曼那里，社会是契约性的，而非有机的。因此，托马斯·杰斐逊和贺拉斯·曼更加看重非阶级的、非种族的独立个体的价值。无论是托马斯·杰斐逊的精英式的教育，还是贺拉斯·曼的颇具平民式的教育，其所致力于培养的人都更加看重个体的美德和知识，而较少关注集体精神和合作意识。莱斯特·沃德、爱德华·罗斯和罗伯特·帕克的社会理论在进步时代的广泛传播，一方面有利于加深对旧个人主义观念的批评，寻求个人与社会之间的互动和协调；另一方面也在客观上有利于加强教育中对个人需要和兴趣的压制，以增进社会控制和社会效率为由，从而削弱了自托马斯·杰斐逊和贺拉斯·曼以来的强调个人自治的民主传统。

---

① 约翰·马克·法拉格等：《合众存异：美国人的历史（第 7 版）》，王晨等译，上海社会科学院出版社，2017，第 565 页。

第三节　教育与社会民主：简·亚当斯与约翰·杜威

与莱斯特·沃德、爱德华·罗斯和罗伯特·帕克等进步时代的社会科学家不同，简·亚当斯并不是大学教授，也并不专门从事社会科学理论研究的工作，但是她仍然是一位被公认的对美国知识界、政府和普通公众产生重要影响的社会科学家，她被誉为社会工作的奠基人，美国女权主义运动的先驱者[①]。

简·亚当斯所创办的赫尔会所是20世纪上半叶全美最具号召力的贫民安置所。正是简·亚当斯而不是其他人，把贫困救济活动与社会民主和教育改革联系在一起，从而在实际上建构了一种新的生活方式。它融合了美国民主的精神和现代科学方法，超越了城市社会中普遍存在的性别、贫富、职业、种族、专家与公众之间对立和冲突。“她一生中最伟大的作品——赫尔会所，被证明是一个高效的桥梁式机构。它提供了一个关键的、相对稳定的但又灵活的空间，用以弥合机构、政治、教育和道德上的分歧。”[②]“因此亚当斯的许多工作重新定义了公众和专家之间的关系，重构这种关系是关于参与式民主的文献中的关键主题”[③]，充分体现了个人和社会的和谐统一。鉴于其所做出的杰出贡献，1931年，简·亚当斯获得诺贝尔和平奖，成为第一个获此殊荣的美国妇女。

在进步时代的教育学家中，约翰·杜威是对学校改革的理论和实践产生最大影响的人物之一。约翰·杜威是一位大学教授，前文介绍

---

① 简·亚当斯是1905年成立的美国社会学学会的特许会员（charter member）。

② Danielle Lake,“Jane Addams and Wicked Problems: Putting the Pragmatic Method to Use,”*The Pluralist*, No. 3(2014): 78.

③ Danielle Lake,“Jane Addams and Wicked Problems: Putting the Pragmatic Method to Use,”*The Pluralist*, No. 3(2014): 88.

过的社会学家罗伯特·帕克曾是约翰·杜威的学生。莱斯特·沃德年长，在约翰·杜威还是一个初入学术殿堂的年轻人时，他已经是美国知识界和社会科学界执牛耳的大人物。莱斯特·沃德等前辈看待社会问题的思维方式，通过约翰·杜威与社会科学家亨利·亚当斯和托斯丹·维布伦（Thorstein Veblen）等人的交往，为约翰·杜威所熟知。约翰·杜威是简·亚当斯的好友，经常受简·亚当斯的邀请，到赫尔会所为社员们做学术讲座，真诚地与工人、移民、妇女讨论社会问题。在简·亚当斯的影响下，约翰·杜威将赫尔会所的工作理念和教育方法应用于芝加哥大学附属初等学校。在学校实验的基础上，约翰·杜威提出了若干重要实用主义教育命题，遂成为全美乃至全世界新教育改革者尊重的教育学大师。

一、简·亚当斯论教育与社会工作

1860年，简·亚当斯出生于伊利诺伊州的锡达维尔（Cedarville）小镇。她的父亲是一位商人和银行家，曾任伊利诺伊州参议员，与亚伯拉罕·林肯（Abraham Lincoln）是好友。由于受到父亲的影响，简·亚当斯崇拜亚伯拉罕·林肯，自幼将其视为精神偶像。1881年，简·亚当斯作为优等生毕业于罗克福特女子神学院（Rockford Female Seminary）。1887年，亚当斯赴英国伦敦参观汤恩比馆（Toynbee Hall），遂产生效仿汤恩比馆的念头，树立了为社会改良事业而献身的鸿志。1889年，简·亚当斯邀请其大学时代的好友艾伦·斯塔尔共同出资在芝加哥的霍尔斯特德街创办了赫尔会所。作为贫民安置所，赫尔会所在简·亚当斯的领导下迅速成为一个对贫困移民进行救济和社会化教育的中心。

她在《赫尔会所的二十年》一书中的《工业改善》一章开始时指出："我们在将我们不完善的社会道德准则化为行动方面遇到了巨大困

难，这是因为我们尚未学会共同行动。”① 简·亚当斯很早就意识到，改善社区问题的工作在没有社区支持或最初参与的情况下，往往很快就会失败。从这些失败中，她很快学会了通过合作的行动来运作。简·亚当斯通过促进对话和与其他各方合作，来调整人际间客观存在的不平等和权利不均衡现象。她呼吁，我们的时代需要“联合的努力”（associated effort），而不仅是个人的努力。她深信，合作的尝试似乎总是缓慢而“无效”，但是，合作比“有效的个人行动”具有更大的社会价值。② 简·亚当斯以19世纪90年代著名的普尔曼大罢工为例，说明合作的社会意义。乔治·普尔曼（George M. Pullman）是豪华列车公司的老板，他为员工建造了“卫生的房子和美丽的公园”。事实上，他为员工建造了一个完整的城镇。然而，乔治·普尔曼只是对“人民”（people）施以“善行”，却从不与之“相处”，这使他与他所施以“恩泽”的人民的“道德生活”相去甚远。简·亚当斯总结说，缺乏友谊使我们没有机会产生真正的“敏感或感激”，它导致“我们与他人之间的分歧”以及“残酷的误解”。③ 对简·亚当斯来说，“没有什么比创造性的能力更具破坏性，也没有比心灵和精神的流动更致命的了，然后是持续的孤独和缺乏友谊的感觉”④。一个沉浸在个人的自我欢愉、创造和独白中的人是孤独和缺乏友谊的，他只有合作，在与他人的交往和相处中，相互地给予和帮助，增进了解，才能够有一个健全的自我和人格。所以，简·亚当斯很坦白地说，她创办赫尔会所并非是出于

---

① Jane Addams, *Democracy and Social Ethic* (Chicago: University of Illinois Press, 2002), p. 63.

② See Danielle Lake, "Jane Addams and Wicked Problems: Putting the Pragmatic Method to Use," *The Pluralist*, No. 3(2014): 79.

③ See Jane Addams, *Democracy and Social Ethic* (Chicago: University of Illinois Press, 2002), pp. 68-70.

④ Jane Addams, *Democracy and Social Ethic* (Chicago: University of Illinois Press, 2002), p. 54.

“慈善”、对穷苦的人施恩，她对这个新的冒险的根本兴趣是为了通过帮助她周围的移民来治疗她自己的萎靡不振（malaise），她邀请那些富有的女性与其一道献身于社会服务事业，也只是出于帮助自己获得精神上的满足的动机。在与他人相处和合作中，一个人会发现更好的、令自己感到满意的自我。这可以说是简·亚当斯对“个人与社会的统一”的抽象命题的“具身化”体验。

简·亚当斯关于个人与社会关系的新思想，表明了美国个人主义传统走入黄昏。曾几何时，个人主义是美国人最基本的价值观念。“在美国人心目中，个人是构成社会的基本元素，个人的价值，个人的权利、自由与幸福是最宝贵的；个人利益不等同于也不包含在社会利益之中，个人利益永远是高于群体与社会的利益的；个人与个人之间是平等的，机会开放，公平竞争，成功便是社会地位的证明；要实现自我的价值，只有依靠自我奋斗。”① 在这样的个人观念中，他者是被客体化的，人与人之间的关系是竞争性的，它鼓励“孤独的英雄”和“愤世嫉俗的天才”。与查尔斯·库利一样，简·亚当斯看到了个人与他者之间的生气勃勃的有机的联系。她相信，一个热爱生活和生命的人只有走出自我，走出家庭的狭隘界限，将其关心惠及其所生活的周遭世界乃至全球的儿童、妇女、穷苦人的健康、福利和教育，其才会在精神上成就更完美的自我。② 因此，与莱斯特·沃德一样，简·亚当斯对自由放任的社会达尔文主义学说嗤之以鼻。与莱斯特·沃德强调自由放任学说在理智上存在错误不同，简·亚当斯对深奥的思辨和说理并不感兴趣。她批评社会达尔文主义，仅仅是“出于道德上的厌恶。

① 李剑鸣：《大转折的年代：美国进步主义运动研究》，天津教育出版社，1992，第226页。

② See Patricia M. Shields,“Democracy and the Social Feminist Ethics of Jane Addams: A Vision for Public Administration,”*Administrative Theory & Praxis*, No. 3(2006): 429-430.

她不能接受它自以为是的利己主义和等级主义的唯物主义原理”[①]。

不同于一般的社会工作者，简·亚当斯是一个对自己的行动有着深刻的反思意识的社会学家。对她来说，理论和实践的统一是非常重要的。“必须具备一定的行为才能与始终如一的关心，方可免于在理论和生活之间发生分歧。”[②] 简·亚当斯与莱斯特·沃德、威廉·杜波依斯、约翰·杜威等社会科学家频繁的学术交流，使其很快接受了当时在大学中颇为流行的实证主义科学的影响。这种影响不仅体现在简·亚当斯对观察法、调查法等科学方法的娴熟运用上，也表现在简·亚当斯对待宗教的态度之上。正如教育史学者菲利普斯（J. O. C. Phillips）所说：“在赫尔会所待了几年后，（亚当斯的）明确的基督教活动结束了。祈祷会和《圣经》阅读都消失了，亚当斯也不再去教堂了……她依然拥有对人的仁爱，却已不在基督教的生活之中了。”[③] 在赫尔会所的社会活动中，简·亚当斯善于运用实证主义方法对社会问题进行科学观察、分析和研究。在简·亚当斯的带领下，赫尔会所的同事深入调查和分析了赫尔会所社区和周边地区的人口分布特点，并且不断拓展调查的范围，最后绘制了全部芝加哥地区的人口分布地图，“这些地图成为安置所鼓励和促进社区居民教育和民主目标的重要工具”[④]。同时，也为城市当局针对不同定居点的人群的特殊需要，出台精准帮扶的政策提供了科学依据。

或许是受自己早年家庭经历的影响，简·亚当斯把亚伯拉罕·林

---

① J. O. C. Phillips, “The Education of Jane Addams,” *History of Education Quarterly*, No. 1(1974): 60.

② Jane Addams, “A Function of the Social Settlement,” *Annals of the American Academy of Political and Social Science* 13, (May 1899): 36.

③ J. O. C. Phillips, “The Education of Jane Addams,” *History of Education Quarterly*, No. 1(1974): 57.

④ Patricia M. Shields, “Democracy and the Social Feminist Ethics of Jane Addams: A Vision for Public Administration,” *Administrative Theory & Praxis*, No. 3(2006): 434.

肯的“民有、民治、民享”的民主思想纳入自己的社会理论之中。她对普通人在日常生活中的尊严表现出异乎寻常的真挚的关心，这使她的社会理论散发着莱斯特·沃德、爱德华·罗斯和罗伯特·帕克所缺少的温柔与活泼的色彩。在她看来，“民主是一种生活经验，一个人只有考虑到小事情才能看到整个民主”①。简·亚当斯把民主从政治的神坛上请下来，民主开始作为一种人道主义的精神，而非“投票”“多数意见”和“有限任期”的形式，出现在普通人的日常生活之中。在简·亚当斯看来，民主是一种有待于不断加以实现的道德理想，民主意味着平等而自由的谈话（conversation）和联合（associations）。一个把促进社会的民主作为己任的人，总是致力于“把生活世界和那些日常的对话、经验和联合融为一体”②。生活之外无民主。人们应该扩大家庭美德的范围，投入维护街区和学校的食品与饮用水安全的活动中去，不断地扩大边界，以把更多的人包容进来。这不是慈善运动，而是社会的民主化。简·亚当斯认为，个人和家庭的正当诉求“都将在这个持续进行的过程中得到增益而无须受损”③。

在新个人和日常生活民主的社会理论指导下，简·亚当斯逐渐形成了一种新的教育哲学。这种新的教育哲学的中心是“知识的民主化”(Democratization of Knowledge)。④ 需要指出的是，简·亚当斯的知识民主化与托马斯·杰斐逊的知识普及化既有联系，又有差异。联系在于他们都肯定了知识的扩散对于改进人民生活、推动政治和社会民主

---

① Patricia M. Shields, "Democracy and the Social Feminist Ethics of Jane Addams: A Vision for Public Administration," *Administrative Theory & Praxis*, No. 3(2006): 435.

② Patricia M. Shields, "Democracy and the Social Feminist Ethics of Jane Addams: A Vision for Public Administration," *Administrative Theory & Praxis*, No. 3(2006): 426.

③ Patricia M. Shields, "Democracy and the Social Feminist Ethics of Jane Addams: A Vision for Public Administration," *Administrative Theory & Praxis*, No. 3(2006): 428.

④ See Harriet Katz, "Workers' Education or Education for the Worker," *Social Service Review*, No. 2(1978): 269.

方面发展的必要性。然而，在杰斐逊那里，知识的范围主要限于保卫共和政体所需要的政治知识，而且他所设想的知识的普及从对象上看是分层的，按照他所设想的教育体系，大多数人根本没有机会接触到只有在更高层次的教育阶段才开设的艺术和科学课程。简·亚当斯所说的知识就其范围而言要宽广得多，而且位于她的视界中心的是大多数人（特别是穷人、妇女和儿童），她的目的是使大多数人过上更好的生活而应提供多方面、多层次的知识，包括政治的、工业的、多元文化的，以及特别重要的艺术和科学方面的知识。

为了实现知识的民主化，简·亚当斯提出以“社会化的教育”（socialized education）作为工具的重要观点。所谓社会化的教育，指的是教育不限于学校，还要包括社会机构、组织和过程。简·亚当斯认为，正规教育和非正规教育是相互补充而不是相互排斥的。学校不能被其四面的墙壁所隔离，而应参与到城市的社会、经济和政治生活中。芝加哥城市是一个包容的和无差别的环境，蕴藏着丰富的学习资源。在简·亚当斯看来，学习是生活中不可或缺的一部分，这决定了受教育的必要性。她强调，除了社会现实，一个人永远无法想象知识是什么。“事实上，在解决日常问题时，我们必须不断检验事实，并以其有用性来衡量……教育是一种生活经验。”① 当代教育史学家吉拉尔德·古特克（Gerald L. Gutek）正确地指出：“亚当斯相信，教育改革与社会改革紧密相连，她发展了一种社会工作的宽泛概念。她的‘社会化的教育’概念强调了教育中进步的冲动。和杜威一样，亚当斯相信一切小组学习都会对其参与者产生一种社会的影响。她希望改善工业社会的去个人化的影响，认为为了发展一个更加人性的未来，儿童和青

① Harriet Katz, "Workers' Education or Education for the Worker," *Social Service Review*, No. 2(1978): 269.

少年应研究工业社会和工业的过程。”[①]

社会化的教育强调教育的使命是为了儿童能够有效地参与现实的社会生活。因此，对于公共学校里大多数的儿童和青少年来说，他们有必要在学校里就掌握有关工业社会和生产生活的知识。简·亚当斯曾在一篇有关工业教育的文章中表达了她对当时的学校忽视工业教育的现状的不满，她这样写道：“我们发现，教育权威们对儿童在离校去工作的最初两三年里所发生的事情一无所知。儿童们自己在他们所学的东西和他们被要求去做的东西之间找不到任何联系。但是，他们都相信，正如一个孩子告诉我的，毕业典礼上的演讲者在讲到他们正在进入一个冰冷的世界时，他知道自己的话是什么意思。”[②] 教育与现实生活的可悲分离导致了无菌学习和机械化的生活方式。简·亚当斯指出，虽然公共学校通过利用学生的兴趣、文化背景和日常问题作为学习机会，在充实学生生活经验方面处于重要地位，但是，“总的来说，它们错过了每一个机会……无论如何，（如果）让美国在科学应用于工业发展方面保持领先地位，并进一步推动科学的发展，（那么）让我们主动地进入一个新领域，通过考虑人类福利、培养工人自己来观察工业所取得的成就，从而使他的头脑，他变化无常的力量，他的艺术本能，他的聪明才智，最终可能会反映在工业产品上”[③]。

当然，社会化教育还包括教育对象的社会化。教育的对象不只是儿童，也应该包括成人。从内容上看，社会化的教育主要是一种工业化的教育。它包括三大领域：第一，与工业训练和家庭经济相关的实

---

① Gerald L. Gutek, *Education in the United States: An Historical Perspective* (New Jersey: Prentice-Hall, 1986), p. 213.

② Jane Addams, "The Federal Children's Bureau a Symposium," *Annals of the American Academy of Political and Social Science* 33, (Mar. 1909): 29.

③ Harriet Katz, "Workers' Education or Education for the Worker," *Social Service Review*, No. 2(1978): 270.

际经验和活动；第二，对工业发展的历史的考察以及了解劳动者在这种发展中的角色；第三，了解工业产品制造过程的审美价值。为此，赫尔会所为居民提供了大量的教育项目、社会活动和休闲体验，从公共厨房到咖啡间、体育馆、成人夜校、青少年俱乐部、供讨论使用的会议室、女孩俱乐部、洗浴室、艺术博物馆、剧团和剧场、音乐学校和音乐厅，无一不有。后来，赫尔会所发展成为一个拥有 13 栋建筑的安置点，其中包括一个游戏场和夏令营。

其中，成人夜校的继续教育课程是由几所大学的教师兼任进行教授的。夜校开设了很多讲座，包括“阅读拉斯金和莫里斯”“生活和生长的艺术”“希腊艺术”“中世纪艺术史”“莎士比亚”“美国史”“政治经济学”等。简·亚当斯还留出时间专门用于民族招待会和社交俱乐部活动。例如，周五晚上，居住在附近的德国人可以来此演奏德国音乐，讨论德语文学和德国历史。同样，意大利人也在此举行招待会和庆祝活动。最令人印象深刻的小组会议之一是柏拉图俱乐部，一个由希腊人组成的团体。夜校的讲座与俱乐部的活动经常融合在一起。例如，赫尔会所成立的工人社会科学俱乐部（Working People's Social Science Club），目的是讨论当前社会和经济问题，成员们经常邀请来夜校上课的专家学者来此发言、参与讨论。“工人男女占多数，虽然在每次会议上都能找到专业人士和商人……讨论总是充满活力和直言不讳的。居民们认为，安置所的重要工作是保证具有不同信仰、阶级和传统的人应在友好的和无党派的屋檐下会面，公平地讨论彼此的分歧。”①

简·亚当斯希望通过内容丰富、形式多样的教育活动，使赫尔会所中的成人、青少年和儿童认识和理解美国社会的文化，能够超出狭隘的、功利的目的去欣赏工作的道德、科学和审美的价值。简·亚当

---

① Jane Addams and Ellen Starr, *Hull-House Maps and Papers* (Chicago: Hull-House, 1893), p. 217.

斯特别反对狭隘的、把工业和艺术分离开来的工业教育。简·亚当斯指出："他们（工人）的思想和资源受到限制，对社会愉悦感的更高渴望不复存在。他们并没有分享促进社会进步的传统和社会能量。"① 在她心目中，艺术和文化正是促进社会进步的传统和社会能量，它们乃是工业教育的本质。在赫尔会所，简·亚当斯和她的朋友们为工人阶级的儿童提供了各种形式和层次的艺术教育。像巴特勒美术馆或鲍恩乡村俱乐部这样的地方经常举办这样的课程，但更多的非正式课程通常是在户外进行的。正如吉拉尔德·古特克所说："安置所中的很多人是来自德国、意大利、爱尔兰、捷克和东欧的犹太人。这些人大多数来自欧洲的农村。生活在美国快速成长的城市中，这给他们带来了痛苦。"② 通过社会化的教育，简·亚当斯尝试通过包括艺术教育在内的多种方式，使新移民们能够尽快适应陌生的土地和语言，迅速融入当地社会，在经济上能够做到自食其力。

在简·亚当斯那里，赫尔会所的实质是一个"家"。"她周围的移民要么是她的'家人'，要么是她的'客人'。"③ 简·亚当斯以其敏感的心灵、伟大的情怀，不仅以深刻的说理，更是以实际的行动，诠释了个人与社会的统一性，揭示了教育在日常生活的民主化中的应为和可为。她对狭隘的工业教育的批判，不是站在基督教的伦理立场之上，更不是出于对工业社会的保守派的厌恶，而是出于一种深沉的人道主义情感以及对真正解决工业社会问题的科学而实用的认识。她对于不断扩大的交往的人类生活共同体的热切向往和乐观主义，深刻影响了后来以实用主义大师名闻世界的教育家约翰·杜威，正是约翰·杜威

① Jane Addams, "A New Impulse to an Old Gospel," *Forum*, No. 14(1892): 346-347.

② Gerald L. Gutek, *Education in the United States: An Historical Perspective* (New Jersey: Prentice-Hall, 1986), p. 210.

③ J. O. C. Phillips, "The Education of Jane Addams," *History of Education Quarterly*, No. 1(1974): 54-55.

以其哲学天才，系统地表达了简·亚当斯和赫尔会所的经验中蕴含的民主与科学的精神，并将这种精神以生机盎然的、更加透彻的方式反映在其学校实验中。

二、约翰·杜威论教育与工业民主

约翰·杜威与简·亚当斯的友谊，在很大程度上是源于精神上的相互欣赏。与简·亚当斯一样，约翰·杜威对所处的时代的变化极为敏感，他敏锐地意识到，正在发生的急剧的社会变迁对美国民主构成了挑战。与简·亚当斯一样，约翰·杜威也从伦理和道德的角度来理解民主的内涵，也认为工业社会中每个人都应该通过自由的交往、相互扶持而发展健全的个性。

1885年是约翰·杜威入职密歇根大学哲学系的第二年。在这一年的秋季学期，约翰·杜威几乎每天都到学校图书馆里翻阅有关资本主义工业、机械、工资和阶级斗争方面的书籍。他对工业革命的比较系统的理性认识主要是从这个时期开始的。值得注意的是，约翰·杜威实际上一开始就将工业社会与民主联系在一起。在1888年发表的《民主伦理学》一文中，约翰·杜威从社会的和道德的角度去讨论民主的意义。他运用新黑格尔派的社会有机体概念对美国的民主观念从日常生活的伦理层面进行了创造性的阐释，提出了几个关于民主的非常重要的论点。第一，民主不只是一种政府的形式，它更是一个社会的或伦理的概念。“民主是一种政府的形式只是因为它是一种道德的精神的联合的形式。”① 如霍华德·怀特（Howard B. White）所言：“杜威坚持认为，民主与其说是一种政治秩序，不如说是一种共同生活的方式，

---

① Jo Ann Boydston, *The Early Works of John Dewey*, Vol. 1(Carbondale: Southern Illinois University Press, 1969), p. 240.

甚至认为把民主等同于政治民主充满了危险。”① 第二，民主不只是意味着公民的和政治的民主，更意味着工业的民主。“除非它是工业的，也是文明的和政治的，否则民主是名不副实的。”② “民主必须成为工业的。”③ 第三，民主主张个性是最初的也是最终的实在。“它承认完全意义的个性只有个人通过后天习得；它承认实现个性的刺激和鼓励来自社会……发展个性的选择必须来自个人。”④ 这些观点在约翰·杜威漫长的学术生涯中贯穿始终，它们成为我们了解他有关教育与社会变革的思想的钥匙。

1894 年约翰·杜威辞去密歇根大学哲学系系主任的职务，接受查尔斯·哈珀（Charles A. Happer）校长的邀请，到芝加哥大学任哲学系、心理学系和教育学系三系主任。1896 年，约翰·杜威创办了芝加哥大学附属小学。1899 年，约翰·杜威出版了《学校与社会》。这本书是他在芝加哥大学附属小学的家长会上发表的几篇发言稿基础上整理而成的。在该书的第一章中，他旗帜鲜明地指出学校与社会进步的关系。约翰·杜威指出，当前美国社会正在发生一场迅速的变革。这场社会变革有几个明显的特点，首先是工业上的变化，约翰·杜威称它是“笼罩一切的、甚至支配一切的变化”⑤。其次是科学的应用与各种自然力的重大发明。最后是城市化与家族和邻里制度的消逝。这些变

---

① Howard B. White, "The Political Faith of John Dewey," *The Journal of Politics*, No. 2(1958):365.

② Jo Ann Boydston, *The Early Works of John Dewey*, Vol. 1(Carbondale: Southern Illinois University Press, 1969), p. 246.

③ Jo Ann Boydston, *The Early Works of John Dewey*, Vol. 1(Carbondale: Southern Illinois University Press, 1969), p. 248.

④ Jo Ann Boydston, *The Early Works of John Dewey*, Vol. 1(Carbondale: Southern Illinois University Press, 1969), p. 244.

⑤ 吕达、刘立德、邹海燕：《杜威教育文集》（第 1 卷），人民教育出版社，2008，第 28 页。

化深刻地影响了教育。他呼吁："根本的状况已经改变了，在教育方面也只有相应的改变才行。"① "明显的事实是，我们的社会生活正在经历着一个彻底的和根本的变化。如果我们的教育对于生活必须具有任何意义的话，那么它就必须经历一个相应的完全的变革。"②

约翰·杜威发现，学校还没有对正在发生的这一切变化进行主动的反映。在学校、课堂里社会精神的缺乏是很明显的。1888 年约翰·杜威就已经指出，民主是一种社会的和道德的生活。缺乏社会精神的学校显然不能培养具有民主精神的未来的社会成员。在约翰·杜威看来，民主的社会是一些循着共同的路线，拥有共同的精神，并且参照共同的目的而活动的个人聚集在一起而成的。这种共同的需要和目的，要求加强思想的交流和感情的和谐一致。学校却缺乏这种共同的和生产性的活动，在课堂里，社会组织的动机和凝固剂是非常缺乏的。所以，"在伦理方面，目前学校可悲的弱点在于，它所致力的是在社会精神的条件显然十分缺乏的情况下培养社会秩序的未来成员"③。

约翰·杜威感慨地说："今天有多少被雇佣的人不过是他们所使用的机器的附属品！"④ 工人们认识不到他们的日常工作所包含的重大的人生意义，大部分工人没有机会去发展想象力和同情的眼光从而领略工作中社会的和科学的价值。在 1915 年出版的《明日之学校》中，约翰·杜威对在现代工业社会中的工人的处境再次做了揭示。他写道："由于严密分工形成的经济状况，生产被分割为多种多样的过程。即使

① 吕达、刘立德、邹海燕：《杜威教育文集》（第 1 卷），人民教育出版社，2008，第 30 页。

② 吕达、刘立德、邹海燕：《杜威教育文集》（第 1 卷），人民教育出版社，2008，第 39 页。

③ 吕达、刘立德、邹海燕：《杜威教育文集》（第 1 卷），人民教育出版社，2008，第 31—32 页。

④ 吕达、刘立德、邹海燕：《杜威教育文集》（第 1 卷），人民教育出版社，2008，第 37 页。

是在一条特别的生产线上的工人，也很少有机会通晓整个生产过程……机器运转靠的是工人，除非他受过专门的智力训练，否则无法认识复杂的事实和自然原理。”① “大多数的人除了能被长期雇佣，为他人干活而取得报酬外，再也没有其他期望。财富的不平等现象增加了，使得童工的需求变成一种对严肃的大众教育的紧迫的威胁。”② 因此，从工业民主的角度看，重建学校教育以适应现代社会条件是最为重要而迫切的问题。

在约翰·杜威看来，个性是民主的最初的也是最终的实在，而个性是在社会交往中形成的。因此，为民主培养未来社会成员，必须要在一个社会化的环境中进行才行，而阻碍学校的民主化和社会化的正是旧的个人主义观念。面对城市社会正在解体的客观形势，约翰·杜威指出，旧的个人主义已经不再起到积极的作用，反倒成为社会民主和进步的障碍。因此，为了促进社会的民主，学校不应过分宣扬个人主义的精神、训练学生的个人主义意识。约翰·杜威指出，传统学校是个人主义的，这是以社会生活能够提供一种合作的生活方式的教育为条件的，但是现在由于工业化和城市社会的出现，社会生活发生了重大变化，家庭和近邻的各种职业已经消失了，原本这些职业对于培养人的合作意识和能力是起着重要作用的。因此，约翰·杜威希望学校能够承担起对儿童进行合作意识培养的责任。杜威叹息说，在学校里“个人主义的动机和标准得到了反复灌输”③。“儿童在尚未成熟时就

---

① 吕达、刘立德、邹海燕：《杜威教育文集》（第 1 卷），人民教育出版社，2008，第 329 页。

② 吕达、刘立德、邹海燕：《杜威教育文集》（第 1 卷），人民教育出版社，2008，第 330 页。

③ 吕达、刘立德、邹海燕：《杜威教育文集》（第 1 卷），人民教育出版社，2008，第 141 页。

被抛入个人主义竞争的境地。”① “只要纯个人主义的方法进入他的工作中，社会精神就会因不用而萎缩。”② 约翰·杜威指出，为了生活而准备的教育，是把遥远的成功作为激励，这种教育只适合个人主义，不利于培养大多数人的合作意识和社会精神。他说：“遥远的成功主要是对那些要抢在前面——抢在别人前面——的个人主义欲望已经成为非常强烈的动机的人们才有吸引力。那些个人野心已经很强烈、为未来的胜利描绘光辉图景的人是会受到感动的，其他本性较宽厚的人是不会做出响应的。”③ 乔尔·斯普林正确地指出：“由于现代工业和城市生活并不能促进人与人之间的合作，所以杜威坚持认为，学校需要做出改变，而成为教育人们相互合作的中心。例如，约翰·杜威就撤掉了单人课桌，而采用小组多人课桌，他相信单人课桌有助于提升个人的经济竞争性，而学生使用多人课桌进行学习活动，则有助于培养他们的合作意识。”④

约翰·杜威认为，准备社会生活的唯一途径就是进行社会生活。他指出，离开了任何直接的社会需要和动机，离开了任何现存的社会情境，要培养对社会有益和有用的习惯，是不折不扣地通过在岸上做动作教儿童游泳。⑤ 这里需要指出的是，如罗伯特·韦斯特布鲁克（Robert B. Westbrook）所说：“杜威的教育理论远没有人们想象的那

---

① 吕达、刘立德、邹海燕：《杜威教育文集》（第1卷），人民教育出版社，2008，第142页。

② 吕达、刘立德、邹海燕：《杜威教育文集》（第1卷），人民教育出版社，2008，第140页。

③ 吕达、刘立德、邹海燕：《杜威教育文集》（第1卷），人民教育出版社，2008，第142页。

④ 乔尔·斯普林：《美国教育》，张弛、张斌贤译，安徽教育出版社，2010，第327页。

⑤ 参见吕达、刘立德、邹海燕《杜威教育文集》（第1卷），人民教育出版社，2008，第138页。

样以孩子为中心，而更多的是以教师为中心。他对儿童在他所设想的学校中发展民主性格的信心，与其说是基于对‘儿童自发和粗劣能力’的信念，不如说是因为教师有能力在课堂上创造一种环境，使他们有能力‘调解’这些能力，使之转变为社会智慧和反应习惯。”① 约翰·杜威敦促教育工作者在学校和社区创造、发展和维持学习环境，这些环境将取代非教育的、错误的甚至是反教育的环境。② 而且，约翰·杜威认为学校应该通过参与更广泛的成人社会生活来帮助学生做好社会生活的准备。正确行动的动机在学校内外应该是一样的。③ 因此，他主张教师把儿童的社会生活引入学校之中。例如，将儿童的家庭生活的工作引入学校中，并且使儿童在学校中学习到的东西，在家庭中也可以应用。约翰·杜威鼓励儿童参与家庭操作和家务劳动，这有利于他获得勤勉、有序的习惯，关心他人的权利和意见，以及使他的活动从属于家庭成员的共同利益。此外，在约翰·杜威创办的实验学校中，儿童还经常要到公园、田野和森林，以及博物馆和图书馆中学习，到工厂和商店里参观，使儿童的生活由学校和家庭扩展到更加广阔的世界。这种方式使儿童从小就参与到社会生活之中，对社会生活的各种机制有所了解，学会运用理智为社会生活的改革和进步做出服务。

学校和教育的社会化在教学上的反映就是采用各种不同形式的主动作业。通过它们，学校的社会精神得到新生。约翰·杜威指出，当各种作业成为学校生活的联结的中心时，儿童社会态度的改变是非常显著的。主动作业给儿童提供了真正的动机和直接的经验，并且使他

① Robert B. Westbrook, "Schools for Industrial Democrats: The Social Origins of John Dewey's Philosophy of Education," *American Journal of Education*, No. 4(1992): 413-414.

② See Douglas J. Simpson, "John Dewey's Concept of the Student," *Canadian Journal of Education*, No. 2(2001): 192.

③ See Thomas Fallace, "John Dewey's Influence on the Origins of the Social Studies: An Analysis of the Historiography and New Interpretation," *Review of Educational Research*, No. 2(2009): 614.

接触现实。它不仅是一种令人愉快的东西，而且可以把它转化为历史的、社会的和科学的东西，使之成为理解事物的媒介、工具和手段，这将有利于促进儿童的心智在能力和知识上的成长。约翰·杜威强调："采用主动作业、自然研究、科学常识、艺术、历史，把单纯的符号和形式的课程降低到次要的地位，改变学校的道德风尚、师生关系和纪律，引进更生动的、富于表情的和自我指导的各种因素——所有这一切都不是偶然发生的，而是出于更大的社会发展的需要。"① 虽然"作业"的目的之一是将学校与周围社会的更广泛的社会生活联系起来，但是"杜威的意图显然并不是在学校中复制工业资本主义的职业生活，而是要创造一个能反映他对工资劳动的批评的工作场所"②。在《学校与社会》中，约翰·杜威就已经指出，除非儿童的建设和生产的本能按照社会的方向加以训练，并为历史的解释所丰富，为科学方法所控制和阐明，我们的确甚至不能找出我们经济罪恶的根源，更不能有效地处理它。③

学校的社会化需要打破学制的隔离。约翰·杜威指出，学制的隔离不利于培养人的社会精神，而要实现学制的统一，把学制的各个部分结合起来，唯一的方法就是使每一部分与生活结合。要把学校制度看作社会生活的更大整体的一部分。④ 在学校中，"开始的时候，材料应是与儿童最切近的，与他的家庭生活和邻里的环境最切近的；然后就继续进行稍远一些的事情，社会上的职业（特别是与城市生活和乡

---

① 吕达、刘立德、邹海燕：《杜威教育文集》（第1卷），人民教育出版社，2008，第39—40页。

② Robert B. Westbrook, "Schools for Industrial Democrats: The Social Origins of John Dewey's Philosophy of Education," *American Journal of Education*, No. 4(1992): 414.

③ 参见吕达、刘立德、邹海燕《杜威教育文集》（第1卷），人民教育出版社，2008，第37页。

④ 参见吕达、刘立德、邹海燕《杜威教育文集》（第1卷），人民教育出版社，2008，第58页。

村生活的互相依赖有关的事情），然后，扩展到典型职业和与它们有关的社会方式的历史演变”①。目标不是让儿童上的学校成为一个隔离的场所，而是在学校重演他的校外经验的典型方面，使其扩大、丰富并逐渐系统化。② 芝加哥大学附属小学中的儿童走出学校，到社会上去学习，从社会的实际生活中找寻有用的资料。这个过程表明，约翰·杜威试图把教育社会化，从而使社会生活本身具有教育的意义，从社会的角度看，社会不只是通过学校，更是通过自身进行着教育。教育的社会化的逻辑后果就是使社会教育化。如约翰·杜威所说：“社会只有致力于构成它的所有成员的圆满生长，才能尽自身的职责于万一。”③

在约翰·杜威看来，成人和儿童一样都是生长中的个体，因此，教育对于他们都是有意义的。约翰·杜威说：“每一个成人，如果有人诋毁他没有进一步生长的可能性，他就要怨恨；只要他发现自己没有进一步生长的可能性，他就要悲痛，把这件事视为丧失的证据，而不把以往的成就作为力量的适当表现。”④ 约翰·杜威认为，常态的儿童和常态的成人都在不断生长。他们之间的区别不是生长和不生长的区别，而是各有适合于不同情况的不同的生长方式。因此，“一个人离开学校之后，教育不应停止。这句话的意思是，学校教育的目的在于通过组织保证生长的各种力量，以保证教育得以继续进行，使人们乐于从生活本身学习，并乐于把生活条件造成一种境界，使人人在生活过

---

① 吕达、刘立德、邹海燕：《杜威教育文集》（第 1 卷），人民教育出版社，2008，第 75—76 页。

② 参见吕达、刘立德、邹海燕《杜威教育文集》（第 1 卷），人民教育出版社，2008，第 76 页。

③ 吕达、刘立德、邹海燕：《杜威教育文集》（第 1 卷），人民教育出版社，2008，第 27 页。

④ 吕达、刘立德、邹海燕：《杜威教育文集》（第 1 卷），人民教育出版社，2008，第 45 页。

程中学习，这就是学校教育的最好的产物”①。约翰·杜威的上述观点表明，他显然并不认为学校的社会化就是教育的全部责任。从这个意义上，他突破了制度化教育的束缚，而从一个人的生长的全部历程的角度，认为教育应该是一个社会和学校共同的事务。从这个角度看，罗伯特·帕克、简·亚当斯与约翰·杜威分享了共同的观点。所不同的是，约翰·杜威的落脚点在每个人，不分阶级、性别和种族的个人的全面生长，而不是莱斯特·沃斯和罗伯特·帕克等人所看重的社会控制和社会效率的需要。简·亚当斯的观点更接近约翰·杜威的想法，但是简·亚当斯似乎更强调的是社会化的教育对人的影响，约翰·杜威比简·亚当斯更加信任制度化的学校教育在促进个人的全面生长方面的巨大作用。

从上面的论述中，我们能够看到，作为教育进步主义者中公认的领袖，约翰·杜威继承了托马斯·杰斐逊和贺拉斯·曼关于知识社会化和制度化教育的信念和基本主张。我们也应该看到约翰·杜威和前人在讨论教育和社会变革关系问题时的重要区别，例如，贺拉斯·曼将学校视为社会的平衡轮，约翰·杜威却将之视为避难所，用来使儿童躲避工厂和商业生活的灾难，让儿童在这个避难所中学习民主的基本价值和科学的方法。约翰·杜威和贺拉斯·曼还有一处不同在于，“杜威不过多谈论将人口的多样的元素置于一个单一的组织中，而这正是公共学校的中心观念。尽管杜威支持学校将人们聚在一起，但是，他认识到社会和经济的区分的现实，更多关注在这个组织的院墙之内共同体的构建”②。此外，我们在前文已经指出过，在托马斯·杰斐逊的认识框架中，教育对于社会变革的重要意义在于它能够维系一种二

① 吕达、刘立德、邹海燕：《杜威教育文集》（第 1 卷），人民教育出版社，2008，第 53—54 页。

② John L. Rury, *Education and Social Change: Themes in the History of American Schooling* (Mahwah: Lawrence Erlbaum Associates, Publishers, 2002), p. 145.

元制的社会结构，使制度化的教育充分发挥选拔性的作用，将穷人中的才智优秀者选拔出来，有利于巩固现有的政治体制和社会制度。托马斯·杰斐逊的知识社会化主张也因此具有保守性，他显然过于重视被美国上层社会所珍视的价值和知识，认为这些价值和知识才是制度化教育的中心。在托马斯·杰斐逊为普通人所开列的课程清单里，清晰可见的事实是，他并不重视平民特别是农民和工人的日常生活生产所需要的知识，跟同时代的其他人一样，托马斯·杰斐逊根本没有将平民的日常生活与教育联系起来看。约翰·杜威与托马斯·杰斐逊在这一点上存在特别重要的区别或者说是分歧。约翰·杜威看重的是教育之于每个人的培育性的价值而非选拔性的价值。从对制度化教育的上述定位入手，约翰·杜威认为，知识的社会化一方面意味着科学方法和社会精神的训练在教育中占据中心地位，一方面意味着使学校能够适应绝大多数学生的日常生活生产需要，使学生在学校中所学习的知识和方法能够产生实际效用，为绝大多数人的生活的改善提供切合实际的帮助。总的来说，约翰·杜威坚持认为，我们应该比托马斯·杰斐逊和贺拉斯·曼前进一步，即把学校社会化、生活化，将科学和民主的方法引入学校教育，以使受教育者有能力去适应现代工业和城市生活的不断变化的需要。

在1916年出版的《民主主义与教育》一书中，约翰·杜威专门讨论了在工业社会中民主与教育的关系问题。此时，他已褪去新黑格尔主义的外衣，对民主的内涵进行了重新表述。他说，民主不仅是一种政府的形式，它首先是一种联合生活的方式，是一种共同交流经验的方式。民主社会包括两大要素，第一个要素是在社会中存在数量大、种类多的共同利益，第二个要素是各社会群体之间存在自由的相互影响，通过应付由于多方面交往而产生的新情况，社会习惯得以不断地重新调整。约翰·杜威警告说："对一个社会来说，划分成许多阶级将是致命的。一个社会必须给全体成员提供平等和宽厚的条件求得知识的机会……一个流动的社会，有许多渠道把任何地方发生的变化分布出去，这样的社会，必须教育成员发展个人的首创精神和适应能力。否则，他们将被突然遇到的种种变化所迷惑，看不出这些变化的意义或关联。结果将是一片混乱，人们盲目的、由外部势力指挥的活动的成果将为少数人滥用。"① 所以，在约翰·杜威看来，当个人不仅达到以一种与他人的行为相一致的方式行事，而且在这样的行为中，同样的想法和情感在他身上激发起对他人充满活力的阶段时，教育就变成了一种分享，从而具有了促进民主的价值。通过分享进行的教育是在形成语言习惯、礼仪习惯和审美习惯的社会媒介中进行的，它又反过来增进了个人对社会的适应和理解，使个人与社会相一致。②

约翰·杜威相信，在一个民主社会中，人民群众统治自己，而不是被某种外部权威所统治。"接受自身治理责任的富有挑战性的经验鼓励了个人能力的全面和联合发展。"③ 约翰·杜威不接受精英民主的概念，他坚持工业民主的理想，认为"个人在决定自己工作的条件和目标方面应具有自己的一分力量；而且，总的来说，通过不同个人之间的自由和相互协调，比由少数人计划、安排和指导更好，无论他们有多么聪明或有多好的意图"④。约翰·杜威深信，社区生活是民主的本质，他担心依赖专家会损害个人对社区的积极参与。⑤

---

① 吕达、刘立德、邹海燕：《杜威教育文集》(第1卷)，人民教育出版社，2008，第87页。

② See William J. Sanders, "The Logical Unity of John Dewey's Educational Philosophy," *Ethics*, No. 4(1940): 430-431.

③ Joseph Betz, "John Dewey and Paulo Freire," *Transactions of the Charles S. Peirce Society*, No. 1(1992): 117.

④ Robert B. Westbrook, "Schools for Industrial Democrats: The Social Origins of John Dewey's Philosophy of Education," *American Journal of Education*, No. 4(1992): 413.

⑤ See Laura M. Westhoff, "The Popularization of Knowledge: John Dewey on Experts and American Democracy," *History of Education Quarterly*, No. 1(1995): 29.

在进步时代接近尾声的时候，约翰·杜威的教育思想也发生了深刻的转向。鉴于约翰·杜威在美国教育家中的重要地位，他的这种思想转向不仅在个人思想史上有着重要意义，在美国教育思想史上，也是值得深入挖掘的重要课题。尽管此后他仍然受邀参加教育者的各种研究和实践活动，并在这些活动中发表演说，但是非常明显的变化是，他几乎所有最重要的教育学著作均是在 1920 年之前出版的。在约翰·杜威 1952 年去世之前，尽管还发表过一些讨论教育的文章，其中有些文章的主题是和芝加哥大学的校长罗伯特·赫钦斯等人的辩论，有些则是评论当时有关智商测验和儿童中心主义主张的内容，还出版过一本讨论进步教育得失的小册子即《经验与教育》，但是与教育学著述的寥寥无几相比，约翰·杜威在哲学、社会心理学和政治哲学方面出版的著作可谓十分宏富，包括《哲学的改造》《人性与行为》《确定性的寻求》《人的问题》《艺术即经验》《探究的理论》等。

约翰·杜威的思想转向究竟意味着什么呢？可以肯定的是，这不意味着他不再关心教育，不再思考教育与工业民主的关系，也不意味着他推翻了之前的关于教育和社会变革关系的所有主张。实际上，从 1920 年以后他的著述和活动来看，约翰·杜威更多地采取一种简·亚当斯式的立场，也就是更加看重非制度化的、直接面向公众的社会教育在推动工业民主和社会进步中的重要作用。这种观点在之前的著作中他就提出过，只不过这个观点当时还隐藏在论述制度化教育改革的大段文字中，不那么显眼而已。不过，毕竟还是有些变化。以前，他通过学校的院墙去认识校外的世界，现在，他直接走到学校所处的大社会之中，参与政治活动，讨论政治和社会热点问题，直接为政治和社会改革提供批评性的建议。这种视域的转换和行动场域的转移使杜威在讨论教育和社会关系的问题上更加成熟和稳健了。

总的来看，1920 年后的约翰·杜威在制度化教育促进社会变革的问题的态度上，相较于之前，理想主义、乐观主义的成分更加淡薄。

随着约翰·杜威对美国日趋多元的社会的复杂性的认识不断加深，对制度化教育改革背后的政治性和社会性复杂因素有了更加切身的体会，他深感直接参与到推动社会民主化的实际进程中的迫切性。约翰·杜威早年对于教育比较技术化和客观性的认识，渐趋让位于对教育的政治化和批判性的理解。约翰·杜威的教育思想的这种转向，在很大程度上影响了美国教育与社会变革关系理论的走向。

结 语

本章算是对进步时代及其之后的20年美国知识界有关教育与社会变革关系的观念结构所做的一份极简略的“思想地图”。限于笔者的能力，试图用一章的篇幅全面地、系统地梳理这一段时间内美国知识界关于上述问题的详细见解，难如登天。因此，这一份思想地图，恐怕不只是极简略的，甚至可以称为是潦草的。它的价值可能在于具有某种程度的指示性，使有意对前述各章背后的思想逻辑做进一步探究的读者以本章为跳板，进行更加深入的思想探险。

纵览建国以来美国主要思想家对教育与社会变革关系问题的基本主张，我们可以发现，百年来，尽管时代和社会不断发生变迁，但是美国人对教育在促进社会变革中的重要作用的乐观态度没有发生明显改变。托马斯·杰斐逊和贺拉斯·曼等人关于教育与建设美好社会之间存在紧密关系的信念已成为美国人认识和思考社会与教育问题的基本常识。因此，当赫伯特·斯宾塞的社会学说在美国流行时，莱斯特·沃德批评它无视人类的理智在促进人类社会进步中的重要价值。人的理智主要是通过教育加以培养和训练的，所以莱斯特·沃德在他的社会学著述中表达对教育，特别是普遍的公共教育在推进社会进步中的积极作用的乐观态度时，他所使用的话语和论证方式明显属于托马斯·杰斐逊以来的美国传统。在大萧条时代，教育在促进社会改造中的作用仍然被很多教育家和普通公众所信任。他们深信通过教育传播美德和知识，培养能够适应新的社会环境、具有创造性精神的公民是可行的。

这种对教育的社会作用的乐观态度，使美国人赋予教育多重的、复杂的角色。从一开始，教育在建设美好社会中扮演的角色就不是单一的。在托马斯·杰斐逊和其他建国先贤那里，美国的教育从一开始就和美国的共和制度和文化独立联系在一起。自贺拉斯·曼以后，教育在促进经济增长、解决社会贫困问题方面的能动作用也被美国人所普遍接受。在进步时代，教育所承载的政治功能、经济功能、文化功能和人口功能更加突出。与教育不断增多的负载成正比的是，受教育对象进一步扩大，工人、有色人种、妇女在进步时代均得到广泛的受教育机会。这些受教育机会不只限于制度化的学校教育，也包括由社区、市政当局、公民志愿团体、工厂和教堂等提供的形式和内容丰富多样的社会教育。在进步时代，学校的社会化和社会的学校化成为普遍思潮，引领着学校教育和社会机构的声势浩大的改革运动。我们可以在本书前面各章中一览究竟。

值得注意的是，进步时代关于教育与社会变革的关系的思想比较复杂，存在多面性。以爱德华·罗斯为代表的社会科学家，将教育与宣传和灌输等同起来，从而在实际上将教育视为向移民和工人阶级强行灌输美国主流文化和价值观的隐蔽的工具，这种观点在当时得到不少人的支持。在美国化和职业指导运动中，有很多教育者持有的思想逻辑正是爱德华·罗斯式的。这种强调教育的社会控制功能的主张，在学校教育改革中的表现是以社会效率为由，对工人和移民阶层的子女实施狭隘的职业教育，对中产阶级的子女实施自由教育。以简·亚当斯和约翰·杜威为代表的社会工作者和哲学家激烈地反对这种狭隘的社会控制观点。他们相信，教育是促进文化交流的手段，因此，移民自身的文化不是低级的、劣等的，教育机构除了教给移民美国社会的文化，还要保存和发展移民本国的文化。按照罗伯特·帕克的观点，美国化的教育不是以一种文化替代另一种文化，而是两种文化相互交往，彼此同化。在约翰·杜威等人看来，教育是个人的社会性经验的不断重组和改造，教育应为每个个体提供充分生长和全面发展的外部环境，而不是将人固化在某个社会阶级之中。

进步时代之后，威廉·克伯屈和哈罗德·拉格（Harold Rugg）等人主要继承的是杜威关于社会和教育的观点，主张使教育适应变化中的社会环境的要求，培养批判性思维和创造性自我，以社会计划应对社会危机。与进步时代的思想家更强调学校的社会责任不同，威廉·克伯屈和哈罗德·拉格等人呼吁社会对学校承担相应的责任，为教育发展创造支持性的社会环境。同时，与前人的不同在于，社会改造主义者一定程度上受到马克思主义的影响，开始批评资本主义社会的经济和政治体制的弊端，对教育究竟能够发挥多大程度的社会改造的作用产生怀疑态度。哈罗德·拉格所编写的教科书在20世纪四五十年代的最终遭遇深刻印证了上述怀疑。这种怀疑和对教育的社会否定性功能的发现，与批判教育学的兴起产生合流，是美国人关于教育与社会变革关系认识的进一步深化和丰富。

参考文献

一、中文文献

[1] 鲍尔斯，金蒂斯. 美国：经济生活与教育改革 [M]. 王佩雄，等译. 上海：上海教育出版社，1990.

[2] 波尔泰. 爱默生集：上 [M]. 赵一凡，蒲隆，任晓晋，等译. 北京：生活·读书·新知三联书店，1993.

[3] 布尔加诺娃，赵思新，德新. 美国社会学的制度化 [J]. 现代外国哲学社会科学文摘，1999 (8)：47-50.

[4] 储兆瑞. 应用社会学在国外 [J]. 社会学研究，1986 (1)：

97-106.

[5] 杜威. 自由与文化 [M]. 傅统先，译. 北京：商务印书馆，1964.

[6] 杜威. 杜威全集：早期著作（1882-1898）第1卷（1882-1888）[M]. 张国清，朱进东，王大林，译. 上海：华东师范大学出版社，2010.

[7] 法拉格，布尔，切特罗姆，等. 合众存异：美国人的历史（第7版）[M]. 王晨，李书军，丁维，等译. 上海：上海社会科学院出版社，2017.

[8] 方纳. 美国自由的故事 [M]. 王希，译. 北京：商务印书馆，2002.

[9] 杰斐逊. 杰斐逊集：上 [M]. 刘祚昌，邓红风，译. 北京：生活·读书·新知三联书店，1993.

[10] 杰斐逊. 杰斐逊集·下 [M]. 刘祚昌，邓红风，译. 北京：生活·读书·新知三联书店，1993.

[11] 霍夫施塔特. 美国政治传统及其缔造者 [M]. 崔永禄，王忠和，译. 北京：商务印书馆，1994.

[12] 克伯莱. 美国公共教育：关于美国教育史的研究和阐释 [M]. 陈露茜，译. 合肥：安徽教育出版社，2012.

[13] 克雷明. 学校的变革 [M]. 单中惠，马晓斌，译. 上海：上海教育出版社，1994.

[14] 克雷明. 美国教育史：建国初期的历程 1783-1876（第2卷）[M]. 洪成文，丁邦平，刘建永，等译. 北京：北京师范大学出版社，2002.

[15] 库利. 人类本性和社会秩序 [M]. 包凡一，王湲，译. 北京：华夏出版社，1989.

[16] 李剑鸣. 大转折的年代：美国进步主义运动研究 [M]. 天津：天津教育出版社，1992.

［17］厉以贤．西方教育社会学的发展阶段及其特点［J］．外国教育动态，1983（6）：18-23.

［18］吕达，刘立德，邹海燕．杜威教育文集：第 1 卷［M］．北京：人民教育出版社，2008.

［19］吕达，刘立德，邹海燕．杜威教育文集：第 2 卷［M］．北京：人民教育出版社，2008.

［20］罗斯．社会控制［M］．秦志勇，毛永政，译．北京：华夏出版社，1989.

［21］梅南德．哲学俱乐部：美国观念的故事［M］．肖凡，鲁帆，译．南京：江苏人民出版社，2006.

［22］纳什．美国人民：创建一个国家和一种社会（第 6 版）上卷［M］．北京：北京大学出版社，2008.

［23］帕克，伯吉斯，麦肯齐．城市社会学：芝加哥学派城市研究文集［M］．宋俊岭，吴建华，王登斌，译．北京：华夏出版社，1987.

［24］帕灵顿．美国思想史［M］．陈永国，李增，郭乙瑶，译．长春：吉林人民出版社，2002.

［25］任钟印．世界教育名著通览［M］．武汉：湖北教育出版社，1994.

［26］斯普林．美国学校：教育传统与变革［M］．史静寰，姚运标，张宏，等译．北京：人民教育出版社，2010.

［27］斯普林．美国教育［M］．张弛，张斌贤，译．合肥：安徽教育出版社，2010.

［28］坦纳 D，坦纳 L. 学校课程史［M］．崔允漷，等译．北京：教育科学出版社，2006.

［29］滕大春．外国教育通史：第 3 卷［M］．济南：山东教育出版社，1990.

［30］田佑中，陈国红．罗斯的社会控制理论述评［J］．南京政治

学院学报，1999（6）：40-42.

［31］托克维尔. 论美国的民主：上卷［M］. 董果良，译. 北京：商务印书馆，1988.

［32］吴式颖，任钟印. 外国教育思想通史：第 6 卷［M］. 长沙：湖南教育出版社，2002.

［33］吴式颖，任钟印. 外国教育思想通史：第 8 卷［M］. 长沙：湖南教育出版社，2002.

［34］吴式颖. 外国教育史教程［M］. 北京：人民教育出版社，1999.

［35］张斌贤. 教育与社会变革［M］. 北京：中国社会科学出版社，2012.

［36］张斌贤. 社会转型与教育变革：美国进步主义教育运动研究［M］. 长沙：湖南教育出版社，1998.

［37］赵立玮. 美国和中国早期社会学中的社会控制概念［J］. 江苏师范大学学报（哲学社会科学版），2017（2）：40-45.

［38］郑菲遐，张斌贤. 哈罗德·拉格与美国社会科课程的重构［J］. 教育科学研究，2013（12）：30-35.

［39］郑丽. 托马斯·杰斐逊的新闻自由思想及实践［J］. 哈尔滨师范大学社会科学学报，2014（6）：149-151.

二、外文文献

（一）期刊论文

［1］ADAMS J. A function of the social settlement［J］. The Annals of the American Academy of Political and Social Science, 1899（13）: 33-55.

［2］ADAMS J. A new impulse to an old gospel［J］. Forum, 1892（14）:346-347.

［3］ADAMS J. The Federal Children's Bureau a symposium［J］.

Annals of the American Academy of Political and Social Science，1909(33)：23-48.

[4] BARNES H E. Two representative contributions of sociology to political theory：the doctrines of William Graham Sumner and Lester Frank Ward[J]. American Journal of Sociology，1919(2)：150-170.

[5] BETZ J. John Dewey and Paulo Freire[J]. Transactions of the Charles S. Peirce Society，1992(1)：107-126.

[6] BOWERS C A. Review：writing context-free history[J]. History of Education Quarterly，1979(4)：499-506.

[7] BOYD J P. Subversive of what? [J]. Atlantic Monthly，1948(8)：527-538.

[8] CARBONE P E Jr. The other side of Harold Rugg[J]. History of Education Quarterly，1971(3)：265-278.

[9] CARNER L P. Reviewed work of group education for a democracy[J]. Social Service Review，1941(2)：379-380.

[10] FALLACE T. John Dewey's influence on the origins of the social studies：an analysis of the historiography and new interpretation[J]. Review of Educational Research，2009(2)：601-624.

[11] FOTT D. John Dewey and the mutual influence of democracy and education[J]. The Review of Politics，2009(1)：7-19.

[12] KATZ H. Workers' education or education for the worker[J]. Social Service Review，1978(2)：265-274.

[13] KILPATRICK W H. Conflict areas in american intercultural life[J]. The Journal of Educational Sociology，1943(6)：340-344.

[14] KILPATRICK W H. Problems and dangers of the school and education[J]. The Journal of Social Forces，1923(5)：521-526.

[15] KILPATRICK W H. Proposal to men of good will for educational

reconstruction after the war[J]. The High School Journal, 1941(6): 271-274.

[16] KILPATRICK W H. The educational challenge[J]. The American Journal of Nursing, 1935(7): 609-613.

[17] KILPATRICK W H. Parents and education[J]. The Journal of Educational Sociology, 1947(7): 395-400.

[18] KILPATRICK W H. Social factors influencing educational method in 1930[J]. The Journal of Educational Sociology, 1931(8): 483-490.

[19] LAKE D. Jane Addams and wicked problems: putting the pragmatic method to use[J]. The Pluralist, 2014(3): 77-94.

[20] LALB B. Black and blue in Chicago: Robert E. Park's perspective on race relations in urban America, 1914-1944[J]. The British Journal of Sociology, 1987(4): 546-566.

[21] PHILLIPS J O C. The education of Jane Addams[J]. History of Education Quarterly, 1974(1): 49-67.

[22] REITZES D C, REITZES D. The social psychology of Robert E. Park: human nature, self, personality and social structure[J]. Symbolic Interaction, 1993(1): 39-63.

[23] ROSS E A. Lester Frank Ward[J]. The American Journal of Sociology, 1913(1): 61-78.

[24] ROSS E A. Moot points in sociology. Ⅵ. the factors of social change[J]. American Journal of Sociology, 1904(6): 781-797.

[25] ROSS E A. Social control. XIV. education[J]. American Journal of Sociology, 1900(4): 475-487.

[26] ROSS E A. Socialization[J]. American Journal of Sociology, 1919(6): 652-671.

[27] RUGG H. Curriculum-making and the scientific study of education

since 1910[J]. Curriculum Theory Network,1975(4):295-308.

[28] SANDERS W T. The logical unity of John Dewey's educational philosophy[J]. Ethics,1940(4):424-440.

[29] SHIELDS P M. Democracy and the social feminist ethics of Jane Addams:a vision for public administration[J]. Administrative Theory & Praxis,2006(3):418-443.

[30] SIMPSON D J. John Dewey's concept of the student[J]. Canadian Journal of Education,2001(2):183-200.

[31] WARD L F. Evolution of social structures[J]. American Journal of Sociology,1905(5):589-605.

[32] WARD L F. Mind as a social factor[J]. Mind,1884(36):563-573.

[33] WESTBROOK R B. Schools for industrial democrats:the social origins of John Dewey's philosophy of education[J]. American Journal of Education,1992(4):401-419.

[34] WESTHOFF L M. The popularization of knowledge:John Dewey on experts and American democracy[J]. History of Education Quarterly,1995(1):27-47.

[35] WHITE H B. The political faith of John Dewey[J]. The Journal of Politics,1958(2):353-367.

[36] WINTERS E A,RUGG H. Man and his changing society:the textbooks of Harold Rugg[J]. History of Education Quarterly,1967(4):493-514.

（二）著作

[1] ADAMS J,STARR E. Hull-house maps and papers[M]. Chicago:Hull-House,1893.

[2] ADAMS J. Democracy and social ethic[M]. Chicago:University

of Illinois Press,2002.

[3] BOYDSTON J. The early works of John Dewey [M]. Vol. 1. Carbondale:Southern Illinois University Press,1969.

[4] CURTI M. The social ideas of American educators[M]. Paterson: Pageant Books,Inc. ,1959.

[5] GUTEK G L. Education in the United States: an historical perspective[M]. New Jersey:Prentice-Hall,1986.

[6] JENNINGS L W, Jr. "That knowledge most useful to us": Thomas Jefferson's concept of "utility" in the education of republican citizens[M]. Washington,D. C. :Library of Congress,1993.

[7] KILPATRICK W H. Education and social crisis[M]. New York: Liveright Publishing Co. ,1932.

[8] KILPATRICK W H. Education for a changing civilization[M]. New York:MacMillan Co. ,1926.

[9] KILPATRICK W H. Group education for a democracy[M]. New York:Association Press,1940.

[10] MERWIN H C. Thomas Jefferson[M]. Boston:Houghton Mifflin Company,1901.

[11] RUGG H, SHUMAKER A. The child-centered school[M]. New York:World Book Company,1928.

[12] RUGGH. Statistical methods applied to education[M]. Boston: Houghton Mifflin Co. ,1917.

[13] RURY J. Education and social change:themes in the history of American schooling [M]. Mahwah: Lawrence Erlbaum Associates, Publishers,2002.

[14] WINSHIP A E. Horace Mann,the educator[M]. Boston:New England Publishing Co. ,1896.

附录　学术史梳理

在教育与1890—1920年美国社会改革的关系这个主题下，包含多方面的专题研究，并且与教育史、经济史、儿童史、社会史、劳工史、法律史、黑人史、移民史等多个学术领域的研究相关联。不同专题的探讨则因相关学科进展的不同而存在诸多差异。为了较为清晰地梳理相关专题研究的学术史脉络，以下将按照课题研究专题的顺序，分别进行学术史梳理，以便更为充分地反映本研究所取得的进展。

第一节　教育与儿童福利改善的相关研究

在很长时间内，关于1890—1920年美国教育与儿童福利改善这个专题的研究，多是在儿童史（常与家庭史、社会史交织在一起）、教育史等不同学科领域分别进行的。儿童史研究较多地关注这个时期的童工问题、贫困儿童救助、青少年犯罪等方面，教育史研究则多关注幼儿园运动的发展、实验学校的改革、儿童研究运动及其对教育的影响等，而教育与儿童境遇的改善之间的关系则较少引起学者的注意。相应地，对与这一主题相关的教育改革运动如游戏场运动、学校卫生运动（School Health Movement）、免费午餐计划、家访教师等也较少涉及。

一、美国儿童史研究中的儿童福利运动

自 20 世纪 60 年代以来，美国儿童史研究迅速发展，其从家庭史、社会史等领域对历史上的儿童生活、儿童与家长的关系等问题进行深入研究，其中对 1890—1920 年的儿童及儿童福利运动更是多有涉及。已有研究多关注这一时期的儿童救助活动、抵制童工运动、贫儿安置运动、青少年法庭的建立及公共卫生医疗设施的改善等。

史蒂芬·明茨的《哈克之筏：美国儿童史》以主题为线索，梳理了从殖民地时期至当代的美国儿童史，其中多章涉及 19 世纪末 20 世纪初期美国儿童的状况。史蒂芬·明茨具体考察了内战后美国的童工状况、儿童救助运动、关于儿童的科学研究，以及少数族裔和移民家庭的子弟等相关群体的生活史。在对不同时期与主题的历史考察中，史蒂芬·明茨提炼了美国儿童观念的若干主题或模式。首先，儿童期并不是一成不变的生命阶段概念，而是一种社会与文化的建构物，它随时代变迁而发生剧烈的变动。其次，儿童期也不是一个没有争议的概念，从 17 世纪传统的儿童观念与人文主义的、清教的冲突，到 18 世纪有关新生儿的堕落与教派特权的争论，再到 19 世纪末 20 世纪初有关受庇护的童年（a sheltered childhood）与有用的童年（a useful childhood）概念的冲突等，历史上人们对于儿童期的理解一直在发生变化。再次，儿童期具有多样性。由于阶层、种族、宗教、地区与时代的不同，美国儿童的真实童年经历存在巨大的差异性和多样性。最后，该书还追溯了家长与儿童之间关系模式的转变，以及社会关于儿童的福祉反复出现的道德恐慌与相应的改革活动。①

---

① See Steven Mintz, *Huck's Raft: A History of American Childhood* (Cambridge: Harvard University Press, 2004), pp. 133-184.

约瑟夫·霍伊斯（Joseph M. Hawes）和雷·海因（N. Ray Hine）在《美国儿童：研究指南和历史手册》中对19世纪后期20世纪初期儿童福利事业的研究为从社会领域考察教育中儿童观念的变迁提供了广阔的视野。约瑟夫·霍伊斯指出，20世纪的美国出现了一种现代的“儿童崇拜”，一系列致力于提升儿童福利的社会改革在此时蓬勃兴起，如反对体罚的各种全国性和地区性活动，以及包括强制入学在内的公共学校、幼儿园、主日学校、青少年法庭、孤儿院、青少年之家、儿童医院等公共机构的创设等。① 约瑟夫·霍伊斯对这些运动的论述为深入了解和剖析儿童福利运动提供了思考路径。

在约瑟夫·霍伊斯和雷·海因主编的《美国儿童：研究指南和历史手册》中分别收录了儿童史研究者罗纳德·科恩（Ronald D. Cohen）和汉密尔顿·克雷文斯（Hamilton Cravens）关于进步主义时期儿童救助方面的论文。前者主要致力于对19世纪末20世纪初青少年法庭运动、公共教育和拯救童工等具体问题的讨论和研究；后者则同时关注了拯救儿童运动在20世纪前期的历史变迁，汉密尔顿·克雷文斯认为20世纪前10年的拯救运动更多的是通过公共政策来改善儿童的生活境况，而从20世纪20年代开始，拯救运动更多地转向对青少年群体进行专业的调查和科学研究，以此作为“未来公共行动的必要前提”。② 二者的研究在某种程度上相互补充，有利于同时从微观和宏观层面了解20世纪初期的儿童拯救运动的全貌。

---

① See Joseph M. Hawes and N. Ray Hine(eds), *American Childhood : A Research Guide and Historical Handbook* (Westport, Connecticut: Greenwood Press, 1985), pp. 167-168.

② See Ronald D. Cohen, "Child-Saving and Progressivism, 1885-1915," in *American Childhood : A Research Guide and Historical Handbook*, eds. Joseph M. Hawes and N. Ray Hine(Westport, Connecticut: Greenwood Press, 1985), pp. 273-310; Hamilton Cravens, "Child-Saving in the Age of Professionalism, 1915-1930," in *American Childhood : A Research Guide and Historical Handbook*, eds. Joseph M. Hawes and N. Ray Hine(Westport, Connecticut: Greenwood Press, 1985), pp. 415-488.

除此之外，安东尼·普拉特（Anthony M. Platt）也对这一时期的儿童救助运动进行了专门研究。他在《儿童拯救者：犯罪的产生》中详尽地呈现了这一运动的发展进程，尤其是对该运动中建立青少年法庭的历程进行了细致入微的论述。①

詹姆斯·马顿（James Marten）在他的《进步时代的儿童与儿童福利：一部文献简史》中也梳理了进步主义时期儿童福利运动的历史，但他选择从儿童观的变迁这一视角出发来探讨儿童福利运动的不同主题与改革举措。在研究中，詹姆斯·马顿运用了大量一手文献史料、图片、调查结果来呈现城市中下层儿童生活的状况，追溯了儿童权利观念的发展与变迁，介绍了改善儿童健康状况、减少青少年犯罪、抵制童工的举措等，为我们思考进步主义时期的儿童观提供了实证依据。② 除此之外，理查德·迈克尔（Richard Meckel）在一部儿童与家庭关系史著作中对历史中儿童的健康和死亡、疾病的传染与医治、医疗保育的发展进程等进行了详尽介绍，其中也不乏对 19 世纪末 20 世纪初美国儿童福利措施的梳理与分析。③

劳伦斯·克雷明在《美国教育史：城市化时期的历程（1876—1980）》中辟专章讨论了进步主义时期儿童保护和社会服务机构的发展。他认为，出于对家庭无法继续承担传统的儿童教育责任的不安，以及贫民区和移民家庭中家庭教育的缺位等，许多社会福利工作者如简·亚当斯等共同推动了保护儿童的运动。④

① See Anthony M. Platt, *The Child Savers: The Invention of Delinquency* (Chicago: University of Chicago Press, 1977).

② See James Marten, *Childhood and Child Welfare in the Progressive Era: A Brief History with Documents* (Boston and New York: Bedford/St. Martin's, 2005).

③ See Richard Meckel, "Health and Science," in *A Cultural History of Childhood and Family*, ed. Colin Heywood (New York: Berg Publishers, 2010), pp. 167-187.

④ 参见劳伦斯·A. 克雷明《美国教育史：城市化时期的历程（1876—1980）》（第 3 卷），朱旭东等译，北京师范大学出版社，2002，第 303—351 页。

此外，还有大量关于19世纪末20世纪初美国社会机构或团体参与具体的儿童福利改革活动的相关研究。约翰·萨顿（John R. Sutton）对这一时期贫困儿童扶助机构的研究便是一例。约翰·萨顿使用量化的方法对进步主义时期美国私立和公立儿童扶助性机构进行了统计分析，发现这一时期私立性质的儿童扶助性机构的发展速度要快于公立机构，但无论是私立机构还是公立机构，在他看来都是在政治驱动下发展起来的，这里面有对社会政策的政治承诺的兑现，也有对社会资助的政治兑现。①

联邦政府、社会法团力量、社会进步人士等在进步主义时期儿童福利事业方面的广泛介入也是研究者们竞相关注的问题。以联邦儿童局为例，克里斯蒂·林登迈耶（Kriste Lindenmeyer）在《儿童的权利：美国儿童局和儿童福利，1912—1946年》一书中对1912—1946年美国联邦儿童局在儿童福利运动中的角色进行了历史地梳理和分析，克里斯蒂·林登迈耶指出了联邦儿童局在每个阶段工作中的贡献和成就，同时他也发现，虽然儿童局目标明确、目光长远，具备一定的政治和组织技巧，并且获得了一些正式和非正式支持，但儿童局的领导者们始终面临着政治、文化和社会方面的阻力。②

芭芭拉·麦廷格尔（Barbara Machtinger）也关注了20世纪初期联邦儿童局的工作，但他将重点放在联邦儿童局在母亲抚恤金的设立过程中所发挥的作用。在研究中麦廷格尔发现，通过与社会进步女性改革者的合作，联邦儿童局在很大程度上调查并改革了地方行政机制，为改善儿童福利做出了全国性努力。但与此同时，由于资金的缺乏，

---

① See John R. Sutton, "Bureaucrats and Entrepreneurs: Institutional Responses to Deviant Children in the United States, 1890-1920s," *American Journal of Sociology* 95, No. 6 (1990): 1367-1400.

② See Kriste Lindenmeyer, *A Right to Childhood : The U. S. Children's Bureau and Child Welfare , 1912-1946* (Urbana and Chicago: University of Illinois Press, 1997).

以及对母亲基金的实施缺乏管理，联邦儿童局事实上并未完全实现其最初的目的。① 达尔西·斯特劳恩考察了联邦儿童局在降低婴儿和母亲死亡率方面做出的教育努力。② 贡纳尔·阿尔姆格伦（Gunnar Almgren）等人考察了赫尔会所和联邦儿童局在降低死亡率方面做出的努力。③ 约翰·博丽·贝内特（John Boli-Bennett）则考察了联邦法规中区分儿童的意识形态的形成④，等等。除此之外，还有研究者关注家长联合会、妇女俱乐部等团体在改善儿童教育方面的努力⑤，等等。

总体来看，儿童史研究者们多是从社会史、家庭史领域切入，将儿童置于具体的社会和家庭情境中来剖析儿童地位的变化，公众儿童观念的变迁，以及联邦、州、社会团体和进步人士等在改善儿童福利方面的具体举措。这些研究有利于我们从更广阔的视野来考察儿童这一群体，梳理儿童命运的变迁史，挖掘公众儿童观念的转变历程，从而更好地认识儿童，认识儿童的成长和教育问题。

---

① See Barbara Machtinger, "The U. S. Children's Bureau and Mothers' Pensions Administration, 1912-1930," *Social Service Review* 73, No. 1(1999): 105-118.

② See Dulcie Straughan, "Women's Work: Public Relations Effort of the US Children's Bureau to Reduce Infant and Maternal Mortality, 1912-1921," *Public Relations Review* 27, No. 3(2001): 337-351.

③ See Gunnar Almgren, Susan P. Kemp and Alison Eisinger, "The Legacy of Hull House and the Children's Bureau in the American Mortality Transition," *Social Service Review* 74, No. 1(2000): 1-27.

④ See John Boli-Bennett and John W. Meyer, "The Ideology of Childhood and the State: Rules Distinguishing Children in National Constitutions, 1870-1970," *American Sociological Review* 43(1978): 797-812.

⑤ See William J. Reese, "Between Home and School: Organized Parents, Club Women and Urban Education in the Progressive Era," *The School Review* 87, No. 1(1978): 3-28; Joan E. Marshall, "Parents and Foster Parents, Shapers of Progressive Era Child Saving Practices: A Case Study, Tippecanoe County, Indiana, 1887-1916," *Indiana Magazine of History* 90, No. 2(1994): 147-173.

二、美国教育史关于儿童福利的研究

19 世纪末 20 世纪初历来是美国教育史研究的重点时段。在这一时期，教育领域的改革运动如火如荼地开展起来，无论是初等、中等、高等教育，还是学前儿童的教育都在这个时期发生了巨大变革，旨在促进儿童福利改善的相关教育举措也在这种局面下相继出现。但在已有研究中，教育史研究者们更多地将关注点放在幼儿园运动、儿童或青少年研究等改革运动的开展对美国教育的影响上，而相对较少关注教育与改善儿童福利之间的关系。已有的对教育与儿童福利的研究主要集中在儿童游戏权利的获得、学校医疗和卫生条件的改善、家校合作等研究，具体而言就是游戏场运动、学校卫生运动、免费午餐计划、家访教师等。以上这些主题目前尚未引起国内学者的广泛关注，已有研究主要集中在国外的教育史研究中。

（一）幼儿园运动相关研究

幼儿园运动作为 19 世纪后半叶至 20 世纪初期美国学前教育的主要议题，在国内外教育史领域均受到关注。尼娜·温德沃克（Nina C. Vandewalker）在其所著的《美国教育中的幼儿园》中认为，19 世纪 80 年代到 20 世纪初期是美国幼儿园的快速发展阶段，其经历了从德语幼儿园到美式幼儿园、从小范围接受到全国性推广，之后不断形成自身理论与实践以满足不断发展的社会需要的过程。①

艾米莉·卡恩（Emily D. Cahan）在《过去的关怀：美国贫困儿童的学前保育和教育史，1820—1965》中考察了儿童看护中心和保育学

① See Nina C. Vandewalker, *The Kindergarten in American Education* (New York: The Macmillan Company, 1917), pp. 183-208.

校的发展变迁史。[①] 通过对穷人儿童和富人儿童完全不同的双轨制保育体系的分析，她认为穷人儿童的保育体系在本质上具有补偿性，而富家子弟的保育体系则是补足或追加性质的。艾米莉·卡恩认为，只有为所有阶层（包括富人和穷人）的儿童提供尽可能优质的教育，民主的目标才有可能实现。针对幼儿园运动这一主题，艾米莉·卡恩认为，19 世纪早期的幼儿学校运动与幼儿园运动有极大的关联，前者为幼儿园传入美国，以及保育学校和日托所的发展奠定了基础。

芭芭拉·贝蒂（Barbara Beatty）将 1856—1920 年作为美国学前教育发展的重要时段，认为这段时期美国经历了早期公立、私立幼儿园兴起，免费幼儿园运动，公立幼儿园运动等几个阶段。[②] 除此之外，卡罗琳·温特（Caroline Winterer）的《避免温室教育体系：19 世纪早期儿童教育》、安·艾伦（Ann Taylor Allen）的《幼儿园在德国和美国，1840—1914》、西利亚·莱斯凯瑞德斯（V. Celia Lascarides）和布莱斯·亨奈特兹（Blythe F. Hinitz）合著的《早期儿童教育史》也专门讨论了 19 世纪末 20 世纪初的美国幼儿园运动。[③]

值得一提的是，我国教育学界对美国幼儿园运动也有所讨论和研究。周采、杨汉麟在《外国学前教育史》中曾对美国幼儿园的初创、

---

① See Emily D. Cahan, *Past Caring : A History of U. S. Preschool Care and Education for the Poor , 1820-1965* (New York: Columbia University, 1989), pp. 1-36.

② See Barbara Beatty, *Preschool Education in America : The Culture of Young Children from the Colonial Era to the Present* (New Haven, Conn. : Yale University Press, 1995), pp. 52-131.

③ See Caroline Winterer, "Avoiding a 'Hothouse System of Education': Nineteenth-Century Early Childhood Education from the Infant Schools to the Kindergartens," *History of Education Quarterly* 32, No. 3 (1992): 289-314; Ann Taylor Allen, "The Kindergarten in Germany and the United States, 1840-1914: A Comparative Perspective," *History of Education* 35, No. 2 (2006): 173-188; V. Celia Lascarides and Blythe F. Hinitz, *History of Early Childhood Education* (New York: Routledge, 2000), pp. 235-294.

慈善幼儿园的发展，以及公立幼儿园运动等进行了梳理，认为其对近代美国学前教育发展奠定了坚实的基础。① 除此之外，贺国庆在《近代欧洲对美国教育的影响》、杨汉麟在《外国幼儿教育史》中也曾专门讨论美国幼儿园运动。② 总体来看，限于通史体裁，学者们在研究中较少对19世纪后半叶至20世纪初期美国幼儿园运动进行系统的、深层次的剖析，而多是引介和梳理，这些引介和梳理为我们最初认识和了解美国幼儿园运动提供了珍贵的史料。

除了通史和专著中对美国幼儿园运动的讨论和分析外，还有一些研究专注于对美国某一州的幼儿园运动的梳理，如马文·拉泽森（Marvin Lazerson）在《城市改革与学校：马萨诸塞州的幼儿园，1870—1915》中对马萨诸塞州幼儿园的发展变迁进行的论述③，以及帕特丽夏·德科斯（Patricia L. de Cos）在《加利福尼亚州幼儿园的历史与发展》中对加利福尼亚州幼儿园发展进程的论述，都是极好的案例研究。④ 另外，还有不同国家的幼儿园运动的对比研究等。⑤

值得关注的是，国内的几篇学位论文也从不同侧面对美国幼儿园运动进行了专门论述。戴芳芳的《伊丽莎白·皮博迪与美国幼儿园运

① 参见周采、杨汉麟主编《外国学前教育史》，北京师范大学出版社，1999，第230—246页。

② 参见贺国庆《近代欧洲对美国教育的影响》，河北大学出版社，1994，第96—102页；杨汉麟《外国幼儿教育史》，人民教育出版社，2011，第144—149页。

③ See Marvin Lazerson, "Urban Reform and the Schools: Kindergartens in Massachusetts, 1870-1915," *History of Education Quarterly* 11, No. 2(1971): 115-142.

④ See Patricia L. de Cos, *History and Development of Kindergarten in California* (CA: California Research Bureau, 2011), pp. 7-42.

⑤ See Ann Taylor Allen, "'Let Us Live with Our Children': Kindergarten Movements in Germany and the United States, 1840-1914," *History of Education Quarterly* 28, No. 1 (1988): 23-48; Nawrotzki, Kristen Dombkowski, "The Anglo-American Kindergarten Movements and Early Education in England and United States of America, 1850-1965" (PhD diss., University of Michigan, 2005), pp. 17-68.

动（19 世纪初期—20 世纪初期）》，对美国幼儿园运动的奠基人伊丽莎白·皮博迪（Elizabeth Peabody）在幼儿园运动中的贡献进行了较为系统的研究。[①] 王明鹤的《幼儿园运动在美国（1856—1920）》以福禄培尔主义思想在美国幼儿园中历史地位的变迁为主线，系统梳理了 19 世纪 50 年代到 20 世纪 20 年代的幼儿园运动。王明鹤发现，19 世纪 60 年代是福禄培尔主义思想在美国幼儿园中占主导地位的时期，之后慈善幼儿园的出现使福禄培尔主义在实践中面临很多现实问题，开始受到质疑。19 世纪末随着斯坦利·霍尔的儿童研究的开展，福禄培尔思想开始受到更大挑战，其在美国学前教育领域的理论地位开始动摇。到 19 世纪末 20 世纪初，进步主义、实用主义成为主流教育思潮之后，福禄培尔教育思想彻底被推翻，以约翰·杜威为代表的教育家们建立起自己的幼儿教育理论，至此，福禄培尔教育思想的主导地位彻底丧失。[②] 总体来看，两篇学位论文较为详尽地交代了美国幼儿园运动的发展脉络，对其中核心人物的身份挖掘、对幼儿教育理论的变迁，以及其对教育实践的影响都做了详尽的交代，有利于我们在历史语境中了解和认识这场运动。张宇、王延南、彭芳的学位论文也分别从不同侧面对美国的幼儿园运动进行了分析和讨论。[③] 限于主题的相似性，这里不再综述。

（二）游戏场运动相关研究

作为 19 世纪末 20 世纪初改善儿童境遇的社会教育方式，游戏场运

---

① 参见戴芳芳《伊丽莎白·皮博迪与美国幼儿园运动（19 世纪初期—20 世纪初期）》，硕士学位论文，北京师范大学，2010，第 15—37 页。

② 参见王明鹤《幼儿园运动在美国（1856—1920）》，硕士学位论文，华东师范大学，2005，第 13—35 页。

③ 参见张宇《美国联邦政府干预学前教育的历史演进研究》，博士学位论文，东北师范大学，2010，第 17—76 页；王延南《进步教育运动时期美国幼儿教育的发展》，硕士学位论文，河北大学，2011，第 9—21 页；彭芳《19 世纪下半叶美国幼儿教育发展研究》，硕士学位论文，江西师范大学，2013，第 20—34 页。

动被认为是一种可以对儿童的身心健康和道德培养产生有益影响的教育方式。但与幼儿园运动相比，这一运动并未引起教育史研究者的足够重视，尤其是国内教育史学者对这一主题的研究更是凤毛麟角。从已有研究来看，多数研究者都将游戏场作为一种社会娱乐和教育方式，从社会教育、社会教育与学校教育相结合的视角来考察该运动对儿童和公众闲暇生活的影响，进而对开展游戏场运动的必要性和价值意义进行分析。

亨利·柯蒂斯作为游戏场运动的先驱早在19世纪末20世纪初就对游戏场的价值进行了研究，曾先后发表《通过游戏进行教育》《游戏运动及其重要性》《游戏的实践行为》等作品来宣传他的游戏理论。① 在《游戏运动及其重要性》中，柯蒂斯梳理了美国游戏场运动的发展历程，分析了游戏场运动对美国社会的五个层面的意义：其一，为儿童闲暇娱乐提供玩乐的场所；其二，将有组织的游戏融入公共学校中；其三，为学龄前儿童的户外生活和娱乐提供充足的机会；其四，为公共娱乐提供空间；其五，体现出游戏精神的发展。亨利·柯蒂斯以葛雷计划为例，认为游戏场运动的顺利开展，需要学校方面做出努力：配备足够大的操场、为儿童留足游戏的时间、有完善的监管机制。亨利·柯蒂斯希望为正在或未来即将筹备游戏场的公共和私立机构提供某种指导意见，以期使社会关注儿童及其他社会群体的闲暇时间和精神生活。因而该书通篇基本上围绕着“做什么”和“怎么做”的问题展开，为人们了解游戏场运动的全貌提供了详尽的信息。

克劳伦斯·雷恩沃特（Clarence Elmer Rainwater）继亨利·柯蒂斯之后对游戏场运动进行了全面的阐释和分析。在《美国游戏运动：

---

① See Henry Curtis, *Education Through Play (3rd edition)* (New York: The Macmillan Company, 1917), pp. 17-58; Henry Curtis, *The Play Movement and Its Significance* (New York: The Macmillan Company, 1917), pp. 2-61; Henry Curtis, *The Practical Conduct of Play* (New York: The Macmillan Company, 1915), pp. 1-9.

一项关于社会娱乐的研究》中，克劳伦斯·雷恩沃特先对“游戏”“游戏运动”等概念的内涵及外延进行了明确，认为“游戏”不仅仅指为儿童建设沙地乐园（sand gardens）和操场，更涵盖了音乐、戏剧、节日庆典等发生在社区中心的社会活动，以及社区的公共组织和服务等。之后，通过占有大量的图片、报告、个人履历、回忆录等一手文献，克劳伦斯·雷恩沃特对游戏运动在波士顿的起源及之后推广至其他城市的情况进行了分析。他将游戏运动按阶段分为沙子乐园阶段、操场阶段、小型公园阶段、娱乐中心阶段、公民文艺与福利阶段、邻里组织阶段、社区服务阶段等，在每个阶段的转型和变革过程中剖析游戏运动的对象、发展方式的微妙变化。最后，克劳伦斯·雷恩沃特对游戏运动的发展趋势进行了分析，认为游戏运动的发展变迁过程事实上是对社会环境的不断变化做出的回应，游戏场为各个年龄段的社会群体提供了度过闲暇的娱乐方式和场所，游戏场的结构和概念的不断变迁直接为后世游戏场的变革奠定了基础，这种形式和变革还将继续发展下去，未来科学的持续进步将为我们揭示游戏的本质和功能提供更多指导，以拓宽游戏的内涵和外延。①

与之前专注于探究游戏及游戏场运动的必要性和价值不同，乔治·巴特勒（George Butler）在《游戏场：管理及运作》中专注于对游戏场的管理和运作过程提供具体的指导意见。具体来讲，通过对游戏场的功能、布局设计、设备维护、领导者培训，游戏活动的组织和设计，游戏场人事的配备，游戏场的管理运作、安全维护和经费等一系列问题的研究和分析，乔治·巴特勒试图为游戏场的合理应用和有效服务提供最一般的建议。② 在论述过程中，他尤其注重对游戏场在管理

---

① See Clarence Elmer Rainwater, *The Play Movement in the United States : A Study of Community Recreation* (Chicago: University of Chicago Press, 1922).

② See George D. Butler, *Playground : Their Administration and Operation* (New York: A. S. Barnes and Company, 1936).

和运作方面的现存问题进行剖析，认为对游戏场提出的各种建议和意见最终的目的不在于“游戏场”本身，而在于改善进入游戏场的儿童、青少年及社区群众的生活，为他们提供真正的公共服务和娱乐方式。

除了上述对游戏场运动本身的关注之外，多米尼克·卡瓦罗（Dominick Cavallo）在研究中专注于对游戏场运动背后的文化和政治意义进行探究。在《力量与道德：有组织的操场与城市改革，1880—1920年》中，多米尼克·卡瓦罗挖掘了全美游戏场协会的缘起及其指导思想，试图对同时代的心理学者、教育学者和城市改革者们提供改革建议。多米尼克·卡瓦罗认为，19世纪末美国最初建立操场、职业学校、小型公园等是为了使贫困社区的儿童远离对其身心和道德造成不良影响的街道生活，最终却由于缺乏统一的标准和指导思想使这些改革实践面临困境。之后，游戏场运动的先驱亨利·柯蒂斯、路德·古利克（Luther Gulick）等在雅各布·里斯、简·亚当斯及其他社会安置运动的支持者们的协助下成立了全美游戏场协会，并且对游戏场的政治和文化意义进行了深刻剖析。游戏场运动最核心的价值在于，游戏不仅能提升儿童的分析与合作能力、推进美国化进程、减少种族摩擦、提升城市生活的人性化程度，而且能够在不影响男性竞争力和雄心抱负的同时，培养一种道德直觉和共鸣。① 但对于为什么游戏场的数量在1905—1917年能够从100多所增至近4000所，进入游戏场的儿童和公众是否从贫困走向了中产阶级，这些群体的境遇是否得到改善，以及学校中的体育教师如何看待游戏场运动等问题，多米尼克·卡瓦罗并未从政治和文化层面做出正面回应。

相比之下，当代学者史蒂芬·瓦松（Stephan Wassong）对游戏场运动的起源和该运动产生的效果更感兴趣，他曾专门发表文章探讨这

---

① See Dominick Cavallo, *Muscles and Morals: Organized Playgrounds and Urban Reform, 1880-1920* (Philadelphia: University of Pennsylvania Press, 1981), pp. 15-146.

些问题。针对美国游戏场运动的起源问题，他发现德国的游戏运动（the play movement）其实对美国游戏场运动影响深刻。[①] 亨利·柯蒂斯作为美国游戏场运动的推动者之一，曾于20世纪初游历欧洲了解体育和娱乐在欧洲教育体系中发挥的作用，并且对德国的游戏运动深感兴趣。亨利·柯蒂斯在全美游戏场协会成立之际曾专门去信邀请德国游戏运动的倡导者作为名誉会员来指导美国的游戏场运动，将德国游戏运动的有益经验用于美国的运动中。而关于美国游戏运动的成效问题，史蒂芬·瓦松则在《美国游戏场在改善儿童和青少年福利方面的失利》一文中对为什么迅速增多的游戏场却并未吸引更多的儿童和青少年的原因进行了深刻剖析。在瓦松的分析中，游戏场的地理位置、父母的阻挠、游戏场功能的异化等都在某种程度上影响了游戏场在美国儿童公共生活中的重要性的发挥。[②]

现当代学者的研究对19世纪末20世纪初美国的游戏场运动也多有涉及，如美国教育史专家威廉·里斯（William J. Reese）在有关进步主义时期群众性学校改革活动的著作中以社会史的广博视野探讨了游戏场运动，为考察这一时期的教育革新背景和更为广泛的群众性改革活动提供了丰富的素材。威廉·里斯认为，游戏场运动虽然旨在改善公众的生活质量、满足社区的公共需求，但与此同时，它也通过相应的监督和管理机制加强了对普通民众的社会控制。从这种意义上讲，游戏场运动其实是一种不同群体和利益相关者都能在其中达成其目的的"草根运动"。[③] 乔·弗罗斯特（Joe L. Frost）在著作《儿童游戏与

---

① See Stephan Wassong, "The German Influence on the Development of the US Playground Movement," *Sport in History* 28, No. 2(2008): 313-328.

② See Stephan Wassong, "The Failure of US Playground Politics in Child and Youth Welfare," *Stadion* 31, No. 2(2005): 259-271.

③ See William J. Reese, *Power and the Promise of School Reform: Grassroots Movements During the Progressive Era* (Boston: Routledge & Kegan Paul, 1986), pp. 131-157.

游戏环境史：面向当代的儿童拯救运动》中对儿童游戏及游戏环境变迁史进行长时段的考察的同时，也关注到进步主义时期的游戏场运动，对这一时期全美游戏协会的成立、亨利·柯蒂斯的指导与实践，以及游戏培训作为课程进入美国学校的情况等进行了全面的分析和解读。①

另外，值得一提的是国内研究者祝贺对美国游戏场运动的研究。在《美国游戏场运动的产生与发展（1880—1920）》一文中，祝贺对19世纪末20世纪初游戏场运动在美国的兴起及发展进程进行了详尽的论述。通过对这一时期美国城市中儿童的生存处境的呈现，以及与之相关的儿童研究理论的分析，祝贺将游戏场运动的发展与变革置于社会教育的框架中，对全美游戏场协会的建立及社会实践，以及在现实中遇到的困境等都做了深入的剖析，同时对游戏场运动的影响做了鞭辟入里的解读。② 这一研究不仅清晰地交代了游戏场运动的来龙去脉，而且为国内学者的进一步研究提供了珍贵的文献史料。

除了对游戏场运动本身的研究之外，还有学者关注20世纪上半叶的儿童闲暇和游戏对美国家庭结构和内部关系的影响③，以及游戏本身的价值，等等。

（三）学校卫生运动相关研究

学校卫生运动作为19世纪末20世纪初的一场教育改革运动，旨在通过改善学校的医疗与卫生服务来促进儿童身心健康发展。与游戏场运动相比，学校卫生运动更是较少得到国内外教育史学界的系统研究。目前已有研究多是在医学、卫生学、心理学等领域探讨儿童医学、儿

---

① See Joe L. Frost, *A History of Children's Play and Play Environment: Toward a Contemporary Child-Saving Movement* (New York: Routledge, 2010).

② 参见祝贺《美国游戏场运动的产生与发展（1880—1920）》，《外国教育研究》2018年第2期。

③ See Lisa Jacobson, "Revitalizing the American Home: Children's Leisure and the Revaluation of Play, 1920-1940," *Journal of Social History* 30, No. 3 (1997): 581-596.

童卫生学、儿童心理学等，较少涉及学校中的医疗与卫生服务。仅有的少数研究也多将教育与医学、卫生学等结合起来进行分析和阐释。

约翰·达菲（John Duffy）对美国进步主义时期的美国学校健康运动进行了一系列的探究。他考察了美国学校的卫生环境、空气质量等，发现学校的卫生设施和通风设备功效极低，校舍内通道狭窄，这些对学龄儿童的健康成长、学业进步、文明习惯的养成十分不利。约翰·达菲认为，进步主义时期的学校卫生运动在某种程度上对这些问题做出了反馈和改进，一些州和地方还颁布了法令，对学校的卫生环境、设施配备及学生疫苗接种等提出具体要求，还有一些州开始提供学校医疗与卫生服务，配备医疗检查员。这些举措在一定程度上防止了传染性疾病在学校的蔓延，改善了美国学校的卫生、医疗和健康检查状况。①

威廉·里斯在《权力与学校改革的承诺：进步主义时代的草根运动》中分析了进步主义时期中处于边缘位置的教育改革活动，其中包括学校卫生运动。在威廉·里斯看来，学校卫生运动是一场由拓展学校卫生责任而引发的一系列包括学校早餐和午餐计划、营养计划、儿童牙齿检查、医疗服务、学校环境和卫生、儿童疫苗接种等在内的，旨在改善穷困儿童卫生和安全环境的教育改革运动。在这场运动中，不同利益、不同目的的城市改革者都参与进来。对草根社会主义者（grassroots socialists）而言，这一系列计划可以改善穷困儿童的生活质量，弥补其在不平等的、颇具竞争性的社会秩序中的劣势，提升其

---

① See John Duffy, "Early Days of the School Health Movement," *Conspectus of History* 1(1981):46-61; John Duffy, "School Buildings and the Health of American School Children in the Nineteenth Century," in *Healing and History: Essays for George Rosen*, ed. Charles E. Rosenberg(New York and London: Science History Publications and Dawson, 1979), pp. 164-165; John Duffy, "School Vaccination: The Precursor to School Medical Inspection," *Journal of the History of Medicine and Allied Sciences* 33, No. 3(1978):344-355.

学业能力。对城市学校的督学、精英学校的董事会，以及一些有权势的个人来讲，学校卫生运动只是一种资本投资，目的在于回应社会对穷人和少数族裔的同情，他们真正感兴趣的是将商业原则用于城市社会机构的改革中（包括学校）。威廉·里斯发现，学校卫生运动旨在争夺稀缺的社会资源，以改善穷人儿童的处境，虽然它拓展了教育的社会职能，但最终由于缺乏资金、权力、人力和公共意愿而走向沉寂。在他看来，与同时期的其他许多改革运动一样，学校卫生运动也卷入了进步主义时期的效率与民主之争的漩涡中。①

大卫·泰亚克（David Tyack）在思考20世纪90年代美国公共学校中的健康与社会服务问题时，对20世纪初的学校卫生与学生健康服务问题进行过分析。他指出，学校中的健康医疗服务最初只是由那些进步的公共医生、牙医等提供的，同一时期妇女俱乐部的慈善家也向学校提供免费早餐、免费午餐、职业培训及游戏场等。这些运动的初衷在于为穷困移民子弟提供健康医疗服务和社会服务，帮助其改善贫困处境的同时，使其融入主流文化中。随着学校卫生运动的发展，这种健康及社会服务逐渐脱离了“以家庭为导向”（family-oriented），而更多地转向了“学校中心”（school centered）。②

除了将学校卫生运动作为整体研究对象之外，还有一些研究专注于对学校卫生运动的各个主题进行研究。如史蒂芬·佩特里纳（Stephen Petrina）对学校教育医疗化（The Medicalization of Education）进程中体育、饮食、学校卫生保健、临床心理学（clinical psychology）、医疗

---

① See William J. Reese, *Power and the Promise of School Reform: Grassroots Movements During the Progressive Era* (Boston: Routledge & Kegan Paul, 1986).

② See David Tyack, "Health and Social Services in Public Schools: Historical Perspectives," *The Future of Children* 2, No. 1 (1992): 19-31.

检查等进入学校的历史进行研究。[1] 亚历山大·斯坦恩（Alexandra M. Stern）等人对1918—1919年美国流行性感冒盛行，许多城市选择关闭学校以避免传染之际，纽约、芝加哥、纽黑文3所城市坚持开放学校，并且在学校中推动健康教育和医疗检查的过程进行研究。[2] 朱莉娅·瓜奈里（Julia Guarneri）对1877—1926年纽约“新鲜空气基金”（Fresh Air Fund）资助贫困儿童离开城市到郊区生活一段时间，以远离城市中的不洁空气和不良道德风气进行研究。[3] 等等。这些研究从某个主题出发去深入探究学校卫生运动，为全面深刻地了解这场运动提供了多元的视角。

在对各个主题进行研究的同时，一些研究者试图对学校卫生运动背后的政治、文化、经济等动因进行分析和解读。如史蒂芬·伍尔沃思（Stephen T. Woolworth）通过对安全卫生运动中西雅图公共学校医疗当局政策和地位的起伏变化进行研究，揭示了学校当局与公共健康官员之间的斗争、公共健康官员与那些反对医疗卫生领域介入学校内部的父母之间的斗争，经过各种博弈、斗争和妥协，最终医疗当局在公立中学稳定发展起来。史蒂芬·伍尔沃思发现，在这场斗争中，通过医疗改革，公共学校其实沦为了公共健康医生（public health

---

① See Stephen Petrina, “The Medicalization of Education: A Historiographic Synthesis,” *History of Education Quarterly* 46, No. 4(2006): 503-531.

② See Alexandra Minna Stern et al., “Better off in School: School Medical Inspection as a Public Health Strategy During the 1918-1919 Influenza Pandemic in the United States,” *Public Health Reports* 125, No. 3(2010): 63-70.

③ See Julia Guarneri, “Changing Strategies for Child Welfare, Enduring Beliefs About Childhood: The Fresh Air Fund, 1877-1926,” *The Journal of the Gilded Age and Progressive Era* 11, No. 1(2012): 27-70.

physicians）寻求和再塑社会秩序的场所。①

除此之外，迈克尔·卡茨在《公共教育作为社会福利》中对公共学校作为社会福利政策代理人，提供社会保障、公共帮扶、社会服务（营养计划、健康计划、早午餐计划、卫生医疗检查）等，最终与科层化体制融为一体的历史进行了研究，试图对当代美国公共学校与社会福利政策的关系提供一些警示和思考。② 詹姆斯·科尔格罗夫（James Colgrove）对进步主义时期不同社会群体关于儿童疫苗接种的不同观点，以及在实践中的博弈和斗争进行研究，借以揭示变革时代福利政策的反对者们的动机、策略，挖掘不同社会群体是如何看待变革时代的科学知识的。③

（四）学校餐食计划相关研究

威廉·里斯在《面包之后，方有教育：营养与城市学校的儿童，1890—1920 年》中从三个层面讨论了 19 世纪末 20 世纪初美国学校餐食计划的发展进程：其一，为穷困人口提供餐食最初始于一些义务志愿团体；其二，餐食营养与学业成就之间的关系的相关理论的研究进展；其三，不同城市中学校餐食计划的本质。在研究中，威廉·里斯对英国和美国的学校餐食计划进行了梳理，针对在这一过程中“政府是否要参与进来”的问题，英美两国有不同的传统，这里面牵涉到政府的权力界限、个人的自由权利、社会的阶层结构等问题。威廉·里斯发现，无论是英国还是美国，免费餐食计划、学校早餐计划、一美分午餐计划的发起者或领导者都是一些中上层人士，但他们并非是政

---

① See Stephen T. Woolworth, "Conflict, Collaboration, and Concession: A Study of the Rise and Fall of Medical Authority in the Seattle Public Schools, 1892-1922" (PhD diss., University of Washington, 2002).

② See Michael B. Katz, "Public Education as Welfare," *Dissent*, No. 3(2010): 52-56.

③ See James Colgrove, "'Science in a Democracy': The Contested Status of Vaccination in the Progressive Era and 1920s," *Isis* 96, No. 2(2005): 167-191.

策的制定者。人们意识到等级制、阶层制的社会秩序事实上使普遍贫困问题根深蒂固，政府的介入将导致穷人父母的怠惰，会在很大程度上剥夺父母对儿童的权利和责任，破坏劳工家庭的自治。但是，并非所有穷人都是懒汉和酒鬼，因而政府的介入一直遭到质疑和反对。①

关于餐食与儿童学业之间的关系，多数人认为二者之间联系紧密，食不果腹是无法保证学业精进的，因而穷人无法在学业上有好的表现。究其原因，有人认为贫穷更多是源于穷人自身的无知和不好的生活习惯，他们在食物的选择、烹饪、营养搭配及餐桌礼仪方面常常表现得无知且怠惰。也有一些人认为，穷人的悲惨命运其实源于不公正的社会秩序。但在促成学校早餐、午餐计划中，人们更多讨论的是阶层观念如何去改变劳工阶层的个人习性，而较少谈到社会结构的不平等问题。在这一过程中，美国试图通过餐食计划使移民美国化。②

在学校餐食计划（school meal programs）的实施中，经过政党之斗，英国最终于1906年通过了《餐食提供法案》（*Provision of Meals Act*），为所有学校儿童（包括非贫困儿童）提供免费膳食，但是在不断出现的政见博弈中，该法案效果极其有限，只有约三分之一的学校执行了免费餐食计划。美国同样如此，由于各州对教育权的控制，联邦几乎无插手之地。反而是妇女俱乐部、地方社团组织和一些商业联盟等在强迫地方市政对学校餐食计划做出回应。即使通过免费餐食计划许多儿童已免于饥饿，关于“良好的营养是与生俱来的权利”的观念也并未在美国学校官员中完全渗透。③

---

① See William J. Reese, "After Bread, Education: Nutrition and Urban School Children, 1890-1920," *Teachers College Record* 81, No. 4(1980): 496-525.

② See William J. Reese, "After Bread, Education: Nutrition and Urban School Children, 1890-1920," *Teachers College Record* 81, No. 4(1980): 503-510.

③ See William J. Reese, "After Bread, Education: Nutrition and Urban School Children, 1890-1920," *Teachers College Record* 81, No. 4(1980): 511-516.

关于餐食计划的实施效果，威廉·里斯发现英美之间有明显不同。在英国有专业的评估发现，餐食计划确实对儿童自身产生了一定的影响，如儿童体重明显增加，身体变得灵活、敏捷等，但在改变劳工阶层儿童的饮食习惯和行为上餐食计划收效甚微。在美国，由于种族差异导致的饮食习惯的差异，全国性的效果评估并不可行，但还是有研究表明，在学校餐食计划的影响下，儿童学业有明显进步。随着时间的推移，两国的学校餐食计划逐渐式微，但是阶层的力量继续影响着两国的福利事业，穷人依旧承受着不平等的医疗环境和学校教育。随着贫富差距的扩大，营养与教育的问题只会加剧。最后，威廉·里斯认为，权利关系其实决定了城市学校儿童的健康和福利，也决定了大众教育的内容和本质。19 世纪末 20 世纪初的学校餐食计划只能暂时缓解而不可能根治工业弊病，社会应该致力于解决低薪资、随意雇佣、周期性失业、糟糕的住房条件等问题，这才是治理之道。①

安德鲁·鲁伊斯（Andrew R. Ruis）的研究有助于了解 20 世纪上半叶美国午餐计划的来龙去脉。在研究中，安德鲁·鲁伊斯先对 19 世纪末至一战期间出现的儿童健康问题（尤其是营养不良）进行了梳理，之后对不同地区、州及联邦政府的不同回应进行了论述，并对三种解决方案——营养教育（nutrition education）、营养诊所（nutrition clinics）、学校餐食计划的利弊依次进行了分析，发现学校餐食计划之所以被最终采纳，是因为它顺应了当时社会强调的普救说（universalism）、平等主义（egalitarianism）及志愿参与（voluntary participation）的潮流，而在当时专业的医疗知识和技能还未成气候。接着，安德鲁·鲁伊斯分别考察了纽约、芝加哥和美国乡村的免费午餐计划，并且对它们之间的差异进行了分析。他发现，纽约的免费午

---

① See William J. Reese, "After Bread, Education: Nutrition and Urban School Children, 1890-1920," *Teachers College Record* 81, No. 4(1980): 518-520.

餐计划主要是由私人慈善组织和女性发起的，该计划在 10 年内为 20% 的城市学校提供了营养午餐，甚至为不同种族和口味的学生制定了不同的餐食单。在试图将午餐计划的管理权交给公共教育委员会以保证稳定的资金支持时，慈善组织遇到了困难，因为教育委员会对午餐计划并不感兴趣。只有当来自公众的压力不断增大时，医疗机构和市议员委员会才开始介入，但冷漠的态度和政治腐败事实上使免费午餐计划几近停滞。直到大萧条时期在联邦和州政府的援助之下，学校午餐计划才又开始发挥作用。

与纽约不同，芝加哥教育委员会从一开始就积极促成了午餐计划的实施并通过与妇女俱乐部的合作将其推广至其他地区。乡村地区的午餐计划则有不同的形态，由于资金、设备、资源等各方面条件的欠缺，乡村地区的午餐计划比城市地区更简陋一些，基本上是用最少的资源做最多的事，比如为学校增置锅具加热食物，防止儿童吃冷饭影响健康。最后，安德鲁·鲁伊斯探讨了联邦政府在新政时期对午餐计划的推进。[①] 总体来看，安德鲁·鲁伊斯的研究为全面了解免费午餐计划奠定了基础，为深入挖掘不同地区的午餐计划提供了珍贵的文献史料。

除了现当代的研究之外，19 世纪末 20 世纪初关于各个城市和地区的餐食计划的第一手研究也是我们了解当时儿童福利政策的依据。如爱玛·斯迈德勒（Emma Smedley）对费城学校午餐计划的研究，爱丽丝·布赫顿（Alice C. Boughton）对克里夫兰德学校午餐计划的研究[②]，

---

① See Andrew R. Ruis,"Eating to Learn,Learning to Eat:School Meals and Nutrition Policy in the United States,1900-1946"(PhD diss. ,University of Wisconsin-Madison,2011).

② See Emma Smedley, *The School Lunch : Its Organization and Management in Philadelphia*(Media,Pa. :Emma Smedley,1920); Alice C. Boughton, *Cleveland Education Survey-Household Arts and School Lunches*(Cleveland. Ohio:The Survey Committee of the Cleveland Foundation,1885).

等等。另外，在关于新政时期全美学校午餐项目（National School Lunch Program）的一些研究中对 19 世纪末 20 世纪初的学校午餐计划也多有提及。①

此外，还有学者研究 19 世纪末 20 世纪初学校废除家庭作业的情况，开展家校合作、对家长进行相应的教育的情况，以及学校中课程的拓展的情况，等等。②

总体来看，在对 19 世纪末 20 世纪初的儿童福利运动进行研究时，已有研究较为一致地将儿童福利运动看作是一场全美范围内的社会运动，这其中包含对公共卫生、社会安置、医疗检查、餐食等各个方面的改革。相较而言，已有研究对教育在儿童福利运动中所发挥的重要作用有待进一步深化。因为事实上许多与儿童福利相关的议题本身就包含教育问题，或是最终落实到教育上。许多改革活动是由教育界人士与社会改革者共同推动的，改革者试图通过相关的教育设施和计划来实现为儿童服务的目的，而且这一时期学校课程的变化与学校功能的拓展本身也体现了促进儿童福利事业发展的要求。

---

① See Shae Daviddon, "Eating Democracy: School Lunches and the Social Vision of the New Deal" (PhD diss., The University of Ohio, 2006); Ardith Maney, *Still Hungry After All These Years: Food Assistance Policy from Kennedy to Reagan* (New York: Greenwood Press, 1989).

② See Brain Gill and Steven Schlossman, "'A Sin Against Childhood': Progressive Education and the Crusade to Abolish Homework, 1897-1941," *American Journal of Education* 105, No. 1(1996): 27-66; Steven L. Schlossman, "Before Home Start: Notes Toward a History of Parent Education in America, 1897-1929," *Harvard Educational Review* 46, No. 3(1976): 436-467; Julia Grant, *Raising Baby by the Book: The Education of American Mothers* (New Heaven: Yale University Press, 1998).

第二节 青少年职业技能教育的相关研究

19 世纪末 20 世纪初，为了加强青少年的职业技能训练，提高青少年有效就业能力，美国先后兴起了职业教育运动和职业指导运动。尽管这两场运动的目的非常具体和有限，但从客观上却产生了广泛和深刻的影响。几十年来，中外学界相继从不同角度和不同方面对美国职业教育运动、职业指导运动开展了相关的研究工作，由此形成了较为丰富的学术积淀。①

一、关于职业教育运动成因的研究

在已有研究中，关于职业教育运动的成因有多种观点。早在职业教育运动方兴未艾之际，职业教育运动的重要代表查尔斯·普罗泽就曾指出，职业教育是一种提高“社会效率”的重要手段，是国家更有效地保障社会财富积累的一个动力源。有组织的职业培训和职业教育不仅可以极大地增加社会的财富，还可以有效地促进“民主”。② 查尔斯·贝内特（Charles A. Bennett）等人认为，这场运动得益于 19 世纪后期几十年间实用教育思想的迅速传播，以及机械艺术指导等在城市高中和小学高年级的开展，而马萨诸塞州工业和技术教育委员会的全国工业教育促进会的成立则推动美国各界在全国范围内形成一股巨大的合力，关注青少年的学业和就业，将二者结合起来，并且将其提升

① 关于职业教育运动较为详尽的学术史梳理，可参见张斌贤、高玲等《迎接工业化的挑战：美国职业教育运动研究》，教育科学出版社，2019。为避免重复，本处不再赘述。

② Charles A. Prosser and Charles A. Allen, *Vocational Education in a Democracy* (New York: Century, 1925), p. 60; Layton S. Hawkins, Charles A. Prosser and John C. Wright, *Development of Vocational Education* (Chicago: American Technological Society, 1951), p. 21.

至国家经济发展、福祉的层面。[①]

霍华德·戈登（H. R. D. Gordon）从职业教育的哲学、历史、立法和结构这四个维度综合性地考察了美国职业教育和技术教育的历史发展，分析职业教育与不同时期劳动力储备的关系。[②] 哈维·坎特在考察20世纪早期职业教育思想的起源中，探讨了人们将职业教育视为经济改革工具的原因。[③] 类似地，贝雷妮丝·费希尔（Berenice M. Fisher）在《工业教育：美国理念与机构》中从文化理念的视角阐述了美国工业教育与社会、经济等的联系。[④] 不过，亦有人揭示职业教育的“控制”目的。克拉伦斯·卡雷尔（Clarence Karier）等人在《危机之源：20世纪美国的职业教育》中指出，职业教育得以进入学校并不是“民主发展的结果，而是由商人和推崇效率的教育家推动的，他们热衷于利用学校来控制工人并促进20世纪初出现的公司社会的稳定”[⑤]。

---

① See Charles A. Bennett, *History of Manual and Industrial Education 1870 to 1917* (Peoria, IL: Manual Arts, 1937) pp. 507-552; E. Fones-Wolf, "The Politics for Vocationalism: Coalitions and Industrial Education in the Progressive Era," *Historian*, No. 1(1983): 39-55; E. Fones-Wolf, "The Politics for Vocationalism: Coalitions and Industrial Education in the Progressive Era," *Historian*, No. 1(1983): 39; Sol Cohen, "The Industrial Education Movement, 1906-17," *American Quarterly*, No. 1(1968): 96.

② See Howard R. D. Gordon, *The History and Growth of Career and Technical Education in America (4th edition)* (Long Grove: Waveland Press, 2014).

③ See Harvey Kantor, "Work, Education, and Vocational Reform: The Ideological Origins of Vocational Education, 1890-1920," *American Journal of Education*, No. 4(1986): 401.

④ See Berenice M. Fisher, *Industrial Education: American Ideals and Institutions* (Madison: Wisconsin University, 1967).

⑤ Clarence Karier, Paul Violas and Joel Spring, *Roots of Crisis: American Education in the Twentieth Century* (Chicago: Rand McNally & Co., 1973).

二、关于职业教育运动与青少年就业的研究

职业教育运动的开展所引发的公共教育变革也得到诸多学者的关注。索尔·科恩曾指出，《十人委员会报告》自以为会在美国教育开启一个新纪元，但实际上它只是送走了一个旧时代，新的秩序是由工业（职业）教育运动开创的。[①] 阿瑟·沃思（Arthur G. Wirth）也指出："对传统经典的文化学校进行改革的最为重大的运动之一，就是职业（工业）教育运动。"[②] 职业教育运动在变革公共学校上的重要地位在众多研究中得到一致认可，主要体现在公共学校教育理念和所承担功能的转变、课程和教学的变革，以及公共教育制度的转型上。职业教育及其带来的美国教育变革的推动力是民主，还是不同利益团体展开的博弈，不同的学者解读大不相同。然而，在职业教育对学校功能、课程、教学等产生重大影响的认识上，学者们却是一致的观点。

（一）职业教育与学校教育理念的变化

哈维·坎特认为，19 世纪末 20 世纪初，把学校看作是青少年就业培训场所的观念促使美国教育发生了一场重大变革。虽然人们对职业教育的目的和开办形式持不同意见，但是在不威胁个人财产和阶级结构的前提下，恢复经济运行秩序的愿望将不同的职业改革者联结到一起，从而使为工作做准备成为美国教育的主要功能。[③]

---

① See Sol Cohen, "The Industrial Education Movement, 1906-17," *American Quarterly*, No. 1(1968):95.

② Arthur G. Wirth, *Education in the Technological Society : The Vocational-Liberal Studies Controversy in the Early Twentieth Century*(New York: Intext Educational Publishers, 1972), p. preface ⅸ.

③ See Harvey Kantor, "Work, Education, and Vocational Reform: The Ideological Origins of Vocational Education, 1890-1920," *American Journal of Education*, No. 4(1986): 401.

美国课程史学家赫伯特·克里巴德（Herbert M. Kliebard）在《学以工作：职业主义与美国课程，1876—1946》中较为细致地追溯了工作培训（job training）在美国公共学校中作为一种教育理念的发展变化。[①] 通过阐释不同年代中不同人物和学校机构对职业教育的形塑，赫伯特·克里巴德突出刻画了一组相对的教育观：学校教育是为了传播知识还是为了准备工作？他总结认为，学校教育是受社会对劳动力的需求变化影响的，如工业革命、工会发展、大萧条、女性劳动力等因素都在重新定义何种知识最有价值。从“职业伦理”转向“使青少年适应未来职业”，再到国家视角的社会效率，都反映出职业教育的变化。

索尔·科恩也发现，职业教育进入校园对传统教育观念产生了重大影响。他指出，《史密斯-休斯法》的通过标志着职业教育运动的结束，使得美国学校制度具有更多的选择性和弹性，同时该法也产生了学术性教育不适合大多数孩子的观念。[②]

张斌贤等学者通过对本时期美国学校变革的研究，认为“在工业教育运动的推动下，美国学校完成了从追求道德目标的机构向追求经济目标的历史性转变，工商业界成功地将自身的价值深深地嵌入学校教育中，塑造了当代美国公共学校的面貌，造就了当代美国公共教育的基本气质”[③]。

此外，也有一些研究将此时公共学校变革中出现职业教育元素部分归因为对“新移民”的美国化上。如埃尔伍德·克伯莱认为，这一

---

① See Herbert M. Kliebard, *Schooled to Work: Vocationalism and the American Curriculum, 1876-1946* (New York: Teachers College Press, 1999).

② See Sol Cohen, "The Industrial Education Movement, 1906-17," *American Quarterly*, No. 1, (1968): 110.

③ 张斌贤、高玲、李曙光：《利益博弈与学校变革：1906—1917 美国工业教育运动》，《清华大学教育研究》2014 年第 2 期。

方面是为了应对工业化、城市化及贸易竞争的需求，职业教育不仅可以增强国力还可以提升工人素质，因此开始高度关注为美国的工人提供中等教育层次的职业教育问题；另一方面是因为学校作为同化、融合的重要机构，有利于形成一个道德共同体，促进形成一个伟大的国家。①

劳伦斯·克雷明则将教育纳入职业的元素视为当时进步教育的一部分。他认为，把学校功能拓展到健康、职业、家庭和社区生活质量，教学原则运用心理学和社会学的最新研究成果，以及针对不同类型、阶级的孩子进行的因材施教等都是进步教育所蕴含的。②

职业教育的发展逐渐使得职业主义（vocationalism）成为公共教育领域不可忽视的力量。马尔温·马泽尔松（Marvin Lazerson）等人认为："1900—1917 年，教育中的职业主义成为职业教育运动首要关心的问题……随着 1917 年职业主义的变化，大部分发生的事都可以理解为对早期工作实践的再加工或巩固。"③ 马尔温·马泽尔松等人在"教育福音与美国教育中职业主义的角色"中认为，美国教育的职业化制度始于 19 世纪末高中内部的变化和大学层次专业学校的发展，并且在 20 世纪快速发展。20 世纪是一个职业主义的世纪，一个专业化的世纪（the century of professionalization），或在经济学家看来是一个人力资本的世纪（the century of human capital）。美国学校教育的目的、课程、意义等概念发生了重大变化，而这些变化的一个共同元素就是职业主义。职业主义是一种以准备岗位性角色为主导目的的教育制度，

---

① 参见埃尔伍德·帕特森·克伯莱《美国公共教育：关于美国教育史的研究和阐释》，陈露茜译，安徽教育出版社，2012，第 331—332、401 页。

② See Lawrence A. Cremin, *The Transformation of the School : Progressivism in American Education , 1876-1957* (New York: Alfred A. Knopf, 1962), pp. preface viii-ix.

③ Marvin Lazerson and W. Norton Grubb (eds.), *American Education and Vocationalism : A Documentary History , 1870-1970* (New York: Teachers College Press, 1974), p. 2.

职业主义与传统的职业教育不同，是为职业做准备——一种作为职业生涯（careers）或使命的岗位（callings），而非仅仅工作岗位（jobs），一种实现个人意义，获得经济收益、个体持续发展和社会地位的雇佣。[①] 保罗·瑞安（Paul Ryan）也在《评估职业主义》一文中指出："过去一个世纪（20世纪）是'职业主义的世纪'，是一个以学校为基础的教育扩张和职业主义化的时代。"[②]

（二）职业教育与公共学校就业培训的功能

由于职业教育运动的推动，从19世纪后期开始，美国的公共学校逐渐承担起职业教育和自由教育的双重任务。[③] 职业教育进入学校并且拓展了学校的功能，使其成为培养就业人才的一个重要场所。哈维·坎特在《学会谋生：加利福尼亚的学校、工作与职业改革》中指出，职业教育从未给工业岗位成功培训过合格的工人，只是"成功地使就业准备成为美国中学的主要功能"[④]。他还进一步指出："为工作做准备成为重大教育的标准原则，因而植入教育改革是解决国家经济问题的重要方案。"[⑤]

乔尔·斯普林的《美国学校：教育传统与变革》也在一些方面赞同了哈维·坎特的观点。他在对学校与劳动力市场的专门研究中指出，职业教育和职业指导大行其道。教育为经济和社会服务的观点，彻底

---

① See W. Norton Grubb and Marvin Lazerson,"The Education Gospel and the Role of Vocationalism in American Education,"*American Journal of Education*, No. 3(2005):300.

② Paul Ryan, "Evaluating Vocationalism," *European Journal of Education*, No. 2 (2003):147-162.

③ See David Snedden, *The Problem of Vocational Education* (Boston: Houghton Mifflin, 1910), pp. 13-18.

④ Harvey Kantor, *Learning to Earn: School, Work, and Vocational Reform in California, 1880-1930* (Madison: University of Wisconsin Press, 1988), p. preface Ⅳ.

⑤ Harvey Kantor, *Learning to Earn: School, Work, and Vocational Reform in California, 1880-1930* (Madison: University of Wisconsin Press, 1988), p. 168.

改变了现代高中的发展方向。19 世纪末，中学不仅要满足进入高校深造的学生需求，还要满足就业学生的需求。20 世纪的教育最重要的一项目标，就是使学校成为人力资本开发的场所。职业教育、职业指导和初中是综合中学发展中至关重要的因素，也是开发人力资本教育系统的核心环节。在公共学校中开展职业教育，开展特定的职业培训，标志着学校教育使命的重大变革。职业教育使人力资本培训和发展成为教育系统的重要组成部分，职业指导是学校适应学生需求，以及课程适应劳动力市场需求的机制。①

（三）职业教育与公共学校职业课程的引入

史学家们注意到职业教育运动为美国带来了“职业主义”理念的传播，进而导致课程应以经济价值和优先权为导向。这在许多教育家、课程史学家的研究中得到了呼应。

赫伯特·克里巴德的《学以工作：职业主义与美国课程，1876—1946》对威斯康星州的密尔沃基公共学校中的青少年职业理念的发展进行了深入探究，反映出校内外不同利益团体博弈中的课程变化。乔尔·斯普林在《美国学校：教育传统与变革》中指出，19 世纪末，高中开始设置各种能满足学生未来不同职业期望的课程：为进入高校深造的学生设置特殊的高校预备课程，为毕业后就业的学生开设更为综合的课程。此外，很多高中也开始进行专门的职业教育。

黛安娜·拉维奇（Diane Ravich）在《回顾学校改革失败的百年》中指出，19 世纪末 20 世纪初，美国教育有两种路径，其中之一就是十人委员会确定下来的学术性课程，它使所有的高中生学习历史、文学、科学、数学、语言和艺术等科目；而另一条路径就是根据学生未来职业的可能性开展差异化课程——向大部分学生开设实践性课程，向小

① 参见乔尔·斯普林《美国学校：教育传统与变革》，史静寰等译，人民教育出版社，2010，第 323—342 页。

部分学生开设学术性课程。19 世纪末 20 世纪初，“新教育”指的是手工训练、工业教育、职业教育、商业课程、家政学、农业课程及其他职业性课程。[①]

职业教育在全国范围内的开展，以及其带来的隐形后果——课程的差异化及学生分类，也受到学者的关注。1922 年，乔治·康茨通过调查 4 个城市的中学生的父母职业发现，专业人员子女比工人子女选择读中学的多；工人子女倾向于选择职业性课程，专业人员的子女则倾向于选择准备上大学的学术型课程。[②] 一项关于波士顿学校职业教育发展状况的调查也反映出，20 世纪早期职业教育家所主张的一所民主的学校必须为学生提供适合他们能力和需要的学习机会是一种预定论。工人的子女被送到学习劳动课程的班级里，机会均等反而成为根据儿童社会背景进行分类并对其进行相应的职业培训的理由。

三、关于职业指导运动的研究

（一）关于职业指导的总体研究

由于职业指导和职业教育的紧密关系，诸多学者将职业指导与职业教育联系在一起，将二者视为美国教育中的新元素，共同推动了美国学校的变革。[③] 对于二者的关系，威廉·雷德菲尔德指出，职业教育和职业指导和而不同，职业指导指引男孩子进入职业教育并且获得成功，是通向职业教育道路的指路灯。开展职业指导是为了更好地推动

---

① See Diane Ravitch, *Left Back: A Century of Failed School Reforms* (New York: Simon & Schuster, 2000), p. 51.

② See George S. Counts, *The Selective Character of American Secondary Education* (Chicago: The University of Chicago, 1922), pp. 26-27, 56-57.

③ 参见乔尔·斯普林《美国学校：教育传统与变革》，史静寰等译，人民教育出版社，2010。

工业（职业）教育发展。①

在对职业指导的专门研究中，约翰·布鲁尔（John M. Brewer）在《职业指导的历史：缘起与早期发展》中较为详细地阐释了职业指导的出现与发展史，并且指出职业指导无论是对个体还是社会，都是20世纪以来最为重要的教育运动之一，并且随着时间的推移逐渐占据更为重要的地位。职业指导不仅关涉到学校教育的方方面面，还关乎劳工、社会生活、政治和家庭事务，并且对教育管理和学校课程、教学方法、教育目的等都产生了重大影响。② 该研究中的诸多观点在其他研究者的职业指导阐释中得到了响应。③

阿瑟·沃思曾先后在《技术社会中的教育》和《工厂和学校中的生产性工作》中认为职业指导蕴含民主和社会效率两种理念。他指出，芝加哥学校把民主哲学带到职业指导的讨论中。同时他也提出，教育的功能是帮助经济尽量高效运转，学校被设计成个体为工作准备的场所，职业指导被当作根据每个人工作能力的不同进行分类的一种途

① See William C. Redfield, "What Vocational Education and Vocational Guidance Mean to the Future of the Country" (National Society for the Promotion of the Industrial Education, Bulletin No. 18: Proceedings of Seventh Annual Meeting, Grand Rapids, Michigan, October 23-25, 1913), pp. 94-95.

② See John M. Brewer, *History of Vocational Guidance: Origins and Early Development* (New York: Harper & Brothers, 1942).

③ See William Richard Stephens, *Social Reform and the Origins of Vocational Guidance; Historical Account of the Social and Intellectual Forces That Produced and Shaped the Guidance Idea in American Education Between 1890 and 1925* (Washington, D. C.: National Vocational Guidance Association, 1970); Harvey Kantor, "Choosing a Vocation: The Origins and Transformation of Vocational Guidance in California, 1910-1930," *History of Education Quarterly* 26, No. 3 (1986): 351-375.

径。[①] 虽然不同研究者对职业指导所蕴含的理念和价值判断上的观点不同，但大都认可职业指导对青少年就业问题的应对和所做的努力，以及对学校变革的影响。

（二）职业指导与青少年就业研究

学者们认识到，这一时期美国各界都相信职业选择对个体和社会发展的重要性，因此，职业指导从出现起便定位为帮助青少年认识并且充分利用自己的能力和机会，选择更适合自己的工作。[②] 社会各界经济上关注的是提供更好的劳动力，教育上关注的是在学校尽力地帮助学生做好工作准备。“职业指导之父”弗兰克·帕森斯在《选择职业》中明确地强调了职业选择的重要性，职业指导是职业选择的科学途径。[③] 查尔斯·普罗泽也指出，为儿童开展有效的职业指导或培训，并且结合职业教育促进“有效雇佣”，可以避免工作效率低、工资低、工作不稳定、材料浪费和产出低等问题。[④] 这种观点成为学界后来对职业指导研究的共识和评价职业指导的标准。

迈耶·布卢姆菲尔德在《青年、学校和职业》中更为详细地阐释了职业指导的范围，以及纽约州等地在具体的工作雇佣调查上做出的努力和快速的发展状况，以切实帮助学生选择工作。[⑤] 哈维·坎特对加

---

① See Arthur G. Wirth, *Education in the Technological Society* (Lanham, MD: University Press of America, 1980), p. 114; Arthur G. Wirth, *Productive Work in Industry and Schools* (Lanham, MD: University Press of America, 1983), pp. 73-74.

② See Meyer Bloomfield (ed.), *Readings in Vocational Guidance* (Boston: Ginn and Company, 1915); Meyer Bloomfield, *Vocational Guidance of Youth* (Boston: Houghton Mifflin Company, 1911).

③ See Frank Parsons, *Choosing a Vocation* (Boston: Houghton Mifflin Company, 1909).

④ See Charles A. Prosser, "Practical Arts and Vocational Guidance," *Manual Training Magazine*, No. 3 (1913): 209-222.

⑤ See Meyer Bloomfield, *Youth, School, and Vocation* (Boston: Houghton Mifflin Company, 1915).

利福尼亚州的职业指导发展进行了案例研究，阐释了加利福尼亚州各界在沟通学校和工业发展、推动青少年就业方面所做的努力，并且使职业指导成为全州中学的一个基本元素。① 约翰·布鲁尔等人也通过研究揭示了职业指导在联结学校和职业上的努力和重要作用。② 当然，也不乏有研究者批判指出职业指导在预测学生能力上使用的错误的方式方法，以及夸张地宣称其心理学意义。③

通过对现有研究的梳理可以发现，中美学者对职业教育运动和职业指导运动的研究主题广泛，研究成果较为丰硕，研究视角也较为多元，为进一步拓展和深入对这两个运动的研究，奠定了坚实的基础。但从另一方面来看，正如许多研究领域一样，关于 1890—1920 年职业教育和职业指导的研究依然存在着需要进一步努力的空间。

第一，学界虽然对职业教育思想家、职业教育立法、职业教育制度等方面开展了诸多研究，但研究者通常将其局限在美国职业教育史或教育史领域，忽视了职业教育和职业指导作为一种能动力量在提高辍学青少年的职业技能和提高就业水平、稳定社会秩序、促进经济发展中的重要作用。

第二，职业教育、学校、就业与经济发展之间的关系虽然受到关注，但研究者往往侧重从宏观的视角进行把握，而较少从微观的角度去关注学校、社团等机构是如何开展青少年职业教育培训和职业指导，并且取得怎样实际的成效。

---

① See Harvey Kantor,"Choosing a Vocation:The Origins and Transformation of Vocational Guidance in California,1910-1930,"*History of Education Quarterly*,No. 3(1986):351-375.

② See John M. Brewer,"Vocational Guidance in School and Occupation,"*The Annals of the American Academy of Political and Social Science* 67,(Sept. 1916):54-63;Philander P. Claxton,"Part-Time Secondary Schooling and Vocational Guidance"(Proceedings of the National Vocational Guidance Association being the fourth National Conference on Vocational Guidance held at Richmond,Virginia,Dec. 7-9,1914),pp. 44-48.

③ See B. B. Breese,"Vocational Guidance,"*Unpopular Review*,No. 5(1915):343-357.

第三节　教育与女性权利的维护相关研究

进步主义时期，美国女性走出“维多利亚时代”的家庭领域，进入职场，进入学校，参加社会改革运动。当女性登上历史的舞台时，人们开始注意到女性，关注女性的各方面的遭遇，社会各界努力提高女性的各方面的权利。进步主义时期是美国妇女史上特别重要的时期，国内外学者从不同角度和不同方面对美国女性开展了相关的研究工作，形成了较为丰富的学术积淀。

一、关于 19 世纪末 20 世纪初美国女性的整体状况的研究

关于美国女性整体状况的研究在学术史中比较丰富。很多学者在介绍美国女性的历史及各方面的发展状况时，都会介绍进步主义时期女性的生活状况。美国学者洛伊斯·班纳（Lois Banner）在其出版的著作《现代美国妇女》中，介绍美国妇女的历史时，用了三个章节介绍 19 世纪末 20 世纪初美国女性的就业状况、教育机会、努力与斗争，以及参政运动变化，并且简单分析了变化的原因。[①]《纽约时报》的社评编辑盖尔·柯林斯（Gail Collins）的著作《美国女人：玩偶　苦力　内助　英雄》从美国普通妇女和巾帼精英的大量史料中，选取最富吸引力的人物，描绘出美国女性的生活历程、婚嫁观念、两性关系和工作日的。书中用了两个章节的内容介绍进步主义时期女性的生活状况及女性参与社会改革的状况，比如女性为了争取选举权的斗争，美国女性参与的禁酒运动。[②] 萨拉·埃文斯（Sara M. Evans）的《为自由而

① 参见洛伊斯·班纳《现代美国妇女》，侯文蕙译，东方出版社，1987，第 1—3 页。

② 参见盖尔·柯林斯《美国女人：玩偶　苦力　内助　英雄》，暴永宁、何开松、刘智宏译，东方出版社，2003，第 1 页

生》一书在介绍美国妇女的历史中用一个章节介绍 1890—1920 年妇女生活状况的变化、女性参与的各种社会改革，以及女性的参政运动。① 国内也有很多关于美国女性的整体研究，大部分是关于美国女性通史类的著作，但一般用一个至两个章节介绍进步主义时期美国女性的状况。例如王恩铭的《20 世纪美国妇女研究》中用了一个章节介绍 19 世纪末 20 世纪初的美国妇女状况，介绍这个时期妇女的地位、受教育状况及就业机会，并且介绍中产阶级妇女、劳动妇女、移民妇女和农村妇女不同的生活状况。② 张友伦、肖军、张聪著的《美国社会的悖论》中用一个章节来介绍 20 世纪初妇女的选举权，在介绍妇女选举权时，也简单论述了进步主义时期女性的教育状况、就业状况及一些妇女运动。③ 周莉萍的《美国妇女与妇女运动（1920—1939）》一书用两章的内容介绍 1920 年美国妇女的就业状况、婚姻家庭生活的特点，以及美国妇女劳工运动和女权主义运动。④

国内外有些学者对美国女性争取选举权运动比较感兴趣，并且进行了相关研究。埃利诺·弗莱克斯（Eleanor Flexner）于 1959 年出版了专著《世纪之争：美国妇女权利运动》（*Century of Struggle: The Woman's Rights Movement in the United States*）。该书虽然名为美国妇女权利运动，实则重点讨论妇女争取选举权的运动，从殖民地时期一直写到 1920 年宪法第十九条修正案的通过，这是一本关于妇女选举权运动的通史之作。⑤ 我国也有一些学者对 19 世纪末 20 世纪初美国女性

① 参见萨拉·埃文斯《为自由而生》，杨俊峰译，辽宁人民出版社，2009，第 161 页。

② 参见王恩铭《20 世纪美国妇女研究》，上海外语教育出版社，2002，第 44—65 页。

③ 参见张友伦、肖军、张聪《美国社会的悖论》，中国社会科学出版社，1999，第 335—365 页。

④ 参见周莉萍《美国妇女与妇女运动（1920—1939）》，中国社会科学出版社，2009，第 34—68 页。

⑤ See Eleanor Flexner, *Century of Struggle: The Woman's Rights Movement in the United States* (Harvard University Press, 1959), pp. introduction xx-xxi.

争取选举权运动感兴趣，王政的《女性的崛起——当代美国的女权运动》一书在《当代女权运动社会背景》章节中介绍了19世纪末20世纪初女权运动的具体状况。[①] 值得一提的是，国内有些学位论文也从不同方面关注19世纪末20世纪初美国女性的选举权问题。广西师范大学的张华的硕士论文《论美国妇女选举权运动》在第四章、第五章中介绍了进步主义时期的妇女在争取选举权方面的斗争以及取得的结果。[②] 华东政法大学的王姝苏的《美国宪法第十九条修正案的历史考察及评析》一文比较详细地介绍了全国妇女选举权协会、美国妇女选举权协会，以及两大组织合并后的全美妇女选举权协会通过努力使宪法第十九条修正案通过批准的历程。[③]

由于进步主义时期女性就业人口的增加，美国历史上形成了第一次女性就业高潮。[④] 有些学者对这个时期美国妇女的就业状况比较感兴趣。罗伯特·斯马特（Robert W. Smut）的《美国的女性与工作》（*Women and Work in American*）对1890年以来的女性劳动力的趋势进行了研究，认为女性的就业与过去有许多不同。[⑤] 研究者认为最大的不同并不是就业种类的增加，而是就业中的女性年龄和婚姻状况的改变。研究发现，与1890年之前相比，大部分就业女性已婚，并且超过35岁。女性参与就业的意义也与过去不同，女性参与工作不再被污名

---

① 参见王政《女性的崛起——当代美国的女权运动》，北京当代中国出版社，1995，第3页。

② 参见张华《论美国妇女选举权运动》，硕士学位论文，广西师范大学，2004，第1页。

③ 参见王姝苏《美国宪法第十九条修正案的历史考察及评析》，硕士学位论文，华东政法大学，2009，第18—38页。

④ 参见杨静《社会转型时期美国女性就业特征与影响（1890—1920）》，《史学集刊》2012年第4期。

⑤ See Robert W. Smut, *Women and Work in American* (New York: Columbia University Press, 1959), p. 11.

化，即使在那些收入很高的家庭中。南希·沃洛赫（Nancy Woloch）的《女性与美国经历》（*Women and the American Experience*）中，南希·沃洛赫讲述了不同女性的就业经历，南希·沃洛赫比较关注19世纪末20世纪初进入新型领域就业的女性。[①] 艾利斯·罗特拉（Elyce J. Rotella）的《从家到办公室：1870—1930年美国在职女性》（*From Home to Office :U. S. Women at Work ,1870-1930*）中描述了20世纪最显著的劳动力变化的两个趋势，即妇女参与率的上升，以及她们的有限的职业范围增加。这种变化趋势在办公室文员职业中尤其明显，办公室文员职业相对其他职业来说，招聘了更多的女性。艾利斯·罗特拉的这本书对1870—1930年美国女性工作模式的变化进行了系统的、基于统计的分析。这本书区别于其他妇女史书的贡献在于它独特的研究方法。[②] 艾利斯·罗特拉介绍了美国现代女性劳动力市场形成的“新经济史”，使用计量经济学技术来检验女性劳动力供求的经济理论。国外关于进步主义时期女性就业的文献比较丰富，但国内关于进步主义时期美国女性就业状况的文献非常少。

二、关于19世纪末20世纪初美国女性高等教育的研究

在美国，女性进入高等学校接受教育是20世纪教育的伟大里程碑之一。很多学者从不同的角度对美国女性接受高等教育情况进行研究，有的学者主要研究美国女性高等教育的历程，有的学者专注于研究进步主义时期女性的高等教育。

1929年，托马斯·伍迪（Thomas Wood）著有两卷本的《美国女

---

① See Nancy Woloch, *Women and the American Experience* (New York: Alfred A. Knopf, 1984), p. 23.

② See Elyce J. Rotella, *From Home to Office :U. S. Women at Work ,1870-1930* (Ann Arbor: UMI Research Press, 1981), p. 36.

子教育史》(*A History of Women's Education*),这是介绍美国女性教育的通史类著作。[①] 托马斯·伍迪向我们展示了美国女性在接受教育方面所取得的进步,这种进步受当时社会经济条件的影响。托马斯·伍迪叙述了女性在争取经济和职业机会、财产权和选举权方面的努力,并且显示了这些方面的变化是如何影响她们受教育的状况。在《美国女子教育史》的第二卷中,托马斯·伍迪主要介绍了进步主义时期女性的职业教育、大学、男女合校、附属于大学的女子分院及研究生教育。

梅布尔·纽科曼(Mabel Newcomer)的《美国女子高等教育的百年历程》(*A Century of Higher Education for American Women*)介绍了对女性高等教育产生重要影响的一些高等院校,例如以瓦萨为代表的女子学院、男女合校,同时介绍了附属于传统大学的女子分院的女性接受高等教育的状况。这本书的价值在于,它提供了一个极好的视角,展示了美国女性选择学习的内容与方向,她们在学校中的表现,以及大学女性对社会做出的特别贡献。著作详细地论述了女子学院的培养目标及当时女大学生的学习动机,并且将女子学院和男女合校的课程、学生活动及学生的学习动机进行对比。[②]

芭芭拉·所罗门所著的《与知识女性在一起——美国女子高等教育史》,是一本主要研究女性在高等教育领域取得的成就的著作。该书关注的问题主要有四个方面:女性争取入学权的斗争,美国女性在大学的经历,大学对研究生生活的影响,高等教育与女权主义的关系。[③]

---

① See Thomas Wood, *A History of Women's Education* (New York: The Science Press, 1989), p. 10.

② See Mabel Newcomer, *A Century of Higher Education for American Women* (New York: Harper & Brother, 1959), p. 25.

③ See Barbara Miller Solomon, *In the Company of Educated Women: A History of Women in Higher Education* (New Haven: Yale University Press, 1985), pp. introduction xviii-xxi.

芭芭拉·所罗门认为，虽然接受高等教育不一定是女性主义的要求，但大多数大学女性确实经历了知识上的觉醒，并且获得了作为“受教育女性”的新身份。芭芭拉·所罗门把1880—1920年在美国受过教育的女大学生分为了三代：第一代女大学生（1880—1890年的女大学生），也被称为“先锋”一代，她们寻求知识，但仍然按照传统的女性概念来定义自己；第二代女大学生（1890—1910年的女大学生），在大众心目中，她们是没有任何威胁的“吉布森”女孩；第三代女大学生（1910—1920年的女大学生），她们被称为现代女性，致力于各种改革运动。该著作的最大优点是它不断地将妇女的教育经历与分析其在社会中的作用结合起来，认为女性接受教育的历史是她们在大学遇到的机会与障碍之间博弈的历史。

林恩·戈登（Lynn D. Gordon）的《进步时代的性别与高等教育》（*Gender and Higher Education in the Progressive Era*），主要探索美国第二代女大学生的经历，她支持将女子大学文化与进步主义时期的社会运动联系起来。林恩·戈登仔细研究了两所男女合校的学校——加州大学伯克利分校（1870年录取女性）和芝加哥大学（1892年录取女性），同时也研究了包括瓦萨学院在内的三所女子学院。她发现，与大学的地理位置相比，男性在校园中的存在与否对女性高等教育的影响更为深远。林恩·戈登运用各种文献资料，包括学生和校友的来信、教师论文、大学报纸和文学杂志等，生动地描绘了女大学生的校园生活图景。① 林恩·戈登认为，进步主义时期的女大学生试图脱颖而出，通过出色的表现，完成高标准的学业要求。但不同于美国第一代女大学生，进步主义时期的大学生希望通过结婚、生子，把所学的知识融入家庭中。由于林恩·戈登的这本著作主要介绍进步主义时期的女大

---

① See Lynn D. Gordon, *Gender and Higher Education in the Progressive Era* (New Haven: Yale University Press, 1990), p. 18.

学生，所以非常有助于读者了解这个时代美国女性在大学校园的生活及学习状况。

国内有关美国女子高等教育研究的文章，多集中在期刊文章和学位论文中。有的研究主要介绍美国女性高等教育发展的历程，代表性的文章包括金莉的《十九世纪美国女性高等教育的发展轨迹及性别定位》。该文通过较长的篇幅介绍了美国女子高等教育的大规模发展，指出美国女子高等教育在发展之初进程十分缓慢，一直受到社会上各种传统势力的攻击与阻挠，但在 19 世纪的后半叶，高等教育开始为女性开辟发展自己、通向社会各个领域的道路。《十九世纪美国女性高等教育的发展情况》探讨了美国女子高等教育主要的三种办学模式：女子学院、男女合校的办学模式及男女分院制大学。[①] 关于美国女性高等教育的研究，国内也有一些博士和硕士学位论文。2007 年华东师范大学的高惠荣的博士论文《美国女子高等教育史研究》，对美国女子高等教育发展历程进行了阐述。论文共包括五章：第一章从宏观层面对美国女子高等教育的历史发展脉络进行勾勒和概括，第二章主要探讨男女合校制教育与美国女子高等教育发展的关系，第三章主要研究大学自由教育现代化与美国女子高等教育发展的互动，第四章主要论述黑人和原住妇女与美国女子高等教育的关系，第五章主要探求女性主义与美国女子高等教育发展的联系。[②] 河北大学的丁坤从女性主义视角介绍了美国女子高等教育的早期发展。丁坤把美国女子高等教育分为四个阶段：美国女子高等教育的肇始与形成（1837—1929），美国女子高等教育的衰退与沉寂（1929—1963），美国女子高等教育的恢复与调整

---

① 参见金莉《十九世纪美国女性高等教育的发展轨迹及性别定位》，《美国研究》1999 年第 4 期。

② 参见高惠荣《美国女子高等教育史研究》，博士学位论文，华东师范大学，2007，第 5 页。

（1963—1980），美国女子高等教育的快速发展时期（1980—2000）。①山东师范大学的李莹于2016年对美国女子高等教育的早期发展进行研究，论述了美国女子高等教育发展的社会背景、美国女子高等教育的机构类型，分析总结了早期美国女子高等教育的特点及其历史贡献。②河北大学的李捷主要研究了美国进步主义时期的女子高等教育，其论文介绍了进步主义时期女子高等教育的三种类型，进步主义时期影响女子高等教育的主要因素，以及对进步主义时期女性高等教育的评价。③

三、关于19世纪末20世纪初美国女性职业教育的研究

19世纪末20世纪初，越来越多的女性走出家庭，走进就业领域，但大部分女性都是半熟练工。为了提高女性的待遇，同时也是工业化社会的需求，19世纪末20世纪初，社会中出现了很多职业教育学校，其专门为女性提供职业教育类课程。很多学者非常关注19世纪末20世纪初职业教育的研究，但忽略了这个时期女性职业教育的状况。关于19世纪末20世纪初美国女性职业教育的研究在国内非常少，国外关于19世纪末20世纪初美国女性职业教育的研究相对来说比较丰富。

1929年，托马斯·伍迪在《美国女子教育史》第二卷中，专门列出一章介绍进步主义时期美国女性在各种类型的职业教育中的学习

① 参见丁坤《美国女子高等教育史：1837—2000——女性主义视角》，博士学位论文，河北大学，2016，第ⅳ-ⅴ页。

② 参见李莹《美国女子高等教育的早期发展》，硕士学位论文，山东师范大学，2016，第3页。

③ 参见李捷《美国进步时代的女子高等教育》，硕士学位论文，河北大学，2001，第2页。

情况。[①]

简·鲍尔斯（Jane Bernard Powers）的《教育中的“女孩问题”：进步时代的青年女性职业教育》（*The "Girl Question" in Education : Vocational Educatin for Young Women in the Progressive Ear*）这本著作提供了一个被忽视的研究领域：进步主义时期女性的职业教育状况。这本书研究了美国女性职业教育并且阐述了女性职业教育背后的社会需求。[②] 简·鲍尔斯的书中主要涉及的职业教育包括家政学、工业贸易教育及商业教育。鲍尔斯指出，在美国，工业贸易教育、家政教育和商业教育是妇女职业教育的不同类型。简·鲍尔斯收集了大量的历史材料，展示了这三种职业教育是如何被推广的，以及每一种职业教育是如何在学校中实施的。

在约翰·鲁里（John L. Rury）的《教育与女性就业：1870—1930年美国城市女性教育与劳动分工》（*Education and Women's Work : Female Schooling and the Division of Labor in Urban America , 1870-1930*）一书中，约翰·鲁里提供了进步主义时期美国女性教育和就业的历史。[③] 约翰·鲁里认为，职业教育的兴起与就业市场的需求直接相关。他详细介绍了职业主义的兴起，并且展示了如何设计课程以满足女性及就业市场的需求，例如创建家政学的目的是确保女性能够学习有关职业或未来进入母亲角色所必需的家庭技能。类似地，他对商业和商业课程的讨论也使读者清楚地了解到学校与劳动力市场之间的

---

① See Thomas Wood, *A History of Women's Education* (New York: The Science Press, 1989), p. 52.

② See Jane Bernard Powers, *The "Girl Question" in Education : Vocational Education for Young Women in the Progressive Era* (Bristol: The Falmer Press, 1992), p. 11.

③ See John L. Rury, *Education and Women's Work : Female Schooling and the Division of Labor in Urban America , 1870-1930* (Albany: State University of New York Press, 1991), p. 12.

联系。

进步主义时期有些女性组织，非常关注女性的商业教育情况及工业贸易教育情况。妇女教育工业联盟在 1914 年出版了《公立学校和办公室女性》，这本书详细地介绍了在办公室工作的女性所需要的特定职业知识，并且对女性参与商业培训的情况进行了仔细的研究。[①] 妇女教育工业联盟发现，美国有超过 50 万的女性在办公室工作，无论是就业前景还是工作环境，办公室工作都是女性最喜欢的工作，但无论是私立商业学校还是公立高中都缺乏商业教育培训的课程。同时，妇女教育工业联盟发现，教育决定了女性从事的工作类型以及初始工资，所以妇女教育工业联盟敦促学校提供商业教育的初步培训，并且将高中的普通课程与特殊职业培训紧密联系起来。

在女性职业教育中，还有学者比较关注家政学。1928 年伊莎贝尔·比薇尔在其著作《家政教育》中全面介绍了进步主义时期的教育思想和当时女性受教育的情况，并且详细地阐述了家政学学科在美国各地的发展情况。

通过上述分析来看，关于美国女性问题的研究资料比较丰富。不同领域的研究者试图从各自领域入手研究女性问题的不同方面。有的研究者关注美国女性的历史，有的研究者关注与女性相关的某一个主题，比如选举权或是进步主义时期女性的就业情况，有的研究者比较关注女性的教育问题，对教育问题的关注主要集中在女性的高等教育和职业教育方面。这些文献为我们研究教育与女性权利提供了丰富的资料，但我们发现仍然有不少可以开拓的空间，主要体现在四个方面：其一，从已有文献来看，虽然关于美国女性问题的研究资料比较丰富，但对于进步主义时期女性的研究相对来说还是有些不足；其二，国内

① See Women's Educational and Industrial Union, *The Public Schools and Women in Office Service* (New Boston: Women's Educational and Industrial Union, 1914), p. 4.

关于进步主义时期女性职业教育的文献较少，大部分资料都集中在国外；其三，以往的研究主要侧重介绍进步主义时期女性参与的各种社会改革运动，而在社会各界为提高女性政治、经济、教育权利所做出的努力方面介绍得比较少；其四，很多研究在介绍进步主义时期女性的整体状况时，对教育的涉及，更多的是教育被动地适应时代的要求而做出的反应，或者是就女性教育的某个领域进行研究，鲜有研究从教育解决社会问题的整体视角出发，探讨女性教育的发展对其提高政治权利、解决就业问题的影响。

第四节 教育与贫民安置的相关研究

在19世纪末20世纪初的美国城市化进程中，美国处于社会转折时期，随着美国社会的变革，贫民问题成为一个突出的社会问题，它引起了政府、立法机构、福利机构、慈善机构、学校等社会各界的关注。本节的学术史梳理，从整体上把握美国贫困问题的相关研究，主要从社会因素角度追溯美国贫困的研究动态，重点梳理贫民教育安置的相关研究成果。

以“美国贫民”与“贫民安置”为关键词，在CNKI上检索发现，目前国内主要是从城市社会学、城市历史、城市经济等角度，研究19世纪末20世纪初美国贫民的文化、生活、住房和医疗等方面。具体的研究成果体现在：李东泉在《美国的社区发展历程及经验》一文中，研究了19世纪末美国城市贫民存在的问题及解决办法，研究认为，政府承担着缩小社会差距的责任，社区与地方政府同力解决贫民问题。[①]李颜伟的《美国改革的故事》一书研究了美国贫困儿童的生活状况。[②]

---

① 参见李东泉《美国的社区发展历程及经验》，《城市问题》2013年第2期。

② 参见李颜伟《美国改革的故事》，北京大学出版社，2009，第49页。

吴晓、吴明伟在《美国快速城市化背景下的贫民窟整治初探》一文中，研究了 19 世纪末城市改革运动背景下移民社区的居民生活和社会文化水平改善的原因。文章指出，为更好地改造贫民窟，民间自发掀起社区改良运动。文章认为，这一时期对贫民的安置和教育，对社区改革产生了积极影响。① 林广在作品《移民与纽约城市发展》中，以纽约为例，研究了移民给纽约城市住房、交通运输、医疗卫生等公共设施带来的负担。研究指出，大多数移民聚居在贫民区，以致单凭纽约市政府无力为市民提供足够的需求。研究认为，解决移民问题需政府部门和社会团体共同努力。② 李其荣在《对立与统一——城市发展历史逻辑新论》中，以城市发展历史逻辑中的“对立与统一”，研究了美国 19 世纪末 20 世纪初城市化过程带来的不利影响。著作指出，贫富差距逐步加大，失业使劳动群众生活失去了基本的保障。③ 李剑鸣在其著作《大转折的年代——美国进步主义运动研究》中，概述了城市化中社会贫困的特点，主要包括贫困者集中在城市、以工资劳动者为主体、贫富差距甚大等特点。④ 从这些已有的中文文献来看，在教育领域研究此时期美国“贫民教育安置”的专题有待进一步提升，但目前这些研究为研究美国“贫民教育安置”提供了坚实的背景资料。

相对于中文文献，英文文献对 19 世纪末 20 世纪初“美国贫民”的研究较为丰富和深入。目前对 19 世纪末 20 世纪初“美国贫民”的相关研究主要集中在 20 世纪之交的城市化背景下，从城市史、社会学、城

---

① 参见吴晓、吴明伟《美国快速城市化背景下的贫民窟整治初探》，《城市规划》2008 年第 2 期。

② 参见李剑鸣《大转折的年代——美国进步主义运动研究》，天津教育出版社，1992，第 29—30 页。

③ 参见李其荣《对立与统一——城市发展历史逻辑新论》，东南大学出版社，2000，第 159 页。

④ 参见李剑鸣《大转折的年代——美国进步主义运动研究》，天津教育出版社，1992，第 29—30 页。

市教育史、经济史、人口史等角度研究美国贫困问题、美国贫民生活状况、贫困原因、贫民窟的形成与概况、贫民窟的改造、贫民教育安置等。这些研究为深入探讨19世纪末20世纪初的贫民教育安置背景，以及更大范围的贫民安置运动提供了丰富的文献资源与信息。

一、关于19世纪末20世纪初美国贫困问题的整体研究

19世纪末，随着美国城市化的快速发展和新移民的涌入，像纽约、芝加哥等大城市极速发展，城市发展的同时也伴随着贫困、犯罪等社会问题。对于贫困问题，芝加哥社会学派的罗伯特·帕克等学者试图引用一些数据，使用“人文生态学”研究城市化对社会带来的变化，运用城市生活人种学研究城市贫困问题。

希拉里·霍因斯（Hilary W. Hoynes）、玛丽安娜·佩奇（Marianne E. Page）和安·史蒂文斯（Ann Huff Stevens）在《美国的贫困：趋势和阐释》（“Poverty in America：Trends and Explanations”）中指出，19世纪末20世纪初影响贫困的4个因素是劳动力市场机会、家庭结构、扶持项目和移民。美国人普遍认为，美国典型的贫困人群是无业的有色人群或女性户主家庭，但是希拉里·霍因斯这三人的研究认为，这种观点是一种普遍的误解。研究指出，少数族裔更容易成为贫困人群，并且大多数贫困人口是已婚夫妇或无子女家庭，其中典型的贫困人群是非西班牙裔白人。研究分析认为，在劳动力市场机会、家庭结构、扶持项目和移民这4个因素中，劳动力市场机会对贫困的影响因素的比例越来越大，尤其是女性进入职场对缓解家庭贫困有重要作用。①

约翰·艾斯兰德（John Iceland）在其著作《美国的贫困：指导手

① See Hilary W. Hoynes, Marianne E. Page and Ann Huff Stevens, “Poverty in America: Trends and Explanations,” *Journal of Economic Perspectives*, No. 1(2006): 47-68.

册》（*Poverty in America ： A Handbook*）中论述了19世纪末20世纪初美国学者对贫困衡量标准的看法，研究了贫困人口的特征、贫困的原因及其认识等问题。① 从动态角度具体描述了贫困的个体经历，贫困人群的地理分布、状态与消费情况，以及为贫困人口出台的政策的有效性。虽然有关贫困的话题在其他学术著作中早有提及，但是约翰·艾斯兰德以一种更加具有说服力、更有逻辑、更易于接受的方式来研究贫困。该书分析最深入的地方在于其对贫困社会建构的论述，例如对于贫困的测量，约翰·艾斯兰德不仅仅论述了贫困的各种测量方式，还对各种测量方式的优缺点进行了评价。②

史蒂芬·皮姆帕雷（Stephen Pimpare）在《美国人民的贫困史》中，利用报纸、期刊文章、政府报告等资料③，通过文献、口述史④，描述了19世纪末20世纪初无家可归者、贫困人口的营养和工作问题，贫困妇女、儿童及贫民的救济服务，论述了贫困人群追求社会公平的方式、贫困社区的特征。⑤ 史蒂芬·皮姆帕雷指出，之前的研究主要集中于贫困的发生率、贫困的程度与影响，以及贫困是如何扩散的，大多数研究都着重描述贫困的定义及物质资源匮乏人群的比例。史蒂芬·皮姆帕雷认为，这些学术研究虽然是严谨的，但是大都缺乏贫困人群自己的声音。因此，史蒂芬·皮姆帕雷是以美国贫困人口自身的

---

① See John Iceland, *Poverty in America : A Handbook* (Oakland: University of California Press, 2003).

② See Éva Fodor, "Review: Poverty in America: A Handbook," *Social Forces*, No. 1 (2004): 440-442.

③ See James Midgley, "Reviews: A People's History of Poverty in America," *The Journal of Sociology & Social Welfare*, No. 3(2009): 217-218.

④ See Gabriel Loiacono, "Review: A People's History of Poverty in America," *Journal of Social History*, No. 4(2010): 1080-1082.

⑤ See Stephen Pimpare, *A People's History of Poverty in America* (New York: The New Press, 2008), pp. 1-322.

口吻讲述贫困问题，让贫困人口有了自己的话语权。[①] 通过此作品，人们可以更加清晰地理解为解决贫困问题而制定政策的必要性。[②]

二、关于 19 世纪末 20 世纪初美国贫民窟生活环境与条件的研究

有关美国贫民窟的研究主要包括社会改革者雅各布·里斯的《廉租公寓问题》与 1890 年的《另一半人如何生活：对纽约贫民区的研究》（*How the Other Half Lives*：*Studies Among the Tenements of New York*），以及约翰·格里耶斯（John M. Gries）和詹姆斯·福特（James Ford）1932 年的《衰败地区和贫民窟、大公司、商业和住房、工业分化和住房委员会报告》等作品。大体看来，这些作品主要聚焦于 19 世纪末 20 世纪初贫民窟的卫生问题、生活状况、居住环境、疾病等的描述，对贫民窟中的教育问题涉及不多。具体来说，针对贫民窟，雅各布·里斯作为黑幕揭发者，通过黑幕揭发运动披露了贫民窟艰难的生活状态。他在《另一半人如何生活：对纽约贫民区的研究》中，真实描述了纽约城市贫民生活，作品指出，廉租公寓的居民几乎普遍见不到阳光，并且室内充满恶臭散发的毒气。[③] 此外，雅各布·里斯在《基督教联盟》发表题为《廉租公寓问题》的文章，阐述了 1890—1916 年廉租公寓的危机，描述了廉租公寓过于拥挤、疾病流行的状况。文

---

① See James Midgley, "Reviews: A People's History of Poverty in America," *The Journal of Sociology & Social Welfare*, No. 3(2009): 217-218.

② See Gabriel Loiacono, "Review: A People's History of Poverty in America," *Journal of Social History*, No. 4(2010): 1080-1082.

③ 参见艾伦·布林克利《美国史》，邵旭东译，海南出版社，2009，第 533 页。

章认为，这种环境对家庭生活产生了一定的危害。[1] 雅各布·里斯以一个新闻记者的身份亲身考察纽约贫民窟的状况，引起了公众对廉租公寓的关注。可以说，公众对贫民窟的深刻认识，就源于他的唤醒。雅各布·里斯作品的作用在于，为社会活动家研究 19 世纪末 20 世纪初贫民窟的变迁提供了宽广的视界。在雅各布·里斯研究的基础上，约翰·格里耶斯和詹姆斯·福特在《衰败地区和贫民窟、大公司、商业和住房、工业分化和住房委员会报告》中指出，缺少贫民窟卫生保障的法律、缺乏针对贫民窟卫生的拨款是无法解决贫民窟卫生问题的两个最重要原因。他们得出的结论是，由于这些问题的存在使得贫民窟卫生问题尤为突出。[2]

与上述雅各布·里斯、约翰·格里耶斯等人的作品对贫民窟卫生条件的描述不同的是，以研究城市问题著称的记者简·雅各布斯是从贫民窟改造的角度探讨贫民窟存在的问题。简·雅各布斯认为，贫民窟的改造，不仅是经济上的投资和物质环境改善的问题，还是一个社会规划运动。[3] 社会学家威尔逊从社会经济、历史等方面讨论贫民窟的改造问题，他在《真正的穷人》（*The Truly Disadvantaged*）一书中指

---

① See J. Chris Westgate, *Staging the Slums, Slumming the Stage: Class, Poverty, Ethnicity, and Sexuality in American Theatre, 1890-1916* (New York: Palgrave MacMillan, 2014), pp. 85-114.

② See John M. Gries and James Ford, *Reports of the Committees on Blighted Areas and Slums, Large-Scale Operations, Business and Housing, Industrial Decentralization and Housing* (Washington, D. C.: The President's Conference on Home Building and Home Ownership, 1932).

③ 参见吴晓、吴明伟《美国快速城市化背景下的贫民窟整治初探》，《城市规划》2008 年第 2 期。

出，应通过改变聚居区“底层阶级”[①] 的生活状态，从而改变社会的组织。[②]

此外，对贫民窟的研究文献还有戴维·沃德（David Ward）的《进步主义与城市问题：1880—1920 年英美对内城区贫民窟的回应》、克里斯·韦斯特盖特（Chris Westgate）的《舞台上的贫民窟生活：1890—1916 年美国阶级、贫困、种族和性别》等。戴维·沃德指出，学者通常假定社会问题是城市问题或内城区问题，这种假设是 20 世纪初进步主义改革运动的根源。城市社会的结构主义学者在讨论从企业到企业资本主义转变的过程中质疑了这种假设，结构主义学者认为，之前对现代城市社会的理解，特别是对内城区的理解，都强调了贫困的后果而不是贫困的原因。这种强调后果的研究，转移了美国对贫民窟内部的社会问题复杂性和贫民窟分布零散性的关注，也掩盖了贫民窟居民适应眼前困境的事实。[③] 克里斯·韦斯特盖特的著作主要从阶层、贫困、种族特点、性别等角度研究了 1890—1916 年美国贫民窟的

---

① 1963 年瑞典经济学家贡纳尔·米尔达尔（Gunnar Myrdal）在其著作中首次使用了“under-class”一词，在贡纳尔·米尔达尔的话语中，“下层阶级”只是一个经济术语，并未指向种族、性别及文化特征。到 20 世纪 60 年代中期，汤姆·凯恩（Tom Kahn）扩展了贡纳尔·米尔达尔关于“下层阶级”的定义，使之不但指后工业社会的牺牲品，同时也指极端和持久的贫困。与此同时，还有一个相近的词“lower class”也开始频频出现，这个社会学术语一般指弱势群体。20 世纪 70 年代中后期，由于经济危机及保守思潮的兴起，美国学界开始关注这一问题。到 1973 年，“下层阶级”一词再次出现，但含义有了很大的改变，它指向行为和种族。1974 年《时代》杂志发表了题为《下层阶级：持续的困境》的文章。在文章中，“下层阶级”指生活于贫困线以下的三分之一的黑人，“下层阶级”一词逐渐流行起来，在 20 世纪 80 年代引起公众广泛注意。参见杨立雄《贫困理论范式的转向与美国福利制度改革》，《美国研究》2006 年第 2 期，第 123—124 页。

② 参见威廉·朱利叶斯·威尔逊《真正的穷人》，成伯清、鲍磊、张戌凡译，上海人民出版社，2007，第 3 页。

③ See David Ward, “The Progressives and the Urban Question: British and American Responses to the Inner City Slums 1880-1920,” *Transactions of the Institute of British Geographers*, No. 3(1984): 299-314.

生活状况，论述了贫民窟文化史、传统档案研究、接受理论，以及有关贫民窟文学表现的批判理论。对于贫民窟的出现，克里斯·韦斯特盖特研究认为，贫民窟戏剧的出现，便于美国从一个全新角度解读城市化发展带来的双面性影响。①

三、关于19世纪末20世纪初美国贫民教育安置的研究

（一）关于贫民安置的研究

克里斯·韦斯特盖特在《舞台上的贫民窟生活：1890—1916年美国阶级、贫困、种族和性别》中，专门梳理了贫民安置运动的历史和发展概况，从安置所的变迁的角度探讨了安置所运动的改革措施、功能与作用。该研究指出，在《纽约时报》报道贫民窟问题之后的1896年，纽约开展了安置所运动，建立了"社区协会"（后更名为"大学安置所"）。在研究中，克里斯·韦斯特盖特以莉莲·瓦尔德在纽约创办的亨利街会所（Henry Street Settlement）、简·亚当斯在芝加哥创办的赫尔会所为例，介绍了安置所工作人员进入贫民窟调查的工作情况，并且向公众报道了贫民窟的窘况。该研究指出，安置所通过调查与改革等举措，强化了安置所的功能。克里斯·韦斯特盖特认为，安置所运动的作用在于加速了对贫困问题的讨论，也大大推动了慈善事业的发展。克里斯·韦斯特盖特关于贫民安置运动的论述为深入研究1890—1916年安置所运动提供了翔实的史料依据。

玛丽安·莱昂诺尔（Marian Sue Leonor）在《美国化与新移民：1880—1924》中研究了安置房工作者的工作情况。作品指出，安置房工作者在工作中尊重移民文化，开展为移民建立游乐场、幼儿园，采

---

① See J. Chris Westgate, *Staging the Slums, Slumming the Stage: Class, Poverty, Ethnicity, and Sexuality in American Theatre, 1890-1916* (New York: Palgrave MacMillan, 2014).

用渐进的方法为移民教授英语，以及改善移民生活的立法改革等措施。有学者研究认为，贫民安置起到一定的积极作用，这反映出玛丽安·莱昂诺尔对贫民安置持积极肯定的态度。除此之外，在教育层面，玛丽安·莱昂诺尔又系统介绍了公共学校美国化教育的情况。她的研究表明，学校关注移民子女的穿着与言行举止，开设公民课程，教授英语，按照不同种族开展分组教学，通过教育在一定程度上解决了移民的英语学习问题，为移民打开了一扇知识、精神及经济机会的大门。玛丽安·莱昂诺尔对 1880—1924 年贫民安置的研究，为进一步分析 19 世纪末 20 世纪初贫民教育安置问题提供了可行的研究路径。

（二）关于职业教育与贫民安置的研究

哈维·坎特在《工作、教育和职业改革：职业教育的思想起源，1890—1920 年》（“Work，Education，and Vocational Reform：The Ideological Origins of Vocational Education，1890-1920”）中，研究了 1890—1920 年职业教育的思想起源，描述了学校教育开展职业教育的情况，介绍了职业教育运动的参与群体，阐述了各参与方的参与原因及参与方式。哈维·坎特在研究中又论述了全国制造商协会、简·亚当斯的赫尔会所，以及学校为贫困人群提供的职业指导。他指出，在为贫困人群提供职业指导的过程中，各参与方都在争夺领导权，在不断的论争过程中，各方逐渐意识到学校教育是解决职业教育的最好方式。[①] 他认为，对贫民开展职业教育的原因在于，社会改革家认为职业教育是改变贫困的方式之一，职业教育使得贫困儿童获得技能，而后，贫困儿童可以获得工作，缓解贫困。哈维·坎特进一步分析指出，在学校开展职业教育可以有效降低辍学率。调查发现，贫困儿童家庭由于贫困、失业、缺少机会等原因，急需经济来源，但学校教授的课程

---

① See Harvey Kantor, “Work, Education, and Vocational Reform: The Ideological Origins of Vocational Education, 1890-1920,” *American Journal of Education*, No. 4 (1986): 401-426.

无法与未来从事可赚钱的职业相连接，因此贫困儿童过早离开学校，进入工厂赚钱。哈维·坎特指出，这种论断为学校开设专门的职业技能课程、职业培训奠定了基础，因此学校课程进行了改革，加入了职业培训。[①] 对于职业教育的实效性，哈维·坎特以全国制造商协会为例进一步解读说明，全国制造商协会也呼吁商人资助职业学校，通过全国制造商协会的努力，有商人给纽约职业学校（New York Trades School）捐赠50万美元。[②] 哈维·坎特通过一系列的研究得出的结论是，学校和职业学校提供的职业教育为贫困人口提高技能、增加收入提供了有力支持。[③]

关于职业培训对贫困儿童作用的研究，普丽西拉·克莱门特（Priscilla Ferguson Clement）的《慈善的目的：奥瓦通纳的贫困儿童与公共学校，1885—1915年》探讨了19世纪末20世纪初明尼苏达州奥瓦通纳市贫困儿童的职业培训问题。她指出，这一时期，美国全国的职业教育蓬勃发展，奥瓦通纳的公共学校也为贫困儿童提供职业培训，把新的工业教育项目引入学校，作为学校课程之一。普丽西拉·克莱门特具体分析了奥瓦通纳公共学校开展职业培训的状况，例如，学校引进来源于瑞典的工艺教育，教授学生使用简单的工具和木工工艺。1901—1902年奥瓦通纳公共学校为贫困女童开设了家政学，随后又为贫困儿童开设了缝纫技术课程。[④] 通过研究，普丽西拉·克莱门特认为这些课程的开设，都为贫困儿童离开校园后从事工作打下了基础，儿

① See Harvey Kantor,"Work,Education,and Vocational Reform:The Ideological Origins of Vocational Education,1890-1920,"*American Journal of Education*,No. 4(1986):401-426.

② See Harvey Kantor,"Work,Education,and Vocational Reform:The Ideological Origins of Vocational Education,1890-1920,"*American Journal of Education*,No. 4(1986):401-426.

③ See Harvey Kantor,"Work,Education,and Vocational Reform:The Ideological Origins of Vocational Education,1890-1920,"*American Journal of Education*,No. 4(1986):401-426.

④ See Priscilla Ferguson Clement,"Benevolent Purpose Poor Children and the State Public School at Owatonna,1885-1915,"*Minnesota History*,No. 1(1984):2-13.

童有了一定的技能，提高了工资收入，这大大激起了贫困家庭家长和儿童对职业培训的兴趣，也有效解决了贫困家庭儿童的就业问题。

除此之外，也有文献是从职业咨询的角度论述职业教育与贫民安置的关系。约翰·怀特利在《咨询心理学：历史的视角》中指出，职业咨询在消除由快速工业化和移民潮造成的城市贫困和不良的居住环境方面，成为19世纪末20世纪初一项进步的社会改革。约翰·怀特利的研究大力拓展了职业教育与贫民安置的研究范畴。

第五节　教育与劳工权益的相关研究

作为一个复杂的社会现象，劳工问题涉及社会生活的多个领域，因此吸引了社会各界的广泛关注，并催生了劳工问题研究作为一个专门学术领域的出现。

一、关于劳工问题的整体研究

劳工问题研究最先在经济学领域开展，随后引起包括历史学、法律、宗教及社会学等其他学科领域的广泛关注，最终发展成为一个相对独立的研究领域。在经济学领域，一些代表性的经济史著作如哈里·沙伊贝（Harry Scheiber）的《近百年美国经济史》、哈罗德·福克纳（Harold Faulkner）的《美国经济史》及颇负盛名的乔纳森·休斯（Jonathan Hughes）和路易斯·凯恩（Louis Cain）著的《美国经济史》等，大多涉及劳工和劳工运动。

较早出版的关于劳工问题的专门著作是经济学家理查德·伊利的《美国劳工运动》。在该书中，伊利着力从经济学和教育方面探讨美国劳工组织解决劳工问题的努力，认为有四种机构——劳工组织、学校、国家和基督教——有助于改善劳工阶级及社会各阶级的状况。理查德·伊利的著作被认为开创了劳工问题研究的先河。[①] 更为重要的是，理查德·伊利先后培养了社会学家阿尔比思·斯莫尔（Albion Small）、社会学家爱德华·罗斯、劳工问题专家爱德华·贝米斯和约翰·康芒斯等著名学者，开创了劳工问题研究的威斯康星学派。其中，尤以约翰·康芒斯的工作最为著名。约翰·康芒斯先后撰写了4卷本的《美国工人史》，编辑了10卷本的《美国工业社会文献汇编》，进一步确立了劳工问题研究的学术地位。此后，历经四代学者的不懈努力，威斯康星学派进一步巩固了在劳工问题研究领域的权威地位。直到20世纪60年代，由于新劳工史学研究的兴起，这个学派的地位才受到挑战。[②]

在历史学和专门史领域，多种著作均涉及1890—1920年的美国劳工问题。德怀特·杜蒙德（Dwight Dumond）的《现代美国1896—1946年》、阿瑟·林克（Arthur Link）和威廉·卡顿（William Catton）的《一九〇〇年以来的美国史》、塞缪尔·莫里森（Samuel Morison）等人的《美利坚共和国的成长》等对这个时期的劳工运动和劳工问题的演变过程都进行了较为详细的梳理。著名法学家伯纳德·施瓦茨（Bernard Schwanz）的《美国法律史》专章讨论了19世纪后期劳工与法律的关系问题，梳理了有关劳工立法的变化。我国学者周剑云在其《美国劳资法律制度研究（1887—1947）》一书中梳理了19世纪末20世纪上半期美国通过法律调控劳资关系的演进历程，并将这个过程划分为刑事共谋罪阶段、劳工禁令时期、联邦立法主导调控阶段及现代美国劳资关系法律制度确立阶段。

对1890—1920年美国劳工问题的专门研究在诸多有关进步主义运动的著述中有更多的关注。理查德·霍夫斯塔特（Richard Hofstadter）

---

① 参见麦克纳尔蒂《劳动经济学的起源与发展》，杨体仁等译，中国劳动出版社，1993，第116页。

② 参见张友伦《关于美国工人运动史学的康芒斯——威斯康辛学派》，《南开学报》1987年第2期。

的《改革时代——美国的新崛起》、劳伦斯·克雷明的《学校的变革》、史蒂文·迪纳（Steven Diner）的《非常时代：进步主义时期的美国人》、李剑鸣的《大转折年代：美国进步主义运动研究》、李颜伟的《知识分子与改革：美国进步主义运动新论》等都涉及劳工问题的探讨。

受英国查尔斯·布思社会调查的影响，美国进步主义者也广泛开展针对劳工状况的调查研究。比较有代表性的为 1907 年开展的匹兹堡调查、1914 年针对科学管理与劳工关系的霍克西调查（Hoxie Investigation）。前者是一批进步主义改革者对这一时期的工业重镇匹兹堡开展的调查研究，其成果最终形成了 6 卷本的匹兹堡调查报告。另一个调查是由美国工业关系委员会特别调查员罗伯特·霍克西（Robert Hoxie）开展的，最终形成了由其撰写的《科学管理与劳工》著作。这一时期针对劳工的社会调查为劳工问题的研究积累了大量一手文献资料。以 1917 年杰特·拉克（Jett Lauck）和埃德加·赛珍珠（Edgar Sydenstricker）撰写的一份针对工人的调查报告为例，其调查内容涉及工人的构成、工资收入、失业状况及成因、工作环境（包括工时、工业事故等）、劳工家庭、工人健康状况等。[①] 通过教育解决劳工问题也是进步主义者关注的重要方面。研究者广泛探讨了以戴维·斯内登、查尔斯·普罗泽为代表的通过工业教育解决劳工问题的主张及具体举措，并且梳理了他们与约翰·杜威之间在劳工问题等方面的论争。约翰·杜威本人还参与了布鲁克伍德劳工学院事件的论争，并且撰文指

---

① See Jett Lauck and Edgar Sydenstricker, *Conditions of Labor in American Industries: A Summarization of the Results of Recent Investigations* (New York: Funk and Wagnalls Company, 1917), p. 1.

出劳工教育的政治本质，主张维护劳工的教育自由和权益。[1]

劳工问题发展成为一个相对独立的研究领域，包括经济学家等社会科学家针对劳工问题的科学研究被引入大学课堂和课题研究范畴。美国经济学家保罗·麦克纳尔蒂（Paul McNulty）、劳工史家布鲁斯·考夫曼及我国学者闻效仪分别在其著作中阐述了劳工问题与劳动经济学、产业关系及人力资源管理等专业研究领域的关系，三位作者都认为劳工问题的研究催生了这三个相关研究领域或学科的发展。一批专门研究劳工问题的著作相继出现，如哈里·巴恩斯的《劳工问题》（1886年）、托马斯·亚当斯和海伦·萨姆纳的《劳工问题》（1905年）、伊利诺伊大学经济学家戈登·沃特金斯的《劳工问题研究引论》（1922年）。这其中最具代表性的要数托马斯·亚当斯和海伦·萨姆纳的《劳工问题》，该书被视为第一本关于劳工问题的教科书。该书作者遵循列举出劳工问题的具体表现，然后解决问题的研究思路。他们主要提及了女工和童工、移民问题、血汗工厂、贫困问题及失业等劳工问题，认为可以通过罢工与抵制、工会组织及雇主协会、实施工业和平政策、利润共享、开展合作、劳工立法及推行工业教育等方式和方法来解决劳工问题，这本著作的不足是未提及劳工的工资问题。对此，戈登·沃特金斯补充了工资问题，除了上述二人提到的一些劳工问题，他还增加了劳工流转问题，在解决对策方面提出了人事管理、推行社会主义政策及社会保险制度等。戈登·沃特金斯的著作广泛流行了20余年。除了整体的探讨，研究者也多关注某一具体劳工问题的研究，例如约翰·法比安·维特在《事故共和国：残疾的工人、贫穷的寡妇

---

① 参见张斌贤、高玲《英雄与时势：普洛泽与美国职业教育制度的奠基》，《西北师大学报（社会科学版）》2014年第6期；路宝利《美国中等职业教育发展的职业主义与民主主义之争："普杜之辩"研究》，博士学位论文，华东师范大学，2014；丁永为《杜威与斯尼登关于职业教育的论争》，《中国职业技术教育》2013年第9期；John Dewey, "Labor Politics and Labor Education," *The New Republic*, No. 57(1929): 211-214.

与美国法的重构》一书中就总结和探讨了美国工业事故问题，并且阐述了立法在解决工业事故方面的各种举措和成效。

二、关于政府、公司及工会参与劳工问题解决的研究

政府、公司及工会是解决劳工问题的三个主要机构，有关三方在解决劳工问题方面的讨论是劳工问题研究的重要议题。首先是有关政府与劳工问题的研究。传统的观念认为政府不应过多干预劳工问题，而应采取自由放任政策。王涵在其《美国进步时代的政府治理（1890—1920）》一书中阐述了政府在处理劳工问题方面的观念转变，即从其所谓“消极国家观”到“积极国家观”的转变，也包括由此引发的制度、权力结构等方面的变化。王涵认为，这一时期市场失灵、社会失范促成了国家干预的引入并与其他利益相关者形成多元参与的治理框架。① 周余祥在其博士论文《卡尔文·柯立芝政府时期美国劳资关系研究》中指出，柯立芝政府时期（1923—1929 年）初步构建起由劳方、资方和国家（包括国会、政府及法院）参与的劳资关系三方协调机制，并且进一步提出处理劳工问题的具体举措包括立法干预、完善机构、加强公共服务及调解和仲裁等。② 对于政府劳工部门的问题，已有研究关注到其劳工部门两任领导——劳工局时期的卡罗尔·赖特和劳工部时期的威廉·威尔逊所采取的举措。③ 特别是前者，卡罗尔·

---

① 参见王涵《美国进步时代的政府治理（1890—1920）》，上海社会科学院出版社，2013，第 179—193 页。

② 参见周余祥《卡尔文·柯立芝政府时期美国劳资关系研究》，博士学位论文，华东师范大学，2013，第 1 页。

③ See Joseph P. Goldberg and William T. Moye, *The First 100 Years of the Bureau of Labor Statistics. Bulletin No. 2235* (Washington, D. C. : U. S. Government Printing Office, 1985), pp. 6-42; Roger Ward Babson, *W. B. Wilson and the Department of Labor* (New York: Brentano's, 1919), pp. 147-240.

赖特本人撰写了一系列著作阐述其主张，认为应注重劳工问题的科学研究，特别要加强劳工问题与社会学的联系。[①] 在劳工立法干预方面，已有研究认为，立法是政府调控劳资关系的重要手段。这其中较具代表性的著作为我国学者周剑云撰写的《美国劳资法律制度研究（1887—1947）》，他详细梳理了美国劳资关系法律调控的发展脉络，特别关注到1890—1920年联邦政府和工会及公司在立法干预劳工问题方面的立场、策略转变及矛盾问题，认为这一时期政府、工会及劳工立法协会是推动劳工立法干预的主导力量。[②]

其次是有关工会与劳工问题的研究。工会是参与劳工问题解决的主要力量，相关的研究成果较多。理查德·伊利研究劳工问题的著作《美国劳工运动》就以工人组织为核心主题，看重工会在解决劳工问题中的作用。受此影响，随后的劳工运动研究成果讨论的主题大多为工会，例如美国劳工部出版的《美国劳工运动简史》、张友伦等人撰写的《美国工人运动史》。两本著作讨论了美国劳工运动历史，实际是一部工会组织演变的历史。两本书的作者着力阐述了美国劳工联合会的发展演变、主要观念和政策，其主要观念和政策包括了简单纯粹的经济工联主义、非党派政治等。劳工联合会在其中被视为主流的工会组织，劳工联合会的观念和政策在《龚帕斯的劳工哲学》《“更多”的政治：劳工问题和美国工业中经济自由观念》两本文献中得以集中阐述。[③]

最后是有关公司与劳工问题的研究。公司在1890—1920年应对劳

---

① 详见其著作《政治经济学与劳工问题的关系》（1882年）、《劳工问题的伦理学思考》（1902年）。

② 参见周剑云《美国劳资法律制度研究（1887—1947）》，中央编译出版社，2009，第58—118页。

③ See Louis S. Reed, *The Labor Philosophy of Samuel Gompers* (New York: Columbia University Press, 1930), p. 89; Rosanne Currarino, "The Politics of 'More': The Labor Question and the Idea of Economic Liberty in Industrial America," *Journal of American History*, No. 93(2006): 17-25.

工问题，呈现出从直接地压制、漠视到柔性、科学地应对的变化。这种变化主要体现在福利资本主义的推行、科学管理观念及人事管理的引入。对于福利资本主义，斯图尔特·布兰德斯的《美国福利资本主义，1880—1940年》和我国学者李月娥的《企业福利资本主义与美国社会保障制度的确立》是两本代表性著作。两本著作详细梳理和阐述了美国福利资本主义的起源、主要内容、范围及实施举措。李月娥列举了工伤保险、利润共享、教育与训练等具体举措，认为这些措施已经开始应用于解决劳工问题。① 丹尼尔·雷恩（Daniel Wren）的《管理思想的演变》和闻效仪的《人力资源管理的历史演变》是研究应用科学管理解决劳工问题的代表性著作。丹尼尔·雷恩梳理了弗雷德里克·泰勒引入科学管理思想解决劳工问题的目的及举措。② 闻效仪特别关注了人事管理部门的萌芽、确立问题，认为人事管理部门在1916—1920年出现，人事管理概念开始替代雇佣管理概念，进入公司或企业的职能部门。③

三、关于教育机构参与劳工问题解决的研究

教育被作为解决劳工问题的重要手段，有些劳工问题的研究文献讨论了教育在解决劳工问题方面的作用和措施。例如上文提到的托马斯·亚当斯与海伦·萨姆纳及戈登·沃特金斯的著作。不过这两本著作主要涉及工业教育或职业教育与训练，并未提及工会组织的教育、

---

① 参见李月娥《企业福利资本主义与美国社会保障制度的确立》，东北大学出版社，2012，第40—48页。

② 参见雷恩《管理思想的演变》，孙耀君等译，中国社会科学出版社，1986，第118—159页.

③ 参见闻效仪《人力资源管理的历史演变》，中国社会科学出版社，2010，第143—161页。

大学为工人提供的教育等其他教育形式。美国劳工关系专家德怀特·胡平格纳（Dwight Hoopingarner）在论述教育解决劳工问题时列举了8种教育形式，分别是学徒训练、工厂学校、工业合作训练（cooperative training by industry）、技工学校、补习学校、合作学校（cooperative schools）、工人自我教育及大学为工人提供的教育。[①] 尽管相对于海伦·萨姆纳等人的研究，德怀特·胡平格纳的教育形式有所拓宽，但有些过于分散，下文拟依据教育办学主体划分出职业教育与培训学校教育、工会教育机构的工人教育及大学推广教育三大类。这其中职业教育与训练学校教育又包括与雇主联系密切的函授学校、公司学校及工业夜校。

（一）关于职业教育与培训学校的研究

有关职业教育与培训的性质和目的的研究是19世纪末20世纪初美国社会各界讨论的重点，其中比较著名的是戴维·斯内登与约翰·杜威以及约翰·杜威和查尔斯·普罗泽围绕职业教育与培训的性质和目的展开的讨论，较有代表性的研究成果为阿瑟·沃斯（Arthur Wirth）的《技术社会中的教育：20世纪初职业教育与自由教育的论争》和路宝利博士的《美国中等职业教育发展的职业主义与民主主义之争："普杜之辩"研究》。阿瑟·沃斯把戴维·斯内登和查尔斯·普罗泽归入社会效率一派，强调职业教育与训练服务于工业生产的目的，指出约翰·杜威注重职业教育的教育性质。路宝利详细梳理了"普杜之辩"的经过并分析了其原因，他回应了阿瑟·沃斯的分析，认为这一争辩的实质是两种不同的职教观之争，查尔斯·普罗泽主张一种"为职业而教育"的观念，而约翰·杜威主张一种"通过职业而教育"的观念。陈露茜解释了社会效率在公共学校教育系统中的定位和作用，认为就

---

① See Dwight Lowell Hoopingarner, *Labor Relations in Industry* (Chicago: A. W. Shaw, 1925), pp. 196-212.

社会效率的实质而言，与其说它是科学管理不如说是一种社会控制。[①]这一主张有助于解释积极寻求公共体系支持的职业教育与培训学校的性质及目的。

函授教育是20世纪初期工人接受教育的主要形式，尽管它多为自愿参与，但在实际的办学中它与公司及其雇主建立起密切联系。《函授学校、吕克昂运动和肖托夸运动》是美国卡内基基金赞助的“成人教育研究”丛书之一种，该书作者阐述了函授学校的产生背景、类型、课程内容、教学方式和方法，以及学生身份、学费等。从其学生身份分析来看，产业工人是其重要主体。[②]美国教育史家约瑟夫·凯特在其名著《困境中的知识探寻：从自我改善到成人教育》中论述了函授学校的产生及发展，在其中特别介绍了斯克兰顿·国际函授学校。约瑟夫·凯特认为，函授学校是美国劳工实现工作能力改善的重要手段，在他看来，斯克兰顿·国际函授学校的成功在于其先进的技术应用、营销策略及课程设置，这其中科学管理理论的应用也是一个重要促进因素。最后约瑟夫·凯特对比了该校与公司学校在应对劳工问题方面的差异。[③]詹姆斯·沃特金森（James Watkinson）详细考察了斯克兰顿·国际函授学校建立及其背后的教育哲学理念，他还关注到该校的函授方法对大学推广教育部创建函授教育的积极影响，认为这所学校

---

① 参见陈露茜《社会效率：科学管理还是社会控制》，《清华大学教育研究》2016年第1期。

② See John S. Noffsinger, *Correspondence Schools, Lyceums, Chautauquas* (New York: Macmillan, 1926), pp. 3-86.

③ See Joseph F. Kett, *The Pursuit of Knowledge under Difficulties: From Self-Improvement to Adult Education in America, 1750-1990* (Stanford, Calif.: Stanford University Press, 1994), pp. 235-240, 253.

是成功开展工人教育的典范。①

公司学校在20世纪初期成为一个重要的教育运动。为了更好地领导这一教育运动，公司学校协会于1913年建立。这个协会定期发布年度报告，提供了研究公司学校的一手文献资料。约瑟夫·凯特在其著作中描述了第一个公司学校的创建及发展情况，认为公司学校是改善工业冲突及高劳工流转率的重要手段。② 莱弗里特·莱昂（Leverett Lyon）首先介绍了美国公司学校的发展概况，其中特别提及美国公司学校协会的创建及目的，然后根据这个协会的文献提出了公司学校的类型划分，并且以商业教育为例对每一个大类做了细分，最后探讨了公司学校的组织和管理及作用问题。③ 罗威·尼尔森（Rowe Nelson）选取通用公司学校为例，论述了学校的产生、目的及其与通用公司学徒制度的关系。④

查尔斯·普罗泽的工业夜校是对传统的夜校改进，旨在寻求更为适合美国工业进程的尝试。有关工业夜校的研究主要体现在他本人的两本著作中，即《工人的短期单元课程和工厂学校实验》（1915年）和《成人教育：工业夜校》（1930年）。这两本著作详细阐述了查尔斯·普罗泽的工业夜校理念，包括其学校的目的、课程内容等。

---

① See James D. Watkinson, "'Education for Success': The International Correspondence Schools of Scranton, Pennsylvania," *The Pennsylvania Magazine of History and Biography*, No. 4(1996): 343-369.

② See Joseph F. Kett, *The Pursuit of Knowledge under Difficulties: From Self-Improvement to Adult Education in America, 1750-1990* (Stanford, Calif.: Stanford University Press, 1994), p. 241.

③ See Leverett S. Lyon, "Corporation School and It Place in a Scheme of Business Education," *Journal of Political Economy*, No. 9(1921): 721-745.

④ See Shan Nelson-Rowe, "Corporation Schooling and the Labor Market at General Electric," *History of Education Quarterly*, No. 1(1991): 27-46.

（二）有关工会教育机构的工人教育研究

美国工人教育的研究成果相对较多，从整体上阐述美国工人教育的代表性著作有玛格丽特·霍金的《英国和美国的工人教育》（1925年）、西奥多·布拉梅尔德（Theodore Brameld）的《美国工人教育》。玛格丽特·霍金详细梳理了美国劳联注重公共教育的工人教育传统，认为其源头在于美国纽约工人党的教育传统。他依据目的不同区分出两种工人教育派别，分别是激进派工人教育和保守派的工人教育，前者以世界产业联合会为代表，旨在通过教育推翻资本主义，后者以劳联为代表，目的相对比较模糊，但是支持在资本主义体制下开展教育。[①] 西奥多·布拉梅尔德的著作研究了美国工人教育早期的发展，其深入探讨了美国公共教育传统与工人教育的关系，明确了劳联在公共教育传统和工人教育中的角色和定位。

理查德·阿尔滕堡的《教育抗争：20 世纪 20—30 年代的美国劳工学院》选取了 3 个有代表性的劳工学院，运用安东尼奥·葛兰西（Antonio Gramsci）的霸权理论来探讨工人争取教育权的斗争。理查德·阿尔腾堡特别关注到劳工学院，从教育目的、课程、教学方法、教师和学生等方面做了梳理和分析，并且详细探讨了劳联在这其中与工人教育的激进派就教育管理权和课程内容等方面的争夺。[②] 约瑟夫·凯特在其著作中专门探讨了 20 世纪早期的工人教育发展脉络，着力关注了劳联与劳工学院的斗争，并且分析了其成因。

有关劳联工人教育观念的研究主要包括《美国工会组织的教育主张和政策》（1926 年）、《劳联的教育政策及活动》（1936 年）、《美国劳联在公共教育政策方面的作用，1925—1955 年》（1955 年）、《劳工针

---

① See Margaret T. Hodgen, *Workers' Education in England and the United States* (London: Kegan Paul, Trench, Trubner & Co., 1925), pp. 237-239.

② See Richard J. Altenbaugh, *Education for Struggle: The American Labor Colleges of the 1920s and 1930s* (Philadelphia: Temple University Press, 1990), pp. 71-80.

对联邦教育资金的主张和活动，1914—1947年》（1949年）。这些论著都大多关注劳联公共教育传统，很少涉及劳联的工人教育。塞缪尔·麦克劳克林（Samuel McLaughlin）在其著作中把劳联置于美国工人教育运动中加以分析，试图概括和呈现劳联的工人教育观念。劳联的工人教育观念主要通过对工人教育局的控制得以呈现。马克·斯蒂尔斯的《进步主义者、多元主义者和国家问题》从比较英国工人教育协会和工人教育局的视角入手，详细探讨了工人教育局的目的、任务及成就，认为美国工人教育局是参照工人教育协会创建的。① 研究工人教育局的一手文献还包括该局创建的会议论文集及其后历次年会的会议论文集。

（三）有关大学推广教育的研究

大学推广教育参照英国的模式，是通过为劳工提供教育来参与劳工问题的讨论和解决。从已有文献来看，这一时期大学推广教育为劳工提供工人教育占的比重较少。相关的研究文献包括乔治·沃坦威茨的《美国早期大学推广教育，1885—1915年》、舒尔茨·达格玛（Schultz Dagmar）的博士论文《工人教育政治本质的演变：威斯康星工人学校考察》，以及罗格·丹尼尔斯（Roger Daniels）的《工人教育与加利福尼亚大学，1921—1941年》。乔治·沃坦威茨梳理了英国大学推广教育的引入，以及美国大学推广教育对其开展工人教育的借鉴。舒尔茨·达格玛梳理和考察了由约翰·康芒斯等人极力倡导的威斯康星工人教育及其与威斯康星大学推广教育的早期关系问题。罗格·丹尼尔斯探讨了加利福尼亚大学推广教育在开展工人教育方面的尝试，并且考察了它与该州工人教育局的关系。此外，约瑟夫·凯特的《困境中的知识探寻》中有专门一节内容探讨大学推广教育与工人阶级的

① See Marc Stears, *Progressives, Pluralists, and the Problems of the State: Ideologies of Reform in the United States and Britain, 1909-1926* (Oxford: Oxford University Press, 2006), p. 206.

关系问题，详细梳理了以赫伯特·亚当斯和理查德·伊利为代表的早期倡导者在大学参与讨论和解决劳工问题方面的各种尝试。①

美国著名历史家赫伯特·亚当斯作为英国大学推广教育的最早引入者，为美国大学推广教育开展工人教育提供了示范和引领。他为数不多的几部大学推广教育著作包括《英国大学推广教育》（1900 年）、《人民的高等教育》（1891 年）。在书中，他详细阐述了关于大学推广教育在化解阶级对抗等方面的思考。

通过上述分析来看，劳工问题的研究是 19 世纪末 20 世纪初期的一个重要议题，而且它也是至今仍被广泛关注的议题。各个领域的研究者试图从本领域入手讨论和解决这一问题。通过文献评述来看，劳工问题的研究取得了一定的成就，比较突出的有劳工问题的立法干预及劳工问题的经济学研究，初步形成了相对成熟的体系，劳工问题研究作为一个独立的研究领域已初步成型，不过仍有不少的开拓空间。劳工问题作为一个研究领域主要体现在以下方面：其一，劳工问题是个复杂的社会问题，需要各个学科知识领域综合探讨，这一方面的研究相对较少，这一点从劳工问题作为一个独立的研究领域的文献中可窥见一斑；其二，在本书的研究时限范围 1890—1920 年，政府、资方及工会还未完全形成三方劳资关系调控机制时，研究者对资方、政府及工会在处理劳工问题方面的角色定位和作用缺少整体的探讨和分析；其三，从文献查阅来看，教育在劳工问题解决方面有待进一步深化，多数劳工问题的研究文献往往只涉及职业性教育和培训方面，而忽视了不同意识形态的团体和个人在劳工问题解决方面的教育应对。基于上述考虑，本书尝试在综合探讨劳工问题解决方面用力，关注这一时期政府、工会、公司三方在应对劳工问题方面的角色定位和作用，并

---

① See Joseph F. Kett, *The Pursuit of Knowledge under Difficulties: From Self-Improvement to Adult Education in America, 1750-1990* (Stanford, Calif.: Stanford University Press, 1994), pp. 189-205.

且着力加强教育机构在解决劳工问题方面的研究。

第六节 教育与黑人平等权利的相关研究

19 世纪末 20 世纪初，由于种族主义和种族歧视的盛行，种族隔离制度拓展到美国社会生活的方方面面，因此黑人教育也处在与白人隔离的环境之下。在隔离的环境下，黑人教育发展十分艰难，与白人的教育条件存在巨大的差距，但即便如此，黑人教育还是取得了一些进步。这些进步对改善黑人不平等的政治、经济和社会地位起到了重要的推动作用。

国内关于美国黑人史及黑人教育史的研究起步较晚，直到 20 世纪 70 年代后期才开始成为学界关注的问题。进入 21 世纪，黑人史研究得到长足发展，研究领域不断拓展，对问题的理解日益深化，研究主题更为细化。

相对而言，国外关于美国黑人史及黑人教育史的研究起步较早。黑人史在美国作为一门独立的历史学分支学科，始于 1915—1916 年著名黑人历史学家卡特·伍德森（Carter G. Woodson）教授创立黑人生活与历史研究协会及《黑人历史杂志》。此后，随着美国历史的进程，尤其是 20 世纪五六十年代黑人民权运动轰轰烈烈的开展，加之众多历史学家的辛勤努力，黑人史如今在美国已成为一门非常重要且很成熟的学科。① 作为其中的一个重要方面，黑人教育史的研究也取得长足的发展。

---

① 参见于展《近五十年来我国的美国黑人史研究》，《史学月刊》2002 年第 9 期。

一、关于美国黑人教育的整体研究

几乎所有系统梳理美国史的著作大多涉及美国黑人史，同样，美国教育史的教科书也必然会讨论黑人的教育。刘绪贻、杨生茂主编的《美国通史》第 3 卷《美国内战与镀金时代，1861—19 世纪末》中的《南部的重建》章节论述了内战后重建时期及重建结束后黑人生活剧烈变化的状况，重点论述了美国黑人领袖布克·华盛顿和他所创办的黑人职业学校——塔斯基吉师范和农业学院。黄兆群的《熔炉下的火焰——美国的移民、民族和种族》一书中也有专门论述黑人状况的章节——《黑人的行踪》。黄兆群在这一章节中将这段时期美国黑人教育的重要领袖布克·华盛顿与武训[①]作比，认为在当时的情况，试图发展黑人教育是不能成功的，布克·华盛顿犯了路线错误。黄兆群认为："客观而论，像布克·T. 华盛顿和武训这类人物，若单纯钦佩他们的奋斗精神是无可厚非、无可争议的；一旦将他们的思想或依循的路线作为天底下一切劳苦大众的楷模加以颂扬或学习，便大可诟病了。"[②] 黄兆群还认为，另一位这一时期的美国黑人领袖威廉·杜波依斯则与布克·华盛顿相反，他强调争取黑人的民权，但是其心理上与黑人大众有隔阂，对社会运动少有兴致。吴泽霖的《美国人对黑人、犹太人和东方人的态度》一书中同样有关于黑人和黑人教育的章节。吴泽霖通过调查、问卷等方式，考察了 20 世纪 20 年代美国北方和南方黑人初等教育、中等教育和高等教育的状况，以及美国白人在不同层次教育中对美国黑人的态度。通过研究，吴泽霖发现，相比于北方，南方黑人

---

① 武训（1838—1896），清末山东堂邑（今聊城西北）柳林镇武家庄人。原名武七，少孤贫，自恨不识字，提出"修个义学为贫寒"。后得到清政府嘉奖，被封为"义学正"。

② 黄兆群：《熔炉下的火焰——美国的移民、民族和种族》，东方出版社，1994，第 124 页。

的教育条件更为恶劣而且黑人的前途不明朗。[①] 而黄虚锋的博士学位论文《美国南方转型时期社会生活研究（1877—1920）》则从白人的世界、黑人的世界和黑白混血儿的情况三个角度，考察黑人在这段时期完整的生活状况，包括政治、经济、教育及思想观念等。[②]

在美国同样如此，艾伦·布林克利的《美国史》、托马斯·索威尔的《美国种族简史》中均有关于这段时期黑人和黑人教育的论述。约翰·富兰克林的《美国黑人史》和乔安妮·格兰特的《美国黑人斗争史》是关于美国黑人史研究的两本非常重要的专著。约翰·富兰克林在第十五章《和平的丧失》中通过论述内战后民主党重新在南部掌权、重建工作被放弃、黑人的选举权在南部被一步一步剥夺殆尽、白人至上主义在南部获得胜利等史实向我们呈现了一个倒行逆施的南部，一个重新走向黑暗的南部。而在第十六章《慈善事业和自助》中，约翰·富兰克林呈现了慈善事业对这个时期美国黑人教育的重要作用以及以布克·华盛顿和威廉·杜波依斯为首的黑人在教育上的自救努力。乔安妮·格兰特则通过评述加史料列举的方式，收集了这个时期著名历史人物和事件的一手史料，展现当时黑人争取权利的各种努力，包括教育的努力。

关于美国教育史的著作中也都有关于这段时期黑人教育的叙述。S. 亚历山大·里帕在其《自由社会中的教育：美国历程》中重点介绍了布克·华盛顿和威廉·杜波依斯的争论。L. 迪安·韦布的《美国教育史：一场伟大的美国实验》则不仅提到两位黑人领袖的争论，也提及自由黑人及内战后被解放的黑人的教育状况，并且指出公共学校中

---

① 参见吴泽霖《美国人对黑人、犹太人和东方人的态度》，中央民族学院出版社，1992，第 91 页。

② 参见黄虚锋《美国南方转型时期社会生活研究（1877—1920）》，博士学位论文，华东师范大学，2003，摘要，第 i - iii 页。

出现的种族隔离成为南部的普遍制度——“隔离且劣等”。[①] 韦恩·厄本（Wayne J. Urban）和杰宁斯·瓦格纳（Jennings L. Wagoner, Jr.）在《美国教育——一部历史档案》的第五章《南部的阶级、等级和教育（1800—1900）》中则更加全面地介绍了这段时期南部教育各个方面的内容。而约翰·鲁里在论述教育与社会变革关系的专著——《教育与社会变革：美国学校教育史相关主题》中，分析了19世纪的美国黑人教育，并且旗帜鲜明地指出，至少在19世纪的种族问题上，教育并非是一个导致重大社会变革的工具。[②]

国内关于以黑人教育为主题的专著和学术论文，主要为屈书杰于2002年完成的博士论文——《从种族隔离到学校一体化：20世纪美国黑人教育》。他在完整展现从南北战争前到20世纪中后期美国黑人教育面貌的同时，以反对隔离、追求平等教育权利为线索，论述了争取黑人受教育权利的各种努力。陈海宏的《内战后美国黑人教育事业的发展》则将内战后到一战前美国黑人的教育事业划分为三个发展阶段，即奠基时期、自立时期和发展时期，并且论述了黑人教育事业产生的影响。张翠于2012年完成的硕士论文《美国黑人教育权利变迁研究》通过对内战前、内战和重建时期、重建后到二战时期、二战后四个时期的梳理，整理了美国黑人受教育权变化的整体路径。国外方面，詹姆斯·安德森的《南方黑人教育（1860—1935）》被认为是一部“极富洞见的作品”，该书对从重建时期到大萧条时期有关非洲裔美国人教育平等权利的斗争、成功与失败进行了批判性的思考。[③] 洛蕾塔·芬克

---

① 参见L.迪安·韦布《美国教育史：一场伟大的美国实验》，陈露茜、李朝阳译，安徽教育出版社，2010，第239页。

② See John L. Rury, *Education and Social Change: Themes in the History of American Schooling* (Mahwah, New Jersey: Lawrence Erlbaum Associates, 2002), p. 109.

③ 参见韦恩·厄本、杰宁斯·瓦格纳《美国教育——一部历史档案》，周晟、谢爱磊译，中国人民大学出版社，2009，第215—217页。

（Loretta Funke）的《教育中的黑人》讲述了黑人从殖民地时期到 1920 年从无到有、从小到大的曲折但进步的受教育历史，尤其是内战后黑人教育发生了巨大的变化。

二、关于 19 世纪末 20 世纪初美国黑人高等教育的研究

关于 19 世纪末 20 世纪初美国黑人高等教育的研究成果较为丰富。李传瑛在她的硕士学位论文《关于美国黑人传统院校发展问题的研究》中梳理了美国黑人传统院校的发展历程，认为美国南北战争后到 19 世纪末是黑人传统院校的初步发展时期，这个时期是政府主导、民间组织推波助澜的时期；而 20 世纪上半叶，则是因为基金会的大力支持和民间教育家的努力，美国黑人传统院校进入了快速发展期。[①] 饶琴、万秀兰在《美国黑人高等教育的发展历程》中梳理了美国黑人高等教育的发展历程，将其分为四个阶段：19 世纪上半叶为萌芽期，19 世纪下半叶为初步发展期，20 世纪上半叶为迅速发展期，二战后为立法保障大发展期。她们认为，19 世纪下半叶，美国联邦政府主导了黑人院校的发展，而教会、慈善组织、废奴主义者和黑人自己则起了辅助的作用；20 世纪上半叶黑人高等教育的发展态势与慈善基金会和黑人本身的功劳密不可分。[②] 常永才的《美国黑人院校的历史回顾与发展展望》通过划分四个阶段梳理了黑人院校在美国的历史演变轨迹，其中包含进步主义运动这个时期。同时他还总结了黑人院校当下面临的各种问

---

① 参见李传瑛《关于美国黑人传统院校发展问题的研究》，硕士学位论文，浙江师范大学，2006，第 14—15 页。

② 参见饶琴、万秀兰《美国黑人高等教育的发展历程》，《世界民族》2006 年第 4 期。

题和继续存在和发展的必要性。① 周菲菲、李朝阳的《美国城市化崛起时期黑人高等教育的论争：华盛顿与杜波依斯》基于美国城市化崛起的背景，研究布克·华盛顿与威廉·杜波依斯争论的焦点、结果及其影响，追溯黑人领袖引导黑人争取教育权利的历史，以此揭示城市化进程中少数族裔的教育变迁历程。② 而上面提到的詹姆斯·安德森的《南方黑人教育（1860—1935）》在第七章专门论述了 1900—1935 年的美国黑人高等教育。

三、关于 19 世纪末 20 世纪初美国黑人教师教育的研究

关于 19 世纪末 20 世纪初美国黑人教师史的研究并不多见。詹姆斯·安德森的《南方黑人教育（1860—1935）》在第四章专门论述了当时美国黑人的师范教育和群培训学校。迈克尔·富尔茨（Michael Fultz）的《南方教师培训与非裔美国人教育，1900—1940》对 20 世纪早期南方黑人教师的学术准备和教学培训进行了讨论，并且考察了北方慈善家及其他争取黑人教育权利的斗争和努力，最后强调了教师培训在改进黑人教育方面的重要性。③ 艾德纳·科尔森（Edna M. Colson）的《黑人教师学院和师范学校》研究了这一时期非裔美国人师范学校和学院的课程设置、培养目标以及存在的问题。④

---

① 参见常永才《美国黑人院校的历史回顾与发展展望》，《西北民族大学学报（哲学社会科学版）》2000 年第 3 期。

② 参见周菲菲、李朝阳《美国城市化崛起时期黑人高等教育的论争：华盛顿与杜波依斯》，《重庆高教研究》2015 年第 4 期。

③ See Michael Fultz, "Teacher Training and African American Education in the South, 1900-1940," *The Journal of Negro Education*, No. 2(1995): 196-210.

④ See Edna M. Colson, "The Negro Teachers' College and Normal School," *The Journal of Negro Education*, No. 3(1933): 284-298.

四、关于 19 世纪末 20 世纪初美国黑人教育发展动因的研究

19 世纪末 20 世纪初，慈善基金会、教会及黑人领袖是推动美国黑人教育发展的重要主体。关于这些主体与美国黑人教育发展的研究是 19 世纪末 20 世纪初美国黑人教育研究的重点和热点，尤其是关于黑人领袖布克·华盛顿和威廉·杜波依斯的研究。

（一）慈善基金会与美国黑人教育的发展

王慧在其硕士学位论文《乔治·皮博迪与十九世纪美国慈善事业的发展》中重点介绍了慈善家乔治·皮博迪（George Peabody）参与的慈善事业的具体情况。乔治·皮博迪在 1867 年创办的皮博迪教育基金会对美国南部的教育产生了重要的影响，也对南部黑人教育的发展做出了重大贡献。张向平在其硕士学位论文《洛克菲勒基金会对美国黑人教育的影响及其模式分析》中分析了洛克菲勒普通教育委员会（洛克菲勒基金会的前身）和洛克菲勒基金会对南方黑人教育的重要影响和帮助作用。

B. C. 卡德维尔（B. C. Caldwell）在《珍妮斯基金会和斯莱特基金会所做的工作》一文中回顾了 20 世纪前 10 年安娜·珍妮斯基金会和约翰·斯莱特基金会在黑人教育方面所做的工作。其中安娜·珍妮斯基金会将工作重点放在为乡村学校推行工业教育上；而约翰·斯莱特基金会则把重心放在黑人的中等和高等教育上，重点关注学术教育，部分关注工业和职业教育。[①]

约翰·多诺休三世（John J. Donohue Ⅲ）、詹姆斯·赫克曼（James J. Heckman）和佩特拉·托德（Petra E. Todd）在《诉讼和私

---

① See B. C. Caldwell, "The Work of the Jeanes and Slater Funds," *Annals of the American Academy of Political and Social Science*, No. 49(1913): 173-176.

人慈善基金在1910年到1960年南部黑人学校教育的变革中所起到的作用》一文中，使用定量的方法通过对比不同时期南部黑人学校的资金投入和质量，试图解答为什么黑人学校教育水平提高恰恰发生在黑人政治权利被剥夺的时期，以及诉讼和私人慈善基金到底在这个过程中起到了什么样的作用等问题。[①] 约翰·富兰克林的《美国黑人史》描述了这一时期美国基金会对南方教育包括南方黑人教育所做出的巨大贡献。约翰·富兰克林认为，教会慈善事业和大的教育基金会之间的主要不同之处，除了基金会支配的钱要多得多这一点以外，二者的动机也是不同的。教会慈善事业或者为了某种公认的社会需要，或者为了自身利益而支持某些机构；教育基金会则往往致力于推动公众认识某些已经存在但是还没有被社会感觉到的需要。这些新机构希望不仅为各州而且也为个人建立起自助的原则。还有一种动机是出自事业成功的商人“位高则任重”的意识。其动机至少一部分是他们感到自己应当承担责任，提供经济制度不能直接为社会需要提供的资助。因此，美国的实业家对于那些未能从经济制度中得益的人有一种责任感。[②]

（二）教会与美国黑人教育的发展

关于教会与美国黑人教育发展的研究相对少一些。郭威在其硕士学位论文《试析美国循道派及其对黑人解放、教育事业的影响》中介绍了美国循道派的历史、内部的主要派别和构成，并且分析了循道派对美国黑人解放和黑人教育做出的重要贡献。詹姆斯·托马斯（James S. Thomas）的《卫理公会支持黑人私立学院的基本原理》从政策和策

---

① See John J. Donohue Ⅲ, James J. Heckman and Petra E. Todd, "The Schooling of Southern Blacks: The Roles of Legal Activism and Private Philanthropy, 1910-1960," *The Quarterly Journal of Economics*, No. 1(2002): 225-268.

② 参见约翰·霍普·富兰克林《美国黑人史》，张冰姿等译，商务印书馆，1988，第327—328页。

略两个方面分析并总结了卫理公会支持黑人私立学院发展背后的原因。[①] 屈书杰在《美国黑人教育发展研究》一书中，专门研究了教会在不同历史时期对黑人教育事业的辅助。屈书杰指出，虽然很多教派是出于宗教的目的教育黑人，举办黑人学校也是为了加强自己教派的力量，而且黑人教育甚至成为宗教活动的附产品，但是毕竟有部分黑人通过这种途径获得了读写的能力。因此，教会举办的黑人教育在客观上改善了黑人的教育状况，增强了他们适应美国生活的能力。[②]

（三）黑人领袖与美国黑人教育的发展

关于19世纪末20世纪初的黑人教育史研究中，黑人领袖是一个研究的重点和热点。其中主要涉及三个方面：布克·华盛顿与塔斯基吉学院、威廉·杜波依斯与尼亚加拉运动及全国有色人种进步协会、布克·华盛顿与威廉·杜波依斯关于黑人教育发展的争论。

在布克·华盛顿与塔斯基吉学院的研究方面，杨立文在《论美国黑人继续遭受种族歧视的症结及其出路》中认为，布克·华盛顿开创的"塔斯基吉"道路是解决黑人问题的最终出路。他通过借鉴加拿大印第安人解决自身问题的方法，认为只有教育才是解决黑人问题的最好方法，而在重视布克·华盛顿的思想的同时，也需要重视黑人高等教育。[③] 徐卿的硕士学位论文《汉普顿模式的工业教育及其影响研究（1868—1893）》详细论述了塞缪尔·阿姆斯特朗创办的汉普顿师范和农业学院的运行理念、办学实践及其对工业教育的重要影响。汉普顿学院是19世纪末和20世纪早期著名黑人领袖布克·华盛顿的母校，也

---

① See James S. Thomas, "The Rationale Underlying Support of Negro Private Colleges by the Methodist Church," *The Journal of Negro Education*, No. 3(1960): 252-259.

② 参见屈书杰《美国黑人教育发展研究》，河北大学出版社，2004，第78页。

③ 参见杨立文《论美国黑人继续遭受种族歧视的症结及其出路》，《美国研究》1994年第2期。

是华盛顿工业和职业教育思想的重要来源。①

阿尔方索·赫宁堡（Alphonse Heningburg）是塔斯基吉学院的一位教师。他在《塔斯基吉学院与南方底层教育的关系》一书中讲述了塔斯基吉学院建校时的历史状况和由来，以及塔斯基吉学院的建立对南方底层阶级人民（不仅包括黑人，也包括白人）的职业和工业教育的重要推进作用。

艾伦·琼斯（Allen Jones）的《提升农村黑人的生活：1892—1915年的塔斯基吉黑人农民研讨会》把重点放在了对由布克·华盛顿创立的、至今已经举行了100多年的“年度塔斯基吉黑人研讨会”（The Annual Tuskegee Negro Conference）的研究。该研讨会第一届举办于1892年，艾伦·琼斯详细描述了第一届和第二届研讨会的细节，并且分析了其影响。艾伦·琼斯认为，研讨会不仅确实提高了黑人农民的素质，使得越来越多的黑人农民加入研讨会，而且作为一种宣传手段宣传了布克·华盛顿的哲学主张，吸引了北方慈善家的注意，扩大了布克·华盛顿的政治影响力。②

威廉·帕金斯（William Eric Perkins）的《关于布克·T. 华盛顿的文献综述》认为，布克·华盛顿思想的一面是黑人工业化中对自己经济资源的开发和利用，另一面就是职业技术教育思想，但布克·华盛顿的职业技术教育是不成功的。他真正重要的地方在于他对黑人未来成功可能性的坚信。③

路易斯·哈伦（Louis R. Harlan）的《布克·T. 华盛顿的第二种

---

① 参见徐卿《汉普顿模式的工业教育及其影响研究（1868—1893）》，硕士学位论文，华东师范大学，2008，第28页。

② See Allen Jones, "Improving Rural Life for Blacks: The Tuskegee Negro Farmers' Conference, 1892-1915," *Agricultural History*, No. 2(1991): 105-114.

③ See William Eric Perkins, "On Booker T. Washington—A Review Essay," *The Journal of Ethnic Studies*, No. 1(1973): 56-62.

生活》研究了布克·华盛顿不为人知的生活。路易斯·哈伦认为，布克·华盛顿是一个复杂的人，就像月亮一样，有他背光的一面。在公众面前他是温和的妥协派，无意于争取美国黑人的政治权利；但是在公众看不到的地方，他积极运用他的战术策略，秘密支持黑人争取政治权利，以及同种族歧视法案做斗争，并且通过秘密通信、间谍等手段不断打击他的白人和黑人敌对者，有时候甚至是冷酷无情的。①

布克·加德纳（Booker T. Gardner）在《布克·T. 华盛顿的教育贡献》一文中指出，在黑人教育、职业教育和公共教育运动上，布克·华盛顿都做出了巨大的贡献。他的教育哲学和实践甚至走出美国，在国际上得到应用。②

奥古斯特·迈尔（August Meier）在《对布克·T. 华盛顿的重新解释》一文中认为，已有的对布克·华盛顿观点的认识是不足的，人们都错误地把他的短期目标当成了他的长期目标。布克·华盛顿的通信信件显示了他对反对种族隔离做出的巨大努力。原本的观点认为布克·华盛顿似乎很少关注黑人的政治和公民权，但实际上他十分重视政治工作，并且努力减少对黑人公民权的剥夺，以及其他形式的歧视。除了政治领域，他在其他领域中也扮演了重要的幕后角色。③

在威廉·杜波依斯与尼亚基拉运动及全国有色人种促进会的研究方面，玛丽·查菲（Mary Law Chaffee）的《杜波依斯关于美国种族问题的观念》一文，通过“美国早期的黑人教育运动”“杜波依斯领导的对布克·华盛顿的抗议”“杜波依斯在全国有色人种进步协会中的实

---

① See Louis R. Harlan, "The Secret Life of Booker T. Washington," *The Journal of Southern History*, No. 3(1971):393-416.

② See Booker T. Gardner, "The Educational Contributions of Booker T. Washington," *The Journal of Negro Education*, No. 4(1975):502-518.

③ See August Meier, "Toward a Reinterpretation of Booker T. Washington," *The Journal of Southern History*, No. 2(1957):220-227.

践”及“杜波依斯的激进时期”四部分讲述了威廉·杜波依斯关于美国种族问题的观念。内战后，黑人教育运动迅速发展壮大，从而引起对其本质的争论。争论的焦点在于黑人教育应该是古典的还是工业（实用）的。一方面，南方白人不想让黑人接受能改变其社会地位的教育，因而，他们勉强同意对黑人进行工业教育，使他们成为更好的服务者和劳动力；另一方面，部分北方白人认为，黑人应该接受与白人学校里的传统课程一样的教育。在这场争论中有两个代表人物：布克·华盛顿和威廉·杜波依斯。玛丽·查菲认为，布克·华盛顿是保守的。塔斯基吉学院建立后，这个保守的黑人领袖拥有了对全国黑人领导权几十年的垄断。威廉·杜波依斯作为对布克·华盛顿抗议的领导者，与其进行了争论。威廉·杜波依斯从未放弃对布克·华盛顿妥协政策的指控，他认为，布克·华盛顿对基本原则的让步太多，这是任何即时收益所无法平衡和弥补的。在领导全国有色人种进步协会的24年是威廉·杜波依斯的学说不断演进的时期，包括将种族问题扩大到整个世界范围。同时玛丽·查菲认为，威廉·杜波依斯是有些过于激进的，他丝毫不愿意与白人妥协。玛丽·查菲认为，威廉·杜波依斯和布克·华盛顿之间的争论从本质上说是黑人种族内部的保守的和激进的力量之间的斗争。这个争论对于黑人意识形态的发展至关重要。①

艾略特·鲁德威克（Elliott M. Rudwick）在《尼亚加拉运动》一文中指出，尼亚加拉运动是第一个全国性的积极地、无条件地为黑人争取与其他美国公民享受平等民权的黑人组织，是全国有色人种进步协会的先驱之一。尼亚加拉运动的参与者不仅奠定了全国有色人种进步协会的基础，而且构成了其早期的领导人和坚定的支持者。尼亚加

---

① See Mary Law Chaffee, “William E. B. Dubois' Concept of the Racial Problem in the United States: The Early Negro Educational Movement,” *The Journal of Negro History*, No. 3(1956): 241-258.

拉运动提出了确切的要求：第一，演讲和批评的自由（言论自由）；第二，出版自由；第三，（黑人）男性公民选举权；第四，废除基于种族和肤色的一切歧视；第五，把基督教人人平等的信条付诸实际；第六，承认最高的和最好的教育不受阶级和种族的垄断；第七，对劳动尊严的信仰；第八，在明智、勇敢的领导者的领导下为实现这些理想共同努力。艾略特·鲁德威克还指出，关于这一运动引起了广泛的争论，各种评论层出不穷，有的支持，有的反对，还有的主张与布克·华盛顿支持的非洲裔黑人委员会合作。尼亚加拉运动也是针对布克·华盛顿与塔斯基吉学院发起的，与布克·华盛顿的妥协主义展开了激烈的斗争。自尼亚加拉运动开始，布克·华盛顿就仔细审查这个运动并策划将其摧毁。1910 年，尼亚加拉运动由于缺乏组织经验，以及塔斯基吉妥协分子的破坏而解体。①

玛丽·奥文顿（Mary White Ovington）在《全国有色人种进步协会》一文中指出，全国有色人种进步协会成立的直接原因是斯普林菲尔德骚乱。该协会在 1909 年召开的第一次会议是非常重要的，黑人和白人聚集在一起，就黑人问题展开了彻底的大讨论。1910 年 11 月，威廉·杜波依斯创办了《危机》杂志，同年，该协会开始了与私刑的斗争。该协会的成果是斐然的，到文章发表的 1924 年，该协会已经在最高法院赢得了三次诉讼，同时该协会的分支机构也不断增加。20 世纪初黑人的状况很糟糕，各种歧视性法案纷纷确立。另一方面，20 世纪黑人的状态也并非完全跟战前一样，黑人开始发出自己的声音，受教育人数和财产都开始增多，并且不断进行零星的争取人权的努力。②

祝贺、张斌贤的《20 世纪上半叶美国黑人争取教育平等权利的历

① See Elliott M. Rudwick, "The Niagara Movment," *The Journal of Negro History*, No. 3(1957): 177-200.

② See Mary White Ovington, "The National Association for the Advancement of Colored People," *The Journal of Negro History*, No. 2(1924): 107-116.

程》一文，叙述了威廉·杜波依斯与全国有色人种进步协会的产生，分析了全国有色人种进步协会争取教育平等的策略。威廉·杜波依斯反对布克·华盛顿片面发展职业教育的策略，呼吁黑人积极争取高等教育，并且成立全国有色人种进步协会。20世纪上半叶，教育问题逐渐进入全国有色人种进步协会的视野，黑人争取教育平等权利主要是通过全国有色人种进步协会的各种活动。在均等化策略的指导下，全国有色人种进步协会在研究生教育领域取得了争取教育平等权利的一系列诉讼的胜利，进而从实质上瓦解了普莱西诉弗格森案的基础。①

在关于布克·华盛顿和威廉·杜波依斯争论的研究方面，马克·鲍尔莱因（Mark Bauerlein）的《华盛顿、杜波依斯和黑人的未来》指出，布克·华盛顿和威廉·杜波依斯在分道扬镳之前曾经拥有长达10年的合作和友好关系。威廉·杜波依斯曾多次向布克·华盛顿申请在塔斯基吉学院的职位，布克·华盛顿都应允了，但是因为各种原因威廉·杜波依斯都最终拒绝了。全国黑人商业联盟的成立也是威廉·杜波依斯最先提出的设想，然后由布克·华盛顿付诸实践。直到尼亚加拉运动之后，他们的关系才正式破裂，布克·华盛顿开始把这场斗争视为两个男人的权力之争。②

C. 斯宾塞·庞贝（C. Spencer Poxpey）的《华盛顿与杜波依斯的争论及其对黑人问题的影响》对布克·华盛顿和威廉·杜波依斯争论的社会背景做了着重的描写。C. 斯宾塞·庞贝指出，布克·华盛顿和威廉·杜波依斯的生活背景完全不同。布克·华盛顿曾是个奴隶，而威廉·杜波依斯是北部自由黑人的后裔。可能正是由于这个原因，导致布克·华盛顿对南方底层黑人的生活了解比威廉·杜波依斯更充分，

① 参见祝贺、张斌贤《20世纪上半叶美国黑人争取教育平等权利的历程》，《社会科学战线》2013年第5期。

② See Mark Bauerlein, "Washington, Du Bois, and the Black Future," *The Wilson Quarterly*, No. 4(2004): 74-86.

并且最终导致了他们的分离。C. 斯宾塞·庞贝总结这场争论的特点，认为这场争论的个人性而不是思想性更浓；两个人的努力方向都太狭窄，都只注重直接的效果；相比之下，布克·华盛顿更现实；最好的结果是不能通过冲突获得的；但布克·华盛顿和威廉·杜波依斯的诚意证明，只要给予足够的支持，美国黑人就能够证明他们的才华。①

威尔逊·雷科德在《历史视角下的黑人知识分子和黑人运动》中指出，在梳理黑人知识分子的发展史中，尼亚加拉运动占有重要的地位。尼亚加拉运动作为完全由美国黑人知识分子组织和领导的运动，结果是组成了全国有色人种进步协会，这是美国黑人运动的重要事件，显示了受过教育的美国黑人对美国社会的重要影响。对黑人知识分子及其教育的不同理解，构成了布克·华盛顿与威廉·杜波依斯争论的基础。②

张聚国在《杜波依斯与布克·华盛顿解决黑人问题方案比较》一文中指出，19 世纪末 20 世纪初，威廉·杜波依斯和布克·华盛顿各自提出了一套振兴黑人民族、赢得平等权利的方案，从而引发了一场造成黑人思想界发生严重分裂的论争。张聚国认为，威廉·杜波依斯与布克·华盛顿在争取黑人自由平等的目标上是一致的，但在实现这一目标的途径上存在许多原则分歧和根本性的不同。归纳起来主要有如下几个方面：第一，黑人是否应该放弃争取平等权利的鼓动、默认种族歧视和种族隔离；第二，黑人需要什么样的教育；第三，黑人是否可以暂时放弃政治权利，尤其是选举权，单纯走发展经济的路线；第四，造成黑人问题的根源和解决黑人问题的责任；第五，关于对南方白人的态度问题。张聚国最后得出结论，虽然威廉·杜波依斯与布

---

① See C. Spencer Poxpey, "The Washington-Dubois Controversy and Its Effect on the Negro Problem," *History of Education Journal*, No. 4(1957): 128-152.

② See Wilson Record, "Negro Intellectuals and Negro Movements in Historical Perspective," *American Quarterly*, No. 1, 8(1956): 3-20.

克·华盛顿的观点存在不同甚至是激烈的冲突，但二人都是在为黑人争取平等权利，实现黑人与白人之间的种族平等，二人解决黑人问题的方案都具有现实合理性和积极意义。[①]

通过以上综述可以发现，关于19世纪末20世纪初美国黑人教育的研究数量较为丰富，尤其是国外研究。研究主题主要集中在以下几个方面：美国黑人高等教育，美国黑人教师教育，促进19世纪末20世纪初黑人教育发展的组织、团体或个人[②]等。此外，关于布克·华盛顿和威廉·杜波依斯及其争论也是研究的重点和热点之一。

虽然关于19世纪末20世纪初黑人教育研究的数量不在少数，主题也比较丰富，但是从黑人史或黑人教育史研究的整体状况上看，无论是国内还是国外，研究的时段主要集中在二战后，尤其是20世纪五六十年代的黑人民权运动时期，关于19世纪末20世纪初这一历史时段的研究还是相对不足的。换言之，关于早期黑人运动及早期黑人教育运动的研究相对缺乏。此外，研究者们往往只关注某些具体的教育主题，如黑人高等教育、黑人领袖的思想与实践（如布克·华盛顿和威廉·杜波依斯）、黑人民权运动、种族判决案例（如普莱西诉弗格森案、布朗诉托皮卡教育局案）等，鲜有从教育解决社会问题的整体视角出发，探讨黑人教育的发展及其对黑人平等权利追求贡献的研究。换言之，缺乏从整体的视角入手探讨教育发展与黑人问题解决关系的研究。这样就会影响研究者们对这一时期黑人教育发展的整体把握，不利于从整体上全面认识19世纪末20世纪初美国黑人教育的发展演变及其在整个黑人教育史乃至黑人史上的历史地位。

---

① 参见张聚国《杜波依斯与布克·华盛顿解决黑人问题方案比较》，《南开学报》2000年第3期。

② 关于促进19世纪末20世纪初黑人教育发展的组织、团体或个人，包括慈善基金会、教会及黑人的自助（布克·华盛顿与塔斯基吉学院、威廉·杜波依斯与全国有色人种促进会）等。

第七节 教育与移民同化相关研究

在19世纪末20世纪初，随着美国城市化的发展，移民尤其是新移民的蜂拥而至，数目庞大的移民带来了一系列的社会问题与教育问题。移民问题引起了社会各界的关注，也同时引起了学术界的关注，国内外学者从不同角度研究和论述城市化与移民问题、美国化问题等主题，并且取得了一定的研究成果。

在中国知网上以“美国化”为主题词检索发现，目前国内对美国化的研究主要集中在这几个方面：第一，从文化的视角，研究者把美国化看作是主流文化对外国出生的成年移民的同化过程，但同时也是移民为适应新环境，必然接受对其生存或发展必需的新的文化价值观。① 第二，从城市改革的角度，解读19世纪末20世纪初新移民对美国城市改革的影响。② 第三，从移民政策的角度，分析美国移民政策变化的历史轨迹③，重点研究美国化由自然同化的社会运动转变为由联邦政府强制同化的政治运动，从自由移民政策向限制性和选择性移民政策的转变。第四，从公民教育的角度，研究19世纪末20世纪初美国化运动盛行时期对新移民及其子女开展的美国化教育，分析美国化中公民教育的目的、措施。④ 就目前关于美国化的研究现状与成果来看，在教育领域，对移民美国化这一主题的专题性研究有待进一步加强。

在英文文献中，从19世纪末期开始，伴随着大量新移民涌入美国，

---

① 参见王晓德《文化的帝国：20世纪全球“美国化”研究》，中国社会科学出版社，2011，第73页。

② 参见杨长云《移民与美国20世纪初的城市改革》，《美国研究》2016年第6期。

③ 参见王莹《20世纪初美国政府强制同化移民政策的形成与实施》，《东北师大学报（哲学社会科学版）》2008年第2期。

④ 参见陈正桂、玛格丽特·史密斯·克罗科《美国化：19世纪末20世纪初美国公民教育的重要任务》，《湖北社会科学》2010年第6期。

关于“什么是美国化”的讨论就从未停止过。所以，美国学者对于美国化的相关研究较为全面，具有很强的综合性与系统性。关于美国化、美国化运动、移民与美国化教育的研究主要集中在美国化的定义、美国化发生的领域与过程、美国化运动中开展移民教育的手段与阵地，以及对于美国化运动的争论等方面。

一、对“美国化”概念的探讨

19 世纪末 20 世纪初大量东欧和南欧移民来到美国，获得了美国国籍，成为美国公民，但由于新移民的宗教信仰、语言、习俗都与美国相差甚远，在行为习惯等方面并没有体现美国人的特征，所以，移民并没有成为名副其实的“美国人”。这时，“美国化”被赋予很多含义，其含义不仅包括使移民成为美国人，还包括使移民遵循美国习俗和行为习惯，成为真正意义上的“美国人”。《不列颠百科全书》（*Encyclopedia Britannica*）将美国化定义为 20 世纪初使外来移民充分融入美国公民生活的一系列举措，这些举措不仅仅是为了达到归化移民的目的，还要让移民理解美国生活和工作的准则。①

在芝加哥学派社会学家罗伯特·帕克看来，美国化是一个自然发生的过程。不同种族建立关系经历的是“种族关系周期”，各种族最初接触的时候，他们之间的关系是对抗的、竞争的，然而经过一段时间，这一过程最终朝向同化的方向发展，逐步发展成为种族间相互渗透和融合。在罗伯特·帕克看来，美国化是民主社会和工业社会必然经历的过程。美国化不需要外部力量的推动，它是不同种族间建立关系时

① See Encyclopedia Britannica,“Americanization,”Americanization, accessed July 10, 2017, https://www.britannica.com/topic/Americanization.

必然发生的过程。[①] 而另一位社会学家米尔顿·戈登（Milton Gordon）认为，美国化并不像罗伯特·帕克所说的那样简单——仅仅经历冲突之后就会自然同化。从美国化的领域来看，米尔顿·戈登认为，同化分为文化同化、结构同化、婚姻同化、身份认同同化、观念同化、行为同化、公民同化 7 个类型，每种类型有着不同的同化内容（如表附-7-1 所示）。

表附-7-1 同化的类型和内容[②]

类型	内容和表现
文化同化	移民学习主流文化的语言和价值观
结构同化	移民进入主流社会的公共学校、组织、俱乐部等
婚姻同化	移民与主流社会公民大范围通婚
身份认同同化	具有成为主流社会成员的归属感
观念同化	没有任何偏见
行为同化	没有歧视
公民同化	没有价值观和权力的冲突

温特沃斯·斯图尔特（Wentworth Stewart）对于美国化这一概念给出的解释是，美国化包括教育、同化和归化三个部分。其中，“教育”是传授语言、历史、习俗、制度和政府形式的知识，目的在于使移民足够了解美国这个国家，以便移民致力于自觉地服务美国的利益。“同化”是使移民对在生活和精神上真正代表美国的人群产生至关重要

---

① See Milton Gordon, *Assimilation in American Life* (New York: Oxford University Press, 1920), pp. 70-71.

② Milton Gordon, *Assimilation in American Life* (New York: Oxford University Press, 1920), pp. 70-71.

的认同感，以便移民自觉地遵循相同的标准，分享相同的精神，被相同的爱国主义呼吁所激发。“归化”是对移民公民权的正式承认，赋予其与土生土长的美国人相同的权利。① 通过温特沃斯·斯图尔特的释疑看出，归化与同化的区别主要在于，一是“主动”抑或“被动”。归化是主动，它主要是指个人成为非出生国的合法公民的过程。归化是合法获得公民资格的途径，通常由移民个人自愿申请加入美国国籍，申请人若符合相应条件，即可入籍，获得公民资格，允许申请人合法居住。而同化是被动的，它是指来自不同种族、文化背景的个人或群体融入社会主流文化的过程。这一过程从接受主流文化开始，最终达到的目的是被同化的群体成为主流社会的成员。在同化过程中，为了“盎格鲁遵从”，许多移民被迫放弃自己民族的语言与文化，逐渐接受美国的规则和习俗。二是顺序不同，归化在前，同化在后。当移民归化后，美国发现移民存在很多问题，就开始实施民族同化。通过对相关英文文献的分析发现，英文文献中在谈到美国化运动时用的词多为“assimilation”，即同化。美国化也显示出美国化运动是一个同化的过程。

从以上对美国化概念的讨论中可以看到，传统的对于美国化具体含义的解释更多地集中在对美国国家忠诚、掌握英语、认同美国理念和获得公民权等几大方面。因此，语言、道德和价值观的同化是美国化的核心内容。除了语言和公民训练以外，移民者饮食文化的改变也是使其遵从美国传统家庭理念、实现美国化的一种重要方法。基于上述分析，本书把“美国化”界定为 Americanization 一词，该词源于 Americanize，Americanize 意为使“他人”成为美国人。美国化一词最初含义仅为使“他人”成为美国人，获得美国国籍。在 19 世纪末 20 世

---

① See Wentworth Stewart, *The Making of a Nation: A Discussion of Americanism and Americanization* (Charleston, South Carolina: BiblioLife, 1920), pp. 6-7.

纪初这个时期，美国化有着特定的历史含义，它是指美国使外来移民融入美国生活、取得公民资格、充分参与公民事务的过程。这个过程以美国文化为载体，以美国化教育为主要手段，以公民教育、英语语言教育为主要内容，逐步使移民接受美国的价值观念、思维方式、生活方式，最终使移民融入美国文化体系。此时的美国化运动的实质是同化新移民，将移民美国化在美国社会中。

二、关于移民教育“途径”与“阵地”的研究

（一）公共学校与移民美国化

由于不同种族在宗教信仰、文化传统和风俗习惯等方面存在巨大差异，因此美国化不仅仅是遵从美国的习惯和习俗，更重要的是通过教育、社会和宗教机构或组织促进其美国化，真正地认同美国精神。劳伦斯·克雷明指出，在 19 世纪后期，担负着美国化责任的学校，为移民儿童提供的综合课程通常包括个人卫生培训、中产阶级的价值观念、工厂纪律等，而且在很多情况下，学校也灌输歧视外来移民的传统思想。有学者也探讨了巴尔的摩公共学校移民子女的美国化教育情况。格罗弗·许布纳（Grover G. Schubner）通过研究介绍波士顿地区、宾夕法尼亚煤田和铁矿公共学校的移民同化活动，将公共学校的教育看作是美国化的最大动力，认为虽然学校教育主要是对移民子女产生影响，但也会间接影响到成年移民。

当然，正是由于公共学校中的美国化受到更多的关注，所以，对待美国化中的公共学校看法不一。埃尔伍德·克伯莱对公共学校的评价是，通过公立教育和工会，美国成功同化了各族的移民，将民主生活方式及其意义传递给新移民及其子女。然而，也有学者认为，由于强制入学学习的时间只有 6 年，英语的学习在很大程度上还是依靠成人夜校和安置所。同时也由于经费问题以及部分教师和领导的反对，再

加上这一时期公共学校更多采用直接展示的英语教学方法，因此，当时真正参与学习的人数还是非常有限的。[①] 乔尔·斯普林则更为尖锐地指出，伴随新移民浪潮的到来，公共学校成为美国价值观的捍卫者，进行公共学校教育主要就是为了操控移民的意识形态。[②]

（二）工厂、夜校与移民美国化

工厂学校是实施美国化教育机构的有力补充。底特律投入大量资金开展夜校运动，教授英语与实用公民学，向移民灌输美国理念、道德和政治思想。格罗弗·许布纳指出，美国矿工联合会要求教授英语，教育工人要具有奉献精神，懂得为集体利益服务，同时还致力于帮助移民增加工资，减少工作时间，改善工作条件。美国福特汽车公司的美国化计划、美国钢铁公司推广的安全福利计划指出，美国化计划的结果是工人们有意无意地被美国化，因为这些移民教育计划的制订更多的是出于对工厂利益的考虑，学习英语在很大程度上被看作是谋生的工具。[③]

乔治·梅森重点研究了纽约州罗切斯特市的夜校工作，将夜校视作一个“美国化工厂”，是对外来移民进行同化的“天然工具”。有学者认为，成人教育基于自愿原则而非强制，影响了其效果。语言损失理论也提出，至少在三代以后，原有语言才能完全丧失。[④] 有学者也提到，尽管有不少有识之士赞成移民在夜校可以通过学习英语和公民学课程帮助他们成为一名美国人，但是最后他们所提交的仅仅是一篇论

---

① See Marian Sue Leonor, *Americanization and New Immigrant , 1880-1924: A Documentary History*(New York:Columbia University,1996),pp. 55-56.

② 参见乔尔·斯普林《美国学校：教育传统与变革》，史静寰等译，人民教育出版社，2008，第4—5页。

③ See Marian Sue Leonor, *Americanization and New Immigrant , 1880-1924: A Documentary History*(New York:Columbia University,1996),pp. 220-225.

④ See Marian Sue Leonor, *Americanization and New Immigrant , 1880-1924: A Documentary History*(New York:Columbia University,1996),pp. 69-70.

文，并没有从内心真正成为一名美国人。[①]

（三）教堂、教会学校与移民美国化

有学者主要选取了地处美国北部堪萨斯农村的门格诺派教堂为研究对象，认为移民教堂在美国化过程中起到推动作用。学者注意到，门格诺派教徒一方面坚持本教派的基本信仰和价值观念，另一方面也不断抛弃不能与美国文化相融的因素。在公共学校和新教的影响下，门格诺派改造了教堂原有的习俗。[②] 有学者分别研究了 1898—1930 年新教传教士和巴尔的摩教会学校在推进美国化过程中所起的作用。格罗弗·许布纳明确指出，对教会学校是否是美国化的阻碍说法不一。教会学校一方面教授了公共学校的一些课程，另一方面牧师通常占据着主导性地位，这与个人的创造性、远大抱负，以及在工业、社会、政治中的移民参与相矛盾。此外，教会学校不仅仅阻碍了英语的使用，还试图保存外国语言和文化，这使得教会学校所发挥的作用颇受争议。

此外，由于不同移民分布在不同的州，因此在美国化的具体实施情况中，各州之间不仅存在很大差异，而且实施的美国化政策与措施也不尽相同。所以，这场以社会为导向的美国化运动十分复杂。为了更好地了解美国化运动的情况，学者对美国化运动的研究也会从不同的州及其种族的状况入手。例如，明尼苏达州的“讲英语运动”和乡村夜校促进了移民的美国化。印第安纳州密歇根市的移民在美国化过程中推行如何处理彼此的关系。在纽约州、加利福尼亚州、马萨诸塞州和伊利诺伊州等州实施美国化的机构和实践。也有文献是以某一州为例，研究移民的美国化。例如，伍德罗·威尔逊 1918 年发表的《马

---

① See Marjorie P. Hoinko, “Americanization and the Public School,” *The Journal of Education*, No. 14(1929): 394-396.

② See Dennis D. Engbrecht, *The Americanization of A Rural Immigrant Church: The General Conference Mennonites in Central Kansas, 1837-1939* (Lincoln: University of Nebraska, 1985), p. 1.

萨诸塞州的美国化》（“Americanization in Massachusetts”）一文，以马萨诸塞州为个案展开研究，论文主要研究了马萨诸塞州通过开设英语课程，为移民提供职业训练方法，促进移民的美国化。①

三、关于美国化运动中“移民与美国化”论争的研究

正是由于对美国化的本质、定位及其性质的认识不同，移民的美国化教育在各州的实施情况也有所不同，所以美国化运动备受争议。例如，有学者极力反对美国化运动中的强制性策略，认为美国化的目的并不是要消除移民原有的文化和身份，而是要帮助移民群体获得社会公平、尊重和公民权。② 与此相反，有学者认为，为进行美国化的各种尝试及其效果是值得怀疑的，因为移民原有的文化传统、风俗习惯等对移民的影响是根深蒂固的，使得移民很难再被其他因素所改变，以至于完全获得公民意识。同时移民自身对于美国化影响表达了不满，认为美国化是一种被无知影响了的不值得称赞的宣传，引发了移民子女对父母的怨恨、不满。但值得肯定的一点是，在当时特定的背景下，1905—1925 年的美国化运动作为反对限制移民的可行的替代方案，为此后继续向美国移民打开了大门。③ 然而也有观点认为，总体来说，美国化运动是具有积极意义的，由此引发的关于移民问题、美国人身份的争论一直持续到今天。④

---

① See Woodrow Wilson,“Americanization in Massachusetts,”*The Journal of Education*, No. 18(1918):485.

② See Frank Van Nuys,*Patriotic Pluralism : Americanization Education and European Immigrants*(Cambridge,MA:Harvard University Press,2010),p. 1140.

③ See Robert A. Carlson,“Americanization as an Early Twentieth-Century Adult Education Movement,”*History of Education Quarterly*,No. 4(1970):455-459.

④ See Marian Sue Leonor,*Americanization and the New Immigrant ,1880-1924: A Documentary History*(New York:Columbia University,1996),pp. 55-56.

总之，根据上述对美国化研究文献的梳理可以看出，有关美国化的背景资料已经相当完善，但在移民与美国化关系方面的研究主题有待进一步深化。

第八节　教育与治理城市犯罪的相关研究

在我国学术界，相关领域的学者虽多有涉猎19世纪末20世纪初美国城市的犯罪问题，但对教育与治理城市犯罪相关问题的研究较少。在美国，早在20世纪前期，相关的研究即已开始出现，有些主题至今仍有学者在继续讨论。在已有研究中，既有对城市犯罪这一问题进行的宏观研究，也有对城市犯罪的背景与根源进行的成因分析研究；既有从社会改革努力的视角研究预防和治理犯罪问题，也有从教育的视角开展预防犯罪的研究；既有法律层面的探讨，也有从提高公民素养的层面讨论预防犯罪的研究；等等。

一、关于城市犯罪总体状况的研究

19世纪末，伴随着工业化进程的加快和城市规模的扩大，美国逐渐由乡村社会向工业社会转变。然而，在社会转型过程中，由于实行自由放任政策、缺乏规划与调控等，导致了一系列的社会问题，如住房拥挤、市政腐败、城市贫困、社会治安恶化等。而所有这些问题所触发的社会矛盾在当时的集中表现，就是逐年增长的犯罪率。

安德鲁·斯科特（Andrew M. Scott）指出："19世纪下半叶美国经济在腾飞之时，贫富差距和道德沦丧也达到了历史顶点，各种社会问题涌现，导致社会失范。”[①] 文森特·德桑蒂斯（Vincent P. De Santis）也指出：“在快速城市化的同时，城市中的犯罪和各种违法行为也快速增长。”[②] 耶鲁大学教授约翰·布卢姆（John M. Blum）指出：“在那些年代里，英国和德国的杀人率不及美国的一半。而在欧洲杀人率日渐下降的同时，美国的杀人率却有增无减，各种不法行为以惊人的速度增长。”[③] 约瑟夫·希尔（Joseph A. Hill）等指出，各类刑罚机构统计数字显示，1880 年 6 月 1 日，美国各类犯人共 58 609 人，到 1890 年 6 月 1 日，美国各类犯人人数增长到 82 329 人。这 10 年间，美国人口增长了 25%，而犯罪人数却增长了 40%。这个时期每 10 万人口中的犯罪人数也由 1880 年的 116.9 人增长到 1890 年的 131.5 人。[④] 莫顿·凯勒（Morton Keller）指出，20 世纪初，美国的谋杀案是欧洲各国的 10 倍到 20 倍。1905 年，单芝加哥一市就发生了 187 起谋杀案，相当于英格兰和威尔士当年案件总数的一半，而英格兰和威尔士的人口数量却是芝加哥的 16 倍。在 1908 年，一位法官曾感慨道：“在芝加哥，人命是最不值钱的东西。”[⑤] 杰弗里·阿德勒（Jeffrey S. Adler）指出，1900—1925 年，美国的谋杀案增长了近 50%。这些案件主要发生在城市，尤其是大城市。例如，巴尔的摩的谋杀案增长了一倍，新奥尔良和芝加哥增长了两倍，克利夫兰增长了三倍。1900—1910 年，暴

---

① Andrew M. Scott, "The Progressive Era in Perspective," *The Journal of Politics*, No. 4(1959): 700.

② Vincent P. De Santis, *The Shaping of Modern America: 1877-1920* (Arlington Heights: Forum Press, 1989), p. 98.

③ 约翰·布鲁姆：《美国的历程》（下册第一分册），戴瑞辉、吕永祯、吴聿衡译，商务印书馆，1988，第 75 页。

④ See Joseph A. Hill and Reginald L. Brown, *Prisoners and Juvenile Delinquents in the United States, 1910* (Washington, D. C.: Government Printing Office, 1918), p. 15.

⑤ Morton Keller, *Regulating a New Society, Public Policy and Social Change in America, 1900-1933* (Cambridge, Massachusetts: Harvard University Press, 1944), pp. 149-155.

力犯罪行为在芝加哥、底特律、新奥尔良、罗切斯特和纽约这些大城市都增长了一倍。[①] 美国律师协会（American Bar Association）下属的特别执法委员会指出，1910—1922 年，美国的犯罪人口增长了 16.6%，而这一时期的正常人口增长量只有 14.9%。美国人口普查局的数据统计结果显示，从 1917 年 7 月 1 日到 1922 年 7 月 1 日，有犯罪统计区域的监狱犯罪人数增长率都达到了 2.6%以上。[②] 查尔斯·埃尔伍德通过对 1904 年美国在押犯人的属地情况进行分析后指出："1904 年在押的犯人中，50%是非农业劳动者或者是仆人。从犯罪行为发生的区域来说，人口密度和人口分布对犯罪有一定的影响。一般来说，城市犯罪率高于农村犯罪率。几乎所有文明国家的犯罪数据统计结果都显示出大城市的犯罪率至少是农村地区的两倍以上。"[③] 他进一步指出，1860—1890 年，美国总人口是原来的两倍，但犯罪的总人数却是原来的四倍。[④] 乔塞亚·斯特朗（Josiah Strong）指出，美国自然资源丰富，农业、矿业和制造业繁荣，以西部的新移民区为开路先锋，美国的经济正处在以前所未有的速度向前发展的起始阶段，美国在西部拓疆运动的推动下注定要成为整个世界的领导者。然而，美国人要完成这一使命必须要经受住严峻威胁的考验，例如从中欧和东南欧涌入的大量移民、罗马天主教和摩门教教会势力的不断扩张、全国上下成风的酗酒行为，以及来自激进社会主义和鄙俗微利主义的挑战，这些挑战与

---

① See Jeffrey S. Adler, "Less Crime, More Punishment: Violence, Race, and Criminal Justice in Early Twentieth-Century America," *The Journal of American History*, No. 6(2015): 36.

② See C. V. Dunn, "The Church and Crime in the United States," *Annals of the American Academy of Political and Social Science*, No. 5(1926): 204.

③ Charles A. Ellwood, *Sociology and Modern Social Problems* (New York: American Book Company, 1913), p. 321.

④ See Charles A. Ellwood, *Sociology and Modern Social Problems* (New York: American Book Company, 1913), pp. 317-318.

威胁在美国新型城市里体现得最为集中，也最具有代表性。①

黄柯可认为："根深蒂固的种族歧视思想，使种族冲突不断发生，造成社会的动荡。由于以上原因，在1880—1890年，美国的社会犯罪率上升了50%。从1881年至1898年，仅芝加哥一市的杀人案件就由1266起增加到7480起，增加了近6倍。"② 王涵指出："19世纪后半期，社会迅速转型的后果之一是出现了许多新的社会问题，如酗酒、少年犯罪、卖淫、政治欺诈以及精神疾病等，这些问题多源于传统家庭和社区生活的瓦解，以及由此而导致的社会化和传统社会控制手段的失效。"③ 刘绪贻、杨生茂等指出："20世纪初，纽约、费城、波士顿等城市的规模都大为扩张。然而，在城市规模急剧扩大的过程中也出现了新问题，如贫民窟问题，城市犯罪问题，工业污染问题等，这些问题都是城市化进程中出现的新现象。"④ 他们还进一步指出，城市中社会矛盾的尖锐化，也表现在犯罪问题上。根据人口普查的有关资料，1880—1890年，美国全国犯罪收监率上升50%，而且大部分案件发生在城市。⑤

二、关于城市犯罪的根源与成因研究

学界在对大量犯罪现象进行调查后发现，在引起各类犯罪行为的原因中，除少数个体特殊情况之外，贫困、酗酒、外来移民、文化生

---

① 参见劳伦斯·A.克雷明《美国教育史：城市化时期的历程（1876—1980）》（第3卷），朱旭东等译，北京师范大学出版社，2002，第21页。

② 黄柯可：《英美法德俄城市化特点及出现的问题》，《兰州学刊》1994年第2期。

③ 王涵：《美国进步时代的政府治理（1890—1920）》，上海社会科学院出版社，2013，第137—138页。

④ 刘绪贻、杨生茂主编《美国通史》（第4卷），人民出版社，2002，第44页。

⑤ 参见刘绪贻、杨生茂主编《美国通史》（第3卷），人民出版社，2002年版，第316页。

活设施的匮乏等是导致犯罪行为发生的主要原因。

（一）关于贫困导致犯罪的研究

贫困是导致犯罪的一个重要原因，这种情况在美国的工业化进程中表现得尤为突出。调查发现，来自劳工阶层的犯罪人数超过了其他阶层的犯罪人数，占犯罪总人数的30%之多，这个阶层的人口基本上属于贫困阶层。弗·斯卡皮蒂指出，早期的研究证明，高犯罪率与过分拥挤的大城市内城贫民区关系密切。无论是什么样的种族或民族集团住在那里，贫民区的犯罪率都是很高的。① 韦恩·莫里森（Wayne Morrison）在《理论犯罪学：从现代到后现代》一书中指出："芝加哥学派的调查数据显示，在美国的大城市里，违法犯罪者往往集中居住在城市中那些房租低廉、生活设施较差的地区，这就是发生在市中心的情形。在这些地区还存在着人口流动快的特点，这无形之中导致了'社会解体'的病理因素。由于这些社会病理因素的存在，儿童不能接受到良好的教育和管控，所以，违法犯罪的习惯得以形成并发展下去。"② 莫林·弗拉纳根（Maureen A. Flanagan）指出："由于家庭拮据加之学校是收费的，工人和失业者的孩子一般都在城市中从事一些可以补贴家用的工作，例如卖报等，而没有接受教育的机会。即使儿童不去工作，他们也无处可去。没有他们可以承受得起的幼儿园，也没有足够的公共园地，没有安全的街道。他们只能在肮脏的、充满车辆的，甚至使人学坏的街道上度过童年。"③ 此外，这一时期，美国的司法系统也没有独立的少年犯罪体系，少年犯一般与成年犯一起宣判，

---

① 参见弗·斯卡皮蒂《美国社会问题》，刘泰星等译，中国社会科学出版社，1986，第294页。

② 韦恩·莫里森：《理论犯罪学：从现代到后现代》，刘仁文等译，法律出版社，2004。

③ Maureen A. Flanagan, *America Reformed : Progressives and Progressivisms 1890s-1920s* (New York: Oxford University Press, 2007), pp. 21-23.

有时候还与成年犯一起关押。[①] 克利福德·肖（Clifford R. Shaw）和亨利·麦凯（Henry D. Mckay）通过对芝加哥贫民窟生活条件和环境文化进行跟踪调查后指出："违法犯罪是生活在芝加哥贫民窟里的人们对糟糕的工作环境和生存状态的一种无法抵抗的、不可避免的本能反应。"[②] 他们还特别强调，在特定的地理环境中，高比例的外来人口、糟糕的住房条件、简陋的卫生设施、贫穷的生活状态及迅速增长的人口，这一切与违法犯罪率保持同步。[③]

李剑鸣在《大转折的时代——美国进步主义运动研究》一书中指出："贫困导致犯罪、卖淫、酗酒和不关心社会公益，同样带来道德上的问题。"[④] 李颜伟指出："经济贫困和文化生活的匮乏，也使贫民窟成为孕育犯罪的温床。为生活所迫，贫困家庭的儿童往往放弃学业而成为小贩，长期在街道上流浪，逐渐学会了欺骗、斗殴，沾染上种种恶习，滋生了各种青少年犯罪。"[⑤] 李其荣指出："工业化开始以后，城市犯罪率高于乡村，大城市又高于小城市，成为普遍规律。导致犯罪率不断上升的原因，主要是城市化过程中的社会矛盾日益尖锐，社会分配不公和贫富差距的拉大。周期性的失业使劳动群众生活没有基本保

---

① See Maureen A. Flanagan, *America Reformed : Progressives and Progressivisms 1890s-1920s*(New York: Oxford University Press, 2007), p. 45.

② Clifford R. Shaw and Henry D. McKay, *Juvenile Delinquency and Urban Areas : A Study of Rates of Delinquency in Relation to Differential Characteristics of Local Communities in American Cities*(Chicago: University of Chicago Press, 1969), p. 168.

③ See Clifford R. Shaw and Henry D. McKay, *Juvenile Delinquency and Urban Areas : A Study of Rates of Delinquency in Relation to Differential Characteristics of Local Communities in American Cities*(Chicago: University of Chicago Press, 1969), p. 162.

④ 李剑鸣：《大转折的时代——美国进步主义运动研究》，天津教育出版社，1992，第 65 页。

⑤ 李颜伟：《美国改革的故事》，北京大学出版社，2009，第 49 页。

障，周期性的经济危机给社会带来了不稳定因素。”①

（二）关于酗酒导致犯罪的研究

研究者通过对大量的犯罪现象进行调查和分析后发现，在这个时期，导致犯罪的原因除了贫困、种族、宗教信仰和身体缺陷等原因之外，酗酒的习惯和大量酒馆的存在成了导致城市犯罪率不断攀升的另一个主要原因。因此，铲除酒馆的存在、全社会禁酒就成为这一时期维护社会安宁、降低城市犯罪率的重要改革内容。

诺曼·克拉克（Nomal H. Clark）指出：“1873 年，全美共计有 10 万个酒馆的存在，平均每 400 人中就有一个酒馆。这些酒馆催生于美国城市化与工业化之中，也将这种文化丑陋的本质透视得淋漓尽致。大量酒馆的存在加剧了城市犯罪率的上升，也导致了贫困和潦倒人口的增加，引发了中产阶级妇女们的关注与担忧，并最终导致了 1873 年妇女禁酒改革运动的发生，这场运动也以燎原之势迅速蔓延到各州。”② 1918 年 7 月，乔治·霍华德（George E. Howard）在《美国社会学杂志》上刊文指出，既然酒是导致人们犯罪的主要原因之一，那么州政府就有义务通过法律实施禁酒。虽然规劝人们戒酒的困难程度不亚于废除奴隶制度，但最终还是可以实现的。③ 艾弗雷姆·伊顿（Ephraim L. Eaton）认为，酗酒对人类道德本质的影响，其最终结果是导致家庭的破碎、贫困人口的增加、犯罪率的上升、罪恶行为的猖獗、疾病的泛滥和整个社会道德标准的降低。④ 霍勒斯·瓦德林（Horace G.

① 李其荣：《对立与统一——城市发展历史逻辑新论》，东南大学出版社，2000，第 159 页。

② Normal H. Clark, *Deliver Us from Evil : An Interpretation of American Prohibition* (New York: W. W. Norton, 1976), pp. 50-55.

③ See George E. Howard, "Alcohol and Crime: A Study in Social Causation," *The American Journal of Sociology*, No. 7(1918): 24-27.

④ See Ephraim L. Eaton, *Winning the Fight Against Drinking* (Cincinnati: The Methodist Book Concern, 1912), pp. 75-82.

Wadlin）分析道，马萨诸塞州劳工统计局 1895 年的调查数据显示，截至 1895 年 8 月 20 日之前的连续 12 个月里，马萨诸塞州共计有 26 672 人因违反法律而被判刑。对这 26 672 人的犯罪原因进行分析后发现，其中有 17 575 人因醉酒而被判刑，657 人因酗酒后导致了其他犯罪而被判刑，另外 8440 人因其他犯罪而被判刑。初步统计发现，这一年因醉酒或酗酒而导致犯罪行为发生被判刑的总人数为 18 232 人，占总犯罪人数的 68.36%，另外原因的犯罪人数仅仅占到犯罪总人数的 31.64%。[①] 哈利·华纳（Harry S. Warner）指出："伊利诺伊州州立教养院 1903 年统计数据显示，教养院里所关押的青少年罪犯在被判决之前，59%的人具有饮酒的习惯。在这其中，14 岁以下的少年犯有 86 人，这 86 人中有 56 人酗酒。此外，绝大多数少年犯的父亲具有酗酒的习惯。酒虽然不能被说成导致这些青少年犯罪的唯一原因，但与缺乏家庭教育、父母亲的离世，以及其他因素比起来，酒被视为导致他们犯罪因素中最常见的原因之一。"[②]

（三）关于其他原因导致犯罪的研究

查尔斯·埃尔伍德从主客观两个方面对犯罪原因进行了系统分析。他认为，客观原因是身体以外的原因，是在环境中形成的，而主观原因是身体以内的原因，与身体结构或心性特质有关。就犯罪的客观原因来说，可以分为物质环境和社会环境两大方面，其中社会环境的原因在犯罪的客观原因中居于主要地位。社会环境的原因主要分为以下方面：第一，家庭生活的状况对犯罪有很大的影响。家庭是养育儿童的主要地方，所以造成犯罪的各种原因中，以家庭的境况最为紧要。主管教养院学校的负责人分析道，教养院中所收养的贫儿有 85%—

---

① See Horace G. Wadlin, *Relation of the Liquor Traffic to Pauperism, Crime, and Insanity* (Boston: Wright & Potter Printing Co., 1896), pp. 122-125.

② Harry S. Warner, *Social Welfare and the Liquor Problem* (Chicago: The Intercollegiate Prohibition Association, 1909), p. 115.

90%是道德败坏家庭中的孩子或者离散家庭的孩子。此外，美国监狱调查表显示，囚犯中有 60%是未婚的人，或者丧偶的人。第二，工业状况对于犯人的多寡也有关系，尤其是经济危机、市场混乱、业主停工和工人罢工时，都能造成犯罪现象的产生。第三，人口密度大小与犯罪也有一定的关系。一般来说，城市犯罪率高于农村犯罪率。几乎所有文明国家的犯罪数据统计结果都显示出大城市的犯罪率至少是农村地区的两倍以上。第四，种族和民族的不同对于犯罪的多寡也有关系。这一时期，黑人犯罪的比例是白人犯罪的四倍到五倍。从移民来源国来看，这一时期来自意大利南部的移民有一个明显的犯罪趋势，尤其在暴力犯罪方面。相对于老移民来说，爱尔兰移民的犯罪率较高，这主要是因为他们有嗜酒的习惯，但主要是一些轻微犯罪。第五，政府和法律的缺陷也是导致犯罪行为发生的强有力原因之一。第六，受教育状况的差异无疑也是导致犯罪的因素之一。学校教育自然不会使人犯罪，但学校教育的缺失却能增加犯罪的数量。文盲的犯罪率高于受过教育的人。1904 年，美国的文盲率占到 10.7%，但该年度监狱调查表所登载的全体犯人中，不识字的犯人却达 20%以上。报纸有普及教育的功用，但按照当时的情形来看，报纸却成了诱人犯罪的原因之一。有些人常常模仿报纸上所刊载的犯罪细节，做出相关犯罪行为。当时美国各类报纸和新闻栏目有 75%的版面专门登载各种犯罪行为与不道德的事件，导致了整个社会笼罩在犯罪危机之下。第七，一些社会场所也会滋生一系列犯罪。例如酒馆、赌场、便宜的歌舞厅和一些粗俗的影院、娱乐场所等，在这些场合聚会，各种犯罪都会散布到光顾者的身上。第八，品行与风俗对犯罪也有影响。例如，当时美国社会中有一种风俗，有一部分人喜欢在昏暗的环境中交流，这无疑也会增加犯罪的概率。①

综上，与上等阶层衣食无忧的生活条件和日益增长的经济收入相比，贫穷、低工资、疾病、过于拥挤的生活环境以及失业能够驱使任何人去犯罪。大卫·香农（David A. Shannon）在《20世纪美国史：进步主义时代》一书中指出，1890—1917年，共有17 991 468名移民进入美国，其绝大部分来自欧洲和世界其他贫困国家。其中，中欧移民占27.1%，南欧移民占24.3%，西北欧移民占20.2%，东欧移民占18.5%，中南美洲移民占2.63%，亚洲移民占2.6%。② 这些移民往往文化素质低下，身无分文，贫困潦倒，在美国登岸后一时又无法找到理想的工作，聚居于城市贫民区，任人摆布，靠救济为生，因而违法犯罪行为时有发生。刘绪贻、杨生茂等也指出："移民在美国城市化的进程中也产生了另一方面的影响，诸如在一些大都市中出现移民居住区，这些地区因移民国别、族裔、文化背景不同，特别是美国存在严重的种族歧视，往往会产生种族矛盾和发生冲突；同时因为移民收入低微、生活条件较差，社区的安全问题较多，这些区域往往会滋生城市化进程中必须解决的许多社会问题。"③

哈罗德·福克纳在《政治、改革与扩张》一书中指出，1894年列克斯考委员会通过对纽约市政运转情况进行调查后发现，纽约市政相当腐败，贪污腐化成风，管理效率极低。例如，警察部门允许卖淫和非法酒馆存在，这是因为警察接受了这些行业从业者的贿赂，有的警察还参与了抢劫。何以至此？调查报告分析说，由于警察的招录和晋升均须对市政当权者行贿，不少人因此而贷款，警察的收入不高，通

① See Charles A. Ellwood, *Sociology and Modern Social Problems* (New York: American Book Company, 1913), pp. 322-323.

② See David A. Shannon, *20th Century America : The Progressive Era* (Chicago: Rand McNally & Company, 1974), p. 95.

③ 刘绪贻、杨生茂主编《美国通史》（第4卷），人民出版社，2001，第49—50页。

过正常渠道难以应付这些开销，故不得不捞取非法外快，默许了一些犯罪行为的发生。①

托马斯·特拉维斯（Thomas Travis）指出："活动场地的缺乏和有组织的娱乐活动项目的缺少也是导致青少年犯罪率上升的重要原因。由于操场和公共休闲场地的缺失，很多青少年在城市的街头上踢球玩耍，很多青少年也因此而违反城市管理规定被逮捕。青少年还会因无事可做而经常光顾只收取10美分入场费的廉价剧院来消磨时光，而剧院上演或放映的内容往往因过于暴力和色情而使青少年浮想联翩、误入歧途。如果学校能够将教育设施最大限度地提供给这些青少年，让他们进行游戏训练、运动健身，并举行有组织的娱乐活动，那么因场地的缺乏而导致的青少年犯罪现象就会大量减少。"②

此外，种族和宗教信仰问题在这一时期也被视为导致城市犯罪率高涨的一个原因。乔塞亚·斯特朗指出，美利坚民族正面临着一场空前的种族危机，美国人的宗教信仰、生活方式和社会制度受到了严重的威胁和挑战。大批东南欧移民的到来加速了美国天主教会的发展和壮大，造成了社会犯罪率的急剧上升和社会道德的衰颓，助长了工人运动和无政府主义，加剧了贫富两大阶级的对抗。③

三、通过教育治理城市犯罪的相关研究

为了解决城市犯罪问题，寻求社会稳定，美国社会上下一方面通

---

① See Harold U. Faulkner, *Politics, Reform and Expansion* (New York: Harper & Brothers, 1959), p. 24.

② Thomas Travis, *The Young Malefactor: A Study in Juvenile Delinquency, Its Causes and Treatment* (New York: Thomas Y. Crowell, 1908), p. 124.

③ See Josiah Strong, *Our Country: Its Possible Future and Present Crisis* (New York: The Baker and Taylor Co., 1885), p. 175.

过开展禁酒教育、犯人的职业技能培训教育和青少年教养教育来预防和减少犯罪行为的发生；另一方面各州和地区也通过普及义务教育、延长义务教育年限、建立青少年教养院学校、征收教育税、开展儿童游戏和场地运动等各种教育努力来解决犯罪、贫穷、移民的美国化等社会问题。

玛丽·亨特指出："到1888年，全美共计有25个州通过了禁酒教育立法，此时全美在校学生总数大约为1800万人，而这其中有三分之二，也就是说有1 200万名在校学生正在接受戒酒教育课程学习，了解酒精饮品及其他麻醉剂的本质特征，以及对人体的影响。"[①] 诺顿·梅兹文斯基（Norton Mezvinsky）指出，到1901年，美国所有州都通过了禁酒教育立法，在1901—1902学年，有超过2200万在校学生接受了科学戒酒教育。[②] 诺顿·梅兹文斯基还指出，基督教妇女禁酒联合会作为推广禁酒教育的主力军，一方面通过持续地在学校里强调戒酒教育的重要性来增强影响力；另一方面创办了《戒酒教育季刊》《科学戒酒》这两本刊物，并定时地分发给学生、教师和各种类型的学校图书馆。此外，基督教妇女禁酒联合会还在各地组织各种类型的与戒酒相关的辩论赛和征文比赛，来强化戒酒知识的教育与宣传，并且一直坚持到1920年全国禁酒立法颁布之后的岁月里。[③]

乔尔·斯普林指出："在19世纪，教育日益被视为一种社会控制的工具，用来解决犯罪、贫穷和移民的美国化等社会问题。公共学校的教育取代了像家庭和教堂这类机构所扮演的社会训练的角色。由于社

---

① Mary H. Hunt, *A History of the Decade of the Department of Scientific Temperance Instruction in Schools and Colleges of the Woman's Christian Temperance Union in Three Parts* (Boston: Washington Press, 1891), p. 31.

② See Norton Mezvinsky, "Scientific Temperance Instruction in the Schools," *History of Education Quarterly*, No. 1(1961): 50.

③ See Norton Mezvinsky, "Scientific Temperance Instruction in the Schools," *History of Education Quarterly*, No. 1(1961): 54.

会开始关注大量来自东欧和南欧移民的教育问题，学校活动范围也因此而扩大了。人们担心，没有一定形式的美国化，移民将会导致美国制度的迅速解体。”[①] 加里·纳什指出：“改善学校的教育条件是培养优秀公民的一个途径。”[②] 马萨诸塞州布鲁克林市督学塞缪尔·达顿（Samuel E. Dutton）将教育视为消除犯罪的一剂良药，并指出：“虽然我们不能说教育能直接地解决犯罪问题，但是通过教育去间接且有效地阻止犯罪行为的发生，这一点是能够明确地得到证实的。”[③] 约翰·赫里克（John Herrick）在其《美国进步时代：变革社会中的社会政策创新》一文中指出，拯救儿童一直都是美国改革的一部分，在1900—1917年这一时期各州和市政当局都通过延长义务教育年限、让儿童得到更多受教育的机会来保护儿童的权益。许多城市在这时都实行了强制性义务教育，1890—1920年，从公共学校毕业的儿童总数增加了三倍。[④] 王涵在《美国进步时代的政府治理（1890—1920）》一书中指出：“19世纪末20世纪初美国许多州开始进行教育立法，征收教育税，建立教育基金，并对教育进行监督和管理，有力地促进教育的发展。在进步时代，面对经济急剧扩张带来的社会剧变和混乱，学校教育的‘社会及其平衡轮’作用再次被人们所重视，学校教育功能的转化，尤其是道德教育功能的强化，成为推动民主社会继续前进的希望所在。”[⑤]

---

① Joel H. Spring, *Education and the Rise of the Corporate State* (Boston: Beacon Press, 1972), p. 62.

② 加里·纳什：《美国人民：创建一个国家和一种社会》，刘德斌译，北京大学出版社，2008，第677页。

③ Samuel E. Dutton, *Social Phases of Education in the School and the Home* (New York: The Macmillan Company, 1907), p. 207.

④ 参见约翰·赫里克《美国进步时代：变革社会中的社会政策创新》，岳经纶等译，《公共行政评论》2008年第4期。

⑤ 王涵：《美国进步时代的政府治理（1890—1920）》，上海社会科学院出版社，2013，第169—171页。

迪恩·钱普（Dean J. Champion）在《美国的矫正》一书中指出："1899 年，科罗拉多州通过了义务教育法令，目的是解决未成年人的逃学问题，违反该法令的人也被称为妨碍治安的人。这个法令涉及的对象包括经常逃学的，以及那些既没有明确的工作和职业又不入学的未成年人。"① 韦恩·厄本指出："早在 19 世纪早期，一些社会改革家就反复强调，可以通过在少年管教所中开展的手工劳动来对任性的年轻人进行社会和精神方面的改造。19 世纪晚期，随着城市的快速发展，产生了大批需要改造的年轻人，于是要求通过手工艺教育来改造这些年轻人的呼声也越来越高。"② 埃尔伍德·克伯莱指出："在解决青少年犯罪问题上面，教养院学校发挥了非常重要的作用。大约有 65%—75%被处罚或判刑的青少年经过教养院学校的教育后改邪归正，走上了正确的生活道路，同时这也说明了早期正确教育和训练的重要性。"③ 埃尔伍德·克伯莱进一步指出，许多学校因自身规模的有限性，无法满足一些特殊群体的需求，而一些县和州所拥有的特殊类型的学校，如家长学校、工业学校、教养院学校等，正好填补了公共学校在一些功能上的缺失。在实践中发现，虽然学校对这些有缺陷和难以管教的学生付出更多的人力和物力，但从长期来看，学校现在所能做的这些工作比以后社会所要付出的代价廉价得多。对于一些屡教不改的学生，市、县的家长学校承担着对他们进行关押和教育的功能；对于一些古怪和另类的学生，教养院学校和州立工业学校根据他们的职业兴趣，对他们进行专业化的教育和培训；对于一些情节严重的少年犯和屡教

① Dean J. Champion, *Corrections in the United States* (New Jersey: Prentice-Hall, Inc.), p. 560.

② 韦恩·厄本等：《美国教育——一部历史档案》，周晟等译，中国人民大学出版社，2009，第 259 页。

③ Ellwood Patterson Cubberley, *An Introduction to the Study of Education and to Teaching* (Boston: Houghton Mifflin Company, 1925), p. 184.

不改的惯犯，青少年监狱承担着对他们进行教养和改造的功能。上述三种不同层次的教育方式的主要目的就是尽早发现一些青少年存在的异常问题，通过再教育的形式尽可能地挽救他们，使之成为对社会有益的人。①

温思罗普·莱恩（Winthrop D. Lane）指出，1908—1918 年这 10 年里，加利福尼亚大学的相关院系还承担起为当地警察部门提供犯罪学方面的相关课程的责任，以期更好地帮助警察们处理犯罪问题。学校在开设相关专业课程的同时，还安排了大量的实验室现场教学活动，以帮助学习者更直观地感受和消化相关理论知识。伯克利市的举措与经验在经过介绍与宣传后，被其他城市相继学习效仿。越来越多的州立大学也开始提供犯罪学方面的教职席位，警察部门也要求每一个从事警务工作的人员都应该在规定的教育机构里获得从事这一职业必需的学历与资质后，才能被委以相关岗位和工作职责。②

第九节　教育与社会改革关系思想的相关研究

从国内外教育史学界最近 30 年来对进步时代的教育与社会改革关系的研究成果来看，大量研究主要集中在对进步时代教育和社会改革的相关史专题的挖掘方面，而对这个时代知识界有关教育与社会改革关系的论述的专门研究相对薄弱。已有的一些研究成果散见于思想史、社会史、文化史等学科领域。

① See Ellwood Patterson Cubberley, *An Introduction to the Study of Education and to Teaching* (Boston: Houghton Mifflin Company, 1925), pp. 300-301.

② See Winthrop D. Lane, *Punishment and Reformation: A Study of the Penitentiary System* (New York: Thomas Y. Crowell Company, 1919), pp. 314-317.

一、进步时代之前教育与社会改革关系思想的研究

从独立建国到19世纪80年代，美国的政治家、思想家和教育家时有关于教育与社会改革之间关系的论述，由此形成了较为丰富的思想遗产，而围绕着这些思想展开的研究也一直持续不断，产生了大量的研究成果。限于篇幅，以下主要围绕有关托马斯·杰斐逊和贺拉斯·曼教育思想的学术成果进行梳理。

（一）对托马斯·杰斐逊相关思想的研究

在珍妮·奥克斯（Jeannie Oakes）和马丁·利普顿（Martin Lipton）看来，建国先贤中对后世教育思想影响最大的当属托马斯·杰斐逊。“他清楚地表达了关于民主社会的其他观点，这些观点仍然在影响着今天美国的教育。”[①] 在《教学与社会变革》一书中，他们指出，在托马斯·杰斐逊看来，理性的思想是有序的、稳定的现代社会的基石。民主要求公民参与公共的协商，以及运用他们的理性，在相互冲突的观点中做出决策，从而为国家指引方向。出版自由是言论和思想自由的必要条件，而只有民众能够阅读，出版自由才能具有引导舆论的真正价值。为此，托马斯·杰斐逊要求州政府为儿童提供学校教育，为他们的公民资格做好准备。[②]

劳伦斯·克雷明也曾说过：“无论如何，杰斐逊的教育思想的影响在19世纪乃至20世纪都是重大而深远的……他对民众教育的计划，对教育与自由二者密不可分的联系的主张在各地深入人心，被不同的改

① 珍妮·奥克斯、马丁·利普顿：《教学与社会变革》，程亮等译，华东师范大学出版社，2008，第4页。

② 参见珍妮·奥克斯、马丁·利普顿《教学与社会变革》，程亮等译，华东师范大学出版社，2008，第4页。

革者接受……并成了美国民众教育的真正守护神。”①

劳伦斯·克雷明进一步探讨了托马斯·杰斐逊关于教育与社会变革思想的一些细节问题。他首先讨论了托马斯·杰斐逊于 1779 年起草的《关于进一步普及知识的法案》（*Bill for the More General Diffusion of Knowledge*）在州议会中被争论、未获通过、再次提交讨论、再次未获通过并最终于 1796 年获得有条件通过的过程，指出了在这个过程中托马斯·杰斐逊对普及初等学校态度发生的变化。接着，劳伦斯·克雷明介绍了托马斯·杰斐逊创建弗吉尼亚大学的过程。他指出，托马斯·杰斐逊对制度化教育的信念来源于一种人性可教的观念。“杰斐逊认为整套教育计划是建立在这样一些观念之上的：人的天性非天生一成不变的，人可以不断发展完善自我，而教育恰是实现这一目的的首要手段。”② 劳伦斯·克雷明从托马斯·杰斐逊的书信中清晰地看到一种对于教育改善人性的无限能量的乐观认识。他强调，这种对于教育的作用的乐观认识，同样可以在贺拉斯·曼和约翰·杜威的身上看到。最后，劳伦斯·克雷明讨论了托马斯·杰斐逊的社会观的不足及其教育思想的局限。他愿意释放奴隶甚至希望他们受教育，但是要将他们送返非洲。他赞同与印第安人的民族融合，但也制定了驱赶、隔离印第安人的政策。他关心自己女儿的教育，但对女子教育问题却从未系统考虑过。他关心民众教育，但只是在政治意义上使用“民众”一词，即自由的男性白人。

与劳伦斯·克雷明一样，亨利·默温也看到了托马斯·杰斐逊对于人性可教所持有的乐观态度。他指出，托马斯·杰斐逊的伟大在于他是第一位信任人民大众的政治家，只有托马斯·杰斐逊深信人民大

---

① 劳伦斯·A. 克雷明：《美国教育史：建国初期的历程（1783—1876）》（第 2 卷），洪成文等译，北京师范大学出版社，2002，第 118 页。

② 劳伦斯·A. 克雷明：《美国教育史：建国初斯的历程（1783—1876）》（第 2 卷），洪成文等译，北京师范大学出版社，2002，第 116 页。

众在道德和智力上适合自治。托马斯·杰斐逊终生对通过教育人民使他们有能力获得这种正确的社会与政治理解充满热情。[①]

在有关托马斯·杰斐逊的社会思想的局限性上，亨利·科蒂的观点与劳伦斯·克雷明比较接近。他指出，托马斯·杰斐逊不相信所有人的能力的绝对平等，他相信在天赋和美德上存在着自然贵族。因此，他的教育计划就是从民众中将这些自然贵族筛选出来，使他们担任社会的领导者。尽管托马斯·杰斐逊从穷人中挑选天才的教育计划远比当时其他的教育计划更加民主，但是亨利·科蒂认为，这个方案还远远不是民主的。首先黑人被排除在外，女孩与男孩没有同等的受教育机会，而且托马斯·杰斐逊强烈的个人主义和对自由放任理论的热情促使他反对强迫入学制度。不仅如此，托马斯·杰斐逊也没有考虑到富人有能力为他们的所有孩子提供教育，而无论他们的孩子天赋能力如何。[②] 此外，托马斯·杰斐逊方案还存在的问题是，初等学校的重点被放在纯粹的识字训练上。这些训练对于挣扎在不那么肥沃的土地上的普通民众以及麻烦缠身的拓荒者而言，直接的受益实在是太少了。考虑到托马斯·杰斐逊希望将人类的文化财富向一切儿童开放，打破在穷人和富人之间的错误的教育区分（educational division），他对文学科目的强调的确是民主的。但是，由于不能提供诸如农业等科目的教学，他的课程几乎不能改善普通民众的经济状况，而经济状况是他们的政治影响、实践智慧和社会地位的基础。而且，他在初等教育之后在要去学习的和要去工作的两类人之间所做出的严格区分，会阻止大

---

① See Henry Childs Merwin, *Thomas Jefferson* (Boston: Houghton Mifflin Company, 1901), pp. 47-48.

② See Merle Curti, *The Social Ideas of American Educators* (Paterson: Pageant Books Inc., 1959), p. 42.

多数更为贫困的人接受宽泛的文化教育。[①] 尽管如此，亨利·科蒂仍然认为："杰斐逊是第一个强调把公共教育作为实现民主和促进社会改革的工具的美国人。他把教育视为促进人类幸福和他所捍卫的自由和民主的唯一特定的手段。"[②]

与亨利·科蒂主要从经济的角度对托马斯·杰斐逊的知识社会化方案进行的解释不同，朱旭东认为，托马斯·杰斐逊对教育与社会改革关系的认识明显是出于政治的需要。他指出，托马斯·杰斐逊是从政府的可能腐败论来论证教育的重要性的。无论是在《关于进一步普及知识的法案》还是在《弗吉尼亚纪事》中，托马斯·杰斐逊总是从政府、人民、心智三者关系的角度去反复重申建立公共学校以促进知识社会化的必要性。[③]

与亨利·科蒂一样，艾伦·奥恩斯坦（Allan C. Ornstein）也指出了托马斯·杰斐逊教育计划所具有的重视选择性的特点。不仅如此，艾伦·奥恩斯坦还认为，《关于进一步普及知识的法案》本身显示了共和国初期教育理论的建立。[④] 同时，该法案将宗教课从公共学校的课程中去除也表明了殖民地时期明显的宗教教派的影响开始消失。此外，特别有价值的是，艾伦·奥恩斯坦对建国时代由乔治·华盛顿、本杰明·拉什、诺亚·韦伯斯特等人提出的诸多计划的共同特点进行了总结，认为这些计划的共同的目的是：第一，教育要适合自治政策的需要；第二，教育应反映发展中的国家的需要，包括国土的扩展和自然

---

① See Merle Curti, *The Social Ideas of American Educators* (Paterson: Pageant Books Inc., 1959), p. 43.

② Merle Curti, *The Social Ideas of American Educators* (Paterson: Pageant Books Inc., 1959), p. 44.

③ 参见吴式颖、褚宏启《外国教育现代化进程研究》，山西教育出版社，2006，第368页。

④ 参见奥恩斯坦《美国教育学基础》，刘付忱等译，人民教育出版社，1984，第76页。

资源的充足供应；第三，教育应该是实效的而不应是古典的或用作点缀的；第四，教育应该是美国式的而不应是欧洲式的。[①] 艾伦·奥恩斯坦指出，在建国时代的思想家那里，尽管更加强调教育的政治功能，但也没有忽视教育在促进经济发展和形成独特的美国文化方面的作用。这种把教育与政治、经济和文化等社会多方面变革联系起来的倾向对后世教育改革影响深远。

丁永为专门讨论了托马斯·杰斐逊的教育与社会变革的思想对后世的影响，他认为，托马斯·杰斐逊把自由民主与知识普及联系起来的这一思想为贺拉斯·曼和约翰·杜威所继承并发展。但是，托马斯·杰斐逊的教育设计并未被贺拉斯·曼和约翰·杜威所接受。在贺拉斯·曼那里，初等和中等教育并不主要为高等教育做准备；而且他更关心的不是那些极少数的学业最优者，而是大多数普通学生的发展。他的教育蓝图更具民主精神，这一精神在约翰·杜威那里得到进一步发扬。约翰·杜威反对教育作为未来的准备，而且强调教育过程本身就是目的，他重视儿童当前的生活，不愿意看到儿童牺牲了当前的成长而为遥远的未来生活做准备。[②]

陈露茜从托马斯·杰斐逊的出身与弗吉尼亚的社会环境以及在约翰·洛克学说、贵族情节与弗吉尼亚地方主义等因素影响下的托马斯·杰斐逊对美国独立革命后的政治经济设计等方面对托马斯·杰斐逊的教育话语进行解构，发现他的教育计划实质上是为了巩固社会上层精英的权力，并不是为了实现全民参与的民主，它本质上是社会精英进行自我延续的策略。因此，在她看来，托马斯·杰斐逊的教育观与以往一切利益集团一样，教育成为一种灌输、教化和改造的工具，

---

① 参见奥恩斯坦《美国教育学基础》，刘付忱等译，人民教育出版社，1984，第73页。

② 参见丁永为《变化中的民主与教育：杜威教育政治哲学的历史研究》，教育科学出版社，2012，第28页。

它是一种由精英集团去定义的意识形态。[①] 这一发现对于理解托马斯·杰斐逊关于教育与社会变革关系思想中的幽暗一面，透过概念的字面意义去把握话语实质有重要的启发。

（二）对贺拉斯·曼相关思想的研究

亨利·科蒂在《美国教育家的社会观念》一书中将贺拉斯·曼、亨利·巴纳德视为托马斯·杰斐逊之后最为重要的两位教育家，而且在两者之中贺拉斯·曼的地位尤其重要。这不仅体现在科蒂把关于贺拉斯·曼的章节放在亨利·巴纳德的章节之前，而且介绍贺拉斯·曼的篇幅要比亨利·巴纳德的多出四分之一。该书的第三章的标题即《教育和社会改革：贺拉斯·曼》。在这一章中，围绕着教育与社会改革的主题，亨利·科蒂将贺拉斯·曼的人性论、社会哲学和公共教育理论综合起来加以讨论。

亨利·科蒂指出，贺拉斯·曼早年所受的人文主义教育使其关心人的道德处境，尽管后来由于接受了颅相学的观点而不再相信人的天生智力的平等，但是，贺拉斯·曼对于普通人可以通过教育而获得知识和美德的信念却从未改变。在对待黑人和妇女的问题上，贺拉斯·曼也表现出比同时代人更加开明的看法，正是他宣传妇女的美德，主张聘请妇女担任公共学校的教师，在奴隶制的问题上也一直持有坚决的废奴立场。由于受到颅相学理论的影响，贺拉斯·曼逐渐发展了他的社会和教育哲学。依据颅相学的观点，人是倾向于自利的（self-interest），并且有着强烈的占有欲。因此，在向商人和工厂主宣传建立公共学校的必要性时，他罗列了大量数据表明受过教育的工人比无知的工人生产能力更强，创造利润的能力也更强。贺拉斯·曼十分肯定教育的经济功能，他认为极端的贫富差距与资本主义的各种罪恶可以

① 参见陈露茜《托马斯·杰斐逊教育观中的精英话语释义》，《华中师范大学学报（人文社会科学版）》2015 年第 6 期。

通过普及公共学校得以解决。贺拉斯·曼相信财富分配的不平等问题可以通过受教育机会的平等而得到解决。对于童工，贺拉斯·曼认为，社会应为一切儿童承担责任，使其通过接受教育而得到某种补偿。亨利·科蒂指出："尽管工作的制度对贺拉斯·曼施加了限制，但他仍然坚持这个理想，那就是学校的真正利益和社会的利益是一致的，这个理念也是后来杜威大力宣扬的……教育的目标乃是使儿童适应社会，同时也是适应一种丰富的个人的生活：这两个目标实际上是不可分割的。"① 亨利·科蒂将贺拉斯·曼和约翰·杜威加以比较，指出："与杜威一样，曼不只是强调教育的社会的目的，他也强调教育要适应一个变化的世界。"② 贺拉斯·曼认为，政治民主是不可避免的，但是它要想获得成功，就有赖于教育的和理智的民主，因此他认为必须要有一个免费的和普通的学校系统。贺拉斯·曼相信他所见的社会的不正义将会通过公共教育得以救治。

在第四章《亨利·巴纳德》中，亨利·科蒂指出，亨利·巴纳德在社会哲学上要比贺拉斯·曼更加保守。他更加希望公共学校制度在稳定社会秩序、控制工人阶级的"蛮力"（mighty power）方面发挥作用，他呼吁"资本家、爱国者和基督徒是时候醒来以使社会恢复秩序"③。亨利·巴纳德相信应该保持现状，但要消灭最严重的剥削情况，他也真正希望大众能够过得好。他憧憬一个没有阶级和阶级区别的社会，他也希望会有一种秩序，其中个人的尊严、美德和功绩会被重视却无关乎财富和等级。同时，他也相信这能够通过不破坏特权阶级的

---

① Merle Curti, *The Social Ideas of American Educators* (Paterson: Pageant Books Inc., 1959), p. 132.

② Merle Curti, *The Social Ideas of American Educators* (Paterson: Pageant Books Inc., 1959), p. 133.

③ Merle Curti, *The Social Ideas of American Educators* (Paterson: Pageant Books Inc., 1959), p. 146.

社会和经济地位而实现，富人和穷人可能真正地相互理解，分享共同的（特别是文化的）经验。[1]

约翰·鲁里对贺拉斯·曼的教育思想的认识与亨利·科蒂在很多方面是一致的，但他特别指出了贺拉斯·曼有关学校与宗教关系的主张，以及道德教育思想的重要性。约翰·鲁里认为，由于受到新教有关社会完善性（social perfectibility）信条和国家发展的共和精神的鼓舞，在贺拉斯·曼所生活的时代，人们普遍相信学校是解决社会问题的关键，也是经济和政治发展的工具。[2] 贺拉斯·曼对社会中日益增加的教派的分化和文化的冲突感到担忧，因而希望使社会不同群体的子女都能在共同的学校中相处而不论其宗教观点，他相信这对于共和国的未来发展具有根本性的意义。与亨利·科蒂不同，约翰·鲁里认为，贺拉斯·曼是一个精明的改革家，他了解改革的最重要的反对者，并且集中全力赢得他们对改革的支持。特别是贺拉斯·曼担心富人不把他们自己的孩子送入公共学校，因为这些人倾向于认为公共学校是慈善学校的同义词。因此，贺拉斯·曼向最富有的公民们保证支持公立教育符合他们的最大利益。贺拉斯·曼坚称道德教育在公共学校教育中是最重要的，他坚持认为这样一种教育将会传授适当行为的规范，教给学生对财产权的尊重并努力工作，有助于阻止不负责任的行为。此外，贺拉斯·曼还争辩说，受过教育的工人生产能力更强，学校教育有利于增加麻省不断增长的工业产品的价值。他还认为，学校教育能够缩小富人和劳工阶级不断扩大的鸿沟，有利于社会和谐。约翰·鲁里还认为，贺拉斯·曼推动学校改革不仅仅是在推动一项政治事业或一个经济行动方案，他深信教育有能力解决广泛的社会问题并能够

---

① See Merle Curti, *The Social Ideas of American Educators* (Paterson: Pageant Books Inc., 1959), p. 147.

② See John L. Rury, *Education and Social Change: Themes in the History of American Schooling* (Mahwah: Lawrence Erlbaum Associates, Publishers, 2002), p. 73.

促进社会的文明化。① 与亨利·科蒂一样，约翰·鲁里也指出，贺拉斯·曼是一位非常重视女子教育的改革家。尽管由于时代的局限，贺拉斯·曼不可能认为妇女的学校教育应该和男子的完全一样，也不可能认为在成人社会里妇女应该渴望男人的角色，但他认为，女人天生适合做教师，她们能够和学生（特别是小孩子）相处得更好。

约翰·鲁里在约略提到亨利·巴纳德的贡献之后，总结了公共学校运动时期的改革者所共同分享的价值观和教育信念。从政治上看，公共学校的领导者们共同关心的是美国共和政体的未来前景。他们都相信个人性格的发展作为社会进步的关键要素的核心重要性。个人的勤奋和自律被视为道德发展的关键，也是获得私人财富的关键。“这是一种正好适合资本家的社会秩序的意识形态视角，而且公共学校到处鼓吹美国资本主义作为一种优越的经济体制的优点。”②

劳伦斯·克雷明是在一个与前述史学家不太相同的框架中讨论贺拉斯·曼教育与社会变革关系的思想的，他注意到了在托马斯·杰斐逊和贺拉斯·曼之间存在的思想联系。他指出，与托马斯·杰斐逊一样，贺拉斯·曼坚信无知与自由不可能长期在一个国家中并存，因此有必要对国民实施制度化的学校教育。但与托马斯·杰斐逊不同的是，“对曼而言，问题已超出了仅限于知识的范围，而且升华到道德发展的层面……共和国若想长治久安，则必须在人民中间广泛地培养更加正直的品性，达到这个目的的首要工具就是学校”③。与托马斯·杰斐逊一样，贺拉斯·曼认为，学校教育将为人们在一个自由社会中负责任

---

① See John L. Rury, *Education and Social Change : Themes in the History of American Schooling* (Mahwah: Lawrence Erlbaum Associates, Publishers, 2002), p. 76.

② John L. Rury, *Education and Social Change : Themes in the History of American Schooling* (Mahwah: Lawrence Erlbaum Associates, Publishers, 2002), p. 78.

③ 劳伦斯·A. 克雷明：《美国教育史：建国初期的历程（1783—1876）》（第 2 卷），洪成文等译，北京师范大学出版社，2002，第 141 页。

地行使公民权奠定基础；而且与托马斯·杰斐逊一样，贺拉斯·曼推崇一种在州的有意倡立与支持下的学校教育体制。对此，珍妮·奥克斯和马丁·利普顿也认同劳伦斯·克雷明的观点，他们指出："19 世纪 30 年代，贺拉斯·曼为杰斐逊的公共学校观进行了辩护。"① 最后，劳伦斯·克雷明评价说："曼理想的公共学校体现了一个共和国教育的全部基本要素。"② 正是贺拉斯·曼把社会和谐作为公共教育的首要目标，认为提高道德水平是共和国未来所系的关键之一，并且出于上述目标，"曼所关注的是一般学生的最为普遍的进步，是全体学生的普遍进步而不是少数学生的显著进步"③。

滕大春在所著《美国教育史（第二版）》中指出，贺拉斯·曼认为消除犯罪和使社会问题迎刃而解，就需要教育来提高人们的认识和品德。"因此，改造社会唯靠教育的意识乃形成他的思想核心。"④ 贺拉斯·曼深信制度化的学校教育在促进社会变革中的首要性和不可替代性。贺拉斯·曼指出，依靠教会、家庭、慈善机构和私人团体的教育，已经远不能满足启发民智的需要，必须依靠政府举办的公共学校才能适应社会形势的发展。

滕大春扼要梳理了贺拉斯·曼在阐释教育与社会关系时的思想逻辑。在贺拉斯·曼看来，公共教育的必要性首先是由共和国的政治需要决定的，通过教育才能培育公民，选拔出政治领袖和社会精英。从文化的角度看，公共学校能够发挥民族熔炉的作用，使信仰和文化多元的各国移民可以和睦相处。从经济的角度看，教育可以医治贫穷，

---

① 珍妮·奥克斯、马丁·利普顿：《教学与社会变革》，程亮等译，华东师范大学出版，2008，第 4 页。

② 劳伦斯·A. 克雷明：《美国教育史：建国初期的历程（1783—1876）》（第 2 卷），洪成文等译，北京师范大学出版社，2002，第 142 页。

③ 劳伦斯·A. 克雷明：《美国教育史：建国初期的历程（1783—1876）》（第 2 卷），洪成文等译，北京师范大学出版社，2002，第 146 页。

④ 滕大春：《美国教育史（第二版）》，人民教育出版社，2001，第 303 页。

可以发展生产、富民强国。滕大春认为，贺拉斯·曼的教育观点是进步的，教育论断是切合实际需要的。“他从实践和斗争中对于错综复杂的教育问题深有理解，他的言论颇具卓识。”①

滕大春比较了贺拉斯·曼和亨利·巴纳德的观点，指出：“巴纳德侧重公立学校应维护社会稳定，不使有产者受到损害；曼则除此之外，还着重公立学校可以促进生产，使群众解除饥苦，是从贫苦大众考虑较多的……曼的人道主义和民主思想是更为明显的……”② 巴纳德的教育观点比曼保守。这一论断是很有价值的洞见。

对贺拉斯·曼的批判性研究也值得注意。在这些研究中，由塞缪尔·鲍尔斯和赫伯特·金蒂斯合著的《美国：经济生活与教育改革》是最为杰出、影响最大的成果之一。他们从经济与教育关系的视角出发，首先指出贺拉斯·曼的教育思想形成的特定时代背景，即工业化造成的充满冲突和斗争的、处于分裂危机中的社会。贺拉斯·曼是一位工业制度的支持者，但是他为工业化带来的负面的影响，即由于阶级对抗而带来的对现行社会和经济结构的挑战，而感到忧心忡忡。贺拉斯·曼希望尽快地清除社会结构中邪恶的和腐朽的成分，寻找一种公立的、靠税收支持的和不属于任何宗教派别的统一的学校体制成为贺拉斯·曼所信任的解决社会问题之道，他将公共教育视为社会机器的平衡轮。塞缪尔·鲍尔斯和赫伯特·金蒂斯评论说：“他的改革既是进步的，同时也是保守的。曼由于意识到新资本主义秩序的生产潜力，所以他拥抱新的资本主义秩序，并企图通过社会改良和结构变革使社会结构和马萨诸塞州的人民适应它的需要。同时，曼的改革有目的地（而且也很可能是有效地）用先发制人的办法阻止了该州劳动人民中的阶级意识的发展，并维护了他得以成长的这个社会的法律基础和经济

① 滕大春：《美国教育史（第二版）》，人民教育出版社，2001，第307页。

② 滕大春：《美国教育史（第二版）》，人民教育出版社，2001，第315页。

基础。”①

与塞缪尔·鲍尔斯和赫伯特·金蒂斯的经济视角不同，乔尔·斯普林更乐意考察贺拉斯·曼的教育计划背后的政治动机。乔尔·斯普林认为，尽管与托马斯·杰斐逊相反，贺拉斯·曼希望学校向全体学生灌输一种共同的政治信条，但这是在特定社会背景下的权宜考量，根本上仍是出于维护现行政治秩序的需要。在贺拉斯·曼所处的时代，日益上升的犯罪率和不断激化的社会矛盾，以及日渐扩大的投票权导致暴力冲突频发。贺拉斯·曼认为，这是由于人们持有不同的政治价值导致的。为了巩固政治秩序，使社会各阶层能够和谐相处，贺拉斯·曼提出改革公共学校的方案，意图使来自各个教派和社会阶层的儿童能够在一起接受共同的教育，习得共同的政治价值。乔尔·斯普林指出，在贺拉斯·曼的政治和社会目标中，社会化是一个重要概念。乔尔·斯普林争辩说：“对许多教育领导人而言，社会化是一种政治控制的强有力手段。”②

二、关于进步时代教育与社会变革关系思想的研究

在进步时代，对教育与社会改革关系有较为系统认识的思想家主要包括约翰·杜威、简·亚当斯，以及社会学家莱斯特·沃德、罗伯特·帕克和爱德华·罗斯等人。围绕他们的相关研究成果相对丰富。

（一）对约翰·杜威和简·亚当斯相关思想的研究

亨利·科蒂的《美国教育家的社会观念》是较早讨论教育家所持有的社会哲学与其教育思想关系的著作。在书中，他对约翰·杜威的

① S. 鲍尔斯、H. 金蒂斯：《美国：经济生活与教育改革》，王佩雄等译，上海教育出版社，1990，第 261 页。

② 乔尔·斯普林：《美国教育》，张弛、张斌贤译，安徽教育出版社，2010，第 16 页。

哲学思想、社会观念与教育主张之间的关系做了详尽的讨论。

亨利·科蒂将约翰·杜威关于教育与社会改革关系的思想分为三个部分加以阐释。第一部分是关于杜威的民主思想。亨利·科蒂指出，约翰·杜威在1888年发表的《民主伦理学》一文中即提出了纯粹民主的和激进的社会观点。约翰·杜威认为，政治和公民的民主除非由经济和工业的民主加以保证，否则就是毫无意义的。亨利·科蒂还发现，由于受到简·亚当斯的影响，约翰·杜威的社会民主观念非常强调交往和参与。第二部分是关于约翰·杜威的伦理思想。约翰·杜威揭露了社会不平等和社会奴隶制的现实，认为要使现存的社会状况得到转变（transform）而非使其再制（reproduce）。约翰·杜威认为，要转变现存的经济罪恶、解决社会问题，教育是根本的方法，但是他仍坚持认为，没有经济的民主，文化和社会的民主是不可能实现的。第三部分是关于约翰·杜威的心理学。亨利·科蒂指出约翰·杜威是如何将他的教育和社会理论建立在机能心理学的基础之上的。亨利·科蒂对约翰·杜威的社会与教育思想进行评论。亨利·科蒂指出，对约翰·杜威而言，教育和激进的社会变革是相关的和相互作用的。社会结构的每一次完善都释放出人类的教育性力量，同样地，没有任何社会变革不需要教育去激发和培养人民的改革愿望和目标。约翰·杜威认为，在教育促进社会改革的过程中，教师应作为社会的领导者。因此，他敦促教师要联合起来行动。①

约翰·鲁里在《教育与社会变革：美国学校教育历史中的主题》一书中，把约翰·杜威视为进步时代“最著名的教育进步主义者”②。约翰·鲁里指出，约翰·杜威相信教育是一个在儿童和课程、学校与

---

① See Merle Curti, *The Social Ideas of American Educators* (Paterson: Pageant Books Inc., 1959), pp. 499-541.

② John L. Rury, *Education and Social Change: Themes in the History of American Schooling* (Mahwah: Lawrence Erlbaum Associates, Publishers, 2002), p. 144.

社会之间的交互作用过程。约翰·杜威不是一个激进的改革者，他并不认为应该将传统的学科全部抛弃，让儿童任性而为。约翰·杜威相信学校在现代民主社会中是一个中心的机构。鲁里评价说："正是学校把政治参与所必需的知识和技能教给公民，这是贺拉斯·曼早在70年前就曾提出过的。但是不止于此，学校也教导公民具有科学的敏感性，它是在一个快速变化的城市工业社会秩序中生活所必备的。因此，杜威对学校在社会中的角色的了解远远超出了曼的观点。对杜威而言，民主的概念包含的不仅仅是完善的政体，它更是一种生活方式，这种生活方式允许社会的每个成员的最大可能的全面发展。在那种意义上，民主包含了一系列的观念，如宽容、公平游戏、对社会议题的批判性讨论，以及对于他人权利的尊重。最后，民主是集体智慧的最高形式。如果民主社会要想获得胜利，学校的角色就应该是帮助培养这些相似的价值，而培养它们的关键在于经验。"①

在分析约翰·杜威关于教育与社会变革关系的论述时，约翰·鲁里特别注意将约翰·杜威与前人和同时代人进行比较。他指出，与同时代很多人一样，约翰·杜威也被社会和经济的巨大变迁所震撼，他同样看到在穷人和富人之间日益增长的社会分化、在劳工问题上的冲突，以及因为宗教和道德的分化而不断加剧的社会的碎片化。他也声称，工业化正在把人变为"机器的零件"。与贺拉斯·曼不同，约翰·杜威并不愿意详谈将具有多元文化背景的人们置于单一的机构中，而这正是建立公共学校的主要目的。尽管约翰·杜威也支持学校将人们聚集在一起，但是他认清了社会和经济区隔的现实，因而更加关注学校院墙之内的共同体的构建。因此，学校的任务乃是传授民主生活的技巧和科学思维的原理。这样的话，即使学校不能直接地改善快速增

---

① John L. Rury, *Education and Social Change: Themes in the History of American Schooling* (Mahwah: Lawrence Erlbaum Associates, Publishers, 2002), p. 144.

长的社会分化的现状，民主也能在急速变化的社会中繁荣发达。[①]

张斌贤从四个维度分析了杜威有关教育与社会变革关系的思想。一是关于工业革命与教育关系的思想。约翰·杜威提出了一个非常重要的实际问题，即如何在保留工业化和城市化给教育带来的利益的同时，又能避免其所造成的不利影响？这提出了对现代城市与工业文明条件下的教育功能和学校职能进行重新认识的必要性。二是关于政治观念的变化与教育关系的思想。约翰·杜威指出，由于工业的发展和财富的高度集中，原有的、建立于农业社会基础之上的民主受到挑战。当社会条件发生重大变化，尤其是在出现了垄断组织的情况下，应当重新确定自由的定义。张斌贤指出，教育与民主之间的关系，是自本杰明·富兰克林、托马斯·杰斐逊以来美国历代教育家所不断探讨的问题。与前人不同的是，约翰·杜威强调民主是不断变化的，教育与民主的关系也是不断改变的。民主对教育的挑战还表现在，由于社会的变迁，民主获得新含义，从而赋予教育新的功能。[②] 三是关于教育和价值观念变化关系的思想。约翰·杜威指出，美国已经从早期的个人主义进入了占统治地位的联合化时期，因此需要一种新的个人主义以取代旧的个人主义，新个人主义强调个人与社会的有机结合。张斌贤认为，终其一生，约翰·杜威始终把教育的个人目的与社会目的的关系当作美国教育所面临的基本问题。“由于社会是由个人组成的，因而，社会的改造和进步是以个人的发展为前提的。从这个意义上讲，社会进步是教育的目的，而个人发展则是条件。这样就实现了个人主义与社会主义之间的理想的调和。”[③] 四是关于教育与思维方式变化的关系的思想。约翰·杜威认为，现代工业发展的一个基本特点是与科

---

① See John L. Rury, *Education and Social Change: Themes in the History of American Schooling* (Mahwah: Lawrence Erlbaum Associates, Publishers, 2002), p. 145.

② 参见张斌贤《教育与社会变革》，中国社会科学出版社，2012，第148—149页。

③ 张斌贤：《教育与社会变革》，中国社会科学出版社，2012，第153页。

学技术的紧密联系。约翰·杜威指出，科学的方法和态度对于促进社会进步和发展是必要的，因此他非常强调科学的思维方式的培养和训练在教育中的地位。

塞缪尔·鲍尔斯和赫伯特·金蒂斯既肯定了约翰·杜威的洞见，同时也指出了他的不足。他们称赞说："约翰·杜威无疑是美国眼光最为敏锐的教育哲学家，他在 1913 年提出了一个最为透彻的看法。教育能够促进个人的发展和经济的平等，同时只有在这样一种条件下才能把青年人统合到成人社会中去；这个条件就是，扩大到各个社会阶层的全面民主。"同时，他们也看到："只有当经济生活本身民主化时——当权力和职权关系都建立在参与和民主同意的基础之上时，杜威的理想社会才能实现。但是，美国经济生活的社会关系决不是民主的、平等的。"① 塞缪尔·鲍尔斯和赫伯特·金蒂斯的分析暗示了进步时代的教育改革必然与经济的根本特征相联系，他们相信，教育系统把青年一代统合到成人社会中去的目标的充分实现，必将与教育系统促进平等和人的圆满发展的作用相冲突。

尽管教育史学家们普遍在讨论进步时代的社会思想和教育理论过程中都会涉及简·亚当斯，但是对简·亚当斯的专门研究仍然比较少。例如，对于简·亚当斯的教育思想，丹尼尔·坦纳（D. Tanner）和劳雷尔·坦纳（L. Tanner）只是约略提及。他们指出："亚当斯的教育理想支持了杜威的教育理论。他们两人都认为学习是一个持续性的过程，而教育即生活。正是亚当斯相信，学校对学习而言是一个没有生气的地方，因为学校与生活不相关。她得出结论说，对教育者来说，真正的问题是如何建立这种相关。亚当斯的教育观依然不是严格的功利主义的。除了职业教育之外，她希望注定要去工厂的儿童理解自己即将

① S. 鲍尔斯、H. 金蒂斯：《美国：经济生活与教育改革》，王佩雄等译，上海教育出版社，1990，第 152 页。

从事的工作的社会价值和历史意义。”[①] 托马斯·亨特（Thomas C. Hunt）在一篇讨论移民美国化的文章中也提到简·亚当斯，他指出，简·亚当斯是试图缓解移民文化与以学校为代表的美国社会之间紧张关系的领导人之一。在向全国教育协会发表的一次演讲中，简·亚当斯批评学校经常把移民父母和孩子分开，她敦促教育工作者欢迎移民进入美国社会。同时，托马斯·亨特也指出，简·亚当斯的观点在当时还不能得到主流社会的认同。[②] 珍妮·奥克斯和马丁·利普顿补充说，简·亚当斯和约翰·杜威共同寻求帮助移民适应美国文化而又不脱离原有文化的途径。简·亚当斯认为，每个人都应该学习共同的文化，包括英语、美国史和美国政治制度，但是移民还要保留其本国的文化。简·亚当斯认为，给移民的教育必须超越基本的英语教学和公民教育，应该为穷人提供社会的和道德上的关怀。教育应关心移民的社会和审美需求，通过讲座、讨论、音乐会和艺术展览等方式，提供职业培训，让工人理解工业生活的历史和意义。[③]

劳伦斯·克雷明的《美国教育史：城市化时期的历程（1876—1980）》重点研究了简·亚当斯。在这本书中，劳伦斯·克雷明用了与介绍约翰·杜威几乎同样长的篇幅来介绍简·亚当斯。他指出，简·亚当斯是一位社会改革家，是著名的贫民安置所赫尔会所的创建者。她把赫尔会所视为一种从生活本身学习的学校，而不是一个慈善机构。实际上，简·亚当斯邀请很多著名学者来到会所为居民讲授各种课程，鼓励居民围绕当代社会问题进行讨论。在进行以教育改革促

① 丹尼尔·坦纳、劳雷尔·坦纳：《学校课程史》，崔允漷等译，教育科学出版社，2006，第138页。

② See Thomas C. Hunt, “Public Schools, Americanism, and the Immigrant at the Turn of the Century,” *The Journal of General Education*, No. 2(1974): 147-155.

③ 参见珍妮·奥克斯、马丁·利普顿《教学与社会变革》，程亮等译，华东师范大学出版社，2008，第117页。

进社会改良的亲身实践基础上，简·亚当斯提出“社会化教育”的观点，认为在一个社会化的民主政体中，共同体本身在处理日常公共事务、解决公共问题的过程中，就具有教育的作用，与此同时，关于共同利益的定义也会逐渐形成。劳伦斯·克雷明指出，把简·亚当斯恰如其分地看作是一位教育理论家是非常重要的。如果认识到约翰·杜威和简·亚当斯都是教育理论家，人们就会重新关注进步主义学说对于作为社会和政治改革工具的教育所起的作用了。① 同时，他还指出约翰·杜威和简·亚当斯之间存在的区别，即约翰·杜威致力于改造一所中学、一所大学，让它们起到调节社会变化的杠杆作用，简·亚当斯却认为，在社会变革事业中中学和大学至多只能发挥有限的作用，取而代之的是，她将贫民安置所及类似的机构看作是发挥教育作用的力量，认为这些机构能够推动共同体，并使其自身成为所有教育性力量中最强有力的一种力量。②

（二）对莱斯特·沃德、爱德华·罗斯和罗伯特·帕克相关思想的研究

总的来看，教育史学家们对进步时代的社会科学家关注不多，专门研究更少见。有关莱斯特·沃德、爱德华·罗斯和罗伯特·帕克的社会与教育思想的研究，多出自于社会学家或思想史家之手。从目前掌握的资料看，对于莱斯特·沃德和爱德华·罗斯的研究较多，对罗伯特·帕克的研究成果比较少。

课程史学者丹尼尔·坦纳和劳雷尔·坦纳在合著的《学校课程史》一书中对莱斯特·沃德有所介绍。他们指出，在《社会动力学》中，莱斯特·沃德抨击自由放任主义的社会哲学，认为人类有责任去控制

---

① 参见劳伦斯·A. 克雷明《美国教育史：城市化时期的历程（1876—1980）》（第3卷），朱旭东等译，北京师范大学出版社，2002，第199页。

② 参见劳伦斯·A. 克雷明《美国教育史：城市化时期的历程（1876—1980）》（第3卷），朱旭东等译，北京师范大学出版社，2002，第199页。

和创造更好的生活，因此，他相信通过制订计划并号召社会全力合作共同行动，就能够促进社会问题的解决。莱斯特·沃德认为：“进步的社会秩序的唯一可靠基础是对年轻人的系统教育。”① 但莱斯特·沃德强调，一般的教育是不够的，要改革教育从而使学生能够获得一种对个人和社会关系的充分理解。莱斯特·沃德抨击优生学运动，认为它忽视了教育和环境对人的深刻影响。莱斯特·沃德坚持声称，知识的不平等分配导致了当前无知与理智之间的巨大鸿沟，它是影响社会进步的最大弊病。因此，为了促进社会进步，就有必要普及学校教育，不断改良学校教育。

另一位课程史学者赫伯特·克里巴德研究指出，莱斯特·沃德早在 1883 年的文章中就预见了约翰·杜威的教育哲学的要素，莱斯特·沃德将教育视为一种促进社会进步的直接的和可能的工具。到了 19 世纪 90 年代，莱斯特·沃德已经明确将教育置于社会公平运动的中心。“可以肯定的是，沃德在教育问题上的立场常常被认为是美国特有的痴迷。不管是一种现实的信仰还是一种流行的幻想，都为杜威和许多美国教育家在 20 世纪所分享。”②

陈其在讨论进步时代的教育问题时也提及莱斯特·沃德。陈其指出，莱斯特·沃德反对将进化论直接应用于人类社会，认为自然法则与文明不同，人类事务的法则是有计划的、自愿的、理性的和充满活力的。在莱斯特·沃德看来，由于科学方法的发展，人类有可能有意识地改善进化中的社会。因此，莱斯特·沃德认为，教育的着眼点应在于个人和社会的改进，强调在促进人类幸福的进程中科学的重要性，

① 丹尼尔·坦纳、劳雷尔·坦纳：《学校课程史》，崔允漷等译，教育科学出版社，2006，第 119 页。

② Herbert M. Kliebard, “Education at the Turn of the Century: A Crucible for Curriculum Change,” *Educational Researcher*, No. 1(1982): 16-24.

鼓励作为个体的人去改变环境，从而最终改善个人的生活质量。[①]

对莱斯特·沃德的教育与社会变革关系思想的阐述比较细致的当属几位社会学家。哈里·巴恩斯在比较莱斯特·沃德和威廉·萨姆纳的社会学思想时指出，在莱斯特·沃德所有的工作中，都有一个具有支配性的思想。莱斯特·沃德认为，人类社会不是无意识力量的被动产物，它存在于宇宙法则的范围之内。人类的思想也是如此：人类的这种头脑已经在意识上巧妙地适应并重新调整了它的社会环境，而反思性的智慧已经开始把它塑造成一种工具，用来实现人类的意志。莱斯特·沃德强调科学知识必须成为人类的财产。[②] 詹姆斯·迪利（James Quayle Dealey）在《社会科学的大师：莱斯特·沃德》一文中，详细分析了莱斯特·沃德的社会心理学思想，指出在莱斯特·沃德看来，人类的感觉或感觉必须被清楚地理解，然后才能被控制，只有通过社会控制，社会才能实现自己所希望的目的。社会控制在其最高表现形式成为集体心灵（collective telesis）。[③] 莱斯特·沃德认为，所有阶级和男女都有潜力，教育在发展人的潜力方面能够发挥巨大的力量。[④]

乔尔·斯普林多次提到爱德华·罗斯关于社会控制和教育关系的主张。在《美国教育》中，乔尔·斯普林指出，在爱德华·罗斯那里，教育是社会控制的关键机制。罗斯把社会控制分为外在和内在的两种形式，并认为传统的控制外在形式主要是家庭、教会和社区。爱德

---

① 参见陈其《美国进步主义时期的教育》，《历史教学》2002 年第 5 期。

② See Harry Elmer Barnes, "Two Representative Contributions of Sociology to Political Theory: The Doctrines of William Graham Sumner and Lester Frank Ward," *American Journal of Sociology*, No. 2(1919): 155.

③ See James Quayle Dealey, "Masters of Social Science: Lester Frank Ward," *Social Forces*, No. 4(1925): 266-267.

④ See James Quayle Dealey, "Masters of Social Science: Lester Frank Ward," *Social Forces*, No. 4(1925): 271.

华·罗斯指出，到了现代社会，家庭和教会被学校所取代，后者成为灌输内在价值最为重要的机构。“罗斯看到，在社会控制方面对于教育的依赖性成为美国社会的一大特点。”[①] 在《教育和进步主义》一文中，乔尔·斯普林指出，在爱德华·罗斯看来，进步的社会是一个合作型的社会（a corporate society）。合作型社会意味着以社会化的、合作的个人取代放任的和独立的个人主义的概念。社会化的和合作的个人是为了整个社会的善（the good of the whole society）而工作的。它同时也意味着一个原子化的社会被一个相互依赖的社会所取代。在原子化的社会中每个人仅作为一个独立的单元而工作，在相互依赖的社会里，每个人仅需完成其在整个社会的合作系统中所负责的专门的工作（specialized job）。爱德华·罗斯认为，社会组织中的成功意味着每个人忠诚于被指定的工作，同时相信其他人将会在特定的时间以某种方式做特定之事。[②] 在《社会效率与新国家主义》一文中，乔尔·斯普林再次提及爱德华·罗斯的社会控制概念。在爱德华·罗斯看来，教育是社会组织获得成功的一种手段。社会控制教育意味着培养学生，使之适应社会组织中的特定地位。[③]

托马斯·亨特指出，爱德华·罗斯对外来移民存在比较严重的偏见。爱德华·罗斯认为，某些移民及其子女天生低人一等。为了使这些人能够服从社会的安排，学校可以通过操纵和灌输、取代宗教，作为“间接社会约束的方法”来发挥自己的作用。[④] 西恩·麦克马洪

---

① 乔尔·斯普林：《美国教育》，张弛、张斌贤译，安徽教育出版社，2010，第20页。

② See Joel Spring, “Education and Progressivism,” *History of Education Quarterly*, No. 1(1970): 55.

③ See Joel Spring, “Social Efficiency and the New Nationalism,” *History of Education Quarterly*, No. 1(1968): 111-114.

④ See Thomas C. Hunt, “Public Schools, Americanism, and the Immigrant at the Turn of the Century,” *The Journal of General Education*, No. 2(1974): 147-155.

（Sean H. McMahon）指出，爱德华·罗斯相信社会通过政治、公共印刷媒体、法律和教育等促进进步，从而将教育视为社会控制的重要手段之一。①

学术界有关罗伯特·帕克的教育与社会变革思想的研究很少。罗伯特·华盛顿（Robert Washington）追溯了罗伯特·帕克与黑人教育家布克·华盛顿的交往过程，指出罗伯特·帕克受其影响，终其一生致力于社会改革，试图打破种族之间的隔离。② 杰克·伦敦（Jack London）和詹姆斯·凯利（James T. Carey）研究了罗伯特·帕克的城市社会学思想，对社会化、社会组织和社会分层等概念进行了分析，指出城市社会中成人教育的问题。③

纵览国内外最近几十年出版和发表的关于美国社会与教育思想史研究的重要成果，学者们从各自不同的视角，对进步时代及其前后的思想史进行了不同程度的讨论。尽管这些探讨比较零碎、缺乏系统性，但是因为前人对相关问题的研究与我们所关心的问题客观上存在着某种程度的交叉和重叠，所以他们的研究成果对于较为系统地梳理进步时代关于教育与社会改革关系的思想的来龙去脉具有重要参考和指导意义。

---

① See Sean H. McMahon, "Professional Purpose and Academic Legitimacy: Ross's Social Control and the Founding of American Sociology," *The American Sociologist*, No. 3 (1998): 9-25.

② See Robert Washington, "Robert E. Park Reconsidered," *International Journal of Politics, Culture, and Society*, No. 1(1993): 97-107.

③ See Jack London and James T. Carey, "Adult Education and Society," *Review of Educational Research*, No. 3(1959): 237-245.

后　　记

本书为北京市社科基金重大课题“教育与美国社会改革（1890—1920）”（项目编号：15ZDA25）的最终成果。衷心感谢北京市哲学社会科学规划办公室的大力支持和慷慨资助。

参加本书编写的作者有北京师范大学教育历史与文化研究院张斌贤教授（撰写导言）、天津师范大学教育学部李朝阳副教授（撰写第四章、第七章）、首都师范大学教育学院丁永为副教授（撰写第九章）、华东师范大学教育学部祝贺副教授（合作撰写第一章）、北京教育科学研究院教育发展研究中心杜光强博士（撰写第八章）、曲阜师范大学继续教育学院秦发盈副教授（撰写第五章）、中央民族大学历史学院高玲博士（撰写第二章）、陕西师范大学教育学院吴婵博士（合作撰写第一章）、威斯康星大学麦迪逊分校教育学院博士研究生王慧敏（合作撰写第一章）、新疆医科大学护理学院王燕妮副教授（合作撰写第三章）、北京师范大学教育历史与文化研究院博士研究生杨帆（撰写第六章）、北京小学武雅静（合作撰写第三章）。附录学术史梳理部分由相关各章作者分别撰写。

本书由多人合作完成，各章成稿后的统稿工作量不小。在统稿过程中，李朝阳副教授付出了巨大的心血。在本书撰写和修改过程中，北京师范大学教育历史与文化研究院博士研究生钱晓菲、周梦圆和硕士研究生曹雅洁、王蓝慧、位盼盼、何灿时等都付出了诸多辛劳。谨此对各位表示衷心感谢。

需要说明的是，在课题研究过程中，本书的部分内容曾先后在学术刊物发表，这既为反映科研项目的阶段性成果，也旨在与学界同行进行交流。

正如导言中所说，本书是一次尝试性或探索性工作的成果，尽管作者们竭尽全力，但仍存在种种不尽如人意之处，恳请学界同行批评指正，我们也将在后续的工作中继续探索，以便不断推进研究工作。

張斌賢

2021 年 5 月 19 日